제 3 판

경영학원론

박기동 · 박주승

傳 英 社

제3판 머리말

조직체를 육신에 비유하면 경영은 정신과 같은 것이므로 조직이 성장 · 발전하기 위해서는 경영이 없이는 불가능하다. 특히 21세기의 기업은 사회발전의 기관차 역할을 하는 조직이다. 이와 같이 사회발전의 중추적인 역할은 기업조직을 초일류기업으로 경쟁력을 갖출 수 있도록 이론을 제공해서 경영자에게는 기업경영 전반에 대한 지식을 제공하고, 조직구성원에게는 삶의 질을 향상시켜 행복한 생활을 영위케 하는 실천적인 이론경영이다.

그리고 특히 21세기 글로벌 시대를 맞이하여 조직들은 숨가쁘게 변하는 시대에 살고 있으므로 이 시대 새로운 패러다임(paradigm)으로, 독점적인 시장원리뿐만 아니라 능력주의와 수직적인 사고에서 수평적인 사고로, 물질존중 사고에서 인간중심 사고로, 제조공업사회에서 지식과 정보화 사회로, 하드웨어에서 소프트웨어 사회로, 국가간의 쌍무협상에서 국제간의 다자간협상으로 숨가쁜 변화들이 이루어지고 있어 이와 같은 환경변화에 기업은 몸살을 앓고 있다. 이와 같은 시대요구에 적응하지 못하면 살아남을 수 없으므로 급변하는 시대에 적응할 수 있는 경영이론을 제시하고자 한다.

그러나 우리뿐만 아니고 많은 외국 학자들도 경영학원론에 무엇을 어떻게 담을 것인가에 대해 고민하고 있다. 미국의 비즈니스 스쿨의 강의내용에서도 볼 수 있는 바와 같이 지금도 내용의 변화가 기업환경변화에 따라가지 못하고 있다. 그러므로 경영학원론에 어떤 내용을 담을 것인가를 고민하면서 본서의 구성을 살펴보면 PART 1에서는 경영학을 어떻게 접근하여야 하며, 타 학문들과의 관계를 살펴보고, 특히 기업조직에 있어서 경영자의 기능과 역할을 제시하였다.

PART 2에서는 경영전략으로서 조직이 계속 초일류 기업으로 살아남기 위해 미래를 생각하고 걱정하고 대책을 세워야 하므로 경영자에게 전략을 수립할 수 있도록 하는 이론을 제시하고자 한다.

PART 3에서는 무엇을 할 것인가? 즉, 경영을 하려면 처음 무엇을 할 것인가를 생각하도록 하는 계획에 관하여 접근하여 보았다. 이는 조직에서 바라는 세부적인 미래를 창조하는 특별한 과정으로서 첫 번째 경영기능을 제시하였다.

PART 4에서는 어떻게 할 것인가?(조직화)에 대한 경영기능의 접근이다. 이는 구성원들이 조직의 공동목적을 달성하기 위해 협동적인 노력으로 상호작용하는 관계를 체계화하였다. 그리고 경영학에 영향을 주는 기업문화도 언급하였다.

PART 5에서는 지휘이다. 이는 조직의 목표달성을 위해 성실하게 노력하도록 구성원을 이끌어가는 과정을 제시하였다.

PART 6에서는 통제이다. 이는 경영자가 여러 가지 일들이 계획된 방향으로 잘 진행되고 있는지를 확인하고, 이상이 있을 때 바로잡는 기법을 제시하였다.

끝으로 PART 7에서는 변화이다. 기업은 상황변화에 변하지 않으면 생존할 수 없으므로 변하는 기법을 제시하였다.

이상과 같은 내용으로 최적의 경영학 지침서를 만들기 위해 앞으로 많은 학자들이나 실무가들의 충고를 받아들여 후일에 다시 보강할 것을 약속합니다.

끝으로 본서 출판을 쾌히 승낙해 주신 박영사 안종만 회장님께 감사드리며, 출판에 애써주신 출판사 직원들께도 감사드립니다.

2006년 2월

공동저자 대표

전정판 머리말

지금까지 우리는 엄청난 발전을 하면서 살아 왔으나, 오늘에 이르러서는 새로운 패러다임(paradigm) 속에서 살아야 하기 때문에 지금까지의 관행이나 사고를 바꾸어야만 한다. 특히 수직적인 사고에서 수평적인 사고로, 물질적인 사고에서 인간존중 사고로 전환하지 않으면 더 나은 사회를 만들어 갈 수 없을 것이다.

오랫동안 조직을 지배해 왔던 연공서열주의 대신에 능력과 경쟁주의를 활성화한 경쟁력이 경제성장의 원동력임을 인식해야 한다. 이러한 사고의 변화와 같은 새로운 패러다임의 사회전반에 걸친 출현은 인간생활의 터전뿐만 아니라 경영학에도 큰 충격을 주었다.

IMF 이후 사회의 기관차 역할을 하고 있는 기업들이 심한 몸살을 앓고 있기에 이를 치유하기 위한 처방전이 절실히 요구되고 있다. 이와 같은 어려움을 타개할 수 있는 원리를 제공하는 주체가 바로 경영학이 되어야 할 것이다. 그러나 경영학이 발전되었다고 하는 미국에서조차도 경영학원론을 어떤 내용으로 구성하여야 할 것인가에 대한 명확한 방향제시를 하고 있는 교과서가 거의 없는 실정이다. 예를 들어 1980년대 미국의 비즈니스 스쿨(business school)에서 중요하게 거론된 교육내용들이 지금도 큰 변화 없이 사용되고 있어 이에 대한 비판의 목소리가 높다. 이러한 여건 속에서 경영학원론을 집필하는 것은 미국의 답습이라 할 수 있으므로, 저자는 경영학의 새로운 패러다임에 입각하여 경영의 기능적인 측면에서 계획 · 조직 · 지시 · 통제기능을 중심으로 새롭게 경영학원론 체계를 구축하고자 시도하였다.

본서의 구성내용은 다음과 같다.

제 1 부에서는 경영학원론에서 무엇을 가르쳐야 할 것인가? 그리고 경영학을 어떻게 접근할 것인가를 다루었다. 제 2 부에서는 무엇을 할 것인가? 이것은 경영기능 중 첫 번째 계획기능을 다룬 내용으로 조직의 목표를 달성하기 위해 성실히 노력하도록 이끄는 것을 다루고 있다. 제 3 부에서는 노력으로 상호작용관계를 어

떻게 할 것인가에 대해 다루고 있다. 제 4 부에서는 지시로서 관리기능의 세 번째 기능을 그리고 제 5 부에서는 통제기능을 다루고 있다. 이것은 경영기능의 마지막 기능으로 경영자가 수행해야 할 관리과정의 마지막 기능이다. 제 6 부에서는 어떻게 조직을 변화시킬 것인가로 구성하였다.

최적의 경영학 지침서를 만들기 위해서는 본서의 내용 외에도 많은 내용들이 첨부되고 수정되어야 할 것이므로 선학자들의 귀중한 충고를 받아 후일에 내용을 다시 보강할 계획이다.

끝으로 본서 출판을 쾌히 승낙해 주신 박영사 안종만 회장님께 감사드리며, 바쁜 데도 불구하고 정성껏 원고교정과 문서작업을 해 준 창원대 경영학과 대학원생 김점희 군에게도 감사를 전하고 싶다.

2001년 2월

창원대학교 경영학과 연구실에서

저 자 씀

머 리 말

우리는 지금 숨가쁘게 변화하는 시대에 살고 있다. 1995년 세계무역기구(WTO)가 출범된 이후 패러다임(paradigm)이 변하였다.

독점적인 시장에서 시장경쟁원리에 의한 능력주의로, 수직적인 사고에서 수평적인 사고로, 물질존중에서 인간존중 사고로 변하였다. 특히 구 소련의 붕괴로 인류는 전쟁의 공포에서 벗어난 것으로 느끼지만 진정 지금부터 경제전쟁의 방아쇠가 당겨진 것이다. 그러므로 앞으로는 천연자원이나 노동력에 의존했던 경제에서 지식과 정보에 의한 경제로 전환 · 발전할 것이다.

지식과 정보화가 이루어지면 국가간에는 국경에 대한 의미가 없어져서 기업은 초국적기업으로 변하고 생산 중심에서 소비자 중심인 수평적인 사고로 변화하므로 경영자나 자본가 중심에서 기업을 둘러싸고 있는 전체적인 사람들을 존중하는 경영을 해야만 한다.

이와 같은 상황 속에서 효율적인 경영을 하기 위해 경영학의 기초지식을 제공할 경영학원론이 있어야 하겠다. 그러나 미국의 비즈니스 스쿨의 교육내용은 1980년대에 중요하게 거론된 내용을 지금도 중요한 내용이라고 가르치고 있어 이에 대한 비판의 소리가 높다. 그러므로 본 경영학원론을 강의할 내용을 선정하는 것은 정말 어려운 일이다. 따라서 본서의 내용은 관리의 기능적인 측면에서 계획화하고 조직화하고 지시하고 통제하는 기능을 중심으로 집필된 데 그 특징이 있다.

본서의 구성을 살펴보면 제 1 부에서는 경영학원론에서 무엇을 가르쳐야 할 것인가를 다루었다. 그리고 또한 최근에 경영학을 어떻게 접근할 것인가를 다루었다. 제 2 부에서는 무엇을 할 것인가? 이것은 경영기능 중 첫 번째 계획기능을 다룬 내용인데 조직의 목표를 달성하기 위해 성실하게 노력하도록 이끄는 것을, 제 3 부에서는 어떻게 할 것인가를 다루었는데 공동목적을 달성하기 위해 구성원 상호간에 협동적인 노력으로 상호작용관계를 어떻게 하도록 할 것인가를 다루었다. 제 4 부에서는 지휘로서 관리기능인 세 번째 기능을, 그리고 제 5 부에서는 통제기능을 다루었다. 이는 경영기능의 마지막 기능으로서 경영자가 수행해야 할 관리과정의 마지막 기능이다. 제 6 부에서는 어떻게 조직을 변화시킬 것인가로 구성하였다. 그러나 아직까지 어떤 내용을 다루어야 할지 미숙한 점이 많을 것으로 생각하며 앞으로 선학자들의 귀중한 교시를 받아 후일에 그 내용을 다시 보강할 생각이다.

끝으로 본서 출판을 쾌히 승낙해 주신 박영사 안종만 사장님께 감사드립니다. 그리고 또한 바쁜 데도 불구하고 정성껏 원고교정과 워드프로세싱을 해 준 대학원생 이성욱 군에게도 감사드립니다.

1998년 11월

창원대학교 경영학과 연구실에서

저 자 씀

목 차

PART 1. 경영학의 접근방법

PART 2. 경영전략

PART 3. 무엇을 할 것인가

PART 4. 조직화(어떻게 할 것인가)

PART 5. 지 휘

PART 6. 통 제

PART 7. 조직적응과 관리자(변화)

PART 1

경영학의 접근방법

그림 I-1 경영학의 구상

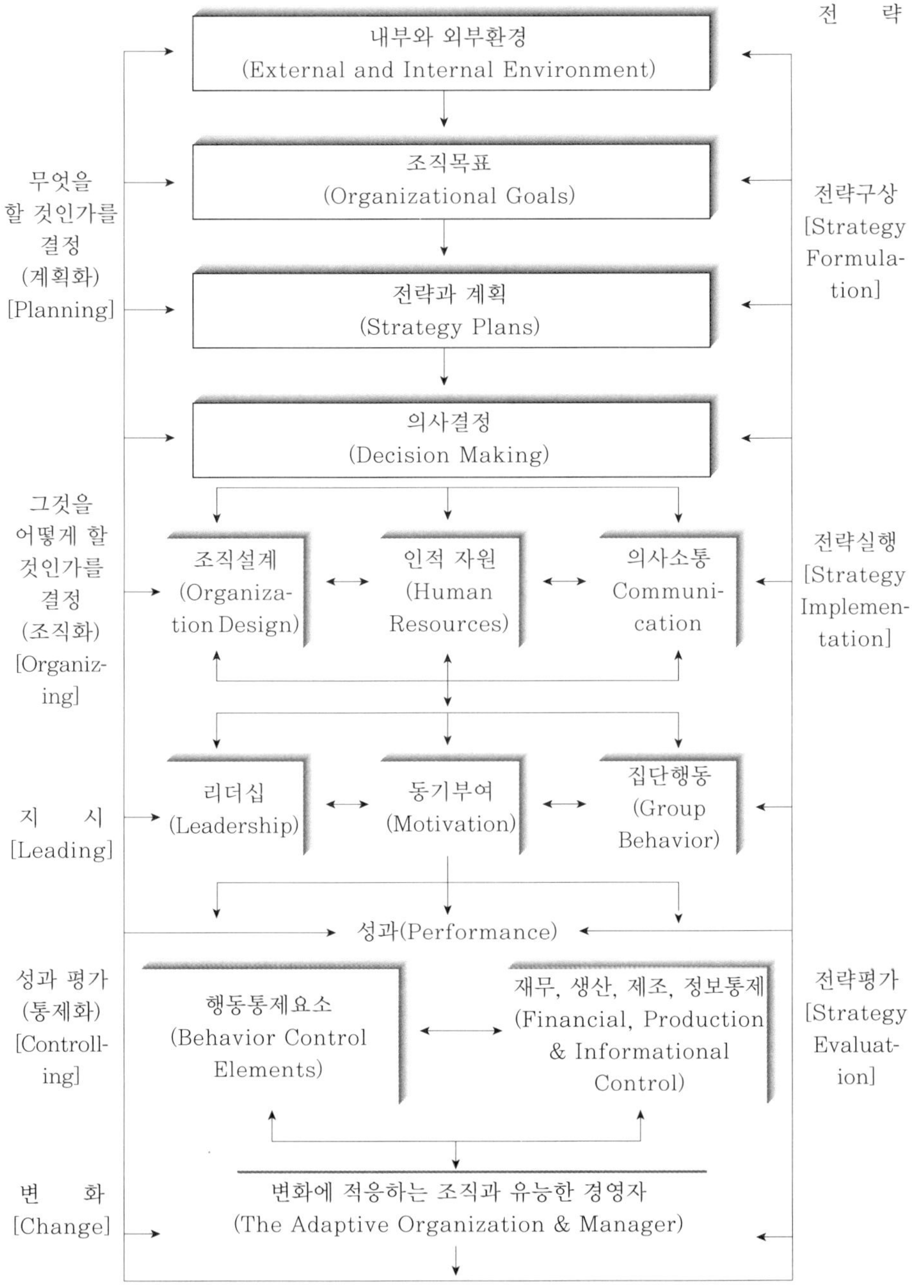
전 략
내부와 외부환경
(External and Internal Environment)
무엇을 할 것인가를 결정 (계획화) [Planning]
조직목표
(Organizational Goals)
전략구상 [Strategy Formulation]
전략과 계획
(Strategy Plans)
의사결정
(Decision Making)
그것을 어떻게 할 것인가를 결정 (조직화) [Organizing]
조직설계 (Organization Design)
인적 자원 (Human Resources)
의사소통 Communication
전략실행 [Strategy Implementation]
지 시 [Leading]
리더십 (Leadership)
동기부여 (Motivation)
집단행동 (Group Behavior)
성과(Performance)
성과 평가 (통제화) [Controlling]
행동통제요소 (Behavior Control Elements)
재무, 생산, 제조, 정보통제 (Financial, Production & Informational Control)
전략평가 [Strategy Evaluation]
변 화 [Change]
변화에 적응하는 조직과 유능한 경영자
(The Adaptive Organization & Manager)

인간은 정신적인 욕구만족을 추구하기 위하여 종교단체를 만들고, 지적인 욕구를 추구하기 위하여 학교를 만들고, 경제적인 욕구충족을 추구하기 위하여 경제단체 및 경제조직을 만들고, 경제적 협력이나, 자녀부양, 가족 서비스를 제공하기 위하여 가정이라는 집단을 만들게 되었다고 주장하는 것처럼 인간은 욕구충족을 위하여 조직을 만들었다. 이처럼 각자의 욕구만족을 달성하기 위하여 많은 조직들을 만들고, 이와 같은 조직 속에서 상호관련을 맺고, 수많은 제도나 조직 속에서 살아가고 있다. 또한 제도나 조직들은 끊임없이 서로 영향력을 행사하고 상호의존적 관계를 형성한다. 사회의 하위제도나 조직들은 어떠한 형태로든 사회적 기능을 수용할 수 있을 때에 비로소 사회에 의해 창조되기도 하고, 발전되기도 한다. 이를 그림으로 보면 앞의 [그림 1-1]과 같다.

인간은 자아(ego) 때문에 종교, 조직, 가정, 교육, 경제, 기타 사회단체 등과 같은 만족성취를 위한 시스템(systems for achieving satisfaction)을 만들고, 이들 시스템의 상위시스템이 사회시스템(social system)이다(Fayerweather, J., 1970).[1]

그림 1-2 인간의 욕구만족에 대한 사회제도와 욕구

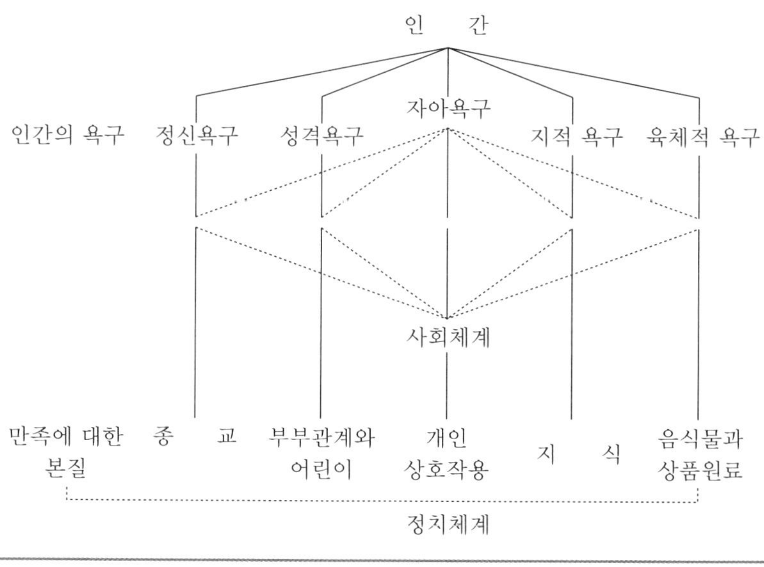

출처: Fayerweather, John, 1970, *International Marketing*, Prentice-Hall, Inc., pp. 20-21.

1) Fayerweather, J., 1970, *International Marketing*, Prentice-Hall, Inc., pp. 20-21.

이와 같이 조직의 역사는 인간의 역사와 더불어 시작되었다. 인간은 생활을 하면서부터 특별한 목적을 달성하기 위하여 집단을 형성할 필요를 느끼게 되었으며, 이때의 목적은 극히 원시적인 오두막을 짓는 일, 비바람을 피하기 위한 일 등 아주 기본적인 것들뿐이었다.

오늘보다 내일 더 잘 살아야겠다는 인간의 무한한 욕구 때문에 문화가 발달되고, 이와 더불어 인간의 목적은 아주 차원 높은 것으로 변화되었다. 특히 주목할 만한 것은 인간은 사회발전의 기관차 역할을 하는 기업체를 만들었다. 기업은 현대사회의 중추적인 기관으로서 막중한 역할과 기능을 수행하면서 현대사회에 크게 기여하기 위해서 [그림 1-2]와 같은 연구영역이 필요하다.

제 1 장 경영과 조직관계

조직과 경영은 육신과 정신으로 비교할 수 있다. 조직을 육신에 비유한다면 경영은 정신(혼)에 해당된다. 조직에 있어서 경영이 없다면 조직은 생명이 없는 나무토막과 같다. 조직에 경영이 있음으로써 생명이 있는 생명체가 된다. 그러므로 어떤 조직이든지 경영이 없이는 정지된 상태가 된다. 조직이 유지 · 발전되기 위해서는 경영이 있어야 한다. 경영이 잘못되면 조직은 병들거나 성장과 발전이 될 수 없다.

제 1 절 경영과 조직관계

1. 조직(organization)

조직(organization)에 대한 정의는 조직론자들의 많은 저술을 통하여 발표되었다. 에치오니 (Etzioni)는 조직은 일정한 환경하에서 특정한 목표를 추구하기 위하여 일정한 구조를 형성하는 사회적 단위라고 규정하고 있다(Etzioni, A., 1964).[2)] 한편, 테리(Terry)는 조직이란 일정한 목표를 달성하기 위해서 필요하다고 생각되는 제반 활동을 결합하고, 이를 집합하고 배열하며, 이와 같은 활동을 수행하기 위해서 인적 요인을 배정하고 적절한 물적 요소를 준비하며, 각기 책임을 맡은 각 개인에게 권한을 이양하는 것이라고 정의하였다(Terry, R., 1960).[3)] 그러므로 조직에 대한 문제는 인간생활의 근본문제라고 할 수 있다.

2) Etzioni, A., 1964, *Modern Organization*, Englewood Cliffs, N.J.: Prentice-Hall, p. 4.

3) Terry, R., 1960, *Principle of Management*, Homewood Ill.: Richard Irwin, p. 246.

사회의 발전은 조직의 발전 없이는 이루어질 수 없고, 사회조직의 발전은 경제발전을 형성하고 있는 사회조직과 기업조직의 성장과 발전 없이는 이루어질 수 없다. 그리고 조직체도 하나의 생명체와 같기 때문에 열역학의 법칙에 따라 조직체 내부에 엔트로피(entropy)의 작용에 의해서 조직은 자연도태 또는 자연 부패되어 버리는 경향이 있다. 따라서 조직은 엔트로피에 대응할 수 있는 부의 엔트로피(negative entropy)라는 에너지 입력형태를 투입하여 엔트로피 작용을 제거함으로써 조직 자체의 존재를 계속 유지할 수 있다(Katz, D. and Kahn, R. L., 1966).[4] 그러나 조직은 외부로부터 에너지를 공급받지 못한 폐쇄적인 조직은 붕괴될 것이다. 그러므로 조직은 외부 환경과 상호작용을 계속해야 할 것이다. 어떤 조직이든지 외부와 상호작용이 없는 폐쇄된 조직은 오래 지속될 수 없다.

2. 경영(administration)

경영을 'administration'으로, 관리를 'management'로 분리하여, 경영(administration)을 관리의 상위 개념으로 인식하고, 전략과 기획으로, 관리(management)를 경영의 하위 개념으로, 전술적 · 집행적인 직능으로 분리하는 학자들도 있지만, 저자는 경영과 관리를 구분하기 힘들기 때문에 상황에 따라 꼭 필요할 때만 구분하고 그 외는 경영과 관리에 대한 단어를 혼용하여 사용하려고 한다.

경영이라는 개념과 관리라는 개념을 구분하여 사용할 것인가, 아니면 동일한 개념으로 사용할 것인가에 대하여서는 일치된 견해는 없으나, 본서에서는 논리적인 편의에 의하여, 경영을 관리보다 포괄적인 개념으로 간주하고, 관리라는 개념대신에 경영이라는 용어를 사용하려고 한다. 그러나 경영과 관리를 상이한 개념으로 파악하고 있는 견해도 있으며 이들의 주장을 보면 다음과 같다.

첫째, 경영은 목적을 설정하는 기능이고, 관리는 목적을 지향하여 노력하는 기능이다. 이와 같은 경우 경영은 관리의 상위개념으로서, 경영은 방침이나 기획을 하는 기능이고, 관리는 집행적이고 실행적인 기능을 하는 것으로 구분된다.

둘째, 경영과 관리를 경영층과 관련시켜 정의하면, 경영이란 최고경영층의

4) Katz, D. and Kahn, R. L., 1966, *The Social Psychology of Organizations*, New York: John Wiley and Sons, Inc., pp. 17-24.

전략적 · 정책적 결정을 하고, 관리는 중간 관리층과 일선 감독층으로서 일상적이고 집행적인 업무를 하는 것으로 보고 있다. 이상과 같이 경영과 관리의 개념을 상이한 시각으로 종합하여 보면 경영을 상위적이고 기획적인 개념으로, 관리를 하위적 개념이고 실천적인 개념으로 볼 수 있다. 그러나 경영과 관리를 구분할 수 있는 분명한 한계를 지우기가 어렵기 때문에 포괄적인 개념으로서 경영이라는 개념을 쓰고, 의미상 관리라는 개념을 사용해야 할 때는 관리(management)라는 용어를 사용하는 것이 좋을 것으로 본다.

제 2 절 경영학의 의의

경영에 대한 정의는 학자들의 많은 저술을 통하여 발표되었다. 경영이란 사람을 통하여 일이 이루어지도록 하는 과정이다("Other simply define it as the process of getting things done through people"). 좀더 구체적으로 말하면, 경영이란 조직목표를 달성하기 위해 자원과 일(tasks)을 통합하는 과정이다(The process of integrating resources and tasks toward the achievement of stated organizational goals) (Szilagyi, Andrew D. Jr., 1988)[5]라고 스질래쥐(Szilagyi)는 정의하였다. 즉 경영이란 조직의 목표를 달성하기 위하여 조직이 동원할 수 있는 모든 자원을 사용하여 구성원들을 통하여 일이 이루어지도록 하는 과정이라고 정의할 수 있다.

그러므로 경영은 General Electric 회사나, American Airlines 회사, Marykay 화장품 회사나, Coca-Cola 회사나, Dallas Cowboys 미식축구팀이나, 우리나라의 삼성, 현대, 대우 등 지구상의 어떤 조직에 있어서나, 이들은 다 같이 조직목표를 달성하기 위해 자원과 과업을 통합하는 과정을 하고 있다. 이와 같이 어떤 조직을 막론하고 자원, 일(과업) 그리고 목표를 똑같이 기본적인 특징을 가지고 있다. 즉 경영에 있어서는 목표, 자원, 과업(일)의 요소를 내포하고 있다.

5) Szilagyi, Andrew D. Jr., 1988, *Management and Performance*, Scott: Foresman and Company, p. 13.

1. 경영목표

목표(goal) 없는 경영은 존재하지 않는다. 그러므로 경영은 각기 기업의 독자적인 형태로서 조직의 목표달성을 위하여 행동을 하게 된다. 경영목표는 조직구성원의 행동을 통하여 실현하려는 바람직한 도달상태를 말한다. 즉 경영목표는 조직이 실현하려고 하는 바람직한 도달상태라고 할 수 있다. 이는 현재 조직이 지향하는 미래의 바람직한 결과를 말한다.

조직목표에는 두 가지 의미가 내포되어 있다. 바람직하다는 이념적이고, 가치판단적인 측면과 도달상태라는 사실적인 측면을 내포하고 있다. 그런데 전자는 경영 이념적인 측면을 나타내는 것이며, 후자인 도달상태는 사실적인 측면을 나타낸다.

경영이념이란 기업, 특히 그 중심적 경영주체인 경영자가 품고 있는 신념·신조·이상·이데올로기 등의 가치이며, 경영의 목표는 이러한 경영이념을 실현하기 위하여 설정되는 구체적인 도달상태이다. 가치 판단적인 측면은 공식조직목표이고, 실질적인 도달상태는 운영목표를 말한다. 운영목표는 조직이 우선적으로 추구해야 하는 것으로 수익성과 성장성을 들 수 있다.

경영목표는 사회적으로 조직에 대한 합법성을 제공하여 소비자, 정부, 종업원, 채권자, 주주 등과 같은 이해자 집단에 대해서 조직의 사회적 존재이유를 제공하고 또한 고객들에게 건전한 이미지를 제공한다. 이러한 목표를 통하여 대외이미지 개선으로 조직성에 직접 혹은 간접으로 영향을 준다.

2. 자원(resources)

경영이란 여러 가지 자원으로 일을 통하여 이것을 결합하여 목표인 최적화(optimization)를 이루는 것이라고 할 수 있다. 이와 같이 경영을 수행하는 데 필요한 자원은 인적 자원과 물적 자원으로 분류할 수 있으며, 이는 경영의 구성요소인 7M(men, material, machines, moneys, mechanism, management, market) 중에서 사람, 원료, 기계, 돈(자금) 등이라고 할 수 있다. 자원이란 경영에 있어서 투입요소인 노동, 원료, 기계 감가상각, 자금 등인데, 이것을 투입하여 경영목표인 투입/산출이 1보다 크게(산출) 하는 것이 필수적인 요소가 된다.

3. 일(works)

경영의 목표가 계획으로서 확정되어 전체업무가 늘어나면 그것을 보다 효율적으로 수행할 수 있도록 하기 위하여 업무를 분담하고 그에 따라 구성원들이 해야 할 일(과업)이 정해진다. '각자의 일'이라는 말은 일에 대한 책임한계가 없는 것이 아니고 구성원에게 개별적으로 책임의 한계를 명확히 해 주고 그에 따라서 업무를 수행할 수 있도록 하는 것이다. 그것은 공동의 책임은 그 누구의 책임도 되지 못하기 때문에(Everybody's job is nobody's job) 업무활동의 효율성을 구하기 위하여 개인별로 책임의 한계를 명확히 해 주고 그에 따라 업무를 수행할 수 있도록 해 주어야 한다.

그러므로 경영에 있어서 일이라는 것은 경영목표를 향하여 일을 통합하는 과정이라고 할 수 있다.[6]

---

6) Park, Joo-Seoung, 2004, "Individual Work Environment (Job Characteristics) and Work Related Attitudes in the Telecommuting Organization," Dissertation of H. Wayne Huizenga School of Business and Entrepreneurship, Nova Southeastern University, FL.

제 2 장 경 영 자

기업경영의 성공과 실패는 기업경영 시스템의 운영주체인 경영자가 중요한 변수이다. 기업에 있어서는 수많은 구성원들이 참여하여 기업목적을 달성하기 위해 역할 기능을 수행한다. 그러나 여기에는 많은 사람이 참여하고 있지만 모두가 같은 비중으로 영향력을 행사하지 못한다. 많은 구성원들 중에서도 가장 핵심적인 사람은 경영자다. 어느 조직이든지 성공적으로 경영되어 도산위기에서 벗어나든지, 아니면 초일류기업으로 부상하게 되면, 도대체 조직을 어떻게 경영했을까? 하고 관심을 가지는 반면, 제일 먼저 경영자를 생각하게 된다.

그러므로 이 장에서는 경영자에 관해 집중적으로 다루어 보기로 한다.

제 1 절 경영자의 직무와 경영의 과정

1. 경영자의 직무

경영자의 직무(일)(The manager's job)란 목표달성을 위해서 사람을 통하여 일이 이루어지도록 하는 것이다. 사람들이 공통적으로 갖고 있는 자원, 일을 목표 쪽으로 통합시키는 과정이 일이다.

이는 General Electric 사의 John Welsh 회장이나, American Airlines 사의 Robert Randall 회장이나, Mary Kay 화장품 회사의 Mary Kay Ash 회장이나, Coca-Cola 회사의 Robert Goizueta 회장이나, Dallas Cowboys 직업미식추구팀의 코치부장 Tom Dandry나, 공통적으로 이상과 같은 3가지 특징인 자원(resources), 일(과업)(tasks), 그리고 목표(goals)는 어떤 조직 누구라도 똑같이 기

본적인 것이다.

예를 들면, 미국 시카고 Cubs의 메이저리그 야구팀을 생각해 보자. 그 팀은 선수들, 장비 그리고 운동장에서의 야구 시합 등(자원)으로 구성되어 있다. 그리고 선수들은 특정한 위치(포지션)에서 각자의 과업(tasks)을 훌륭히 달성하여, 경기에 이길 수 있는 요구(목표)를 받는다. 마찬가지로 병원에 있어서도 종업원, 장비, 건물, 재정 등(자원)으로 그들 환자의 건강을 향상시키기 위한 활동목표(목표)로서, 의사, 간호사, 진료사들 각자의 과업을 수행한다.

이상과 같이 경영자들은 조직목표를 부서별 목표로 정하고 그 결과를 얻기 위한 수단으로 자원(사람, 장비, 재정)을 조직편성하고 목표가 달성되는가를 확인 감독한다. 이와 같은 정의는 간단한 것 같지만 경영자의 하루 일과는 장비부족, 노동자의 동기부여 문제, 원가상승, 소비자와 지역사회 반응 그리고 그와 같은 상황에 매일 매일 직면하게 된다.

2. 경영의 과정(The process of management)

경영에는 자원, 과업, 목표가 중요하다. 그러나 경영에서 더욱 중요한 것은 관리과정(The process of management)이다. 관리과정이란 어떤 일을 체계적이고 조직적으로 행하는 방법을 말한다. 그러므로 어떤 조직을 막론하고 모든 경영자는 목표를 달성하기 위하여 고안된 일련의 활동체계 속에서 종사한다.

경영자의 과업과정을 보면 [그림 1-3]과 같이 설명할 수 있다.

첫째, 경영자가 제일 먼저 해야 할 일은 '무엇을 할 것인가'에 초점을 맞추는 것이다. 이것은 수행할 업무를 수립하거나 해야 할 일을 계획하는 것을 말한다. 예를 들면, 소비자들의 제품에 대한 태도, 개인적 소비 수준, 최근의 생산개발품 그리고 경쟁사의 약점과 강점 등과 같은 외부적인 요인에 관심을 갖는다.

이와 같이 경영자는 외부환경을 종합하고 조직의 목표를 통합하여 목표달성을 하도록 하는 일을 한다.

둘째, 경영자는 '그것을 어떻게 할 것인가'를 결정한다. 이는 질서와 기능을 수립하여 조직하고, 수립된 목표를 달성하기 위하여 부서를 편성하는 것이다. 경영자는 이 단계에서 팀을 구성할 사람을 선발하는 데 주력한다.

그림 1-3 경영자의 업무(과업)

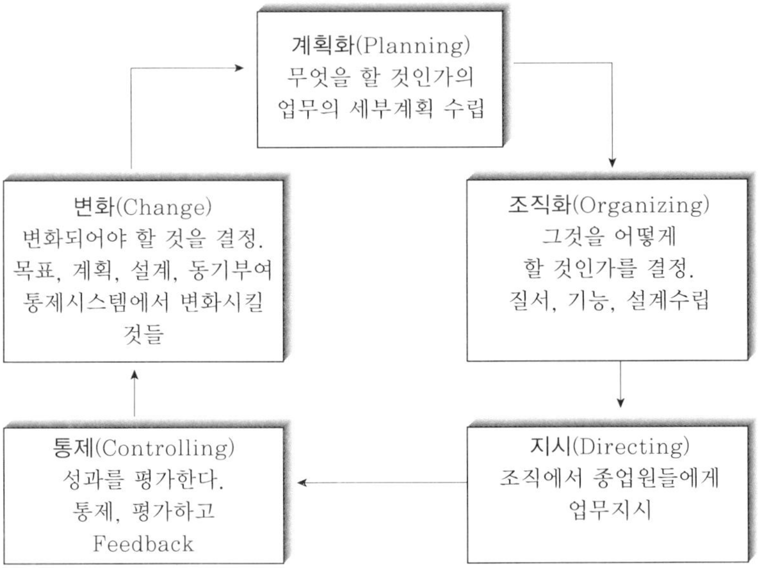

출처: Szilagyi, Andrew D. Jr., 1988, *Management and Performance*, Scott: Foresman and Company, p. 13.

그 후 각자 업무를 수행할 수 있도록 훈련을 시키고, 권한과 책임을 설정하며, 의무와 책임관계를 명확하게 한다. 그리고 필요한 자원과 재정을 획득하고 할당한다.

셋째, 경영자는 수행할 업무를 지시하는 일을 한다. 경영자는 가장 효과적이고 수행 가능한 수단으로 종업원을 이끌어야 한다. 예를 들면, 병원의 원무행정을 맡고 있는 자는 종업원들의 동기유발을 향상시키고, 목표달성을 위하여 종업원 자신의 리더십 형태를 검토하고 집단간의 협조를 구한다.

넷째, 경영자는 업무성과를 평가하게 되는 통제활동을 행하는 일을 한다. 예를 들면, 병원 원무행정자(원무과장)는 집단성과를 평가하고, 투자내용의 효과, 즉 능률의 성과도를 측정하여 의사소통, 자원할당과 대인관계 등의 문제점이 있는가를 조사한다.

끝으로 경영자는 무엇을 변화시킬 것인가를 찾는 일이다. 이것은 전에 이루어진 활동, 계획, 목표, 종업원 선발훈련, 동기부여, 집단 활동 통제시스템 등의 목표를 달성하기 위하여 변화시켜야 할 요인이나 활동들을 결정하는 데 필요한 모든 활동을 평가하는 것이다. 이것은 우리가 경영기능이라고 부르는 계획, 조직, 지도, 통제 등 네 가지 활동으로 말할 수 있다. 그러나 변화의 요인들은 일반적으로 이상의 네 가지 관리기능 각각의 기능 속에서 발생하고 별개의 활동으로 간주되는 것은 아니다.

제2절 경영자의 수준과 유형

다양한 업무와 책임을 갖고 있는 조직에 있어서 경영자의 형태는 다양하다. 경영자의 형태를 구분하기 위하여 경영수준과 책임분야의 2가지 범주로 분리하여 설명하고자 한다.

1. 경영자의 수준(level of management)

경영을 하는 데 있어서 경영자의 수준은 [그림 1-4]와 같이 3가지 수준으로 나타내고 있다. 이러한 수준은 통상적으로 최고경영자, 중간관리자, 일선관리자로 구분한다.

1) 최고경영자(executive managers)

최고경영자는 기업의 소수계층의 사람으로 때때로 "이사급 관리자"라고 부르는 경영에 있어서 최고수준의 사람들이다. 이러한 직위에 있는 경영자들은 외부환경, 예를 들면 금융제도, 정부와 정치적 인물들, 주요 공급자와 고객들의 대표들과의 친분을 유지할 책임과 조직의 목표, 계획, 전략과 광범위한 운영정책과 지시 등을 수행할 책임이 있다. 이러한 직위에 속하는 사람들은 사장, 최고전무이사, 운영간사, 행정부사장, 선임부사장, 부사장들이 여기에 속한다.

그림 1-4 경영자의 수준

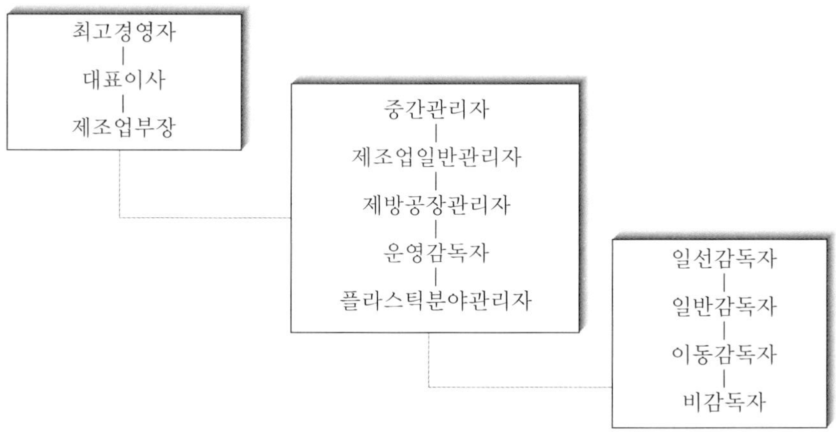

2) **중간수준 관리자**(middle-level managers)

중간수준관리자는 일반관리자, 공장경영자, 생산감독 등과 같은 관리자들이다. 기업 경영수준의 많은 사람들이 이러한 범주에 속한다. 중간수준 관리자들의 책임은 이사급 관리자의 명령을 생산직에 전달하고, 계획을 실행하며, 일선경영자들을 직접 감독하는 것이다. 이와 같은 일들이 경영계층에 중요하다. 왜냐하면, 이와 같은 일을 행하는 사람은 미래 이사급을 배출하기 위한 주요 훈련과정이고, 조직활동의 중심에 있기 때문이다.

3) **일선경영자**(first line managers)

일선경영자는 일선 지시, 비감독고용인들에 대한 감독의 책임을 지니고 있다. 구체적으로 책임을 살펴보면 생산량, 품질관리, 재고파악관리 그리고 예방정비 등과 같은 일에 대한 업무수행을 평가하는 것이다.

2. 경영자의 유형

본 절에서는 경영자에는 어떤 유형이 있는지를 우선 알아본 다음 어떤 이유로서 규모가 크고 복잡성이 많고 공개된 기업일수록 자본(출자자)과 경영권이 점증적으로 분리되어 전문경영자가 경영권을 지배하게 되는가를 알아보도록 한다.

기업의 구성요소는 인적 자원 · 자본 자원 · 기술 자원 · 물적 자원 등이라는 것을 우리는 이미 알고 있다. 인적 자원(human resources)는 크게 나누어 ① 기업의 경영관리 기능을 담당 · 수행하는 경영자 집단(manager group)과 ② 직접적으로 구체적인 기업활동을 담당 · 수행하는 종업원 집단(employee group)으로 구성된다. 인적 자원은 기업구성요소 중에서 가장 중요하며 인적 자원 중에서는 경영자 집단이 가장 중요하다. 경영자 집단 중에서는 회장 · 사장 등을 포함한 최고경영층(top management)이 기업경영에 대한 가장 무겁고 최종적인 책임을 지고 있고 그 수행에 필요한 강력한 권한을 행사하기 때문에 가장 중요하다.

이와 같이 최고경영층을 필두로 한 경영자 집단이 기업의 가장 중요한 자원인 이유는 경영자 집단만이 종업원 집단 · 자본 자원 · 기술 자원 · 물적 자원 등을 경영관리기능 수행을 통하여 기업목적을 달성시킬 수 있는 능력(capability)을 갖고 있기 때문이다. 만일에 기업의 여러 자원을 경영관리할 수 있는 경영자 집단이 존재하지 않는다면 모든 자원은 자원형태로 존속하게 되고 제품과 서비스라는 산출물로 변환될 수가 없다. 이와 같이 중요한 경영자들은 다음과 같은 유형(types)으로 분류할 수 있다.

1) 소유경영자

기업가(entrepreneur, enterpriser)라고도 불리는 소유경영자(owner-manager)는 자기 자신의 이익을 추구하기 위해 또는 치부(致富)를 목적으로 기업에 자본을 출자하여 그 소유권자가 되고, 직접 경영기능을 담당 · 수행하고, 실패할 경우 손실과 리스크를 직접 부담하며, 경영성과로서 발생한 이익 등도 직접 갖는 사람을 말한다.

소유권(ownership)과 경영권(management control)을 모두 갖고 있는 소유경영자는 제품이나 서비스 생산기술 등이 그리 복잡하지 않고 규모가 비교적 작은 기업의 운영을 담당하는 것이 일반적이다. 대규모 기업의 경우에도 대주주나 오너(owner)가 경영에 직접 참여하는 사례는 가끔 있다. 그럴 때에 그 대주주는 경영자로서의 자질을 갖추고 있어야 하는 것이 원칙이다.

2) 고용경영자

엄격히 말해, 소유경영자는 기업의 규모가 작을지라도 경영의 몇몇 부분만을 담당하지 전부를 담당 · 수행할 수는 없다. 따라서 그러한 적은 규모의 기업들도 제한된 수지만 경영자를 고용하여 경영을 분담시키는 것이 일반적이다. 기업의 규모가 커지고 경영활동이 복잡해질수록 소유경영자가 담당 · 수행할 수 있는 경영기능의 비중은 상대적으로 감소되게 마련이다. 소유경영자의 경영능력에는 한계가 있기 때문이다. 따라서 소유경영자는 더 많은 부분을 담당 · 수행할 수밖에 없다.

이와 같이 기업가 또는 소유경영자의 대리인으로서 경영기능의 일부를 위임받아 수행하는 사람들을 고용경영자(hired or salaried management)라고 한다. 이런 유형의 경영자들은 개인기업과 가족기업에서 흔히 찾아볼 수 있다. 그러한 기업들이 고용경영자를 채용할 때는 경영자로서의 전문적 식견(professional expertise)도 고려하지만 혈연 · 지연 · 학연 · 충성심 등 기업가나 소유경영자와의 인적 관계(personal relationship)를 중요시하는 경향이 있다. 예컨대, 정부기관이나 군에서 은퇴한 사람들에게 직장을 마련해 주기 위해 국영기업과 일부 사기업에서 그들을 고용하는 경우도 많다. 이때 이들은 경영자로서의 전문적 식견보다는 정치적 정실(political favoritism) · 신세진 것을 갚는 것 등 다른 이유로 고용된다고 보아야 한다. 이와 같은 유형의 고용경영자는 준전문경영자(Quasi-professional manager)라고도 할 수 있다.

3) 전문경영자

생산능력 · 매출규모 · 제품계열 · 자산 · 시장 커버리지(market coverage) · 종업원 등의 규모가 확대될수록, 급격한 환경변화로 경영관리와 활용기술의 복잡성이 증가할수록, 국제화를 거듭할수록 공개된 주식회사를 합리적으로 경영하려 할수록, 질적 수준이 높고 수적으로 많은 전문경영자들이 절대적으로 요구되고 있다.

그러한 필요성을 인식하여 현재의 대기업과 기업그룹 중에는 이미 20여 년 전부터 공개시험을 통해 대졸사원들을 채용하기 시작했으며, 공채자 중에는 1980년대 후반부터 사장직과 회장직까지 맡고 있는 사람들이 상당히 많다. 그 정도로 오늘날 거의 모든 대기업들은 전문경영자들에 의해 경영되고 있다고 보아야 한다.

요사이는 중견기업들까지도 전문경영자를 활용하는 경향이 급격히 증가하고 있다. 이 모든 것은 우리나라 기업계에도 전문경영자 시대가 왔음을 가리키는 것이다. 전문경영자란 경영관리에 대한 전문적 식견이 풍부할 뿐만 아니라 윤리·도덕적 행동요강을 준수하는 전문가 기질(professionalism)도 갖추고 있어서 소유권자(주주)들로부터 경영권을 위탁받아 기업을 경영하는 전문가라고 할 수 있다. 일종의 고용경영자이며 수탁경영자(trustee manager)인 전문경영자에 의한 기업의 경영관리는 소유권과 경영권의 분리를 전제로 하고 있다. 즉, 기업의 소유권자는 원칙적으로 출자기능만을 담당하고 실질적인 경영관리 기능은 전문경영자가 담당해야 한다는 뜻이다.

그렇다고 대주주와 같은 소유권자는 전문경영자가 될 수도 없고 또 되어서는 안 된다는 말은 절대로 아니다. 자유기업 제도하에서 전문경영자를 얼마만큼 채용하여 기업의 경영권을 얼마만큼 위임(delegate)할 것인가는 소유권자들(주식회사의 경우는 이사회)의 재량권(discretion)에 속하기 때문이다. 또 소유권자라도 전문경영자로서의 전문성을 갖추고 있고 전문가 정신에 입각한 행동요강까지 준수한다면 경영권을 스스로 행사하는 것은 타당하다. 실제로도 그런 경우를 발견할 수 있다.

현대적인 기업에서 경영관리의 실권과 리더십을 행사하는 전문경영자들은 소유권자(주식회사의 경우 주주총회와 그 하위기구인 이사회)와 종업원의 중간에 위치하는 별도의 계층을 이루며 최고경영자들과 라인 및 스탭(line and staff)으로서의 중간경영(관리)자들로 구성된다. 전문경영자와 소유경영자 사이의 가장 큰 차이점은 전문경영자는 사회공기(公器)에 해당하는 기업의 전반적 목적을 달성하는 데 중점을 두는 경향이 있는 반면에, 소유경영자는 대체로 자기이익의 추구에 중점을 둔다는 데서 찾아볼 수 있다.

제 3 절 경영자의 직능(managerial function)

경영의 직능은 계획(planning), 조직(organizing), 지휘(leading) 및 통제(con-

그림 1-5 경영자의 직능

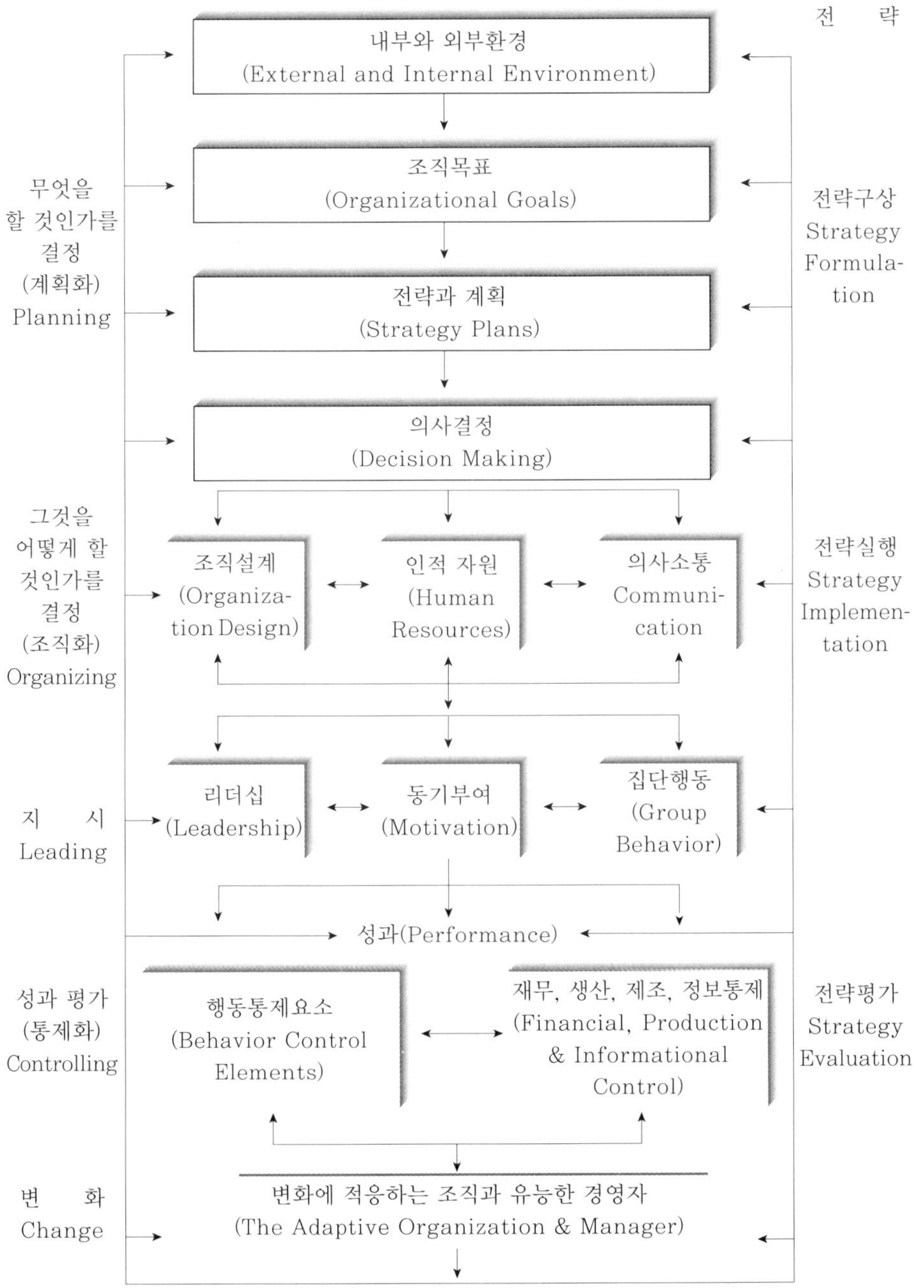

출처: Szilagyi, Andrew D. Jr., 1981, *Management and Performance*, Scott: Foresman and Company, p. 13.

trolling)하는 활동이다. 경영의 직능을 자세히 설명하면 [그림 1-5]와 같다. 본 장에서 경영의 기능을 구체적으로 설명하고자 한다.

1. 성과를 위한 설계(계획)

계획(planning)은 다른 활동의 형태를 결정하기 때문에 가장 중요한 기능들 중의 하나이다. 계획은 다음과 같은 4개의 요소를 가지고 있다.

① 환경요소와 조직자원의 평가, ② 조직목표의 설정, ③ 전략개발과 설정된 목표달성에 대한 계획, ④ 의사결정 과정 적용 등이다.

1970년대 초의 거대한 미국 석유회사를 생각해 보도록 하자. 중동 산유국들의 기름값 인상과 OPEC석유수출국 영향 등, 환경요소(environmental factor)는 석유회사들에게 취약성을 나타나게 하였다. 회사원유 공급자의 대다수가 외국정부에 의하여 통제되고, 최고경영층은 불확실한 원자재의 장기적 충격이 조직의 생존(환경요소 평가)에 손해를 줄 것으로 믿었다.

첫째, 회사의 장점을 평가하고, 조직은 석탄에 대한 예비자원으로서의 에너지 회사였다는 것과 정제분야는 기름 생산제조로부터 산업화학제품으로 손쉽게 전환할 수 있는 기술개발을 하였다고 평가하였다.

둘째, 능력 있고 경쟁력 있는 인력을 고용한다. 필요한 곳에 그들의 직무(인원을 확보하고 훈련시키는 일)에 필요한 기술을 갖고 있는 새로운 종업원을 훈련시키기 위한 계획을 수립한다.

셋째, 공식적 · 비공식적 통신망과 모든 인원들에게 의사소통을 강요하며, 전달되어지는 정보의 형태, 의사전달 흐름 그리고 효과적인 커뮤니케이션(communication)의 방해물 제거를 위한 계획을 수립한다.

2. 명령수립 기능과 설계(조직화)

[그림 1-5]에서 보는 바와 같이 일단 경영층에서 목표(goals)를 수립하게 되면, 이러한 목표를 달성하기 위한 계획을 개발해야 하고, 개발된 계획을 발전시

키고 성공적으로 수행하기 위해 조직을 설계하고, 개발하는 데 총력을 기울여야 할 것이다. 각 조직에 따라 알맞은 조직형태를 선택하는 것이 중요하다. 예를 들면, 석유회사에서 개발된 조직이 효과적이라고 해서 화학회사에서도 효과적인 조직이라고는 할 수 없다. 조직화의 내용을 보면 다음과 같다.

① 조직구조 개발

② 인적 자원 확보 및 훈련

③ 의사소통 형태와 그 계획수립 등이다.

예를 들면, 어떤 장소에서 곧 개업하게 되는 진료소의 의무과장의 경우에는 먼저 이 진료소에 의사, 간호사, 기술사 그리고 일반 물리 치료하는 진료전문의, 그리고 관리참모와 기능직 주요 참모를 고용하게 된다. 비록 일반대중을 상대로 의료봉사를 하게 되지만 진료소에서는 지역사회의 기업체와 기관원들을 상대로 의료행위를 수행하게 된다. 일단 계획단계가 완료되면 내부조직에 관심을 두어야 한다.

① 진료소 구조를 계획(planning)한다. 권한관계, 지휘계통, 보고형태, 부서별 그리고 다양한 행정적 책임(구조 설계하는 것)을 위한 방침과 절차를 설계한다.

② 능력과 경쟁력 있는 인력을 고용(hire)한다. 필요한 곳에 그들의 직무(인원을 확보하고 훈련시키는 일)에 필요한 기술을 갖고 있는 새로운 종업원을 훈련시키기 위하여 계획을 수립한다.

③ 공식적 의사소통과 비공식적 의사통신망, 그리고 모든 인원에게 의사소통을 강조하며, 전달되어지는 정보의 형태, 의사전달 흐름 그리고 효과적인 커뮤니케이션을 방해하는 것에 의한 계획을 수립한다.

3. 성과 지시

조직의 목표와 계획이 수립되고 조직구조가 결정되고 나면, 다음 단계는 정해진 목표를 달성하기 위하여 종업원을 시시하는 것이다. 통솔(leading)하고, 지시(directing)하며, 동기부여(motivation)하여, 설정된 목표를 달성하도록 종업원을 유도하는 것이다. 지시기능에는 다음과 같은 3가지가 있다.

① 종업원들에게 동기를 부여하는 기능

② 종업원들에게 영향력을 행사하는 기능

③ 효과적인 집단(group)을 형성하는 기능이다.

첫째, 지시기능의 초점은 집단(group) 내의 종업원들간의 상호관계뿐만 아니라 종업원 개인들에게 달려 있다. 앞장에서도 언급한 바와 같이 진료소의 원무행정책임자가 제일 먼저 지시를 받는 것은 성과급, 승진계획과 도전적이고, 다양하게 그리고 계속 성장할 수 있도록 계획된 직무계획과 같은 종업원에게 높은 동기부여가 될 수 있도록 여건을 마련하는 것이다.

둘째, 새로 임명된 관리자들은 가장 효과적인 리더십의 개발과 종업원이 높은 성과를 올릴 수 있도록 영향력을 줄 수 있는 그러한 행동을 당부할 것이다.

셋째, 집단이 어떻게 형성되는지 주의하여 관심을 가져야 한다. 예를 들면, 집단구성원과 조직구성상의 특징은 업무성과를 달성할 수 있기 때문에 효과적인 집단을 형성하는 것이 중요하다.

4. 성과 평가(통제)

통제(controlling)의 중요한 목표는, 설정된 조직목표를 달성하는 데 있다. 그리고 통제기능의 기본적인 구성요소는 다음과 같은 3가지 요소가 있다.

① 통제 시스템 요소

② 종업원 업무성과의 평가와 보상

③ 재무, 정보, 그리고 물적 자원 등의 통제 등이다.

첫째, 경영자는 조직의 목표와 성과달성에 있어서 구성원에게 조직성과달성을 위하여 올바른 행동을 알게 하는 것이 효과적인 통제기능을 위하여 좋은 방법일 것이다.

조직의 성과를 달성하기 위하여 전반적인 조직목표에 달성되어야 할 범위를 평가하기 위한 개인적 목표와 공식적 조직성과 평가시스템을 수립함으로써 조직성과표준(통제 시스템 요소)을 작성한다.

둘째, 그들의 성과에 따라서 종업원들에게 봉급인상, 승진과 같은 보상을 준다. 만약 조직성과가 계속해서 표준 이하에 있게 되면 고용관계를 종료하는 결심을 한다. 즉 종업원 성과평가와 보상이다.

그리고 통상적으로 컴퓨터에 의한 공식적인 보고체계를 발전시킨다. 즉 경영정보시스템(MIS)에 자료를 수집하고 재무계수와 같은 것으로 조직성과를 보고하고 계획의 마감을 하고 조직자원의 이용수준을 알려준다.

셋째, 원가분석, 예산편성, 제품생산, 재고관리, 품질통제(자원통제)와 같은 조직성과의 중요한 비행동적 요소를 제공하고 있다는 점을 알아야 한다.

5. 변화(change)

경영자가 알고 있어야 할 가장 중요한 사항 중의 하나는, 조직은 거의 정체적으로 가만히 멈추어 있지 않는다는 것이다. 조직은 내부적 환경변화요인과 외부적인 환경변화요인이 자주 조직을 변화시키는 힘이 된다. 예를 들면 다음과 같은 사항들이 미국 석유회사 경영기능을 급격히 변화시키는 원인이 될 수 있을 것으로 예상된다.

① 중동 석유 산유국들에 있어서 공산주의 정부가 들어서게 되면, 세계경제 불안정이 석유 가격변동을 1년에 50%만큼 변화를 가져올 것이다.

② 새롭게 문을 연 화학공장의 노동자들이 노동조합에 가입하여, 회사에 여러 가지 사정으로 파업을 하려고 할 것이다.

③ 의회에서는 여러 가지 산업에 관련하는 여러 회사에서 소비자에게 판매하기 위하여 생산을 통제하는 것을 불법화한 법률을 통과시킬 것이다.

다른 진료소 경영을 예를 들어 보면, 다음과 같은 사항을 어떻게 대응할 것인가?

① 국민보건보호법이 유효하다.

② 보험회사에서는 불법행위에 대한 소송으로 의료비 지불을 거절할 것이다.

③ 연방 주정부는 병원 원가에 대해 제한하는 법을 통과시킨다.

그리고 일간신문에서는 이러한 사항이 비현실적이 아니라고 떠들어댄다면, 이러한 사항에서 경영자들은 변화하는 환경에 적응할 수 있어야 될 뿐만 아니라, 가능하면 언제든지 변화를 예측하고 근로의 영향을 예측할 수 있는 기법을 개발해야 한다. 또한 경영자는 조직이 어떻게 관리되고 있는가, 또한 어떻게 적응하고, 변화에 어떻게 따라가는가를 인식해야 한다.

6. 전략(strategy)

경영자의 직무전략활동(strategy activities of managers job)은 [그림 1-5]의 경영과정에서 일어나는 전략구상(strategy formulation), 전략실행(strategy implementation) 그리고 전략평가(strategy evaluation) 등 3가지 전략활동 범위로 나누어서 설명한다. 전략은 조직목표를 달성하기 위하여 계획하는 것이다. 이러한 조직목표는 어떤 조직에서나 이루어질 것을 설명하여 놓은 것이다. 이러한 과정을 환경기회(environmental opportunities)라는 말로서 조직이 하여야 할 것과 무엇을 하는 것을 원하는 등 최고경영자의 의사를 반영한다. 그리고 공중에게 윤리적 · 사회적 문제를 가져오는 일은 없는가를 알아야 한다. 이와 같이 실행과 평가는 목표를 달성하는 데 있어서 조직 자원과 중요한 관계를 이루고 있다.

예를 들어, 필기도구로서 유명한 스크립토(Scripto)의 사례를 생각하여 보자. 이 회사는 세계에서 가장 유명한 필기도구를 생산한다는 계획을 수립하였다. 그러나 1970년대 중반 이러한 계획을 실시하는 데 있어서 고가의 필기구를 시장에 팔려고 노력하는 대신 값이 싸고 마음대로 처분할 수 있는 필기도구를 판매하는 시장을 무시하였다.

이러한 잘못된 판단은 빅 펜(Big Pen)회사에서 값이 싼 펜과 Felttip 필기도구를 생산 공장에 설치하도록 하였다. 그 결과 Big Pen 회사에서는 Scripto 회사제품을 능가하고 업무성과의 중요한 재부상의 조지도 거의 모두 Scripto를 능가하였다.

제 3 장 경영자 기능의 실체

관리기능의 실체(realities of managerial functions)는 앞장의 경영기능을 소개하면서 언급한 바와 같이, 관리경영은 조직에서 일이 이루어지도록 하는 체계적인 방법이다. 그러나 일이 이루어지는 과정에 있어서, 해야 할 일, 하는 방법, 하는 시간 등에 대한 점검표를 만들어 관리의 기능을 하나하나 규정할 수는 없다. 반면에 관리과정(process of management)은 업무성과를 위한 기본적인 형태로서 나타내는 것이다.

즉 경영과정은 일반적(universal)이거나, 전부를 포괄하는 이론 혹은 절차과정을 확립하는 것은 아니다. 그러므로 관리기능의 실체를 파악하는 데는 다음과 같은 3가지를 파악하여야 한다. 첫째, 관리기능적 접근은 견고하게 한 단계씩 시스템화하는 것은 아니다. 다시 말하면, 관리자는 월요일에 어떤 일이 생각나면 계획을 하고, 화요일은 부서를 재편성하는 조직을 하고, 수요일에는 종업원에 대한 동기부여를 한다고 생각하는 것은 잘못이다.

왜냐하면, 계획을 하는 것은 목표를 설정하는 것이지만, 동기부여 · 지시 · 의사전달 · 통제 등은 매일 발생하는 것이기 때문이다. 예를 들면 창고를 건축하는데 책임이 있는 관리자는 그것이 완성되기 전에 계획에서부터 통제에 이르기까지 한 가지 사업만 체계적으로 한다. 그러나 이 관리자가 같은 때에 3개의 창고를 건축하는 데 책임 있는 관리자는 그 일들이 완성되기 전에, 계획에서부터 통제에 이르기까지 한 가지 사업을 체계적으로 한다.

그러나 관리자가 같은 때에 3개의 창고를 건축하는 것을 감독한다면 그는 매일 관리기능 분야의 모든 것을 만들어야만 한다. 이렇게 관리기능이 중복되는 것은 관리자 직무에 융통성 있게 접근하는 것이 필요하다는 것을 나타내고 있는 것이다.

제1절 경영자의 기능

경영자의 직무는 한 가지만으로 구성된 것은 아니다. 그리고 경영자 기능에 대한 숙련도는 개인마다 다르다. 예를 들면 어떤 한 경영자는 경영계획 수립부분에도 잘하고, 계열기업체도 잘 다루고, 종업원 동기부여도 잘하고, 통제기능도 있고, 계량화시키는 데도 능력이 있다고 생각할 수 있다. 이처럼 회사의 관리자의 직능에 있어서 계획수립자는 계획만 하고, 건축을 감독하는 사람은 감독만 하고, 내부 회계감사는 숫자만 다루는 것이 아니다. 경영자는 그들의 일에서 효과적으로 모든 경영기능에 능숙하여야 한다.

조직에 있어서 각기 다른 계층에 있는 경영자들은 계획하고, 조직하고, 지시하고, 통제하는 데 각기 적절하게 시간을 배분한다. 그러나 개개인의 경영자에 있어서는 한 가지 경영기능은 우수하지만 다른 분야 기능을 개발하는 데는 시간이 많이 소요되는 경영자도 있다. 그리고 조직을 경영하는 데 있어서는 최선의 방법이 반드시 하나만 있는 것이 아니라는 사실을 인식하여야 한다(No one best way). 경영의 과정은 하나의 기초적인 틀(basic framework)이지 조직상의 문제를 해결하는 해답이 될 수 없는 것이다("The process of management is a basic framework, not the source of solutions to organizational problems").[7] 경영자들이 직면하는 각각의 상황에 따라서 경영의 틀(framework)은 각기 약간씩 다르게 적용될 수 있다.

이와 같은 경영이론의 접근방법은 상황적합 접근방법(the contingency approach)이라 하고, 그것은 특정상황에 대하여 개발하는 쪽으로 지시되어진다. 그러므로 어떤 상황에서 가장 중요한 변인들을 생각하고, 경영자는 조직목표를 달성하는 데 필요한 가장 적합한 행동을 취하는 것이다. 즉 효과적인 경영자는 상황을 인식하고 적용하여야 한다. 상황론 접근방법으로 접근하는 경영자는 조직상의 문제를 해결하는 데 꼭 맞는 해답이 없다는 것을 잘 알고 있을 것이다.

---

7) Szilagyi, Andrew D. Jr., 1981, *Ibid.*, p.19.

제 2 절 경영자의 기능과 시간 할당

경영자들이 어떤 기능에 대하여 생각하는 시간은 조직의 경영수준에 따라 다르다. 경영층에 따라 주요기능에 소비하는 시간을 보면 [그림 1-6]과 같다. 다음의 그림에서와 같이 3가지 경영층, 즉 최고경영층, 중간관리층, 일선감독자층들의 수준에서 각각의 주요 기능에 시간의 양을 표시한 것이다.

1. 최고경영층

최고경영층인 전무이사 경영층에서는 계획하고, 변화시키는 문제에 대부분의 시간을 보내고 있다. 이것은 최고 이사급의 의무와 책임에 속하는 것이며, 전반적인 정책과 전략형성에 관한 것이다. 예를 들면 미국의 시어스(Sears) 백화점의 JCPenny와 몽고메리 왈드와 같은 최고이사의 주요 기능은 계획과 중요 변화에 대하여 날카로운 통찰력으로 회사의 발전을 지시하는 데 거의 모든 시간을 보낸다. 이러한 관리자들의 시간 할당은 아래 [그림 1-6]으로 설명할 수 있다.

특히 이들은 상품을 파는 회사의 최고경영자로서 전반적인 가격전략과 상점의 위치 등에 관심을 가지고, 그들은 자주 소비자보호, 변동, 가처분 소득변화 등

그림 1-6 경영자들의 시간 할애

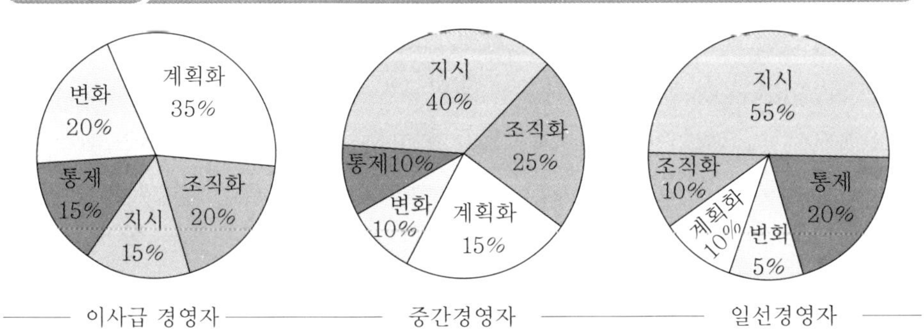

출처: Szilagyi, Andrew D. Jr., 1981, *Ibid*., p. 22.

을 분석한다.

2. 중간경영층

중간경영층에서는 대부분의 시간을 조직화하고, 지시하는 데 주로 시간을 사용한다. 이와 같은 일들을 전략적 실행이라고 부른다. 즉 이들 경영자들은 계획을 실행에 옮기고, 전무급 경영팀의 전략을 실행에 옮기는 주된 책임을 지고 있다.

3. 일선감독자

일선감독자들은 최종적으로 지도하고, 통제하는 업무가 그들의 주된 의무이고 그들의 시간을 주로 여기에 보낸다. 이상의 경영자의 직무을 요약하면, 조직목표 달성을 위하여 조직을 계획하고, 실행하고, 평가하는 것이다.

제 3 절 경영자 기술

성공한 경영자들의 대부분은 직장생활을 통하여 그들이 달성할 수 있는 수준에서 기술을 습득하였다. 모든 경영자들은 기술적인 측면(technical skill), 인간적인 측면(human skill), 개념적 측면(conceptual skill), 진단기술(diagnostic) 등과 같은 4가지 기술의 특정 관리분야가 필요하다. 이는 [표 1-1]과 같이 설명할 수 있다.

표 1-1 경영기술

기 술	설 명	활동에 대한 예
기술적인 면	도구와 기술을 사용하여 특수한 방법으로 업무를 수행함.	1. 혈액검사 2. 교량기술진단
인간적인 면	종업원을 선발하고 동기유발 및 지도하는 대인관계	1. 회계감사담당, 집단 감독하는 회계관리자 2. 재고관리 감독자와 저장관리 감독자간의 분쟁을 해결하는 제조 생산관리자
개념적인 면	대단히 많은 활동을 통합하고, 협조시키고, 전체 조직의 상황을 보는 능력	1. 다른 회사와 합병의 효과를 분석하는 전무급 관리자 2. 회사에서 노사분규의 전적인 파급효과를 검토·분석하는 인사담당 부장
진단적인 면	애매모호한 자료를 관찰하고, 사실을 통하여 상황을 신속히 파악하는 능력	1. 종업원의 전직이유를 분석하는 인사담당 경영자 2. 소비자 구매습관 변화를 시도하는 마케팅 경영자

출처: Szilagyi, Andrew D. Jr., 1981, *Management and Performance*, Scott: Foreman and Company, p. 21.

1. 기술적 측면

기술적 측면(technical skills)은 특정한 방법으로 도구를 사용하거나, 기술, 절차 등의 접근방법을 이용하는 능력을 테크니컬 스킬이라고 한다. 즉 이는 경험, 교육훈련을 통하여 얻어지는 것으로서 특정한 과업을 수행하기 위하여 필요한 지식, 방법, 기술, 장치 등을 사용하는 능력이다. 예를 들면, 전문기술을 가진 토목기사나, 회계사, 변호사, 의사 등은 모두 그들이 하는 일을 통해서 전문가로서 인정받고 있는 사람들이다.

마찬가지로 경영자 또한 전문가로서 전문기술에 대한 두 가지 성격을 갖고 있다.

첫째, 경영자는 통상적으로 그 일이 이루어지도록 기술을 개발하는 것이다. 연구개발(R & D) 실험실에서 일하는 경영자는 통상적으로 특정분야인 과학적인 공헌을 한다.

둘째, 경영자는 일이 이루어지도록 기술을 사용한다. R&D그룹을 성공시키기 위해서는 프로젝트 경영자는 과학적인 연구개발 계획, 집단을 조직하고 과학적으로 성과를 평가하는 등의 일을 하여야 한다.

2. 인간적 기술

인간적 기술(human skills)은 개인적으로나, 집단적으로 종업원을 선발하고 동기부여하고 종업원을 지도하는 능력을 말한다. 이와 같은 기술을 효과적으로 달성하기 위하여 연구개발자는 같이 일하는 과학자들에게 동기를 부여하여 의사전달을 행하는 방법과 일이 이루어지도록 하기 위하여 다른 과학자들의 자질을 아는 것이 필요하다. 이와 같이 일하고, 종업원들을 지도하는 능력을 인간적 기술이라고 한다.

3. 개념적 기술

개념적 기술(conceptual skills)은 조직활동을 통합하고, 협조시키는 기술을 말한다. 즉 이는 조직 전체의 복잡성을 이해하고 누가 어떤 조직에 적합한가를 이해하는 능력이다. 이는 어떤 의미에 있어서 조직의 각기 다른 부분을 함께 맞추는 전체의 윤곽을 보는 능력에 관한 것으로서, 서로간에 관련되고, 조직의 한 부분이 다른 부분에 어떻게 변화를 일으킬 수 있는가를 관찰하는 능력을 말한다.

예를 들면, 기술개발(R&D) 실장은 연구활동(새로운 발견, 기술혁신)의 이론적 연구노력(특정소비자 문제를 해결토록 고안된 특정과제)이 연구개발의 전반적 목적에 어떻게 적용할 것인가를 알아야 한다. 그리고 그들의 노력으로 가장 큰 효과가 나타날 때 각기 다른 그룹에서 함께 일의 효과를 같이 볼 수 있도록 하여야 한다.

4. 진단적 기술

진단적 기술(diagnostic skills)은 분석과 실험을 통하여 특정 상황을 판단하고, 대처하는 기술을 뜻한다. 즉 단순히 어떤 상황이 왜 일어나는가를 밝히는 능력뿐만 아니라 만약에 그러한 상황이라면 어떠한 방법으로 개발할 수 있는 능력을 말한다. 중요하지 않은 부분은 빨리 없애고, 빨리 문제 핵심으로 들어가는 능력을 진단기술이 있다고 말할 수 있다.

예를 들면, 종업원의 높은 이직률은 심각한 관리상의 문제로서 통상 고용비용을 높이고, 직업소개와 그 일을 할 수 있는 주위에 올바른 사람을 갖지 못한 것과 관련한 무형의 비용을 증가시킨다. 진단기술이 없으면 경영에 있어서 핵심문제가 어디에 있는지를 모르고 진단비용을 증가시키는 경향이 있다.

제 4 절 경영자 관리수준

앞에서 언급한 4가지 경영기술이 업무성과(performance)를 달성하는 데 필수적이고 관리수준(managerial levels)에 따라 중요성이 다르게 나타난다.

이를 그림으로 나타내면 [그림 1-7]과 같이 설명할 수 있다. 이상의 그림에서 나타나는 바와 같이 기술적 기술은 경영에 있어서 수순이 낮을수록 중요성은 증가한다. 마찬가지로 일선감독자는 그들의 대부분의 시간을 지시하는 데 보내기 때문에 인간적인 기술은 낮은 수준에서 중요하다. 그렇다고 하여 최고경영자는 인간적인 기술이 필요하지 않다는 말은 아니다.

오히려 인간적 기술이 이사급 관리자에게 더욱 필요한 기술이다. 그리고 개념적 · 진단적 기술은 이사급들이 전체 조직의 생존과 성과에 중요한 영향을 주는 기초적이고 장기적인 의사결정을 하는 데 책임이 있기 때문에 높은 경영층일수록 더욱 필요한 기술이다.

그림 1-7 각기 다른 경영자 수준에서 효과를 위한 필요한 기술

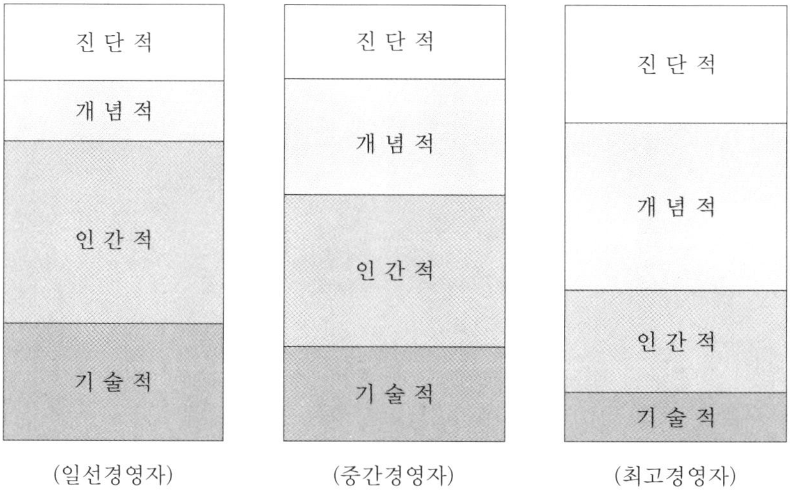

출처: Szilagyi, Andrew D. Jr., 1981, *Ibid*., p.23.

제5절 경영기술 습득방법

경영기술 중에서 기술적 기술(technical skills)은 그들이 교육과 훈련을 통하여 가르칠 수 있기 때문에 다른 기술보다 쉽게 얻을 수 있다. 반면에 인간적 기술(human skills), 즉 대인관계 기술은 습득하는 데 훨씬 어렵다. 왜냐하면 대인관계(인간적 기술)는 동료간이나, 하급자간에는 상급자의 문화적 특성에 따라서 다르기 때문이다. 그리고 이러한 영향은 종업원마다 다르므로 종업원 성과에 미치는 영향도 다르게 나타나므로 예측하기도 어렵다.

조직행동의 분야에서는 조직구성원의 행동을 묘사하고 예측하는 문제를 다루면서 발전을 하여 온 것이다. 마지막으로 개념적이고, 진단적인 기술은 습득하는 데 가장 어려움이 따른다. 이는 습득하는 데 오랜 시간이 걸리고 일정한 능력이 소요되기 때문이다. 또한 개념적 · 진단적 기술의 개발은 일정범위에서 기술과 인간관계를 습득한 정도에 따라서 달라진다. 즉 개념적 · 진단적 기술은 받아들여

지는 행동을 관측하고 실습을 하는 데 있어서 배우고 경험을 하는 수준의 능력을 요구하는 성숙된 기술이다.

경영기술을 습득하는 데 3가지 방법, 즉 ① 교육(education), ② 경험(experience), ③ 스승관계(mentor relationship) 등이다.

1. 교　　육

경영기술을 습득하기 위한 교육(education)은 미국의 MBA과정이나, 최고경영자 과정, 우리나라 경영대학원이나, 최고경영자 과정으로 빠른 경영기술을 배운다는 데는 누구도 부인할 수 없다. 그런데 경영기술을 가르치기 위한 교육내용을 정의하는 것은 학자들에 따라 혹은 경영실무자들에 따라 의견이 다를 수 있기 때문에 한마디로 정의하는 것은 어렵다. 리빙스톤(Livingston)에서는 경영분석능력(analytical ability), 문제해결(problem solving), 의사결정(decision making) 등을 강조하고 있다고 한다. 그러면 대학에서 경영학원론의 내용에 있어서 어떤 것을 가르쳐야 하는가는 다음 장에서 설명하려고 한다.

2. 경　　험

경영기술을 습득하는 데 두 번째로 필요한 것이 경험(experience)이다. 경험은 경영기술을 가르치는 최고의 교사이다. 그 이유는 경영을 위한 진실이 경험에는 많이 포함되어 있기 때문이다. 이러한 경영에 있어서의 경험은 일반적으로 다음과 같은 3가지 분야에서 얻을 수 있다

첫째, 경험은 다양한 상황문제들을 요구한다. 예를 들어, 건설 회사나, 공학설계를 담당하는 사업담당부장은 설계뿐만 아니라, 계약도 하는 중요한 위치에 있다. 나양한 조직활동을 통합하는 부분을 위해서 배우는 것이다.

둘째, 경험을 얻는 것은 시간이 필요하며, 다양한 경영관리 상황에 충분히 깊게 처해 보는 것이다.

셋째, 경험은 성숙의 정도이다. 이는 많은 작업에 임하는 각 개인의 철학적

태도, 혹은 신념, 믿음이다.

3. 스승관계

스승관계(mentor relationship)를 간단히 말하면, 젊은 경영자가 숙련되고 경험이 많은 경영자와 같이 일하며 배우는 그러한 상황을 말한다. 스승제도를 가지므로 부하에게는 경험 있는 경영자로부터 사업을 배울 수 있는 기회가 될 뿐만 아니라, 인간기술을 배우고, 조직에서 부딪치는 여러 가지 문제를 접근해 가는 방법을 배우게 되는 것이다. 그리고 또한 부하들에게 경영에 대한 경력을 쌓게 하고, 경영능력을 쌓아 가는 귀중한 기회가 된다.

제 4 장 경영자의 직무성과

경영자의 업무(Manager's job)는 광범위하다. 앞에서도 말한 바와 같이 경영은 명확히 제시된 조직목표를 달성하기 위하여 동원할 수 있는 모든 자원을 동원하여, 구성원 등의 노력을 계획하고, 조직하고, 지시하고, 통제하는 일련의 과정이라고 말한다면, 경영자의 직무는 사람을 통하여 일이 이루어지도록 하는 것이다. 그러므로 어떤 조직이든, 잘하는 경영 혹은 좋은 결과가 있는 경영, 즉 성과 있는 경영을 하기 위해서는, 욕구와 능력을 가진 사람(men)이, 충분히 능력을 발휘할 수 있는 적절한 설비(machines)나 적당한 제품을 생산할 수 있는 원료(material)와, 설비를 구입할 수 있는 자금(money)이 있어야 한다.

그리고 여러 사람들과 더불어 협력하여 일할 수 있는 조직(mechanism)과 이들을 관리(management)할 능력이 필요하며, 제품을 판매할 수 있는 시장(market), 생산된 제품의 품질(quality), 제품의 원가(cost)를 낮게 생산하여, 생산된 제품을 보다 빠르고 적당한 시기에 납품(delivery)하여야 한다. 훌륭한 경영성과(performance)가 있는 경영을 말한다. 이상에서 말한 바와 같이 경영이란, 이상의 경영의 요소인 7M에 품질, 원가, 납기를(Q.C.D.) 생각하는 일들이 경영자의 직무라고 말할 수 있다. 그러므로 어떤 조직이건 조직성과(performance)를 달성하기 위하여 경제적 · 기술적 · 사회적인 복합체(system)를 내포하고 있다.

제1절 경영의 직무성과

경영을 잘했느냐 못했느냐를 평가할 때 "능률적(efficiency)이거나 혹은 효과적(effectiveness)이다"라고 말을 한다. 이같이 같은 말로 사용할 때도, 많지만 구분하여 사용할 필요가 있다. 우리는 경영자를 평가할 때에, 경영자는 조직의 목표를 능률적이고, 효율적으로 달성하여야 한다는 주장에 대해서는 부인할 수 없다.

경영자의 주요 목적은 조직의 목표를 달성하는 것이라고 말할 수 있다. 목표를 달성한다는 말은 다른 말로 하면, 업무성과(performance)를 달성하는 말이다. 경영성과를 데이비스(Davis, Keith)는 다음과 같은 공식으로 설명하고 있다.[8)]

경영성과＝인간의 성과×물적 요소

(BUSINESS PERFORMANCE＝HUMAN PERFORMANCE×PHYSICAL FACTOR)

인간의 성과＝능력×동기

(HUMAN PERFORMANCE＝ABILITY×MOTIVATION)

능력＝지식×기술

(ABILITY＝KNOWLEDGE×SKILL)

동기＝상황×태도

(MOTIVATION＝SITUATION×ATTITUDE)

데이비스는 경영성과를 인간의 성과와 물적인 요소에 의하여 이루어지며, 물적인 요소는 불변적인 요소인 데 비하여 인적인 요소는 가변적 요소라고 설명하였다. 그리고 동기의 요소도 가변적인 요소라고 정의하였다.

이상에서 정의한 경영성과(Business Performance)는 효율(Efficiency)과 효과(Effectiveness)라는 말로 표현된다. 경영학자 피터 드러커(Drucker, Peter, 1964)는 "효율(efficiency)은 일을 바르게 하는 것(Doing thing right)을 의미하고, 효과(effectiveness)는 바른 일을 하는 것(Doing the right things)"이라고 정의하였다.[9)]

---

8) Davis, Keith, 1975, *Human Relation in Business*, McGraw-Hill Book Company Inc., p. 174.

9) Drucker, P. F., 1964, *Managing for Results*, New York: Harper&Row, p. 5.

1. 효 율 성

Peter Drucker는 효율성(efficiency)은 일을 바르게 하는 것(doing things right)을 말한다고 언급하였다. 이는 조직목표를 달성하는 데 있어서 자원사용을 최소화하는 능력, 즉 일을 바르게 하는 것이라고 하였다. 즉 효율성(efficiency)은 물리공학에 기초한 개념으로서, 입력(input) 대 출력(output) 관계를 말하는 것이다.

예를 들면, 자동차 엔진의 효율성은 주어진 마력수준을 발생시키는 데 필요한 에너지 가치에 기초한 것이다. 경영에 있어서 입력(input)은 기업체라는 조직이 동원할 수 있는 사람, 원료, 기계, 자금 등 경영자가 동원할 수 있는 인적 자원과 물적 자원을 말한다. 효율적인 경영자는 동원할 수 있는 한정된 입력자원으로 높은 출력(output-목표달성)을 성취하는 것을 말한다.

즉, 투입분의 산출이 1보다 같거나 큰 것을 뜻한다. 그러므로 경영자들이 목표를 달성하기 위하여 사용하는 자원 비용을 최소화시킬 수 있을 때, 그들은 효율적으로 임무를 수행하였다고 말할 수 있다.

스포츠 팀에서 예를 들면, 어떤 팀이 지도자가 갖추어야 할 기술을 가지고서, "이제까지 생각했던 것보다 시합에서 훨씬 잘 싸워"라고 말할 때 능률(efficiency)이 있다고 말한다.

2. 효 과

유효성이란 적절한 목표를 결정하는 능력, 즉 올바른 일을 하는 것(Doing the right things)을 의미한다. 효과성(effectiveness)은 조직이 소기의 목표를 달성하는 것을 말한다. 즉 기업조직에 있어서 공장장이 목표생산량을 기대하는 수준의 품질을 유지하면서 계획 기간 내에 달성하는 것과 같은 말이다. 그러나 이 말은 목표달성을 위해 사용된 자원의 크기는 고려하지 않고 단지 목표달성만을 위한 것이다. 자원을 낭비하더라도 목표만 달성하면 일단은 효과적이라고 말할 수 있는 것이다. 효과는 조직목표에 대한 정도이다.

효과적인 경영자는 올바른 접근 방법을 선택하여 그들의 목표를 달성한다.

즉, 조직구성원의 성취노력에 대해서 제공되는 구성원의 반대급부에 대한 구성원이 느끼는 만족감을 말한다. 즉, 조직의 효율과는 반대로 조직의 효과는 구성원이 조직에 대하여 만족을 느끼는 정도이다. 따라서 구성원이 조직에 대하여 만족을 얻을 때 보다 협동적이고, 적극적이며, 긍정적이 된다.

그뿐만 아니라 구성원간에 협력적이며 자신의 일에 대해 창의적이고, 적극적으로 노력한다. 조직에 대한 개인의 요구행위란 조직활동을 통하여 구성원의 근로동기가 보다 잘 충족됨으로써 보다 높은 수준의 작업생활의 질을 누리게 되는 행위를 말한다. 즉, 개인이 조직에 대한 태도여하에 따라 성취동기 여부가 결정된다.

이상과 같이 기업경영에 있어서 아무리 능률적인 경영이라 하더라도 효과적인 경영이 되지 못하는 수가 있다. 예를 들면, 아무리 훌륭한 자동차를 능률적으로 생산하였다고 하더라도 디자인이 뒤졌다면 소비자에게 외면당하고, 그 결과로 판매목표는 달성될 수가 없다. 또한 아무리 효과적인 경영이라고 하더라도 그 동안 투입한 노력에 비해 결과가 미흡하다면 문제가 있는 것이다.

제 2 절 업무성과 계획

경영에 있어서, 성과(performance)란 조직활동 결과에서 나타나는 전체적인 개념으로서 사용되어지며, 능률(efficiency)과 효과(effectiveness)는 성과(performance)의 하부 구성요소(sub-components)이다.[10] 경영자가 조직목표를 달성하기 위하여 고려하여야 할 성과의 구체적인 구조를 보면 다음과 같다.

첫째, 성과는 간단한 기준으로 나타낼 수 있는 것이 아니라, 복잡한 복합적인 기준으로 나타난다.

둘째, 성과분석 수준은 개인구성원에서부터 조직제품과 서비스, 그리고 사회에 영향을 주는 사용자에 이르기까지 광범위하다.

셋째, 성과의 초점을 유지하고, 개선하고, 개발하는 데 목표를 들 수 있다.

10) Foster R., 1986, *Innovation*, New York: Summit Books, p. 5.

넷째, 단기에서 장기로 성과의 시간대를 설정하여야 한다.

다섯째, 계량적 목표에서 질적 · 객관적 수단으로 성과를 측정하는 방법으로 고려하여야 한다.

1. 성과기준

성과의 개념은 여러 가지 기준으로 나타난다. [그림 1-8]에서 나타나는 바와 같이 성과의 계획은 경영자들이 복합적 기준으로 성과를 판단해야 한다는 것을 나타내고 있다. 예를 들면, 경영대학 학장으로서 교수들을 평가하기 위한 성과기준(criteria to evaluate)으로서, 교수법(identify teaching), 연구실적(research publications), 지역사회봉사(community service)의 요소를 가지고 평가를 한다.

그림 1-8 경영성과를 위한 framework

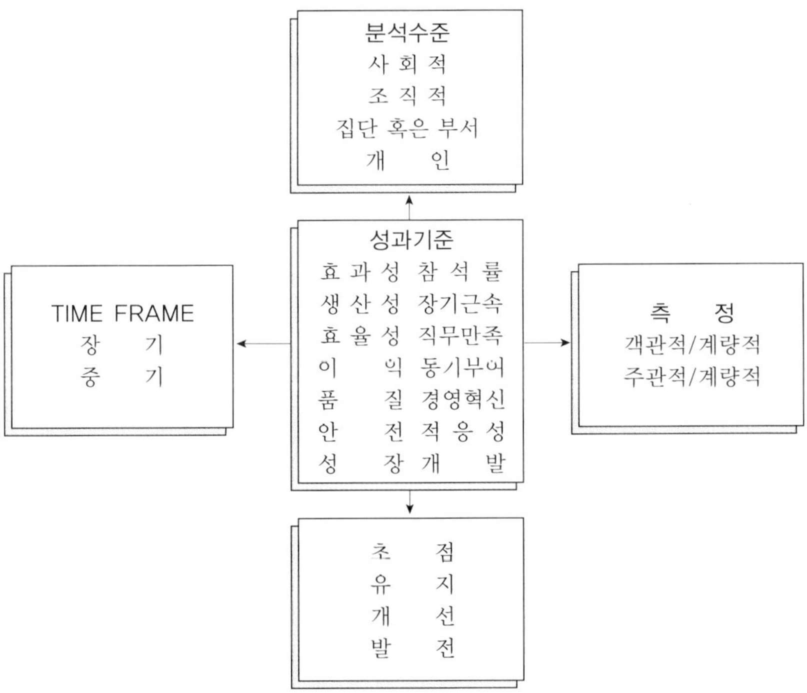

2. 분석수준

분석수준(level of analysis)은 성과기준을 개인, 집단, 부서, 사회 등의 어느 곳에 적용할 것인가에 관한 것이다. 예를 들면, 회계사 사무실에서 집단 감사부장이 종업원 개인에 관해서나 집단의 생산성 혹은, 집단 활동의 고객만족도를 평가하는 데 각기 다른 기준을 적용한다.

3. 성과초점

성과에 관심이 있는 분야는 자주 점검된다. 성과의 초점에는 3가지 차이가 있다.

첫째, 특정 수준활동을 유지하기 위하여 고안된 성과,

둘째, 개선 혹은 성과는 일반적으로 산출물의 증감으로 설명될 수 있는 것으로서 어떠한 변화가 일어나는가를 의미한다.

셋째, 개발성과 활동으로 성장 혹은 발전과 관련된 것이다. 예를 들면, 강철 파이프 제조공장의 품질관리 부장은 일일 생산검사비율을 제품의 50%로 하고(유지), 품질 불량률을 25%로 줄이고(개선), 품질관리에서 기술사용법을 하위 부서에 훈련시키는 것(개발)에 관심을 가질 것이다.

4. 성과의 시간계획

성과의 시간계획구성은 목표가 달성되었을 때에 이루어진다. 어떤 시간계획(계획화)에서 성과활동을 하는 것은 단기, 중기, 장기적 전망에서 목표달성을 하도록 고려하는 것이 필요하다.

예를 들면, 자료처리 부서의 부장은 재무보고서의 회담시간을 3일에서 1일로 줄이고, 전직을 감소시키거나, 새로운 컴퓨터를 설치하여 4년에서 5년까지 그것을 사용할 수 있도록 종업원을 훈련시키기를 원할지 모른다.

5. 성과측정

마지막으로 경영자는 성과를 어떻게 측정할 것인가에 대하여 관심을 가져야 할 필요가 있다. 성과측정(Performance Measurement)은 통상적으로 객관적 · 계량적인 방법과 혹은 주관적 · 질량적 자료를 사용할 수 있다. 객관적 측정은 판매한 돈, 비용감소 비율, 혹은 사업을 완수하기 위하여 할당된 날짜 수와 같은 가치로서 부여될 수 있는 자료로서 측정될 수 있다.

그런데 주관적 측정은 통상적으로 인식수단을 통한 생각이나 평가를 하는 것이다. 직무만족도 측정 설문서 혹은 하부조직의 업무성과의 평가 같은 것이 한 예다. 이상의 성과측정을 요약하면, 조직성과는 일을 바르게 하거나, 올바른 일을 하는 것보다 더 복잡한 차원이다. 경영자는 누가 무엇을 하고 있고, 어떤 업무성과가 측정되고, 언제 측정되는가를 주의하여 관찰한다. 또한 경영자의 업무성과 뒤에 윤리적 문제가 있다.

6. 경영자 업무의 통합

경영의 직무에 관하여 ① 기능, ② 기술, ③ 역할, ④ 성과 등 4가지 요소에 중점을 두었다. 이를 그림으로 설명하면 [그림 1-9]와 같다.

첫째, 경영자의 직무들 중에서 직무들을 이끄는 것이 성과이고, 또한 성과는 경영의 궁극적인 시험이다.

둘째, 경영자의 직무에 핵심이 되는 것은 계획화, 조직화, 지시하고 통제하는 것으로 경영활동의 기본 틀로서 기능을 발휘한다.

셋째, 개인이 경영기능을 어떻게 수행하는가 하는 것은 경영자의 기술과 경영자로서 취하는 행동역할에 달려 있다.

넷째, 경영자의 활동은 조직의 특정수준에 따라 다르다. 최고경영자급, 중간관리자급, 일선 감독자급 등은 각기 특정기능에서 각 기능이 요구하는 기술의 특성과 그들이 수행하는 역할에서 보는 시간이 각각 다르다.

그림 1-9 경영자의 직무 통합

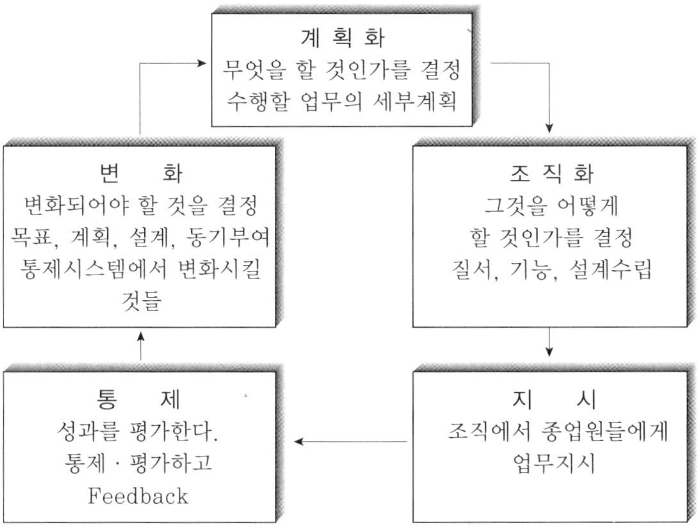

7. 경영자의 요구

우리는 흔히 대부분의 대기업에서는 개개인의 노력이 가치화되지 않거나, 고려되지도 않는 그러한 기계적인 일체감(machine entities), 개인적이 아닌 단체감, 무제한으로 계속 일하는 곳이라고 비평하는 것을 듣는다. 그러나 조직 안에 있는 구성원들은 그 조직의 미래의 방향을 결정하는 사람들이다.

즉, 세계적으로 훌륭한 조직들인 IBM, Exxon, Stanford 대학 등은 경영자들이 만들었다. 그리고 경영자들은 기업의 재난이나, 역경을 대처해 나가는 사람들이다. 그러한 반면 세계일류 회사가 파산되는 것도 경영자가 주는 충격이라고 말 할 수 있다. 우리는 경영학 분야를 공부함으로써 조직을 성공적으로 이끄는데 이바지할 수 있는 경영기술을 적용할 것을 희망한다.

8. 경영성과에 영향을 주는 요인

20세기에는 그 어느 때보다 경영자들에 대한 요구가 클 것이다. 이는 학자들과 경영실무를 맡고 있는 실질적인 경영자에게 금세기에는 경영자들이 존재하기 어려운 사태에 직면할 것을 예언하고 있는데, 다음과 같은 4가지 특이한 문제가 있다.

첫째, 많은 조직, 특히 기업에 있어서는 내부적인 문제가 더욱 복잡하게 되었다. 이는 기업을 운영하는 데 있어서 전통적인 방법들 대부분이 자유로운 형태로 설계되고, 근무시간의 자유선택제도(flexitime), 지휘관계체계, 컴퓨터 체계 시스템, 자체 통제팀, 행동수정계획 등 경영자에게 새로운 방법을 제시하여 주고 있다. 여기서 우리가 생각할 수 있는 것은 기업의 내부문제가 크면 클수록 경영에 대한 수요는 크고 더욱 더 다양해진다는 것이다.

둘째, 대부분의 기업조직에 영향을 주는 외부환경은 복잡하고 동적으로 변화고, 움직이고 있다. 기업은 그들의 경쟁하는 시장뿐만 아니라 정치적 · 사회적 · 기술적 환경을 계속하여 주시하여야만 한다는 것이다. 예를 들어 생각하면 ① Miller 맥주의 원료획득은 마케팅에서 제품생산의 능률면에서 맥주산업의 초점을 변화시키는 데에 기여하였다. ② 타이어로 이름이 알려진 B. F. Goodich 회사는 플라스틱에서 수입의 50% 이상을 올리고 있다. ③ Honda와 Volvo, Wagen은 이제 미국에서 그들의 차를 조립하고 있다.

셋째, 내 · 외부환경의 복잡성은 경영기술 개발에 도전할 것이다. 특히 어려운 사실은 인구통계학적으로 1980년대에는 조직계층에 따라 올라온 경험 있는 경영자들이 미래경영자를 훈련시키는 데 극히 부족할 것이라고 예측하였다. 그 결과로서 3가지 중요한 문제점에 봉착하였다.

① 젊은 경영자들이 경험 있는 경영자들의 계속적인 감독 없이 값진 귀중한 경험을 얻도록 어떻게 직무를 설계할 것인가?

② 빨리 진급시켜야 할 사람들(high risers)을 어떻게 발견하고 훈련을 시켜서 그들이 빨리 경영자 위치에서 효과적으로 업무수행을 하도록 할 것인가?

③ 앞으로 젊은 경영자들이 한정된 소수의 최고경영자 직무 자리를 놓고 싸우려고 할 때 어떻게 할 것인가?

④ 끝으로 경영자들의 가장 큰 욕구 중의 하나는 영리기업이건 비영리기업이건 간에 국제적인 양식을 보인다는 것이다.

예로써 미국의 경영자들은 직업이 지역적으로 국한되어 있지 않다는 것을 인식하여야 한다. 지구상에 있는 경영자의 욕구는 외국 땅에서 경영하는 것뿐만 아니라, 국제적이고 각양각색인 문화의 차이를 이해하여야만 한다는 것을 의미한다. 경영자들은 그들이 일을 하고 생산하는 것이 그들이 속한 환경에 제한받는다고 생각하지는 않는다.

반대로 이 나라에서 생산되고, 서비스되는 것은 외국에서 생산되고 서비스되는 것과 마찬가지로 세계적인 영향권에서 생각해야만 한다. 미국 경영자들이 해외로 판매되는 컴퓨터를 생산한다면, 다른 나라에서 생산되는 기름과 자동차 그리고 다른 상품들을 수입하는 것과 같은 것이다. 이와 같이 많은 나라에서 이루어지는 경영의 종합적인 지식은 경영자 직무의 중요한 부분이다. 그러므로 미래의 필요성을 충족시키기 위하여 준비된 가르침과 배우는 과정의 개발과 참여는 도전적인 명제가 될 수 있을 것이다.

제 5 장 경영자의 사회적 책임

현대에 있어서 기업은 단순한 사유의 영역을 벗어나서 사회제도의 일원을 이루고 있다. 따라서 경영자는 경제적인 면으로나 윤리적인 면으로 단순한 영리 추구만을 도모하지 않고 생산요소를 가장 유효하게 결합하여 안전하고 양질의 상품을 생산하여 제공한다는 사회적 · 공공적 관점에서 기업경영을 도모하여야만 한다.

여기에 경영자의 사회적 책임이 존재하는 것이다. 경영자의 사회적 책임은 직·간접으로 기업의 존속발전에 영향을 주는 이해자 집단의 요청뿐만 아니고 동시에 경영자체에 대한 책임이기도 하다. 이러한 책임을 다하기 위해서는 경영자는 높은 교양과 탁월한 수완, 그리고 기술 나아가서 애국적 경영철학 내지 기업윤리를 겸비한 수준 높은 자질을 갖추어야 한다.

제1절 경영자 책임의 의의

오늘날 실질적인 기업의 지배자인 동시에 지도자인 현대 경영자는 출자자인 주주 내지 기업가를 대신하여 기업을 운영해 가고 있다. 현대 경영자는 기업운영에 필요한 지휘 · 감독 · 통제할 수 있는 방대하리 만치 폭넓은 권한(authority)을 가지고 있다. 한편 권한이 있는 곳에 필연적으로 수반되는 것이 책임(duty) 또는 의무(responsibility)이다.

이러한 권한이 커지면 커질수록 권한에 대한 책임과 의무도 확대 내지 증대되는 것이다. 경영자가 수행해야 할 책임이란 그들이 기업을 경영하는 것에 관련하여 기업의 내부 및 외부에 대해서 지고 있는 의무를 말한다. 경영자가 이러한 책임을 지게 되는 까닭은 그 권한의 대응으로서의 의미 이외에 그들이 수행하는 기업활동은 기업과 관련하여 서로 견제하는 수많은 이해자 집단에게 다양한 측면에서 영향을 미치고 있기 때문이다.

제2절 경영자의 사회적 책임의 내용

경영자의 사회적 책임의 내용은 구체적으로 ① 기업유지 · 발전에 대한 책임, ② 이해자 집단(Interest Group)의 이해 조정에 대한 책임, ③ 종업원의 사회적 기능에 대한 책임, ④ 생활환경에 대한 책임, ⑤ 지역사회에 대한 책임, ⑥ 후계자 양성에 대한 책임 등 6가지로 요약된다.

1. 기업의 유지 · 발전에 대한 책임

이유가 무엇이건 간에, 기업을 도산으로 몰고 가는 경영자는 반사회적인 사람이라고 할 수 있다. 합리적인 경영으로 기업을 계속 성장 · 발전시키는 경영자 · 기업인만이 애국자인 것이다. 경제경기가 악화될수록 특히 그렇다. 왜냐하면, 대규모일수록 기업은 개인이나 대주주의 사적 소유물이기보다는 사회가 필요로 하는 하나의 시스템 또는 기구로서의 존재가치가 더 크다고 보는 것이 더욱 타당하기 때문이다.

이와 같이 기업을 사회 전체를 구성하는 하나의 요소라고 볼 때, 경영자는 시스템으로서의 기업을 유지 · 발전시켜야 할 책임을 수행해야만 한다. 사회 전체를 구성하는 시스템에는 기업뿐만 아니라 정부, 교육기관, 군대, 종교단체, 사회문화단체 등 여러 가지가 있다. 이들은 각기 고유한 목적을 갖고 있는바, 기업의 고유한 목적은 이들 시스템을 서브하기 위해 제품과 서비스를 능률적으로 생산하고 적정하게 배분하는 것을 계속하는 데 있다.

달리 표현하면, 제품과 서비스에 대한 전체 사회 내지 소비대중의 필요를 만족시켜주는 데 기업의 목적이 있다. 이와 같이 기업은 경제목적을 수행하는 기업시스템으로서의 고유한 존재가치가 있는 것이며, 정부 · 교육기관, 군대 등과는 목적이나 존재가치가 다르다.

따라서 경영자가 수행하여야 할 기업유지 · 발전에 대한 책임에는 아래와 같은 것이 수반된다.

첫째, 사회에 대한 경제적 책임을 다하는 것이다. 경영자가 사회적 책임을 원만히 수행할 수 있으려면, 최우선적으로 경제적 책임을 효율적으로 수행해야 한다.

둘째, 기업의 이익(profitability)을 유지하는 것도 경영자의 사회적 책임에 속한다.

기업을 유지 · 발전시키려면, 이익을 창출하여 주주 · 경영자 · 종업원 등 기업에 참여한 사람들에게 적정배분도 하고 재투자하여 기업을 성장시켜야 하기 때문이다. 이익의 창출은 경영자의 능률과 성과를 측정하는 가장 중요한 척도라는 점에서도 중요하다. 이익이 창출되어야만, 비로소 기업은 다양한 지역사회사업을 할 수 있다는 점에서 이익은 중요하다.

셋째, 기업을 유지 · 발전시켜야 할 경영자의 책임에는 자유기업제도 · 시장경제체제 · 민주적 경제체제를 유지 · 발전시키는 것도 경영자의 책임에 포함된다. 이 책임은 기업으로서 가장 중요시해야 하는 경제적 책임을 다하고, 적정한 이익을 창출하고, 여타 사회적 책임을 다함으로써 일반대중으로부터 호응과 지원을 계속 받을 수 있어야만 수행될 수 있다는 것이다.

넷째, 미래에 기업경영을 담당할 후계자들(successors)을 양성하는 것도 기업을 유지 · 발전시키는 책임의 하나이다.

이와 같이 볼 때, 기업을 도산시키는 경영자는 출자자에게 개인적 손실을 안겨 줄 뿐만 아니라 희소한 자원을 낭비하여 사회적 손실(societal or social loss)을 초래하기 때문에 그런 경영자는 결과적으로 사회적 책임을 가장 등한시하는 무능한 사람이라고 할 수 있다.

2. 이해자 집단의 이해조정에 대한 책임

경영자의 사회적 책임을 논할 때마다, 사회의 "누구에 대해 책임을 질 것인가"(Responsibility for whom)를 명확히 할 필요가 있다. 이에 대하여는 논란의 여지가 아직 많으나, 그 대상은 대체적으로 다음과 같다. 모든 기업들이 이해관계자들의 이해를 조정해야 하겠지만, 특히 주식회사인 대기업의 경영자는 직접적인 이해관계가 있는 주주 · 종업원 · 소비자 등뿐만 아니라 직·간접으로 이해관계가 있는 정부 · 거래선 · 금융기관 · 지역사회 등 다양한 이해집단들(interest groups)을 상대로 이해를 조정할 필요도 있고, 책임도 있다.

왜냐하면 이들 모두에게 직·간접으로 영향력을 미치는 내적 및 외적 환경요소들이기 때문이다. 그러므로 기업을 유지 · 발전시키기 위해서도, 경영자는 주주의 경제적 이익에 대해 책임을 져야 할 뿐 아니라 여타 이해집단의 권익 역시 보호할 책임이 있다. 바로 이와 같은 점에서 단지 영리원칙만을 추구해서는 안 된다는 경영자의 사회적 책임이 비롯되는 것이다.

경영자가 모든 이해집단의 이해관계를 모두에게 만족스럽고 공평하게 조정한다는 것은 대단히 어려운 일이다. 왜냐하면 모든 이해집단은 각기 집단구성원의 자체이익(self-interest)만을 보호 · 증진키 위해 행동하므로, 집단간의 이해균형(conflict of interests)이 불가피하기 때문이다. 예컨대, 주주에게 좀더 많은 이익배당을 해 주려면 종업원이 요구하는 대로 임금인상을 해 줄 수 없고, 종업원에게 임금을 인상 해주고 주주에 대한 이익배당을 늘리기 위해 제품가격을 인상하게 되면 소비자들의 복지향상과 상충하는 결과가 생긴다.

이와 같이 이해집단간의 이해충돌로 인하여 복잡 미묘한 문제가 발생할 수 있기 때문에, 경영자가 이해 조정을 해야 하는 사회적 책임을 지는 것이다. 경영자는 이해 조정을 할 때 자기의 개인적인 판단에만 의존하는 것이 아니라 주식회사법, 정관, 증권거래법, 노동관계 제 법규, 공정거래법, 소비자보호법, 환경보호법 등 각종 법규에 따라야 한다. 그리고 시장경제와 자유기업제도의 원리 · 원칙, 기업윤리, 대중여론, 정부정책 등도 참작해야 한다.

이해 조정을 할 때 경영자는 주주, 종업원, 소비자 및 생활환경에 대한 책임수행에 가장 높은 우선순위를 두어야 한다. 예컨대, 여기서 소비자에 대한 책임이란 소비자의 권익을 보호하는 것을 뜻하고, 생활환경에 대한 책임이란 생활환경을 보존하고 보호하는 것을 뜻한다.

3. 종업원의 사회적 기능에 대한 책임

현대 경영자는 종래의 개인 기업가와 같이 자기가 직접 생산 작업이나 판매 활동에 종사하고 생산량 · 가격 등을 결정하는 것이 아니라, "임직원들의 노력을 통하여 성과와 기업목표를 달성한다(Getting things done through the people)"는 것이 경영자의 본질적 기능이다.

경영자가 본질적 기능을 수행할 수 있으려면, 기업체 내에 좋은 기업문화를 조성하고 인간관계를 돈독히 하여 종업원들로부터 자발적 협력(voluntary cooperation)을 얻을 수 있도록 사회적 기능(social functions)을 책임지고 수행할 수 있어야 한다. 사회적 기능이란 기업체의 목적달성에 참여하는 과정에서 종업원 각자가 인간적인 가치를 발휘할 수 있는 장을 얻고 인간적 · 사회적 만족을 얻을 수 있음으로써 모든 종업원이 자발적으로 협력하도록, 기업체 내에 적절한 사회관계(social relations)와 인간관계를 유지하는 것을 말한다. 모든 종업원은 인격을 지닌 인간이라는 점에서도 종업원들에게 인간적 · 사회적 만족을 참되게 보장해 줌으로써 종업원들의 자발적 협력을 확보하는 것은, 경영자가 기업목적을 효과적으로 달성하는 데 필수 불가결한 것이다.

4. 생활환경에 대한 책임

기업은 환경오염의 주요 원천의 하나이기 때문에 사회로부터 많은 비판을 받고 있다. 우리 인간생활의 질(quality of living)은 아무리 기업이 경제적 책임을 다하여 물질적 생활수준을 높인다 하더라도, 오염으로 생활환경이 악화가 되면 도저히 향상될 수 없는 것이다. 그러므로 전체사회를 구성하는 중요한 요소의 하나인 기업은 오염을 방지하고 생활환경을 보호 · 개선해야 할 우리 환경에 대한 사회적 책임(social responsibility to our environment)이 있는 것이다.

5. 지역사회에 대한 책임

사회적 활동을 가능하게 해 주고 허용해 주는 사회에 대한 보답의 형태로서 또는 '기업이익의 사회적 환원'이라는 차원에서, 기업이 여러 가지 지역사회사업에 개입하는 것은 대단히 바람직하다. 교육기관에 대한 장학금 · 연구비 등의 지급, 공중보건의 향상을 위한 병원의 건설 · 운영, 자선단체에 대한 기부, 재해민을 위한 구호금전달, 불우한 청소년을 위한 직업훈련 등이 지역사회책임에 대한 성격을 띤 것이다.

이러한 지역사회사업은 기업과 경영자의 사회의식성의 표현이며 사회복지 향상에 대한 관심의 정도를 나타내는 것이다.

지역사회사업은 기업의 고유한 책임이 아닌 재량권에 속하는 것으로 지역사회관계(community relations)를 유지하는 데 도움이 되는 일이라고 본다. 기업의 장기 이익에도 물론 도움이 될 수 있는 행위이다. 그러나 지역사회사업을 전개하는 것은 어디까지나 기업의 유지 · 발전과 이익의 창출, 이해자 집단의 이해 조정, 사회적 기능의 수행, 생활환경의 보호 등 일차적 책임의 수행을 전제조건으로 해야 한다.

예를 들면, 종업원에게 제때에 임금을 지불하지 못할 정도로 파산지경에 있는 기업체가 악화된 자금사정을 위장하기 위해서 어떤 구호사업에 거금을 기부한다든지, 불량품을 판나든시 그리고 소비자를 기만하여 폭리를 취하는 일들이 있다.

이런 경우 기업은 사회에 대한 경제적 책임을 적절하게 효과적으로 수행하지도 못하고, 따라서 이익을 창출하지도 못하여 기업을 유지 · 발전시키지도 못하면서, '사회적 책임'을 수행하기 위한 지역사회사업에 크게 개입하는 것은 바람직하지 않은 큰 잘못이다. 왜냐하면 그런 행위는 주객이 바뀐 것으로서 기업주와 경영자의 위선적 행위에 불과하기 때문이다.

6. 후계자 양성에 대한 책임

경영자의 사회적 책임의 또 하나로서 후계자의 양성을 들 수 있다. 이는 기업의 앞날의 발전을 위해서 매우 중요한 것이다. 왜냐하면 내일을 위한 유능한 경영자의 양성 없이는 기업성장은 기대할 수 없기 때문이다.

제 6 장 경영자에 대한 역할

지금까지 언급한 경영자들에 대한 내용들을 요약하면 다음과 같이 설명할 수 있다.

첫째, 경영이란 명시된 조직목표를 달성하기 위하여 자원(resources)과 과업(tasks)을 통합하는 과정(process of integrating)이라고 정의 할 수 있다. 즉 경영이란 진행도(oriented)에 대한 결과(results)이거나 성과(performance)이다. 그러므로 경영자에게 이러한 성과 접근은 경영적 기능과 기술, 그리고 중요한 역할에서 지식과 능률을 요구한다.

둘째, 기업조직에 있어서는 경영자들 수준에 따라서 최고경영자(executive manager), 중간경영자(middle-level manager), 일선 감독경영자(first-line manager) 등으로 일의 역할에 따라 구분한다.

셋째, 경영의 4대 기능은 계획하고, 조직하고, 지시하고, 통제하는 것이다. 이러한 기능은 확정된 것도 아니고, 경영하는 방법을 일정한 점검표식으로는 될 수 없는 것이다. 반면 대부분의 경영자들은 이러한 기능들을 일상적으로 경영자들이 각각 자기가 처해 있는 지위에서 각각 다르게 주어진 시간에 이러한 기능들을 수행하고 있는 것이다.

넷째, 경영자에게 효과(effectiveness)라는 것은 개인이 경영상황에 가장 알맞게 적용할 수 있는 기술을 개발하는 것이다. 즉 4가지 경영기술인 기술적 · 인간적 · 개념적 · 진단적 기술들은 조직의 수준에 따라 중요성이 다르다. 이러한 기술들은 교과서나 책에서만 획득될 수 없는 것이다. 교육보다는 이러한 기술을 습득하기 위해서는 2가지 메커니즘은 직접 그 일을 하여서 경험하는 것과 자기보다 그 분야에서 오래 근무한 상급자와의 인간관계를 유지 · 개발함으로써 얻게 되는 것이다.

다섯째, 기능과 기술에 추가해서 경영자의 직무 중에서 세 번째 중요한 것은 경영자가 수행하는 역할을 확정하는 것이다. 세 가지 광범위한 역할 범주에는 대인관계, 정보지식 그리고 의사결정 등인데 이러한 것들은 주요 경영기능을 뛰어넘을 뿐만 아니라 경영의 중요한 부분을 개발하고 사용하는 것이다. 이러한 경영기능과 경영역할이 경영자의 직무를 정의하는 데 기초가 된다.

여섯째, 경영자의 직무의 성과는 복잡하고, 효과(effectiveness)와 효율(efficiency)간의 차이를 설명하는 것이 더 어렵다. 특히 경영상의 성과를 정의하는 것은 적어도 5가지 면을 고려하여야 한다. 이 5가지는 복합적인 기준, 분석적인 기준, 초점, 시간, 측정특성 등이다. 경영자는 각기 성과기준을 결정하고, 누가 무엇을 수행하며, 어떻게 성과를 측정할 것인가, 그리고 언제 성과를 측정할 것인가를 결정한다.

일곱째, 경영을 하는 데 최선의 방법은 여러 가지가 있을 수 있다. 경영을 성공적으로 하기 위한 규칙이나, 법칙 혹은 방정식은 있을 수 없다. 경영을 하는 데 성공을 하는 것은 각기 경영자들이 자기가 처한 상황을 분석하고, 이해하여 최대의 효과를 얻을 수 있도록 필요한 기능과 기술을 자기의 맡은 바 역할을 수행하는데 달려 있다.

제1절 경영의 구성요소

경영이란 경영을 구성하고 있는 요소의 관계를 최적화(optimization)하는 것이다(Management is the optimization of interrelationship of man, material, machines and moneys). 그렇다면 경영을 구성하고 있는 요소들은 어떠한 것들이 있는가? 경영을 구성하고 있는 요소들에 대하여 학자들은 다음과 같이 말하고 있다. 경영은 2M(men, material), 3M(men, material, machine), 7M(men, material, machine, moneys, mechanism, management, market)으로 구성되어 있다.

첫째, 2M이란 경영의 구성요소로서 인적 요소(the factor of man)와 물적 요소(the factor of material)로 되어 있다.

둘째, 3M이란 경영의 구성요소가 인간(man), 원료(material), 그리고 기계(machine)로 구성되어 있다.

셋째, 7M은 경영의 구성요소를 인간, 원료, 기계, 자금, 관리, 시장, 조직으로 구성되어 있다(Bocchino, William A., 1972).[11] 즉, 경영이란 경영을 구성하고 있는 요소들의 관계를 최적화하는 것이라고 정의할 수 있다.

이상과 같은 구성요소들은 어떠한 조직이나 기업조직이라도 인간, 원료, 기계, 자금 등으로 구성되어 있다. 기업경영의 특성을 보면 다음과 같다.

① 경영은 인간, 원료, 기계, 자금 등으로 구성되어 있다.

② 경영은 자금과 시간을 투자하며, 창조적(creative)인 에너지를 투자한다.

③ 경영은 인간의 노력과 원료를 투입하여 상품이나 서비스로 전환시킨다.

④ 경영의 목적은 하나의 이익으로써 인간의 욕구만족(satisfy human needs)을 취하는 것이다.

⑤ 경영에는 이익의 희망만큼 손실의 위험도 있다.

이상과 같은 특성은 어떠한 경영에서나 동일하게 적용되며, 조직의 종류에

표 1-2 조직의 종류에 따른 구성요소

조 직 (mechanism)	사 람 (men)	원 료 (material)	기 계 (machine)	자 금 (money)
식료품 상회	점원(clerk)	shelf stock	계산기	재고품, 봉급, 기타 지출
의료기관	의사	의약	X-ray	교육, 봉급, 보험
철물도매상	도매상인	저장창고	Life truck	저장세, 전력, 기타 봉급
제조회사	종업원	원료	금속작업기	공장과 장비운영비
컴퓨터프로그램 학교	선생	책, 참고자료	computer	공급, computer稅, 봉급
항공사	승무원	연료, 윤활유	비행기	장비, 연료와 윤활유, 수선비
병원	의사, 간호사	의약, 기구	진단장비	봉급, 자금, 음식, 운영비
우체국	우체국서기	우표, 봉투	소인 기계, 트럭	장비, 봉급, 운영비
도서관	사서,타자수	책	목록, 타자기	비품, 책대, 봉급

출처: Bocchino, William A., 1972, *Management Information systems*, Englewood Cliffs, N.J.: p. 2.

11) Bocchino, William A., 1972, *Management Information systems*, Englewood Cliffs, Prentice-Hall Inc., p. 2.

따라 경영의 구성요소를 보면 [표 1-2]와 같다.

제 2 절 경영자의 역할

우리는 앞에서 경영자의 직무를 규정하는 2가지 중요한 면을 살펴보았다. 경영자의 직무는 다음과 같다.

첫째, 경영을 하는 것은 일련의 경영기능(managerial functions)들이다. 이들은 계획하고, 조직하고, 지시하고, 통제하는 것 등의 기능들을 구성하는 체계적인 방법을 말한다.

둘째, 경영자로서 임무를 성공적으로 달성시킬 수 있는 중요한 관리기술(management skills)들이다. 이들은 기술적 기술, 인간적 기술, 개념적 기술, 진단적 기술 등을 습득하는 것을 말한다.

셋째, 마지막으로 경영의 직무상의 역할(roles)은 행동과학에서 유래된 말로서 특정한 직위(position)에 공헌할 수 있는 일련의 관측으로 정의한다. 즉 역할이란 집단구성원이 각기 수행할 일이다. 따라서 역할이란 구성원이 조직에서의 각자의 직위를 보존하기 위해 해야 할 일을 말한다(Swanda, John, 1978).[12] 그러므로 경영자의 역할은 그가 행동하는 능력을 말한다.

경영자는 때로는 하위 부서의 지도자로, 조직의 대변인으로서, 정보원으로서 혹은 의사결정자로서 행동할 수 있다. 다시 말하면, 경영자는 그들의 직무를 수행하기 위하여 많은 직책을 가지고 많은 직책을 수행하는 사람이라고 말할 수 있다.

경영활동을 세부적으로 연구한 민쯔버그(H. Mintzberg)는 경영의 역할관계를 대인관계 역할(interpersonal roles), 정보적 역할(informational roles), 의사결정자의 역할(decisional roles) 등으로 나누어 설명하였다(Mintzberg, H., 1973).[13] 권한과 직위는 하위 조직의 구성원들 그리고 상급자와의 관계에서 나타나는 의사

12) Swanda, John, 1978, *Organizational Behavior: Systems 7 Application*, California, Smermoon Oaks Company Inc., p. 185.

13) Mintzberg, H., 1973, *The Nature of Managerial Work*, New York: Harper & Row, pp. 92-93.

표 1-3 **경영자의 역할**

역 할	설 명	예
• 인간관계 역할		
우두머리 (figurehead)	상징적인 위치로 사회 · 자연질서나 일상적 업무수행	손님접대, 서류서명 (대학총장학위서명)
리더(leader)	부하들에게 동기 부여하여 일을 하도록 하고, 참모조직과 같이 훈련하는 데 책임이 있다.	대부분의 활동을 부하들과 같이 한다. 공식적 권한이 있다.
연락(liaison)	외부로부터 협조와 정보를 얻기 위하여 연락 유지를 한다.	전화나 회의 등을 통하여 외부와 접촉을 유지한다.
• 정보의 역할		
감독(monitor)	조직과 환경의 이해를 통하여 얻은 정보를 주고받는다.	정기간행물, 보고서, 대화 등을 통하여 소비자의 활동변화에 관계가 되는 다른 활동 등 경쟁자의 계획 등이다.
전 달 자 (disseminator)	다른 조직원들로부터 외부에서나, 내부에서 들어오는 정보의 내용을 전달하는 일을 한다.	사업에 관한 것이나, 지역사회에서 일어나는 활동에 관한 공식보고서, 메모 혹은 다른 회사 부장에게 오는 전화내용 등임.
• 대 변 인 (spokesperson)	회사의 계획, 방침, 조치 등을 외부에 전달한다.	공급자, 소비자 등과 회의
• 의사결정 역할		
기 업 가 (entrepreneur)	기회가 있을 때마다 회사조직의 개선된 사업계획을 제안하고 감독하고 설계한다.	하위조직의 임무와 책임 조정: 새로운 제품이나 새로운 창안 등
문제조정자	회사에서 기대하지 않았던 문제가 발생하였을 때 해결하는 책임	종업원 분쟁해결, 공급자 분쟁해결, 파산한 소비사 조치 등임
자원할당자	인적 자원, 물적 자원, 금융자금 등 할당하는 책임	사업계획서 작성, 보너스와 봉급 인상 계획 등이다.
중재조정자	협상과 중재시 회사를 대표할 책임	선적비율협상, 운송회사와 계획 협조, 노사조정 등이다.

출처: Mintzberg, H., 1973, *The Nature of Managerial Work*, New York: Harper&Row, pp. 92-93.

결정을 돕기 위한 정보가 제공된다. 경영자의 역할을 민쯔버그(Mintzberg, H.)가 요약한 것을 살펴보면 [표 1-3]과 같다.

1. 대인관계 역할

대인관계 역할(interpersonal roles)에 대하여 판매부장을 들어 설명하면 다음과 같다.

첫째, 우두머리로서 역할(figurehead)이다. 판매부장으로서 역할은 공식행사에 참석하고, 방문객을 맞이하며, 서류에 결재하고, 업무과의 지시를 받으며 또한 특정업무에서 생기는 일에 대하여 부하의 요청을 따르는 일 등이다.

둘째, 리더의 역할(leader roles)의 판매부장은 판매원들을 고용하고, 그들을 훈련시키며, 자기분야에서 그들에게 근무의욕을 북돋우어 동기유발을 시킨다.

셋째, 판매부장으로서 연락관계 역할(liaison roles)이다. 대인관계는 판매부장으로서 조직 외부의 다른 경영자들과 대인관계을 유지하는 것들이다. 예를 들면, 고객과 항상 연락관계를 유지하고, 때로는 조직의 연락관계자로서 혹은 대표자로서 역할을 한다.

2. 정보의 역할

정보적 역할(informational roles)은 경영자가 대인관계 역할을 수행하는 데 있어서, 정보의 흐름에 따라 많은 수의 대인관계를 유지한다. 결과적으로 조직에서 교환되는 중요한 정보에 따라서 많은 경영자들은 행동한다. 다시 말하면, 경영자는 다른 사람에게 말을 하기 위한 사람이 되는 것이다. 개인적으로 중요한 정보역할은 대변인으로서 판매부장은 제품 판매가격상승 변화에 대하여 소비자와 회의를 가짐으로써 조직 밖의 사람들과 정보를 교환하고 제품 배달시간 문제를 토의하거나, 지역사회에 새로운 창고를 건축할 계획을 지역상공회의소와 협의하기도 한다.

3. 의사결정 역할

의사결정 역할(decisional roles)은 경영자가 회사에 정보의 독특한 위치와 대인관계로 인하여 회사에서 중요한 위치에 있으므로, 의사결정의 역할을 하여야 한다. 특정 의사결정 역할이 통상 4가지로 이루어지는데, 이를 보면 다음과 같다.

첫째, 기업가적 역할은 변화와 개선을 제안하는 것이다. 예를 들어, 판매부장은 소비자를 위하여 전 제품을 다 취급하는 대신 특정제품만을 대표해서 판매하는 책임이 주어진다. 이러한 결정은 회사의 제품라인이 각 판매 대표자가 전문가가 되기 위하여 너무 복잡하게 성장하였다는 것을 의미한다. 이렇게 함으로써 소비자들에게 더 좋은 양질의 서비스를 제공할 수 있다.

둘째, 문제해결사로서 역할이다. 경영자들은 회사의 어려운 문제가 있을 때 그 문제를 해결해야 하는 위치에 있다. 이는 고객에게 판매부장으로서 문제해결이나, 제품의 배달에 영향을 주는 트럭회사 파업과 같은 것이다.

셋째, 자원할당 역할에 대한 경영자는 회사의 자원을 어떻게 할당할 것인가를 결정한다. 이 역할에서 판매부장은 훈련하고, 물품구매는 얼마의 예산으로 할 것이며, 하부조직의 작업을 할당하는 데 얼마의 시간을 할당하고, 새로운 고객과 청약계약을 할 것인지 아닌지를 결정한다.

넷째, 중재자로서 경영자는 회사를 대표해서 회사 내외의 이해당사사들과 협상을 한다. 판매부장으로서 고객과 선전계획을 상담하고, 사무실 임대계약을 하며, 선적비율에 따라 운송회사와 협정을 하는 것 등이다.

제 3 절 경영학 습득을 위한 경영학원론의 범위

경영학 원론에 대한 본질이 무엇인가? 경영이론 내용과 경영연습 내용을 알기 위해서는 경영원론의 내용 요소에 타이틀(titles)을 조사하여 살펴봄으로써 쉽게 알 수 있다. 경영과학 교수들이나 학과에서는 가끔 학생들을 가르치기 위하여 경영이론 타이틀을 붙여 기초경영과정을 만든다.

경영학 과정을 가르치는 수백 명의 교수들은 경영학 원론 내용을 다음과 같은 내용의 결과를 나타내고 있다. 전통적인 경영교과서의 저자들은 기능적 접근(functional approach)이나 혹은 과정적 지향(process orientation)으로 접근하였다(계획, 조직, 참모, 지시, 통제 등이다).

그러나 오늘날에 있어서 교수들은 행동적 · 수학적 · 상황적(behavioral, quantitative and contingency)인 내용으로 접근하려고 한다. 이와 같은 내용을 연구하기 위해서는 지금 선택하고 있는 경영학 기초교과서 내용을 살펴봄으로써 정확히 알 수 있다. 즉 이 문제는 미국경영학연합회(American Association of Collegiate School of Business: AACSB)는 조직이론연구(Study of Organization Theory), 인간상호관계(interpersonal relationship), 통제(control), 동기 시스템(motivation system), 의사소통(communication), 정보체계(information system)와 기업환경(environment of business)의 범위를 주장하고 있다. 그런데 얼마나 많은 토픽(topic)이 기초적인 경영과정(Basic management course)에 포함되고 있는가?

1958년 이래 5명의 경영학 저서(Aronoff, Craig · Athanassiades, John · Lehreton, Preston P. · Megginson, Leon · Wortman, Max S. Jr.)들은 경영학 과정에 대한 내용(Content approach)과 대상(objectives) 등을 연구하였다. 즉 경영학 원론에 대한 본질이 무엇인가?(What are the principle of "Principles of management"?) 바꾸어 말하면, 경영학 원론의 기초내용의 대상에 대해서 교과서 저자들이 주장하는 제목에 대한 내용은 다음 2가지 측면으로 설명하였다.

① 교과서 내용의 제목의 빈도수(frequency),

② 제목에 대해 할당한 페이지(page) 수 등을 조사하였다.

조사의 결과를 살펴보면 [표 1-4] 및 [표 1-5]와 같이 2가지 형태로 분류하였다.

[표 1-4]는 각 제목이 각 교과서에 나타나는 비율을 조사하였다.

이상 조사에 의하면 의사소통과 MIS는 전체 교괴서 중에 52.2% 들어 있다. 그리고 제목으로 채택한 교과서 빈도수 및 모든 교과서에서 다루고 있는 비율은 조직원리 95.7%, 조직이론 78.3%, 참모 56.5%, 지시 39.1%, 통제과정 19.7%이다. 그리고 리더십과 행동개념은 95.7%이다.

표 I-4 **교과서에서 언급한 각 제목들의 비율**

제 목	언급한 제목비율	제 목	언급한 제목비율
1. 환경과 상황문제	100%	2. 계획의 일반적인 성질	100%
3. 조직원리	95.7%	4. 동기의 원리와 이론	95.7%
5. 리더십	95.7%	6. 통제의 과정	95.7%
7. 커뮤니케이션일반	91.3%	8. 조직행동	91.3%
9. 의사결정이론	87.0%	10. 관리일반	82.6%
11. 통제기술	82.6%	12. 관리이론	78.3%
13. 계획기능	78.3%	14. 계획전략	78.3%
15. 의사결정(과정)	78.3%	16. 조직이론	78.3%
17. 분권	69.6%	18. 역사의 발달	69.6%
19. 목표	65.2%	20. 라인과 스탭	65.2%
21. 접근 혹은 관리학파	65.2%	22. 관리스탭	60.9%
23. 커뮤니케이션 기술	60.9%	24. 조직변화	60.9%
25. 권한이양	60.9%	26. 인간과 조직	60.9%
27. 관리의 발달	60.9%	28. OR기술과 방법	60.9%
29. 조직발달	56.9%	30. 참모과정	56.9%
31. 재정계획 예산	56.5%	32. 관리비교	52.2%
33. 위원회	52.2%	34. 평가	52.2%
35. 전체적 통제	52.2%	36. 정보시스템과 MIS	52.2%
37. 관리기능	47.8%	38. 목표에 의한 관리	47.8%
39. 예측	47.8%	40. 갈등	47.8%
41. 조직스타일	43.5%	42. 컴퓨터, 자료처리	43.5%
43. 미래관리	43.5%	44. 지휘	39.1%
45. OR(경영과학)	39.1%	46. 계획(장기)	34.8%
47. 시스템 이론	34.8%	48. 현대조직이론	30.4%
49. 조직효과	30.4%	50. 이사	30.4%
51. 공식화 정책	21.7%	52. 문제해결	21.7%
53. 작업집단	21.7%	54. 정보계획	17.4%
55. 관리와 기술	17.4%	56. 계획범위	13.0%
57. 학습이론과 행동수정	13.0%	58. 프로그램계획	8.7%
59. 통제 외 다른 분야	8.7%	60. 기술과 조직	8.7%
61. 타인의 이해	8.7%	62. 조직목표	4.3%
63. 서비스 부서	4.3%	64. 조직의 비교분석	4.3%
65. 기업관리경험	4.3%	66. 기업기능	4.3%
67. 중소기업관리	4.3%	68. 비기업경험	4.3%
69. 기업 책임	4.3%	70. 조직의 생존능력	4.3%

출처: Jole E. Ross and Robert G. Murdric, January 1977, What are the Principles of "Principles of Management?" *Academy of Management Review*, p. 144.

표 1-5 전체 책 내의 각 제목들이 차지하는 페이지가 전체 페이지에서 점하는 비율

제 목	전체 페이지에 대한 비율	제 목	전체 페이지에 대한 비율
1. 환경과 상황문제	5.4%	2. 동기의 원리와 이론	5.2%
3. 조직행동	4.1%	4. 조직원리	3.6%
5. 리더십	3.6%	6. 통제과정	3.3%
7. 조직변화	2.9%	8. 계획, 일반적 성질	2.7%
9. 개인과 조직	2.6%	10. 의사결정이론	2.5%
11. OR의 기술과 방법	2.6%	12. 접근 혹은 관리학파	2.4%
13. 경영학 발전	2.4%	14. 의사결정과정	2.4%
15. 경영일반	2.1%	16. 스탭과정	2.0%
17. 경영학 시스템	1.9%	18. 커뮤니케이션 일반	1.9%
19. 통제기술	1.9%	20. 경영의 이론	1.8%
21. 경영비교	1.8%	22. 조직이론	1.7%
23. 권한이양	1.6%	24. 역사와 발전	1.6%
25. 라인과 스탭	1.6%	26. 계획과 전략	1.5%
27. 목표	1.5%	28. 평가	1.4%
29. 지휘	1.4%	30. 재무계획 예산	1.4%
31. 갈등	1.4%	32. 미래의 경영	1.4%
33. 관리기능	1.3%	34. 계획기능	1.3%
35. 분권	1.3%	36. 정보시스템	1.2%
37. 커뮤니케이션 기술	1.1%	38. 조직발전	1.1%
39. 전반적인 통제	1.0%	40. 조직스타일	1.1%
41. 계획기능	0.9%	42. 목표관리	0.8%
43. 조직효율	0.8%	44. 위원회	0.8%
45. 관리창조	0.8%	46. 컴퓨터자료처리	0.8%
47. 기업기능	0.8%	48. 시스템 이론	0.7%
49. 이사회	0.6%	50. OR과 관리과학	0.6%
51. 계획범위	0.5%	52. 장기계획	0.5%
53. 현대조직이론	0.5%	54. 공식정책	0.4%
55. 조직비교분석	0.4%	56. 작업집단	0.3%
57. 조직목적	0.3%	58. 학습이론과 행동수준	0.3%
59. 기술과 조직	0.3%	60. 보상	0.3%
61. 통제 기타	0.3%	62. 관리와 기술	0.3%
63. 프로그램계획	0.2%	64. 정보계획	0.2%
65. 문제해결	0.2%	66. 서비스 부	0.2%
67. 중소기업 경영	0.2%	68. 다른 사람 이해	0.1%
69. 기업에 있어서	0.1%	70. 조직의 생존 능력	0.1%

출처: Jole E. Ross and Robert G. Murdick, January 1977, What are the Principles of "Principles of Man-agement?" *Academy of Management Review*, p. 143s.

결론적으로, 제목의 빈도수는 경영학을 연구하는 데 필요한 내용을 나타낸다고 말할 수 있다. 그리고 로즈(J. E., Ross)와 물딕(R. G., Murdick)은 23개 교과서에 70개 제목으로 분류하고, 각 제목에 할당한 페이지 수가 점하는 비율을 %로 나타내어 중요도를 표시하고 있는데, 이를 보면 [표 1-5]와 같다. 특히 현대 학자들의 새로운 흥미를 불러일으키는 제목들은 조직행동론의 동기, 리더십, 그리고 조직변화 등이다.

제 7 장 경영과 기업

현대사회에서 기업은 경제주체 중에서 생산경제주체로서, 특이한 조직체이다. 이는 또한 자본주의 모체로서의 역할을 하였다. 그러나 오늘날 기업은 개인의 이익증식 장소가 아니라 사회의 公器(public instrument) 봉사기관이라고 포드(Ford)가 언급하였다. 봉사의 대상은 이해자 집단(interest group)이다.

이해자 집단은 정부, 소비자, 채권자, 종업원, 주주 등을 들 수 있으며, 이들은 서로 대경관계를 갖는다. 대경관계란 기업의 소유와 경영이 분리되므로 소유와 지배가 분리되어서 기업의 가치물의 분배장소에 등장하는 자(집단)는 자본가(주주)뿐만 아니라 노동자, 소비자, 정부, 자본대여자 등 이른바 공중(public)이기 때문에 그들은 그들의 이익을 위해 각기 상반된 모순적 관계에서 자기의 이익을 주장하게 된다.

그리하여 이들 이해자 집단의 이해관계에 입각한 자기주장은 급기야는 경영에 지배, 제약, 압박의 형태로써 작용하게 되고 만약 이들 중의 특정집단의 힘이 과도하게 되면 경영은 그 자주성을 잃어 그 집단에 예속하게 된다. 이와 같은 사실은 주주독재, 금융자본의 횡포, 세금횡포, 소비자의 불매운동, 노동독재 등으로서 가끔 볼 수 있는 현상이거니와 이 현상이 경영의 발전을 저해하는 요소가 된다.

왜냐하면 경영은 공중(public)을 위한 사회적 존재로서 자기의 발전법칙에 따라 자기의 지속적 존재가 보전되지 않으면 안 된다. 즉, 기업경영이 이해자 집단 중에 한 집단에 의하여 좌우될 수 없이 서로 견제하는 가운데 기업은 유지 · 발전되지 않으면 안 되기 때문에 오늘날 기업경영은 이들 제 집단들에게 같이 만족을 줄 수 있는 이익의 최대공약수를 만들어 주는 데 목적이 있다.

이와 같은 이해자 집단에게 다 같이 만족한 이익을 주기 위한 핵심이 성과이다. 정부에는 세금, 주주에게는 많은 배당, 소비자에게는 저렴한 가격으로 좋은

그림 1-10 화폐의 순환과정

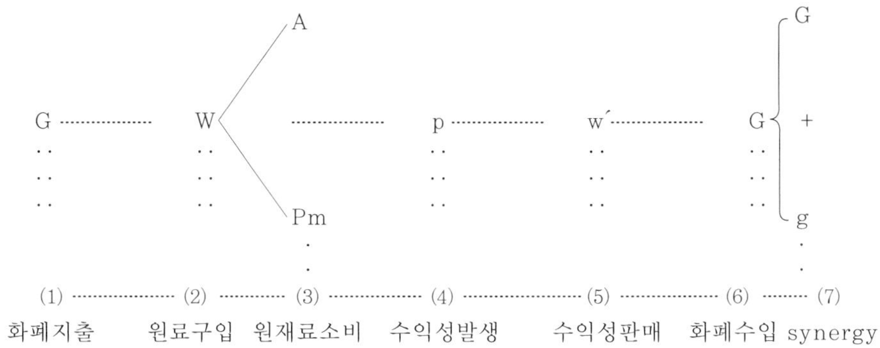

(註) G: Gold(화폐)　　A: Albeit(노동)
W: Ware(상품)　　Pm: Production mital(생산수단)
P: Product(생산)

품질을, 채권자에게는 값비싼 금리를, 종업원에게는 높은 임금을 주기 위하여서는 성과가 있어야 하며, 이와 같은 성과을 [그림 1-10]과 같이 화폐순환과정으로 설명하고자 한다.

화폐의 순환과정에서 상품을 제조하는 데 투입되어 종사하는 종업원뿐만 아니라 노동대상, 노동수단 등을 조달하고 유지 · 개발하고 나아가서는 효율적으로 이용하는 기능을 계획(plan), 실시(do), 통제(see)하여 플러스 synergy를 발생하는 것이다.

4Synergy란 1개에 1개를 더하거나 1개에 2개를 더하거나 혹은 2개에 2개를 더한 것이 그것을 개별적으로 합한 것보다 더 크다는 원리인데, [2+2=5]의 결합효과가 있는 경우 이것을 플러스의 시너지 효과가 있다고 할 수 있으며 그 결합의 효과가 [2+2=4]인 경우에는 시너지 효과는 0이며, [2+2=3]인 경우 그 효과는 마이너스 시너지라고 할 수 있다(Reid, Samuel Richardson, 1968).[14]

위의 [그림 1-10]의 화폐의 순환과정에서 마지막인 화폐수입과정에 투입된 개별을 더한 것보다 더 크다는 것은 g가 플러스가 된 것이기 때문에 경영목적이다. 그래서 오늘날 많은 학자들 중에서 쿠텐베르크(E. Gutenberg), 니크리쉬(H.

14) Reid, Samuel Richardson, 1968, *Mergers managers and economy*, McGraw-Hill Book Company, p. 114.

NiKlish), 슈미트(F. Suhmit) 등과 같은 학자들은 경영학의 중심연구 대상을 경영시스템의 발전에다 두었다. 경영학을 시스템으로 접근하려고 시도하려는 학자들을 보면 니크리쉬(H. NiKlish)는 규범적인 측면에서 기업의 사회시스템을, 쿠텐베르크(E. Gutenberg)는 실천적인 측면에서 기업의 생산요소 결합과정을 각각 전개시켰다.

이를테면 니크리쉬(H. NiKlish)는 기업의 행위를 인간사회 시스템의 행위로 보고 그것이 행해야 할 당위적 및 규범적인 것을 전개시켰던 것이다. 이에 대하여 쿠텐베르크(E. Gutenberg)는 기업생산요소를 노동 · 원재료 · 기계설비로 보고 이의 유기적 결합을 통한 생산증식에 기업행위의 초점을 두었던 것이다. 쿠텐베르크(E. Gutenberg)의 이론적 체계는 경제, 사회, 기술시스템으로서의 기업시스템을 파악함에 크게 공헌하였다.

제1절 현대 사회와 기업

기업은 자본주의 사회발전의 기관차 역할을 하였기 때문에 경영학에서 많은 조직 중 이에 관한 연구가 더욱 필요하다. 그러므로 오늘날 경영학에서는 기업의 고유한 역할 기능(Inherent roles and functions)과 기업의 사회적 중요성을 찾아야 할 것이다. 기업의 중요성은 다음과 같다.

1. 제품과 서비스의 제공

기업은 일반소비자, 정부, 기업, 기타 소비자들이 필요로 하는 제품과 서비스를 생산 · 유통시켜 제공하는 역할과 기능을 수행해야만 한다. 우리 기업은 실제로도 잘 수행하고 있다.

기업은 제품과 서비스의 제공 기능을 통해 소비자들에게 만족한 배달(delivering satisfaction)을 하는 데 있어서, 경쟁기업을 능가(outperform)해야 할 뿐만 아니라 소유비용보다 더 많은 이익을 창출할 수 있도록 합리적인 경영을 해야만 한다. 이것은 소비자를 만족시키는 등 합리적으로 경영하는 기업만이 이익을 창출할 수 있고 또한 성장할 수 있다는 뜻도 된다.

2. 취업기회 및 생활기반 제공

기업은 국민에게 지속적으로 확대된 취업기회(expanded employment opportunity)를 제공하여 생활기반을 확충시키는 역할과 기능을 수행해야만 하다. 사실상 기업은 오늘날 노동인구의 가장 많은 부분에 대해 점점 많은 직장(Jobs)을 제공함으로써 생활기반을 확충하는 데 필요한 소득원(Income sources)을 제공하고 있다. 즉, 정부기관, 교육기관, 독자적인 전문 직업 등 기업분야가 아닌 조직들에 비하면, 우리나라 기업은 국민에게 가장 많은 취업기회와 생활기반을 제공하고 있다.

국민에게 지속적으로 취업기회와 생활기반을 확대 · 제공할 수 있으려면 기업을 더 많이 신설하여 기업의 수를 늘려야 할 뿐만 아니라 기존 기업을 규모와 질적인 측면에서 성장 · 발전시켜야 한다.

3. 경제 재생산에 필요한 이익창출

개인기업, 합명회사, 주식회사 등 어떠한 형태를 취하든 기업은 이익을 추구하고 또한 창출해야 한다. 기업이 이익을 창출하지 못하면 그 소유권자들은 기업을 떠나게 되고, 기업이 신설되지 않으며, 기존 기업은 성장할 수 없어서 결국 도산하게 된다. 그렇게 되면 제품과 서비스의 재생산(reproduction), 취업기회의 확대 등 기업의 고유한 역할과 기능을 수행할 수 없게 된다.

이익을 창출하지 못하여 기업이 도산하게 되면 그 소유권자들에게 직접적인 손실을 줄 뿐만 아니라 사회 전체에도 손실과 자원의 낭비를 초래케 한다. 그렇게 되면 기업이 국가사회에 아무런 공헌을 할 수가 없다. 따라서 이익을 추구하고 창출해야 하는 것은 기업에게는 중요한 기능이다. 그리고 이익의 창출정도는 기업과 경영층의 능력과 성과를 평가하는 척도라는 점은 옛날이나 지금이나 변함이 없고 앞으로도 변하지 않을 것이다. 그러므로 유능한 경영자라면 이익창출을 통해 지속적으로 기업을 성장시키고 경제 재생산(economic reproduction)을 확대해야만 한다.

4. 사회 · 경제적 성장과 발전촉진

기업부문은 국민경제활동을 이끌어 가는 가장 중요한 주체이므로 모든 기업은 경제를 성장 · 발전시키는 추진력(Propelling force, Engine)으로서의 역할과 기능을 수행해야 한다. 실제로는 이익을 창출하여 성공한 기업은 지속적으로 소비자에게 필요한 욕구 · 선호의 정확한 파악, 신제품의 개발과 생산, 기존 제품의 개조와 개량, 유통의 개선, 경영문제에 대한 새로운 해결책의 창안과 활용, 이익의 재투자 등 여러 가지 방법을 통하여 경제의 성장과 발전을 촉진시키고 있다. 그 결과로 기업 전체는 우리 모두의 생활수준과 복지의 향상에 가장 큰 공헌을 하고 있다.

기업은 논리적인 방법으로 이익을 창출하고 그러한 이익을 생산적이고 건전한 산업분야에 재투자하여 기업의 건실한 발전, 경제성장 발전, 생활환경의 개선 등에 활용해야만 이익은 비로소 기업자체의 성장은 물론 국가발전의 밑거름이 될 수 있다. 그렇지 않고 무분별한 사치나 부도덕한 향락 등 낭비적인 활동에 쓸 경우, 이익은 기업발전과 국가발전에 아무런 기여를 할 수 없게 된다.

5. 사회적 욕구의 충족과 삶의 질 향상

기업의 존재가치는 사회적 욕구(Social needs)의 상당한 부분을 충족시켜 국민이 영위하는 삶의 질을 향상시킨다. 그러므로 오늘날의 기업은 사회적 욕구를 적절히 충족시키고 삶의 질을 향상시키는 역할과 기능을 수행한다.

다양한 사회직 욕구 중에서 진통적으로 기업이 충족시켜야 할 것으로는 제품과 서비스의 확대제공, 취업기회와 생활기반(소득원)의 확대제공, 경제성장 · 발전에 대한 지속적인 추진력 제공 등 경제적이고 물질적인 공급에 한정된다. 그러다가 산업화가 진전되고 기업이 성장함에 따라 공해의 방지와 생태환경의 보호,

불공정거래의 방지와 소비자 보호, 사회적 책임의 수행 등 기업에 대한 요구(Demand)가 늘어나게 되었다.

그와 같이 사회적 욕구와 요구는 시간의 흐름과 환경의 변화에 따라서 변경되거나 추가되는 성향이 있다. 그러므로 기업경영자들은 그러한 경향을 인식하고 타당성이 있다고 판단되는 것들만을 선별적으로 충족시켜 주도록 노력해야 할 것이다. 특히 최근에는 정치적 민주화가 진전되는 과정에서 사회의 각계각층에서 각종 욕구가 동시에 분출되고 있을 뿐만 아니라 기업의 내부에서도 각종 욕구가 분출되고 계속적인 임금인상과 작업조건의 개선, 노동삼권의 보장, 근로자 인권의 보호, 파업 중의 임금지급, 기업경영의 공개 등과 같은 요구 역시 증가하고 위압적인 양상을 보이는 실정이기 때문이다.

그 이외에 기업 전체는 사회적으로 책임성 있는 행동(socially responsible behavior)을 보이고, 민주정치체제 · 자유시장경제체제 · 자유기업제도를 유지 · 발전시키고, 사회정의를 실현하는 데 앞장서고, 기업과 경제의 발전에 걸림돌이 되어 온 저질적인 정치인과 정치풍토를 제거하는 데 큰 몫을 하는 등의 역할과 기능도 수행해야 한다. 이러한 것은 기업에게는 2차적(Secondary)인 역할과 기능이라고 할 수 있다.

개별적으로나 집단적으로 위와 같은 1차적 및 2차적인 역할과 기능을 담당 · 수행하기 때문에 어떤 국가나 기업은 그만큼 중요한 것이다.

제2절 기업의 사회적 책임

기업은 원래 그 자체의 경제적 기능을 수행하는 독립적 개체이기는 하나 그는 사회적 존재이며 기관임에는 틀림이 없다. 따라서 오늘날과 같은 복잡한 고도사회의 상호의존관계를 도외시하고 독자적으로 존립할 수 없으며, 그가 행하는 의사결징이나 행동은 그 내경관계에 매우 예민하고 중대한 영향을 비치고 있는 것이다.

때문에 기업은 그의 의사결정이나 행동의 영향에 항상 배려할 의무를 지지 않으면 안 된다. 다시 말하면, 기업은 그 사회의 소위 법인시민(corporate citizen)

이며 경영자는 인격적 대표자의 입장에 서는 것이다. 여기에 기업의 사회적 책임 문제가 대두되는 것이다.

1. 기업책임의 의의

기업책임(business responsibility)이란 「경영책임」이라고도 하는데, 기업의 환경주체에 대한 책임을 말하며, 구체적으로는 기업의 사회적으로 책임 있는 의사결정과 행동을 내용으로 한다. 다시 말하면, 기업이 환경주체인 각 이해자 집단의 목표와 요구, 또는 이에 대한 제도상의 규제에 적합한 의사결정이나 행동을 취하는 것을 의미한다.

기업의 사회적 책임, 즉 기업책임은 「경영자책임」과는 다른 개념이다. 전자는 기업 내지 경영체가 대외적으로 지는 책임인 데 반해, 후자는 기업 내지 경영체의 기관인 경영자가 직접적으로 기업(경영체)에 대해 지는 책임이며, 간접적으로는 기업(경영체)을 통해 대외적으로 지는 책임이다. 이와 같은 기업의 사회적 책임은 사회적으로 제도화되어 공공성과 공익성을 지니게 된 현대기업이 사회로부터 일정한 기능을 신탁받은 수탁관계와 표리를 이루는 문제이기도 하다.

1) 주주에 대한 책임

소유와 경영이 분리되지 않았던 전통적 기업관에 따르면 대주주 책임은 없었으나, 그것이 분리된 오늘날에는 주주집단은 기업 외로 후퇴하고 전체로서 하나의 이해자 집단을 형성하게 되었다. 기업의 대주주 책임은 ① 기업의 존속 · 발전을 통한 출자의 실질적 가치와 보존의 증대, ② 평균수준 이상의 이익배당, ③ 적정한 내부보류를 통한 경영체질의 개선 등이라 요약된다.

2) 종업원에 대한 책임

종업원의 경제생활은 기업에 전적으로 의존하고 있다고 해도 과언은 아니다. 따라서 기업의 대종업원의 책임은 ① 기업을 존속 · 발전시켜 고수준의 임금 내지 급여의 보장, ② 비물질적 만족감 내지 인간존중으로 직장환경의 형성, ③ 임금상승이나 보너스 등의 형식으로 이윤배분에의 참가 제도화, ④ 노조의 대표를 의사결정에의 참가 제도화 등으로 요약된다.

3) 정부에 대한 책임

기업은 정부에 대해 사회적 · 경제적 환경의 정비, 치안이나 안보를 요구하는 한편, 조세를 납부함으로써 사회적 책임을 다하게 된다.

4) 소비자에 대한 책임

기업은 소비 대중에게 양질의 풍부한 상품을 염가로 공급해야 하며, 생산성의 향상으로 가격인하, 서비스의 증대 등을 꾀해야 한다.

5) 채권자에 대한 책임

기업에 자금을 제공(대여)한 채권자, 즉 금융기관에 대한 책임을 져야 하는데, 구체적으로 그 차입금의 변제와 이자지급의 책임이 있다.

6) 지역사회에 대한 책임

기업은 ① 지역의 자연환경 내지 생활환경의 오염과 파괴의 발생을 방지하고, ② 또 상업 공해 등이 발생한 경우에는 손실을 보상하며, ③ 파괴된 환경은 복원함과 아울러, ④ 환경보전 관계의 법률 · 조례 등의 규제를 준수할 책임 등이 있다. 이러한 책임은 대체로 사회적 비용, 즉 공해방지비용 · 공해손실보상비 · 환경복원비용 · 공해세 등으로 이루어지는 것이다.

그 밖에 적극적으로 지역주민의 취업우선, 새마을운동에의 참여, 녹지대의 미화, 지역문화재의 보호 협조, 지역주민을 위한 위안 잔치의 개최, 각종 행사에의 참가 내지 기부행위, 의료사업의 전개 등의 책임 내지 선심도 필요한 것이다. 이상의 제 책임 이외에 기업은 대 거래처 책임, 대 동업자 책임, 대 사회기관 책임 등도 들 수 있다.

2. 기업의 사회적 책임 근거

기업은 사회발전의 기관차 역할을 한다. 그러나 가업은 원래 그 자체의 경제적 기능을 수행하는 독립적인 개체이기는 하나, 이는 사회적 존재이며 기관임에 틀림이 없다. 기업은 단순한 사회의 영역을 벗어나서 사회제도의 일환을 이루고 있다. 따라서 경영자는 경제적으로나 윤리적으로도 단순한 영리추구를 하는 것만이 아니라, 생산요소를 가장 유효하게 결합하여 안전하고 양질의 상품과 서비스를 사회적 · 공공적 관점에서 기업경영을 하여야만 한다.

여기에서 기업의 사회적 책임이 존재한다. 이것은 기업의 존속 · 발전에 영향을 주는 이해자 집단에서의 요청뿐만 아니라 경영자의 사회적인 책임이기도 하다. 그러므로 기업의 사회적 책임이 실질적으로는 기업경영자의 사회적 책임이 대두되고 변혁을 거치게 된 배경과 근거는 무엇인가를 알아보도록 한다.

1) 경제구조의 변화

우선 경제구조의 변화를 들 수 있다. 이미 지적했듯이 사회적 책임이란 술어가 처음 사용된 것은 1929년부터 시작된 대공황 때의 미국이었다. 그 이전에는 개인주의 원칙에 따라 각 개인과 기업인은 돈벌이와 이익의 극대화를 위해 경마장의 경마와 같이 열심히 뛰고(경쟁하고) 다른 사람에 대해서는 관심을 두지 않아도 된다고 생각했었다.

이러한 사고방식은 아담 스미스(Adam Smith)를 위시한 고전경제학자(Classical economist)들의 학설에서 비롯된 것이다. 모든 사람이 각기 나름대로 최대의 자기이익(Self-interest)을 추구하는 한, 각자의 이해는 '신의 보이지 않는 손(God's invisible hand)'에 의해 자연히 조화되고 사회의 복지는 최대한 달성된다는 것이 그 내용이다. 여기서 '보이지 않는 손'이란 시장에 대한 신의 자동적인 조절력을 말한다.

1960년대부터 우리나라에서는 급격한 경제성장과 더불어 기업이 대형화되고 집중화되는 추세에 있기 때문에 대기업과 중소기업이 시장에서 각기 차지하는 지위에는 현저한 격차가 벌어지고 있다. 산업별로 정도의 차이는 있지만 대체적으로 대기업들이 거의 모든 제품시장에서 독과점적 지위를 차지하고 있다.

2) 경제력의 집중과 영향력의 증대

경제력의 집중(Concentration of economic power)으로 대기업이 사회전반에 미치는 영향력의 증대 역시 기업과 경영자의 사회적 책임문제가 대두되게 된 또 하나의 배경과 근거이다. 기업의 대형화는 생산시설의 대규모화도 뜻하는데, 특히 대기업들이 지배하는 중화학공업, 첨단기술 산업 등의 분야는 더욱 그럴 가능성을 사전에 배제하고 타 사회구성요소와의 권력균형(Power equilibrium)을 유지하기 위해서도 기업과 그 경영자에게 사회적 책임을 부과(Impose)할 필요가 있는 것이다.

3) 사회구성요소들의 상호의존과 결속

사회구성요소들 사이의 증가하는 상호의존성 및 상호협력의 필요성 역시 기업과 그 경영자에게 사회적 책임을 부과하게 된 배경이며 근거이다. 기업의 경제력이 특히 대기업에 집중됨에 따라 사회전반에 미치는 대기업의 영향력이 증대하고 있다는 사실을 지적하였다. 물론 기업도 그 환경을 형성하는 타 사회구성요소들로부터 영향을 상당히 많이 받는다.

그러한 현상은 우리 사회를 구성하는 모든 요소들이 상호간 의존하고 다 같이 묶여 있다(Mutually dependent and bound together)는 것을 보여주는 것이다. 그렇기 때문에 우리 사회가 당면한 복잡한 문제들을 해결하려면 모든 사회구조요소가 다 같이 상호협력하지 않을 수 없는 것이다.

특히 우리 사회에서 정부 다음으로 유력한 기업들로서는 고립상태로 숨어들어 갈 수도 없고 사회적 책임을 회피할 수도 없는 형편이다. 또한 사회 여론도 점점 더 기업이 사회적 책임을 수행할 것을 요구하고 있다. 이런 것도 기업에게 사회적 책임을 부과하게 된 배경이고 근거이다.

4) 기업책임에 대한 임의적 규제 대 자율규제

사회(정부)가 법률만으로 기업의 제 책임(Responsibilities of business)에 대해 임의적으로 규제하는 것은 효과도 없고 바람직하지도 않다는 사실이, 기업과 그 경영자에게 사회적 책임을 부과하게 된 또 하나의 배경이고 근거이다. 이미 우리가 인식하고 있듯이 오늘날 사회의 모든 구성요소간 또는 이해집단간의 이해 조절을 '보이지 않는 손'에 맡긴다는 것은 불가능한 일이다.

그렇기 때문에 이해 조절 기능을 다음의 두 가지 대안 중 어느 하나에 맡길 수밖에 없다. 하나는 사회(즉, 정부)가 법률을 제정하여 임의적으로 기업의 책임을 결정해 주는 것이고, 또 하나는 기업이 그 행동을 자율규제(Regulate itself)하도록 허용하는 것이다. 기업행동을 규제하는 데 목적을 둔 법률은 많다.

사실상 지나치게 많다. 하지만 아무리 많다고 하더라도 오늘날의 기업 환경하에서 전개되는 복잡 다양한 기업활동을 일일이 법률로써 규제한다는 것은 현실적으로 불가능에 가까울 뿐만 아니라 바람직하지도 못하다. 경제적 책임과 법적 책임(Legal responsibility)이 아닌 사회적 책임에 대한 것은 더욱 그렇다.

5) 소유와 경영의 분리 및 전문경영자의 등장

대규모 주식회사의 발달로 인한 소유와 경영의 분리와 전문경영자의 등장은 경영자에게 사회적 책임을 부과하게 된 또 하나의 배경과 근거가 된다. 전문경영자들은 대체적으로 사회적 책임에 대한 의식성(Awareness)이 강하기 때문에 단지 주주만이 아니라 종업원, 소비자, 공급자, 지역사회 등까지도 사회적 책임의 대상에 포함되게 된 것이다. 기업은 이들 모두의 직접적인 참여 · 지원 등을 통해서만 사회가 필요로 하는 제도(System) 또는 기구(Institution)로서 유지 · 발전할 수 있으므로, 특히 전문경영자의 입장에서는 주주에 대해서만 책임을 지는 것이 아니라 이들 각 이해집단의 이해도 아울러 조정해야 하는 사회적 책임을 지지 않을 수 없게 되었다.

6) 기업유지의 필요성

위의 설명에서 알 수 있듯이 기업을 유지 · 발전시키기 위해서도 경영자는 단지 영리원칙만을 추구하는 것을 초월하지 않으면 안 되게 되었다는 냉엄한 현실도 경영자로 하여금 사회적 책임을 수행하도록 만든 또 다른 배경이고 근거이다. 그러므로 경영자의 사회적 책임이란 결국 사회가 규정한 윤리적 규범에서 유도된 것인 동시에 기업유지의 필연성 때문에도 기업과 그 경영자가 받아들이게 되었다고 말할 수 있다.

제 8 장 경영학의 필요성

기업의 실체적 내용으로서 생산경제라는 개체경제, 즉 경영학은 사회적으로 필요한 재화와 용역의 생산을 담당하는 조직체다. 경영이 담당하는 사회적 직능은 모름지기 재화와 용역의 생산이다. 그러므로 경영에 있어서는 노동자의 생산에 의해서 일의 가치가 측정되므로 기업가들은 종업원들이 생산에 대한 많은 흥미를 가지게 하는 것이다.

생산성(productivity)을 결정하는 현대적 공식은 산출량(output) 대 투입량(input)의 비율로써 일반적으로 측정된다. 그 공식은 다음과 같다. 첫째, 시간적 공식(Time Formula), 이는 시간 당위성(man-hour Productivity)에 산출된 총계이다. 보통 이것을 맨파워라고 한다. 둘째, 경제적 공식(Economic Formula), 이는 회계체계에 의한 체계화된 것으로서 단위비용에 대한 수이다.

이상과 같은 공식 중에서 어느 것이라도 생산성을 측정하는 것으로서 이와 같은 생산성은 경영의 성과(Business Performance)를 측정하는 단위가 된다. 이와 같은 경영성과는 물적인 요소와 인간의 성과에 의해 결정된다고 Keith Davis는 말하였다(Davis, Keith, 1957).[15] 즉 경영성과는 물적 요인과 인간의 성과에 의하여 좌우된다고 볼 수 있다.

제 1 절 경영교육의 목표

경영발전과 더불어 기업은 현대 산업사회의 중추적인 역할을 담당하고 있

15) Davis, Keith, 1957, *Human relations in Business*, McGraw-Hill Book Company, Inc., p. 468.

다. 기업의 규모 및 활동이 대규모화 · 다양화 · 국제화되어 감에 따라 기업은 국민의 복지 및 생활수준 향상에 큰 기여를 하고 있다.

그러므로 경영교육은 경영학이 실천적 응용과학으로서 현실과 밀접한 관계를 유지하여 산업사회의 발전에 부응할 수 있도록 그 발전방향을 모색하여야 할 것이다. 따라서 경제상황 및 기업환경의 변화는 새로운 경영이론을 필요로 함은 두말할 나위도 없다.

특히 우리나라 기업의 1960년대 이후 변화를 보면 다음과 같다.

첫째, 기업이 대규모화되었다.

둘째, 소유와 경영의 분리현상이 뚜렷이 나타나고 있다.

셋째, 과학 및 기술문명이 급격히 발전하고 있다.

넷째, 기업의 외부환경이 급격히 변화되고 복잡해지고 있다.

다섯째, 기업이 국제화되고 있다.

그러나 우리나라 경영교육은 많은 문제점을 내포하고 있다. 그 문제점을 보면 다음과 같다.

첫째, 경영자교육의 목표가 정립되어 있지 않다.

둘째, 커리큘럼의 빈약이 현사회의 요구에 부응하지 못하고 있다.

셋째, 교수의 양적 부족과 질의 문제이다.

넷째, 경영자교육을 대학에만 의존하고 있다.

기업들이 대규모화되고 복잡화함에 따라 급변하는 기업환경에 신속히 대처할 수 있는 유능하고 상상력 있고 책임감 있는 경영자가 필요하게 되었다. 이와 같은 상황 속에서 미래의 경영자(future manager)를 대학에서 어떻게 교육시킬 것인가 하는 교육목표에 각별한 관심을 가져야만 할 것이다.

일반적으로 경영교육에 대한 목표로서 내세우고 있는 것을 보면 다음과 같다.

첫째, 경영교육 목표는 기업에서 장차 고위관리자가 되고자 하는 사람들에게 요구되고 있는, 급변하는 기업환경에 대처할 수 있는 능력을 갖춘 투시력 있고 융통성 있는 사고와 자세를 지닌 폭넓은 교육을 받은 인재, 즉 관리에 관하여 광범위한 기초교육을 받은 인재, 저널리스드(Generalist)를 양성하는 데 목적이 있다.

둘째, 경영교육 목표는 기업이 특정관리 분야의 전문가, 즉 specialist가 되고자 하는 사람들에게 전문분야에 관한 지식과 소양을 얻게 하여 스페셜리스트를 양성하는 데 목적이 있다. 전문가는 최근에 급격한 과학기술혁신, 기업조직의 변동 등으로 인하여 발생하는 기업의 기술적 문제를 해결할 수 있는 전문적 식견(expertise)이 많은 전문가가 더욱 필요하다.

이상에서 말하는 전반관리자(Generalist)를 배출하고자 하는 것은, 이들이 장차 고위관리자층에 서게 될 때 요구되는 통찰력과 분석력 그리고 판단력을 배양하는 데 주력을 둔 교육이 되어야 하고, 전문가(specialist)를 배출하고자 하는 것은 이들이 장차 특정사업(업종별) 분야에 대한 지식이나 소양을 배양하는 데 주력하여야 한다. 그러므로 대학교육의 목표는 산업사회가 요구하는 Generalist와 Specialist를 동시에 교육하고 공급하도록 하여야 할 것이다.

제 2 절 경영학의 추세

1940년 이래 많은 경영의 원리가 경영발달에 공헌하였다. 경영의 일반적인 최근 추세는 기업의 교육과 경영자의 습관에 여러 가지 충격을 주었다. 그 가운데 커뮤니케이션(communication)의 전술인 학술잡지와 간행물은 놀랄 만큼 증가하였다. 경영에 대한 현대적인 접근 추세를 여러 공헌자들이 나타낸 것을 보면, [표 1-6]과 같다.

다음의 표를 보면 여러 학자들이 주장한 주요한 분야는 화살표의 표시와 같다. 이 중 학문분야에 가장 큰 공헌을 한 경영연구자는 다음과 같다.

1927년에서 1932년 웨스턴 일렉트릭 회사(Western electric company)의 호오손(Hawthorne)공장에서 엘턴 메이요(Elton Mayo)가 하버드(Harvard)대학 사회학자들과 같이 조명한 작업조건, 조명과 육체적인 요소의 관계를 제일 먼저 생산성에 관한 관리실험을 하였다. 그러나 육체적인 요소는 중요하게 나타나지 않아 행동(Behavior)에 관한 문제가 나타났다. 그뿐 아니라 관리의 심리 사회학적 측면에 일찍 공헌한 사람은 매리 파커 폴렛(Mary Parker Follet, 1868-1933)이다. 그는 인간요소의 중요한 입장에서 관리를 설명하였다.

그는 인간요소에 관해서 고전적 경제원리 해석을 기도하였다. 그리고 그는 정황법칙(The Law of the Situation)을 제창하였다. 그의 정황법칙은 전단적 권한(Arbitrary authority)을 해소시키는 데 중요시하였다. 전단적 관리를 해소하기 위

표 1-6 현대 경영학의 추세

Managerial Accounting	Managerial Economics	Organizational Theory	Human Relations and Behavioral Sciences	Quantitives (Math & Stat)	Industrial Engineering
Prior to 1930					
Paciolo(1984) J. Blss J. McKinsey	A. Smith(1776) A. Marshal(1980) J. M. Clark →	Taylor Weber ← ← H. Faol O. Sheldon ← McKinsey M.P. Follett	M. Weber L. Gilbreth ← Gant W. Shewhart L.Tippet	C. Babbage(1832) (1886) Taylor → K. Pearson	Babbage H. R. Towne F. Taylor L. Gilbreth F. Gilbreth H. Emerson H. L. Gant
1930					
E. Cammon A. Littleton W. Paton		Mooney & Reley L. Gulick L. Urwick C. Barnard → R. Davis	E. Mayo J. Moreno T. Parsons K. Lewin C. I. Barnard F. Roethlisberger	J. Neyman	Urwick
1940					
Simon ← H. Greer C. Devine W. Vatter	G. Terborgh Simon ← K. Boulding G. Shackle	H. A. Simon — Simon — Boulding	L. Warner R. Merton A. Bavelas W. F. Whyte P. Seeznick	A. Wald Simon N. Winer C. Shannon	R. Barnes E. Grant
1950					
Dean ← B. Goetz	J. Dean Schlaifer	W. Newman Bakke ← E. Dale → P. Drucker → Argyris ←	M. Dalton E. Bakke Dale M. Haire P. Drucker R. Bbales C. Argyris R. Lickert	G. Dantizig Von Neunann & Morgenstern J.Marschak L. Savage C. W. Churchnan H. Raiffa R. Schlaifer	
1960 ←					
R. Anthony W. Baumol, J. March, D. McClelland R. Bellman					

하여서는 다음과 같다.

① 지배(domination), ② 타협(compromise), ③ 통합(integration)에 의하여 문제를 다루어야 한다고 말하였다. 앞의 3개 중에 지배와 타협은 누구에게나 만족을 줄 수 없으나 통합은 모든 분야에 문제를 완전하게 만족을 줄 수 있다. 통합을 성취하기 위해서는 ① 차이는 개방적이어야 하며, ② 재평가는 모든 분야에 의하여 이루어져야 한다.

③ 모든 부문은 다른 사람들에 대하여 예측되고 그리고 만족은 그룹들뿐만 아니라 그룹들 가운데 새로운 인간관계의 위치를 찾아야 한다. 컬트 레윈(Kurt Leroin)은 그룹 다이내믹(group dynamic)에 대하여 이론과 실천을 발전시켰다. 그들 연구는 작은 그룹에 대한 연구에 집중하였다. 그리고 그들은 추종자들을 집단 참여에 유리하게 집중시켜 집단 상호작용을 증대시켜 행동과학의 근대적인 발전을 가져왔다.

1938년 버나드(Cherter I. Barnard)는 경영의 기능이라는 관리적 · 고전적 · 비공식적 조직상태, 커뮤니케이션 등의 개념을 발달시켰다. 1920년경 맥킨시(J. McKinsey)는 관리의 사용을 위한 기초적인 도구로 계산서를 발전시켰다.

1930년대 W. A. Shewhart는 품질관리 분야에 통계적 이론을 적용시켰다. 1940년대 이후에 와서 G. B. Bantzing은 자원할당 등 정량분석을 발전시켰다. 그리하여 OR을 연구하였다.

제 9 장 경영학사

역사는 사실(사건)에 의미를 부여한다. 오늘날 우리는 과거에 대해서 많은 관심을 가지고 있어 선배들이 겪은 사실 등을 보고, 사건을 정확히 이해하기 위해서 자신들의 뿌리를 연구한다. 우리는 지난날 역사의 발자취를 돌이켜 보는 가운데에 미래의 길을 모색할 수 있다는 것을 인식하고 있기 때문이다.

즉 우리들은 "그의 문명사관을 통하여, 과거를 돌이켜 보는 가운데서 앞날의 길을 제시 할 수 있다"고, 영국의 문명사학자인 토인비(A. J. Toynbee)가 역설하였으며,[16] 독일의 문명 사학자인 스펜렐(O. Spengler)은, 그의 문명의 상동성 이론에서 "현재의 한 현상을 과거에 그와 유사하였던 어떠한 현상을 찾아내어 앞날의 과제를 이해하고 있다"고[17] 역설하고 있다. 그리고 괴테(J. W. Goeth)는 "한 학문의 역사는 그 학문 자체이다"라고 역설하였다.

경영학은 하나의 학문으로서 체계적으로 연구하기 위해서는 무엇보다도 먼저 그 역사, 즉 경영학사를 이해하는 것이 본 학문을 연구하는 데 있어서 매우 중요하다. 어떤 학문이라도 반드시 고유의 역사가 있는 것과 같이 경영학도 고유의 역사가 있다. 그러므로 그러한 역사를 안다는 것이 곧 그 학문 자체를 이해하게 하는 지름길이다.

우리는 경영학이 어떠한 학문인가? 무엇을 하는 학문인가? 쉽게 이해하기 위해서는 역사를 더듬어 봄으로써 쉽게 이해할 수 있다. 미래를 단순한 과거나 현재의 연장으로만 간주할 수 없다고 볼 수 있겠으나, 어떤 의미로서든 과거는 현재를 통해서만 금후의 발전방향을 얻을 수 있게 된다. 이와 같은 경영학에 있어서도 경영학의 생성과 발달을 역사적으로 더듬어 보고, 경영학의 생성 이래로

16) Toynbee, A. J.: 이는 1889년 런던에서 태어나, 1976년 세상을 떠났다. 그는 1948년에 *Civilization on Trial* 책을 출판하였다.

17) Spengler, O.: 독일이 낳은 문명사학자로서, 그의 저서로서 그의 문명의 상동성 이론을 주창하였다.

빚어진 여러 가지 학설이나, 학파의 개별적인 특성을 밝혀 주는 것이 경영학을 체계적으로 연구하기 위해서 매우 중요하다.

제 1 절 경영학의 발달 조류

오늘날에 있어서 양대 조류는 미국의 경영학과 독일의 경영학을 들 수 있다. 미국의 경영학과 독일의 경영학을 문헌사적 · 경영학사적 입장에서 보면 상이한 점을 다음과 같이 설명할 수 있다.

첫째, 독일 경영학은 300년의 역사를 가졌으나, 미국의 경영학은 80년에 머무르는 짧은 역사를 가지고 있다. 독일은 사바리(J. Savary)의 "완전한 상인"이 1675년에 출판된 것으로 독일 경영학이 시작되었으며, 미국의 경영학은 1911년 테일러(F. W. Taylor)가 쓴 「과학적 관리의 원리」로 보는 것이 일반견해이다.

둘째, 학사적인 생성과정이 상이하다. 독일의 경영학은 학자나 대학교수들에 의하여 학문이 시작되었으나, 미국의 경영학은 공장기사나 경영기술사를 중심으로 해서 경영학이 시작되었다. 예를 들면, 독일 경영학을 탄생시킴에 크게 이바지한 말페르거(P. J. Marperger)나, 루도비치(K. G. Ludovici) 또는 로이크스(J. M. Leuchs) 등은 한결같이 학자나 교수였다.

그러나 미국경영학은 테일러(F. W. Taylor)나, 포드(H. Ford) 그리고 페이욜(H. Fayol) 등은 모두가 교수나 학자가 아니다. 그 당시 테일러는 기사였으며, 포드는 기술자였고, 페이욜은 광산 기술자였다.

셋째, 서로 다른 학풍상의 특징을 들 수 있다. 독일의 경영학은 자연히 이론적인 면이 강하게 나타나는 반면 미국의 경영학은 실천적(실제적)이고 실용적인 면이 강한 학풍으로 나타났다고 말할 수 있다.

이상과 같은 특징 외에도 독일 경영학의 학명을 우리말의 표현대로 한다면 경영경세학이라고 부르는 것이 타당하다고 할 수 있고, 미국의 경영학은 경영(Management)이라 표현하고 있다고 할 수 있다. 그러므로 본서에서는 미국 경영학사의 배경을 설명하면 다음과 같다.

제 2 절 미국 경영학사의 배경

1492년 콜럼버스가 아메리카 대륙을 발견한 후에 미국의 중부는 스페인이 상륙하였으며 북부는 영국, 네덜란드 등이 상륙하였다. 1776년 미국은 독립을 하게 됨으로써 미국경제는 식민지 경제체제에서, 자주적 경제체제로 탈바꿈하였으나, 교통이 발달되지 못하여 미국 전역을 하나로 묶지 못하였고 이로 인하여 남북 간의 상호 교류가 유기적인 관계가 유지되지 못하였다.

이상과 같은 이유로서 미국은 남북간에 서로 분리된 경제체제를 이루었다. 당시 미국은 경제교류가 남북으로 이루어진 것이 아니라 유럽식민지 국가와 직접 교류하게 되는 상황이다.

미국은 독립 후 정치적 이념 대립으로 북부는 연방제를 주장하였으며, 남부는 남북 분리를 주장하였다. 이와 같은 주장은 지역이 광범위하여 남북 상호 교류 및 유기적인 형성이 이루어질 수 없기 때문이었다.

그 후 1861-1865년, 4년간의 남북전쟁이 일어나게 되자, 북군은 전비를 마련하기 위하여 전쟁공채를 팔게 되었다. 전쟁공채는 몰간(Morgan)과 같은 대표적인 무역상들이 사게 되었다. 그 당시 무역상들의 입장에서는 북군이 전쟁에서 패전하면 전쟁공채를 산 사람들은 전비를 제공하였다는 이유로 전범자가 되고, 승리하게 되면 공채로 큰 돈을 벌 수 있기 때문에 열심히 전쟁공채를 사야만 했다. 그 후 북군이 승리하게 되자, 공채를 산 무역상들은 큰 돈을 벌게 되었다. 무역상들은 그 돈으로 금융자본화하여 은행을 소유하였으며, 그 다음 산업자본화하여 중소기업을 대기업화하였다.

이렇게 기업의 규모가 대기업화되자, 경영자에게 가장 큰 문제가 수요의 증가로 인한 태업과 능률의 문제였다. 즉, 인력이 가장 큰 문제였다. 이상과 같은 상황들이 실용적인 미국 경영학을 낳게 하였다.

제3절 경영학의 발전

조직이 있는 곳에는 반드시 경영이 있으므로 경영은 인간의 역사와 더불어 출현되었다고 말할 수 있다. 그러나 경영학으로서 출현된 것은 오웬(Owen, 1771-1858), 밥배지(Charles Babbage, 1792-1871) 등의 공헌도 있었다고 할 수 있다.

오웬(Owen)은 인적 자원도 자본이나 생산원료만큼이나 중요하다고 주장하고, 근로자들의 생산성을 높이는 일은 대단히 중요하다고 하였다. 그러므로 근로자들을 처벌하는 것보다는 보상에 의해 더 열심히 일하게 되는 것으로 보고, 근로자들의 하루 작업시간을 10시간 30분으로 줄이고, 식사시간 동안 쉬게 할 것과, 또는 10살 미만의 어린이들은 고용하지 말 것을 주장하였다.

그러나 그 당시 사회 배경으로 그의 이 같은 주장은 정치인들에게는 아주 급진적인 사상으로 받아들여졌기 때문에, 그의 주장을 관철할 수 없음을 알고, 1824년 미국으로 건너가서 그의 주장을 관철하려고 노력하려고 하였고, 밥배지(Babbage)는 근대 수학을 발전시킨 인물로서 수학의 원리를 경영학에 적용시키려고 노력하여, 그 후에 컴퓨터가 경영에 사용될 수 있는지를 자세히 설명하였다. 그 외에 노동시간의 관계를 개선하는 데에 있어서도 노력하여, 이윤의 배분과 상여금제도가 노사문제를 해결하는 데 도움이 된다고 주장하였으나, 경영학으로서 받아들일 수 있는 체계적인 연구가 못되었다.

특히 현대 경제학이 아담 스미스(Adam Smith)에 의해 시작된 이후 100년 이후인 19세기 말경에서야 제품에 대한 시장은 포화상태에 이르게 되었고, 그에 따라 기업간에 경쟁이 치열해지면서 생산원료나 노동력은 효율적으로 이용하는 기업만이 살아남을 수 있게 되었다. 이때에 비로소 원가절감과 경영의 효율을 높이는 것이 경영의 중요한 과제로 느끼게 되면서부터 경영학으로서 세상에 나타나게 되었다.

경영사를 연구하는 방법으로 패러다임(paradigm)을 들 수 있다. 패러다임은 쿤(T. Kuhn)의 정의에 의하면 "일정기간 특정의 전문가 집단이 공유하는 신념, 가치, 방법 및 기법과 전체적인 구성을 나타내는 연구들의 기본형을 이루는 모델이다"라고 정의하고 있다. 패러다임의 조건은 학문상의 기본적인 성과로 나타나는

표 1-7 경영이론의 공헌자와 이론 개요

	공헌내용	공 헌 자	환 경
고전 학파	과학적 관리 통제시스템 시간연구와 동작연구 관리직능과 경영이론	Gantt(1908) Taylor(1911) Gilbreth(1911) Church (1914) Fayol(1916) Mooney & Reiley(1931) Davis(1935) Urwick(1943) Ford (1947)	조직의 규모 확장 상품과 서비스에 대한 1차 세계대전으로 디플레이션 산업혁명 이후 소유경영 감소와 전문경영자 증가
행동 학파	참여화와 동기적용 전문경영자 호손 연구 M.B.O.	Roesthlisberger(1939) Mayo(1945) Barnard(1938) Drucker(1954) McGregor(1960)	2차 세계대전으로 노동조합결성 훈련된 경영자 연방조례제정 근로자불안
경영 과학파	O.R.과 시뮬레이션 게임이론, 의사결정 수학적 모델	Churchman(1957) March & Simon(1958) Forrester(1961) Raiffa(1968)	기업규모 성장과 기업합병 냉전종식, 군수산업
시스템 이론	유기체적 조직	Frement E. Kast(1960) James E. Rosenzweig S. P. Robins	생물학의 영향 상호의존적 인식
상황 이론	동적인 환경과 유기적 조직 기술, 매트릭스 디자인, 사회적 책임, 조직변화와 인포메이션시스템	Burns & Stalker(1961) Woodward(1965) Thompson(1967) Lawrence & Lorsch (1967)	경제팽창과 우주개발경쟁 하이테크 생산, 월남전 시민 권리주장, 국제무역 사회적 불만 컴퓨터 전문기술의 성장

출처: Szilagyi, Andrew D. Jr., 1981, *Ibid.*, p. 47.

것이 다수전문가 집단에 의해 수용되어 이를 기준으로 그들 연구의 공통적인 기본 모델을 형성하고, 그 기본 모델에서 이론적 · 실증적 연구가 이루어진다.

쿤츠(H. D. Koontz)는 그의 논문 "경영이론의 밀림(The Management Theory Jungle)"에서 경영이론이 무엇이며, 경영학은 어떻게 연구되어야 할 것인가에 대해 많은 혼란을 빚게 되었는데 미국에서는 많은 학파(Schools)가 마치 정글을 방불케 한다고 역설하였다. 그 학파들은 고전학파(classical school), 행동학파(behavioral school), 경영과학파(management science school), 상황이론 (contingency view) 등으로 분류하였다. 이들 제 학파들을 보면 [표 1-7]과 같다.

1. 고전주의 학파

미국의 경영학사상 최초의 문헌적 업적을 남긴 사람은 과학적 관리의 아버지라고 부르는 테일러(F. W. Taylor)이다. 테일러는 그의 저서 「과학적 관리의 원리」에서 그는 테일러 시스템(Taylor system)또는 테일러이즘(Taylorism)으로 불리어진 과학적 관리법(scientific management method)을 창안해서 그 당시의 능률증진운동에 큰 영향을 주었다. 그것은 근로자의 조직적 태업이 없어지고, 능률이 크게 향상되었으며 과학적 관리는 오늘날 미국경영학의 관리론적 기초가 되었다.

테일러의 과학적 관리 이전의 관리는 인습적 관리(drifting management)라 불렀으므로, 경영학의 시작은 테일러의 과학적 관리부터 시작되었다고 말할 수 있다. 그러므로 테일러 관리자체의 개념이나, 관리의 일반원리에 영향을 받았거나 아니면 영향을 미친 자들인 프랑스의 페이욜(H. Fayol), 포드(H. Ford), 길브레스(Gilbreth), 칸트(Gantt) 등이 주장하는 관리이론들인데, 이들은 오늘날의 경영이론과 상당한 면에서 차이가 있다. 또한 같은 관리론이라 해도 초창기의 관리론과 오늘날의 것과는 실제적인 면과 내용면에 있어서 상당한 차이가 있을 뿐만 아니라, 이론적인 선개에 있어서도 차이가 있다. 그러므로 초창기에 주장하는 경영이론을 고전학파라고 부른다.

1) 과학적 관리

1878년 23세의 테일러는 미드베일 제철회사(Midvale Steel Mill)에 입사하였다. 그는 성실히 일하여 6년만에 이사장으로 승진하였고, 그 당시의 경험에서 과학적 관리법을 전개하였다. 그는 조직적 태업의 원인이 되는 인습적 관리(drifting management)에 대신하여 미리 설정된 과업(task)을 중심으로 한 과업관리를 제창하였으며, 그 후에 1910년 테일러의 과학적 관리가 일반대중에게 널리 알려지게 된 것은 동부철도 운임상승에 대한 반대운동의 와중에서, 반대파를 대표하는 부란데스 변호사가 전국통상위원회의 공청회에서 테일러의 관리방식을 과학적 관리라고 격찬하는 데서 과학적 관리라고 부르게 되었다.

과학적 관리는 이제부터 "과거 그렇게 했으니 그렇게 하다"라는 식의 인습적 관리(drifting management)에서 과업관리(task management; 과학적 관리)를 해야 한다고 주장하였다. 과학적 관리의 내용을 보면 다음과 같다.

첫째, 그 당시 근로자들의 태업을 막고, 작업의 능률을 증진시키기 위해서는 표준작업량이 명확히 정해져야 한다고 믿고, 근로자의 하루의 적당한 작업량인

그림 I-II 과학적 관리기법의 체계

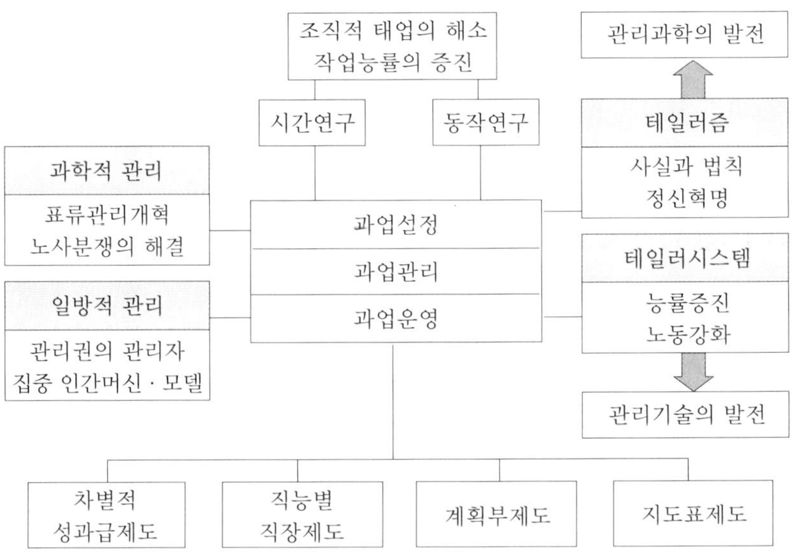

과업(task)을 과학적으로 결정하기 위하여, 시간연구(time study)와 동작연구(motion study)를 실시하였다. 그리고 차별적 성과급제(differential piece-rates system)를 실시하여, 근로자들의 과업에 대한 성공과 실패에 대한 차별적 임금을 지불하였다.

둘째, 과학적인 관리를 하기 위하여 근로자의 교육, 훈련 등을 고려하여, 과거 군대식조직에서 직능식 직공 장(functional foremanship) 제도를 제창하였다.

셋째, 테일러는 근로자들이 태업을 하지 않고, 각자의 과업을 성공하게 되면 노사 쌍방이 잘살게 될 것으로 생각하고, 고임금과 저 노무비(high wage&low labor cost)라는 철학이 과학적 관리라고 생각하였다. 과학적 관리는 길브레스(Gilbreth)부부가 THERBLIG 이라는 기호표로서 동작연구를 하여 과학적 관리에 공헌하였다.

이상과 같이 과학적 관리 기법들을 그림으로 요약하면 [그림 1-11]과 같이 설명할 수 있다.

2) 헨리 포드

헨리 포드(Henry Ford, 1863-1947)는 산업계에서 익힌 기술과 지혜를 모아 포드 시스템(Ford system)이라는 종합적인 관리체계를 만들었다. 이것이 오늘날 우리들의 산업사회에 크게 영향을 준 대량생산체제의 초석이 되었다. 포드 시스템의 내용을 보면 다음과 같다.

첫째, 기업이란 개인 이익의 증식기관이 아니라 봉사기관(service instrument)이라고 생각해야 한다고 주장하고, 기업의 목적이 이윤동기에서부터 봉사의 동기로 전환되어야 한다고 하였다. 이를 포디즘(Fordism)이라고 하는데, 포드의 경영철학이다. 이와 같은 생각으로 종업원에게 고임금을 지불해야 하고, 소비자에게 봉사하기 위해서는 싼 가격으로 공급하는 것이 경영이므로, 고임금과 저가격(high wage low price)원리를 주장하였다.

둘째, 고임금과 소비자에게는 저가격을 실현하기 위해서는 대량생산을 해야 하고, 대량생산을 하기 위해서는 벨트 컨베어 시스템(belt conveyor system)을 사용해야 한다고 생각하여, 이동식조립(moving assembly method)을 주장하였다. 그리고 이동식조립을 하기 위하여 제품 및 작업공정의 단순화(simplification), 부품의 표준화(standardization), 작업수단의 전문화(specialization)를 하였다.

표 1-8 테일러 시스템과 포드 시스템의 차이

Taylor System	Ford System
(1) 과업관리하였다. (2) 작업자 개인의 능률을 중시했다. (3) 고임금과 저노무비로, 관리이념을 실천한다. (4) Stop Watch를 이용하였다, (5) 작업자 중심이었다. (6) 노사 쌍방이 운영하는 것이 기업	(1) 동시관리를 실시하였다. (2) 전체적인 작업능률을 중시했다. (3) 고임금과 저가격으로 경영이념 실천 (4) Belt conveyor를 이용하였다. (5) 기계 중심이다. (6) 노동자와 소비자에게 서비스하는 것이 기업

셋째, 동시관리를 실사하였다. 이는 컨베어 이동속도에 의해 조립라인에 모든 작업의 소요시간을 통일한다고 하는 것이 동시관리다. 이상과 같은 것이 실행되어야 근로자에게는 임금인상을 할 수 있고, 소비자에게는 값이 싼 제품을 공급하는 것이 사회봉사하는 것으로 생각하고, 포드는 봉사의 동기를 다음과 같은 4가지를 경영의 원칙으로 요약하였다.

① 미래에 대한 공포심과 과거에 대한 존경심을 버려라.

② 경쟁에 무감각해야 한다. 타인으로부터 사업을 빼앗는 것은 범죄다.

③ 이윤에 대한 봉사를 선행시켜야 한다.

④ 제조라는 것은 싸게 사서 비싸게 파는 것이 아니다.

이처럼 포드는 기술자로 출발하여, 대중에게 보다 실용적인 차를 제공하고자 하여, 유명한 T형 자동차를 개발하였으며, 그의 독특한 저가격, 고임금의 원칙에 입각한 대중소비의 경영방식을 확립하였다. 앞에서 설명한 테일러 시스템과 포드시스템에는 차이가 있으며 그 차이를 보면 [표 1-8]과 같다.

3) 페 이 욜

앙리 페이욜(Henri Fayol, 1841-1925)은 19세 때에 프랑스 광산회사에 입사하여 그 후 광산기사, 소장을 거쳐 1888년 사장이 되었다. 그는 1918년 그 직을 떠날 때까지 30년간의 현장 경험으로, 경영을 아무런 경험 없이 인습적인 생각으로 하는 것이 아니라, 확고한 이론적인 기반에 의해 행할 필요성을 통감하고, 1916년에 개최된 광산협회 50주년 대회에서 이 사실을 언급하였다.

그림 1-12 페이욜의 기업활동

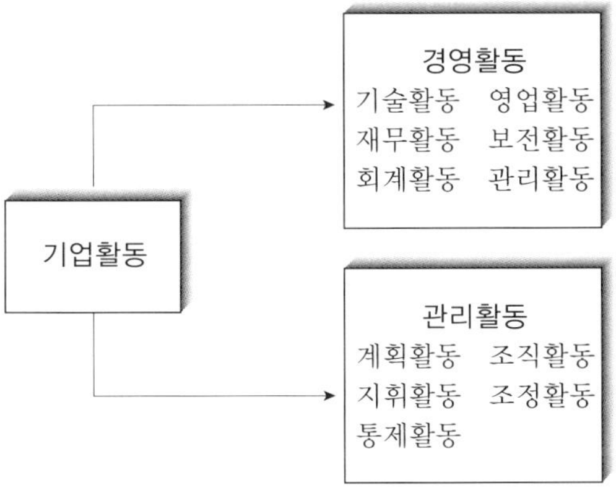

1916년「산업 및 일반관리」와 1917년「공공정신의 각오」등의 저서를 출간하여 경영관리이론의 대부라고 불리고 있다. 페이욜은 경영에 불가결한 직능으로서 (1) 기술, (2) 영업, (3) 재무, (4) 보전, (5) 회계, (6) 관리직능 등 6가지가 있다고 하고, 이들 직능을 원활히 수행하기 위하게 하는 것이 경영의 직능이라고 한다. 그리고 경영직능의 6가지 중에서 (6)의 관리직능을 중시하고, 관리직능을 다시 ① 계획하고, ② 조직하고, ③ 명령하고, ④ 조정하고, ⑤ 통제하는 것으로 분류하였다.

여기에서 페이욜은 처음으로 경영과 관리를 구별하고 관리와 경영을 혼동해서는 안 되며, 경영은 경영목적을 달성하기 위해 기업구조나, 규모의 대소에 불구하고 기술적 활동, 영업적 활동, 재무적 활동, 보전적 활동, 회계활동, 관리활동 등을 수행하는 것을 뜻하며, 관리활동은 경영의 활동 중의 하나라고 할 수 있다. 페이욜의 경영이론을 요약하면 다음과 같이 요약할 수 있다.

첫째, 관리와 경영은 혼동해서는 안 된다. 즉 관리와 경영은 분리해야 한다.

둘째, 경영의 개념은 최대이윤을 목적으로 한 종합적인 활동이며, 관리개념은 기업활동에 있어서, 주요 기능 중의 하나로 파악하고 있다.

이상의 페이욜의 이론을 요약하면 [그림 1-12]와 같다.

4) 고전학파 이론들의 결론

고전적 경영학자들이 주장한 내용들은 그 후에 많은 발전을 거듭하였으나 비판의 소리도 높았다. 고전학파들은 생산의 능률을 올리는 최선의 방법은 근로자들이 사용하는 기술이나 관리에 대한 방법을 바꾸는 것이라고 간주하고, 테일러는 근로자들에게 과업을 부여하고, 과업의 성공과 실패에 따라 차별적인 임금을 지불하여 근로자들의 태업을 막음으로써 생산성이 증가한다고 생각하였으므로, 돈만이 동기부여를 하는 데 절대적인 요소라고 생각하였다.

포드는 생산성을 증가시키는 최선의 방법은 근로자 개인뿐만 아니라, 기계와 근로자가 같이 조화를 이루어야 한다고 생각하여, 이동식 조립라인을 설치하면 근로자들의 태업을 막을 수 있다고 생각하였다. 또한 페이욜은 경영과 관리에 대한 개념을 명확히 정립하여 광산에 적용하였더니, 적자경영에서 흑자경영으로 돌아섰다고 하였다.

페이욜은 그 당시 광산이 불경기 때문에 재무상태가 좋지 못하였으나, 종전과 같은 근로자, 같은 시설, 같은 자본금으로 경영한 상태에서 관리와 경영을 분리하고, 경영과 관리의 개념을 정립한 후에는 경영이 흑자 상태로 되었다고 주장하였다. 그러나 테일러의 과학적 관리에 대한 노동조합의 항의로서 그 당시 과학적 관리를 반대하는 목소리가 높아가자 상위원에서 과학적 관리를 반대하는 이유에 대해, 시카고 대학교수인 폭시(Robert Fhoxie)가 상위원에 제출하였는데 그 보고서에 의하면 첫째, 분배의 불공정, 둘째, 경영에 대한 경영자들의 독재, 셋째, 노동자를 기계시, 넷째, 노동조합 부정 등의 이유 때문이라고 보고하였다.

그 후에 과학적 관리가 미국 기업들의 경영에 만병통치약이 될 수 없다는 것을 깨닫게 되었다. 그 후 고전학파의 뒤를 이어 행동과학파들이 그들 이론들을 주장하게 되었으며, 그 이론들은 다음과 같다.

2. 행동과학파

경영이란 조직목표를 달성하기 위하여 자원관리를 통합하는 과정이다. 즉 경영이린 사람올 통하여 일이 이루어지도록 히는 과정이다. 따라서 인간행동에 대한 연구는 의심할 여지없이 경영학 중에서 가장 중요한 하나의 범위를 차지한다고 할 수 있다.

조직행동론은 1920년대 미국의 일반국민들은 경제생활이 크게 윤택해짐에 따라 보다 나은 삶의 질을 추구하려는 경향이 사회전반에 퍼져 있었다. 예를 들면 여성참정권, 노동조합결성, 최저임금제도 등이 이때에 이루어짐으로써 이러한 변화에 대한 고전파에서 주장하는 경영원칙이 수정되지 않을 수 없게 되었다. 그러므로 다수 경영학자들은 경영이 인간행동을 둘러싼 제 현상들로 인식하고, 다양한 인간행동의 원인에 초점을 맞추며, 경영의 문제들을 규명하려고 했는데, 이와 같은 이론들이 행동과학파들이 주장하는 이론들이다. 그 대표적인 학자들을 보면 메이요(Mayo), 맥그리거(D. McGregor), 아지리스(C. Argyris), 매슬로우(A. Maslow) 등을 들 수 있다.

1) 메 이 요

메이요(Elton Mayo, 1880-1949)는 하버드 대학교수로서, 생산성을 높이는 최선의 방법은 근로자가 사용하는 기술이나 관리방법을 개선하는 데 있는 것이 아니라, 심리적이고 사회적인 면에 있다는 것을 강조하였다. 즉 생산을 높이는 것은 물리적인 면에 있는 것이 아니라, 인간적인 면에 있다고 주장하였다. 또한 메이요는 현대 산업사회에서 인간가치 중심성향과 함께 인간에 대해 상당히 낙관적이고 긍정적인 견해로 본 조직행동론을 발전시킨 사람이다.

메이요는 1924년부터 8년간에 걸쳐 호슨 실험(Western Electric Co.의 호슨 공장에서 행해진 일련의 실험을 총칭한 것임)한 결과에서 다음과 같은 결론을 지었다.

첫째, 종업원의 능률이 향상되는 원인은 심리적이고 사회적인 것이라고 주장하였다.

둘째, 집단구성원간에는 비공식적인 규칙이 존재하는데, 이 규칙에 위반하면 구성원들은 동료시하지 않는 비공식적인 집단(informal group)이 존재하는 것을 밝혔다.

셋째, 구성원들간에는 타인의 작업능률에 영향을 미친다는 결론을 얻었다. 이상과 같은 현상을 메이요는 아노미(anomie)와 오합지졸 가설로써 설명하였다.

아노미(anomie)란 메이요는 비공식적인 집단(informal group)이 발생하게 되는 원인으로서, 인간은 경제직 사욕(economic self-interest)으로 단순한 관계를 가진 무지각적 기계(insensitive machine)로만 취급하는 전 사회에 대한 고발이라고 생각하였다(박기동, 1984).[18] 이러한 사회에서의 노동자는 일을 노동력과 금전에

18) 박기동 · 박주승, 2006, 「조직행동론」, 서울: 박영사, pp. 141-142.

대한 비인간적인 교환으로 보지 않는다고 주장하였다. 이와 같은 긴박하고 절망적인 사회를 아노미라고 불렀다.

오합지졸가설(rabble hypothesis)란 메이요는 사람은 무엇보다도 생리적 욕구와 안전을 위한 욕구에 의하여 강력히 지배되며, 될 수 있으면 일을 하지 않고 조금이라도 많은 보상을 받으려 한다고 생각하고, 관리자들은 노동자들에게 일을 시키고, 또한 노동의 조직화를 꾀하려고 하는 것을 오합지졸가설이라고 불렀다.

이상과 같이 메이요는 인간을 하나의 생산수단으로만 간주하던 당시의 지배적인 사고방식에 인간관계의 중요성을 부각시키는 계기를 만들었고, 또한 조직행동론을 발전시킨 동기도 되었다(Mayo, Elton, 1945).[19)]

2) 맥그리거

맥그리거(Douglas McGregor, 1906-1964)는 대부분의 관리자들이 인간의 본성에 대하여 잘못한 생각에 근거하여 만들어졌다고 주장하였다. 그에 의하면, 의사결정이 상부에 집중되어 있고, 상사와 부하의 구성이 피라미드형을 이루며, 외부로부터 작업이 통제되고 있는 전통적인 조직은 인간성이나 인간의 동기부여에 대한 여러 가지 가설에 근거하여 운영되고 있다고 주장하였다.

이에 대하여 맥그리거는 두 가지 상반된 인간관을 제시하였는데, 그 하나가 X이론이고, 다른 하나가 Y이론이다. X이론에서는 대다수의 사람들은 명령받기를 오히려 좋아하고, 스스로 책임을 지려고 하지 않으며, 무엇보다도 안정을 바라고 있다고 생각을 하였다. 그리고 이러한 관점의 인간은 금전, 연금, 특별급여, 벌 등에 대한 공포 등으로 동기부여가 된다고 생각한다.

Y이론은 인간의 본성은 나태하거, 신뢰할 수 없는 것이 아니라, 적절한 동기부여가 되면 기본적으로 일에 대해서 자율적이며 창조적이라고 주장하고 있다.

3) 아지리스

아지리스(Chris Argyris)는 미성숙과 성숙이론(Immaturity-Maturity Theory)으로 그의 독자적인 이론을 구성하였다. 그가 얻은 결론의 일부는 맥그리거의 X

---

19) Mayo, Elton, 1945, *The Social Problems of an Industrial Civilization*, Division of Research Graduate School of Business Administration, Boston: Harvard University, pp. 44-45.

이론과 Y이론과 같지만, 그는 X이론의 인간성을 미성숙한 유아적인 인간성이라 하여, X이론에서 Y이론으로 연속적인 발전을 건강한 성인의 길을 가는 인간의 성숙과정이라고 하였다.

따라서 아지리스(Argyris)는 현대 미국의 대다수의 사람들은 미성숙한 인간으로 취급받는 작업환경 속에서 일하고 있다고 주장하고, 현대에 이르러 이러한 문제는 조직관리를 어렵게 하는 문제로 나타나는 일이 허다하게 발생한 것도 이러한 사실 때문이라고 하였다. 아지리스는 특정 작업환경에서 관리방법이 개인행동과 인간성장에 어떠한 영향을 미치는가를 살피기 위하여 산업조직을 연구하였다.

4) 매슬로우

매슬로우(Abraham Maslow)는 욕구단계이론을 주창하였다. 어떤 시점에서 한 개인의 행동은 그 사람을 지배하고 있는 가장 강한 욕구에 의하여 결정한다는 것을 이미 설명하였다. 매슬로우(Maslow)에 의하면 인간의 욕구(human needs)는 생리적 욕구에서부터 안정(안전)의 욕구, 사회(친화)욕구, 존경(인식)욕구, 자아실현욕구가 단계적으로 나타난다고 주장하였다.

생리적인 욕구는 의·식·주에 관한 욕구로서 인간은 먹고, 살고, 자는 것이 해결되지 않으면 인간의 욕구는 언제까지 생리적 욕구단계에 머물러 있다. 안정(안전)에 대한 욕구는 생리적인 욕구가 어느 정도 해결되어야 생리적인 욕구단계로 넘어가는데, 이 욕구단계는 인간이 외부환경에 대한 위협이나 위험으로부터 해방될 때까지 인간의 욕구는 이 단계에서 머물게 된다. 사회적인 욕구는 안정에 대한 욕구가 어느 정도 해결되어야 사회적인 욕구단계로 넘어간다.

이 단계의 욕구는 남과 사귀고 싶고, 집단에 소속하고 싶은 욕구를 말한다. 이 단계가 지나면 존경에 대한 욕구단계로 넘어가는데 이는 남에게 존경을 받고 싶고, 남의 행동에 영향을 주고 싶은 욕구의 단계를 말한다. 그리고 마지막 단계가 자아실현의 단계이다. 이 단계는 인간은 자기능력을 발휘하고 싶은 욕구단계를 말한다.

매슬로우는 이와 같은 욕구난계는 저차적인 욕구단계인 생리적인 욕구단계에서 고차적인 욕구단계인 자아실현의 욕구단계로 일어난다고 주장하였다.

5) 행동과학파의 결론

행동과학파는 생산능률을 올리는 최선의 방법은 인간의 심리적이고 사회적인 면에 있다고 주장하고, 이들은 고전학파들이 경시한 인간성에 초점을 맞춤으로써 경영학을 한 걸음 진보시켰으며, 그 당시 경영자들이 갖고 있던 근로자들을 기계의 부품처럼 생각하는 관념을 변화시켰다. 그 결과로 조직에 있어서 인간관계와 종업원 개개인의 동기의 중요성과 경영에 있어서 인간관계 기술의 중요성이 더욱 부각되었다. 특히 산업사회에 있어서 인간가치 중심성향의 중요성을 부각시켰다고 할 수 있다.

3. 경영과학파

경영과학파(management science school)는 제2차 세계대전 후 경영의 새로운 기법으로 등장하였다. 제2차 세계대전 초기에 영국은 광대한 지역에서 일어나고 있는 전투에서 강력한 독일군에 효과적으로 전투를 할 수 있는 방법을 찾아야 했다. 그 당시 곳곳에서 출몰하는 독일군 잠수함이나 전투기의 수량을 신속히 계산한다든지 광범위한 전선에 보급품을 과학적으로 수송할 수 있는 방법 등으로 전쟁을 효율적으로 수행하기 위해 문제들을 해결하기 위해서 영국이 세계 최초로 경영과학(Operation Research)팀을 구성하였다.

전쟁이 끝난 뒤 경영과학(OR)은 산업분야로 확장되었다. 먼저 정유공장, 강철공장 및 종이공장과 같은 공정 형태의 산업에 적용되었다. 이러한 산업들은 소품종 대량생산의 특징을 지녔다. 따라서 제품단위당 비용 절감액은 얼마 되지 않아도 대량생산을 위하여 상당한 액수의 절약을 가져왔다.

제2차 세계대전 후 약 30년 동안 OR과 MS(management science)는 거의 모든 산업과 서비스 분야에 적용되어 그 기법은 상당히 발전되었다. 더욱이 복잡하게 된 관리상의 문제에 대한 공격을 위해 시뮬레이션기법과 능률적인 계산 시스템을 도입하였다. 그리고 1970년대에 OR과 MS의 이용은 의학, 교육, 형사재판 등과 같은 사회 및 도시 시스템으로 확산되었고, 1980년대에는 경영과학을 경영정보 시스템(Management Information Systems: MIS)과 결합함으로써 새로운 차원의 의사결정지원 시스템(decision support systems)이라는 영역으로 급속히 발전하였다.

4. 시스템 이론

1960년대에는 조직을 하나의 유기체로 설명하려는 학자들이 나타났다. 생물학의 영향을 받은 이들은 경영의 대상을 작업생산성이나 인간관계처럼 단편적으로 볼 것이 아니라, 생명을 가진 조직체의 관리로 간주하고 그 조직의 내부와 외부체계를 포함하여 전체적인 것으로 주장하였다. 즉 조직을 하나의 시스템으로서 그 자체가 여러 가지 상호 관련을 맺고 있는 하부조직을 거느리고 있고 또 한 단계가 높은 상위조직에 속해 있기 때문에 문제를 해결하려 할 때 어느 한 부분에 국한시켜 생각해서는 안 된다는 것이다.

카스트(F.E. Kast)와 로젠즈바이그(J. E. Rosenzweig)는 시스템을 하나의 조직화된 것이라고 정의하였다. 즉 2개 혹은 더 많은 부분들이 상호의존적으로 구성된 하나의 단위 혹은 구성요소를 말한다.

로빈스(S.P. Robins)는 시스템은 통일된 전체를 구성하는 측면에서 배열된 상호관련적이고, 상호의존적인 부분들의 집합체라고 정의하였다. 그리고 시스템학파들이 주장하는 시스템을 하나의 통일된 전체를 형성하기 위하여 배열된 상호

그림 1-13 시스템의 내용

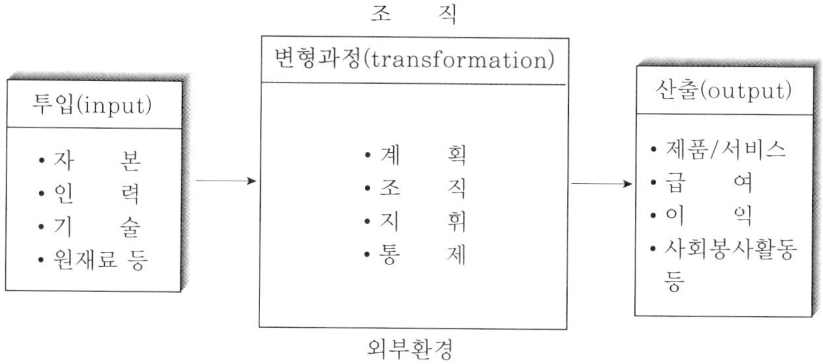

의존적인 부분으로서 환경에 대한 변수들로 보고, 우리들이 살고 있는 사회도 하나의 시스템이며 자동차, 공장 및 인체도 하나의 시스템이라고 정의하였다. 이를 그림으로 설명하면 [그림 1-13]과 같다.

5. 상황이론

상황이론(조건적합이론: contingency theory, situational approach)은 특정조직이 상황과 어떤 관련을 맺고 있으며, 그 관련성이 조직에 어떤 영향을 미치고 있는가? 하는 문제에 초점을 두고 있다. 상황은 조직을 복잡하게 만들며, 변화와 발전을 시키므로 조직은 상황의 하부구조로서 상황과 조화를 이루고 있다. 특히 오늘날의 조직은 복잡하고 유동적이며, 불확실한 것으로 인식하게 됨에 따라 합리적 조직이라는 사고방식이 조직에 대한 사실을 해명하는 데 있어서 반드시 타당한 출발점은 아니다.

조직은 나날이 변하고 복잡하게 되어 불확실성이 증대되는 환경에 직면하면서도 여전히 합리적인 조직관계에 입각하여, 조직을 운영할 수 있다고 믿기 어렵기 때문이다. 이제 조직과 상황문제는 조직의 새로운 주요 과제가 되었으며, 문제해결을 위해 상황이론(조건적합이론)이 나타나게 되었다.

상황이론의 용어가 일반화된 것은 로렌스(P.R. Lawrence)와 로쉬(J.W. Lorsch)의 연구로서 사용되었으며, 상황이론의 특징은 다음과 같다.

첫째, 조직에 관한 경험적인 자료의 체계적인 수집에 기초한 연구가 되어야 한다.

둘째, 다변량적인 연구가 되어야 한다.

셋째, 상이한 조건에서 조직이 어떻게 가능한가를 이해하고 설명하려는 의도라야 한다.

넷째, 조직에 초점을 두고 있는 한 특정 조사방법과 특정 학문적 영역 혹은 개념적 구조에 구속되지 않아야 된다.

이상의 4가지 특징을 보면 이들은 조건이라기보다는 오히려 상황이론(조건적합이론)의 종합 과학적 특성 또는 개방성을 나타내는 것이며, 첫째와 둘째는 조직에 관한 실정분석의 거의 모두에 해당되는 것이다. 따라서 이들이 말하는 고유

그림 1-14 경영상황이론의 개요

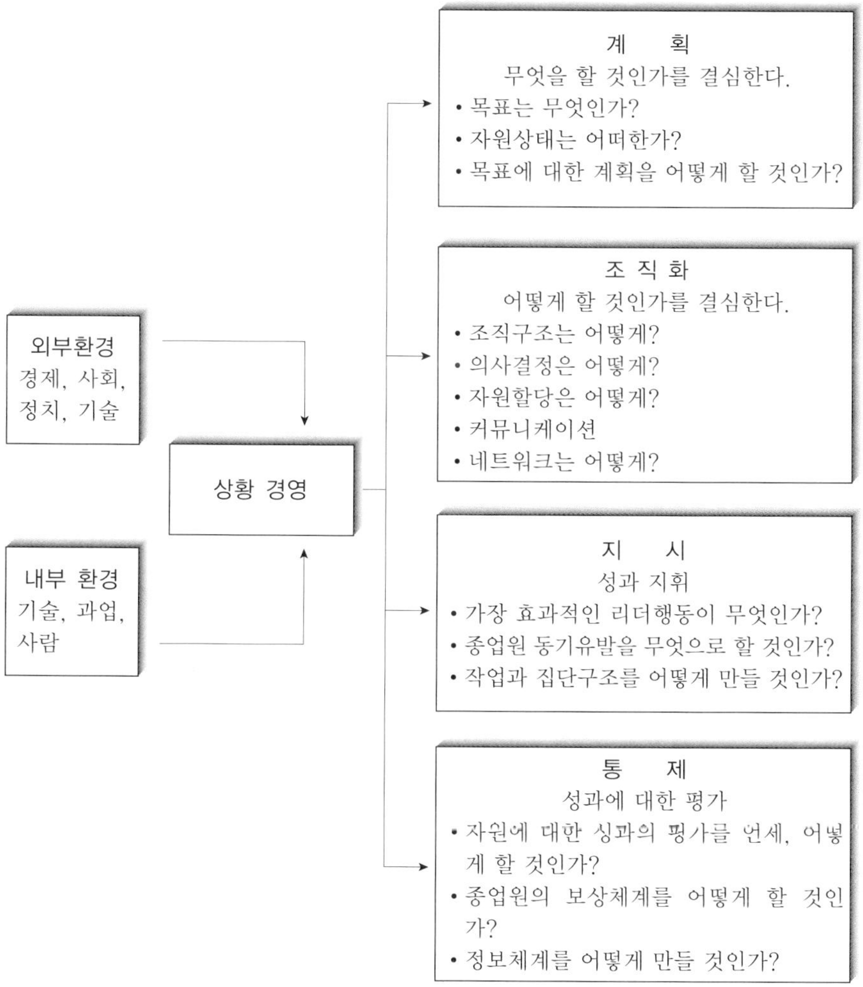

의 조건이란 셋째의 조건적 특성이라고 할 수 있다.

상황이론의 기본적인 주장은 "모든 상황에 적용될 수 있는 최선의 방법은 존재하지 않는다"라고 하는 보편주의적 입장을 부정하고, 상황이 다르면 그에 따른 효과적인 방법도 다르다는 이론이다. 경영상황이론의 개요를 보면 [그림 1-14]와 같다.

6. Z이론

미국의 기업은 과거 몇 년 동안 미국 사람들의 생활에 많은 영향을 주었으나, 이것이 미국사람들의 생활을 윤택하게 하는 데는 많은 문제점들이 있었다(*Harvard Business Review*, May-June 1975).[20]

① 에너지 자원의 통제와 발달을 오랫동안 장담할 수 없고,

② 환경보호와 경제 사이의 정당한 밸런스를 유지할 수 없다.

③ 인플레이션과 실업률을 감소시킬 수 없다.

④ 정부나 기업에 대한 부정적인 측면을 가정이나 외국에서 점점 증가시켰다.

⑤ 젊은이들은 물질의 귀중함을 모르는 비물질적인 사고가 지배적인 문제 등은 해결할 수 없었다.

미국은 이와 같은 문제들을 어떻게 해결할 것인가? 미래에 경제가 어떻게 이것을 보상할 것인가? 하는 등 크게 걱정하지 않을 수 없기 때문에 미국의 기업가나 학자들은 이 문제에 대해 예리하게 지적하고, 사회와 경제에 대하여 깊이 걱정하여 연구하고 있다.

그리하여 Peter F. Drucker는 오늘날 미국의 기업들은 일본의 기업들로부터 다음과 같은 4가지 점들을 배워야 한다고 말하였다(Drucker, Peter F., 1971).[21]

① 만장일치의 의사결정(Decision by Consensus),

② 종신고용(life time employment),

③ 계속적 훈련(continuous training),

④ 오야붕 · 꼬붕(oyabun-kobun relationship, Nakane Chie, 1970).[22] 혹은 대부(god father) 등이라고 지적하였다.

그리고 캘리포니아 대학 경영대학원의 일본계 3세인 William G. Ouchi 교수는 제2차 세계대전 이후부터 일본의 생산성은 미국보다 2배 내지 3배나 빠른 속도로 증가하고 있다고 주장을 하였다. 그리고 일본이 이처럼 눈부시게 발전한

20) "What will our society he like in 1985?" *Harvard Business Review*, May-June 1975, pp. 14-15.

21) Drucker, Peter F., March-April 1971, "What we can learn from Japanese management," *Harvard Business Review*, p. 110.

22) Nakane, Chie, 1970, *Japanese society*, University of California Press, p. 43.

것은 전쟁으로 파괴된 공장과 생산시설이 새로운 시설로 대처되었기 때문이고 미국은 낡은 시설을 그대로 사용하기 때문이라 주장하는 학자들도 있다.

그러나 최근 프랑스나 영국 기타 유럽 국가들보다 생산성이 뒤진 것은 공장과 설비가 노후화했다는 주장도 설득력을 잃었다고 주장하였다(Ouch, William).[23] 따라서 일본과 미국을 비교하여 양국간의 문화에 다 같이 적용되는 기본적인 특성을 밝혀내고 다시 문화의 이질성으로 나타난 행동양식의 차이(difference in pattern)를 파악해야 하며, 또한 미국의 기업조직 및 경영관리 패턴(Patterns of organization and management)을 이해하고 일본의 경영조직 형태는 미국의 기업조직과 또 그러한 조직을 만들어 낸 미국사회 내부의 제반요인의 독특한 특성을 대조하는 새로운 경영을 하여야 한다고 주장하였다(Ouch, William, *op. cit*).[24]

오우치(W.G. Ouchi) 교수는 1981년 4월에 「Z이론」이라는 저서를 출간하였다.[25] 그는 1973년부터 미·일 양국 기업 24개(각각 12개)를 선정하여 그 지점 및 합작관계회사 총 48개 회사를 대상으로 조사한 바 있다. 일본기업이 고도로 성장

그림 1-15 Z이론의 특성

유형 A (미국)	유형 Z (수정된 미국)	유형 J (일본)
단기고용	장기고용	종신고용
개인적 의사결정	합리적 의사결정	합의적 의사결정
개인적 책임	개인적 책임	집단적 책임
신속한 평가와 승진	완만한 평가와 승진	느린 평가와 승진
공식적인 통제	비공식적 통제와 공식적 측정	비공식적인 통제
전문화된 경력 승진경로	적절히 전문화된 경력 경로	비전문화된 경력 경로
세분화된 관심	가족을 포함한 전체적인 관심	전체적인 관심

출처: Ouchi, William G., 1981, *Theory Z*, Addison-Wesley Publishing Company Inc., pp. 48-49.

23) Ouch, William, *op*, *cit*., pp. 10-11.

24) *Ibid*., p. 12.

25) Ouchi, William G., 1981, *Theory Z*, Addison-Wesley Publishing Company Inc., pp. 48-49.

하여 이제는 세계기업으로서 군림하게 된 비결은 과연 무엇인가? 이는 Z이론 때문이었다.

미국에서 일본기업의 강점을 분석한 이 Z이론은 오늘날 여러 나라의 실무계나 학계에서 비상한 관심을 모은 것이었다. "Z이론"이란 한마디로 일본식 경영방식을 받아들여 실천하는 기업은 살아남고 번영한다는 것이다. Z이론은 미·일 기업의 비교연구로서 유명하다. 따라서 여기서의 Z이론은 조직개발의 일종으로 해석되며, 또한 그것은 관리스타일의 하나이다.

미·일 각각의 관리스타일 J(일본), A(미국)타입으로 유형화하여 그것을 척도로 미국 우량기업의 관리스타일을 검토하였는데, 이들 기업은 A·J 양 타입의 뛰어난 특색을 합하여 지니고 있다는 것이 판명되었다. 이러한 A·J 양 타입의 뛰어난 특색을 갖는 관리스타일을 "Z타입"이라 일컫는다. Z이론의 제시 이래, 일본경영의 특수성이론에 대하여 반대로 경영스타일의 보편성을 주장하는 데 증거로 삼는 것이 많다.

이를 보면 [그림 1-15]와 같다.

7. Chaos이론

경영이론의 주류는 조직의 성공이 질서정연한 안정적 평형에서 이루어지며, 예측이 항상 가능하여 인과법칙을 중시하는 뉴턴(Newton)의 우주관을 전제로 하는 기계적 조직을 인정하였다.

즉 조직의 성공은 질서정연한 미래의 예측에 달려있기 때문에, 경영자의 역할은 미래의 환경변화에 전략계획 등을 맞추어 조직을 통합해 나가는 것이라고 경영이론을 전개하였다.

이와 같은 경영이론은 경영자들이 지속적으로 안정적인 경영성과를 보일 경우에 우수한 경영자로 평가받았으며, 경영성과가 불규칙하게 들쭉날쭉할 경우는 경영자의 무능의 결과라고 가정하였디.

Peters&Waleman은 1982년 그의 저서 *In search of excellent*에서 지속적으로 이윤을 많이 내고 신제품을 생산하고 기술발전을 보여준 보잉사, 듀퐁, 코닥, IBM 등을 우량기업으로 단정하고, 이들 기업에서 공통적으로 가지고 있는 특

그림 1-16 기존 경영이론과 chaos이론과의 설명

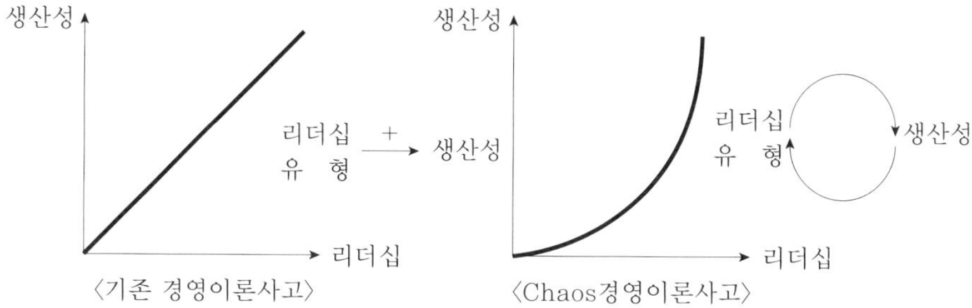

징을 규명하고, 초일류기업이 되기 위하여서는 다른 기업조직에도 이러한 특질을 갖추어야 한다고 주장하였다.

그러나 몇 년 지나서 초일류기업으로 선정된 기업들 중에 3분의 2가 초일류기업에서 탈락되었다. 이와 같이 초일류기업이 갖추어야 될 요건도 잠시뿐, 1980년대 이후 탈락된 일부 기업들은 생존경쟁을 하면서 다시 초일류기업으로 되었다. 그러면 이와 같은 상황들을 경영이론으로서 어떻게 설명할 것인가?

Chaos이론은 이러한 불안정성을 수용한 이론이다. 이는 지금까지의 경영이론은 선형관계와 인간관계에 중점을 둔 것과 대조적으로, Chaos이론은 불안정성을 시스템 자체가 인정하는 비선형적 관계와 상호인과적 순환 고리에 중점을 두었다.

예를 들면, 리더십 유형과 생산성 관계를 살펴볼 때 기존 경영이론에서는 [그림 1-16]과 같이 반드시 일률적으로 변하는 것은 아니지만 선형관계로 가정하고 인과관계를 규명하면 결과를 예측할 수 있을 것으로 생각하였다. 반면에 Chaos경영이론에서는 [그림 1-16]에서와 같이 이들은 비선형적인 관계를 가지며, 또한 상호인과적 순환고리로 생각한다.

따라서 기존 경영이론에서는 초기 조건의 미세한 변화에는 그 결과에 별 차이가 없으나, Chaos이론에서는 초기 조건의 미세한 차이가 걷잡을 수 없이 증폭되어 그 결과에 엄청난 영향을 미치게 될 수도 있게 된다. 조직이 평형체제하에 있는 경우에는 리더십 유형에 관계없이 사소한 사건이 생산성 저하를 초래하는 경우는 거의 없으나, 조직이 불안정한 비평형 상태에 있을 경우에는 초기 조건의 민감성으로 인해 사소한 사건이 발단이 되어 생산성 저하로까지 치닫게 될 수 있다.

8. 하켄(H. Haken)의 시너지틱스

1) 시너지틱스의 개념

물리학자 하켄(Haken Hermann, 1997)[26]은 2005년 11월 19일은 자연이나 생물의 세계에서, 질서가 형성되어 가는 과정의 밑바닥에는 보편적인 원칙이 존재하고 있다고 주장하고, 조직문화에 있어서도 이와 같은 질서가 형성되어 간다고 주장하고 그 근거를 설명하였다. 그는 생물세계의 질서는 무질서한 혼동상태에서 질서가 만들어지기 위해서는 무엇인가 복잡하고 미묘한 과정을 거치는 것이라고 주장하였다.

하켄(H. Haken)은 2005년 11월 19일에 레이저라는 물리현상을 실마리로 해서 이 과정을 설명하고 있다. 레이저는 흐트러짐 없는 파의 선이 끊임없이 연결되어 있는 질서가 높은 빛이다. 레저에 비하면 우리 가정에서 사용하고 있는 전등의 빛은 파의 선이 흐트러짐이 있고, 도중에 파가 끊겨져 있다.

레이저는 유리관에 수소나, 질소를 채워서 전류를 흐르게 하여 에너지를 준다. 이때 기체분자는 에너지를 흡수하여, 에너지가 높은 상태로 이동한다. 이 높은 상태의 에너지가 본래상태로 돌아올 때 내는 빛이 주위의 다른 높은 에너지를 가진 분자가 작용해서 보조를 맞추어 같은 위상을 갖는 빛을 내게 된다. 여기서 생겨난 빛은 잠시 동안 나온 다음, 흐트러져서 없어져 버린다.

레이저의 시초에 해당하는 임시적으로 질서를 가진 빛이 생겨나서는 없어지는 것이다. 이와 같이 미세한 질서가 바로 흔들림이다. 유리관에 에너지량을 늘려 가변, 높은 에너시를 가진 분자 사이에 보조를 맞추는 번회가 빈번하게 되고, 흔들림 또한 성장해 간다. 그리고 에너지의 흐름이 어느 정해진 양을 넘어서자마자 흔들림에서 거대한 질서를 가진 레이저가 나타나게 되는 것이다. 그리고 일단 레이저가 생기면 이번에는 흔들림이 있어도 그것에는 영향을 받지 않는 안정된 상태가 된다.

이렇게 흔들림이 생겨나고 그 흔들림이 동조를 이끌어 내면서, 성장해 가는 사이클은 거대한 질서를 창출시키는 자연현상과정으로서 세상에 알려졌다. 이 과

26) Herman, Haken, 1977, *Synergetic*, Springer-Verlag, p. 11.

정은 흔들림이라는 작은 변화가 궁극적으로는 질서를 통한 협력적인 전체 상호 작용으로 변하기 때문에 하켄(H. Haken)은 이 과정을 시너지틱스(Synergetics)라고 이름 붙였다.[27]

2) 새로운 문화 출현

조직문화도 본질적으로 흔들림에서 생겨난 것이라고 볼 수 있다. 이 흔들림이라고 하는 것은 부분적이고 임시적이며, 질서형성이다. 기업조직의 경우에는 이것은 소수종업원에 의한 어떤 이상을 지향한 형태와 형식의 활동이다. 예를 들면, 창업자의 줄거리 없는 드라마는 흔들리는 성장과정을 묘사한 것이며, 또 영웅들이 행한 파격적인 행동도 흔들림의 일환이다.

흔들림이 성장해 가기 위해서는 많은 사원들이 그 흔들림에 동조하여 함께 움직여야만 된다. 이것은 하나의 분자가 다른 분자의 작용에 응하여 보조를 맞추어가는 것과 대응되는 이야기다. 동조를 이끌어 낸다는 것이 곧 성장을 한다는 뜻이며, 그렇지 않으면 조만간에 없어진다. 예를 들면, 실패를 두려워하지 않는 문화는 단 한사람 영웅만이 실천하고만 있으면, 정착되지 못하며 다른 사원들이 같이 동조하고 실천하여 성과를 얻은 경우에 한해서는 그 조직의 문화로서 정착된다.

일단 문화가 형성되면, 레이저와 마찬가지로 그것은 안정되고 다른 흔들림이 생겨도 그 영향은 그다지 받지 않게 되며, 아울러 이 조직문화는 안정된 분위기를 조직구성원에게 부여하여 생산을 효율적으로 운영하게 하는 효과가 있다. 그러나 이러한 조직문화는 정적으로 정착되어서는 안 된다.

특히 격변하는 환경에서는 새로운 조직문화를 계속 변화시켜야 한다. 레이저의 경우, 에너지의 흐름을 점점 크게 하면 지금까지의 질서상태가 도리어 불안정 하게 되어 새로운 흔들림이 성장할 수 있게 되고, 그곳에서 새로운 질서상태로 옮겨가는 것이 가능하듯이 조직의 경우에도 환경이 변화해 오면 또 한 번 조직은 창업할 때와 같은 불안정한 상태로 가서 새로운 흔들림을 통하여 새로운 조직문화를 창출해야 한다. 이상과 같이 조직문화는 계속 변화된다고 할 수 있다.

Haken이 주장하는 시너지틱스의 개념 중에 핵심이 흔들림의 발전이다. 즉, 출현(emergence)의 발전이다. 문화도 본질적으로 흔들림에서 생겨난 것으로 볼 수

27) Herman, Haken, 1977, *Synergetic*, Springer-Verlag, p.13.

있다. 흔들림이라는 것은 부분적이고, 임시적이고, 질서 형성이고, 소수의 구성원에 의해 이상을 지향하는 형태와 형식의 활동이다. 이는 [그림 1-17]과 같다. 다음의 그림에서 볼 수 있는 것과 같이 소수의 구성원이 단순히 자신이 조직된 국지적인 관계(simple self-organized local relationship)에서 흔들림이 생겨난다고 보았다. 이는 단순한 구성원 개인 생각이 실마리가 되어 파장을 일으켜서 다음에는 더 큰 파장을 일으킨다. 이렇게 흔들림이 더 커지기 위해서는 구성원들이 동조하여 자신이 조직된 국지적인 관계(simple self-organized local relationship)가 활발해야만 된다.

동조를 이끌어 내는 것이 곧 성장한다는 뜻으로 이를 출현(emergence)이라고 한다. 그것이 없으면 조만간에 그 사실은 사라진다. 예를 들면, 자신이 조직된 국지적인 조직 구성원 중에 리더(leader)만 일을 실천하려고 한다면 정착되지 못하므로, 다른 구성원들이 같이 동조하고 실천하여 성과를 얻을 경우에 일이 정착된다. 일단 정착되면 레이저와 마찬가지로 그것은 안정되고 다른 흔들림이 생겨도 그 영향은 그다지 받지 않으며, 아울러 안정된 분위기를 구성원에게 부여하여 생산 활동을 효율적으로 운영하는 효과가 있다.

소수의 자신이 조직된 국지적인 관계 조직(simple self-organized local rela-

그림 1-17 시너지틱스(Synergetics) 문화모델

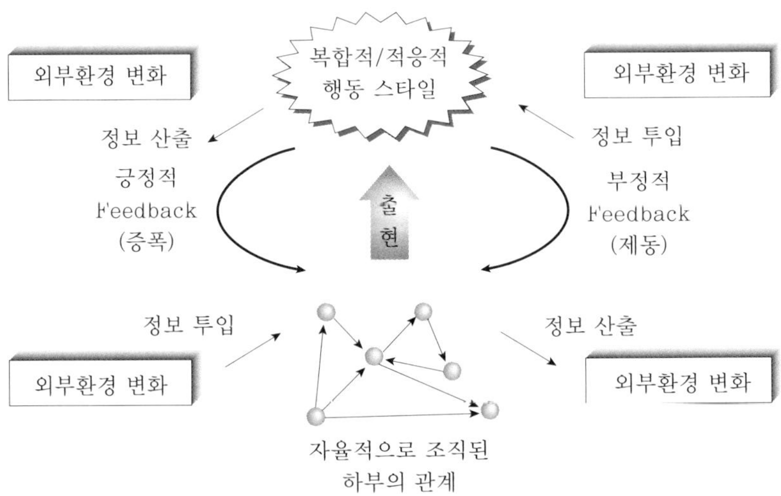

출처: Herman, Haken, 1977, *Synergetic*, Springer-Verlag, p. 13.

tionship) 은 일반적으로 개방적인 시스템(open system)이고, 시스템의 내부조직의 과정을 말한다.

[그림 1-17]에서와 같이 이와 같은 흔들림의 출현은 다음과 같은 특징을 나타낸다. 이와 같은 출현(emergence)은 외부자원이나 안내 없이 자동적으로 증폭(amplifying)된다.

3) 새로운 행동의 출현

소수의 자신이 조직된 국지적인 관계가 존재하고, 외부의 긍정적인 피드백(positive feedback)과 부정적인 피드백(negative feedback)이 계속 들어오면서 일반적인 규정(rule)에 의해 업무를 수행하다가 외부환경변화(Changing external environment) 예측범위를 넘어가는 순간에 자발적으로 새로운 행동방식이 출현되어, 복합적으로 적합한 행동(complex adaptive behavior) 구조로 출현된다. 이것이 새로운 인간행동을 창조하여 새로운 형태의 개방시스템에서와 같이 투입하고 산출(information input and output)하게 된다. 이와 같은 과정은 [그림 1-18]과 같다. 이와 같이 출현(emergence)은 단순한 규정(simple rule)으로부터 복합적인 패턴(complex pattern)의 공식화하는 과정을 말한다.

이 과정은 마치, 수백년 대대로 내려오는 성공적인 인간의 두뇌혁명과 같이 역동적인 것이다. 다시 말해서, 출현은 생각할 수 있게 하는 인간의 두뇌를 현미

그림 1-18 출현(emergence)의 의미

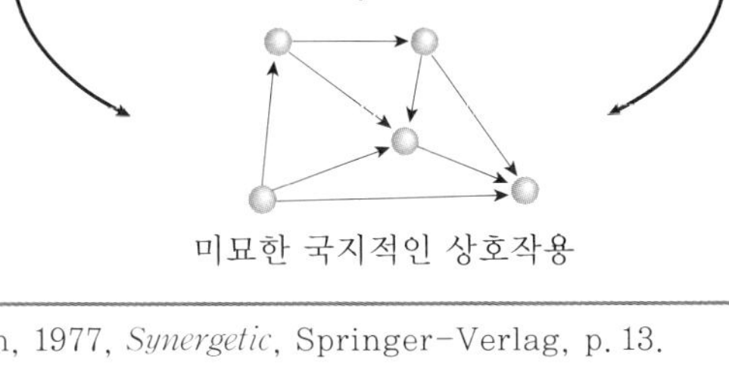

출처: Herman, Haken, 1977, *Synergetic*, Springer-Verlag, p. 13.

경으로 내부의 신경로를 보면, 일반적으로 불예측적인(unexpected) 것이고, 그리고 가장 낮은 수준의 표현으로 예측할 수 없는 내용들과 같다. 일반적으로 이러한 현상들은 하위수준에서는 하나하나의 모든 흐름이나 경험에는 존재하지 않는다. 예로써 빵을 굽기 전에는 빵에 들어가는 내용만을 가지고 그 의미를 찾지 못하는 것과 같다.

물리학자 하켄(H. Haken)은 자연이나 생물의 세계에서, 질서가 형성되어 가는 과정의 밑바닥에는 보편적인 원칙이 존재하고 있다고 주장하고, 조직문화에 있어서도 이와 같은 질서가 형성되어 간다고 주장하고, 그 근거를 설명하였다. 이는 무질서한 혼동상태에서 질서가 만들어지기 위해서는 무엇인가 복잡하고 미묘한 과정을 거치는 것이라고 주장하였다.

PART 2

경영전략

그림 2-1 경영전략 내용

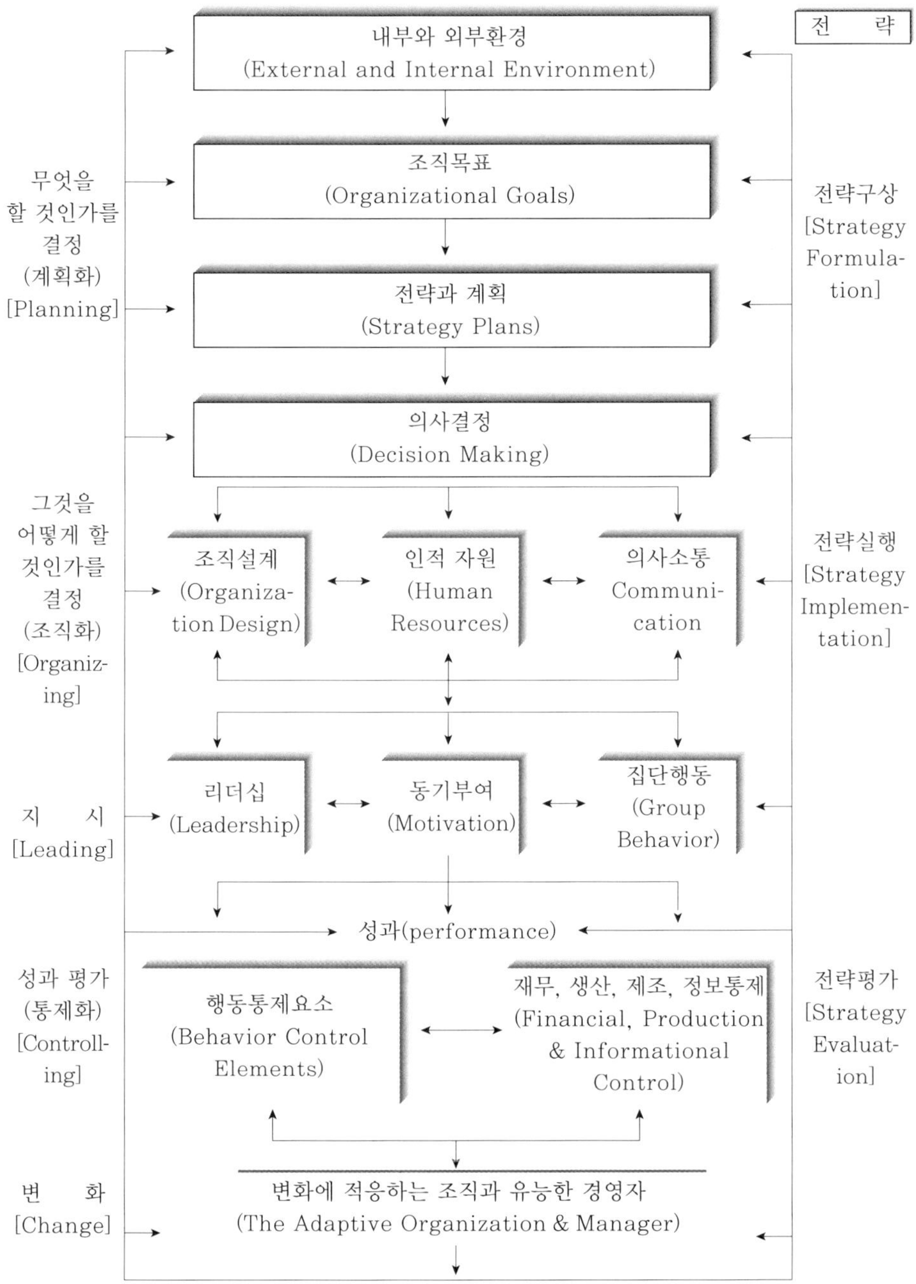

전 략
내부와 외부환경
(External and Internal Environment)
조직목표
(Organizational Goals)
전략과 계획
(Strategy Plans)
의사결정
(Decision Making)
조직설계
(Organization Design)
인적 자원
(Human Resources)
의사소통
Communication
리더십
(Leadership)
동기부여
(Motivation)
집단행동
(Group Behavior)
성과(performance)
행동통제요소
(Behavior Control Elements)
재무, 생산, 제조, 정보통제
(Financial, Production & Informational Control)
변화에 적응하는 조직과 유능한 경영자
(The Adaptive Organization & Manager)
무엇을 할 것인가를 결정 (계획화) [Planning]
그것을 어떻게 할 것인가를 결정 (조직화) [Organizing]
지 시 [Leading]
성과 평가 (통제화) [Controlling]
변 화 [Change]
전략구상 [Strategy Formulation]
전략실행 [Strategy Implementation]
전략평가 [Strategy Evaluation]

어떤 국가나 조직 또는 기업이 초일류로 계속 남기 위해서는 항상 미래를 생각하여 걱정하고 대책을 세워야 한다. 즉 계속 초일유로 조직이나 기업을 유지하기 위해 앞으로 나아가야 할 미래방향을 설정하고 이것에 따라 조직이 가지는 자원을 배분하고 행동지침을 마련하여야 한다. 이는 조직의 장기 발전을 이룩하기 위해 행해지는 모든 활동의 중심이 되는 전략이 있어야 한다.

우리들은 요즘 전략에 대한 용어를 어렵지 않게 사용하고 있다. 생존전략, 경영전략, 국가전략, 그리고 경영전략 안에 인사전략, 생산전략, 마케팅전략, 구매전략 등의 말을 자주 쓰고 있으나, 그 중에 우리들에게 관심이 큰 것은 기업전략이다. 그런데 모든 전략은 의사결정에서 시작되며, 환경변화에 대한 조직의 행동 방향을 제시한다. 그러므로 전략은 조직이 나아가야 할 방향을 제시하고 조직의 목적과 목표를 달성하기 위해 활동체계를 구성하는 것이다. 즉 전략은 조직이 환경과 조화를 이루기 우해 사용되는 수단이다.

경영전략의 내용을 보면 [그림 2-1]과 같다.

이상과 같이 경영전략에는 크게 전략구상(strategy formulation)과 전략실행(strategy implementation) 그리고 전략평가(strategy evaluation)로 분류한다.

제 1 장 경영전략의 의의와 전략구상

전략은 새로운 경영목표를 설정하여 자원과 상황분석을 거친 후 현재의 경영전략을 확인하고 새로운 전략을 추진하기 위한 최적대안을 선택하여 일정한 기간 추진한 후 그 결과를 평가하고, 수정하는 절차를 거친다. 그러므로 전략의 연구내용은 최적대안의 선택을 구상하는 것이다.

전략구상에서는 그 조직과 기업의 사명이 무엇이며, 또한 조직이나 기업의 사명과 존재목적, 추구하려는 목표가 무엇인지 명확히 하여 이를 달성하기 위한 대안을 구상하고 그리고 실행하고 통제하는 전략과정을 구성하는 것이다. 그리고 전략이란 무엇이며 왜 전략연구가 필요한지 알아보려고 한다. 특히 기업에서 사용하고 있는 경영전략은 군사학에서 사용되었으나 최근 경영학에서 많이 응용하는 학문이 되었다. 그러므로 경영에서 전략이 무엇인지를 설명하려고 한다.

제1절 경영전략의 의의

1. 전략의 개념

사람들은 사명감이나 자기의 삶의 목표를 달성하는 데 현재의 상황이 나쁜지 좋은지, 아니면 현재보다 앞으로 더 좋아지겠는지, 더 나빠지겠는지를 예측하여 효율적인 달성 대안을 가지고 살아간다. 조직체인 기업도 마찬가지로 사명이나 목표달성을 효율적으로 달성하기 위해, 모든 환경요인의 변화를 예측하고 합리적인 대응책을 마련하여 기업의 행동방향을 결정한다.

[그림 2-1]과 같이 경영활동이 바로 경영전략이라고 할 수 있다. 즉 경영전략

이란 기업이 무엇을 해야 하며 어떤 사명과 목표를 어떻게 달성할 것인가에 대한 활동을 명확히 제시하는 학문이다.

경영전략(management strategy)이란 싸움에서 꾀를 쓰는 것을 말한다. 이 단어의 유래는 고대 그리스어 “strategos” 또는 “strategia”라는 말에서 유래되었다. 이는 전장의 장수나 장수의 술(꾀)이라는 말이라고 할 수 있다. 즉 싸움하는 데 쓰는 “꾀” 혹은 술(術)을 말한다. 그러나 일반적으로 경영전략을 의미하는 데는 5P의 의미를 가지고 있다(신유근, 1996).[1]

첫째, 계획(Plan)으로서의 전략의 의미가 있다. 이것을 “술”이라고 한다. 그러나 일반적으로 경영전략을 의미하는 데는 5P의 의미를 가지고 있다. 경영전략은 환경에 대응하기 위해 기업의 도전적인 행동방향과 지침을 제공하는 의미가 있다.

둘째, 책략(Ploy)으로서 의미가 있다. 즉 경영전략은 특정 경쟁상황에서 경쟁에 압도하기 위해 의도된 구체적인 방책이다.

셋째, 행동패턴(Pattern)으로서 의미가 있다. 즉 경영전략은 사전에 의도된 것이든, 의도되지 않은 것이든 특정기업과 구성원들에게 일관되게 나타나는 행동양식이다.

넷째, 위치설정(Positioning)으로서 의미가 있다. 즉 전략은 기업의 외부환경과 내부환경을 결합시킴으로써 환경 내에서 조직의 위치를 결정하는 수단이다.

다섯째, 관점(Perspective)으로서 의미가 있다.

즉 전략은 전략결정자가 당면한 환경인식이나. 관점으로서의 전략의 의미는 추상적인 개념으로 특정집단이 공유하고 있는 문화와 가치관 그리고 사명감과 유사하다. 그리고 구성원들간에 나타나는 일정한 행동패턴은 특정한 관점에 대한 조직의 수용 여부를 결정함과 동시에 계획이나 구체적인 경영활동을 통해 영향을 받기도 한다. 이와 같이 전략은 각 조직이나 기업이 각각의 사명이나 목표를 달성하고자 하는 과정에서 직면하게 될 미래의 불확실한 상황을 예측하고 그에 대처하여 합리적으로 대응하는 노력을 하는 것이다.

그리고 경영전략이라는 개념자체도 기업의 사명과 목표달성을 위해 기업이 처한 환경변화에 적응하지 못하면 기업의 생존마저 잃게 되므로 합리적인 대응책이 필요하다. 오늘과 같이 구성원들의 가치관이 변하고 국제환경이 급변하므로

1) 신유근, 1996, 현대경영학. 다산출판사, p.100.

경영을 하는 관리자라면 상황을 판단하여 대처 방안을 강구해야 할 것이다.

2. 전략목표의 조건

전략은 포괄적이고 통합적인 조직의 활동 상태와 방향을 결정하고 조직의 선택을 안내하는 체제를 말한다. 조직에 있어서 전략은 조직의 성공 여부를 결정하고 생존의 핵심이 되는 역할을 한다고 할 수 있다. 그리고 전략은 일반 계획과 차이가 있을 뿐만 아니라 전략은 사명(mission, goals), 목적(objectives)과 관련되어 있으며 전략이 갖는 특성이 있는데, 그 특성은 다음과 같다.

첫째, 전략은 조직의 세부적인 행동이나 활동의 선택을 포함하고 있다. 이와 같은 선택은 기업이 생산하는 상품이나, 서비스를 추구하는 집단, 자원의 할당에 관련되어 있다.

둘째, 전략은 방향기능을 포함하고 있다. 전략은 조직 내에서 이루어져야 할 방향을 제공하는 기능을 한다.

셋째, 조직에서 선택되어야 할 전략이 여러 가지가 있을 경우 전략은 조정하는 기능이 있다.

넷째, 기업의 사명과 연계되어 있다.

다섯째, 실행가능한 것이라야 한다. 기업이 감당하기 어려운 목표는 구성원들에게 좌절감을 주기 때문이다.

다섯째, 반드시 조직 구성원들이 수용할 수 있는 것이라야 한다. 전략이 성공하기 위해서는 구성원의 참여가 필요하기 때문이다.

여섯째, 전략은 통제 가능한 것이라야 한다. 전략은 계량되어 객관적으로 평가되어 구성원에게 보상을 하기 위해 전략목표는 통제 가능하여야 한다.

이상과 같은 성질을 가지고 있는 전략과정은 경영자가 제일 먼저 구상해야 한다. [그림 2-2]는 Blue Cross/Blue Shield of Texas, Inc.의 전략계획을 나타내는 한 예다.

그림 2-2 Blue Cross / Blue Shield of Texas, Inc.의 전략계획

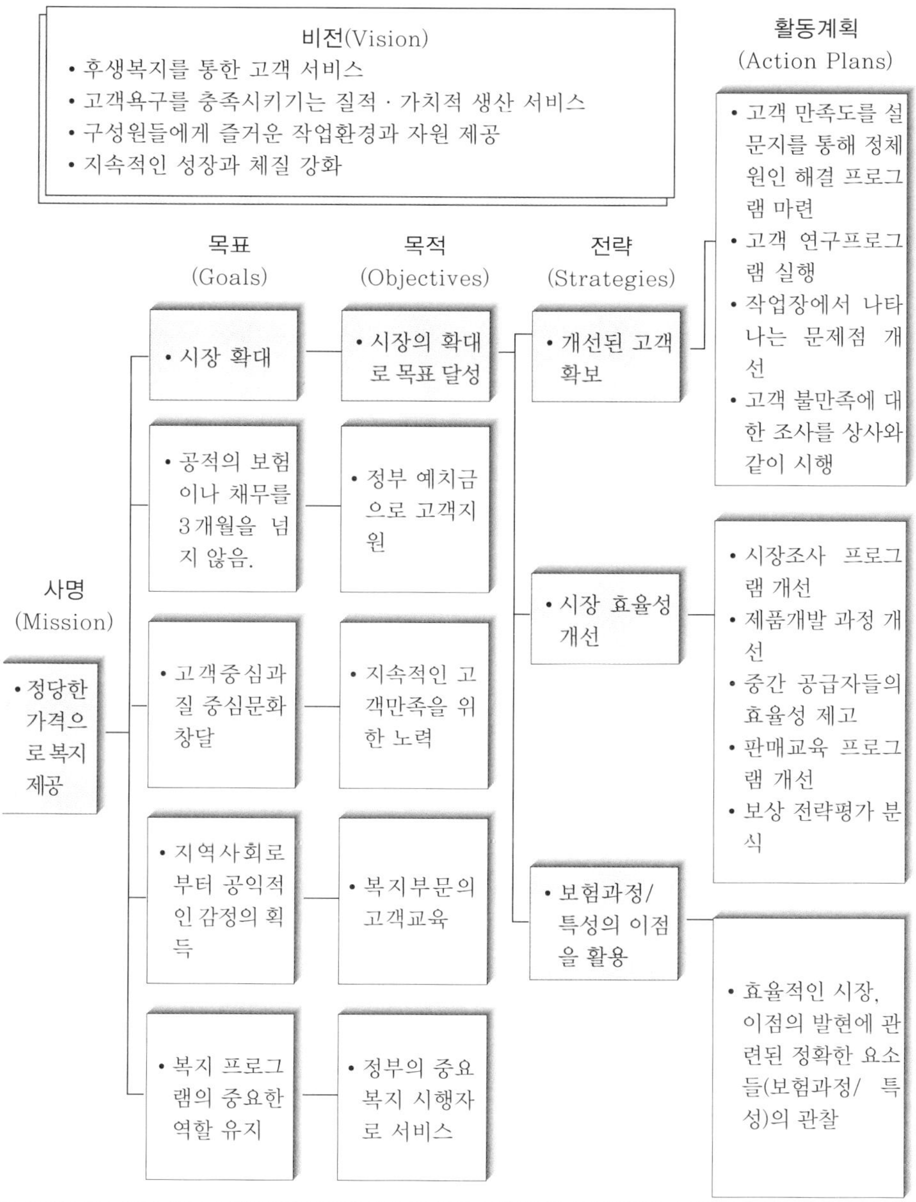

"▯"는 전략계획을 나타나는 직접적인 연관선상에 있는 부분을 나타냄.

출처: Miller, A. & Dess, G. G., 1996, *Strategic Management*, New York: The McGraw-Hill Companies Inc., p. 7.

제 2 절 전략구상

전략구상은 전략연구에 제일 먼저의 전략관리(strategy management)이다. 단순하게 말해서, 전략은 계획(plan)이나 활동(actions)을 취하는 것, 의도된 목적(intended purposes)을 수행할 수 있도록 조직을 돕는 노력들이 전략에 포함되어 있다(Nutt Paul, 1992).[2] 흔히 전략을 미래에 대한 계획이라고 말할 때, 이를 의도된 전략(intended strategy)이라고 말하고, 우리가 처해진 활동이라고 말할 때 이를 실질적인 전략(realized strategy)이라고 말한다. 이 두 가지 경우에 조직목표달성을 추구하는 쪽으로 노력하는 것으로 생각할 수 있다.

예를 들면, [그림 2-3]과 같이 전략은 가장 기초적인 결과(fundamental ends)와 조직수단(means of an organization)의 의미가 포함되어 전략의 의미를 두 가지 요소(elemental of strategy)로 설명할 수 있다. 전략구상에는 의도된 전략연구와 실현연구가 있다.

1. 전략의도에 대한 단계

전략의도(strategic intent)는 구성원들이 달성하려는 조직목적을 나타내는 것이다. 즉 다른 전략들보다 전략결과가 보다 넓은 의미인(비전[vision]과 사명[mission])들로서 보다 세부적 의미(목표[goals]와 목적[objectives])로 일반적인 경영학에서 의미한다. 개인적으로 길고, 행복하게, 인생을 충속시키는 넓은 수준의 비전(vision)을 내포하고 있는 동시에 가장 적은 좁은 목적(narrower objective)도 가지게 될 것이다.

그러나 구성원들은 전형적으로 보다 넓은 의도(broader intentions)에 이르기 위해 보다 좁은 목표와 목적들을 먼저 성취한다고 생각하고 그것이 성취된 후에, 넓은 의미의 의도와 좁은 의미의 의도를 일치시키는 것이 매우 중요하다고 생각

---

2) Nutt, Paul, 1992, *Strategic Management of Public and Third Sector Organization*, San Francisco: Jossey-Bass.

하는 것은 잘못된 생각이다. 만약 사람들이 이와 같은 문제에 주의하지 않고 좁은 목표나 목적을 달성하려고 하면, 자원과 시간만 투자하여 넓은 비전을 성취하는 것은 실패하게 된다. 똑같은 의미로서 조직도 개인과 같이 넓은 의도에서 목적이나 목표 쪽으로 집합체를 관리해야 할 것이다.

관리자들이 직면하는 책임감 중의 하나가, 그들 조직의 가치관(values)과 동기(motives)와 다른 활동(actions)을 형성시키는 데 매개변수로 역할을 해야 할 것이다. 전략적 의도의 계층으로서 이들을 좌우하는 변수들을 알아야 할 것이다. 여기에서 말하는 전략적 의도의 계층이라는 것은 첫째, 전략적 의도 계층은 먼저 조직이 무엇을 해야 하는가의 넓은 비전과 둘째, 거기에 알맞은 비전을 가지는 것이고, 셋째, 다양한 선택으로부터 조직되어지는 세부적인 목표들과 넷째, 거기에 알맞은 목적들로 구성되어 있다. 이와 같은 4가지 계층요소들은 조직을 통하여 흩어진 에너지와 힘을 단일화시키는 기능을 하는 것이라고 할 수 있다. 이와 같은 것이 일반적으로 공식적인 계획단계의 표시가 된다. 또한 이와 같은 것은 모든 과정에서 기초적인 행동의 정점을 이르게 하는 지시서(direction)적인 감각을

그림 2-3 조직의 가장 기초적인 수단과 결과 측면의 전략

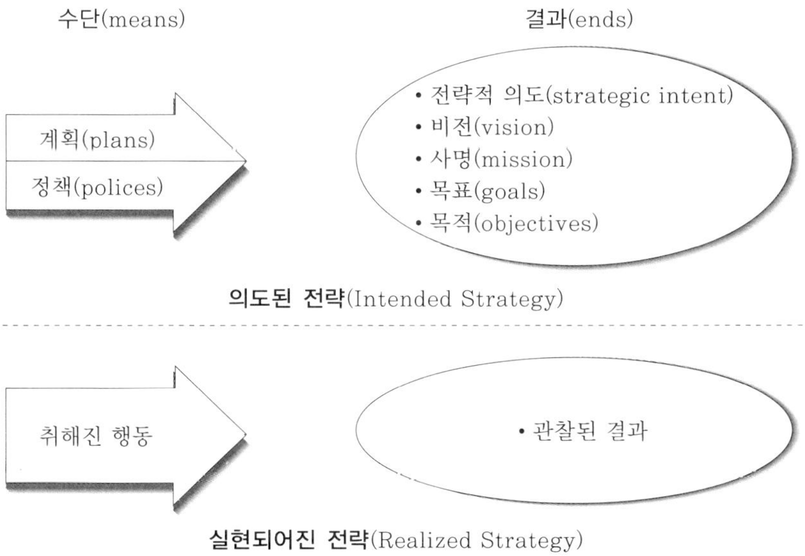

출처: Miller, A. & Dess, G. G., 1996, *Strategic Management*, New York: The McGraw-Hill Companies Inc., p. 5.

제공한다. [그림 2-3]은 조직의 가장 기초적인 수단과 결과 측면의 전략을 나타낸다.

목적들이 서로 도와 논리적 계층을 형성하고 있는가를 알아볼 수 있으며, 오른쪽에 관련된 부분이 어떻게 전략과 활동계획으로 변화되는지를 보여주고 있다. 이와 같은 의도계층에 관한 기본적인 생각을 이해하고 나면 계층의 각 부문을 이해할 수 있다.

2. 비전과 전략과의 관계

전략은 조직의 결과로서 비전(vision)과 사명과 목표와 목적이 나타낸 의도적인 전략으로서 전략과의 중요한 관계가 있다. 그리고 조직에 있어서, 전략을 합리적으로 추진하기 위해 기본적으로 얻고자 하는 것이 무엇이냐 하는 판단기준으로서 조직이 궁극적으로 얻고자 하는 가치가 사명이다.

1) 비　　전

오늘날 사회발전의 중추적인 역할을 하는 조직이 기업이라는 사실은 부정할 수 없다. 기업이라는 조직도 성장 · 발전하기 위해서는 새로운 성장기회를 포착하여 향후 일류기업으로 발전하기 위해, 장기적인 관점에서 비전(visions)을 가지고 이를 실천해 가야 할 것이다. 기업에 있어서 이 비전은 기업경영 혁신과 조직문화의 기반을 만든다. 비전의 특징을 보면 다음과 같다.

첫째, 비전은 기간적인 면으로 보면 가장 장기적이고 범위로 보면 포괄적인 성격을 지니고 있으며, 애매모호한 뜻으로 보이지만 조직의 장기발전 방향을 제시해 주고 성장을 이끌어 내기 위한 추상화된 이념 체계로, 조직의 꿈을 실현시키기 위해 갖추어야 할 자기역할과 발전의 기본방향을 명확히 한다.

둘째, 비전은 구성원이 자신의 동료들에게 말하고 싶은 것이라야 하고, 그리고 그들이 침여하고 있다고 자랑할 수 있어야 한다.

셋째, 비전은 목표나, 계획이나 꿈과 같은 개념으로 혼용할 수 있으나, 비전은 미래가 어떠해야 하며, 어떻게 보일 수 있는지에 관한 미래상을 말하고 계획이나, 목표는 미래상을 현실로 만드는 수단으로서의 기능을 한다.

넷째, 비전은 아직까지 도달하지 못한 현실일 뿐 언젠가는 달성하려고 하는 미래 상태에 대한 정신적인 이미지를 가지기 때문에 막연한 꿈과는 완전히 다르다고 할 수 있다.

다섯째, 비전은 미래지향적으로 조직의 발전방향을 제시한 비전을 달성하기 위해서는 모든 구성원들의 상상력을 집결하여 조직변화를 시도함으로써 전사적인 에너지를 같은 방향으로 일체화시킨다.

비전의 기능을 보면 다음과 같은 것을 지적할 수 있다.

첫째, 비전은 경영자의 높은 수준의 야망을 실현시키는 원동력이 된다.

둘째, 비전은 조직구성원들을 임파워먼트(empowerment)시키는 역할을 한다. 임파워먼트는 구성원에게 권한과 능력을 부여하는 것이다.

셋째, 비전을 통해 조직 내의 이해관계자 중 특히 종업원에게 희망과 신뢰감을 심어준다.

넷째, 비전은 조직 시스템의 각 구성원들을 통합시킨다.

비전은 조직의 전통과 미래에 대한 희망 등을 종합적으로 반영하여 조직이 나아가야 할 미래의 모습을 제시해 주는 표적이다. 즉 조직이 미래에 도달하려고 하는 이상적인 모습(ideal picture)이다. 그리고 사명은 조직의 방향을 제시해 주는 청사진이기도 하다. 기업의 비전(visions)은 전략관리에 있어서 넓고, 전사적이고, 미래적인 관점의 생각들을 포함하는 의도적인 범주(category of intentions)로 해석할 수 있다. 그러므로 가장 훌륭한 비전은 조직의 열망을 묘사하고 미래는 세부적인 수단들을 내포하지 않고, 난순이 바라는 결과를 성취하는 데 사용되는 것이다. 다시 말하면, 가장 효율적인 비전은 가장 위대하고, 가장 좋고, 최고로 표현되어지는 형태를 가지는 영감을 고무시키는 것이다. 그것은 최고의 서비스이고, 가장 엄격한 제품이고, 성취에 대한 확고한 감각(greatest sense of achievement)을 가지는 것이며, 가장 영감적(inspirational)인 것이다.

예로써 과학적으로 컴퓨터를 완성한 Steven Jobs은 비전을 "지금까지 개인적 성취수준에 있어서 도달할 수 없는 위치에 도달할 수 있게 하는 Macintosh사의 의도가 잘 나타나는 쪽으로 구성원을 고부시키는 것을 Mojo를 가진다는 것"으로 표현한다. 여기서 Mojo는 당근과 채찍을 넘어선 조직의 열정과 정열을 나타낸 말이다. 그렇지만 비전은 개인적인 생각들이고 글로서 표현 못하는 추상적인 것들이다. 이와 같은 상황은 아마 사람들이 표현하는 생각과 이상들은 너무 고상하고 그 수명이 짧은 데서 나타나는 것이다.

다시 말해, 이것은 종이로 보여주기에는 너무 고상하고, 그 수명이 짧기 때문이다. 그러므로 비전이 종이에 쓰여지든 쓰여지지 않든, 또 그것이 충격을 갖든 갖지 않든지, 또는 의사전달이 되든 아니 되든, 많은 사람들에 의해 의사전달이 되는 것들이다. 아마 수천, 수만 번 전달되는 것들이다.

이와 같이 비전은 두 가지 방법으로 조직에 나타나게 된다.

첫째, 의사전달의 가장 일반적인 수단이다. 계속적인 비전은 계획과 정책의 두 가지 방법으로 조직에 나타나게 된다.

둘째, 일반적이지는 않지만, 더 중요한 비전을 의사전달 방법으로서 비전적으로 개인상 취해진 행동, "selling(표현)"으로 나타난다. "personal selling"은 특별한 비전을 지시하는 리더의 행동이 사명(mission) 구절에서 사용되어지는 용어들을 말한다. 예를 들어, 질적인 문제가 해결될 때까지 모든 생산을 멈추게 하는 다른 요소로부터 질적인 면이 첫 번째라고 하는 생각을 말한다.

역사적으로 자동차의 새로운 모델로 생산을 시작 할 때 질에 관련되어 있는 단계가 핵심인 것이다. 이와 같은 단계에서 비전이라는 개념 속에 질이라는 의미가 조직 내에서 나타나기 때문이다. 전형적으로 조직이 질에 대한 단계에서보면, 성숙이라는 용어가 자리 잡기 위해서는 몇 개월이 걸린다. 이 과정에 있어서 여러 가지 작은 문제들은 조직의 노력이 있은 후 그 결과가 이루어지고 나타나게 되는 것이다. 생산을 지속적으로 이루면서 자동차 생산의 결함이 점차 줄어드는 것이다.

반면, 조직의 생산은 지속적으로 이루어지고 자동차 생산에서의 결함은 점차 줄어드는 것이다. 자동차 생산을 멈추고 이와 같은 작은 질 문제 때문에 생산을 멈춘 손실이 수백만 달러가 되었을 때에 비전은 보다 더 정확해진다. 그것은 조직 전체가 질에 대하는 문제가 조직 전체에 위임되어 있기 때문이다. 이것이 바로 비전으로 나타나는 것이다. 그러나 이와 같은 주제는 미국의 일반적인 자동차회사의 비전과는 실질적으로 많은 차이를 가지고 있다. 그러므로 비전이 전달하는 데 있어서 그것이 내포하는 것은 글보다 발로서 너 크게 외치는 행동을 하는 것이 조직의 행동으로서 보다 더 명백해진다.

그러나 글이라는 것이 중요하지 않다는 것은 아니다. 리더에 의해 쓰여 지는 글은 리더들의 비전을 설명하려고 노력한 것이다. 그래서 성공적인 리더의 형태는 그들의 비전을 개인적으로 의사전달 하는데 대단히 효율적인 특징을 포함하고 있다.

2) 사명(mission)

사명(mission)이라는 표현이 보다 정확하게 표현될 때 그 의미가 더욱 명백해진다. 이와 같은 사명의 사명감을 가진 관리자가 조직을 이끌려고 할 때 나타나는 믿음들이나, 방향성을 말로 표현하는 것이다(William George. Academy Address. *Academy of management Executive*, 2001, Vol. 15, no.4, p.42). 그러므로 오늘날 기업체는 어떤 조직이든 사명관리(management by missions) 연구가 더욱 중요하게 되었다. 관리의 사명은(the management missions), 최고경영진들의 하루하루 도전은 기업의 사명(company's mission)과 장기전략이라고 볼 수 있다.

그러므로 사명관리에 대한 연구가 필요하다. 사명관리(management by missions)는 성취를 위한 특별한 조직관리 원칙이 있다. 크고 작은 기업들을 막론하고 그들에 대한 사명(missions)과 장기전략은 기업의 하루하루 업무를 변화시켜 주는 역할하며, 최고경영자(senior executive)의 중요한 도전 중의 하나이다. 이와 같은 사명관리를 합리적으로 수행하고자 그 목적을 달성하기 위하여 특정 도구들을 운용하여 사명관리를 하는 수도 있다.

대부분의 기업들은 사명이 있기 때문에 실질적인 정의를 역사적으로 표시하고 있다. 이와 같은 기업의 사명(missions)의 원칙(principle), 계율(Commandment), 신조(creed), 상징(symbols) 등은 회사 창업자에 의하여 상속되어지는 문화에서 나타나는 이야기 등과 같은 것에서 볼 수 있으며, 기업의 이익은 기업사명의 중심이 되는 문화창조를 관리하고 있는 기업에 의해서 얻어진다.

그럼에도 불구하고 많은 기업들은 실질적으로 그들의 기업사명을 현실적인 업무에 연결해 관리를 해 오지 않은 것이 일반적인 사실이다. 실질적으로 기업의 사명(missions)이나, 가치관(values)에 사용되는 의사전달 시간이나 자원(resources) 등의 개념에서 그들이 기업사명(company's mission)을 위해서 표현되는 목적달성이나 가치와 그 기업의 일반적인 업무 사이에 계리(차이)가 존재한다.

최고관리자로부터 하위관리자로 내려가면 갈수록 그 차이(계리)는 점점 커져가는 것이 일반적인 현상이다. 조직 속의 관리계층과 그 기능이 수행되어 오면서 종업원들은 기업의 목적인 무엇인가에 대한 결론과 의미를 파악하지 못한다. 바꾸어 말하면, 기업사명이 무엇인가의 그 자체가 무의미하다. 기업이 일반적인 업무로부터 선택되어질 수 있는 방법은 그 회사 업무 방향에 대한 지시가 되어지지 않기 때문에 심각한 문제를 발생하게 한다.

그리고 단독적인 사명에 노력하도록 하는 데 초점을 두는 관리적 경향 때문에 기업사명에 명시된 일의 내용들이 일반적으로 사명에 관련이 점점 없어진다. 우리들의 견해로서 일반적으로 말하는, 실패하는 사명은 그들의 사명목적들을 잘못된 방향으로 종업원들에게 소개함으로써 생기는 것이다. 실질적으로 조직의 사명을 조직 전반에 설정하고, 사명을 만들려는 그 조직들이 그 조직의 관리시스템에 영향을 미치고 있지 않기 때문에 조직의 실패가 나타난다. 이와 같은 상황에서 기업의 사명관리(management by mission/MBM)는 아직 경영에 있어서 기초 단계밖에 미치지 않는다. 그 조직의 MBM(사명관리)시스템하에서 목표관리(management by objectives)는 극대이익(maximizing profits)만을 취하는 것을 의미하지 않는다.

근본적인 문제를 해결하는 데 사명관리(MBM)는 새로운 경영접근 방법이고 그것은 기업사명(company's mission)과 다를 수 있다. 그러나 흥미와 종업원들에게 방향을 제시하고 종업원에게 목표(propose)를 이루는 것이다. 다시 바꾸어 말하면, 조직사명관리(MBM)의 의미는 새롭고 성공적인 행동방향(key)과 기업사명(company's mission)에 있음을 의미하며, 조직구성원들을 참가(every members of the organization participates)시키는 것을 의미한다. 그래서 기업의 사명을 조직부서나 조직 말단까지 어떻게 전달할 것인가 하는 것이 중요하다.

첫째, 문제는 기업사명(company's mission)의 새로운 정의이다. 그러나 그 조직의 기업사명 정의는 그들의 사명에 경영의 사명을 잘 조화시키는 것이 핵심이다. 그러나 그 조직의 기업사명 정의는 그들의 사명에 경영의 사명을 잘 조화시키는 것이 핵심이다. 그래서 실질적으로 새로운 MBM system 안에서는 회사 정체성을 내포하는 기업사명으로 정의되어진다(정체성이 기업사명이 되어야 된다). 그런데 일반적인 기업의 사명들은 이와 같은 욕구를 충족시키지 못하고 있다.

예를 들어, 이들 기업들은 직위의 개념에서 기업사명에 대한 정의를 내리고 있다. 특별한 직위에 있는 사람일 경우 보다 크고 작은 정도에서 그 기업사명을 성취하는 실질적이고 유용한 사명에 의해 연결되어지고 있다. 한 부서의 실적의 사명치를 가지고 사명치를 평가하는 것이 잘못이다. 기업사명은 그 분야에서 최고가 되기를 원하는 사명에 의미를 두는 데 기여하고 있다. 이 사명은 기여하는 것이지 직위가 아니다. 이 기여는 일반적으로 우리 사회나 조직이나 구성원들에게서 나타나는 실질적인 문제들을 해결하는 특별한 방법이나 서비스를 의미한다. 보기로서, 한 세대 회사사명은 다음과 같이 표현되어진다.

그 회사 사명은 사용자들에게 service하는 것이고 지속적으로 회사제품, 품질을 개선하는 제조과정에서 효율을 극대화시키는 것이다. 이와 같은 일들은 주주들에게 높은 배당과 종업원들의 적당한 개발과 우리 사회의 활동적인 기회를 만들게 한다. 이 사명은 동시에 가치관에 의해서 자격이 주어진다. 그래서 가치관은 하루하루 기초에서 나타나는 다양한 대안들에 관련해서 방향을 지시해 주는 운영기준이다. 이 가치관들은 조직문화의 기초에서 형성된다. 그들 각자가 만들어진 실질적인 가치관이 다를 때 매우 다른 문화를 가지고 있는 회사가 똑같은 기업사명을 가질 수 있는 것은 아마 유전적이고 특별한 것이다. 유전적인 가치관은 전체 회사에 대해서 정의되어지는 것이며 특별한 가치관은 부서에서나 팀에서나, 개인의 위치 또는 구성원 개인적인 특성에 영향을 준다. 이것이 조직의 정체성을 나타내는 것이다.

(1) 사명의 관리도구

기업의 사명이 정의된 후에 그것은 조직 내의 각 다른 계층에 맞게 세분화되어야 한다. 낮은 계층에 관련되어 있는 사명은 높은 계층의 사명에 나누어져야 한나. 나눈(sharing) 다른 것은 잠가하는 전체 부분 중 어떻게 부분을 책임지는 것을 의미한다. 하위계층 사명은 짧고, 높은 계층의 사명에 대해서 주목하는 쪽으로 지도하는 책임의 부분이다. 나누어진 사명은 높은 사명을 끌어내는 데 결합되어야 한다. 이와 같은 과정이 높고, 낮은 비전이 결합되지 않으면 그 기업은 사명을 달성할 수 없다. 만약 나누어진 목적이 효율적으로 정의되지 않으면 다음과 같은 세 가지 현상을 내포하고 있다.

① 포괄적(inclusion), ② 보완성(서로 보충, complementarity), ③ 일관성(consistency) 등이 있다.

첫째, 포괄적(inclusion) 현상은 세부적인 사명은 실질적으로 상위의 기업사명에 기여하여야만 한다.

둘째, 보완성(상보성, complementarity)은 세부적인 사명으로 똑같은 level(계층)의 다른 세부적인 사명을 강화시키고 기여해야 한다.

셋째, 일관성(consistency)은 공유되어진 사명은 회사의 공동선에 놓여야 한다. 높은 기업사명을 영위하기 위하여 기업이 표방하고 있는 표준을 말한다. 이와 같은 세 가지를 사용하면 우리는 기업사명의 chart를 만들어 낼 수 있다.

조직의 다른 계층이 공유하는 사명이나 지도를 만들어 낼 수 있다. 예를 들면, 한 부분의 부서에서 기업사명 흐름도(chart)는 기업의 다른 부서들에 공유되어지는 사명을 포함한다. 앞의 [그림 2-2]는 각 부서에서 볼 수 있는 공유된 사명의 일관성을 유지하고 있는 것을 볼 수 있다. 이와 같은 예로 공유된 사명은 정통적인 조직도에 상호보완적이며 전통적인 조직도에서도 다른 조직 사이에 계층적인 관계를 중심으로 부서간에 공유하고 있는 것을 볼 수 있다.

이와 같은 공유되어진 사명이 정의된 이후에 사명들은 각 계층에 의해 설정되어야 한다. 사명이나 목표의 양쪽은 똑같은 정도가 되어야 된다. 사명 없는 목표(a mission without objective)는 죽은 사명이고, 목표 없는 사명도 죽은 목적이다. 목표(objective)는 사명(mission)의 주의를 이끌 때만이 의미를 갖는다. 그리고 그것은 목표 등을 성취하도록 요구하는 것이 사명이다.

사명관리(MBM)에서는 조직의 목표(aim)를 삼는 데 있어 "보다 높은 사명을 설정하는 것이 아니고 보다 효율적으로 사명을 성취하는 것"을 의미한다. 목표는 사명에 의미를 두는 것이고 다른 그 외에는 의미가 없다. 이들 접근은 요즘 유행하고 있는 균형점수카드(Balanced Score Card(BS))와 같은 관리시스템과는 다른 경향을 나타낸다.

균형점수카드(BS: Balanced Score Card)하에서는 사용자의 반응에서 질이나 개선에 대한 증가는 사명으로부터 나타나는 계획이 아니고 기업 경쟁적 재료(data)를 개선하는 방법에 대해서만 의미를 갖는다. Kaplan & Norton과 같이 표현되어질 때 앞에서와 같은 의미를 나타낸다. 새로운 사명관리체계(MBM system)에서는 재정적인 자원은 기업의 사명을 성취하는 수단에 지나지 않고 그들 자신의 마지막 단계가 아니다. 사명관리체계(MBM system)의 성취는 사명 스코어 카드(balanced score card)를 만들어 사명관리를 하는 것이 필요하다. 이 사명 스코어 카드는 사명을 형성하는 필요한 요소들의 각자를 정의되어야만 한다는 부분들이 포함된다. 그래서 사명 스코어 카드는 기업사명으로부터 직접적으로 나타내게 되며 Balanced Score Card는 같은 부분에서 제안될 필요가 없다. 사명 Score

Card(MS)는 조직을 통해서 개발되어지고 각 계층에 공유되어지는 사명에 반응하는 것을 의미한다. 각 내용물에 대한 사명을 정할 때에 다른 사명의 부분들이 기업 전체를 통해서 관리되어지도록 만들어야 한다.

(2) 사명을 촉진시키는 system

기업이 알려져 있는 명백한 사명을 가질 때 기업사명은 공유되는 사명들을 사용하는 개발을 하게 된다. 그리고 조직 내의 모든 구성원들은 가치 있는 것을 해나가는 데 기여할 수 있는 기회를 제공받게 된다. 그 결과로 기업은 풍부하고 powerful한 동기부여를 하는 과정을 촉진시킬 수 있다. 예로써 회사에 기여하려는 동기가 생겨나게 되고 변화를 주도할 때는 욕구들이 생기게 된다. Harvard 대학의 Simons 교수는 다음과 같이 말했다.

구성원들은 조직에 기여하기를 요구하는 원초적인 본능을 가지고 있다. 조직은 때때로 그들의 노력을 보다 크게 노력한 사명을 구성원들이 이해할 수 있도록 하는 것과 어떻게 하면 그들이 다른 방법을 사용하여 새로운 가치를 형성할 수 있느냐에 대한 발견이 매우 어려운 상황에 직면할 수 있다. 개개인들은 조직의 사명를 이해하기를 원하고, 구성원들이 어떻게 조직에 기여할 수 있는가를 찾기를 원한다. 그러나 상위 관리자들은 이와 같은 구성원들의 욕구를 해결해야 한다. 그러므로 사명관리체계(MBM system)는 조직구성원들로부터 실질적인 몰입을 성취하기 위한 management philosophy(경영철학)에 변화를 요구한다.

그럼에도 불구하고 기업사명에 대한 개념의 창조는 공식적인 system의 환경에서 형성되어지지 않는다. 그와 같은 결과로 새로운 사명관리시스템(MBM system)을 보장하는 데 필요한 마지막 책임은 현재에 기업경영의 질에 의존하고 있다. 다시 말하면, 모든 기업 계층에 모든 수준에서 관리자의 리더십 잠재력으로 표현되는 것이 경영의 질이고 이것이 새로운 system에 대한 마지막 책임이다. MBM system은 이와 같은 리더십 타입을 확장시키는 것이고 이것은 관리시스템의 실질적인 리더십에서의 순환을 만들고 리더십은 경영 system의 이득을 준다. 그래서 우리는 경영이 새로운 경영 접근법을 기입에 접목시키는 것을 강조할 것이다.

3) 목표(goals)

목표(goals)는 조직구성원들의 행동을 통하여 바람직한 도달 상태라고 할 수 있다. 이는 '바람직한'이라는 이념적이고, 가치판단적인 측면과 '도달'이라는 실질적인 내용이 결합된 용어라고 할 수 있다. 그리고 목표는 관리자들의 비전보다 더 세분화된 것이지만, 행동에 대해서는 보다 확고한 방향성을 내포하지 못하고 있다.

그러나 보다 더 세분화된 비전을 만들려는 시도는 사명의 용어는 목표보다 더 확고한 사명에 대한 용어를 만들려고 시도하는 것이다. 그래서 전략적인 목표들은 다음과 같은 4가지 요소들로 정의할 수 있다.

첫째, 목표(goals)는 재정적인 것과 비재정적인 문제들을 다 같이 포함하고 있다.

둘째, 목표는 이유 있는 교환을 발생시킨다.

셋째, 목표는 조직기능적인 부분관련성을 배제하는 것이다.

4) 목적(objectives)

목적(objectives)은 조직구성원들이 특정 행동을 허용하는 데 충분한 정확성을 주는 개념으로 정의되어진다. 그러므로 목적(objectives)은 목표(goals)의 공식적인 정의라고 볼 수 있다. 우리가 말하는 목표는 조직이 성취하려고 하는 희망들을 일반적인 용어로 표현하려고 하는 것이지만, ·목적(objectives)은 목표(goals)에 도달하기 위해 이루어져야 하는 세부적이고 보다 명확한 용어들이다.

그런데 가장 유용한 목적(objectives)은 아래와 같은 3가지 특징을 내포한다. 첫째, 목적은 특정되어질 수 있은 것이라야 한다. 즉 개량적이어야 한다. 눌째, 목적은 시간적인 차원을 포함한다. 셋째, 목적은 조직 내의 혼돈성을 감소시킨다.

5) 전략의 2가지 유형

앞에서 실명한 바와 같이 진략에는 2가지 수단(means)인, 계획과 정책(plans and policies), 취한 활동(actions taken)으로 구분하였다. 먼저 관리자들이 달성하려고 하는 목적을 달성하기 위하여 개발하는 수단이 계획과 정책이고, 다음은 달성하려고 하는 마지막 단계에 취해진 활동의 수단으로 구분할 수 있다.

달성하려는 목적을 수행하기 위한 수단으로서, 비전(visions)과 사명(missions)과 목표(goals)와 그리고 목적(objectives) 등을 결과로 도달하려고 하는 것이 의도된 전략(intended strategy)이고, 취한 활동을 수단으로 하여 관찰결과로 도달하려고 하는 전략이 실현된 전략(realized strategy)이라고 한다.

(1) 의도된 전략

의도된 전략(intended strategy)은 조직이 성취하도록 바라는 관련된 정보에 따라서 조직이 마지막 단계에 성취되어야 하는 결과 쪽으로 일을 해 나가기 위한 수단으로서 지침을 제공하는 것이다. 일반적으로 그와 같은 수단을 보충하는 범위로서 정책과 계획을 구분하는 것이 더 효과적이라고 할 수 있다.

첫째, 계획(plans)은 보다 더 심도 깊은 반면에, 정책은 일반적으로 무엇을 시도할 때 한계점과 구속점을 나타내는 지침을 말한다. 계획은 설명하는 데 있어서 조직이 도달하려고 하는 바라는 것에 도움을 주는 생각으로 조직을 되돌려 놓는 다리 역할을 한다. 그 특징을 미국의 AT&T사는 다음 4가지로 구분 · 설명하였다.

① 조직이 생각하는 성장률을 유지하는 데 조직은 향후 2년 사이에 새로운 사업장을 4개 이상 개업할 것이다.

② 시장을 확장시키기 위하여 조직은 앞으로 10년 동안 생산품들을 새로 만든다.

③ 비용의 경쟁적 측면에서 조직은 매년 경상비를 1/3씩 줄일 수 있는 조직으로 재편할 것이다.

④ 제품의 수요를 증가시키기 위해 회사 상표를 인식하도록 광고에 집중적으로 초점을 맞춘다.

둘째, 정책(policies)은 의도된 전략의 한 부분으로서, 이는 명확하게 정의하고 확실한 이해를 돕는 규정(rules)이나 지침서를 의미한다. 예로써 미국의 AT&T 회사를 보면,

① 우리 회사의 제품을 남들보다 싸게 팔지 않는다.

② 우리 회사는 미시시피 동쪽에서 영업하지 않는다.

③ 우리는 '왜, 어떻게'라고 묻지 않고 반품한다.

④ 우리 제품을 조립하는 가장 기본적인 부품을 외부에서 구입하지 않고 직접 생산한다.

그림 2-4 실현된 전략은 본래 의도된 것보다 많거나 적거나 하다.

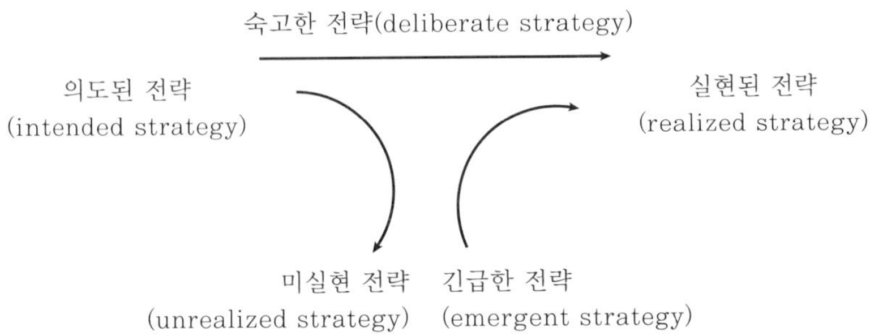

출처: Miller, A. & Dess, G. G., 1996, *Strategic Management*, New York: The McGraw-Hill Companies Inc., p. 24.

⑤ 우리는 획득한 기업이윤으로 미래의 성장을 위해 투자한다.

(2) 실현전략

실현전략(realized strategy)은 과거에 실질적으로 그 조직에서 개발된 결과 사이의 관계를 나타낸다. 이론적으로 의도된 전략은 실행되어지고, 구체적인 측면에서 실현되어진 전략을 실현전략이라고 할 수 있다. [그림 2-4]에서 볼 수 있는 바와 같이 실현전략은 본래 의도된 전략보다 많거나 적거나 하다. 그런데 이 가능성은 의도되어지고 실행되어진 전략요소들과 연결되어 있다.

6) 전략계획 과정

전략계획 과정은 조직이 이루려는 결과를 통해서 나타나는 수단들과 조직이 추구하는 결과를 분석하는 일들을 논리적으로 접근하는 데 필요한 과정이나 시스템을 말한다. 그런데 전략계획에는 일반적으로 다음 4가지 활동을 포함하고 있다.

첫째, 설립된 목표와 과거 성취도 사이의 차이를 분석하고 이해한다.

둘째, 미래를 위한 현재의 성취도와 목표 사이에 대한 차이를 줄이는 데 필요한 자원들을 분석한다.

셋째, 자원들을 조직에 배분한다.

넷째, 조직목표에 도달하는 데 조직의 움직임을 조사한다. 전략계획과정을 보면 [그림 2-5]와 같다.

그림 2-5 전략계획 과정 도표

단 계	전략적 내용	차이점을 이해하고 조정하는 단계	차이점을 줄이는 데 필요한 자원구분	자원배분	감시 · 감독 과정
전사적 단계	전략적 계층 또는 전략적 목표:→ 비 전 미 션 목 적	1	4	8	12
경영 단계	경쟁력 환경:→ 기 회 위 협	2	5	7 9	11
기능 단계	조직내부 환경:→ 조직단점과 장점	3	6	10	

(1) 목표에서 나타나는 성과를 평가하고 차이점을 분석한다.
(2) 환경적 상황과의 차이를 연결시킨다.
(3) 조직능력과 차이를 연결시킨다.
(4) 미래의 목표와 주어진 차이를 구분한다.
(5) 목표에 도달할 수 있도록 보다 넓은 활동계획을 설립한다.
(6) 계획을 실행하는 데 필요한 자원을 분석한다.
(7) 경영전반에 필요한 기능에서 수단들을 모집한다.
(8) 다양한 경영 단위별로 자원을 배분한다.
(9) 다양한 기능 단위별로 자원을 재배분한다.
(10) 기능들 내에 있는 자원들을 분산시킨다.
(11) 기능 내에 있는 자원들이 사용되는 것을 감독한다.
(12) 경영 전반에 있는 자원사용을 감독한다.

출처: Miller, A. &Dess, G.G., 1996, *Strategic Management*, New York: The McGraw-Hill Companies Inc., p.28.

제 2 장 전략실행

경영전략을 추진하는 과정에서 최적의 전략을 선택하고 나면, 이것을 실행해야 하는데 이를 전략수행(strategy implementation)이라고 한다. 전략을 추진하는 과정에서 전략을 실행하는 것은 많은 장애물들이 있으므로 조직에 주어진 기회를 최대한으로 활용하여 전략실행을 해야 한다. 먼저 전략의 계획과정에서 전략에 대한 상황분석이 만족스럽다고 생각하여도, 전략이 실행되지 못하면 그 전략은 조직에서 아무 소용이 없다.

그러므로 이 장에서는 전략을 실행하는 데 있어서 어려움을 주는 것이 무엇인지를 알아보려고 한다.

제 1 절 전략실행

전략실행에서는 여러 가지 접근방법이 있을 수 있으나 대표적인 접근방법을 보면 다음과 같이 5부문으로 나누어 설명할 수 있다.

첫째, 전략실행과 수반되는 조직변화가 관리적 도전에 어려운 이유를 생각해야 한다.

둘째, 전략실행이 조직변화에 보여주게 될 활동중심의 변화 프로그램이 필요하다.

셋째, 부분의 평가와 혁신의 다른 변화수준 차이를 구분하고, 전략적 프로그래밍과 조직학습 등의 전략실행에 필요한 접근이 필요하다.

넷째, 부문적으로 전략 프로그램을 깊게 분석하고 그에 대한 한계점을 분석한다. 끝으로, 조직학습에 요구되는 것이 무엇인지를 간단히 생각하는 것이 필요하다.

1. 전략실행이 어려운 이유

전략실행(strategy implementation)과 전략의향(strategy intention)쪽으로 변화되는 것으로 넓은 범위의 노력이 포함된다. 그 활동의 결과에 대한 흐름은 조직의 실행전략으로 구성된다. 즉 조직이 무엇을 해 왔으며, 어떻게 균형적으로 나아갈 것인가를 결정하는 것이다. 미실현전략(unrealized strategy)은 아무리 훌륭한 것이라도 교육적인 연습보다 못하다고 할 수 있다. 결과적으로 전략을 수행하는 능력은 모든 관리적 기술 중에서 가장 중요하다고 볼 수 있는 것 중의 하나이다. 전략실행기술은 쉽게 획득되지 않으며, 실행에 대한 어려움은 다음과 같다.

① 일반적인 면역 시스템 때문이다. 전략적인 변화는 일반적으로 조직이 새로운 방향으로 움직일 것을 요구하고, 전략적인 실행은 조직변화를 복잡하게 만든다. 그러므로 조직 속에 시스템화된 전략실행에 대한 거부감이 나타난다.

② 어려움에 대한 역설이다. 전략실행에는 일반적으로 많은 직접적 · 간접적으로 변화의 요소들에 대한 관리자들이 변화에 대한 어려움이다.

③ 관련된 변수들의 복잡성이다. 계획되어진 조직의 변화 속에는 다양한 이론적 모델이 포함되어 있다. 이와 같은 이론적 모델을 통해 실행되어 희망하는 조직결과로 나타나기 때문에 복잡하다.

④ 변화에 영향을 주는 요소들의 상호 연결성에 있다.

계획된 소식변화는 조정된 활동으로부터 시작된다. 이 조정된 활동은 조직의 전반적인 직무활동구성에 영향을 주며, 거기에는 조직적인 배열과 사회적인 요소와 구성원들의 육체적인 구성과 기술들로 상호 연결되어 있다. 이와 같은 조직의 직무체계는 구성원의 개인적인 행동에 영향을 주고, 이 개인적인 행동들은 조직의 변화에 직간접으로 영향을 준다. 이와 같은 것이 변화에 관련된 요소들의 상호관련성을 표현하는 것이다.

⑤ 단 한 번의 변화 요구이다. 변화에 영향을 주는 많은 요소들이 상호 연결되어 있기 때문에 1개나 2개의 변화요소는 결과적으로 거기에 관련된 모든 요소에 직·간법적으로 영향을 주므로 전반적인 조직변화에 영향을 미치기 때문이다. 그러므로 1개, 2개의 변화요소를 가지고 조직 전반의 변화를 바라는 관리자들은 이와 같은 특징들이 마술적인 해결책이라고 여기는 것도 어려움이다.

2. 변화의 단계와 전략실행에 관한 접근법

조직변화 수준을 단계적인 변화(evolutionary)와 변혁(revolutionary)의 2종류로 설명할 수 있다. 전략을 실현하는 데 있어서 2가지 수준에 대한 조직변화를 설명하면 [그림 2-6]과 같다.[3)]

우리는 지금 급변하는 상황 속에서 많은 종들의 패러다임을 경험했다. 농업사회에서 지역시장을 중심으로 상업을 하였고, 그 후 제조공업을 중심으로 한 산업사회에서는 대량생산으로, 국내시장중심으로 상업을 하였다. 20세기에서는 서비스를 중심으로 시장은 세계화로 확대되었다. 이와 같이 여러 가지 패러다임 종류들을 경험하였고, 경영전략도 탄생하였다. 경영전략실행에 있어서도 점진적인 변화(evolutionary changes)에서 변혁(revolutionary changes)으로 실행된다.

그것은 에디슨(Edison)이 전기를 발명하여 전기 있는 세상으로 옮겨 갔다. 그 전에는 석유나 가스로 불을 밝혔으나, 전기를 사용하게 되었다. 가스를 사용하여 어두움을 밝히는 환경에서 전기를 사용하여 불을 밝히는 것은 에디슨에 의한 변

그림 2-6 진화와 변혁의 2가지 형태는 독립적으로 진보함

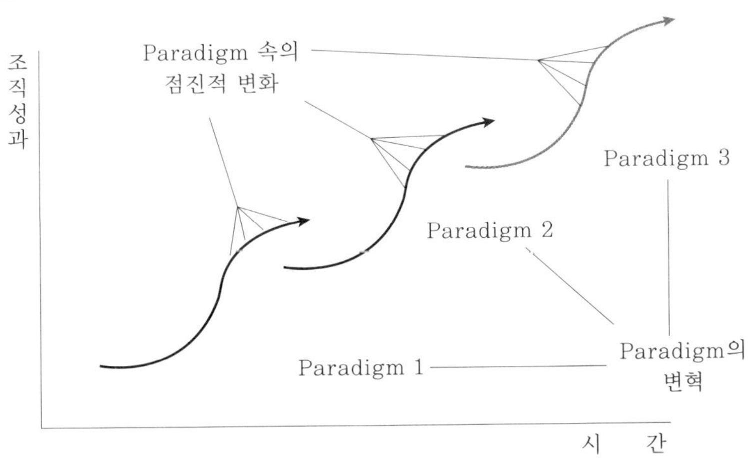

출처: Miller, A. & Dess, G. G., 1996, *Strategic Management*, New York: The McGraw-Hill Companies Inc., p. 342.

3) 박기동 · 박주승(2006), 「조직행동론」, 서울: 박영사, pp. 150-153.

혁(revolutionary changes)이고, 그 후 전기를 사용하는 환경 속에서 불을 밝히는 데 사용하는 전구가 백열등에서 형광등이나 수은등으로 사용하는 그 전구의 변화는 점진적 변화(evolutionary changes)라고 할 수 있다.

즉 전기라는 환경 속에서 백열등, 형광등, 수은등, 할로갠 등으로 변하는 것은 점진적 변화라고 한다. 이와 같이 점진적인 변화는 패러다임에서 나타나고 변화 패러다임(paradigm shifting)은 세계를 보는 새로운 방식을 설명하는 것이다. 바꾸어 말하면 새로운 생각체계가 변화프로그램(shifting program)이다.

3. 경영에 있어서 3가지 패러다임

경영에 있어서 패러다임(paradigm)이라는 단어를 많이 사용하고 있다. 쿤은 패러다임을 "일정기간 전문가집단이 공유하는 신념, 가치관, 방법 및 기법 전체적인 구성을 나타내는 연구들의 기본형을 이루는 모델"이라고 정의하였다. 경영에 있어서 가장 중요한 3가지 패러다임을 1800년 후반까지와 1850년-1900년 후반까지, 그리고 1900년 후반부터 지금까지 3단계로 구분해 [표 2-1]과 같이 설명하였다(Miller, A. & Dess, G. G., 1996).

표 2-1 **경영에 있어서 가장 중요한 3가지 패러다임**

1980년대 후반까지	1850년대 후반-1900년대 후반	1900년대 후반-지금까지
• 농업을 기초로 한 경제 (Agrarian-based Economy) • 수공업 중심의 산업 (Craft-based Industry) • 지역적 상업 (Localized Commerce)	• 제조공업을 기초로 한 경제 (Manufacturing-based Economy) • 대량생산을 기초로 한 산업 (Mass-production-based Industry) • 국가적 상업 (National Commerce)	• 서비스를 기초로 한 경제 (Service-based Economy) • 지식을 기초로 한 산업 (Knowledge-based Industry) • 세계화 상업 (Global Commerce)

출처: Miller, A. & Dess, G. G., 1996, *Ibid.*, p. 342.

4. 전략적인 수행 접근에 대한 계속성

전략수행을 계속 접근하기 위해서는 주어진 상황에서 계획적인 전략의 강조 정도와 새로운 전략의 차이 정도를 알아야 한다. 주어진 상황이라는 중요한 요소는 [그림 2-7]과 같이 그 상황의 활동성과 복잡성으로 나타난다. 일반적으로 조직에 나타나는 변혁(Revolution)에는 복잡성(Complexity)과 활동성(Dyna-mism)을 내포하고 있다. 이와 같은 상황에서는 관리자들이 무엇을 먼저 해야 하는지에 대한 사실을 알기가 매우 힘든다. 그러므로 과거의 업적과 잘못을 통해서 배우는 것이 미래를 위해 계획을 세우는 데 매우 중요한 역할을 한다.

그림 2-7 전략의 활동성과 복잡성

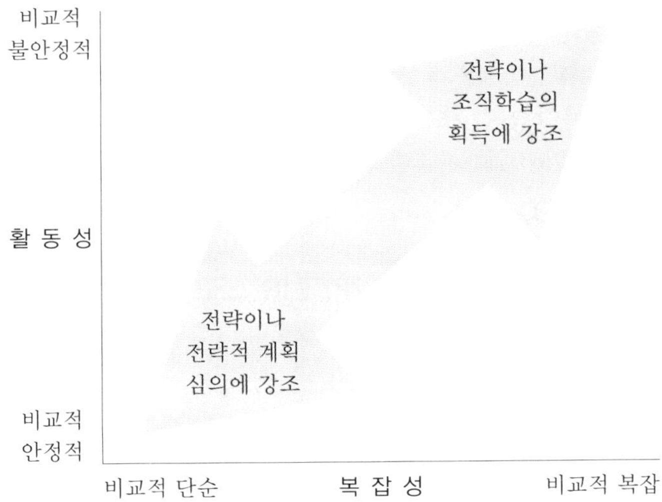

출처: Miller, A. & Dess, G. G., 1996, *Ibid.*, p. 346.

제 2 절　전략수행의 도전 모델

경영은 7S의 요소들로 구성되어지며 각 요소들은 상호 밀접한 연관성을 가지고 있다. 그리고 전략도 경영의 한 요소이다. 전략은 경영의 7S 요소인, 전략(strategy), 구조(structure), 시스템(systems), 구성원(staff), 기술(skill), 스타일(style) 그리고 공유가치(shared value) 등의 요소들과 상호 밀접한 관계에 의해 수행된다. 7S 모델은 1970년대 후반 McKinsey&Company의 경영진에 의해 개발되었다(Wateman, R. H., Jr., 1982).[4] 특히, 이 모델은 조직내부의 변화는 아주 복잡하므

그림 2-8　전략수행 도전 모델

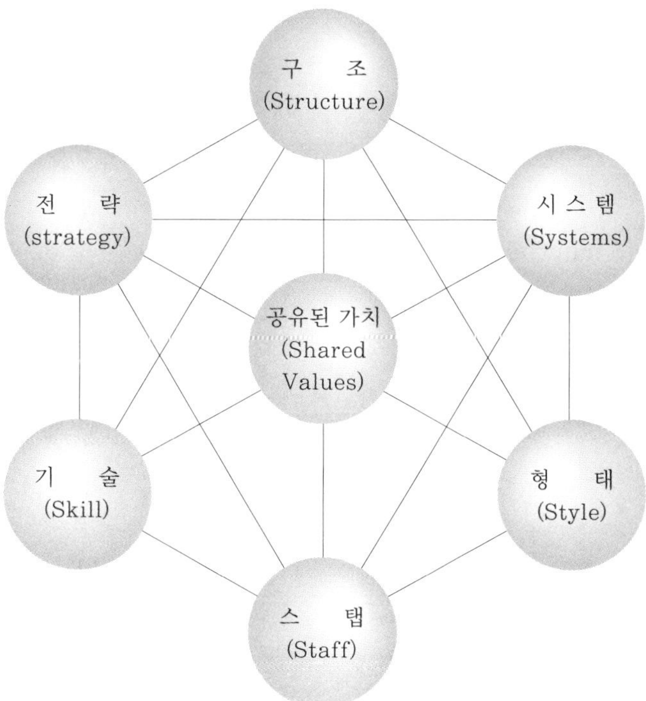

출처: Warterman, R. H. Jr., 1982, "The Seven Elements of Strategic Fit," *Journal of Business Strategy*, v2:3, p. 69-73.

로, 조직의 면역 시스템(organizational immune systems)들과 어려운 역설(difficult paradoxes)들, 가치관들의 상호성, 효율적인 변화의 노력 등이 모든 문제를 동시적으로 다룰 때 효과적으로 해결할 수 있다는 모델로 설명된다. 이것이 또한 자주 경영적 도전의 기세를 꺾는 요소가 되기도 한다. 7S는 [그림 2-8]과 같이 설명할 수 있다.

1. 전략(Strategy)

전략은 경영자들로부터 우위를 가질 수 있도록 하는 목포에 의해 나타난 활동의 집합체들이라고 할 수 있다. 이는 기업체의 장기방향과 기본성격을 결정하는 것으로서, 기업의 장기적인 목적과 계획 그리고 이를 달성하기 위한 장기적인 자원배분패턴을 포함한다. 경영전략은 기업의 이념과 목적 그리고 가치 중심으로 이를 달성하기 위한 조직운영에 장기적 방향을 제공함으로써 다른 경영요소들에 영향을 미친다.

2. 구조(Structure)

조직구조는 조직의 Chart라고도 하는데 누가, 누구에게 정보를 전달하고, 어떻게 나누고, 모으는지를 보여주는 지도를 구조라고 한다. 조직이 전략을 수행하는 데 필요한 틀로서 조직구조와 직무설계 그리고 권한관계와 방침 등 구성원들의 역할과 그들간의 상호관계를 지배하는 요소들을 포함한다. 이는 구성원들의 업무수행과 행동에 많은 영향을 준다.

4) Wateman, R. H. Jr., 1982, "The Seven Elements of Strategic Fit," *Journal of Business Strategic*, pp. 69-73.

3. 시스템(System)

시스템은 조직의 일상 업무과정이나, 업무의 흐름을 나타내는 것을 말한다(정보의 흐름과 돈의 흐름, 제품생산과정, 품질관리와 생산관리 등을 말한다). 즉, 기업체의 의사결정과 일상운영에 틀이 되는 관리제도와 절차 등이 시스템이다. 따라서 시스템은 조직의 기본가치와 일관성이 있고 장기적인 전략목표달성에 적합한 보상제도와 인센티브, 경영정보와 의사결정 시스템, 결과측정과 조정, 통제 등 각 분야의 관리제도와 절차 등을 말한다.

4. 스타일(Style)

스타일은 관리자들이 그들의 시간과 주위를 기울이는 방법에 있어서 중요시된다고 생각하는 형태를 스타일이라고 하는데 그것은 경영이 무엇이라고 말하는 것보다도, 경영은 행동하는 자가 중요하다는 것을 의미하는 것이다. 다시 말해서, 경영의 구성요소들은 구성원들을 이끌어가는 전반적인 조직관리 스타일로서 구성원들의 행동조성은 물론, 그들간의 상호관계와 조직 분위기에 직접적인 영향을 주는 전략의 중요한 요소이다. 조직의 개방적 · 참여적 · 온정적 · 유기적 성격 등은 일상 관리에 적용되는 관리 및 리너십 스타일로부터 많은 영향을 받으면서 형성된다.

5. 스탭(Staff)

스탭은 관리팀의 기초적인 가치를 나누고, 관리자를 개발하는 과정을 키우는 것을 의미한다. 전략은 조직 구성원의 행동을 통하여 실제로 나타난다. 따라서 구성원(staff)은 전략의 구성요소로서 조직의 인력구성과 구성원들의 능력, 전문성, 가치관과 신념, 욕구와 동기, 지각과 태도 그리고 그들의 행동패턴 등을 의미한다. 구성원들의 가치관과 행동은 조직이 의도하는 기본가치에 의하여 많은 영향을 받고 있고, 조직이 추구하는 전략에 의해 영향을 받는다.

6. 공유가치(Shared Value)

공유가치는 조직의 지향점을 결정하는 데 있어서, 목적과 목표의 구호들을 넘어서는 가치들을 의미한다. 이와 같은 가치는 조직 내의 모든 구성원에게 공유되어지는 것들을 의미한다. 즉 조직구성원 모두가 공동으로 소유하고 있는 가치관과 이념 그리고 전통가치와 조직목적 등이 조직의 공유가치이다. 이와 같은 공유가치는 전략에 영향을 미친다.

7. 기술(Skill)

기술은 조직에 의해서 소유되는 능력과 고유한 특성들을 의미한다. 즉 기술이 전략에 영향을 주는 요소로서 각종 기계장치와 컴퓨터를 생산 및 정보처리 분야의 물리적 하드웨어는 물론, 이를 사용하는 소프트웨어 기술도 포함한다. 그뿐만 아니라 구성원에 대한 동기부여와 행동 강화, 갈등관리와 변화관리, 목표관리와 예산관리 등 조직에 적용되는 관리기술과 기법 등이 전략에 영향을 미친다.

이상과 같은 7가지 요소들은 밀접하게 상호 연결되고 의존적인 관계로서, 전체적으로 조직의 독특한 성격을 나타내면서, 전략을 형성하고 있다.

제 3 장 전략통제

전략통제는 실행된 전략의 성과를 평가하는 과정을 말한다. 즉 전략수행과정에서 문제점이 있는지, 없는지를 파악하여 문제를 발견하면 Feed-back하여, 이를 수정하는 관리활동이다. 이는 전략수행에 있어서 전략의 구성요소 중에 잘못된 것을 파악하여 전략통제의 관리과정을 잘 관리해야 한다.

제 1 절 전략통제 요소

전략통제의 요소는 일반적으로 전략구상과 전략실행으로 구성되어 있다. 전략구상(strategy formulation)은 전략을 계획하는 것이고, 전략실행(strategy implementation)이란 전략의 실시를 말한다.

1. 전략구상

전략구상에서는 조직목표를 달성하기 위해 전략을 계획해야 할 것이다. 즉 이는 조직전략에 대한 구상을 말한다. 여기에는 전략계획이나 전략활동을 취하는 것과 그리고 또한 의도적인 목적을 수행하도록 조직을 돕는 노력들도 포함한다.

전략목표는 전략의 가장 중요한 요소이다. 전략에 있어서 목표가 제대로 설정되도록 계획단계에서 잘 생각해야 할 것이다. 만약 설정되지 못했다면 전략목표 달성은 어렵게 된다.

2. 전략의 계획성과 실행성의 비교

전략계획 성과와 실행성과의 비교를 통하여 전략의 문제점을 밝히는 성과평가활동이다. 평가활동은 전략통제 과정으로서 전략통제의 핵심요소이다. 즉, 이는 전략의 실제결과와 기대목표를 비교하는 것이기 때문에 신뢰성이 있은 자료를 가지고 평가해야 한다.

3. 관리활동의 기초자료

전략실행 결과에 대한 평가결과가 미래의 전략실행에 대한 활동의 기초자료가 될 수 있어야 한다. 그리고 관리자는 현재 전략활동보다 더 나은 방향으로 조정할 필요가 있다.

제 2 절 전략통제 방식

전략통제 방식에는 사전통제, 사후통제, 조정통제, 가부통제 등 4가지가 있다.

1. 사전통제

사전통제는 전략실행이 이루어지기 전에 실행되는 통제로서 전략실행과 전략실행 결과를 사전에 구체적으로 통제하는 방법이다.

2. 사후통제

사후통제는 이와 반대로 전략수행 후 목표한 전략의 결과를 평가하는 통제 방법이다. 즉, 목표활동을 위한 모든 활동이 종결된 후에 통제하는 방법이다.

3. 진행통제

진행통제는 모든 활동이 종료되기 전에 전략결과로부터 표준편차를 적용하여 통제하는 방법을 말한다.

4. 가부통제

가부통제는 진행통제를 보완하기 위해 흔히 사용하는 통제방법으로, 업무가 몇 개의 단위별로 계속해서 이루어질 경우 각 단계가 완성되는 시점에서 통제하는 방법이다.

PART 3

무엇을 할 것인가

어떤 조직이든 일을 시작하기 전에 좋은 계획이 있느냐고 묻게 된다. 경영의 기능 중에 그 첫 번째가 계획이다. 공장을 건설하든지, 도로를 건설하든지 먼저 계획이 있어야 한다. 경영에서 계획이란, 조직이 추구하려는 목표를 어떻게 달성할 것인가를 밝힌 내용이라고 정의할 수 있다. 즉 조직이 추구하는 목표달성을 위해 무엇을 할 것인가를 밝히는 내용이다. 그러므로 본 부에서는 다음 그림과 같은 내용으로 설명하려고 한다.

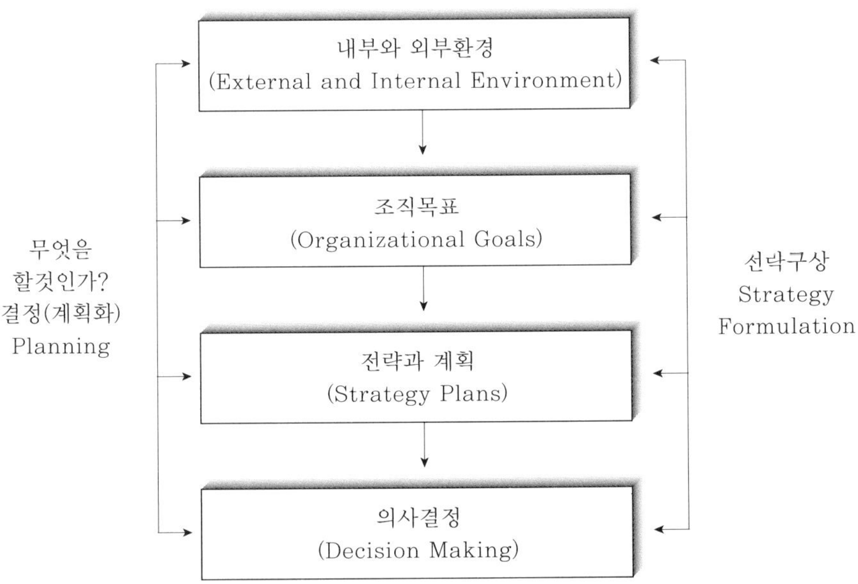

제 1 장 경영을 위한 계획

계획(Planning)이란 조직에 대해서 바라는 세부적인 미래를 창조하기 위한 특별한 의사결정 과정으로서 경영의 과정에서 첫 번째 기능이다. 경영기능으로서 조직화 · 지휘 · 통제 · 활동을 추진하는 기관차 역할을 하는 주요한 경영 중의 첫 번째 기능이다. 그리고 이는 끝이 있는 단일과정이 아니라 계속적으로 진행되는 과정으로서 조직 주위의 환경변화와 더불어 적응하는 속성을 지니고 있다. 그러므로 계획과정이란 목표를 설정하고 이에 따라서 목표달성을 위한 최적의 방법을 결정하는 경영기능으로 볼 수 있다.

계획(Planning)은 관리기능(Managerial function) 중에서 첫 번째로 중요한 기능이며 계획기능(Planning function)은 [그림 3-1]과 같이 조직목표를 달성하는 데는 외부환경과 내부환경이 중요한 영향을 주며 계획의 중요한 활동과정에는 6가지를 분류할 수 있다.

이상 [그림 3-1]에서 나타나는 바와 같이 6가지 계획의 활동과정을 보면 다음과 같다.

그림 3-1 계획과정

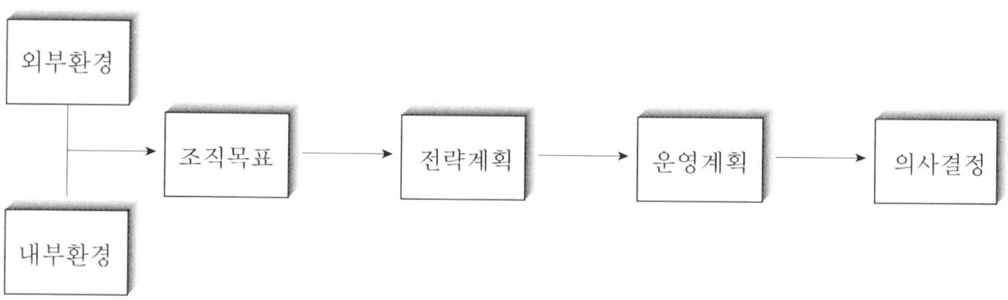

출처: Szilagyi, Andrew D. Jr., 1981, *Management and performance*, Scott: Foresman and Company, p. 85.

① 조직의 외부환경 분석(analyzing the organization's external environment)

② 조직의 내부자원의 결정(determining the state of the organization's internal resources)

③ 목표와 목적 수립(establishing goal and objectives)

④ 전략계획 작성(formulating a strategic plan)

⑤ 활동계획 작성(putting plans into action)

⑥ 계획활동 지시(directing all planning) 등이다.[1)]

제1절 계획과 환경

모든 조직은 환경변화에 적응하지 못하면 살아남을 수 없다는 사실은 명백하다. 따라서 경영자는 이러한 환경에 대응하는 올바른 지식을 가지고 환경과의 상호작용 속에서 활동해야 하고, 이에 따른 의사결정을 해야 한다. 기업환경(business environment)이란, 조직이 성장하고 존속하기 위해서 필요한 의사결정을 하는 과정에서 관련되는 모든 조건을 말한다.

1. 외부환경

어떤 조직이든지 외부환경(external environment)과 상호작용(Interaction)을 한다. 이들 상호작용은 조직에 따라 광범위하고 다양하다. 예를 들면, 세악회사는 화학회사로부터 원료공급에 관련되어 있고, 보건복지부로부터 약품인가를 받아야 하고, 의사들로부터 약품의 지식과 의약품 구매결정에 관한 자문을 받아야 하는 반면, 선박회사에서는 해군과 개인회사로부터 새로운 선박수주를 요청하고 수많은 회사들로부터 금속판(Metal plates)을 수주히고 종업원들의 대표가 되는 노조와 좋은 작업관계를 유지하고 또한 좋은 노사관계를 요구하는 고용과 배치방침

1) Szilagyi, Andrew D. Jr., 1981, *Management and performance*, Scott: Foreman and Company, p.85.

을 수용하는 외부환경과 상호작용을 한다. 외부환경의 구성요소들을 보면 공급자, 고객, 경쟁자, 정부기관, 사회 등이다.

그러므로 외부환경을 연구하기 위해서는 첫째, 환경의 구성요소와 둘째, 환경차원에 관한 것과 같은 2가지가 연구되어야 할 것이다. 환경의 구성요소(environmental components)에는 국내와 국외환경(domestic and international)으로 구성되어 있다. 수많은 외부환경요인들이 조직의 일상운영에 영향을 주며 외부환경으로 불리는 영향요인들은 [그림 3-2]와 같다.

[그림 3-2]에서 볼 수 있는 바와 같이 조직환경에 대하여 적어도 3가지 조건이 적용된다.

첫째, 환경 속에서 많은 집단들이 한 조직에서 상호작용을 하는 동안, 그들은 4가지 독립된 구성요소들로 구분하며 이는 경제적(economic), 정치적(political), 사회적(social) 그리고 기술적(technological) 구성요소 등이다.

둘째, 개별 환경 구성요소는 각기 다른 방법으로 조직에 영향을 미치고 있다

그림 3-2 **환경적 구성요소**(environmental components)

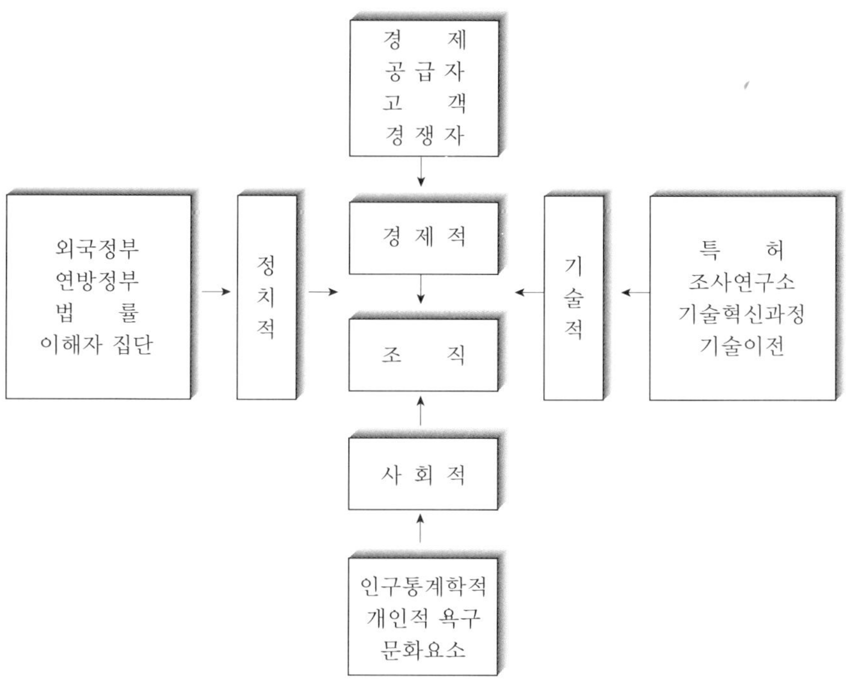

는 것이다. 예를 들면, 기술적 환경은 컴퓨터산업에 가장 중요한 것이지만, 가구제조업자에게는 그렇지가 않다.

셋째, 어느 한 시점에서 환경구성요인들의 변화는 조직에 더 중요한 영향을 준다. 예를 들어서, 자동차에 대한 소비자 수요변화는 제작 스케줄 변경에 영향을 줌으로써 짧은 기간 동안 종업원들을 해고하는 결과를 가져올 수도 있다.

1) 경제적 환경(economic environment)

대부분의 조직에서는 경쟁적 경제상황에서 소비를 위한 상품과 서비스를 생산하기 위하여 원료와 자원을 확보한다. 경제환경은 경제조직과 경영자의 직무에 심각한 영향을 줄 수가 있다. 예를 들면, 미국자동차 제조업자는 강력한 외국경쟁자와 만나게 되는 그 자체만으로도 중요한 도전이지만 달러의 가치변동과 인플레이션, 그리고 실업의 증가에 직면할 때에 과업의 전환이 압도적이다. 자동차업계와 다른 업계에서도 계획화과정에서 경제적 상황에 큰 관심을 가져야 한다.

경제적 환경은 공급자(suppliers), 고객(customers), 그리고 경쟁자(competitors) 등이며 경제적인 환경은 경제 상태를 형성한다.[2]

(1) 경제와 공급자(suppliers)

조직은 제품과 서비스를 생산하기 위하여 환경으로부터 원료, 노동력, 장비와 재정적 지원을 받아야만 된다. 물적 자원 · 인적자원 그리고 재정적 자원이 대부분의 조직에서 필요로 하는 원료물자공급이다. 예를 들면, 물질적 원료의 경우에 전력을 발생시키기 위하여 석탄을 사용하는 화력발전소의 환경을 생각하여 보면 이 발전소의 구매담당자는 3가지 책임을 갖게 된다.

첫째, 양질의 석탄을 지속적으로 공급할 수 있는 공급원을 확보하는 것과 둘째, 최저가격으로 석탄을 구입하는 것, 그리고 셋째, 단일 공급자에게만 의존하지 않도록 할 것 등이다.

(2) 고객과 경쟁자(customers and competitors)

경제적인 환경에 영향을 주는 요소들로서 기업조직에 있어서 고객(customers)과 경쟁자(competitors)관계를 2가지 관점에서 살펴볼 수가 있다. 첫째, 경제학적

2) Szilagyi, Andrew D. Jr., 1981, *Ibid*., p. 86.

용어로서 경쟁자적, 시장 독점적 혹은 전매적인 것으로서 외부환경을 구분할 수 있다. 경쟁적 환경은 많은 구매자들과 서비스를 생산하는 상인들(제조업자들)이 있을 때 존재한다. 예를 들어, 도시에서 식당과 옷가게 상점들이 이 분류에 속할 수 있다. 그와 같은 경우에 가격, 품질, 제품특성과 광고에 중점을 두게 된다. 기업조직은 독점적 환경에서 운영하게 되고 그러한 환경에서는 상품을 파는 상인이나 생산자가 적은 반면 살려는 구매자는 많게 된다.

타이어, 자동차와 가솔린 산업이 예가 될 수 있다. 그와 같은 환경에서는 가격과 제품 차별화가 대단히 중요하게 된다. 마지막으로, 독점적 환경은 상인이 하나고 구매자가 많을 때 존재하게 된다. 공익사업에 대한 고객들-전화, 전기, 가스 등과 같은 것에 대한 고객들은 이 범주 안에 속하고 탈규제화를 통하여 이것을 변경할 수가 있을 것이다. 둘째, 조직-고객-경쟁자 관계를 살펴보는 방법은 대체제품과 서비스의 가용성을 고려하여 보는 것이다.

예를 들어서, 휴가 때 교통에 대하여 항공사들은 다른 항공사와 경쟁을 할 뿐만 아니라 전국철도 여객공사, 다양한 버스회사와 자동차 임대업체들과 경쟁을 하게 된다. 거주지를 찾는 가족은 주택, 시내주택이나 아파트를 선택할 수도 있다. 멀지 않은 장래에 연료자원은 오일, 가스, 석탄, 태양에너지, 핵연료와 지구역학 에너지와 해양조류를 이용한 색다른 대체에너지로서 대체되어질 것이다.

2) 정치환경(political environment)

어떤 조직이든 간에 다양한 정치적 시스템(political systems) 안에서 시스템을 통해서 운영되고 있다. 넓은 의미에서 조직과 정치환경간의 상호작용은 상호 영향을 주고받는 동일체이다. 한편으로, 조직은 그들의 생존기회를 향상시키기 위하여 정치조직에 영향을 주려고 노력한다. 이러한 것의 가장 가시적인 것은 정부의 모든 부처에 광범위한 로비(robby)활동을 하는 것이다. 반면에 규제기관과 같은 정치조직의 부서에서는 환경보호를 촉진시키고, 불공정 거래를 방지하고 기타 활동을 하기 위하여 조직활동에 영향을 주려고 한다.

(1) 정치적 영향을 주는 기관

정치적 영향을 행사하는 주요 기관들은 정부 그리고 지방단체의 기관들이다. 석유수출기구(OPEC)와 같은 기구는 외국정부를 포함하여 영향력을 광범위하게 행사하고 있다. 조직의 정치적 환경도 조직의 활동에 영향력을 행사하는 권한을 갖고 있는 집단과 개인 전체에서 정부기관들 이상으로 영향력을 준다. 이러한 이해집단, 상거래 조합, 소비자 보호단체 그리고 노동조합이 포함된다. 많은 이해집단이 최근에 조직에 상당한 압력과 영향력을 행사하려고 노력을 하였다.

(2) 정치적 기관의 활동

조직과 정부간의 관계는 오늘날에 와서 더 관계가 많아졌고 광범위하게 지속되어 왔다. 정부기관은 상품과 서비스의 소비자로서 역할을 한다. 그러나 대부분의 경우, 이러한 관계는 기업조직과 규제기관간의 관계를 말한다. 이러한 기관들은 기업조직들이 준수해야 할 규칙과 절차를 제정하여 준수하도록 하게 한다. 이러한 규제기관들은 특정산업이나 어떤 특정한 기업조직의 활동을 규제하도록 하는 수도 있다.

예를 들면, 미국은 연방항공국(FAA)은 항공사와 항공기를 감독하고, 증권거래위원회(SEC)는 증권회사들을 감독하며, 연방식품의약품국(FDA)은 약품들을 단속 규제하고 연방통신위원회는 전화 · 통신조직들을 규제한다. 그 외에도 다른 기관들이 광범위하게 존재한다. 예를 들면, 미국환경보호청(EPA)은 환경문제를 다루고 직업안전보건국(OSHA)은 근로자들의 안전과 건강을 보살피며 고용기회균등위원회(EEOC)는 근로와 관련된 차별을 없애려고 한다. 기업조직들은 국회의 법에도 관심을 갖는다. 입법은 합병가능성, 외국무역활동에 영향을 준다. 이러한 연방활동 외에 관리자들은 주와 지방자치단체들과 수많은 방법으로 상호작용을 하여야만 한다.

이러한 것들은 주와 지방기업소득세, 지역법률, 정부서비스(소방과 경찰) 기타 등이 포함될 수 있다. 이해집단도 조직에 영향력을 행사할 수 있다. 상품과 서비스의 소비자 불매운동, 속도제한으로 인한 트럭운전자의 감속과 디젤가격 상승, 핵무기 반대시위와 공익사업회사에 대한 소비자 피해소송은 우리가 보는 신문머리기사로써 몇 가지 예가 될 수 있다. 기업조직에서 이러한 정치적 규제의 효과는 특히 연방규제기관인 경우 3가지 관점에서 볼 수 있다.

첫째, 이러한 영향요인들에 의하여 영향을 받는 기업조직에서 일정한 이득이 있다.

대부분의 사람들은 근로자들이 직업안전보건국(OSHA)의 활동으로부터 이익을 본다는 것에 동의할 것이다. 예를 들어서, 연방식품의약품검사국(FDA)에서 새로이 나오는 의약품들에 대한 정밀검사로 이 사회가 더 좋아지며 환경보호국의 결정 때문에 우리가 숨 쉬는 공기와 우리가 마시는 물을 보호받게 된다는 것에 동의할 것이다. 그만큼 이들이 있는 반면에, 연방규칙들은 지키기 위하여 기업조직에서는 막대한 비용을 부담한다. 이러한 비용은 신제품 연구개발에 관한 비용으로써 기업에 현저하게 경쟁적 이점을 가져다줄 수 있는 신제품의 소개와 관련된 '기회비용'이고 연방정부기관에 의하여 요구되는 막대한 행정적 작업과 관계가 되는 상용비용이다.

둘째, 가장 중요한 것은 정치적 환경의 요인들은 경영자의 행동의 자유를 제한하는 제한요인으로써 작용할 수가 있다는 것이다.

이러한 요소들을 극복하기 위하여 경영자는 자기의 직무에 효율성과 효과성이 낮게 된다. 이상과 같이 정치적 환경에 많은 영향을 받는 기업조직들은 경영성과에 해가 되는 것인지 아닌지 분석하는 것은 어려운 점이다. 그것은 또한 대부분의 경영자의 책임영역을 벗어나는 것이다. 중요한 것은 정치적 환경의 영향이 현재도 존재하고 항상 있을 것이라고 생각해야 할 것이다.

3) 사회환경(social environment)

관습, 문화, 인구추세와 관련된 비공식적 지식을 포함한 사회적 환경은 대부분의 조직과 경영자 역할에 영향을 줄 수가 있다. 그러한 지식은 나라와 지역별로 상이하고 기업의 모국과 비교될 때 대단히 큰 차이를 보일 수 있다. 사회적 환경을 이해하는 것은 경영자의 직무에서 대단히 중요한 것이다. 사회적 환경과 관련된 3가지 요인이 있다. 이를 보면 다음과 같다.

(1) 인구통계학적 추세(demographic trends)

인구 통계적 특성의 현저한 변화는 노동력과 구매력 혹은 고객의 면에서 조직에 영향을 준다. 예를 들면, 많은 조직들은 경영기술의 변화하는 특성이 점점 더 많아진다.

(2) 개인별 욕구(individual needs)

인구형태의 변화(demographic characteristics)는 개인적으로 조직에서 영향

그림 3-3 사회적 환경을 구성하는 영향 요인

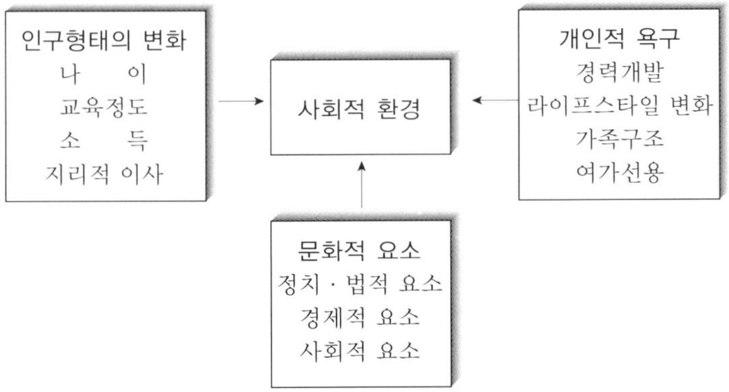

출처: Szilagyi, Andrew D. Jr., 1981, *Management and performance*, Scott: Foresman and Company, p. 92.

을 주고, 일을 통하여 각기 다른 욕구를 만족하기 위한 동기를 가진다. 이상과 같은 개인적 욕구는 두 가지 주요한 변화를 가져온다. 인구통계학적 형태변화에 영향을 주는 것을 보면 첫째는 개인적 성장과 경력개발의 만족에 대한 강한 욕구를 가진다. 많은 종업원들은 일로부터 단순히 돈과 안정만을 원하는 것이 아니라 그들은 그보다도 일을 통하여 계속하여 배우고 성장하고 필요할 때에는 자기직장의 일을 바꾸는 기회를 갖기를 원한다.

두 번째 경향은 Life-style의 변화이다. 개인과 가족들은 더 많이 이동하고, 많은 사람들은 그들의 개인생활과 취미를 통하여 창조성을 표현하려고 하고 있다. 그들의 일을 달성하기 위하여 개인들은 더 많은 여가시간을 필요로 한다. 많은 기업조직과 노동조합에서는 작업시간 단축이나 작업일수 변경으로 욕구를 충족시키려고 한다. 기업조직은 이러한 개념에서 몇 가지 변화를 채택하였다.

(3) 문화적 차이(cultural differences)

문화는 여러 가지 뜻으로 정의할 수 있다. 기본적으로 문화는 사회의 경제적 · 사회적 · 정치적 그리고 교육적 · 법석 태노 빛 신념과 관련된 모든 것의 총칭이다. 즉 문화는 인간의 삶 그 자체이다. 최근의 문화와 경영에 관한 연구는 비교경영의 연구에서 시작되었는데 문화의 상당한 부분이 지구상에서 종업원들의 행동과 성과특성을 조사하기 위한 횡단적 문화연구에 비중을 두고 있다. 문화적 요인은 기업조직성과에 영향을 준다.

4) 기술환경(technological environment)

경영의 관점에서 과학기술 환경의 발전은 가장 빠르게 혹은 기업이 확장되거나 그의 성장을 제한하는 데 가장 큰 영향을 줄 수 있는 것이다. 예를 들면, 소형계산기의 개발로 인하여 마이크로 컴퓨터 기술개발이 소개된 것은 기업의 기계 산업에 혜택을 주게 되었다. 그러나 그것은 계산자에 대한 시장성을 거의 없애 버렸다. 같은 의미로 우리는 손목시계 산업에 가격이 싼 디지털 시계가 준 충격을 상상할 수가 있다. 경영자는 일반적으로 과학기술 환경에서 — 기술혁신과정과 과학기술 이전과정 — 2가지 구성요소에 관심을 갖게 된다. 기술혁신 과정은 새로운 기술, 처리과정, 방법과 제품을 개발하기 위하여 기초과학에 노력을 기울이는 것을 말한다. 과학기술 이전과정이란 실험실에서 시장으로 새로운 기술을 내놓는 것으로서, 즉 이것은 유용한 제품과 그 실제적용을 하기 위한 과학기술의 이전을 의미하는 것이다. 과학기술의 이전은 기업 산업체 내에서 산업체간에도 일어날 수 있다.

예를 들면, 우리는 현재 많은 가정에서 볼 수 있는 상업용 제품으로서 텔레비전망을 통하여 비디오테이프 레코드를 사용하고 있는 것으로 볼 수 있다. 마찬가지로 20년도 못되어서 과학기술은 컴퓨터가 소기업에서 쉽게 이용하고 개인이 사용하기에 편하도록 하기 위해서 크기는 작아지고 컴퓨터의 효율성은 증가시켰다. 다른 산업에서도 과학기술을 응용할 수가 있다.

2. 내부환경

시장상품(market goods)과 서비스를 생산하기 위한 환경기회(environmental opportunities)는 기업조직을 살리기도 하고 잘 유지 · 발진시키기도 한다. 예를 들어, 미국의 자동차 산업에서 Chrysler는 Mini-van시장에 기회를 잡아서 Jeep 차량으로서 이익을 내었고 Porsche는 값이 싼 스포츠카로서 자리를 잡았다. 그러나 기업조직에서 환경기회를 자본화하기 위해서는 저항하는 많은 반대요인을 설득할 수 있는 능력을 갖고 있어야만 된다. 조직내부 환경에 대한 내용은 세 부분으로 구분하여 설명할 수 있다.

1) **조직자원**(organizational resources)

내부환경에는 조직의 중요자원을 파악하는 것이 중요하다. 기업조직은 그들의 목적을 달성하기 위하여 그들이 사용할 수 있는 자원을 적어도 4가지로 구분한다. 자금(financial), 물질(physical), 사람(human)과 시스템 과학기술 능력(system and technological ability)이다. 이 자원은 [표 3-1]에 나와 있다.

(1) 돈, 자금(Financial resources)

자금은 기업에서 이익을 내거나 내지 않거나 간에 모든 기업에 있어서 가장 중요한 것이다. 자금과 관련하여 3가지 활동이 경영자에게 중요하다.

① 자금획득(acquisition financial resources)

경영자는 자금조달에 관하여 항상 관심을 가지고 있으며 세 가지 방법이 있다.

② 주식판매

③ 채권과 같은 부채성 자산의 사용

④ 내부조달, 특히 순수입

⑤ 자금할당(allocation financial resources) 등이다. 통상 예산처리과정으로

표 3-1 기업조직의 자원

자 원	설 명
자금(재원)	공장건설을 위하여 필요한 자금을 획득하고 할당하고 통제하는 것. 재고조사, 연구개발, 회수, 운영자금(예: Cash flow,부채상환능력, New equity available)
물질적 자원 (physical resources)	① 공장과 다른 시설을 효율적으로 제작 ② 시장, 공급자 혹은 공익사업의 안전에서 시설위치 선정 ③ 원료구입의 용이성
인적 자원 (physical resources)	특수화 요원(엔지니어, 과학자, 숙련공), 기술과 경험이 있는 관리자

불리는 재원할당을 하는 것은 일정한 기준에 따라서 특정 부서 혹은 부에 자금을 제공하여 주는 것을 말한다. 통상적으로 대부분의 기업조직에서는 자금수요가 가용한 자금보다 더 크다.

⑥ 자금통제(controlling financial resources)

기업조직에서는 자금을 효과적으로 사용할 수 있는 방법을 알아야만 한다. 비율분석, Cash flow분석 등을 이용하여 자금을 제공하는 기업들이 기업의 장단기 자금성과을 평가하는 데 사용될 수 있다. 이러한 분석에 추가하여 기업조직은 현재의 성장위치를 유지하거나 이용하기 위해서 재투자를 하여야 할 자원의 양을 계산하는 데 이용할 수 있다.

⑦ 시스템과 과학기술자원(system and technological resources)

시스템과 처리과정에서 숙련과 특정능력(질적 통제 시스템, 정보시스템, 분배시스템과 과학기술자원 등), 산출물(특허, 상표권, 고품질 생산제품).

(2) 물질적 자원

물질적 자원은 공장설비와 원료의 소유권과 접근가능성(accessibility)을 포함한다. 물질적 자원에는 적어도 3가지가 경영자에게 중요하다.

① 공장 설비이다. 이 자원은 제조공장, 연구실험, 창고, 사무실 건물과 기타 장비를 능률성 있도록 위치시키는 것에 관한 것이다. 예를 들면, 일본 사람들의 제철공장의 높은 효율성은 잘 알려진 것이고 IBM은 연구시설, Coors맥주회사는 거대한 양조시설로 잘 알려져 있다.

② 원료자원이다. 소유권을 갖거나 계약에 따라서 자연자원을 획득하는 것은 물질적 자원으로서 고려될 수 있다. 예를 들면, Boise Cascade는 목재생산 제조업체로서 방대한 목재자원을 갖고 있고 또한 에너지회사와 우라늄 매장량을 갖고 있다. 원료자원은 또 장기계약을 통하여서도 확보할 수가 있다. 예로서, 공공사업 기업들은 기름, 가스와 석탄을 계약하여 확보를 한다. 자금재원에서도 비슷하다. 기업조직의 물질적 자원은 기업을 계속 운영해 나가는 데 있어서 뿐만 아니라 기업의 성장에 있어서도 중요한 것이다.

③ 인적자원이다. 간단히 말해서 인적자원은 기업조직의 자원을 통하여 일이 이루어지도록 하는 것이다. 인적자원은 두 가지의 범주로 나누어 볼 수 있다. 먼저 특정인원으로 대부분의 기업조직에서는 제조분야, 분배, 혹은 과학분야에

정통한 지식을 갖고 있는 사람들을 확보한다. 이러한 사람들 중에는 과학자, 엔지니어, 판매대표자, 컴퓨터 시스템 분석가, 생산품질 통제 감독자와 비슷한 전문인력이 포함된다. 그리고 관리요원으로 기업조직에서는 경영활동에 뛰어난 인원을 확보하고 있다.

(3) 시스템과 과학기술자원

우리가 연구한 자원요소들은 일반적으로 기업조직들이 재화상품과 서비스를 생산하기 위해 사용한 요소들이다. 그러나 어떤 기업조직에서는 그들이 상품과 서비스를 생산하는 방법을 개발하기 위해 노력한다. 이러한 자원요소로서 시스템과 과학기술능력의 2가지가 있다.

① 시스템능력이다. 시스템능력은 기업에서 품질통제 모델, 보상방침과 분배시스템과 같은 조직의 주요기능을 지원하는 그러한 처리과정의 한 부분이다.

② 과학기술능력이다. 시스템 능력은 기업조직의 일정한 처리과정 요소와 관련이 있는 반면에 과학기술능력은 기업의 특정생산물에 관한 것이다. 예로서, 특허, 고객 상품 로얄티 혹은 인정된 높은 고품질 상품과 같은 것이다.

이상에서 볼 수 있는 바와 같이 자원의 장점은 앞에서 살펴본 바와 같이 기업자원의 지식은 경영자의 직무 중에서 통합된 계획기능이다. 자기 기업의 자원이 어디에 강하고 어디에 약한지를 알 필요가 있다는 것을 강조한다.

제 2 절 경영가치와 윤리(managerial values and ethics)

계획화 단계에서 기업조직은 자기조직의 경영자와 최고 경영진을 중요한 자원으로 인식할 것이다. 경영자들은 자료를 분석하며 기업조직의 미래에 영향을 미치는 주요한 의사결정(key decisions)을 한다. 그러나 경영자들은 욕망, 욕구, 편애하고, 좋아하고, 싫어하는 등 그들이 행동양식으로 영향을 주려고 하는 사람들이다. 그러므로 경영을 위한 계획과정에 있어서 경영가치와 윤리(managerial values and ethics)에 관한 연구가 필요하다.

1. 가치와 경영

가치(Values)는 여러 가지 면에서 경영행동(Managerial behavior)에 영향을 주게 된다.

첫째, 경영가치(managerial values)는 여러 가지 다양한 상황과 문제에 대해 경영자의 인식에 영향을 준다.

둘째, 경영자의 문제해결에 대해 의사결정과 해결에 영향을 준다.

셋째, 경영자가 대인관계에 영향을 줄 수 있는 다른 개인과 집단을 대하는 방식에 영향을 주게 된다.

넷째, 경영자가 기업조직의 압력과 스트레스에 영향을 미친다.

다섯째, 개인적으로나 조직에서 성공을 하려는 인식뿐만 아니라 성취를 이루려고 하는 면에서 경영자에게 영향을 준다. 이러한 경영가치들은 다음 [표 3-2]와 같이 다르게 나타낼 수 있다.

이상 [표 3-2]와 같이 회사에 따라서 가치체계가 다르게 나타난다. 물론 가치시스템은 경영자의 전유물은 아니다. 상위계층의 감독자들과 같지는 않겠지만 하위직 종업원들도 가치시스템을 갖고 있다. 경영가치문제(topic of managerial values)는 최근 행동과학자들과 경영자들로부터 상당한 관심을 끌었다. 가치의 본

표 3-2 **자원분야에서 우수한 기업들**

경영의 질	혁 신 성	인적자원관리	재정건전성
Liz Claiborne J. P. Morgan Rubbermaid	Liz Claiborne Gannett Herman Miller	Merck J. P. Morgan Boeing	Exxon IBM Merck
장기투자가치	**지역공동책임**	**제품품질**	**기업자산이용**
Merk RJR Nabisco Phillip Morris	Johnson&Johbson IBM Merck	Dow Jones Merck Boeing	RJR Nabisco Merck Liz Claiborne

출처: Adapted from E. C. Baig, "America's Most Admired Corporation's," *Fortune January*, (19. 1987): 20-21ⓒ1987 time.

성(nature of values), 가치특성(various classification's of values), 종업원들이 가지고 있는 가치의 차이(differences among people), 직업과 문화에 대한 가치(professions and cultures)를 연구해야 한다.

다음은 경영가치를 6개의 내용으로 분류한 것이다.3)

① 이론적 가치(theoretical values)

강한 이론 가치를 가지고 있는 사람은 진실발견과 지식의 체계적 순서에 주로 관심을 갖게 된다. 그러한 사람은 일반적으로 지식인이고 실증적 · 경험적(empirical) · 이상적인 것에 관심을 나타낸다.

② 경제적 가치(Economic values)

경제적 가치를 가지고 있는 사람은 작업의 실제적이고도 유용한 면에 치중하게 된다. 그들은 상품의 생산과 소비에 관심을 갖고 있고 부의 사용과 창출에 흥미가 있다. 전형적인 미국 사업가들이 이 범주에 속한다.

③ 심미적 가치(aesthetic values)

심미적 가치를 가지고 있는 사람들의 특정된 사람들은 사물의 형상에 대하여 미적 형태에 강한 관심을 나타내고 형체, 균형, 우아함과 조화에 강하게 관심을 나타낸다.

④ 사회적 가치(social values)

사회적 가치를 가지고 있는 사람은 인간의 사랑과 인간관계의 따뜻함에 가치의 기준을 둔다. 그들은 인간을 수단으로서가 아니라 목적으로서 친절, 동정심과 자기희생으로 인간에 대한 가치를 부여한다.

⑤ 정치적 가치(political values)

정치적 가치를 가지고 있는 사람들은 권력, 영향력, 인정에 가치를 부여한다. 그늘의 생활에 경쟁심은 중요한 역할을 하고 권력은 중요한 원동력이다.

⑥ 종교적 가치(religious values)

종교적 가치를 가지고 있는 사람은 종교에 강한 집착을 가지고 자기가 처한 환경과 만족스러운 관계를 유지하고 단결을 하려는 성향을 가진 사람들은 강한 종교적 가치를 가지고 있다. 이상에서 분류한 가치분류는 다음과 같은 2가지 중요한 점이 있다.

---

3) Allport, G. Vernon, P. and Lindzey G., 1962, *Study of values Boston*, Houghton Mifflin.

표 3-3 **3가지 직업에 대한 가치순서**

목사(Minister)	구매담당부장	연구개발부장
신 앙 심	경 제 성	이 론 적
사 회	이 론 성	정 치 적
탐 미 성	정 치 적	경 제 적
정 치 적	종 교 적	심 미 적
이 론 적	심 미 적	종 교 적
경 제 적	사 회 적	사 회 적

출처: Adapted by permission from R. Tangiuri, August 1971, "Purchasing Executive: General Manager or Specialist?" *Journal of purchasing*, p. 20.

첫째, 대부분의 가치는 문화에서 나온 것이다. 즉, 다양한 가치는 부모, 선생, 친구와 다른 사람들과의 관계를 통하여 얻어지는 것이다. 둘째, 경영자는 가치는 다른 직업 관리자와는 상이하게 우선순위를 정할 수가 있다. 목사(minister), 구매담당부장 그리고 R&B부장 등, 3직무의 가치관의 순서는 [표 3-3]에 나타나는 바와 같다.

1) 경영윤리의 정의

윤리(ethics)라는 말은 인생에 대한 개인의 기본적 지향(orientation)을 말하는 의미인데 이는 그리스어 ethos에서 유래된 것이다. 최초에 이 말은 살고 있는 장소, 주소, 거처(A dwelling place)를 의미하였으나 Aristotle은 내부거처(An inner dwelling place) 혹은 내부성격(Internal character)이라고 부르는 것으로 의미하게 되었다. Ethos의 라틴어 의미는 mos, moris이고 moral(도덕)이라는 말에서 나온 것이다. 라틴어에서 내부성격이 밖으로 나오는 행동, 행위, 습관, 관습과 같은 행동으로 변화하는 것을 강조하는 뜻이다.4)

연구목적상, 경영윤리(managerial ethics)는 개인이나 집단의 행동을 지배하는 것뿐만 아니라 옳고(right), 그른 것(wrong), 선(good)과 악(evil)을 결정하는 행동의 내부와 외부기준(internal and external standards) 혹은 결심(determine)이

4) Byron, W. J., November 1977, "The meaning of Ethics in Business," *Business Horizons*, p. 32.

라고 정의를 한다. 불법적인 행동은 사회에서 통용되고 있는 도덕기준 혹은 행동결심에 반대되는 행동을 말한다. 불법과 비 윤리(illegal and unethical)에는 차이가 있다.

불법적 행동을 지배하는 법은 한정적이고 상대적으로 안정성이 있는 반면 윤리적 개념은 수시로 문화에 의해서 변화를 한다. 예를 들면, 정치적 뇌물 혹은 금품제공은 어느 문화에서는 인정할 수 있지만 다른 문화에서는 용납이 안 되는 것이다. 경영자는 이와 같이 복잡한 윤리적 규정(ethical codes)을 알아야 한다.[5)]

비윤리적 행동의 정의는 문화가 변화되면 이해하기 어려워질 수 있다. 그러나 자동적으로 윤리상의 문제로서 일어나는 행동들이었다. 이러한 윤리적 문제를 일으키는 행동들은 다음과 같은 것이다.

첫째, 정치적 선물(political gifts)이다. 금지된 정치가 혹은 정치위원회에서 선물을 하는 것이다.

둘째, 정치뇌물(political bribes)이다. 정치적 선물은 통상적으로 간접적으로 주는 것들로써 뇌물이나 금품제공은 반대급부를 기대하며 주는 직접적인 것이다. 금품제공은 외국부정관습법에 의하여 금지된다.

셋째, 일반적인 기업관행(general business practices)이다. Olin기업이 남아프리카 윈체스터 지점에서 무기를 파는 것과 같은 관행을 포함할 수 있는 세계적인 기업관행

넷째, 부적절한 보고절차(Improper reporting procedures)이다. 기업에 대한 부정확한 평가를 하는 내부관행으로 예를 들어서, Fruehauf 트레일러 회사에서 세금은 부적절하게 보고하는 것과 같은 것

다섯째, 종업원 개인 사생활(Employee privacy)이다. 충성심' 테스트 혹은 '블랙리스트'에 대한 것으로 생각될 수 있는 그러한 면담, 심리 테스트, 수사보고 혹은 거짓말 탐지기에 종업원들을 가담시키는 것이다.

---

5) Szilagyi, Andrew D. Jr., 1981, *Ibid.*, p. 85.

2. 윤리적 행동과 비윤리적 행동(ethical and unethical behaviors)

윤리적 행동과 비윤리적 행동의 근거(sources of ethical and unethical behavior)에 대한 분석은 「월스트리트 저널」(*Wall street journal*)지에서 미국민의 대다수가 기업뿐만 아니라 국가지도자들이 행하는 윤리적 행동에 대한 여론 조사를 실시하였는데, 여론응답자들은 의사(53%), 법관(24%), 기업가(18%)와 의회지도자들(14%) 집단은 대단히 넓은 윤리기준을 적용 · 조사하였다. 이 조사의 응답자 중 64%가 대기업의 경영자 중에서 반이 세금을 속이고, 74%는 대기업 경영자의 반이 그들의 경비를 늘여서 보고하고, 28%는 기업들이 그들의 영업활동에 뇌물을 제공하고 있다고 생각하는 것으로 나타났다.[6)]

이와 같은 조사는 일반적으로 사업과 기업경영자들의 윤리에 대한 불만족한 견해를 나타낸 것이다. 그러면 "윤리행동의 기준(standards of ethical)은 어디에 있는가? 사회, 정부, 기업의 역할은 무엇인가?"라고 묻게 된다. 이러한 질문에 대답하는 것은 국가간의 상이한 문화를 설명해야 하므로 파악하기 어려운 일이다.

그러므로 여러 가지 요소 중에는 ① 사회적 태도와 신념(social attitudes and beliefs), ② 경쟁력(completive pressures), ③ 법적 환경(legal environment), ④ 기업윤리규정(industry codes of conduct) 등 4가지 요인들이 있다.

1) 사회적 태도와 신념

사회적 태도와 신념(social attitudes and beliefs)은 미국 경영자 1,200명을 대상으로 기업윤리기준(ethical standards)을 조사한 결과 윤리적 기준에 영향을 주는 요인(the factors influencing ethical standards)과 윤리적 기준에 벗어나게 하는 행동기준에 영향을 주는 요인들은 3가지가 있다.[7)]

첫째, 사회적으로 허용되는 기준에 더 강하게 영향을 받고 교회와 가족에서 벗어나서 질적인 것에 반대하고 양석인 것에 영향을 크게 받는다.

6) Rickleen, R., 1983, "Executives Apply Stiffer Standards Than Public to Ethical Dilemmas," *Wall Street Journal*(November 3), p. 27.

7) Barrett, P. M., 1986, "Doing good and Doing all Right in vestor applying ethical values," *Wall Street Journal*(August 15), p. 29.

표 3-4 윤리기준에 영향을 주는 요인

높은 윤리기준을 일으키는 요인들	응답비율	낮은 윤리기준을 일으키는 요인들	응답비율
- 일반에 공개: 방송매체, 언론	31	- 사회적 기준은 낮다; 사회적 쇠퇴; 사회적으로 다 허용, 물질적 향락주의; 교회와 가정의 영향력 상실; 수준 높은 것, 하찮은 것에 대한 욕구 증가	34
- 일반 대중의 관심의 증가: 대중에게 알려짐, 양심이 대중에게 더 잘 알려짐: 사회적 압력	20		
- 정부규제, 입법, 간섭, 연방법정	10		
- 기업경영자들의 교육: 경영자의 전문성과 교육증가	9	- 경쟁; 생활의 속도; 성공에 대한 스트레스; 현재 경제조건; 사업비용; 더많은 사업 경쟁	13
- 기업역할에 대한 사회의 기대: 사회적 역할, 신세대의 태도	5	- 정치적 부패; 정부의 자신감 상실 워터게이트; 정책, 정치적 윤리상과 풍토	9
- 기업에서 행동에 대한 사회적 책임과 더 큰 인식			
- 기업의 대응력, 기업방침변화, 최고경영층의 윤리행동 강조	5	- 비윤리적 행동의 공개; 계속적인 방송매체의 공개 TV, 라디오의 범죄 분위기로 조성	9
- 기　　타	20		
		- 욕심; 물질 욕, 성공의 척도로서 달러($) 숭배; 개인적 이기심; 개인적 권위와 도덕성의 부족	8
		- 감독자나 주주들로부터 조직내의 이해 압력, 경영자들에 대한 기업의 영향, 기업의 방침	7
		- 기　　타	21

출처: Szilagyi, Andrew D. Jr., 1981, *Management and Performance*, Scotts: Foresman and Company, p. 109.

둘째, 사회에 공개되고 방송통신 정보에 흥미를 갖고 비윤리적 행동에 영향을 더 크게 받는다.

셋째, 집단의 행동에 큰 영향을 받는다.

그리고 비윤리적 결정(unethical decisions)에 영향을 주는 요인들을 순서대로 지적하라고 하였더니, 1번에서 6번까지 서열을 조사한 결과 다음과 같다.

첫째, 감독자 행동이 2.15이고, 둘째, 공식적 방침이나 방침의 부족이 3.27이고, 셋째, 기업윤리 풍토가 3.34이고, 넷째, 회사 내의 동료들의 행동이 3.37, 다섯째, 사회적 도덕 풍토가 4.22이고, 끝으로 개인적 돈의 필요성이 4.46의 순서로 나타났다.

이 조사에서 나타난 바와 같이 상급자에서 동료 사원에 이르기까지 종업원들의 윤리적인 행동에 큰 영향을 줄 수 있었다. 이러한 사회적 윤리는 집단과 조직간에 다양하고 반드시 따라야 할 기준에 관하여 갈등과 혼란을 가져올 수 있다. 윤리기준에 영향을 주는 요인들을 보면 [표 3-4]와 같다.

2) 경쟁력(completive pressures)

미국 경제 시스템은 2가지 기본이념으로 이루어져 있다.[8] 그것은 프로테스탄트(protestant)의 윤리인 노력(effort)과 경쟁(competition)이다. 그러나 최근에 "어떠한 희생을 치르더라도 기어코 이긴다"라고 하는 철학, 비윤리적인 것이 가능한 다른 행동들이 열심히 일을 하고 경쟁하는 것에 대하여 대체되어지고 있다. 우리는 속이고, 문서를 위조하고, 의심스러운 광고를 하는 것과 같은 예들을 우리 주위에서 많이 보고 있다. 많은 기업조직에서 경영자들의 봉급 인상과 승진을 시킬 때 그들이 조직의 이익에 기여를 한 과거의 업적에 기초를 두고 있으며, 어떤 경영자들은 그들의 이익을 과장하는 방법을 사용한다.

예를 들면, 미국의 자동차회사 중의 하나인 "Big three" 트럭 조립공장에서 경영자들에게는 모든 것을 완전하게 하도록 매주 생산목표가 주어진다. 문제는 조립라인에서 그렇게 일이 되지 않는다는 것이다. 컨베어 고장이 자주 발생하거나, 높은 결근율 혹은 다른 어떤 것이 일어난다. 그 결과 생산목표는 달성할 수 없게 되고, 고위경영자는 그것에 대한 어떤 것을 하도록 공장에서 압력을 받게 된다.

그래서 공장 경영층에서는 조립라인의 속도를 규제하는 통제 panel을 무시하고 감독자 사무실 안에 비밀통제Box를 설치하였다. 이러한 장치를 함으로써 경영자들은 조립라인의 속도를 올리고 생산을 증가시킬 수 있었다. 그렇지만 비밀통제상자의 사용은 자동차연합 노동조합과의 노동계약을 위반한 것이다. 종업원들은 결국 이 장치를 발견하고 법정소송으로 1백만 불의 손해배상을 받았다.

8) Long, J. D., February 1972, "The Protestant Ethic Reexamined," *Business Horizons*, pp. 75-82.

경영자와 노동자간의 악화된 감정은 여전히 공장에 고통을 주고 있다. 업무에서 문제가 발생할 때에 공장 경영층에서는 고위 이사급에서 그 장치에 대하여 알아야만 한다고 주장하지만 어떠한 질문은 하지 않았다. 그러므로 그들이 윤리적으로 잘못된 어떤 것을 하고 있다는 것을 알지만 공장 경영자들은 회사를 위해서 그렇게 하여야만 되는 것으로 생각하였다.

3) 법률적 환경(legal environment)

법률적 환경은 어떠한 행동이 법률적으로 용납이 되고 안 되는가 하는 것을 결정할 때에 많은 허점과 모순을 일으키고 있다. 법률적인 해석은 경영자들에게 어떠한 조치를 취해야 하는 것인지 정확히 인식하는 데 어려움을 주고 있다. 예를 들면, 1997년 제정된 미국의 외국부정 관행법률을 생각해 보면 알 수 있다. 이 법에서는 특별히 미국기업 파트너십 혹은 개인적 대표자로 된 사람들이 이윤을 얻거나 기업을 존속시키는 데 도움을 얻기 위해서 외국정부에 영향력을 행사한 목적으로 외국정부관리, 정치가 혹은 정당에 뇌물을 주는 것은 법으로 금지되어있다.

이 법을 위법하면 5년 징역과 1백만 불의 벌금이 부과된다. 이것은 간단하게 생각해도 옳은 것인 것 같지만 틀린 것이다. 경영자들을 어렵게 만드는 두 가지 법률적 이점이 있다. 예를 들면, 비재량권으로 공적지불행위(facilitating payments made solely to expedite non discretionary official actions)는 면제된다. 통상적인 말로 해석할 때 이것은 “뇌물을 주고, 접근하고 압력을 가하는” 지불행위는 불법이 아닌 것으로 들린다. 대부분의 중요한 분야에서, 외국관리(뇌물과 선물을 주면 범죄행위에 해당되는)의 정의에서 제외되는 사람들이 있다. 외국종업원들로서 그들의 의무가 필수적인 행정직에 있는 종업원들이나. 어떠한 목적에서든지, 서기가 그 뇌물을 자기상관에게 전달하든지 안하든지 간에 관계없이 서기나 행정보조역에게 돈을 준다는 것은 부정방지법을 위반하는 것이다.

둘째로, 법률은 또 외국에서 뇌물강요죄(extortion)를 제외시킨다. 상원보고서에서 “다이너마이트로 폭파되는 것으로부터 기름을 사재기 위하여 정부 관리에게 돈을 주는 것”은 예외라고 하였다. 여기에서 허점은 그러한 뇌물강요가 제외되는 것이 육체적인 협박이나 재산적 손해에 제한될 것이냐 혹은 경제적 손실까지 확장되는 것이냐 하는 것이다.

외국외무장관이나 국회의원이 "나에게 10만 불을 주지 않으면 이 나라에서 당신은 사업 못하고 나가게 하겠다"라고 한다면 어떻게 할 것인가? 이것이 뇌물인가 혹은 뇌물강요에 의한 허용될 수 있는 요구인가? 이러한 상황에서 많은 경영자들이 법무부에 가서 그들이 돈을 주기 전에 서면보고를 한다.

이러한 것은 경영자의 법률적 환경에서 애매모호한 여러 가지 상황에서 몇 가지 예인 것이다. 대부분의 법정에서 모든 경우의 사례를 규정하지 못하기 때문에 경영자는 이러한 상황에서 상식과 개인적 윤리의식으로 대처해 나가야 한다.

4) 기업윤리규정(industry codes of conduct)

기업윤리규정은 기업 내의 모든 종업원들에게 해당되는 행동규정안으로서 내부적으로 적용되는 것이다. 행동규정을 예를 들면, 의료법 그리고 회계업무에 대한 것들을 들 수 있다. 그러나 기업이나 다른 기업리더를 위한 안내지침서로서 전문적 행동규정서가 있다면 이는 실수에 불과하다. 이러한 것에 대한 문제점들은 다음과 같다.

첫째, 그것은 고객, 공급자, 양질의 상품과 관련된 사람의 자신감을 향상시키고 그들이 기대하는 대로 봉사할 것이다.

둘째, 기업조직의 태도의 복잡성은 행동기준을 설정하여 따를 것으로 요구한다.

셋째, 장기적으로 표준적 윤리규정을 제정하여 준수하는 것은 조직이 높은 수준에 도달하려는 관리 경영재능의 질을 증가시킬 것이다.

제 2 장 기업경쟁력과 전략

인류의 미래를 예측하는 많은 학자들의 주장은 금세기에 와서 많은 변혁을 예견하고 이와 같은 변혁은 세계화와 개방화로 만들었다고 한다. 세계화와 개방화에 살아남기 위해서는 경쟁력이 있어야 한다. 우리는 WTO 이후 기업이 성장 · 발전하기 위해서는 과거에 가졌던 관행이나 사고의 틀을 가지고는 살아남기 힘들기 때문이다.

제1절 경쟁력의 의의

경쟁력은 국제경제학 분야에서는 한 국가의 경쟁력이 생산요소의 의존도나 생산비의 차이 등 국가수준의 비교우위에 의해서 결정된다고 보거나 혹은 국가 특유의 우위요소나 기업의 중간생산물의 내부화 능력에 의하여 국제경쟁력이 결정된다. 기업경쟁력은 국가경쟁력이 중요한 영향을 준다. 그러므로 이 장에서는 국가경쟁력과 기업경쟁력만을 설명하려고 한다.

경쟁력(competitiveness)이란, 자기로부터 독립되어 있는 의사결정주체가 존재할 때 이에 대응해서 나타내는 개념이다. 즉 상대방의 의사결정 또는 수용태세 여하에 따라 이쪽의 이득행렬이 영향을 받는 상대성을 전제로 하는 것이다. 따라서 국제경쟁력은 그 개념자체가 상대적일 수밖에 없다.[9] 또한 국제경쟁력이란 자기가 경쟁자에 대해 상대적으로 갖고 있는 위치가 시간에 따라 변하는 내용을 파악한다는 점에서 동태적인 개념이다.

9) Furino, Antonio, 1988, *Cooperation and Competition in the Global Economy*, Ballinger Publishing Company, p. 106.

따라서 기업경쟁력은 어떤 기업의 지속적인 경쟁우위(sustainable competitive advantage)를 말한다. 기업이 경쟁우위를 지닌다는 의미는 경쟁자중심의 관점과 고객중심의 관점에서 파악할 수 있다. 경쟁자중심의 관점에서는 그 기업이 다른 경쟁자에 비하여 낮은 원가로 생산하고 더 좋은 품질, 더 좋은 시장을 가지고 있다. 그리고 고객중심의 관점에 있어서는 다른 경쟁기업에 비하여 독특한 혜택으로 만족을 주는 것이다. 국가 경쟁력의 요소는 학자들간에 차이가 있다. 경쟁요소에 대한 여러 주장들을 보면 다음과 같다.

제 2 절 국가경쟁력 요소

스위스 국제경영전략연구원(IMD)에 의하면 국가경쟁력 평가요소를 보면, 국내경쟁력, 국제화, 정부, 금융, 사회간접자본, 가업경영, 과학기술, 인구 등이라고

표 3-5 한국경제연구원의 국가경쟁력 평가요소

	종합순위	경제운영성과		프로세스효율성		투자역량		학습역량		사회역량	
		국내경쟁력	국제화수준	정부행정	기업경영	금융환경	사회간접자본	과학기술	인적자본	노사관계	사회응집력
한 국	29	22	40	33	32	36	30	18	23	21	22
미 국	1	1	7	5	9	2	3	1	7	11	19
일 본	2	2	11	21	2	6	17	2	2	2	9
독 일	5	3	1	16	11	7	10	3	6	4	11
캐나다	13	7	14	24	19	8	2	16	13	13	16
스위스	3	5	15	9	1	4	8	5	5	1	13
싱기포르	4	8	3	2	5	3	13	15	9	18	3
홍콩	7	19	4	1	3	1	18	25	19	20	18
말레이지아	21	24	17	4	13	9	22	28	33	25	26

출처: 공보처, 1995. 8. 16,「세계화지표」, p.16.

하며, 한국경제연구원의 국가경쟁력 평가요소를 보면, 경제운용성과(국내경쟁력 · 국제화수준)와 프로세스효율성(정부행정 · 기업경영)과 투자역량(금융환경 · 사회간접자본)과 학습역량(과학기술 · 인적자원)과 사회역량(노사관계 · 사회응집력) 등이라고 하고 있다.10)

스위스 국제경영전략연구원(IMD)에 따른 국가경쟁력 평가요소를 보면 국내경쟁력, 국제화, 정부, 금융, 사회간접자본, 가업경영, 과학기술, 인구 등이라고 하며, 한국경제연구원의 국가경쟁력 평가요소에 따르면, [표 3-5]와 같다.

그리고 한국경제연구원의 국가경쟁력 평가요소를 보면, 경제운용성과(국내경쟁력 · 국제화수준)와 프로세스효율성(정부행정 · 기업경영)과 투자역량(금융환경 · 사회간접자본)과 학습역량(과학기술 · 인적자원)과 사회역량(노사관계 · 사회응집력) 등이라고 하고 있다.11) 그리고 전경련 80년 2월호에 의하면 경쟁력을 결정짓는 요소를 [표 3-6]과 같이 가격경쟁력요인과 비가격경쟁력요인 그리고 기술경쟁력요인으로 분류하였다.

그리고 포터(Michael E. Porter) 교수는 국가의 국제경쟁력은 고전적인 경제학자들이 주장하는 천연자원, 노동력, 이자율, 해당국가의 통화가치 등과 같은 요인으로 결정되는 것이 아니라고 주장했다. 국가경쟁력을 결정하는 요인으로서 요소조건(factor conditions), 기업의 전략(firm strategy), 조직 및 경쟁양상(structure and rivalry) 관련지원 산업(related and supporting industries), 수요조건(demand conditions) 등 네 가지 내생변수가 국제경쟁력을 결정짓는 근본요인으로 파악하고, 이 네 가지 요인 외에 국제경쟁력에 간접적으로만 영향을 미칠 수 있는, 두 가지 외생변수로서 정부(government)와 기회(chance)를 들고 있다.12)

포터(Michael E. Porter) 교수는 국가의 국제경쟁력은 고전적인 경제학자들이 주장하는 천연자원, 노동력, 이자율, 해당국가의 통화가치 등과 같은 요인으로 결정되는 것이 아니라고 주장했다. 특정산업에서, 특정기업이 지속적으로 경쟁우위를 창출하고 유지함으로써 범세계적 경제에서 성공하는 이유는 그러한 산업이나, 기업위치에 국가가 제공해 주는 독특한 요인이 있기 때문이라는 것이다. 그는 국가경쟁력을 결정하는 요인으로서, 요소조건(factor conditions), 기업의 전략

10) 공보처, 1995. 1, 「세계화지표」, pp. 10-16.
11) 공보처, 1995. 1, 「세계화지표」, pp. 10-16.
12) 조동성, 1992, 국가경쟁력, 「매일경제신문」, pp. 31-32.

표 3-6 국제경쟁력 결정요인의 범위

- 내생적 국제경쟁력 요인
  - 가격경쟁력 요인
    - 원가요인
      - 자본비용(금리, 자기자본비율, 금융공급경로 등)
      - 노동비용(임금수준, 노동생산성, 노동력과부족)
      - 원자재조달조건(가격, 품질, 지불조건, 납기)
      - 설비조건(규모의 경제, 설비의 노후 또는 선진도)
      - 유틸리티비용(전력, 석유, 수송량)
    - 원가 외 요인
      - 인플레 수준
      - 무역정책(수출지원, 수입제한, 환율조정 등)
      - 연관산업의 발전도
      - 정부의 역할(국공영기업의 기능, 세율, 관세율, 방위비부담)
      - 기업의 경영관리능력
  - 비가격경쟁력 요인
    - 상품요인
      - 품질 및 규격
      - 상표, 상품에 대한 국제적 신뢰성
      - 디자인, Fashion
      - 포장
      - 선전, 광고
    - 시장요인
      - 판매력
      - 유통 Channel 및 Margin
      - 납기, 수출조건
      - 지불조건
      - After service
      - 조약 및 협약
  - 기술경쟁력 요인
    - 토착화된 기술
      - 현 생산기술이 수준(기술진보율)
      - 기술도입조건 및 정책
      - 기업의 신기술소화능력
      - 운전기술수준
    - 기술 개발력
      - 연구개발력
      - 기술개발력
      - 기술개발 Incentive 제도
      - 기술개발전담기구의 기능 및 역할
    - 기술인력
      - 기술인력교육 및 양성제도
      - 기술자우대배치
      - 기술인력수급
      - 국제적인 기술인력교류

자료: 배한경, 「세계무역경쟁력과 경쟁력의 시각」(전경련, 1980년 2월호), p. 53.

(firm strategy), 조직 및 경쟁양상(structure and rivalry), 관련 자원산업(related and supporting industries), 수요조건(demand conditions) 등 네 가지 내생변수가 국제경쟁력을 결정짓는 근본요인으로 파악하고, 이 네 가지 요인 외에 국제경쟁력에 간접적으로만 영향을 미칠 수 있는, 두 가지 외생변수로서 정부(government)와 기회(chance)를 들고 있다.[13)]

포터 교수는 이상 경쟁요소를 다음과 같이 설명하고 있다.

첫째 요소조건은, 해당산업에서 국제적으로 경쟁하는 데 필요한 생산요소의 상대적인 양을 말하는 것으로 크게 부존요소와 창출요소로 나누어진다. 부존요소는 인적 · 물적 · 재무적 자원과 사회간접자본 시설을 말한다.

㉠ 인적 자원: 기술수준과 인건비 수준, 노동시간, 근로윤리 등이다.

㉡ 물적 자원: 수자원, 전력 외에도 기후적 요인, 위치요인(시장이나 원료조달처와의 상대적 거리), 시간대 등이 고려된다.

㉢ 재무적 자원: 자본량과 자본비용 및 접근 가능성 정도를 말하는 것으로 해당국가의 자본시장 구조 및 수급상황에 의해 많은 영향을 받는 것을 말한다.

㉣ 사회간접자본: 국가기간 산업(통신, 전기, 도로, 공항, 댐) 등을 말한다.

둘째 요인은, 기업의 전략과 조직 및 경쟁양상으로 이는 한 기업이 생성 · 조직 · 운영되는 과정과 그 기업이 속해 있는 산업의 특성에서 비롯되는 경쟁력의 원천이다. 이 변수는 기업차원의 변수와 산업차원의 변수로 나눌 수 있다. 기업차원의 변수는 국내기업의 전략과 조직, 기업과 개인의 목표추구 등을 말하고 산업차원의 변수는 국내 경쟁자의 수, 진입장벽 등을 말한다.

셋째 요소는, 관련 및 지원산업으로서 이는 수직적으로 연관된 산업과 수평적으로 연관된 산업으로 나눌 수 있다. 국제경쟁력이 강한 상류부문 산업은 하류부문의 국제경쟁력을 강화시키는 데 기폭제 역할을 한다. 또한 수평적 관련 산업과 기술개발, 유통, 마케팅, 기타 서비스 활동들을 공유할 수 있다.

넷째 요소는, 수요조건으로서, 이는 시장규모라는 양적 요인뿐만 아니라 세부시장마다 나타나는 수요의 질적 요인까지 포함한다. 특히 수요의 질적 요인에는 수요자의 욕구 등이 포함된다. 본국 시장이 이러한 질적 특성을 갖추고 있을 때는 본국 수요의 크기와 성장률이 국제경쟁력에 큰 영향을 미친다.

다섯째 요소는, 정부로서 이는 위의 네 가지 결정변수에 영향을 미칠 수 있

---

13) 조동성, 1992, 국가경쟁력, 「매일경제신문」, pp. 31-32.

는 외생변수이다. 특히 개발도상국의 경우 경제발전 과정상 정부의 역할은 중요하다. 그러나 이러한 현상이 모든 산업에 공통적으로 일어나는 것은 아니며 산업이 고도로 발달된 경우에는 오히려 정부의 지나친 간섭이 산업을 발전시키는 데 악영향을 미친다. 정부의 역할은 직접적으로 국제경쟁력을 강화시킬 수 없으며 또한 국제경쟁력이 강화될수록 그 역할이 계속적으로 줄어든다.

여섯째 요소는, 기회이다. 이는 성격상 단속적이며 예측 불가능이다. 그러나 국내에서 발생되는 기회가 경쟁력강화에 큰 역할을 해 온 것은 사실이다. 우리나라의 경우에 예를 들면, 1960년대 중국산 가발 대한민국 수입금수 조치, 1970년대 중동건설 붐, 1988년 서울올림픽이 스포츠산업의 국제경쟁력을 강화시킨 사례에서 기회의 역할이 가지는 중요성을 알 수 있다.

그러나 국제경쟁력은 나라마다 차이가 있다. 예를 들면, 한국의 국제경쟁력을 결정하는 요소들을 보면 특정한 시점에서 한 국가의 산업이 가지는 물적 자원, 경영환경, 관련 산업, 국내 수요 등 네 가지의 물적 요소인 국제경쟁력을 결정짓는 객체와 한 시점의 국제경쟁력을 다음 단계로 변화시키는 주도자로서 근로자, 정치가와 행정관료, 기업가, 전문경영자와 기술자라는 네 가지 국제경쟁력 결정주체인, 인적자원 요소와 그리고 순수한 외부환경요인으로서 기회라는 한가지의 외부환경요인 등 모두 아홉 가지 요소 모두를 체계적이고 종합적으로 고려해야 한다고 조동성 교수는 주장하고 있다.

제 3 절 기업경쟁력

오늘날 미국의 General Motors와 IBM 같은 기업들은 상당히 흔들리고 있다. 그들은 타 기업과의 경쟁력에 있어서 난공불락(unassailable)이라고 여겼으나 위험이 닥쳤다. 그 이유는 급변하는 기술변화로 인하여 놀라운 경쟁자들을 만들어 내었기 때문이다. 이로 인하여 기업조직은 재편되고, 시장은 나타났다 사라지고, 기업의 전통적인 이점(advantages)이었던 자원들의 안전도, 경쟁의 양상, 지원산업, 수요조건, 정부정책, 기회 등이 계속 안정될 수 없었다.

일반적으로 기업들은 새로운 다음과 같은 4가지 현상들이 나타나게 되었다.

첫째, 기업이 가지고 있는 이점(advantages)이 파괴되고 있다. 앞에서 말한 기술혁신이나, 기업환경 변화로 이전의 기업의 이점들이 현대에서는 이점이 될 수 없는 것도 많다.

둘째, 기업들이 경영을 하는 데 여러 가지 저해장벽(entry barriers)이 생긴다. 국제경쟁력을 결정짓는 경영환경변수는 기업이 생성, 발전, 쇠퇴되는 국가적 여건과 해당산업의 국내 경쟁환경을 말하며 구체적으로 진입장벽의 존재 및 독과점에 대한 국민적 인식을 하게 되었다.

셋째, 기업의 불합리(irrational)하고, 예측할 수 없는 일들이 생긴다.

넷째, 장기적인 계획에 대한 정확성이 떨어지게 된다. 이러한 문제들을 해결하기 위하여 "7-S모델로 해결해야 한다"고, Richard A. D'Aveni는 주장하고 있다.[14)]

1. 기업경쟁을 위한 7-S모델

기업경쟁을 위해서는 7-S모델이 필요하다. 7S모형은 다음과 같다.

첫째, 주주들에 대한 보다 높은 만족도(superior stockholder satisfaction)를 제공하여야 한다.

둘째, 전략에 대한 예측이 필요하다(strategic soothsaying). 즉 상대방의 전략이나 자사의 전략변화를 예측하는 것이 필요하다.

셋째, 속도에 대한 위치(positioning for speed)를 알아야 한다. 즉 속도에 대한 감각이 있어야 한다.

넷째, 두려움에 대한 위치(positioning for surprise)를 알아야 한다. 즉 두려움에 대한 자기의 처지를 인식해야 한다.

다섯째, 경쟁에 대한 규칙의 변경(shifting the rules of competition)을 인식하여야 한다.

여섯째, 경쟁을 하려고 하는 의지의 표시(signaling strategic intent)가 있어야 한다.

일곱째, 모의와 일련의 전략에 대한(simultaneous and sequential strategic

14) D'Aveni, Richard A., 1994, *Hypercompetition*, The Free Press, p.31.

thrusts)일련의 믿음이 있어야 한다.

이상과 같은 7-S의 모델에 충족되지 못할 때는 다음과 같은 붕괴조짐이 나타난다.

첫째, 비전에 대한 붕괴(vision for disruption)를 가져온다.

둘째, 관리자의 일반능력이 없어져서, 일반 관리능력이 붕괴(general capabilities for executing disrupting)를 가져온다.

셋째, 생산과 마케팅 전략의 붕괴(product/marketing tactics the disrupting)를 가져온다.

비전에 대한 붕괴의 징후로서는 다음과 같이 나타난다. 이는 첫째, 주주들에 대한 만족을 충족시킬 수 없다. 둘째, 전략적인 예측을 받아들일 수 없으므로 비전에 대한 붕괴가 생긴다. 그리고 관리에 대한 일반능력으로 인한 붕괴는 첫째, speed에 대하여 유동적으로 대처하는 능력이 부족하다. 둘째, 놀라움에 대하여 유동적인 대체능력이 부족하다. 그리고 생산과 마케팅 전략의 붕괴로서 다음과 같은 붕괴징후가 나타난다. 첫째, 규칙(rules)에 대한 변화가 나타난다. 둘째, 전략에 대한 표시와 전략적 표시에 대한 믿음을 갖지 못하는 징후가 나타나게 된다.

2. 기업의 경쟁력요인

세계적으로 경쟁력이 있는 기업들 중에 GM과 IBM 등은 규모의 경제, 막대한 예산, R&D 등으로 고객들을 지배하는 힘이므로 경쟁력을 가지게 되었다. 그들의 경쟁력의 요소들을 보면 다음과 같다.

① 원가(cost)와 품질(quality)이다.

② 시간(timing)과 Know-How이다.

③ 움켜잡는 힘(stronghold)이다.

④ 돈을 차곡차곡 모으는 것(deep pockets) 등이 경쟁에 대한 역할들을 담당한다.

그런데 이들의 상호작용이 오늘날에 와서는 아주 다르게 나타나고 있다. 그러므로 기업의 이점(advantage)들은 빠르게 나타났다 빠르게 사라진다. 예를 들면, Microsoft는 고경쟁회사(hyper competition company)였으나, 1992년 컴퓨터

운영체계에 대하여 개선할 것을 생각하여 발전적인 운영체계를 지향하는 쪽으로 계획하면서, 1992년 *Business Week*지에 의하면 Microsoft Windows의 차세대 프로그램개발로 100Million$의 판매실적을 올렸다. 이처럼 전통적 방법의 접근으로 창조를 통한 이익을 올리기 위하여 오래도록 공격하는 것은 한계가 있다.[15]

특히 세계화시장인 고경쟁시대에서는 옛날과는 달리 국가적인 규칙도 느슨해져서 경쟁의 범위도 넓어졌다. High-tech산업이나 컴퓨터 사업들은 경쟁이 대단히 공격적이다. 경쟁의 요소들의 역할들을 다시 보면 다음과 같다.

① 원가와 품질이다.

기업들은 가격과 품질(price&quality)에 대한 경쟁으로 시장을 차지하려는 경쟁이 치열하다.[16] 미국을 예로 들면 첫째, 가격에 대한 경쟁은 전기램프, 가솔린 엔진, 냉장고, 종이 등의 제품들은 연간 0.7%에서 2.8%까지 가격이 하락하였고, 가전제품, 전자 렌지, 그리고 컴퓨터 등은 가격압력이 격렬하여 1980년대에서는 연평균 29%까지 떨어졌다.

그러므로 고경쟁하에서는 질은 높아지고 가격은 떨어지므로 가격에 대한 경쟁은 치열하여 1992년 Klaft Cheese와 같은 브랜드는 8%나 절감하였고, Frito-Lay 스낵푸더는 15%나 값이 떨어졌다.[17] 품질과 가격에 대한 경쟁은 우리나라의 경우에 있어서도 수출을 촉진하는 과정에서 해외시장 수요만을 위한 생산기지로서 산업이 발달한 역사를 가지고 있다. 즉 한국이 비교적 저렴하고 생산성이 높은 노동력을 가지고 있었기 때문에 국내시장에서는 전혀 판매하지 않고 외국시장에만 전량 수출하는 한국기업들이 아직도 많이 있다.

이 경우 초기에는 외국기업에 의존하다가 점차 독자적인 기술축적과 판매망을 구축해 가는 사례도 있다. 그러나 대부분의 경우 이러한 산업들의 가격경쟁력은 국제경쟁의 원천이기 때문에 국내에서 임금이 상승함에 따라서 동남아 세국의 기업들에 의하여 국제경쟁력을 잃어가고 있으며 또한 환율변화 등 가격에 대한 경쟁이 힘들어 안정적인 경영이 불가능하다고 하고 있다.

둘째, 품질을 가지고 기업은 경쟁력을 키울 수 있다. 기업의 경쟁력은 원가

---

15) Rebello, Kathy, February 24, 1992, "Microsoft: Bill Gates' Baby is On Top of the World. Can it Stay There?" *Business Week*, pp. 62-64.

16) Robello, Kathy, March 1, 1993, "Is Microsoft Too Powerful?" *Business Week*, p. 85.

17) Therrien, Lois, Apr. 19, 1993, " Brands on the Run." *Business Week*, pp. 26-29.

분의 품질이라고 경쟁력을 쉽게 설명할 수도 있다. 경쟁력은 $\frac{(품질)}{(원가)}$이다. 어떤 기업은 분모인 원가를 줄이려고 애쓰는 기업도 있는가 하면, 어떤 기업은 분모인 원가를 그대로 유지하면서 분자인 품질을 높이려고 애쓰는 기업도 있다. 가격이 비싸더라도 품질이 좋으면 경쟁력이 있기 때문에 품질을 높이는 것도 경쟁력을 증가시킨다고 볼 수 있다. 예를 들면, 우리나라 자동차를 생산하는 3사는 가격경쟁보다는 품질에 더 많은 관심을 갖고 있다고 볼 수 있는 것도 품질이 경쟁력을 좌우하는 좋은 예라고 볼 수 있다.

② 시간과 Know-how이다.

시간과 Know-how에 대한 경쟁력은 현대에 있어서는 기업들간에는 대단히 치열하다.

첫째, 시간에 대한 경쟁은 생산의 life cycles과 design cycles은 대단히 단축되었다. 이는 기술혁신(technological innovation)으로 새로운 모델들이 나타나게 되어 컴퓨터 같은 제품들은 life cycles이 5년이었으나 오늘에 와서는 6개월로 되었고, 자동차 모델은 10년이던 것이 5년이나 혹은 이보다 더 빠르게 3년 혹은 2.5년으로 바뀌게 된다.[18] 이처럼 시간에 대한 경쟁이 기업쟁쟁의 중요한 요소가 된다.

둘째, Know-how에 대한 경쟁요소로서는 어떤 제품이든 국제시장에서 항구적으로 살아남을 수는 없다. 왜냐하면 어떤 제품이든 상관없이 수명주기(life cycle)를 가지고 있기 때문이다. 어떤 제품이 생산됨과 아울러 시장에서 일련의 과정을 거쳐 경쟁력을 상실하게 되어 소멸될 때까지의 과정은 [그림 3-4]와 같다. 울터백(Ultterback)은 제품의 혁신을 아래와 같이 성능극대화 단계, 판매극대화 단계, 비용극대화 단계를 거쳐, 제품의 수명을 다하게 된다고 주장하였다. 또한 제품혁신은 반드시 공정혁신을 수반하게 되며, 공정혁신은 제품혁신과 더불어 비조정단계, 단편적 조정단계, 체계적 자동화단계와 같은 3단계를 거치게 된다.

제품혁신에 있어서 제1단계인 성능극대화 단계는 기술적으로 진보된 제품이 동일한 성능의 기존 제품보다 훨씬 향상된 성능을 지닌 제품으로 등장하게 되어 빈번하고 급속한 제품개발을 통해 보다 높은 판매이익을 목적으로 기존제품과 경쟁하게 된다.

18) Therrien, Lois, 1993, "Brands on the Run," *Ibid.*, p. 28.

그림 3-4 제품혁신과 공정혁신

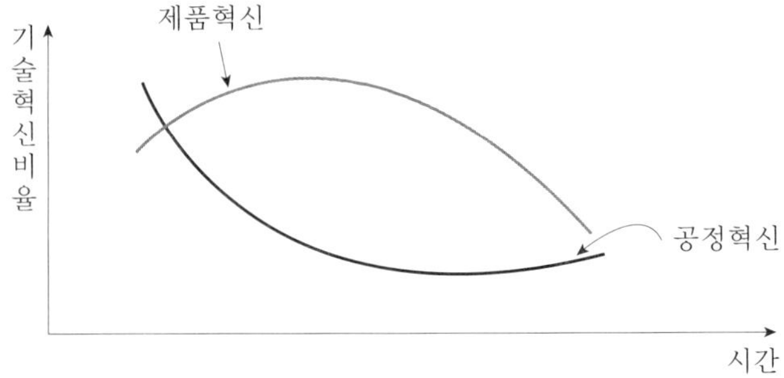

제품혁신: 성능극대화단계 판매극대화단계 비용극대화단계
공정혁신: 비조정단계 단편적 조정단계 체계적 자동화단계

제 2 단계인 판매극대화단계가 되면 이 제품은 최적설계 제품의 위치를 점하게 되어 시장의 불확실성은 감소되고, 이후 판매극대화단계로 넘어간다. 이 단계에 있어서는 성능향상보다 소비자 기호에 맞추어 제품모양의 다양화를 꾀하게 된다.

제 3 단계인 비용극대화단계는 생산공정이 자동화단계로 접어들게 되어 시설투자가 급격히 증가되고, 판매가격은 성능극대화단계에 있어서의 판매가격보다 10분의 1 정도로 하락하게 되어 기업비용은 증가된다. 또한 노무비는 성능극대화단계에 있을 때보다 증가하는데 판매가격은 10분의 1로 떨어지므로, 기업은 현지 시설을 처분하거나 아니면 후진국으로 시설이전을 해야 한다.

또한 공정혁신은 제품혁신 단계와 같이 3단계를 거친다. 제 1 단계 공정혁신인 비조정단계를 제품혁신단계와 비교해 보면 성능극대화단계와 같은 단계로서 생산시설도 범용기계에 주로 의존하며, 이 단계의 공정은 주로 수동적이다.

제 2 단계인 단편적 자동화단계에 있어서의 제품은 성숙되어 가격경쟁이 시작되고 능률증대를 위해 공정은 기계화됨으로써 단편적인 자동화가 시작된다. 이때 공정의 일부는 공정특유의 기술로 자동화되며 일부는 아직도 범용기계를 사용한다. 이 단계는 제품혁신의 판매극대화단계와 같다.

제 3 단계인 체계적인 자동화단계는 공정이 완전히 자동화되기 때문에 공정의 사소한 변경도 큰 비용을 수반한다. 이 단계는 기술 변화에 대한 저항이 아주 크기 때문에 궁극적으로 경제적인 문제점들이 드러나게 된다. 그러나 이때는 이미 공정혁신이 이루어져 설비에 대한 막대한 투자를 하나, 제품의 판매가격은 성능극대화 단계인 1단계 판매가격보다 10분의 1로 떨어지는 것을 인식하게 한다.

③ 움켜잡는 힘(strongholds)이다.

기업이 가격의 수준 유지와 경쟁수를 얼마나 제한할 수 있는가 하는 것이다. 기업의 경쟁력을 결정하는 요인으로 그 기업의 제품이나, 서비스에 대한 국내수요여건이 매우 중요하다. 그러므로 기업은 가장 접근하기 용이한 국내시장 수요에서 철저한 마케팅 및 생산 등의 경영활동능력이 배양되지 않으면 국내시장보다 접근하기 어렵고, 다양하게 변화하는 국제시장수요의 흐름을 파악하고 이것을 국내수요와 접목시키는 안목과 방향결정을 하는 것은 쉽지는 않으므로 경쟁자수를 얼마로 제한하느냐 하는 것이 문제가 된다. 그리고 경쟁회사들의 경쟁 속에서 어느 정도 높은 가격을 얼마 동안 유지하고 지속할 수 있는 힘이 있어야 한다.

그런데 규모의 경제나, 생산의 차별화, 자본투자, 원가변경, 분배경로 개방과 같은 것은 진입의 장벽이 되지 못한다. 예를 들면, 국제곡물산업은 미국의 곡물재배자에 의해서 시장이 지배되었으나, 1981년에서 1991년까지 외국의 경쟁자들에 의하여 곡물값은 24%나 하락하였다.[19]

④ 돈을 저축하는 것(deep pockets)이다.

돈을 저축하는 것의 경쟁요소는 자산이 큰 데서 오는 이익을 말한다. 즉, 더 많은 자원에서 오는 이득이다.

제 4 절 경쟁이점의 전략관점

경쟁의 장(場)에는 4가지 성공에 대한 경쟁전략 이점의 관점이 있다. 이것은 앞에서도 말한 바와 같이 첫째, 가격과 품질이고 둘째, 시간과 Know-how이고 셋째, 진입장벽이고 넷째, 돈을 모으는 것이다. 그러나 이와 같은 방법을 기업에서는 전통적인 방법과 고경쟁시대의 방법이 된다. 이를 고전적인 방법과 고경쟁시대의 방법을 비교 · 설명하면 다음과 같다.

---

19) Kilman, Scott, Dec. 3, 1992, "U.S. is Steadily Losing Share of World Trade in Grain and Soybeans," *Wall Street Journal*, A1.

1. 전통적인 기업경쟁

첫째, 제품은 보다 낮은 가격으로 제공해야 한다고 보았다. 그러므로 일반적으로 가격에 대한 지도(cost leadership)였다.

둘째, 제품을 차별적으로 생산하여야 한다고 생각하였다. 그리고 이는 품질에 대하여서는 유일한 것으로 생각하였다.

셋째, 소비자 욕구가 무엇인가를 알아야 한다고 보았다. 그러므로 제품을 적재적소에 제공해야 한다고 믿고, 시장을 구분하여 적당한 시장을 집중공격하고, 고객수를 측정하여 적고 높은 가격의 전략을 수립하였다.[20] 경쟁이점의 다른 모델은, 유일한 자산의 기초는 지식과 비정상적 이윤이다. 즉 회사의 지식이나 혹은 비정상적인 이윤이 경쟁이 된다.[21]

2. 고경쟁시대의 기업경쟁

첫째, 고경쟁시대의 기업전략은 기업들의 새로운 전술이나 새로운 행동을 고찰하는 것을 고경쟁시대의 기업경쟁이라고 한다.

둘째, 남들이 가지지 않고, 소비자에게 만족을 주는 Know-how가 자산의 원천이기 때문에 제품가격을 높게 결정하는 단위전략을 세워야 한다. 즉 소비자에게 가치 있는 새롭고 유일한 자산인 지식을 개발하는 일이다. 이러한 단계가 되면 관리자들은 다음과 같은 도전을 받는다.

① 회사가 추구하는 획기적인 기술전략을 수립해야 하는 도전을 받게 된다. 그리고 Know-how에 대한 도전은 고용에 크게 영향을 준다.

② 기업이 현재 점하고 있는 시장에서 첫 번째 도전자가 되느냐 하는 도전을 받게 된다.

③ 기업은 자기의 이점(advantages)을 살리면서 시장에 진출하는 시점이 언제

---

20) Porter, Michael E., 1990, *Competitive Strategy*, New York: The Free Press, p. 5.
21) Fruhan, W. E. Jr., 1979, *Financial Strategy: Studies in the Creation, Transfer, and Destruction of Sharehold Value*, Homewood, Ill.: Richard D. Irwin.

인지를 결정하는 도전을 받게 된다.

그러나 전통적인 전략은 다음과 같다.

첫째, 제품의 차별화(product differentiation)이다.

둘째, 큰 투자규모(capital requirements)이다.

셋째, 단가의 변화(switching cost) 즉 다른 사람이 진입하면 제품의 가격을 낮춘다.

넷째, 분배에 대한 접근을 못하게(access to distribution) 한다. 즉, 슈퍼마켓 같은 곳에 자사제품 외에 다른 회사제품을 취급 못하게 한다. 그러나 고경쟁시대에 있어서의 기업전략은 달라져야 한다.

고경쟁시대 전략은 다음과 같다.

① 어떻게 하든지 오랫동안 계속적으로 움켜잡는 힘을 가져야 한다.

② 다른 경쟁회사의 전술이나 판단을 알아야 한다.

③ 경쟁자들이 자사의 행동변화에 어떻게 대처하는가를 알아야 한다.

그러기 위해서 관리자들은 다음과 같은 도전을 해야 한다. 고경쟁시대의 경쟁력을 위한 관리자의 새로운 도전을 보면 다음과 같다.

① 기업의 움켜잡은 힘이 어디에 있는지, 혹은 그 힘의 근거를 어디에 두어야 하는지를 인식해야 한다는 도전에 직면하게 된다.

② 어떤 지역이나, 시장에 초점을 두어야 하는지에 도전을 받게 된다.

③ 어떻게 자사의 경쟁자를 구성하여 상대하느냐 하는 도전을 받게 된다.

그림 3-5 고경쟁시대 기업이 찾아내어야 할 전략

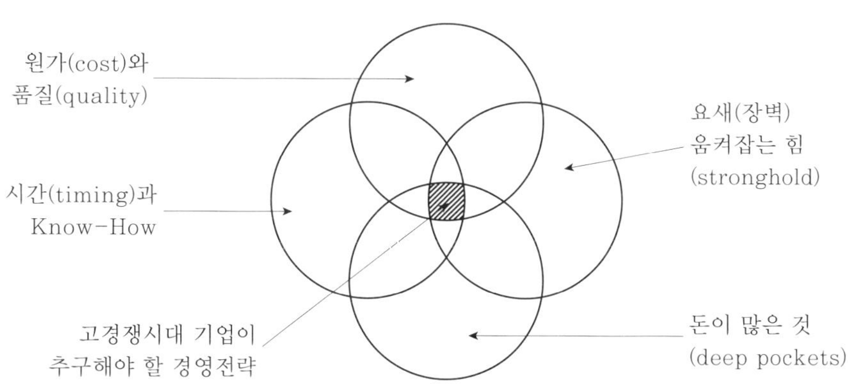

④ 타사로부터 받게 될 도전에 대해 자사의 약점이 있는지, 있으면 어떤 것인지 인식하는 데에 대한 도전을 받게 된다.

그러므로 이 단계에서 경쟁력을 키우기 위해서 회사의 경영관리는 다음과 같이 해야 한다.

① 자사가 가지고 있는 모든 이점(지원이나 자산)을 살리는 것이다.

② 자사가 가지고 있는 이점을 계속 움켜잡을 수 있어야 한다.

③ 자사의 이점으로 경쟁자를 다룰 수 있어야 한다.

④ 자사의 다른 적은 경쟁자들을 대항할 수 있는지가 고경쟁시대의 기업경쟁력을 키우는 요소들이다. 이상과 같은 요소들로서, 관리자가 찾아내어야 할 전략은 [그림 3-5]에서 나타나는 빗금 친 부분이다.

제 3 장 계획과 의사결정

사람은 태어나서 살아가는 동안에 3가지를 필수적으로 선택(to choose)해야 한다. 첫째, 배우자를 선택해야 하고 둘째, 직업을 선택해야 하며 셋째, 가치관의 선택이다. 그 뿐만 아니라 생활하는 과정에서 어떤 학교를 가야 할 것인지를 선택해야 하고, 학교를 졸업한 후에는 어떤 직업을 가져야 할 것이고, 어떤 배우자를 선택해야 하는지 등의 선택상황에 놓일 때가 많다. 이는 모든 상황에 따라 의사결정을 해야 한다. 바나드(C. I. Barnard)에 의하면 의사결정은 조직에서 항상 거듭되고 한없이 이루어지고 있기 때문에 기업경영에 있어서 모든 경영활동이 의사결정(Decision making)에 의해서 이루어진다고 말하였다.

경영행위에는 반드시 『plan-do-see』의 관리과정을 수반하게 된다. 그러므로 의사결정이란 계획화의 핵심(the core of planning)에 있는 활동의 방향에 관해 두 가지 이상의 대처안(Alternative) 중에서 어느 것이든 하나를 택하는 과정을 말한다. 그러므로 의사결정은 기업경영의 기본적인 활동이며 계획화의 핵심이다.

제 1 절 의사결정의 의의

의사결정(decision making)이란 선택(to choose)하는 것을 의미한다. 좀더 구체적으로 말하면 2가지 이상의 대처안(alternative) 중에 어느 하나를 선택하는 것을 말한다. 의사결정은 본질적으로 해결해야 할 문제가 존재하기 때문이며, 문제가 없으면 의사결정은 의미가 없기 때문이다. 따라서 문제(Problem)란 현재의 상태와 바람직한 상태의 차이라고 할 수 있다. 그러므로 의사결정이란 여러 가능한 대안을 개발 · 선택함으로써 바람직한 결과를 이끌 수 있는 일련의 과정을 말한다.

사이몬(H. A. Simon)은 관리자란 예컨대 의사결정자(decision maker)라 하고 경영이란 의사결정이라고 주장하였다.[22] 즉 유능한 경영자란 특별한 문제를 다루는 행동의 방향을 명확히 인식하고 기회의 이점을 이용하는 의사결정을 잘하는 경영자이다. 특히 경영자의 의사결정이 중요한 이유를 다음과 같이 세 가지 측면에서 요약할 수 있다.

첫째, 경영의사결정은 모든 경영활동 또는 경영행동에 수반되므로 올바른 경영의사결정이 뒷받침되지 않은 경영행동 결과는 낮은 경영성과로 나타나게 된다.

둘째, 경영자계층을 구성하고 있는 경영자는 그 수준에 관계없이 누구나 항상 정기적 또는 예외적으로 의사결정을 하는 상황에 직면하게 된다. 즉 모든 경영자는 의사결정 없이 경영활동을 전개할 수는 없는 것이다.

셋째, 경영의사결정은 개인의 사적 의사결정과는 달리 의사결정의 효과가 기업 또는 기업 내외의 다른 구성원에게 영향을 미치게 된다. 그러므로 의사결정은 경영자에게 중요한 직능이므로, 명확한 의사결정을 할 수 있는 능력을 갖추어야 한다.

제 2 절 의사결정의 유형

의사결정의 유형은 경영계층과 주체에 따라 상이하다. 의사결정은 서로 특징적인 모습을 띠게 된다. 의사결정의 유형을 구체적으로 살펴보면 다음과 같다.

1. 개인적 의사결정과 조직적 의사결정

C. I. Barnard는 개인적 의사결정과 조직적 의사결정의 두 가지로 분류하고 있다. 개인적 의사결정은 개인의 목적을 실현하고자 하는 관점에서 전개되는 개인의 선택의 문제를 말한다. 예를 들면, 개인이 특정 기업에서 계속 근무할 것인

22) Simon, H. A., 1997, *The new science of management decision*, revised edition: Prentice Hall Inc., p. 39.

가의 여부와 관련된 의사결정 등이다. 조직적 의사결정은 말할 것도 없이 조직목적에 따라 지배되는 의사결정이다.

2. 정형적 의사결정과 비정형적 의사결정

정형적(programmed) 의사결정은 상규화되고, 자주 되풀이되며, 구조가 비교적 명확하게 되어 있는 의사결정이다. 따라서 관습적으로 처리하거나 명확한 처리절차나 경로가 개발되어 있다. 최근에 있어서 정형적 의사결정은 OR(operations research)기법과 컴퓨터를 이용하여 매우 능률적으로 이루어지고 있다. OR기법은 선형계획법 · 게임이론 · 확률이론 등의 다양한 수학적 모형으로서 계량적인 의사결정도구라고 할 수 있다. 비정형적(non-programmed) 의사결정은 정형적 의사결정과는 달리 일회적이며, 구조화되지 않은 예외적 의사결정을 의미한다. 그러므로 비정형적 의사결정은 프로그램화할 여지가 적고, 개인의 경험 · 판단 · 능력 등에 의해 많은 영향을 받게 된다.

3. 전략 · 관리 · 업무적 의사결정

앤소프(H. Z. Ansoff)는 의사결정의 종류를 세 가지로 분류하였는데, 이들 의사결정의 주요한 결정사항과 특성을 설명하면 다음과 같다.

① 전략적 의사결정(strategic decisions)이다. 기업과 환경의 관계를 확립하는 것과 관련된 전략이다. 즉 기업의 내부문제보다는 오히려 외부문제와 관련된 의사결정으로 기업이 어떤 업종에 종사하고 장래 어떠한 업종으로 진출할 것인가를 결정하는 등의 의사결정이다.

② 관리적 의사결정(administrative decisions)이다. 전략적 의사결정을 구체화하기 위하여 최적의 실적을 낼 수 있도록 기업의 제 자원을 조직화하는 것과 관련된 의사결정이다.

③ 업무적 의사결정(operating decisions)이다. 위의 두 가지 의사결정을 좀더 구체화하기 위하여 기업의 제 자원의 변환과정에서 효율성을 극대화할 것을 목

적으로 하는 의사결정이다. 생산 · 판매 또는 마케팅 · 인사 및 재무활동 등과 관련된 하위부문에서 이루어지는 각종 의사결정이 이에 해당된다.

제 3 절 의사결정 문제

의사결정은 여러 가능한 대안 중에서 최적 행동대안을 선택하는 것이 핵심적 내용이긴 하지만, 앞의 의의에서 살펴본 것처럼 본질적으로 여러 단계를 포함하는 과정적 개념이다. 대안을 선택한다는 점은 이미 사전에 해결해야만 하는 문제가 존재하고 있음을 의미하기 때문이다.

1. 문제의 파악

첫째, 문제의 정의이다.

의사결정의 필요성은 문제의 존재로부터 비롯되는 것이므로 문제의 정확한 파악이 이루어지지 않은 채 전개되는 의사결정과정은 별로 의미가 없다. 왜냐하면 발사시점에서 아주 미세한 정도로 어긋나게 발사된 인공위성이 예정된 도달지점과는 엄청나게 먼 거리로 달아나 버리는 것과 같은 결과가 초래되기 때문이다.

둘째, 문제의 유형화이다.

문제의 유형을 구분하는 것도 문제의 성격을 파악하는 하나의 방법이다. 문제를 유형화하게 되면 그 이후의 많은 노력이 줄어들 수 있다.

2. 대안의 개발

문제의 성격이 파악되고 대안을 평가할 수 있는 기준이 마련되면 의사결정자는 다음으로 문제의 해결에 기여할 수 있는 가능한 대안을 실제로 개발 · 발굴하여야 한다.

첫째, 개인의 창의력이다.

개인의 창의력은 사람마다 다르다. 창의력 있는 사람은 그렇지 않은 사람보다 더 독창적인 대답을 하거나 좀더 적극적으로 문제해결에 도전한다. 그들은 단순한 것보다 오히려 복잡한 것을 선호하며 좀더 독립적이다. 그러나 창의력 있는 사람을 선발하는 것을 쉬운 일이 아니다.

둘째, 집단의 창의력이다.

의사결정과정에서 집단의 창의력을 자극시키면 대안의 발굴단계에서 큰 효과가 있다. 집단의 창의력을 활용하는 기법에는 브레인스토밍, 명목집단기법 등이 있다. 이들 방법은 각 개인이 자신의 창의력을 향상시키는 데 도움을 줄 수 있다는 점에서도 큰 장점이 있다.

㉠ 브레인스토밍(brain storming): 브레인스토밍은 5~10명의 참여자가 자유롭게 아이디어를 제시하여 최선의 해결책을 찾아내는 방법이다.

㉡ 명목집단기법(nominal group technique): 명목집단기법은 브레인스토밍을 수정 · 확장한 기법이다. 즉 브레인스토밍에서는 논쟁이나 감정이 개입되어 타인에게 영향을 줄 수 있다.

셋째, 조직의 창의력제고를 위한 분위기의 형성이다.

창의력은 각 개인이 새로운 아이디어의 제시와 새로운 방식의 실천을 거리낌 없는 자유로운 분위기에서 배양될 수 있다.

3. 대안의 평가

경영자는 대안의 발굴이 끝난 후 각 대안의 유효성을 평가하여야 한다. 대안의 평가는 다음의 두 가지 관점에서 고려하여야 한다.

① 조직의 목표와 여러 가용자원의 관점에서 실천될 수 있는 대안인가?

② 각 대안이 문제를 해결하는 데 얼마나 도움을 주는가?

첫째, 기업목표에 비추어서 각 대안을 판단해야 한다.

둘째, 문제를 해결하는 데 가급적 많은 도움을 제공할 수 있는 대안을 선택하여야 한다. 먼저 문제해결의 필수적 기준을 초과하는 대안을 선별한 후 그 중에서 희망적 기준에 가깝게 부합되는 대안을 선택하면 최선의 대안이 선택될 수 있다.

4. 최적대안의 선택

여러 대안에 대한 충분한 검토를 거쳤다면 최적대안의 선택은 그다지 어렵지 않을 수 있다. 그러나 최적대안의 선택이 용이하지 않은 경우가 있다. 그 이유는 다음과 같다.

첫째, 각 대안들이 의사결정의 목표나 기준을 얼마나 잘 충족하는지 상호 비교하기가 쉽지 않은 경우이다.

둘째, 여러 대안들이 모두 좋지 않은 대안일 때가 있다.

셋째, 너무 많은 대안이 확보되어 그 대안들을 평가하는 데 지나치게 많은 시간이 소비되고 의사결정자가 오히려 혼돈에 빠질 수 있는 경우이다. 예를 들어, 대학졸업반 학생에게 10여 군데 이상의 취업기회가 주어지면 오히려 쉽게 결정을 못하게 되는 경우이다. 이러한 때에는 개인의 주관적 판단 · 직관 그리고 위험에 대한 선호도에 의해 최적대안을 선택할 수밖에 없다.

제 4 절 의사결정

효과적인 의사결정을 방해하는 요인으로는 문제의 본질파악의 실패, 문제로부터의 충분한 대안모색의 한계점, 의사결정시의 일반적 오류, 그리고 의사결정의 가속화현상 등이 있다.

1. 문제의 본질파악의 실패

의사결정을 행할 때 직면할 수 있는 보편적 현상은 의사결정자가 문제의 본질을 파악하지 않고 즉흥적이며 반사적으로 결정을 내린다는 것이다. 다음은 의사결정자가 문제의 본질파악에 실패하여 비합리적인 의사결정을 하게 되는 이유이다.

첫째, 만족감의 도치이다.

만족감이 팽배되어 있는 현상은 의사결정자가 유쾌하다거나 위험스런 징후를 예견하지 못하거나 아예 무시하고 있을 때 나타난다.

둘째, 방어적 회피이다.

방어적 회피란 의사결정자가 위험이나 기회의 중요성을 부정하거나 행동을 취해야 할 의무를 기피하는 것이다.

셋째, 당황이다.

당황스런 상황하에서 사람들은 흔히 너무 당황한 나머지 미친 듯이 문제를 해결하고자 하는 경향이 있다.

넷째, 결정을 위한 결정이다.

'결정을 위한 결정'이란 의사결정자가 문제를 해결하기 위해서는 무엇인가를 결정해야 한다는 사실을 인지하여 효과적인 의사결정과정을 답습하는 것이다.

2. 충분한 대안모색의 한계점

비정형적 의사결정 등에 있어서 의사결정자가 모든 가능한 대안을 확인하고 그들의 장·단점의 평가에 필요한 정보를 확보하는 것은 거의 불가능하다.

3. 의사결정시의 일반적 오류

의사결정을 행할 때 일어나는 오류의 종류는 아래의 오류가 보편적인 오류이다.

첫째, 조작의 가능성이다.

둘째, 이익을 볼 수 있는 가능성을 포기하는 것보다 실질적인 손해를 보게 될 가능성을 더욱 가슴 아프게 생각한다.

셋째, 특정 상황의 발생가능성을 진단할 때 구태의연한 기준에 의해 강한 영향을 받을 수 있다.

넷째, 과거의 사건발생경력에 의거하여 특정 상황의 발생가능성을 진단하려는 경향이 있다.

다섯째, 관련 정보가 부적절한 것일지라도 최초의 인상에 의해 영향을 받는 경향이 있다.

여섯째, 특정 사건의 발생가능성에 대해 지나치게 과신하는 경향이 있다.

일곱째, 다양한 정보나 현상 그리고 대안을 반영하는 체계적 의사결정방법이 사용되지 못할 때가 있다.

여덟째, 주 성공요인(critical success factor)과 같은 여러 중요한 요소를 인지하지 못하여 의사결정 자체를 그르치는 경우가 있다. 자동차산업에서의 주 성공요인은 성능, 안정성, 디자인, 연비, 가격, 내구성 등이다.

아홉째, 타인으로부터의 의견이나 믿지 못할 정보에 지나치게 의존하는 등 불신적 자료로부터 추론을 하는 경우가 있다.

열 번째, 내재하는 문제인 징후와 본질적 문제를 구분하지 못하고 징후에 초점을 맞추는 경향이 있다.

열한 번째, 마지막 순간까지 의사결정을 보류함으로써 매력 있는 중요 대안을 놓칠 수가 있다.

끝으로, 감정이 합리성을 지배할 때 심각한 문제를 야기시킨다.

제 5 절 제약모델

1. 제한적 합리성 모델(bounded rationality model)

제한적 합리성 모델은, 개인의 합리성은 제한적일 수밖에 없으므로 동일한 정보를 두고 서로 상이한 의사결정을 내리는 개인의 반응양상을 설명한 사이몬(Herbert Simon)에 의해서 1950년에 소개된 모델이다.

이 모델에 의하면 사람은 누구나 최선의 목표를 선택하려고 하지 않으며, 다른 대안을 찾기 위해 많은 노력을 기울이지 않을 뿐만 아니라 환경에 대한 정확한 정보나 통계수단을 갖고 있지 않다. 최고 이하의 목표나 대안을 추구하는 행위를 만족이라고 부르는데, 이는 설명하기 쉽고 분쟁의 소지가 적으며 안전한 목표나 대안을 선택하는 행위라고 볼 수 있다. 다른 대안을 찾기 위해 많은 노력을 기울이지 않는 이유는 대안모색에 과다한 비용 · 시간 그리고 에너지가 소모되기 때문이다. 흔히들 수용가치가 있는 적정한 대안을 확인하면 곧 다른 대안 찾기를 중지한다.

제한적 합리적 모델은 의사결정에 있어서 개인적 한계를 지적하고 있는 점에서는 기여한 바 있으나, 정보처리상의 문제를 명쾌하게 설명하고 있지 않다. 선경험으로 인한 편의, 구체적 정보에 의한 편의, 소수법칙에 의한 편의, 과거의 통계수치로 인한 편의가 그것이다.

2. 의사결정수

의사결정수는 어느 대체안이 선택될 것인가라는 것과 일어날 수 있는 불확실한 사상(事象) 중에서 어떤 것이 실현되는가라는 것에 의해 여러 결과가 생긴다는 상황을 나뭇가지와 같은 모양으로 도시한 것이다.

예를 들면, 동전던지기 노름에서 동전의 표면이 나오면, 2,000원을 획득하고 뒤쪽이 나오면, 1,000원을 잃게 된다는 경우에, 노름을 할 것인지 여부의 의사결

그림 3-6 동전던지기 노름의 예

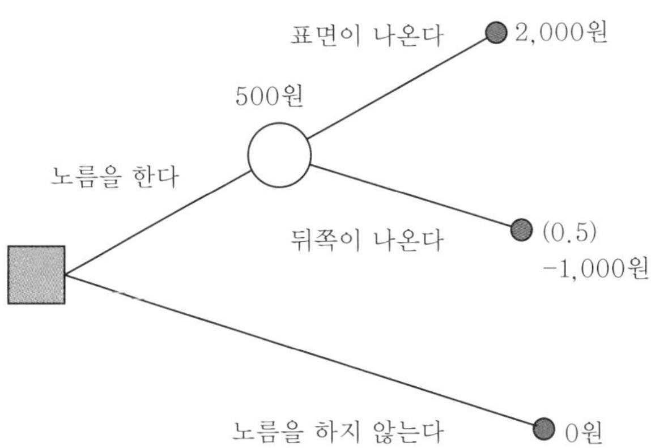

정을 의사결정수로 나타내면 [그림 3-6]과 같다. 이 그림에서 ■표는 결정점(decision point)이라 하고, 의사결정자의 관리하에서 가장 좋다고 생각되는 대체안을 선택할 수 있는 점이며, ○표는 불확실점(point of uncertainty)이라 하고, 불확실한 사상(事象)이 갈라지는 분기점이다.

동전던지기 노름의 경우에는 동전의 표면이 나올 확률과 뒤쪽이 나올 확률은 각각 50%이므로 표면이 나오는 경우의 기대이익은 2,000×0.5=1,000(원)이며, 뒤쪽이 나올 경우는 −1,000×0.5=−500(원)이 된다. 따라서 노름을 한다는 것은 대체안의 기대이익은 1,000+(−500)=500(원)이 된다. 노름을 하지 않는다는 대체안의 기대이익은 0원이므로 노름을 한다는 것은 대체안쪽이 좋다는 것이다.

이 예에서도 알 수 있는 바와 같이 '의사결정수'를 구성하는 요소에는 ① 결정수의 골격이 되는 대체안과 불확실한 사상(事象), ② 결과로서의 이익 또는 손실, ③ 불확실한 사상(事象)과 결과가 생기는 확률이 있다. 이들의 요소가 결정점과 불확실점으로 결합되어 의사결정수를 만들고 있다.

3. 정치적 모형

정치적 의사결정 모형은 전력이 막강한 이해당사자의 특별한 관심이나 목표를 고려하여 행하는 의사결정의 절차이다. 권력을 행사하는 사람은 문제의 정의, 목표의 선택, 대체안의 고려와 선택, 그리고 조직의 여러 행동양식과 성공 여부에 있어 강한 영향력과 통제권을 가진다.

문제를 정의할 때나 목표로 선택할 때 다수의 이해당사자의 견해가 서로 대립되면 광범위한 협상과 절충을 거쳐 의사결정이 이루어진다. 대안의 선택에 있어서 이해당사자의 일부는 자신들의 이익보호를 위하여 필요한 정보를 숨기거나 의도적으로 왜곡시키는 경우가 있다. 이는 모든 가능한 정보와 대안이 고려되어야 하는 혁신적 의사결정을 방해하는 결과가 된다. 정치적 의사결정 모형을 효과적으로 사용함으로써 경영자는 서로 상반되는 목표를 갖는 다양한 집단을 설득하여 공통적이며 최우선적 목표를 강조할 수 있게 된다.

4. 선형계획법

최근 생산관리, 특히 생산계획의 분야에서 수학적인 기법을 적용하는 연구가 전개되고 있다. 그것은 최적의 재고량의 결정에도 그렇거니와 생산량의 계획에도 각종의 생산조건의 제한하에 원가의 절감 내지 이윤의 확대가 될 수 있는 생산방법을 구하는 연구 · 방법이 채용된 것이다. 선형계획법(linear programming: LP)이 그 대표적인 것이라고 볼 수 있다. 금후의 과학적 경영의 수단으로서 이와 같은 분야의 연구는 더욱 추진되어야만 할 것이다. 그러므로 앞으로 LP의 기법으로 의사결정을 하는 것이 폭넓게 적용될 것이다.

5. 일상적 의사결정

일상적 의사결정은 개념이 분명하고 잘 알려진 문제를 다루는 잘 알려지고 분명한 선택방법을 말한다. 일상적 의사결정에 사용되는 방법은 규칙과 표준작업 절차(standard operating procedures) 그리고 인공지능(artificial intelligence) 등이 있다. 규칙은 특수한 일상적 문제를 다루는 데 꼭 필요한 일관성 있는 행동의 절차를 상술한 것이다. 표준작업 절차는 특별한 일상적 문제를 다루기 위해 작업사가 순서대로 지켜야 할 일련의 규직을 뜻한다. 다시 말해, 표준작업 절차는 작업자가 어떻게 의사결정을 내려야 하는가는 물론 의사결정의 형태까지 기술하고 있다. 인공지능이란 컴퓨터 시스템이 언어해독 · 판단 · 학습 등과 같은 사람의 지능과 관련된 기능을 수행하는 능력을 지칭한다.

6. 적응적 의사결정 모형

적응적 의사결정 모형은 다소의 애매한 문제와 대안을 동시에 포함하고 있는데, 재무관리에서 주로 사용되는 손익분기점분석(breakeven analysis) · 성과행렬(payoff matrix)이 대표적 기법이다. 손익분기점분석은 총매출액이 총비용과 일치되는 매출액이나 매출량을 확인하는 의사결정의 도구이다. 성과행렬은 각 가능한 상황 · 확률 그리고 결과(성과)를 나타내는 행렬형 표이다.

7. 혁신적 의사결정(innovative decision making)

혁신적 의사결정이란 생소하고 애매한 문제를 발견하고 진단하여 이에 대한 창조적인 해결책을 구성하는 일련의 선택행위이다. 혁신적 의사결정의 기법으로는 의사결정나무(decision tree)와 창조적 과정과 분위기(creative process and climate)가 있다.

의사결정나무는 문제를 논리적 순서에 입각하여 더욱 작은 문제로 나누고, 현재의 선택과 자연 상태, 그리고 미래의 선택과의 관계를 밝히는 방법이다. 창조적 과정과 분위기란 새로운 아이디어를 제시하고 예측하며, 창출한 후 실천하는 일련의 과정이다. 창조적 과정은 준비 → 집중 → 심사숙고 → 깨우침 → 증명의 다섯 단계이다. 또한 창조적 과정과 분위기는 새로운 고안 · 합성 · 확장 등의 여러 형태의 창조활동에 적용될 수 있다.

8. 대기행렬이론

일상생활에서 행렬을 지어 대기한다는 현상은 어느 곳에서나 볼 수 있는 일이다. 택시의 승차장, 버스 정류장, 건널목 혹은 생산과정에서의 제품의 가공대기, 창고의 상품출하대기 등 모두 대기행렬의 현상으로서 파악할 수 있다. 이와 같은 현상의 이론해석은 전화교환대의 문제에 대해 행하여지고, 그 후 여러 가지 대기행렬의 문제로 발전하게 되었다.

대기행렬이론(waiting line theory)에서는 서비스를 받기 위하여 기다리고 있는 사람과 물사의 단위, 서비스를 받는 창구를 서비스 채널(service channel)이라 하고, 서비스를 받는 단위와 서비스설비와의 최적의 수량관계를 찾아내는 것을 목적으로 한다. 이와 같은 대기행렬의 이론은 현실의 여러 가지 문제에 대응되고 있다.

예를 들면, 많은 기계가 가동하고 있을 때 기계고장에 대비하여 수리공이 대기하고 있는데, 고장에 의한 생산정지와 유휴비와의 관계에서 적정인원수를 결정하는 문제, 방적공장에서 기계의 할당대수를 결정하는 문제, 지하철의 차표매장의 창구수를 결정하는 문제, 전화의 가설계획, 잠재수요자수를 예측하여 회선수를 결정하는 문제, 더욱이 유료도로의 요금징수소의 창구와 교통량의 관계를 해석하는 등 그 응용범위는 넓다.

9. 시뮬레이션

이것은 현상을 모의하는 모델을 생각하고 이를 현실의 예상으로 보아 행동훈련을 행사하는 방법이며, 종래는 자동차나 파이롯, 기타의 기술자의 훈련에서 사용된 방법이다. 최근에는 공장에 있어서의 실현 곤란한 기술조작이나 조직행동의 훈련에도 널리 사용되게 되었다. 이에 대한 가장 단순한 방식으로서 인 바스켓(in-basket)이 있다. 이것은 회사와 그 경영자에 대한 상세한 배경이 기입된 문서나 메모가 배부되고, 훈련생은 이를 자료로 하여 그 경영자의 대행을 하거나 제 문제의 해결을 하지 않으면 안 된다.

시뮬레이션(simulation)의 하나에 비즈니스 게임(business game)이 있다. 이들 방법은 약간의 회사의 재무, 판매, 제조, 조사, 광고 등의 운영을 모의하여 훈련생은 제 결정을 내리고, 전체적 운영관리에 대하여 일종의 관리자로서의 훈련을 한다는 점에 있다.

PART 4

조직화(어떻게 할 것인가)

우리는 하루의 대부분의 시간을 조직 속에서 보내며 조직의 외부에 있을 때도 나머지 대부분의 시간을 조직에 관계하면서 시간을 보낸다. 이것은 인간은 혼자서 살아갈 수 없기 때문이다. 개인은 조직 속에서 살아가는 동안에 마음뿐만 아니라 행동에 관한 문제들이 생기게 마련인데, 이를 해결하기 위하여 조직에 관한 연구가 필요하다. 조직에 있어서 인간의 행동은 경영성과에 크게 영향을 주기 때문이다.

이와 같은 이유 때문에 현대사회를 조직사회라고 부르며, 이는 많은 조직으로 구성되어 있기 때문이다. 조직사회의 역사는 인간의 역사와 같이 시작되었다고 말할 수 있다.

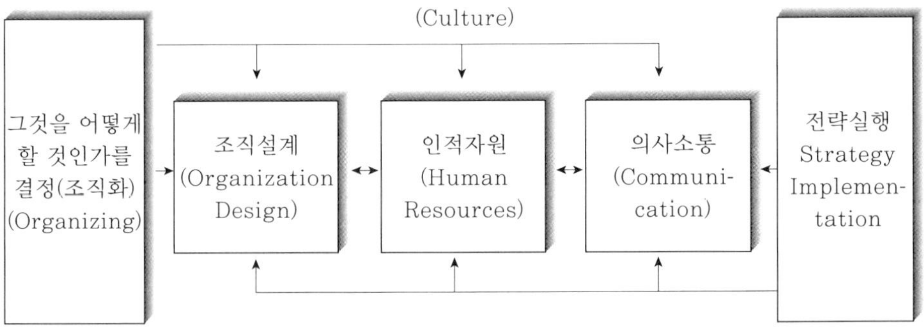

제 1 장 경영조직론

우리가 살고 있는 사회(society)는 많은 조직체로 구성되어 있으며, 또한 이들 조직체의 구성원으로서 사회생활을 해 가고 있다. 그렇기 때문에 현대사회를 조직사회(Organizational Society)라고 부른다.

조직의 역사는 인간의 역사와 더불어 시작되었다. 인간은 생활을 하면서부터 특정한 목적을 달성하기 위하여 집단을 형성할 필요성을 느끼게 되었으며, 이 때의 목적은 극히 원시적인 오두막을 짓는 일, 즉 비바람을 피하기 위한 기본적인 것들이었다. 문명의 발달과 더불어 조직의 목적은 보다 차원 높은 것으로 발전하게 되었다. 이집트 피라미드를 생각해 보면 조직의 필요성이 더욱 분명해진다.

피라미드는 높이가 481피트로서 피라미드 하나를 만드는 데 2톤이나 되는 바윗돌이 230만 개가 필요하고, 10만 명이 20년 동안 동원되었다고 한다.[1] 이와 같은 위대한 업적은 조직을 통해서만이 가능하다는 것을 입증할 수 있다. 그 후 로마인들은 나일강의 범람을 막기 위해 군대를 창설하고 그들의 제국을 관리하기 위해 조직을 만들었다. 근대에 와서는 개인과 조직과의 관계는 계약을 기반으로 성립되었다.

이제 고도산업사회에 살고 있는 현대인은 조직인(organizational man)으로서, 조직생활은 더 이상 피할 수 없는 성질의 것이 되었다.

인간은 태어날 때부터 죽음에 이르기까지 인간과 상호 주종관계를 맺는 조직에 관여하게 되었다. 그러므로 조직체는 인간으로 구성된 사회 시스템(Social System)으로 인간이 생활하는 어느 곳에서나 존재하고 있음을 인식할 수 있고, 또한 조직에 대한 다양한 이미지(image)를 가지고 있다. 그런데 조직의 개념에는 2가지가 있다, 그 하나는 기관이나 기능집단을 말 하는데 이는 기업, 병원, 정부

---

1) Westerman, W. L., 1912, *The society of the Ancient Nations*, Appleton, p. 18.

등과 같이 독특한 존립이유와 사명을 가지고 사람과 자원으로 구성된 조직체다.

그리고 다른 하나는, 조직이 일정한 공동목적을 달성하려는 인간의 복합적인 의사결정체인 것이다. 조직은 공동목적을 달성하기 위한 일을 매개로 하는 구성원 행동의 체계이므로 그 목적을 보다 효과적으로 달성하기 위해서는 그들 상호간의 협동이 필요하다. 다시 말해서, 조직은 성원의 협동적인 노력으로서 이루어진 상호작용관계의 체계(system of interaction)라고 할 수 있다. 그러나 조직을 system관점에서 볼 때 흔히 조직구조(organizational structure)를 뜻한다.

이때 조직구조란 주로 성공적인 경영활동을 위해 필요한 일과 부서, 직위나 권한 관계 등을 안정적으로 짜놓은 "틀" 또는 "뼈대"를 의미한다. 이들 조직구조를 우리가 살고 있는 집에 비유하여 보면 가옥의 구조물을 말하는데, 그 구성요소들은 철근, 모래, 시멘트 등과 같은 건축 재료들과 같이 조직구조도 그 구성요소로서 조직목표 달성을 위해 필요한 업무들을 할당하는 방법과(과업의 분화) 업무를 어느 정도나 담당자의 재량에 맡길 것인가를 정하는 방법(권한 배분) 그리고 업무수행을 위해 필요한 규정과 절차를 명시하는 방법(공식화)을 들 수 있다.

그러므로 조직구조를 전체적인 모습에서 크게는 양옥이냐 한옥이냐, 초가집이냐 기와집이냐, 단독주택이냐 빌라냐 등으로 구분해 볼 수 있는 것이며, 이를 조직형태(organizational form) 또는 구조형태(structure form)라고 한다. 그러나 조직은 이러한 구조적 구성요소로만 형성되는 것이 아니며, 그들 속에서 구성원들이 서로 의사를 전달하거나, 문제해결을 위한 결정을 하거나, 갈등을 해소하는 등의 상호작용과 같은 조직과정(organizational process)을 포함하게 된다.[2] 따라서 경영조직은 단단한 뼈대를 만드는 조직구조의 구성요소를 주로 다루면서 또한 구성원들간의 일련의 상호작용적 활동과 관계, 즉 비교적 부드러운 집합체와 같은 조직과정에 초점을 둔다. 결국 경영조직은 조직구조의 구성요소와 조직과정의 상호작용에 의해 형성된다.

2) Jackson, D. H. & Musselman. S. R., 1992, *Introduction to Modern Business: Quality and Competitiveness*, Homewood Irwin, p.108.

제1절 조직의 정의

조직에서는 기업조직과 같이 영리를 목적으로 하는 조직뿐만 아니라 교회·병원·학교 연구소와 같이 비영리 조직들도 있어 그 목적과 역할에서의 다양성을 가지고 있으며, 동시에 몇 가지의 공통된 특성을 가지고 있다. 이러한 특성을 중심으로 조직론 학자들의 상이한 정의가 있다. 이들 중 몇몇 학자들의 정의를 보기로 한다.

1. 베버의 정의

베버(Weber)는 사회학자로서 관료제 조직론을 제시하였다. 그는 조직을 특정한 목적을 달성하기 위하여 조직구성원간에 상호작용을 하는 인간의 협동집단이라고 정의하였다. 또한 그는 조직에는 경계가 있고, 조직 내에는 권한의 계층과 분업이 있으며, 조직의 활동을 규정하는 제도와 절차는 조직의 질서를 유지하게 하고 조직구성원의 생애나 변덕을 초월하여 조직이 존재할 수 있도록 하는 역할을 한다고 보았다.[3)]

2. 바나드의 정의

바나드(Chester, I. Barnad, 1938)는 조직을 구성하는 개인의 활동에 관심을 두고 조직을 정의하고 연구하였는데 그에 의하면, 조직은 공동의 목적을 달성하기 위해 노력을 바칠 의욕을 가진 2인 이상의 인간이 상호 의사전달하는 집합체라고 정의하고 있다. 특히 구성원들이 의욕을 가지고 조직의 공동목표를 위해 헌신하게 하는 데는 조직 전체에 존재하는 효과적인 가치체계가 필수불가결의 요소

3) Weber, Marx, 1974, *The Theory of Social and Economic Organizations*, translated by A.M. Henderson and Talcott Parsons, New York: Free Press.

가 된다고 제시하여 최근에 관심의 초점이 되고 있는 조직활동에 있어서의 문화의 중요성을 일찍이 간파하고 있다.[4)]

3. 셀즈닉의 정의

셀즈닉(Philip, Selznick, 1953)[5)]은 조직과 환경의 상호관계에 관심을 두고 조직을 정의하고 이론을 제시하고 있다. 그에 의하면 조직은 계속적으로 환경에 적응하면서 공동의 목표를 달성하기 위하여 공식적 · 비공식적 관계를 유지하는 사회적 구조로 보았다.[6)]

4. 카즈와 칸의 정의

카즈와 칸(Daniel Katz and Robert Kahn, 1955)은 조직을 공동의 목표를 가지고 내부관리를 위한 규제장치와 외부환경관리를 위한 적응구조를 발달시키는 인간의 집단으로 정의하고, 하부구조로는 생산구조, 자원구조, 유지구조를 가진다고 보았다. 또한 조직은 공식적 역할구조와 권한의 계층구조를 가지고 있다고 보고 있다.[7)]

5. 학자들의 공통 정의

이상 정의를 비교하여 보면 많은 공통된 점을 찾을 수 있다. 이와 같은 정의들을 통합하여 보면 조직은 첫째, 공동의 목표를 가지고 있으며 둘째, 이를 달성

4) Barnad, I. Chester, 1938, *Functions of the Executive*, Cambridge, MA: Harvard University Press.

5) Selznick, Philip, 1953, *TVA and the Grass Roots*, Berkely, CA: University of California Press.

6) Selznick, Philip, 1953, *Ibid*.

7) Katz, Daniel and Kahn, Robert, 1966, *The Social Psychology of Organization*, New York: John Wiley.

하기 위하여 의도적으로 정립한 체계화된 구조에 따라 구성원이 상호작용하며 셋째, 경계를 가지고 넷째, 외부환경에 적응하는 다섯째, 인간의 사회집단이라고 정의할 수 있다.[8)]

1) 공동의 목표

모든 조직은 목적을 가지고 있으며 조직구성원은 그 목적을 달성하기 위하여 노력한다. 조직은 서로 상충될 수도 있는 다양한 목적을 가지고 있으며, 이러한 목적은 구성원이 가진 개인적인 목표와는 상관이 없거나 상충되는 경우가 허다하다. 조직이 목표를 상실할 때 조직으로서 존속할 수가 없다.

2) 상호작용

조직이 그 목표를 달성하기 위하여 조직의 과업을 분류하여 다른 부서에 부과하고, 구성원의 역할을 규명하고 그 역할간의 관계를 결정하는 규정과 절차 등을 말한다. 이렇게 체계화된 구조의 테두리를 바탕으로 조직구성원이 상호작용하면서 조직의 목표를 달성하게 된다.

3) 조직의 환경

조직은 경계를 통하여 조직 내의 요소와 조직 외의 요소로 구분하게 된다. 누가 조직구성원이며 누가 조직 외의 사람인가를 구별하게 된다. 이에 따라 조직 외의 사람들은 조직에 대한 의무와 권리가 없다. 즉, 조직은 환경과 계속적으로 자원을 교환하기는 하지만 조직 자체의 경계를 분명히 함으로써 다른 조직과 구별할 수 있는 집단을 형성하게 된다.

4) 환경에 적응

모든 생명체가 환경의 변화에 계속적으로 적응할 수 있어야 살아남을 수 있는 것과 마찬가지로 조직도 조직환경의 변화에 계속적으로 적응하여야 존속할 수 있다. 환경은 조직에게 필요한 인적 · 물적 자원과, 기술적 정보를 제공하고 시장을 제공하기 때문에 환경과 계속적인 교류를 갖게 될 뿐만 아니라 기술이나

8) Daft, Richard L., 1986, *Organization Theory and Design*, St. Paul, MN: West Publishing Co.

시장의 변동에 적응하여야 생존할 수 있다. 그 이외에도 정부정책이나 사회의 압력과 요구를 적절히 수용하고 대처할 수 있어야 존속하고 성장할 수 있는 것이다.

5) 인간의 사회적 집단

조직이란 인간으로 구성된다. 조직이 사용한 有形의 資産인 건물이나 공장 등과 無形의 資産인 기술이나 Know-how 등은 조직이 아니다. 이러한 것들은 단지 조직이 그 목적을 달성하기 위하여 수단으로 사용하는 자원에 불과한 것이다. 제조업의 무인공장은 조직이 아니다. 방송국의 무인 송신소는 조직이 아니다. 그러나 아무런 자산을 가지고 있지 않아도 공동의 목표를 가지고 그것을 달성하기 위하여 상호작용하는 복수의 인간이 모였다면 조직이 되는 것이다.

제 2 절 조직의 유형

조직유형에 대한 학자들의 분류기준은 매우 다양하나 크게 세 가지로 구분할 수 있다.

1. 복종구조에 따른 조직유형

복종구조에 따른 조직유형은 조직의 內部的 屬性을 기준으로 한 분류이다. 즉, 특정한 조직 내부적 속성의 차이에 따라 다른 조직속성들이 어떻게 다른가를 설명하려는 분류이다. 여기에 속하는 대표적인 유형이 에치오니(Etzioni)이다. 에치오니는 상급자가 동원하는 권한과 그에 대한 부하의 태도 사이에 형성되는 관계를 나타내는 '복종의 구조'(compliance structure)를 기준으로 조직을 분류하였다. 이를 보면 [표 4-1]과 같다. 이상 [표 4-1]에서 볼 수 있는 바와 같이 에치오니의 유형은 세 가지의 기본적 통제수단을 권한의 종류로 사용하고 있다.

강압적 수단이란 신체적 위해나 위협을 상급자가 동원하는 것을 말하며, 이때 조직구성원의 반응은 소외 또는 굴종으로 나타난다. 굴종이란 조직으로부터

표 4-1 **Etzioni의 조직유형**

권한의 종류 / 복종의 종류	강 압 적	경 제 적	규 범 적
굴 복 적	(1)		
타 산 적		(2)	
도 덕 적			(3)

출처: Schein, Edgar, 1980, *Organization Psychology*, 3rd ed., Englewood Cliffs, N.J.: Prentice-Hall, p. 46.

이탈하고 싶은 마음이 있지만 선택의 여지가 없기 때문에 조직에 남아 복종하지 않을 수 없을 때 나타나는 반응을 말한다.

경제적 수단이란 돈이나 기타의 물질적 보상을 바탕으로 상사가 권한을 행사하는 것을 말한다. 이 경우 부하는 타산적 복종을 나타낸다. 타산적 복종이란 경제적 보상이 적정하다고 생각되는 범위 내에서만 복종하는 것을 말한다.

규범적 수단이란 애정, 인격 존중, 신망, 사명 등 감정적 내지는 도덕적 가치를 바탕으로 권한을 행사하는 것으로 이 경우 도덕적 복종을 기대하게 된다. 도덕적 복종이란 조직이 부여한 임무와 자기가 맡은 일을 가치 있는 것으로 받아들이면서 조직에 순응하는 태도를 말한다.

2. 부합되는 조직유형

이상에서 제시한 바와 같이 [표 4-1]에 나타나 있는 9개의 가능한 유형 가운데 세 가지만이 권한의 종류가 서로 부합된다. 대부분의 조직들은 이와 같이 권한의 성격과 복종의 성격이 부합되는 조직유형에 해당한다. 나머지 여섯 개의 경우 두 측면이 서로 일관성을 이루지 못하고 있다. 조직의 초기에 이 여섯 가지의 현상이 잠시 발생하였다 할지라도 조직구성원들은 곧 주어진 권한의 성격에 부합되는 복종의 성격을 나타내게 되어 두 측면이 일관성을 이루는 조직을 만들게 되므로 이러한 조직들은 존재하지 않는다고 볼 수 있다.

이렇게 도출된 세 가지의 부합된 조직유형을 좀더 설명해 보자면, 강압적 권한에 굴종적 복종을 하는 조직을 강압적 조직이라고 한다. 강압적 조직으로는 강제수용소, 교도소, 강제노동수용소 등을 들 수 있다. 경제적 수단을 사용하는 권한에 대해 타산적 복종을 하는 조직을 공리적 조직이라 한다. 대부분의 기업체가 여기에 해당한다. 규범적 수단에 도덕적 복종을 하는 조직을 규범적 조직이라고 한다. 이러한 조직으로는 종교단체, 이념단체 및 기타 사회사업단체 같은 것을 들 수 있다.

3. 목적과 기능에 의한 조직유형

조직 전체가 그 환경과 어떤 관계에 놓여 있는가를 기준으로 조직을 분류하는 방법이다. 환경으로부터의 투입, 환경에로의 산출, 조직 전체의 봉사대상 및 대 환경적 목적 또는 기능 등을 기준으로 하는 분류가 여기에 속한다. 이러한 기준을 사용한 대표적 학자로는 Parsons, Katz와 Kahn, Blau와 Scott 등을 들 수 있다.

Parsons의 분류와 Katz와 Kahn의 분류가 비슷하므로 여기에서는[9] Katz와 Kahn의 분류를 소개하기로 한다. Katz와 Kahn은 조직이 가지는 대 사회적 목적 또는 기능에 따라서 조직을 경제적 생산을 지향하는 조직, 관리적 또는 정치적 목적을 지향하는 조직, 유지기능적 조직, 그리고 적응적 조직 등 네 가지 유형으로 분류하고 있다.[10] 경제적 조직은 사회에서 소비되어지는 재화나 서비스를 생산하는 기업 등을 지칭한다. 이 조직들은 의식주 등에 관한 인간의 기본적 욕구를 충족시켜주는 재화를 공급하는 한편, 재화나 서비스의 생산에 종사하고 있는 구성원에게 보상을 제공한다. 이러한 보상은 조직구성원들에게 공동의 실서를 유지하게 하는 유인으로 작용할 뿐만 아니라 재화나 서비스를 소비할 수 있는 구매능력을 부여해 줌으로써 사회 전체를 통합하는 수단이 된다. 관리적 · 정치적 조직은 사회 내에서 사람, 자원, 하위체제의 통제, 조정에 관한 기능과 권력의 창출과 분배를 통하여 사회가 바라는 목적을 달성하는 기능을 수행한다. 국가행정기

9) Daft, Richard L., 1986, *Ibid*.

10) Katz, Daniel and Kahn, Robert., 1997, *The Social Psychology of Organization*, New York: John Wiley.

관이나 노동조합, 압력단체, 정당 등의 조직이 여기에 해당된다고 볼 수 있다.

유지기능적 조직은 사람들이 조직생활과 사회생활에서 맡아야 할 역할을 감당할 수 있도록 사회화(교육)시킴으로써 사회의 규범적 통합을 성취하고 유지하는 기능을 맡고 있다. 여기에 속하는 조직으로는 교육훈련 등의 역할을 맡는 학교와 교회 등 조직과 교정적 기능을 수행하는 보건, 복지, 갱생 등 분야의 기관 등이 있다. 마지막으로 적응적 조직은 지식을 창출하고 이론을 정립하고 검증하며 어느 정도까지는 실제의 문제에 이들 이론을 적용하는 기능을 하는 대학, 연구기관 및 예술활동을 하는 조직을 말한다.

4. 수혜자에 의한 조직유형

기준에 따라 조직을 분류한 또 다른 연구로서 Blau와 Scott의 것이 있다. 그들은 조직활동의 주된 수혜자가 조직구성원(또는 하급참여자), 조직의 소유주 또는 관리자, 고객 및 국민일반 중 누구냐에 따라 조직을 네 가지 유형으로 분류하고 있다(Peter M. Blau and W. Richard Scott,1962).[11)]

첫째 유형은, 조직의 구성원이 주된 수혜자가 되는 호혜적 조직이다. 이러한 조직에서는 구성원의 참여와 구성원에 의한 통제를 보장하는 민주적 절차를 조직 내에서 유지하는 것이 가장 중요한 문제이다. 여기에 속하는 조직의 예로는 정당, 노동조합, 학회 등 신분직단체, 종교단체 등을 들 수 있다.

둘째 유형은, 소유주가 주된 수혜자가 되는 조직이다. 이러한 조직에서 가장 중요한 것은 경쟁적인 환경에서 생존하고 성장하기 위하여 조직운영의 능률을 극대화하는 것이다. 여기에 속하는 예로는 영리를 추구하는 모든 종류의 제조업과 서비스업에 종사하는 조직을 들 수 있겠다.

셋째 유형은, 고객이 주된 수혜자가 되는 봉사조직이다. 고객에 대한 봉사의 극대화가 대단히 중요한 조직이지만 업무를 수행하는 업무절차와 봉사와의 갈등은 이 유형의 조직이 안고 있는 특성이다. 이 유형에 속하는 조직으로는 사회사업기관, 병원, 학교 등을 들 수 있다.

11) Blau, P. M. & Scott, W. R., 1962, *Formal organization*, San Fransico: Chandler Publishing Company.

마지막으로, 일반 국민이 조직활동의 주된 수혜자가 되는 공익조직이다. 이러한 조직에서는 국민일반이 주된 수혜자가 되어야 하기 때문에 국민에 의한 외재적 통제가 가능하도록 민주적 장치를 발전시켜야 한다. 이 유형에 속하는 조직으로는 정부의 행정기관, 군대조직, 경찰조직 등을 들 수 있다.

5. 귀납적 방법에 의한 조직유형

귀납적 방법으로 분류의 틀을 구성한 복수기준적 분류이다. 즉, 분류의 기준을 미리 설정해 두고 그것에 따라 조직을 분류하는 연역적 방법과는 달리 많은 조직을 연구하는 과정에서 얻어진 경험을 바탕으로 분류의 틀을 귀납적으로 설정하는 방법이다. 그 예로는 Hass, Hall과 John이 시도한 것을 들 수 있다.

75개의 조직에서 수집한 99개의 변수 중 같은 변수를 공유하는 조직의 집단을 규명해 보니 열 가지 유형이 나타났다. 변수의 중요도를 감안하지 않은 이 연구에서는 분류상에 중요하지 않은 많은 변수들의 영향으로 말미암아 상식적으로 보아 같은 유형에 속해야 할 것으로 생각되는 조직들이 다른 유형으로 분류되는 등의 문제를 노출하고 있다. 여기에서는 이 열 가지 유형의 나열은 생략하겠다.

위에서 다섯 가지 분류기준에 의한 조직유형을 살펴보았다. 위에서 제시한 분류기준 가운데에는 실증적 연구를 통하여 검증된 것도 있고 아직 단순한 주장으로 머물러 있는 것도 있다. 좀더 통합적인 분류기준이 설정되어 더 많은 조직을 유용하게 분류하고 이러한 분류를 통하여 조직을 분석하게 되어야 할 것이다.

제 3 절 조직이론의 변천

조직이론의 변천과정을 체계화한 스탠포드 대학의 스코트(Richard W. Scott)의 이론을 보면 조직에 대한 관점과 인간에 대한 관점으로 분류하였다. 이는 [그림 4-1]과 같다. [그림 4-1]에서 나타나는 바와 같이 조직에 대한 관점은 조직의 환경개념을 이론에 포함시켰는지 여부에 따라 폐쇄적 · 개방적 관점으로 나누고,

그림 4-1 Richard W. Scott의 조직변천 이론

조직에 대한 관점 \ 인간에 대한 관점	합리적	사회적
폐쇄적	1900 - 1930 Taylor(1911) Weber(1947) Fayol(1949) 제 1 상한	1930 - 1960 Mayo(1945) Selznick(1948) McGregor(1960) 제 2 상한
개방적	제 3 상한 1960 - 1970 Chandler(1962) Lawrence & Lorsch(1967) Thompson(1967)	제 4 상한 1970 - March(1976) Weick(1979) Senge(1990)

자료: Scott, W.R., 1960, *Organizations: Rational, Natural, and Open System*, p. 128.

인간에 대한 관점은 이론이 조직을 구성하고 있는 인간을 합리적 존재로 가정하는지 아니면 사회적 혹은 자연적 존재로 가정하는지에 따라 합리적 · 사회적 관점으로 구분하였다. 이를 좀더 구체적으로 살펴보면, 1900년을 전후하여 등장한 것이 1상한의 패러다임이다.

1상한의 패러다임은 상대적으로 조직의 인간적인 측면에 대해 관심을 소홀히 했었다는 이유로 비판을 받고 있지만 오늘날에도 산업공학 및 인간공학을 중심으로 한 경영과학 분야로 독자적인 학문영역을 구축하고 있다.

1. 폐쇄적 · 합리적 조직이론

1상한의 패러다임(paradigm)은 상대적으로 조직의 인간적인 측면에 대해 관심을 소홀히 했었다는 이유로 비판을 받고 있지만 오늘날에도 산업공학 및 인간공학을 중심으로 한 경영과학 분야로 독자적인 학문영역을 구축하고 있다.

첫째, Taylor의 과학적 관리이다. 이는 테일러 시스템, 또는 테일러리즘으로 불리어진 과학적 관리법을 창안해서 그 당시의 능률증진운동에 커다란 열매를 맺게 한 것이다. 과학적 관리란 이제까지의 "될 대로 되라"식의 표류관리에 대응한 합리적 관리의 표현으로서 테일러가 창안해 낸 여러 가지 합리적 방법이 곧 과학적 관리법인 것이다.

둘째, Weber의 관료제 이론이다. 이의 관료제 이론은 근본적으로 권한 구조에 관한 이론에 기초를 두고 있다. 즉 그는 권한의 유형을 카리스마적 권한, 전통적 권한 그리고 합리적 · 법적 권한으로 분류하고 합리적 · 법적 권한에 기초를 둔 관료제 모형이 근대사회의 대규모 조직을 설명하는 데 가장 적합한 것이라고 하였다.

관료제는 규칙과 절차에 의한 규제, 구체화된 권한 영역, 명확히 규정된 권한의 위계구조, 능력에 따른 선발, 관리 스탭의 생산 혹은 관리수단의 소유로부터 분리, 직위남용의 금지, 관리적인 행동, 의사결정, 그리고 규칙의 문서화 등의 특징을 지니고 있다. Weber의 조직이론에 대한 기여는 합리적 · 법적 권한에 근거한 합리적 · 법적 관료제의 이상형을 제시하였다고 볼 수 있다.

셋째, Fayol의 관리이론이다. Fayol은 특히 그의 관리론에 있어서 소위 관리적 활동론과 관리의 일반원칙론이 유명하다. 우선 그는 어떠한 경영이든 '경영의 활동'에는 여섯 가지 종류의 활동과 기능이 있다고 보았다. 그가 제시한 여섯 가지 관리활동을 살펴보면, ① 기술적 활동(생산, 제조, 가공), ② 상업적 활동(구매, 판매, 교환), ③ 재무적 활동(자본의 조달과 운영), ④ 보호적 활동(재화와 종업원의 보호), ⑤ 회계활동(재산목록, 대차대조표, 원가, 통계 등), ⑥ 관리적 활동(계획, 조직, 명령, 조정, 통제) 등이다.

2. 폐쇄적 · 사회적 조직이론

2상한의 패러다임(paradigm)은 1상한의 패러다임이 지나치게 조직의 합리적인 측면을 강조하여 극단으로 나아갔다면 이는 지나치게 조직의 인간적 · 사회적 측면을 강조한다는 비판을 받고 있지민, 오늘날에 이르러 인간에 대한 이해를 종합학문의 성격으로 끌어올린 행동과학분야와 인적자원관리의 발전을 위한 강력한 틀을 제공하였다.

첫째, Mayo의 인간관계론이다. Mayo는 다음과 같은 이론을 세웠다. 먼저 인간은 단순히 돈만을 위해서 일하는 경제인이 아니라 감정을 지니고 있고 남과 어울리고자 하는 인간이라는 사실을 인식하게 되었다. 즉 인간의 심리적 · 사회적 욕구가 중요하며 이의 충족을 통해서만 동기부여가 되고 성과가 높아진다는 것을 발견하게 되었다. 따라서 노동자의 작업량은 그의 육체적 능력이 아니라 사회적 능력에 의하여 결정된다.

그리고 작업장이 하나의 사회적 장이라는 사실을 인식하게 된 점이다. 작업장은 경영자가 정해 준 일만을 하는 기계적 인간의 집합체가 아니라, 생각하고 어울리고자 하는 사람들의 집합장소이기도 하기 때문에 인간사회에서 중요한 의리나 정 또는 결합의 양상이 경영자의 의도와는 다르게 역할을 할 수 있다는 것을 인식하게 되었다. 요컨대 비공식집단의 중요성과 집단역할에 대해 이해하게 된 것이다.

이상과 같은 내용이 Mayo의 인간관계론이다. 인간관계(human relation)라는 용어는 인간이 태초에 사회를 형성하는 과정에서 자연발생적으로 나타난 용어라고 할 수 있다. 인간관계는 사람이 모인 집단이나, 전 인간의 상호관계에서 광범위하게 사용된 것은 1930년대 Mayo에 의해서이다.

인간관계는 일반적으로 특정 목표의식 없이 인간과 인간 상호간에 형성되는 일정한 심리적 관계 그 자체를 의미하며, 현대 산업사회에서 인간 상호간의 관계성과 유기성을 중심으로 특정집단의 목표달성을 위한 종업원의 협동과 능률향상을 위한 생산성, 그리고 작업상 만족도의 기본목적을 여하이 해결하여 목표지향적인 협력체계(oriented cooperative system)를 확립하면서 집단의 성장과 발전을 도모할 수 있겠느냐 하는 근본적인 목적에서 대두된 것이며, 작업장이 하나의 사회적인 장이라는 사실을 인식하게 한 것이 인간관계론이다.

둘째, Selznick의 제도화 이론이다. Selznick은 자연체계 모델을 개발하였다. 그에 따르면 조직은 목표를 달성하는 도구일지라도, 외부환경으로부터의 영향력뿐만 아니라 참가자들의 특성과 그들의 조직몰입에 대한 반응으로 형성된 하나의 적응적인 유기체로 간주하였다. Selznick의 입장에서 제도화라는 개념은 당면한 작업요구를 넘어서 조직생명력을 연장하는 연속성을 조직에 부여하는 것을 의미한다.

조직은 목적을 달성하거나 그것을 더 잘 수행할 수 있는 조직이 나타난다면 소멸되어야 할 것이나 조직을 제도로 생각하면 조직은 환경변화에 따라 스스로 소멸되는 것을 방치하지는 않는다는 것이다. 따라서 Selznick은 조직이 제도화를 추구하는 것을 환경이나 자원에 대한 경쟁 가운데서 조직의 내부조직과정을 적합시키는 과정으로 보고 있으며, 그 결과 조직은 연속성을 유지하게 된다고 보았다.

셋째, McGregor 의 XY이론이다. X이론에는 대부분의 사람들이 일을 싫어한다는 것, 책임을 맡으려 하지 않는다는 것, 자기가 행동할 바를 다른 사람이 제시해 주기 바란다는 것, 생리적 욕구나 안전의 욕구에 자극을 주는 금전적 보상이나 처벌의 위협에서 일할 동기를 얻는다는 것 등을 가정한다. 이러한 X이론에 입각한 관리전략은 인간의 하위욕구에 자극을 주거나 그것을 만족시켜주는 데 주력하게 되며 외적 통제를 강화하는 방향으로 나가게 된다.

Y이론에서 유도되는 관리전략은 인간의 잠재력이 능동적으로 발휘될 수 있는 여건을 조성하는 것이다. 이러한 전략하에서 관리의 주된 임무는 조직 구성원을 면밀히 감시하고 통제하는 것이 아니라 조직 구성원 스스로의 노력을 조직의 성공에 결부시킴으로써 그들 자신의 목적을 가장 잘 달성할 수 있는 조건을 형성하는 것이다. 즉 개인과 조직이 원하는 바를 통합시키는 것이다. 따라서 개인과 조직의 통합이야말로 그가 주장하는 동기부여 이론의 골자이며 이를 조직에 있어서의 통합의 원리라 하였다.

3. 개방적 · 합리적 조직이론

이상의 내용을 요약하면, 폐쇄적 · 사회적 체계에 속하는 2상한의 조직이론은 조직을 욕구충족이 요구되는 유기체로 봄으로써 작업장에서의 인간에 대한 사회성이 반영되기 시작하였지만 연구의 초점은 전반적으로 조직 외부의 환경을 고려하지 못하고 조직 내부로 국한되는 폐쇄성을 보이고 있었다. 따라서 이 시기의 이론들은 폐쇄조직에서나마 인간관계, 노조, 커뮤니케이션과 같은 조직구성원의 인간적 문제에 중점을 두고 조직의 과업을 능률적으로 수행하여 생산성을 향상시킨다는 목표를 가지고 있었다.

개방적 · 합리적 조직이론은 1960년에서 1970년 사이에 주장되어진 이론들이다. 이 시기는 이론의 일보 후퇴인 동시에 일보 전진의 시기였다. 이론이 일보 후퇴했다는 것은 인간에 대해 합리적인 전제라고 하는 단계로 돌아갔다고 하는 것을 말하며, 일보 전진했다는 것은 학자들이 비로소 경쟁이 심한 시장환경을 이론에 반영하여, 기업이 외적 요인에 의해서 형성되는 것으로 보게 되었다는 것을 말한다. 이를 보면 다음과 같이 다시 설명하려고 한다.

3상한의 이론가들은 각 유기체들의 욕구충족을 위해서 환경에 의존하게 될 것이라는 사실에 관심을 집중함으로써 유기체의 생존원천에 대한 관점을 조직내부에서 조직의 외부환경으로 옮겼다. 이러한 종류의 사고는 바로 조직에 관한 "시스템적 접근"(system approach)의 근간을 이루는 것이었다. 시스템적 접근법은 조직이란 유기체와 같이 그들의 환경에 대해 "개방적"이며, 따라서 생존을 위해서는 항상 환경과의 적절한 관계를 유지해야만 한다는 원칙에 입각하고 있으며 다음 몇 가지 핵심적 주제에 초점을 맞추고 있다.

첫째, 조직을 둘러싼 환경을 강조한다는 사실이다. 과거 1, 2상한의 이론가들은 환경에 대해 상대적으로 거의 관심을 두지 않았다.

둘째, 논의의 초점은 조직을 상호 연결된 하위체계로 보는 것이다. 즉 조직은 하나의 시스템인 개인을 포함하며 또 그 개인은 집단이나 부서에 소속되며 다시 이 집단이나 부서들은 더 큰 조직에 소속되어진다. 이상 3상한 이론의 학문적 공헌분야를 보면 다음과 같다.

3상한의 패러다임은 오늘날에 이르러 관료적 사고의 틀을 벗어날 수 있는 조직과 관리의 이론으로서 서로 다른 환경의 요구들에 대처할 수 있는 방안을 안내해 주는 "상황적합이론"(contingency theory)이라는 관점으로 집대성되었고 조직개발의 실행에 일반적으로 이용되어지고 있다. 3상한에 해당되는 대표적 이론 몇 가지를 간략히 살펴보기로 하자.

첫째, Chandler의 이론이다. Candler는 기업들이 초창기에는 한정된 제품을 생산하기 때문에 집권화된 조직구조로 출발한다는 것을 발견하였다. 그러다가 제품에 대한 수요가 증가해 감에 따라 기업들은 제품계열의 증가와 함께 기능조직으로 성장하여 갔다. 또한 공급업체에 대한 의존성에서 기인하는 불확실성을 줄이기 위하여 많은 공급처를 기업조직내부로 끌어들이는 수직적 통합을 하고 있는 것을 발견하였다.

둘째, Lawrence와 Lorsch의 이론이다. Lawrence와 Lorsch의 연구결과, 다음과 같은 사실을 발견하였다. 먼저, 환경이 매우 불확실한 플라스틱산업에 속하는 기업들은 식품산업에 비해서 보다 구조가 차별화되어 있었고, 식품산업은 환경이 가장 안정적인 컨테이너산업보다 차별화되어 있었다. 그 다음은 각 산업에서 효과적인 기업은 그렇지 못한 기업에 비해서 높은 통합 정도를 보였다. 끝으로, 서로 다른 환경에서 효과적인 기업들은 통합하는 양식이 서로 다름을 발견하였다.

셋째, Thompson의 이론이다. Thompson의 관점에서 본 조직설계는, 조직을 폐쇄적 관점의 기계적 설계 혹은 개방적 관점의 유기적 설계라는 식의 획일적이고 일반적인 설계전략이 아니라, 합리성을 추구하는 조직이라면 생산현장의 합리성이 요구되는 부서—생산부서—에서는 기계적 구조 혹은 관료제 구조와 같은 능률적인 조직설계가 요구되며 생산현장의 불확실성을 관리하는 변경조직 부서—R&D 및 마케팅 부서 등—에서는 유기적인 조직설계가 필요함을 제시하고 있다.

이상의 내용을 요약하면, 개방-합리체계 시기의 이론들은 시장환경을 반영하고 있다는 점에서는 전진의 시기였지만, 인간에 대해서 합리적으로 가정하고 있다는 점에서 후퇴의 시기였다. 즉 환경의 요구와 조직적 반응 사이의 관계를 합리적으로 유도함으로써 환경의 위협을 극복하고 환경에 적응하고자 하였다.

4. 개방적 · 사회적 조직이론

4상한의 패러다임(paradigm)은 개방적이고 자연적인 관점하에서는 하위시스템의 요소간에 기능적인 상호의존성을 보이기보다는 개개가 하나의 독립적인 단위로 자기조직화의 양태를 보이는 경우가 대부분이다. 따라서 하위시스템 각각의 유지 및 존속을 위해서는 학습의 개념이 그 어느 때보다도 중요하게 대두되고 있다. 이 이론들은 보면 다음과 같다.

첫째, Weik의 이론이다. 이는 조직이론의 환경주의자들이 생태학적 관점—자연도태 모형, 공동체 생태학 이론—에서 개방체계의 접근을 시도한 반면, Weik는 사회심리학적 관점에서 이 접근의 의미를 주장하고 있다. 그는 모형을 제시한 대표석인 학사이나.

둘째, March의 이론이다. March가 주장한 쓰레기통 모델은 조직의사결정과정에 관한 최근의 이론 가운데 하나이다. 이 쓰레기통 모델은 매우 높은 불확실성을 경험하는 조직에서의 의사결정유형을 설명하기 위해 고안된 것으로서 이 모델의 창시자인 Cohen, March, 그리고 Olsen은 극단적으로 불확실한 상태를 조직화된 혼란 관료적 의사결정 규칙을 가지고 있지 않다. 대신에 조직의 의사결정 과정은 문제로부터 출발하여 해결로 끝나는 연속적인 단계도 아니며, 문제 확인과 문제 해결단계가 서로 연결되어 있지도 않다.

개방적 · 자연적 체계이론을 요약하면, 개방적 · 사회적(자연적) 체계하의 조직이론에서는 조직의 목표 달성보다는 생존을 중시하고 조직 속에 흐르고 있는 비공식성 · 비합리성에 초점을 맞추어 규칙만으로는 설명하기 어려운 조직의 동기적 측면을 중심적으로 반영하고 있다.

제 4 절 조직구조

조직관리는 조직구조(organizational structure)와 상호작용(interaction)하는 조직과정으로 구분할 수 있다. 조직은 현대 기업경영의 시스템 관점에서 볼 때 흔히 조직구조를 칭하며 이는 주로 기업의 성공적인 활동을 위해 필요한 일과 부서, 직위나 권한관계 등을 안정적으로 짜놓은 '틀' 또는 '뼈대'를 의미하는 것과, 그리고 조직구조인 틀 속에서 구성원들이 서로 의사를 전달하거나 구성원들간의 비교적 부드러운 접착제와 상호작용 활동과 같은 조직과정 요소로 조직관리를 분류할 수 있다.

흔히 조직이란 system의 관점에서 볼 때 조직구조를 말하는데 조직구조를 우리가 살고 있는 집에 비유하여 보면 집의 "뼈대" 또는 "틀"을 의미하며 뼈대를 구성하는 요소들은 철근, 모래, 시멘트 등과 같은 건축 재료들과 같이 조직구조의 구성요소로서 첫째, 조직목표 달성을 위해 필요한 업무들을 할당하는 방법인 과업의 분화(division of work)와 둘째, 업무를 담당자의 재량에 어느 정도 맡길 것인가를 정하는 방법인 권한의 배분과 관리자의 통제범위 셋째, 업무수행을 위해 필요한 규정과 절차를 명시하는 방법인 계층화 등을 들 수 있다. 그리고 넷째, 조직구조인 조직형태를 조직환경에 알맞게 선택할 것인가를 생각하는 조직설계 및 조직개발을 하여야 할 것이다.

조직화 과정이란 현재에서부터 미래에까지 오랫동안 지속할 수 있는 기본체계를 창조하는 의사결정과정이라고 정의할 수 있다. 조직이란 경영 내에 있는 사람들이 그들의 공동목적을 달성하기 위하여 서로 관계하는 형태이다. 이러한 조직이 필요한 이유는 조직구성원들이 안정하게 목표를 달성하기 위하여 구성원들과 함께 일할 수 있는 합리적인 체계가 필요하다.

조직화(organizing)란 현재부터 미래까지의 오랫동안 지속할 수 있는 기본체계를 만드는 의사결정과정이다. 경영자는 조직화과정에서 4가지 일과 관계되는 기능은, 일의 분화(division of work) 기능, 부문화(department) 기능, 조정(coordination) 기능과 계층화(hierarchy)기능이 있다.

첫째, 일의 분화(division of work)기능은 계획된 목표달성을 수행하는 데 구체적인 활동을 분화하는 기능이다. 둘째, 부문화(department)기능은 구성원들의 관계된 활동끼리 묶는 기능이다. 셋째, 조정(coordination)기능과 계층화(hierarchy) 기능은 부문간의 연결을 누가 누구에게 보고하고 누가 누구를 도와야 하는가를 세부화하는 기능이 조정화와 계층화하는 기능이다.

1. 과업분화 기능

아담 스미스(Adam Smith)는 그의 저서 *Wealth of Nations*에서 못 공장의 작업전문화의 효과를 핀을 만드는 작업을 예를 들어 설명하고 있다. "한 사람이 철사 줄을 잡아 늘이고 두 번째 사람은 그것을 편편하게 펼치고 세 번째 사람은 그것을 자르고 네 번째 사람은 그것을 뾰족하게 하고 다섯 번째 사람은 머리 부분을 만들기 위해서 꼭대기 부분을 문지르는 식으로 일을 나누어서 하면, 10명이 하루에 4만 800개의 못을 생산할 수 있는데, 만약 각각이 따로 흩어져 모든 일을 각자하게 된다면 10명이 하루에 20개밖에 생산하지 못한다."

이와 같이 작업을 보다 작고 간단하게 분리하여 각자는 분리된 작업만을 하게 하는 것을 분업이라 한다. 이 분업은 작업 전문화(job specification)와 관련이 있다. 그러면 이러한 분업은 생산성에 어떻게 영향을 줄까? 사람은 물리적으로니 생리적으로 복잡한 모든 일을 다 혼자서 잘할 수는 없다. 단순화된 작업은 보다 쉽게 학습할 수 있고, 비교적 단기간에 작업을 끝낸다. 그러나 이러한 견해에 대해서 비판도 있다. 첫 번째 비판은, 분업에 따른 작업의 지루함(boredom)이며, 두 번째로는 분업이 곧 생산성을 의미하는 것은 아니라는 것이다. 이런 비판의 대안으로 발생한 것이 팀(team)에 의한 작업방식이다.

종업원들이 팀을 이루어 서로 작업을 도와가면서 지루함을 달래는 방식이다. 대표적인 것으로 일본의 린(Lean) 시스템과 스웨덴의 Volvo 시스템이 있다. 부문화란 일정한 기준에 의해 작업자 또는 작업활동을 결합시켜 일정한 경영자의 관리 통제하에 두면서 조직효율성을 촉진시키기 위하여 단위화하는 것을 말한다. 이에는 여러 방법이 있다. 일반적으로 널리 선택되고 있는 방법은 기능별 부문화(functional department), 사업별 부문화(divisional department), 그리고 행렬 형태 부문화(matrix form department)이다. 이 3가지 부문화는 곧 조직구조와도 연계되므로 세부적인 것은 조직구조부문에서 설명하기로 한다.

2. 부 문 화

부문화란 조직구성원의 세부적 작업을 유사한 것들로 합리적이며 효율적으로 결합하는 것이다. 조직의 규모가 증대해지면 다양한 작업을 수행하기 위하여 많은 사람이 고용되는데, 이때 비슷한 일을 수행하는 사람들을 묶어서 동일한 부서에 배치할 필요가 있다. 즉, 부문화란 일정한 기준에 의해 작업자 또는 작업활동을 결합시켜 일정한 경영자의 관리 통제하에 두면서 조직효율성을 촉진시키기 위하여 단위화하는 것을 말한다. 부문화에는 수직적 부문화와 수평적 부문화가 있다.

1) 수직적 부문화

수직적 부문이란 권한을 수직적으로 부문간에 할당하며 조직화하는 과정으로서 이는 다음의 4가지 개념이 이용된다.

첫째, 명령의 연쇄(Chain of Command)

명령의 연쇄란 각 계층을 수직적으로 연결하는 공식적인 권한의 연결선을 의미하는데, 이에는 계층연쇄의 원칙과 명령일원화 원칙이 있다. 계층연쇄의 원칙(Scalar Principle)은 조직에는 모든 계층의 모든 사람을 연계하는 끊임없는 연쇄가 있어야 한다는 원칙이며, 명령일원화 원칙(Unit of Command Principle)은 하위자는 오로지 한 사람의 상위자에게 보고해야 한다는 원칙이다.

둘째, 관리의 범위(Span of Management)

한 사람의 경영자가 가장 효과적으로 관리할 수 있는 사람의 수와 관련된 개념이다. 한 경영자가 단지 몇 사람밖에 관리할 수 없으면, 관리의 범위가 좁아져서 [그림 4-2]와 같이 다계층 조직(Tall Organization)이 만들어지고, 만약 한 경영자가 여러 사람을 관리하게 되면 관리의 범위가 넓어져서 [그림 4-3]과 같이 소 계층 조직(Flat Organization)이 만들어진다.

셋째, 권한이양(Delegation)이다.

과업을 다른 부하들에게 할당하고 위임하는 과정을 권한이양이라고 한다. 이 권한이양의 과정에는 권한을 이양받은 부하가 자신의 능력을 발휘할 수 있도록 권한을 부여하는 일(empowering)도 포함되어 있으며, 다음 3단계의 과정을 거친다.

그림 4-2 다계층 조직의 예

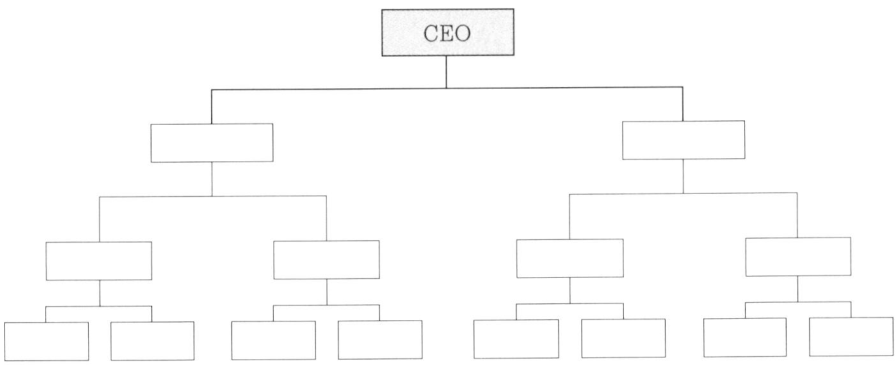

그림 4-3 소계층 조직의 예

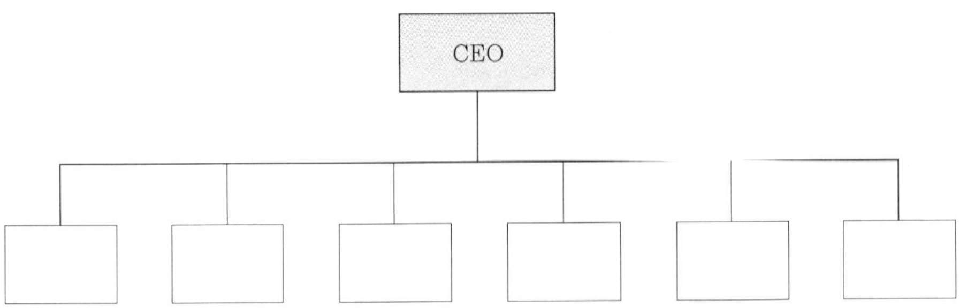

① 책임의 부여란 과업책임을 분명히 밝힌다. ② 권한의 부여란 과업에 필요한 권한을 부여한다. ③ 어카운터빌리티(accountability)란 권한을 위임받은 하위자는 상사에 대한 과업완수 책임을 진다.

넷째, 집권화-분권화(Centralization-Decentralization)이다.

의사결정의 모든 권한을 조직의 최고경영층에 둘 것인가? 아니면 폭넓은 권한 이양을 통하여 조직의 모든 계층에 분산시킬 것인가? 하는 문제는 조직의 계층화를 결정하는 데 영향을 미친다. 전자는 집권화에 관계된 문제이며, 후자는 분권화에 관계된 문제이다. 이 양자는 어느 하나의 선택문제는 아니다. 실제적으로 조직의 운영에 있어서는 이 둘을 모두 수용하여 적용하는 경향이 있다. 예컨대 감독기능을 주로 하는 부문에서는 집권화를 하고, 연구개발부문에서는 분권화를 하는 형태이다.

2) 수평적 부문화

다음으로는 수평적 조정에 대해서 살펴보기로 한다. 수평적 조정은 조직의 구성부문을 수평적으로 통합시키는 과정을 말하는데, 이에는 여유자원(slack resources) 활용방법, 경영정보 시스템 활용방법(Information system), 수평반응(lateral reaction) 활용방법이 있다. 이들 방법의 유효성은 정보처리 필요성과 정보처리 능력에 따라서 달라지는데 조직구조전문가인 갈브레스(Jay R. Galbraith)는 [그림 4-4]와 같이 구분하고 있다(Galbraith, J. R., 1997).[12)]

여유사원 활용방법은 소식 내외의 압력에 적응하기 위해서 조직 내의 여유자원을 활용하는 방법이다. 예컨대 3M은 R&D 부서의 연구원들에게 그들의 시간, 장비 및 물자의 15%를 그들 자신이 관심 갖는 분야에 소요하도록 업무조정을 하고 있다. 한편 경영정보시스템 활용방법은 전산화된 정보시스템을 활용하여 업무간의 수평적 조정을 하는 방법이다.

수평반응 활용방법은 의사소통과 문제해결 노력을 통한 조정방법으로서 이에는 각 부문에서 차출하여 구성된 문제해결 팀(Functional team), 특수임무 팀(Task Force), 연락권(Liaison Personnel), 라인-스탭(Line-Staff), 위원회(Committee) 등의 방법이 있다. 이 중에서 기본적인 위원회와 라인-스탭에 대해 살펴본다.

첫째, 위원회이다.

12) Galbraith, Jay R., 1997, *Organization Design*, Addison-Wesley.

그림 4-4 수평적 조정방법

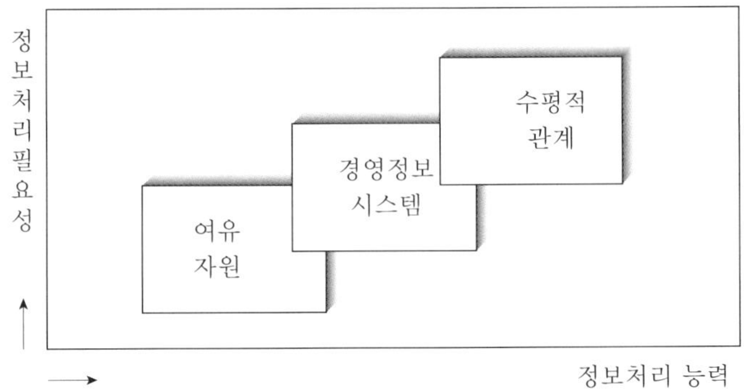

이는 조직의 규모가 대규모인 경우, 부문간의 협조와 조정을 확보하고 전사적인 의사결정을 위해서 기존 조직 위에 새로운 조직을 특별히 구성하는 조정방법이다. 일반적으로 위원회는 어떤 특정문제를 해결하기 위한 조언 및 의사결정 목적으로 구성되므로 한시적이고 문제가 해결되면 해체된다. 이러한 위원회를 조직하여 조정하는 방법은 비용이 증가하고 책임이 분산되고 융화가 저해되는 단점이 있으나 창의력을 발휘하고 의사소통이 촉진되고 동기부여의 효과가 있고 능력이 부양될 뿐 아니라 특히 조정측면에서 좋은 수단이 된다는 장점이 있다.

위원회의 구성시 이 위원회를 어느 부문에 둘 것이며, 그리고 이 위원회의 권한과 책임이양이 어떻게 설정되느냐에 따라서 조직의 계층화는 달라질 수밖에 없다.

둘째, 라인-스탭이다.

이는 조직 내의 라인이란 조직목표에 직접적인 책임을 지면서 하위부문의 업무수행에 무한의 권한을 행사하는 부문이며, 스탭은 라인부문을 조언하면서 자기의 맡은 전문영역 내에서 제한된 권한을 행사하는 부문을 지칭한다.

오늘날과 같이 조직환경이 복잡해지고, 전문적 기능이 요구될 때는 라인부문의 활동만으로 조직의 목표를 유효하게 성취할 수는 없다. 따라서 중요 라인부문에 시스템 부문이 따라 붙게 되는데 스탭의 유형도 개인스탭(personal staff)과 전문스탭(specialized staff)이 있다. 이들 스탭부문이 어느 라인부문에 연결되느냐, 그리고 이들의 권한과 책임소재가 어느 부문에서 출발하느냐에 따라서 조직의 계층화는 변화를 받게 된다.

3. 조직구조의 형태

우리가 사는 집의 형태를 보면 아파트, 빌라. 단독, 오피스텔 등 여러 형태가 있듯이 경영활동을 위하여 만든 조직에도 여러 형태가 존재한다. 조직구조란 경영자와 종업원, 경영자와 경영자 그리고 종업원과 종업원 사이의 관계에서 조직의 활동을 나누고, 그룹화하고, 조정된 모습으로 정의될 수 있다.

조직구조 역시 기업의 발전역사에 따라서 여러 형태가 등장하고 있는데 기본적인 조직구조 형태들에 관하여 간단히 살펴보기로 한다.

1) **기능별 조직**(Functional Organization)

동일하거나 상호밀접하게 관련된 활동 및 기능을 담당하는 종업원과 작업단위들을 별개의 부서로 묶어 단위화한 조직구조이다. 예컨대 판매활동에 관여하는 종업원들은 이들을 묶어 마케팅 부서로 만드는 조직구조형태이다.

이 조직구조는 제한된 제품라인을 갖는 작은 기업에서 전문화된 자원을 효율적으로 사용하기 위해서 주로 사용된다. 아울러 이 조직구조는 각 경영자는 자신이 맡은 경영기능의 전문가이기 때문에 감독이 쉽고, 전문화된 기술을 조직이 필요한 곳으로 배치시키는 데도 용이한 장점이 있다.

그러나 조직이 지리적 확장 내지 제품라인 확장에 의해서 규모가 커지게 되면 이 조직구조는 어려움을 겪게 된다. 왜나하면 기능담당 경영자는 조직구조상 중앙 본사에 보고를 해야 하는데 빠른 의사결정을 하기가 어렵기 때문이다. 이외에도 업무성과를 판단하고 책임소재를 파악하는 데 어려우며 각 부서의 구성원은 다른 부서 구성원들로부터 소외감을 느끼는 등의 여러 단점 또한 존재한다.

2) **사업부제 조직**(Divisional Organization)

기능별 조직구조는 기업에서 생산하는 제품의 종류가 많지 않거나 기업의 판매지역이 넓지 않을 때 보다 효과적이다. 그러나 1930년대부터 미국과 유럽의 기업들은 제품별 다각화와 지역별 다각화를 수행하기 시작하였다. 이에 따라서 제품별, 고객별, 지역별, 시간별 프로젝트 등을 기준으로 하여 조직구조를 개편할 필요가 생겼다. 이런 기준에 따라서 만들어진 조직구조가 바로 사업부제 조직구

그림 4-5 사업부제 조직구조

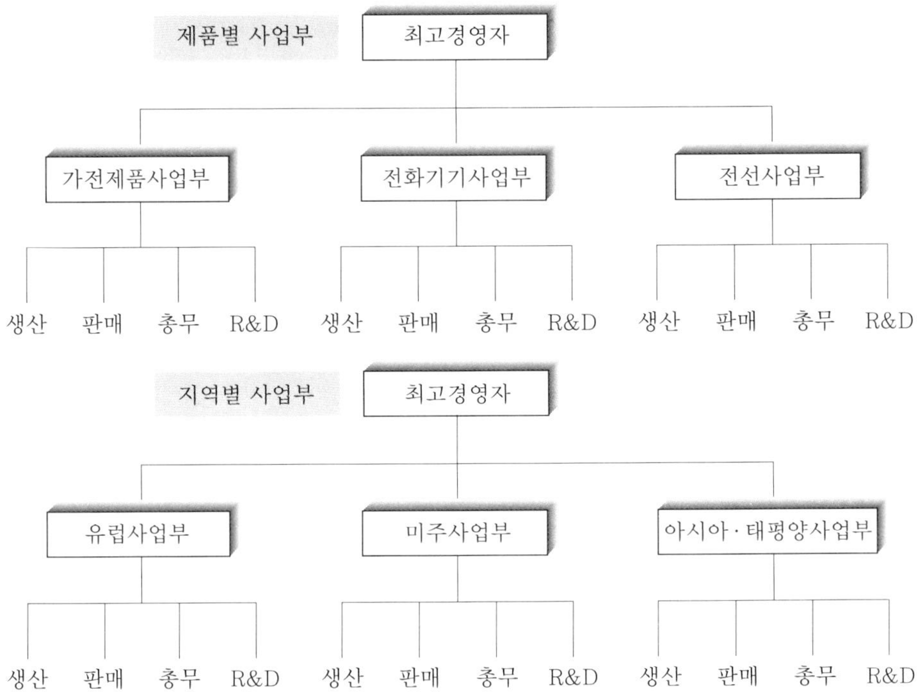

조이다. [그림 4-5]는 사업부제 조직구조의 한 예이다.

Chandler는 그의 저서 *Strategy and Structure*를 통하여 미국의 다각화된 기업들이 점차적으로 기능별 조직구조에서 사업부제 조직구조로 바뀌고 있다고 실증적으로 분석하였다(Chander, A. D., 1975).[13]

기업이 거대화됨에 따라서 기능별 조직구조에서 사업부제 조직구조로 넘어가는 조직구조의 변천을 Oliver Williamson은 거래비용이론(Transactions Cost theory) 관점에서 설명하고 있다(Williamson, O. E., 1975).[14]

---

13) Chandler, A. D., 1975, *Strategy* ⁊ *Structure*, Cambridge: MIT Press.

14) 기업은 경영기능을 시장과의 거래를 통하든지, 아니면 조직내부에서 거래형식으로 저리해 버리든지 둘 중 하나를 선택하게 되는데, 어느 경우도 거래비용이 발생한다. 이러한 개념에 근거하여 시장과 내부조직과의 관계를 분석하는 이론이 거래비용이론이다. 이 이론에 관해서는 Williamson, O. E., 1975, *Markets and Hierarchies*, New York: Free Press.

그는 "다각화된 기능별 조직구조의 거대기업은 내부조직의 비효율성이 높다. 예컨대 여러 종류의 제품과 여러 지역을 관리해야 하는 기업이 기능별 조직구조를 가지면 영업부서는 단독으로 이 수많은 제품과 지역을 대상으로 경영하여야 하기 때문에 당연히 조직의 비효율성이 높게 될 수밖에 없는 것이다. 따라서 내부조직 비효율의 제거를 위해서 사업부제로 전환하게 된다"고 설명한다.

3) 매트릭스 조직(Matrix Organization)

본래 사업부제는 기업 자체가 다양화된 기업으로서 환경의 다양성에 적응하려는 전략이다. 물론 이때 다양화를 위한 비용 또한 많이 부담되게 된다. 예를 들면, 제품마다 사업부를 만들면 확실하게 소비자의 기호에 따른 판매대응은 가능하지만 이를 위해서는 종업원을 많이 고용해야 하며, 같은 설비를 중복해 갖추어야 하기 때문에 많은 자원이 필요하게 된다.

고도성장기에는 이와 같은 다양화를 위한 비용을 부담하여도 그것에 대한 보답은 충분하다. 그러나 비즈니스 환경이 크게 변동되어 제한된 자원을 될 수 있는 한 유효하게 사용하려는 시대에 들어섰다. 사업부제도 새로운 환경에 적응할 수 없게 되어 버렸다.

자원을 절약하면서 다양성이 한층 더 증가한 환경에 어떻게 적응해 가면 좋을까? 이 문제의 해결을 위해서 시도된 새로운 조직이 바로 매트릭스 조직이다.

매트릭스라는 것은 수학분야에서는 숫자가 가로, 세로로 정렬된 집합을 의미하는데 매트릭스 조직도 역시 가로와 세로라는 두 개의 계봉을 가지고 있다. 기존 조직 틀에서는 명령일원화 원칙이 준수되고 있으나 매트릭스 조직에서는 명령이 가로와 세로로 이원화된다.

이미 살펴본 바와 같이, 기업의 경영활동은 라인과 스탭으로 분화되고 있고 그들은 다시 생산부, 마케팅부, 연구부, 재무부 등의 많은 부로 세분화된다. 이들 각 부는 독자의 기능을 지니고 있기 때문에 기능별 조직이라 일컫는다. 이것이 매트릭스 조직의 세로 계통이다.

한편, 변화하는 고객에 적응해서 제품을 개발해 가기 위해서 기능별 조직의 수직 줄을 수평적으로 연결해서 제품 사업부별 조직을 만들어간다. 이와 같이 목적에 부응하여 수평방향으로 만들어가는 조직이 목적별 조직이다. 그리고 이 수평방향으로도 명령은 흘러간다.

이와 같이 기능별 조직을 담당하는 경영자와 목적별 조직을 담당하는 경영자라는 두 개의 계통이 있고 종업원은 그 양방의 조직에 소속되어 양쪽에서 명령을 받도록 되어 있는 조직이 매트릭스 조직이다. 이를 보면 [그림 4-6]에 그 특징이 잘 나타나 있다. 이상 [그림 4-6]에서 나타나는 바와 같이 계열을 달리하는 경영자는 예를 들면 "어느 방향의 뉴스를 중심으로 생각하면서 다른 방향의 기업활동의 다른 가치를 가지고 행동하고 있다. 이원적으로 명령을 받은 종업원은 한쪽 방향에서는 목적별 조직의 매니저의 지시에 따라서 단기적으로 제품사업부의 성공을 목적으로 일을 하면서 다른 방향에서는 기능별 조직의 관리자의 지도를 통해서 장기적으로 높은 기술을 익혀간다. 이것이 시너지(synergy)를 만들어내는 활동으로 발전해 간다.

기업이 살아가기 위해서는 이와 같이 다원적인 가치를 추구해 가지 않으면 안 되며, 이것을 조직의 형태로서 정착시키려고 하는 것이 매트릭스 조직의 진정한 목표라고 생각된다.

이상과 같은 프로젝트 조직과 유사한 팀조직은 다음절에서 설명하고자 한다.

그림 4-6 매트릭스 조직

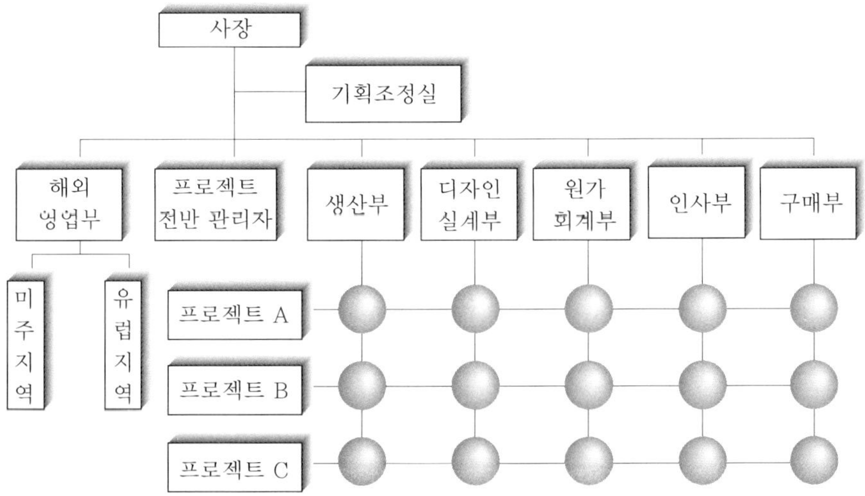

출처: 신유근, 「현대 경영학」, 1996, 다산 출판사, p. 230.

4. 팀 조 직

팀조직의 개념이 1960년대 미국의 제조업분야에서 시작하여 서비스 분야로 확대되었으며, 최근에는 정부조직까지도 팀제를 활용하고 있다. 그리고 클린턴 행정부의 노동부 장관으로 임명된 리치(Robert Reich) 교수는 “오늘날 치열한 경쟁 속에서 우리 경제가 살아남기 위해서는 이제부터 개인의 능력을 합친 것보다 더 큰 힘을 발휘하는 팀웍(teamwork)의 개념에 주위를 기울이지 않으면 안 된다”고 강조하였다.

이러한 흐름 속에서 우리나라도 1977년 삼성물산이 처음으로 팀제를 활용한 이후에 1990년 중반에는 팀제는 대기업을 중심으로 전국적으로 확산되어, 현대, LG, 포철 등을 포함하여 76%가 팀제를 시도 혹은 적용한 것으로 조사된 바 있다.

이러한 팀제는 조직구성원들에게 자율성과 권한을 최대한 부여하여 환경변화에 능동적으로 대처하며, 팀목표를 달성하게 한다. 그런데 이러한 팀조직은, 조직에 대한 효과를 달성하기 위해서는 다음과 같은 환경을 만들어야 한다. 이들 효과적인 환경은 다음과 같다.

첫째, 팀조직은 조직의 불확실한 미래에 대처하기 위해 팀의 리더 역할과 그들의 역할수행을 더 중요시하여, 모든 조직성과와 바로 직결되는 중요한 요소가 된다. 따라서 조직을 운영하는 경영진과 관리자들에게는 부여할 의무에 대해서 신중을 기하세 하도록 한다.

둘째, 팀제는 관리측면의 리더보다는 오히려 일을 수행하는 리더로서 있어야 하며, 그러한 역할을 제대로 이루기 위해서는 팀 내부와 외부를 둘러싼 여러 가지 환경요인 및 제도 분위기, 팀의 문화, 과업과 계획수정, 구성원들의 다양성 및 의사소통 등에 조화를 이루어야 한다. 특히 팀의 문화는 팀 내의 의사결정 과정이나, 과업수행 및 보상체계 등 추상적인 실체에 대한 팀 구성원들의 공유된 심리적인 지각이나, 인지적인 평가로 정의하고 있다. 즉 팀 문화는 팀 구성원들의 정신적인 프로그램이다.

그러므로 강한 문화조직의 핵심가치가 강하게 보유되고, 명확하게 체계가 잡혀있으며, 넓게 공유되어 있은 문화를 말한다. 즉 조직의 핵심가치에 잘 순응하는 구성원이 많을수록 문화는 더욱 강해지게 된다. 이와는 반대로 조직구성원이 젊거나, 계속 이동하는 조직은 구성원들이 공유된 의미를 충분히 인식하지 못하기 때문에 약한 문화를 갖게 된다. 그러나 어떤 팀 문가 조직성과 향상에 좋은 문화인가에 대한 해답은 하기 어렵다. 그러나 강한 문화와 조직의 성과간의 관계는 상관관계가 있다고 한다.

1) 팀조직의 개념

모든 조직은 팀 활동을 하고 있다. 팀이 없으면 조직은 해체되는 것을 의미한다. 왜냐하면 어떤 조직이든 하나의 업무를 한 사람이 독자적인 힘으로 완결하는 것이 아이고 적어도 두 사람 이상의 팀원이 협력하지 않으면 수행할 수 없기 때문이다. 그러므로 경영의 모든 활동은 팀 활동이라고 할 수 있다.

현대의 많은 조직들은 환경변화에 신속하게 대처하고 조직의 성과 증대를 위해 팀조직을 도입 · 운영하고 있다. 팀조직은 유기적인 조직의 한 형태로서, 외부환경변화에 신속하고 탄력적으로 대처할 수 있도록 소수의 전문인력으로 구성되어 있으며, 수평적인 구조로서 의사결정이 신속하고, 조직구성원 상호간의 원활한 의사소통을 통하여 공동목표달성이 용이한 조직이다. 팀조직의 개념에 대한 주장들은 학자들에 따라 상이하나, 대표적인 몇몇 학자들의 개념 정의를 보면 다음과 같다.

첫째, 로빈과 스티번(Robin, L. Ellege & Steven, L. Phillips, 1996)은 팀이란 하나의 목표를 세우고, 공동작업을 통해서 보다 더 좋은 결과를 얻기 위해 팀 구성원들의 차이점을 존중하고 인정하며, 경험을 공유하기 위해 모인 개인들의 집합체(Robin, L. Ellege and Steven L. Phillips, 1996)[15]라고 정의하였다.

둘째, 디얼(Dyer, W., 1997)은 "팀조직은 구성원이 최적의 성공감각과 목표성취를 경험하기 위해 그룹협력에 의존해야 하는 사람들의 모임이다"라고 언급했다(Dyer, W., 1977).[16]

셋째, 케즈스봄(Kezsbom, D., 1990)은 팀조직은 "목표를 공유할 뿐만 아니라 각각의 상호 의존적인 본질까지 인식하고 있는 집단"이라고 개념을 정의하였다(Kezsbom, D., 1990).[17]

15) Robin, L. Ellege and Steven L. Phillips, 1996, *Team Building for the Future*.
16) Dyer, W., 1977, *Team Building: Issue and Alternative*, Mass: Addition Wesley, p. 3.
17) Kezsbom, D., 1990, "Are You Really Ready to Build a Team," *Industrial Engineering*, Vol. 52, p. 213.

넷째, 캐전배취와 스미스(Katzenbach & Smith)는 팀조직은 “공동의 목적과 목표를 달성하기 위해서 상호 보완적인 기술을 갖춘 사람들이 상호 신뢰할 수 있는 방식으로 함께 일해 나가는 소수의 집단”이라고 개념을 정의하였다. 이 내용에는 먼저, 상호 보완적 기능을 가진 구성원과 다음은, 공동의 목적과 성취목표 그리고 상호신뢰라는 말이 내포되어 있다. 즉 팀조직이란 2인 이상의 소수의 사람으로서 공통의 의미를 가짐과 동시에, 목적과 구체적인 업무수행 목표를 가지고 상호간에 주어진 책임을 공유하여 공통의 접근방법을 찾아 실천하는 상호 보완적인 기술을 가진 구성원들의 조직이라고 정의할 수 있다. 이상 팀조직의 개념 정의들을 구체적으로 언급하면 다음과 같다.

첫째, 팀조직은 공동의 목적과 성취목표는 경영자의 요구에 의하여 설정되기도 하지만 팀 스스로 자율적인 경영에 의하여 목적을 구체화하기 위한 탐색, 설정, 합의도출 등에 많은 시간과 노력을 투입하며, 성취목표는 추상적이 아니라 성과지향의 목표에 의하여 계량화 또는 계수화될 수 있는 것이다.

둘째, 팀조직에서 상호보완적 기능이란 구성원 상호간에 기술수준, 능력, 개인차, 가치관 등이 다를 수 있다. 이와 같이 다양한 수준의 핵심역량들은 팀 구성원 상호간에 팀 업무를 효과적으로 수행하기 위한 기술들의 상호보완이다.

셋째, 팀조직은 상호 신뢰할 수 있은 공동목적, 성취목표, 일을 수행하면서 일의 달성에 공동으로 책임진다. 이렇게 되기 위해서는 구성원 상호간에 가치나, 비전, 역할, 성과가 공유되어야 한다.

넷째, 팀조직은 함께 일한다는 것은 목적을 달성하기 위해 팀 전체 공동으로 일하는 방법과 역할분담과 일정, 수행방법, 의사결정과정 등에 관한 합의가 있어야한다.

다섯째, 팀조직은 소수 그룹이다. 최적의 구성원은 7-15명 정도가 적합하다고 볼 수 있다. 그러나 기업의 업종과 권한위임 정도나, 팀장의 역량에 따라서 그 범위는 다를 수 있다.

2) 팀조직의 연구목적

팀조직의 연구목적은 사업영역별 혹은 제품별로 그 사업을 수행하는 데 필요한 핵심 프로세스를 중심으로 다기능 팀을 구성하고, 팀원은 업무수행을 위한 제반 의사결정을 그들 스스로 행하는 자율경영 팀을 이루는 데 그 목적이 있다.

첫째, 수직적인 조직계층을 수평화하여, 의사결정의 신속화를 기하고 조직의 성과를 증대시키는 데 목적이 있다.

둘째, 조직의 유연성과 탄력성을 유지하며, 조직의 내외 환경변화에 대처할 수 있어 직무중심의 조직으로 발전시키기 용이하므로 팀조직 연구가 필요하다.

셋째, 조직구성원들의 사고와 태도를 바꾸어 조직의 체질개선과 경쟁력강화를 시도하고, 업무의 능력향상을 도모하는 데 목적이 있다.

그러나 우리나라 같은 경우에는 기존의 부(部)나, 과(課)와 같은 제도의 한계를 부분적으로 극복하기 위해서 과도기적인 형태를 취하면서 그 조직운영은 기존의 부·과 제도의 조직문화를 바탕으로 운영하는 데 목적을 두고 있다. 특히 지난 IMF시절에는 기존의 팀제를 도입하면서 팀조직의 장점을 취하기보다는 과장, 차장 그리고 부장 등의 보직을 줄이는 방편으로 구조조정 또는 명예퇴직에 이용하는 데 목적이 있기도 했다. 그러나 팀조직을 도입하는 데는 팀조직이 좋다고 해서 맹목적으로 도입해서는 좋은 성과를 달성하기 어려우므로, 조직의 풍토나 체질에 맞지 않으면 부작용만 초래하게 된다. 이러한 문제들을 사전에 방지하기 위해서 연구하는 자세가 필요할 것이다.

3) 팀조직의 유형

팀조직의 유형은 학자에 따라 상이하므로 대표적인 유형구분을 보면 다음과 같다.

불식(Bursic, K. M.)은 팀조직의 유형을 팀이 수행하는 과업의 종류와 특성에 따라서, 다음 네 가지로 분류하였다. 먼저, 문제해결 및 의사결정팀(problem solving and decision making team), 그리고 생산자율팀 및 반자율팀(production team, autonomous or semiautonomous working groups), 그리고 엔지니어링, 기술 또는 프로젝트팀(engineering, technical or project team), 그리고 경영팀(management team) 등이다.

크라커와 휠라이터(Clark & Wheelwright)는 팀의 유형을, 기능의 복잡성과 프로젝드 리더의 권한의 정도에 따라서 다음과 같이 네 가지로 분류하였다. 먼저, 기능팀(functional team), 그리고 경량팀(lightweight team), 그리고 중량팀(heavyweight team), 그리고 자율팀(autonomous team) 등으로 분류하였다.

4) 팀조직의 특성과 효과

팀조직은 공동목표를 달성하기 위하여 전문직 기술을 보유하고 있는 소수의 구성원으로 이루어진 상시 또는 한시적인 형태이다. 팀조직은 지휘에 상관없이 공동목표의 달성에 요구되는 전문적 지식이나, 업무경험이 많은 사람이 팀장으로서 활동하면서 팀 스스로 설정한 목표달성을 위하여 공동책임하에 업무를 수행해 나간다. 팀장을 제외한 나머지 팀원들은 상호간에 목표달성을 위한 기능적 보완 역할을 수행하며 수평적 관계로 형성된다.

(1) 팀조직의 특성을 Katzenbach & Smith의 연구결과를 보면 다음과 같다.

첫째, 일반적으로 구성원 상호간에 어느 정도 깊이 몰입하는가 하는 몰입 정도가 일반적인 팀과 비교하여 상당히 높으면, 개인이 진정으로 개인적인 목표와 조직의 목표를 모두 성취할 수 있도록 서로 돕는 협동정신이 아주 중요한 요인이다.

둘째, 업무수행에 도전적으로 참가하고 구성원들간에 작업목표에 대한 핵심을 명확히 파악하고, 정확한 업무수행의 목표설정으로 작업추진을 구체적이고 지속적으로 추진하게 하는 것이 특징이다.

셋째, 리더십은 고능률업무수행팀 안에서 고르게 작업을 분담하며, 공식적인 리더십은 그대로 남아있지만 그것은 다분히 의례적이거나 외부인사 편의를 위한 것이며, 바람직한 리더십은 많은 구성원으로부터 분출되는 장애를 제거하거나, 기회를 포착하는 데 필요한 적절한 조치를 취하는 것이 특성이다.

(2) 팀조직의 효과는 다음과 같다.

첫째, 팀조직은 조직의 유연성(flexible organization)의 제고에 기인한다. 특히 오늘날과 같이 급변하는 환경하에서 기업이 생존하기 위해서는 환경적응이 필수적인 과제가 된다. 이러한 기업환경적응을 위하여 요구되는 것이 조직의 유연성이다. 팀조직은 계층단축을 통해 신속한 의사결정에 기여하고, 따라서 팀조직은 급변하는 환경에 신속하고 탄력적으로 대응할 수 있는 조직인 것이다

둘째, 팀조직을 통해 조직의 간소화(simple organization)를 가져올 수 있다. 팀조직에서는 각 팀이 업무 실행뿐만 아니라 이에 대한 계획과 통제의 주체가 되며, 특정과업의 전 부분을 담당한다. 따라서 관료적 조직과 같이 관리통제 부분이 비대화되는 것을 방지할 수 있는 효과가 있다.

셋째, 팀조직의 효과는 팀조직을 통해 창조적 학습조직(creative and learning organization)을 실현할 수 있다. 팀조직은 구성원들에 대한 의미 있는 과업의 할당과 이에 대한 권한의 부여로서 각자의 자신의 업무능력과 창의성을 발휘할 수 있는 기반을 제공해 준다.

이를 통해 개인들은 자신의 업무에 보람과 긍지를 가질 수 있게 하고, 조직 구성원들의 직장생활의 질을 제고하는 데 기여할 뿐만 아니라 창의성을 발휘하고, 능력을 제고하기 위해 부단히 노력함으로써 학습조직이 실현될 수 있는 여건을 조성해 준다. 팀조직은 조직의 효율성과 환경에 적응하는 것뿐만 아니라 조직 구성원들에게도 일하는 보람과 긍지를 가지게 하고 지속적으로 자신의 발전을 하도록 한다.

5. 조직설계

어떤 조직이든 효과적인 목표달성을 위해서는 조직이 처한 환경조건에 알맞은 조직구조(조직형태)를 가질 때 달성할 수 있다. 따라서 조직이 변화하는 환경에 가장 적당하고, 환경에 적응할 수 있는 조직형태를 선택하는 활동을 조직설계(organizational design)이라고 한다. 이것은 우리가 살 집을 선택할 때 겨울이 오래 계속되는 곳에서는 벽을 두껍게 만들고 창문을 적게 하고, 무더운 여름이 계속되는 곳에서는 창문을 크게 하여 통풍이 잘 되도록 설계하여야 한다. 그리고 가계사정, 가족 수, 직장과의 거리, 자녀 수 등을 고려하여 적당한 집 형태(구조)를 설계하거나 구입하게 된다.

조직설계는 새로 설립되는 조직을 바람직한 모습으로 체계화하거나 또는 비효과적인 기존의 조직을 좀더 효과적인 새로운 조직으로 바꾸는 것이다. 조직설계를 위해 설계자의 기본 도구가 되는 구조변수들은 조직구성원간의 분업, 의사결정 권한의 배분, 그리고 통합을 위한 조정 메카니즘 등이다. 조직설계에 있어서 도구가 되는 요소들은 주어진 상황인 조직이 처한 환경, 사용하는 기술, 조직규모에 가장 적절하게 맞도록 전문적 지식을 가지고 설계하게 되는 것이다.

1) 조직설계의 접근방법

조직설계를 하는 방법에 관해서는 3가지 접근방법으로 분류할 수 있다.

첫째, 고전적 접근 방법이다. 이는 고전적 접근방법을 주장하는 학자들은 사회학자인 Max Weber, 그리고 경영이론의 선구자인 F. Taylor와 H. Fayol은 조직설계의 고전적 접근방법을 강력히 주장한 사람들이다. 그들은 가장 효율적이며 유효한 조직은 공식적인 권위체계를 갖는 계층조직이라고 주장하였다. Weber가 관료적 조직(bureaucratic organization)이라 부른 이 조직은 합당한 기준과 원칙에 의거하여 조직구성원에게 책임한계를 분명하게 부과하는 조직을 말한다. 관료제조직의 특징은 직무의 전문화, 장점에 의한 임명, 활동의 일상화, 의사결정원칙의 확립, 합리적이며 객관적인 조직의 분위기, 그리고 확실한 명령체계 등이다.

둘째, 신고전적 접근방법이다. 이의 대표적 학자들은 McGregor, Argyris 그리고 Likert 등이다. 신고전적 접근방법은 고전적 접근방법의 단점을 보완하려는 시도에도 불구하고 다음과 같은 취약점을 갖고 있다.

① 인간적 측면 이외의 환경이나 기술과 같은 요인을 조직설계에서 간과하고 있다. ② 인간의 동기화 요인을 지나치게 단순화하여 가정하고 있다. ③ 조직전체의 목표를 달성하기 위해 분권화되고 부분적인 소그룹을 통합하는 것은 결코 쉽지 않다. 이들 이론들은 관료적인 이론을 전면 부정하는 대신에, 종업원들을 의사결정에 더욱 많이 참여시키고 다소 비공식적으로 통제함으로써 관료제조직은 더욱 개선될 수 있다고 주장했기 때문에 이들을 신고전학파라고 부르기도 한다.

셋째, 근대적 접근방법이다. 이는 조직설계의 현대적 접근방법은 계층구조나 인간적 중요성 못지않게 전략변수나 환경 · 기술 · 규모 등의 여러 상황변수가 중요하다고 강조한다. 이러한 변수들은 현대의 조직을 설계함에 있어 중요한 고려사항이 됨은 물론이다. 이들 변수에 대한 더욱 상세한 소개는 다음의 조직설계의 결정요인에서 제시된다.

2) 조직설계의 결정요인

첫째, 전략변수이다.

이는 조직을 설계할 때 경영자가 제일 먼저 고려해야 할 요소는 전략이다.

표 4-2 전략과 조직구조의 연결

전 략	조직구조	조직특성
· 활동영역차별화 (집중화, 좁은 시장)	기능별조직	규모가 작고 단순하다
· 비용선도(저렴한 가격)	기능별조직	규모가 크고 공식적이다 대량의 표준품 생산에 적합
· 시장차별화 (광고 · 가격차별화)	사업부제조직	기능식조직과 특수조직의 중간 형태
· 혁신적 차별화 (제품 및 서비스 혁신)	행렬형조직	유연성과 협력이 요구되는 특수조직

A. Chandler는 미국의 유수한 기업들은 먼저 전략을 확정지은 후 조직구조의 변경을 유도한다고 밝힘으로써 '구조는 전략을 따른다'(structure follows strategy)라는 견해를 제시하였다. 그러나 Chandler의 이와 같은 견해는 모든 기업에 일률적으로 적용되는 것은 아니며, 오히려 구조가 전략을 주도하는 경우도 있다. 전략이 구조에 영향을 미치는 인과(因果) 방향이 어떠하든 전략은 조직설계에 있어서 가장 중요한 결정적인 요인임은 부정할 수 없다.

최근에는 몇 가지의 전략변수와 조직구조를 관련시키는 연구가 있어 이를 소개하면 [표 4-2]와 같다. [표 4-2]와 같이 전략변수로는 활동영역차별화(niche differentiation) · 비용선도(cost leadership) · 혁신적 차별화(innovative differentiation)그리고 시장차별화(market differentiation)가 있다. 이들 전략변수들을 앞 절에서 언급한 조직구조의 형태와 결합시키면 [표 4-2]와 같다.

둘째, 상황변수이다. 조직설계에 영향을 미치는 상황변수로는 환경 · 기술 그리고 규모가 있다.

먼저, 환경이다. 이 환경은 조직설계에 영향을 미치는 환경을 심층적으로 분석함에 있어서는 안정적 · 가변적 · 동요직 환경이 고려되어야 한다. 안정적 환경(stable environment)이란 예상되지 못하거나 갑작스런 변화가 없는 환경을 말한다. 제품, 시장의 수요, 관련법규 등은 비교적 오랜 동안 안정적이며, 새로운 기술개발의 가능성이 낮아서 연구비 지출도 최소 수준이다. 안정적 환경 아래에서는 기계적 조직구조(mechanistic system)가 적합하며, 기술의 전문화가 강조된다.

가변적 환경(changing environment)이란 제품 · 시장 · 관련법규 및 기술개발이 비교적 명확하게 예측될 수 있어서 조직이 쉽게 적응할 수 있는 경우이다. 이런 환경에 속한 산업은 건설 · 가전 · 컴퓨터 · 금융 · 수송 · 에너지산업이다. 가변적 환경 아래에서는 전문화와 공식화가 강조되는 기계적 조직과 자율성과 단체성이 강조되는 유기적 조직(organic system)의 혼용이 바람직하다.

동요적 환경(turbulent environment)이란 제품 · 시장 · 관련법규 그리고 기술개발 등이 급격히 일어나서 조직이 이에 미처 대처하지 못하는 환경을 동요적 환경이라 부른다. 그러나 조직이 곧 대응방안을 강구함에 따라 동요상태는 오랫동안 지속될 수는 없다. 이러한 환경에서는 유기적 조직이 적합한데, 조직구성원은 다양한 문제를 해결할 수 있는 기술을 소유해야 하며 끊임없이 변하는 환경에 적응하기 위해 직무도 수시로 조정되어야 한다. 뿐만 아니라 창조적 문제해결방법과 그룹의식이 강조된다.

3) 기술(technology)

생산과 관련된 시설 · 공구 · 지식 등의 제반 기술여건은 조직구조를 결정하는 요인이 된다. 조직구조에 영향을 미치는 기술의 중요성은 Joan Woodward의

표 4-3 기술과 조직상의 특성에 관한 Woodward의 연구결과

구조적 특성	소량생산 (주문양복 · 귀금속가공)	대량생산 (자동차 · 반도체칩)	연속생산 (정유제품 · 화학제품)
경영계층	3	4	6
관리영역(임원)	4	7	10
관리영역(감독)	23	48	15
작업자 대 스탭의 비율	8 : 1	5.5 : 1	2 : 1
공식화 정도	낮 다	높 다	낮 다
집권화 정도	낮 다	높 다	낮 다

연구에서 강조되고 있다. Woodward는 단일 혹은 소량생산체제, 다량 혹은 대량생산체제, 그리고 연속(과정)생산체제의 기술구조를 갖는 기업에서 나타나는 조직구조상의 특성을 연구한 결과 [표 4-3]과 같다. 이상 [표 4-3]과 같이 첫째, 기술구조가 복잡할수록(즉 단일생산에서 연속생산으로 진행할수록) 경영자의 수와 경영계층은 증가한다. 둘째, 하부경영층의 관리영역은 단위생산에서 대량생산까지는 증가하지만, 대량생산에서 연속생산체계로 진행할수록 오히려 감소한다. 셋째, 기술의 복합성이 클수록 사무적 · 행정적 스태프가 많이 요구된다. [표 4-3]은 Woodward의 연구결과를 요약한 것이다.

4) 규모(size)

총매출 · 이윤 그리고 고용인원 등 여러 가지 변수의 규모가 조직구조에 영향을 미칠 수 있다는 것을 조직구조에 대한 규모효과(size effect)라고 부른다. 규모효과를 요약하면 다음과 같다.

첫째, 조직이 성장함에 따라 부서와 경영계층의 수는 증가하여 조직구조는 더욱 복잡하게 된다.

둘째, 조직이 커지면 더욱 많은 수의 스태프를 필요로 한다.

셋째, 조직이 성장함에 따라 더욱 많은 수의 규제와 규칙이 필요하게 된다.

넷째, 조직의 규모가 커짐에 따라 조직은 더욱 분권화되는 경향이 있다.

6. 조직개발

조직은 성장 · 발전할 수 있는 기회를 항상 가지고 있지만 피할 수 없는 위험에 처할 수도 있다. 조직은 외부환경 변화에 적응하지 못하면 쇠퇴되어 버릴 수밖에 없다. 그러므로 현대에는 조직은 내외환경 변화에 대한 적응을 위하여 혁신, 변신, 재생, 체질개선, 조직 활성화, 내부 사업가활동 등의 표현을 점점 많이 사용하고 있다. 이러한 표현들은 조직의 내외부환경이 얼마나 변하고 있고, 이와 같은 조직변화의 적응이 얼마나 절실히 요구되고 있는지를 말해 주고 있다.

1) 조직개발 연구

1960년대 이래 우리나라 기업이 보기 드문 성장을 하게 되었다. 특히 우리 기업은 국제화 추세 속에서 기업의 적응능력, 기술개발, 그리고 우수 인적자원개발의 중요성이 더욱 커지고 있다. 따라서, 다변화 환경에 적응력을 갖춘 우수기업으로서의 조직개발(organization development)에 대한 관심이 점점 커지게 되었다. 특히 우리나라 기업은 경영의 민주화 관점에서 조직개발에 관한 관심이 높다.

우리나라에 조직개발에 대한 개념이 처음으로 도입된 것이 1970년대였다. 처음에는 인력개발을 위한 교육훈련에 적용하였으나, 그 후에는 의식조사, 사기측정 등 조직진단과 경영진단에 적용하였다. 특히 최근에는 기업문화(corporate culture) 개발과 관련하여 변화 담당자의 개입활동 등 조직개발의 각종 기법이 다양하게 적용되고 있다.

2) 조직개발의 개념

조직개발은 일반적으로 환경변화에 대한 조직체의 적응력을 기르기 위하여, 조직체의 변화와 조직체 구성원의 행동개선을 가져오는 것을 말한다. 좀더 포괄적으로 보면 조직개발은 조직체의 효율성과 효과를 올리기 위하여 행동과학의 지식과 방법을 사용하여 조직구성원의 행동을 지배하는 가치관, 신념(belief) 그리고 조직문화를 개선하려는 장기적 변화전략 및 과정이라고 할 수 있다.

3) 환경변화와 조직체 성과

1970년대 시계회사인 Timex 회사의 예를 보면 잘 알 수 있다. 1960년대 이전의 주력 기업이었던 화신, 삼화, 천우사 등이 우리나라 주력기업이었으나 현재 우리나라 주력기업명단에서는 찾아 볼 수 없다. 그뿐만 아니라 동명목재, 율산그룹 그리고 명성, 국제그룹은 1960년 이후의 우리나라 주력기업들이다. 그리고 1980년대의 경제불황은 우리나라 기업으로 하여금 환경변화에 대한 적응력과 체질개선의 중요성을 통감하세 하었고, 현재 우리나라 각층에서 전개되고 있는 민주화와 노사관계의 혁기적인 변화도 우리 기업의 경영이념과 경영조직 그리고 관리행동에 많은 변화를 요구하고 있다. 그러므로 우리나라 기업은 환경변화에 대한 적응능력개발과 체질개선을 위한 조직개발에 많은 관심을 보여 왔다.

4) 조직의 외부환경변화

조직의 외부환경변화는 조직개발을 필요하게 만든 근본 원인이다. 조직체가 접하고 있는 사회, 정치, 경제, 기술환경이 변화하고 있다. 특히 조직체의 환경변화는 더욱 심화되어 가고 있다.

F. Drucker의 *Age of Discontinuity*, A. Toffler의 *The Third Wave*, R. Kantor의 *The Change Masters* 등이 모두 점점 심화되어 가는 환경변화와 조직변화를 상징하는 표현이다.

5) 조직개발의 변화측면

조직은 열역학에서 말하는 entropy 현상이 생기게 되는데 entropy 현상은, 조직체를 침체시키고 조직목적 달성에 역기능을 초래시킨다. 따라서 성장 · 발전하기 위해서는 새로운 시설, 기술, 인력 활성화 등을 위한 새로운 변화가 요구된다. 이와 같은 entropy는 과학기술의 발달과 국제화 등 조직체의 변화 환경이 심화될수록 더욱 크게 작용한다. 그러므로 변화의 효율적 계획과 집행을 위해서 조직개발이 필요하다. 조직체에 요구되는 변화는 ① 조직체 전체에 걸친 변화와 ② 일부집단이나 구성원의 변화 등을 들 수 있는데 여러 가지 변화를 분류정리하면 다음과 같다.

첫째, 공식조직변화이다.

이는 조직의 환경변화는 조직체의 많은 환경변화를 가져오게 한다. 내부 공식적인 조직에는 다음과 같은 여러 가지 변화를 시도하게 된다.

먼저, 경영전략(strategy)을 들 수 있다. 전략적 변화는 조직목적을 달성하는데 있어서 조직체의 장기 전략방향과 장기계획 그리고 중요한 자원배분에 변화를 가져오게 된다. 그리고 구조(structure)이다. 이는 조직구조와 조직설계 그리고 권한관계와 방침, 제도, 절치, 규율 등 조직의 일상운영과 경영과정에 관련된 모든 공식적인 조직들이다.

그 다음은 기술(technology)이다. 이는 공식조직의 또 하나의 변화의 측면은 새로운 생산시설과 기계 및 도구의 hardware 측면 등이다.

둘째, 구성원의 행동변화측면이다.

구성원들이 이들 변화를 잘 받아들이고 그들 행동에 바람직한 변화를 가져오지 않으면 안 된다. 실제 있어서 구성원들의 행동변화가 있다고 할 수 있다. 구성원들의 바람직한 행동을 위하여 개발 대상이 되고 있는 행동변화 요인들을 보면 다음과 같다.

먼저, 가치관(value)의 변화이다. 구성원의 기본행동을 지배하는 기본전제(assumption)와 기치관의 변화 없이는 이루어질 수가 없다. 따라서 조직구성원 등의 공유가치(shared value)를 정착시키는 것이 조직개발의 중요한 변화측면이 되고 있다.

그리고 기술과 스타일의 변화이다.

구성원들의 과업수행에 필요한 지식과 개념 그리고 구체적인 기술과 방법에도 변화를 가져와야 한다. 이상 말한 바와 같이 조직체의 변화의 측면에는 경영전략과 조직구조 그리고 기술체계 등 공식조직에 알맞은 구성원의 행동을 개발하는 한편, 구성원의 공유가치에 적합한 공식조직을 설계함으로써 공식조직과 구성원의 자생적 행동에 일관성 있는 조직체를 개발할 수 있다. 그러므로 환경변화에 잘 적응할 수 있는 조직체 능력개발이 항상 요구되고 있다.

제 2 장 인적자원관리

어떤 기업을 막론하고 국제경쟁 속에서 살아남기 위해서는 일하려는 욕구와 능력을 가진 사람(man)과 적절한 설비와 기계(machine), 그리고 제품을 사 주는 시장(market)이 있어야 하고, 거기에다 보다 좋은 품질(quality)을 보다 싸게(cost) 그리고 보다 빠르게 필요한 양을 납품(delivery)해야 한다. 즉 3M에 Q(Quality), C(Cost), D(Delivery)가 병행된 활동이 기업경영의 근본적인 요소가 될 것이다. 즉 경영이란 경영을 구성하고 있는 요소의 관계를 최적화(optimization)하는 것이다. 최적화의 기준은 성과라고 할 수 있다.

경영의 성과를 데이비스(K. Davis)는 다음과 같은 공식으로 설명하였다(Davis, Keith, 1975).[18]

경영의 성과=인간성과×물적 요소
인간의 성과=능력×동기

이상의 공식 중에서 경영의 성과를 결정하는 요소 중 하나인 물적인 요소는 어떤 장소나 어떤 사람에게 주어져도 효율이 일정하기 때문에 불변적인 요소라고 하고 인간은 마음먹기에 따라 변하기 때문에 가변적 요소라고 한다. 그러므로 경영의 성과 결정은 가변적인 인적요소에 따라 결정되기 때문에 인적자원관리가 경영에서 가장 중요한 요소라고 할 수 있다. 에프레이(Lawrence A. Appley)는 경영이란 사람을 계발하는 것이지 일에 대한 감독이 아니다. 그러므로 관리란 인사를 관리하는 것이라고 말하였다(Appley, Lawrence A., 1956).[19] 인적자원관리에는 3R(3 relation)로 분류할 수 있다.

18) Davis, Keith, 1975, *Human Relation in Business*, McGraw-Hill Book Company Inc., p. 474.

19) Appley, Lawrence A., 1956, *Management in Action*, American Management Association 15(5), Brodway Time Square N.Y., p. 323.

제 1 절 인적자원관리의 체계

인사관리의 체계를 보면 3R과 2P — 3대관계(3Relations: Employee relation, Labor relation, Human relation)와 2대과정론(2Process: Vertical management process, Horizontal logistic process) — 로 구성된다고 볼 수 있다.

2과정론 중 수직적 관리과정(Vertical management process)은 계획 · 실천 · 통제(Plan-Do-See)의 과정이고 후자인 수평적인 가치순환과정(Horizontal logistic process)은 화폐의 순환과정인

$$G-W \left\langle \begin{array}{l} A \\ \\ Pm \end{array} \right. \cdots W'-G'(G+g)$$

의 입장이라고 볼 수 있다.

다음의 [표 4-4]는 인사관리의 기술체계를 나타낸다.

1. 고용관계관리

고용관계는 종업원의 가장 큰 관심사인 보수관리와 신분관리, 그리고 직무(job)와 인간(person)을 유기적으로 결합시킬 수 있는 직무와 인력관계 등 3가지 부문으로 분류할 수 있다.

2. 직무와 인간능력

경영학은 사람과 물적자원을 결합하여 일이 이루어지는 과정을 연구하는 것이다. 그러므로 인사관리도 직무(job)와 사람(person)의 능력을 과학적으로 조화시키는 과정이라고 할 수 있다. 즉 인간의 성과는 능력과 동기에 의하여 좌우된다.

표 4-4 **인사관리의 기술체계**

구분 체계	대상 분야	장 면	목 표	수 단	근본 원리	관련 과학	중심 과제	핵심 논리	기업 내 인간존재	주체와 객체의 관계	주체와 객체의 차원
고용관계 관 리 Employee Relation	생산적 측면	업무 수행의 장면	노동 생산성 향상	생산적 협력 촉진	공존공영 (경영성 원리)	경영학 경제학 노사관계	노무조직 고용관계 작업조건 산업훈련 임금제도	능률의 이론	직능적 존재	수직적 관계	개별적 차원
인간관계 및 행동관리 Human Relation	개인적 측면	인간 관계 및 행동적 장면	노동 의욕 증가	생활 보장과 개인적 만족	사회적 복 지 (human-izm의 원리)	회계학 심리학 인류문 화학	노동후생 의사소통	감정의 이론	사회적 존재	수직적 관계	개별적 집단적 차원
노사관계 관리 Labor Relation	협약적 측면	노사 대립 장면	산업 평화 유지	분쟁의 처리와 방지	상호타협 (타협성의 원리)	노동법 사회정책	단체교섭 경영참가	권력의 이론	정치적 존재	수평적 관계	집단적 차원

인간의 능력은 직무에 대해 존재하는 것이다.

직무에 대한 연구는 직무분석, 직무평가, 직무설계 및 인사고과 등의 연구가 필요하다.

1) 직무분석

직무분석(Job analysis)은 각각 직무에 관한 제 사실을 발견하여 기술하는 절차이다. 직무분석 목적은 이미 지적한 바와 같이 인간의 노동력을 과학적이고 합리적으로 관리하기 위한 기초적인 일이다. 그 목적은 아래와 같다.

첫째, 종업원 선발과 배치전환과 직무분석을 하는 데 목적이 있다.

둘째, 교육훈련과 직무분석에 목적이 있다.

셋째, 조직에 있어서 각 직무마다 의무와 책임과 권한이 명확히 되어야 한다. 그리고 균형이 유지되어야 한다는 것이 조직의 3면등가의 원칙이다. 이와 같은 원칙을 확립하는 데 직무분석의 목적이 있다.

넷째, 임금관리에 목적이 있다. 현대적인 임금형태인 직무급과 직능급을 확립하는 데 직무분석의 목적이 있다.

다섯째, 산업안전에 목적이 있다. 직무분석은 노동력의 보전과 산업안전관리의 기초로 하는 데 목적이 있다.

여섯째, 작업방법과 작업공정의 개선에 목적이 있다. 직무분석은 작업방법 및 공정개선의 기초자료로서 활용하는 데 목적이 있다.

일곱째, 인사상담에 목적이 있다. 직무분석은 인사상담의 기초자료로서 활용된다.

여덟째, 노사관계를 개선하는 데 목적이 있다.

직무분석은 직위의 책임과 권한에 관하여 경영자와 노동조합간의 공동적인 이해를 촉진함으로써 노사 쌍방의 불편과 불만을 제거 내지 감소시키는 데 목적이 있다.

2) 직무기술서와 직무명세서

직무기술서(Job Description)는 직무수행자나 감독할 사람이 직무의 성격, 내용, 수행방법을 일목요연하게 파악할 수 있도록 요점을 기록한 것이다. 직무명세서(Job Specification)는 구체적으로 인사관리의 특정목적에 알맞도록 세분화하게 기술한 문서이다.

3) 직무평가

인사관리의 기초가 되는 것은 직무를 분석하고 평가하는 것이다. 직무평가(Job evaluation)는 직무가 지니는 상대적인 가치를 결정하는 과정이다. 직무에 대한 상대적인 가치를 체계적으로 평가하기 위하여 고려되어야 하는 요소로서 기능(skill), 책임(responsibility), 노력(efforts), 작업조건(working condition)을 들 수 있다.

4) 직무설계

직무설계(Job Design)란 직무를 수행하는 사람에게 직무에 대한 의미와 만족을 부여할 의도에서 작업군과 단위직무의 내용 및 작업방법을 설계하는 것이다. 전통적인 직무의 설계는 직무를 중심으로 사람을 직무에 적응시키기 위해서 직무설계를 하는 데 비해, 현대에서는 사람을 중심으로 직무를 어떻게 설계할 것인가 하는 것이 직무설계의 중심과제이다.

3. 인간의 능력

인간에 대한 평가로서, 인간의 능력에 대해 평가하는 것을 인사고과라고 한다. 경영의 성과는 구성원들의 각자 업적(성과)을 합한 것이다. 인사고과(merit rating)는 종업원의 업무수행상의 업적들(공헌도)을 측정하는 제도이다. 인사고과의 성격은 다음과 같은 특징을 지니고 있다.

첫째, 인사고과는 조직 내의 인간을 대상으로 한다.

둘째, 인사고과는 사람과 직무와의 비교를 원칙으로 한다.

셋째, 인사고과는 상대적인 평가이다.

넷째, 인사고과는 객관성을 높이기 위하여 특정목적에 적합하도록 조정되는 경향이 있다.

그리고 인사고과 방법은 서열법, 기록법, 평가측도법, 대조법, 강제할당법, 업무보고법인 전통적인 고과방법과 주요 사실법, 자기신고법, 면접법, 목표관리법, 평가센터법, 인적자원회계와 행동과학에 기초를 둔 고과방법 등이 있다. 또한 인사고과에 대한 오류들을 보면 선택적 지각오류, 상동적 태도오류, 현혹효과오류, 주관적 표준오류, 개체에 의한 지각오류 등으로 분류할 수 있다.

제 2 절 보수관리

종업원 관심사 중에서 가장 큰 관심사가 보수와 신분에 대한 관리며, 보수와 신분에 관한 문제가 종업원의 사기와 행동에 영향을 준다. 보수관리에는 직접 보수관리인 임금관리와 간접보수관리인 복지후생관리로 구분한다.

종업원에게 제공되는 보상은 직접적 급여로서 임금과 간접급여로서 복리후생을 들 수 있다.

1. 임금관리(Wage & Salary Administration: 직접보수)

임금이란 노동자에게 제공되는 보수로서 노동 급부의 대가이다. 이는 Macro적인 차원에서 임금을 국가경제적인 차원에서 보면, 임금은 국민소득이 되고, 기업 제품의 구매력이 물가에 영향을 준다. Micro적인 차원에서는 임금은 지출의 하나의 항목을 이루는 비용이 되고 제품과 service의 cost(원가)를 이룬다. 이 비용은 인건비를 형성한다.

(1) 임금관리시스템

임금관리의 시스템을 보면 수준관리와 체계관리(structure), 형태관리로 구분한다. 수준관리는 근로자에게 지급되는 평균임금액을 뜻한다. 임금체계관리는 두 가지 의미로 사용되는데, 전자는 임금지불항목의 구성내용을 의미하며, 후자는 개별임금격차가 무엇에 의하여 결정되며, 어디에 격차 근거를 두는가에 따라 분류한다. 그리고 임금형태관리는 산정의 기초를 어디에다 근거를 두는 것인가에 따라서 임금형태가 결정된다.

임금수준관리는 근로자에게 지급되는 평균임금액을 뜻한다. 임금수준에 영향을 주는 요인으로서 기업의 지불능력, 생계비, 사회적 균형 등 세 가지로 요약할 수 있다. 첫째, 기업지불능력은 기업의 지불능력 범위 내의 것이라야 한다. 둘째, 생계비는 물가변동을 감안한 생활비의 최저액(생활급)이라야 한다. 셋째, 사회적 균형은 국내 노동력 수요, 공급관계에 따른 노동조합, 정부 등 사회 일반적일 균형을 뜻 한다.

㈀ 기업의 지불능력에 대한 임금수준 파악방법

기업의 지불능력을 파악하는 기준으로서는 a) 생산성(productivity), b) 이익률(profitability)이 있다.

a) 생산성(productivity)은 (a) 매출액 분석 (b) 부가가치분석이 있다. b) 이익률(profitability)은 (a) 손익분기점분석, (b) 원가구성분석, (c) 매출이익분석이 있다.

㈁ 생계비보장에 의한 임금수준의 파악방법

생계비 보장에 의한 임금수준의 파악방법에는 실 생계비 조사방법과 이론 생계비 조사방법이 있다.

첫째, 실 생계비 조사방법에는 식생활에 있어서 얼마나 경비가 들어가는가를 측정하는 방법이다. ⓐ 음식물비, ⓑ 피복비, ⓒ 주거 · 광열비, ⓓ 문화비 및 잡비 등으로 지출되었는가를 파악한다. 예를 들면 가계조사(앙케이트)에 의한 분석, 바람직한 생활 제시를 하게 된다.

둘째, 이론 생계비 조사방법에는 최저 생계비율 등이 파악된다. 제 과학의 이론, 예컨대 "식품영양학, 의학"으로서 음식물의 성인 1인이 하루에 섭취해야 할 2,600kcal 음식물 종류와 양에다 가격을 곱해야 한다. 이는 객관적이고 합리적이다.

(ㄷ) 노동자의 라이프 사이클(life cycle)이다. 이는 근로자의 life cycle을 파악한다. 예를 들면, 일본전전에 일본 남자는 23.5세에 대학졸업, 24.8세 결혼, 27.3세 장자출산, 5인 자녀출산, 39.9세 末子출산, 46.1세에 末子취학, 56세에 안정, 62.2세 평균사망으로 파악된다. 일본의 전후(1973) life cycle을 보면 일본 남자의 경우 22.5세 대학졸업, 26.2세 결혼, 28.4세 장자출산, 평균 2인 자녀출산, 31.0세 末子출산, 37.5세에 末子취학, 55.0세에 정년, 72.8세 평균사망하다고 조사되었다. 우리나라 경우(1975) 60세까지 기준으로 한 사례를 보면, 우리나라 life cycle을 보면 40세에서 50세 사이가 생계비 지출이 제일 많은 경향으로 나타난다.

(ㄹ) 사회적 균형에 의한 임금수준의 파악방법이다.

사회적 균형에 의한 임금수준의 파악은 사회적 균형을 고려해야 한다. 이는 일반 사회의 임금수준 내지 동일업종의 임금수준을 감안하여 임금수준을 결정하는 요소들이 고려되어야 한다. 그리고 이는, 먼저 우수임률이다. 이는 자사에 있어서와 동종 타 회사와 우수회사를 비교하여 같거나 그 이상, 즉 노동시장에서의 경쟁의 우위를 차지할 수 있다.

그리고 그 다음은 단체 교섭력으로 노동조합이 임금결정에 큰 영향을 미친다.

노조원의 수가 많을수록 힘이 크다. 그리고 그 다음은 정부의 방침으로 정부가 정책적으로 임금 가이드라인을 두기도 하고 최저임금제를 채택하고 있다.

(ㅁ) 근로자와 임금과의 관계이다. 임금은 근로자에게 다음과 같은 여러 가지 영향을 준다.

① 자극성이다. 임금은 노동자에게 자극성을 갖게 한다. 노동자에 대한 자극

은 노동자의 욕구를 자극한다. 경영자가 노동자를 자극할 필요가 있을 때 가장 유효하다.

② 임금의 충족 곤란성이다. 임금은 단순히 노동의 대가로서의 의미만을 가지는 것은 아니다. 그런데 욕구는 임금이라는 화폐수입을 소비함으로써 충족시킬 수 있다. 임금에 대한 욕구는 무한한 것이며, 충족시키기도 어렵다. 많을수록 관심이 크다.

③ 불만족 대표성이다. 임금은 직장의 모든 불만을 대표하는 성질을 갖는다. 환경에 대한 불만, 관리방식에 대한 불만, 단순히 감정에 대한 불만 등 깊게 분석하지 않고 임금에 대한 불만으로 생각한다.

④ 사회적 지위 대표성이다. 임금은 노동자의 사회적 관계를 규정하는 요소이다. 임금은 노동자의 사회적 지위를 결정하는 데 대표적인 것이다. 임금은 사회적 지위를 결정하는 요소가 된다. 직위가 달라지면 임금도 달라진다.

(ㅂ) 기업과 임금이다. 임금은 기업에 있어서 하나의 지출항목을 이루는 비용이다. 즉, 제품과 서비스의 cost를 이루는 요소이다. 비용은 인건비를 형성한다. 따라서 임금의 적정 여부는 기업성과에 크게 영향을 미친다. 그러므로 임금은 국민의 소득이 되고, 기업 제품의 구매력이 된다. 임금의 적정 여부는 기업성과에 크게 영향을 준다.

(1) 비용으로서의 임금이다. 기업의 인건비를 형성하는 요소가 된다. 임금인상이라고 해서 인건비 증가를 가져오는 것은 아니다. 임금증가로 생산성이 오히려 증가하면 인건비가 감소된다.

(2) 생산능률과 임금이다. 임금을 단순히 비용이라고 생각하는 것은 잘못이다. 테일러(Taylor)는 "고임금과 저노무비," 포드(H. Ford)의 "고임금과 저가격" 이론을 보아도 잘 알 수 있다

(3) 기업이 수입원으로서의 임금이다. 임금은 기업측의 원가형성으로서 기업의 지출, 비용이지만 소비자가 기업의 제품과 서비스를 구매함으로써 기업에게 지불하는 대금의 형태로서 기업의 수입원이 된다.

1979년의 국민소득 가운데 임금이 차지하는 비율이 46.3%라는 큰 부분을 차지하고 있다. 국민소득은 동시에 구매력(purchasing power)을 형성한다. 소득은 저축과 소비로 나누는데 이 소비의 부분은 기업에 대한 수요로 나타난다.

(ㅅ) 고가경제사회와 임금이다. 저임금시대는(이 단계는) 단순히 노동자가 어떻

게 하면 자기의 생활비에 충분한 임금액을 조달할 수 있는가 하는 것만이 노동자에게 중대한 문제일 뿐이다. 고임금이 지불되면 타인의 임금과 비교하여 자기의 임금이 높으냐 아니면 낮으냐가 문제가 되고, 또 임금의 고저는 기업에서의 자기와 자기의 직무에 대한 평가의 고저에 따른 것이라 보고, 때에 따라서 아주 큰 불안감과 굴욕감을 갖게 된다. "인간은 임금 외 성장과 자아실현이 임금보다 더 중요하게 생각한다."

먼저, Maslow의 욕구단계에서 보면 저차적 욕구에서 고차적인 욕구수준인 존경과 자아실현의 단계로 간다. 그리고 D. Mcgregor는 미국의 경영은 종업원의 생리적 욕구와 안정의 욕구를 비교적 충분히 충족시키고 있다. 미국의 생활수준은 높고, 심각한 실업의 기간을 제외하면 사람들은 생리적 욕구를 상실하지 않고 있다.

그렇지만 경영이 이들 생리적인 욕구와 안정의 욕구를 충족시킨 결과로 Motivation의 중요성은 사회적 욕구와 자아실현의 욕구로 옮겨지고 있어 작업과정에서 이들 고차원의 욕구가 충족되지 않는다면 사람들은 욕구충족이 저지되어 그들의 행동은 이들 욕구의 상실을 반영하게 된다(McGregor, Douglas, 1960).[20] 이러한 사항에서 생리적인 요구만을 중시한다면 많은 보수를 지급하더라도 효과가 없고 다시 질책과 위협에 의해서 경영목적을 달성하는 것밖에 좋은 방법이 없다고 믿게 되었다.

(ㅇ) 임금의 원칙이다. 임금의 원칙은 임금결정의 기초가 되는 원칙으로서 임금에 대한 기본적인 사고방식을 의미한다. 따라서 임금결정의 기준 또는 임금의 산정이다. 임금의 원칙은 여러 가지 입장에서 고찰할 수 있다. 이는 국민경제적 입장, 사용자 입장, 노동자의 입장에서 고찰할 수 있다. 먼저, 국민 경제적 입장은 사회정책 내지 임금정책에 의해 결정된다. 그리고 사용자 입장에서는 경영자 연합 등에서 발표하는 임금방침이 될 것이다. 끝으로 노동자의 입장에서는 산별노조의 임투 방침이 될 것이다.

여기서는 기업의 입장에서 임금원칙을 논하려고 한다. 따라서 노사쌍방에게 객관적으로 타당한 원칙이다. 그러나 임금의 원칙은 인사관리의 본질에서 찾아야 할 것이다.

---

20) McGregor, Douglas, 1960, *The Human Side of Enterprise*, McGraw-Hill Book Co., p. 40.

그림 4-7 인사관리 목표와 임금의 원칙

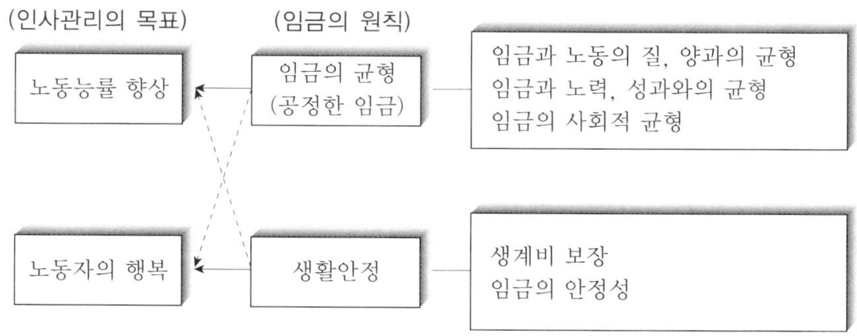

인사관리의 본질은 먼저, 노동능률향상으로 기업의 성장과 안정에 기여토록 하는 것이다. 그 다음은, 종업원 만족을 하게 하는 일이다. 이것은 소망이기는 하나, 상호 모순과 대립되기도 한다. 그러므로 전제적 인사관리하에서는 전자만 생각하고, 온정주의적 인사관리에서는 후자만을 생각한다. 그러므로 전제적 인사관리에서는 능률주의적 인사관리와 노동능률향상만 생각하고, 온정적 인사관리에서는 민주적 인사관리와 종업원의 만족을 생각한다. 그리고 현대적 인사관리는 전자와 후자를 다 갖추어야 한다. 그러므로 임금의 원칙은 인사관리의 이상에 봉사하는 것이어야 할 것이다. 그러므로 임금원칙의 지주는 임금의 사회적 균형과 생활의 안정이다.

(1) 임금의 균형이어야 한다. 임금의 균형은 다음 [그림 4-7]과 같다.

(2) 노동의 양과 질에 상응하는 임금이어야 한다. 이는 동일노동, 동일임금(equal pay for equal work)이다. 이 원칙을 지키려면 이 원칙에 따른 임금체계는 직무급과 직능급이다. 이 원칙은, 임금은 각인의 능력 → 직무 → 임금이라는 과정에서 결정되어야 한다는 주장이다. 즉, 능력에 따라 직무가 결정되고 직무와 상응하는 임금이 결정된다. 그러므로 임금과 능력이 균형이 이루어진다. 그러므로 임금격차가 공평한가를 알기 위해서 현재업무를 바꾸고 싶은가를 물어보는 것이 가장 좋은 방법이다. P. A. Samuelson의 수요와 공급에 의해서 임금격차가 정해진다(Samuelson, 1980).[21]

(3) 노력과 성과에 상응하는 임금이어야 한다. 임금은 개인의 성과와 노력에

21) Samuelson, P.A., 1980, *Economics*, Mcgraw-Hill Book Co., pp. 541-547.

상응하는 임금이 되어야 한다. 직무의 내용에 따라 임금을 지불하는 것만으로 불충분하다. 그러므로 근무성적에 따른 임금이어야 하는데 개인의 능력에 따라 주어야 한다.

(4) 임금의 사회적 균형이어야 한다. 임금은 사회적으로 균형이 되어야 한다. 이는 기업내부는 물론 외부에도 균형이 유지되어야 한다. 이것은 임금수준이 균형이 되어 있음과 동시에 임금체계에 있어서도 개개의 각 직종의 임금도 균형이 되어야 한다.

첫째, 임금수준의 대외균형 — 타 기업과 비교하여 수준이 유리해야 한다.

둘째, 기업내부에 있어서 임금체계의 균형 — 임금체계의 균형이란 포멀(formal)한 직무와 임금과의 균형 및 능률과 임금과의 균형을 의미한다.

(5) 생계안정이어야 한다. 생계안정은 다음과 같다.

① 생계비 보장은, 노동자의 노동력 재생산에는 노동자와 가족생존까지도 가능하게 생계유지를 할 수 있는 생활수단이 확보되어야 한다.

② 임금의 안정성은, 업무와 임금의 안정성은 근무능률의 향상을 위해서 또는 인간으로서의 노동자 입장에서 중요하다.

첫째, 임금은 생계보장을 하기 때문에 불안정한 임금은 불안정한 생계보장을 한다.

둘째, 임금은 사회직위를 나타내기 때문에 사회질서를 유지하는 중요한 요소가 된다. 따라서 임금의 변경은 기득권을 침해하지 않는 것이 중요하다.

(a) 기득권을 침해해서는 안 된다.

(b) 장기적으로 본 임금의 안정성: 5년 또는 10년 후의 자기 임금이 생각되어야 노동자에게 희망을 주는 임금이 된다.

(ㅈ) 우리나라 임금관리의 특성이다. 우리나라 임금관리의 특성을 보면 다음과 같다.

① 개별기업별 임금관리이다. 임금이 개별기업별로 결정되고 있다. 임금이 사회적으로 결정되는 것이 아니고 각 기업별로 결정되고 있다. 형식적인 임금률과 시장임금의 개념이 결여되고 있다.

② 상여, 퇴직금 제도가 불가결한 것으로 되고 있다. 저임금하에서는 정기급만으로는 일상적 지출을 감당할 수 없고, 노후보장도 없고, 생활유지 안정이 어렵다. 이 이유로 경영가족주의로 "은혜적인 요소"가 포함되어 있다.

③ 복잡한 임금체계이다.

구미에 비해 훨씬 복잡하다.

④ 정기 승급제도를 불가피한 것으로 하고 있다. 최저생활급에서는 생활유지를 가능케 하는 것은 연령급, 생활급이다. 그러므로 연공요소와 결합되어 장려적 임금제의 적용이 적다. 능률급의 적용이 적었다.

⑥ 저임금이 복지시설에 의해 보완된다.

(2) 임금관리의 문제점

첫째, 임금관리의 비중과 임금수준의 문제이다. 인사관리에서 임금이 차지하는 비중이 크다. 임금관리를 하는 것이 생산성 향상을 자극하는 데 유용한 관리방법이라고 생각하였기 때문이다.

둘째, 임금체계의 변화의 문제이다. 생활급적 성격을 가지는 각종 수당이 부정기적으로 추가지급됨으로써 임금체계는 체계화되지 못하였다. 본인급적 기본급으로 전화하고 직무급적인 것이 기본급의 주요한 지위를 차지하고 있다.

셋째, 초임금 인상의 영향의 문제이다. 경제성장으로 초임금은 현저하게 상승하고 있다. 신규채용자에게 임시수당 등 지급을 해야 하기 때문이다.

넷째, 직무급과 직능급에 대한 문제이다.

연공급은 속인급이며, 직무급은 속직급이다.

다섯째, 승급과 안정임금의 문제이다. 그러므로 정기급을 채택하는 것이다. 생산성에 있어서 분배의 기회가 없다.

(3) 우리나라 임금관리의 합리화 방향

연공적 경영사회질서에 적합한 연공서열형 절충식 한국형 임금관리와 구미의 근대적인 임금체계를 중시한 혼합체계가 필요할 것이다. 한국형 임금관리체계의 기술적 개선으로 저임금정책과 온정적 경영가족주의를 이념 개선하여 경영사회 질서에 대응하는 체제가 되어야 할 것이다. 봉건적인 노동시장이 장기고용을 낳은 것이 근속급이다. 이것이 고용의 안정감과 귀속의식 및 이를 위해 형성된 연공서열적인 경영사회의식을 만들었다. 안정과 귀속의식은 경영에 있어서 노사관계를 원활하게 노동의식을 자극할 수 있다. 그러한 반면 그것은 의존주의와 무사안일주의를 낳고 합리적 사고와 적극적인 창의성 및 능력주의의 신장을 저해한 것이 사실이다. 그러므로 우리나라 임금관리 방향을 제시하면 다음과 같다.

첫째, 종합적인 임금관리를 일반화해야 한다. 직무급화 및 직능급화가 주창되고 있다. 즉, 생활급에서 노동대가급으로 가야 된다는 주장이다. 이는 채용기준, 교육훈련, 승진제도 등의 인사관리제도에 적용된다.

둘째, 현행 임금곡선을 재검토해야 한다. 동일노동, 동일임금의 청소년의 낮은 현행 임금곡선은 재검토되어야 한다.

셋째, 연공서열의식을 타파해야 한다.

이는 기술혁신의 진전으로 경험불필요면에서는 연공서열의식을 불식해야 한다.

넷째, 장기고용제의 해소를 해야 한다. 이는 직업소개소, 실업수당으로 장기고용해소를 해야 한다. 연공서열의 가장 큰 지주는 장기고용관계임은 주지의 사실이다. 이것은 노동자에게 뿌리 깊게 박힌 관행이다. 그러므로 노동의 유동화를 용이하게 하는 근대적 직업소개소의 확충, 실업수당고도화, 국가기능금 정착제도의 확립 등 노동시장의 근대화와 기업별 임금격차의 해소가 필요하다.

(4) 우리나라 임금체계의 특징

우리나라 임금의 특징을 보면 다음과 같다.

① 생활급체계이다. 기업임금은 생활비를 기준으로 하여 결정되고 있다. 따라서 연령, 근속연수, 가족구성 등은 임금결정의 주요한 요소가 된다. 제 수당을 차지하고 있다.

② 학력 · 근속급체계이다. 임금의 결정기준은 학력과 근속연수가 임금결정의 주요한 부분을 차지하고 있다. 학력과 근속급체계 또는 연공급체계이다.

③ 개인별 임금체계이다. 임금체계에 있어서 임금결정의 주요한 기준이 되고 있는 학력, 근속, 연령, 가족수, 주거의 조건은 모두가 직무에 관련된 것이 아니고, 노동자 개인에 관련된 개별적인 조건이다.

④ 상여금, 퇴직금제도 등 특수한 급여제도가 존재한다. 우리나라는 상여금제도, 퇴직금제도 등 구미제국에서 볼 수 없는 특수한 임금제도가 있다. 우리나라의 기업임금체계의 특징은 다음과 같다.

첫째, 임금체계가 복잡하다. 복잡한 이유는 ⓐ 인플레이션, ⓑ 세법상의 문제, ⓒ 제도의 경직성 등을 들 수 있다.

기본급 65%, 제 수당이 35%, 위험수당이면 직무분석으로 직무평가에 적용된다.

둘째, 연금, 근속, 학력에 의한 임금격차이다. 우리나라는 근속연수, 학력, 연령 등에 의하여 임금격차가 크다.

셋째, 정기승급제도이다. 우리나라는 근속급을 주로 할 것이다.

(5) 한국의 연봉제도

우리나라 연봉제는 UR 이후, 경쟁력이 있을 때 우리는 국제화와 개방화에 대한 좋은 기회가 될 것이다. 오늘날 기업, 정부, 교육 등은 조직과 제도를 개선하면서 경쟁력을 향상시키고 있다. 특히, 초우량 기업만이 살아남을 수 있다는 위기감 속에서 연공주의에서 벗어나 능력주의 임금관리와 인사관리에 관심을 보여주고 있다.

특히 우리나라도 1993년 12월 두산그룹의 과장급 이상의 관리직 전원에게 연봉제를 도입 실시한 후 능력주의 임금관리의 일환으로 관심이 높아지고 있다.

연봉제는 개개인의 능력, 실적 및 공헌도를 평가하기 위하여 연가 임금액이 결정되는 능력 중시형의 임금지급체계라고 할 수 있다.

최근 연봉제에 대한 관심이 높은 이유는 연공주의 임금체계와 반성에서 찾아볼 수 있다. 그런데 우리나라 임금체계는 연공급이 주류를 이루고 있으며 연공과 학력이 접목된 임금체계를 이루고 있다. 그런데 현행 임금체계인 연공급 위주의 임금제계는 과거 저임금 시대에 있어서 생활보장이 최우선적으로 요구되며, 우리 문화에 깊이 뿌리 내린 유교사상인 장유유서를 중시하는 문화적인 전통하에서는 연공급제는 합리적인 임금체계라 할 수 있다. 그러나 산업고도화가 이루어지고 합리성을 중시하는 경영문화와 근로자 의식구조의 변화, 승진적체의 심화, 고임금화, 개방화, 우수인력의 부족현상 때문에 임금체계에 대한 재검토가 필요하다.

① 연봉제의 이론적 고찰

연봉제는 개별종입원의 능력, 실적 및 공헌도를 평가하여 계약에 의하여 연간 임금액이 결정되는 능력중시형의 임금지급체계로서 미국 등에서 채택하고 있다.

미국의 관리직과 전문직은 임금이 직무급적 색채가 높고, 생활급적인 승급이 불필요하기 때문에 연봉으로 책정하는 것이 의미가 있다. 그런데 우리의 임금의 책임은 각종 수당의 증가로 그 체계가 매우 복잡한 반면(임금, 저임금, 인플레) 연공급체계의 근간을 이루고 있다. 이에 반해 근로자의 개인의 능력이나 직무의 성격, 공헌도, 생산성제고와 동기유발 기능이 크게 약화되었다.

그 결과 기업의 무사안일주의, 적당주의가 팽배해지고 성실하게 열심히 일하는 사람이 상대적으로 손해를 보는 결과를 초래하였다. 따라서 개인의 능력과 업적을 연결시킬 수 있는 임금체계가 필요하다. 일이 어렵든, 쉽든, 일을 잘하든 못하든, 경영성과가 있든 없든, 일률적으로 임금을 지급하는 것은 자유시장의 경제에서는 공정하지 못하다고 볼 수 있다. 그러므로 유능한 인력의 동기를 유발시킬 수 없다.

개인은 ㉠ 직무의 성격, ㉡ 개인의 능력, 그리고 ㉢ 경영성과와 임금지급이 연계될 때 임금은 근로자에 대하여 동기유발 요인이 되고, 기업에 대하여는 효율적인 관리수단이 된다. 즉, 임금이 공헌도에 비례하여 지급될 때 임금체계는 공정하다고 볼 수 있다.

한마디로 연봉제는 ㉠ 균등성을 지향하고 ㉡ 공평성에 바탕을 둔 임금체계로서 공헌도에 비례하는 임금지급원칙을 실현하고 있다고 볼 수 있다.

② 기업연봉제의 장점

기업의 연봉제에 대한 장점은 다음과 같다.

㉠ 연봉제는 능력과 실적이 임금과 직결되기 때문에 능력주의, 실적주의로 종업원에게 근로동기부여를 해 준다.

㉡ 과감한 인재기용이 용이하다. 국제화시대에 하이테크, 기술자, 특수기능 보유자 등 필요한 인재들은 과거 연공제도는 확보할 수 없다.

㉢ 경영감각의 배양을 들 수 있다. 구미에서는 부장급 이상 상징적인 연봉제를 중요시하고 있다. 자신이 달성한 업무와 연봉과 비교해 경영감각 배움.

㉣ 임금관리가 용이해진다. 현행 임금체계는 연공급으로 제 수당, 상여금, 기본급으로 복잡하다. 동기유발을 상실케 한다.

㉤ 상사와 부하간의 의사소통의 원활화를 들 수 있다. 대상자는 매년 목표를 주고, 연말에 달성도를 평가받는다.

③ 한국기업의 연봉제 도입 실태

연봉제는 92년, 미국과 유럽의 외국회사인 IBM, 씨티뱅크, 퍼시픽 등이 실시하였고, 우리 기업은 두산이 시작하였다. 한국경영자협회가 1993년의 최근 조사에 따르면 조사대상 241개 업체 중에 연봉제 기업이 10개가 되어 4.2%에 불과한 실정이다.

④ 연봉제 도입 방안

연봉에는 임금관리가 탄력성이 있고(flexibility), 제고에 입각하여 공정한 평가와 처우가 연계되도록 하여야 한다. 즉 임금은 단순히 인건비 절약 차원에서 머물러서는 안 되며 근로자의 동기를 유발시키는 임금관리가 병행되어야 한다. 그리고 연봉제는 인사고과를 통하여 평가기능을 회복함으로써 균등성(equality)을 중시하는 방향으로 나가야 한다.

그 결과 소수정예주의에 의한 고임금 → 고생산성 → 저인건비 → 고이윤이 실현되므로 국제경쟁력은 높아질 것이 아닌가 생각할 수 있다. 그런데 현재 우리는 연공급제를 채택하고 있는 상황에서, 연공을 무시한 순수한 능력급 임금체계의 도입은 무리이므로 연공을 절충한 임금체계가 필요하다. 그리고 또한 연봉제가 도입되기 위한 선행조건으로서 기업의 종업원 능력을 평가하는 평가문화가 정착되어야 한다. 그러므로 한국형 연봉제 도입을 고려할 필요가 있다(순수한 야구선수들의 연봉제는 힘들다).

첫째, 기본급 · 제 수당 · 상여금으로 구성된 현행 임금체계는 연봉으로 통합해야 한다. 연봉액은 전년도 연봉을 기준으로 하여 본인의 자기신고와 직속상사의 근무평점, 전년도 업적 등을 종합평가하여 경영자의 합의를 통하여 결정됨. 그리고 성과급은 연봉을 합산하는 방법도 고려해야 할 것이고, 보상적 차원에서 연봉과 분리하여 지급 고려하여야 한다.

둘째, 제 수당 중에서 시간외수당, 연차수당 등 법정수당을 유지 · 존속시키되 나머지 수당은 연봉에 포함시킨다. 그런데 비연봉자들이 받는 가족수당, 직책수당 등도 과도기에는 유지하면서 앞으로는 없애야 한다.

셋째, 명확한 산정기초를 설계해야 한다.

넷째, 연봉제 사정에 주관이 개입되어서는 안 된다(항목을 계수화해야 한다).

다섯째, 연봉제의 적용대상은 관리직과 전문직에 우선 도입하는 것이 무난하다. 생산직은 노동조합과 마찰이 우려가 된다.

여섯째, 연봉제는 근로기준법이 원래 상정하고 있는 임금지급 형태가 아니므로 근로기준법상의 근로자인지 아닌지를 명확히 구분해야 한다.

일곱째, 연봉제 도입은 임금체계 개편의 큰 테두리 내에서 일반사무직과 생산직에 연공주의적 임금체계에서 능력주의의 임금체계로 전환하는 임금체계 개선의 일환으로 연봉제가 도입되는 것이 바람직하다.

여덟째, 개인의 능력 및 실적에 대한 객관적이고 공정한 평가가 뒷받침되어야 한다(인사고과). 연봉제는 현대적인 임금체계라고 할 수 있다. 우리나라는 연공과 학력이 접목된 복잡한 임금체계를 가지고 있어 아직까지 후진성을 면치 못하고 있다.

서구에서는 능력급으로서 능력에 따라 임금의 격차가 생긴다고 할 수 있으나, 우리는 개인 능력과 별개로 연령이나 학력에 의하여 차이가 나는 임금체계이다. 이와 같은 사항 속에서 젊고 능력 있고, 유능한 인력이 공급되기는 어렵다. 그러므로 오늘날과 같이 새로운 전문직종이 탄생되고 국제화와 경쟁화된 오늘날 기업이 살아남기 위해서는 임금의 개선체계가 시급하다는 것에는 이의가 없을 것이다. 그리하여 오늘날 우리나라도 두산이나, 일부 증권회사에서는 능력을 기초로 하는 집단임금제를 채택하고 있다.

일부 대학에서도 연봉제를 채택하려는 움직임이 있으나 쉽게 생각하면 실패할 확률이 높을 것이다. 왜냐하면 먼저 연봉제를 채택하자는 기업문화가 성숙되어야 하고 다음으로는 능력을 평가하는 평가문화가 성숙되어야 할 것으로 생각된다. 이상과 같은 문제점만 해결되면 현대적인 연봉제 도입은 가능할 것으로 생각한다.

(6) 우리나라 임금관리의 특징

우리나라 기업에 있어서의 임금관리는 일대 전환점에 들어서고 있다. 현재 활발하게 전개되고 있는 임금 및 임금관리에 관한 논의와 연구는 대부분 금후의 임금관리의 방향에 집중되고 있기 때문이다.

우리나라에 있어서는 임금은 노동력을 둘러싼 수요측과 공급측의 제 요인, 또는 노동시장의 특수성 등을 배경으로 성립하여 오늘에 이르고 있다. 그러면 현재 우리의 기업에 있어서의 임금관리는 어떠한 특징을 가지고 있는가를 살펴보기로 한다.

① 개별 기업별 임금관리이다.

우리의 기업에 있어서의 임금관리의 일반적인 특징으로서 가장 중요한 것은 임금이 개별기업별로 결정되고 있다는 것이다. 즉 임금이 사회적으로 결정되는 것이 아니고 각 기업별로 결정되고 있다. 그러므로 여기에는 횡단적인 임률과 시장임금의 개념이 결여되고 있다. 이것은 임금의 기업격차를 현저하게 하고 저임금체제를 발생시키는 요인을 이룸과 동시에, 다른 한편에서는 임률이 사회적으로 결정되지 않기 때문에 구미제국에 비해서 임금액결정을 임금관리의 중요한 영역으로서 중시하고 있다.

② 상여 · 퇴직금 제도를 불가결한 것으로 하고 있다.

저임금체제하에서 정기급만으로 일상적 지출을 감당할 수 없고, 또 노후를 위한 지출을 할 수 없으므로 장기적으로 볼 때 생활의 유지와 안정이 어렵다는 것과 노동자의 정착정책과 경영가족주의의 주요한 수단으로 필요하다는 점에서 상여와 퇴직금을 임금관리상 불가결한 요소로 하고 있다.

③ 복잡한 임금체계이다.

우리 기업의 임금구성은 구미에 비해서 훨씬 복잡하고 기본급 외에 각종 수많은 수당이 지급되고 있다. 기본급의 결정 기준을 연령 · 근속 · 학력 · 성별 · 능력 · 직무의 난이도 등에서 찾고 있어서 복잡한 임금체계를 형성하고 있다.

④ 정기승급제도를 불가결한 것으로 하고 있다.

저임금제하에서 생활유지를 가능하게 하는 것은 연령별 생활급이다. 이러한 연령별 생활급과 장기관계에 대응하는 연공요소와 결합한 것이 정기승급제도이며 이것은 연공서열형 임금의 본질적인 특징이다. 정기승급제도의 형태에는 여러 가지가 있을 수 있겠으나 우리나라의 임금관리는 본질적으로 정기승급제도를 기초로 하지 않을 수 없다.

⑤ 장려적 임금제의 적용이 적었다.

과학적 · 장려적 임금제도의 발달은 근대적인 임금관리 형성의 중요한 요인이었다. 그런데 우리나라에서는 구미제국에 비해서 능률급의 적용이 적었다. 더욱이 최근에는 W.F(work factor)법 등의 과학적 방법을 도입한 기업도 없지 않으며 출근수당 · 근무태도를 중심으로 하는 인사고과 등에 의한 승급, 상여방법 등의 생산장려급제도가 실시되고 있다.

⑥ 저임금이 복리시설에 의하여 보완되고 있다.

일반적으로 많은 기업에서는 저임금으로 인한 노동자의 생활의 어려움을 복리시설의 보완에 의존하고 있다. 최근 우리나라 기업은 주택시설 · 의료시설 · 생활 관계시설 등을 확충하고 있다.

이상의 제 특징을 요약하면 우리나라 기업의 저임금관리의 기본적 특징은 노동시장을 기초로 하여 임금결정이 개별기업수준에서 결정되고 있어 구미의 경우와는 달리 임금액이 임금관리의 중요한 과제가 되고 있으며, 또한 장기간 저임금제도가 구체적으로 정기승급제도의 형태로 연공임금체계가 되어 임금관리제도의 중심을 이루고 있다. 따라서 임금은 노동의 대가라는 근대적 임금관념이 성숙되지 않고 있어서 생활보장을 중심으로 하는 비근대적인 관념이 아직도 남아 있다.

그러나 합리주의의 발전은 우리 기업에 있어서의 임금관리에 큰 영향과 변화를 가져오고 있다. 즉 연공서열형의 임금으로부터 완전히 탈피는 하지 못했다 하더라도 연공서열형 임금의 기술적 합리화가 추진되고 있으며 노동대가의 원칙에 따른 직무급, 또는 직능급의 방향으로 임금관리가 발전하고 있음을 간과할 수 없다고 하겠다.

(7) 임금관리의 문제점

임금관리의 문제점을 보면 다음과 같다.

① 임금관리의 비중과 임금수준이다.

우리나라 인사관리에서 임금관리가 차지하는 비중이 대단히 크다. 이와 같은 임금관리 편중의 사고는 인사관리의 발달과 실질임금수준의 상승에 따라 점차 시정되고 있으나, 아직도 선진국에 비하면 임금관리 편중의 사고가 크게 지배하고 있다.

이것은 노동력의 공급과잉 · 수출코스트 인하의 필요, 노동조합의 마찰 전, 경제의 이중구조 등의 요인으로 인해서 그간 우리나라의 임금수준이 낮았고, 특히 2차 대전 후의 인플레기에 있어서의 임금체계의 혼란과정에서 나타났던 생활난으로 인해서 종업원의 관심이 임금에 집중하였기 때문이며, 한편 경영자도 여기에 관심을 집중하여 임금관리를 하는 것이 생산성향상을 자극하는 데 용이한 관리방법이라고 생각하였기 때문이다. 이와 같은 요인들에 의해서 형성된 임금관리 편중의 경향은 인사관리상 하나의 문제라고 지적할 수 있다. 우리나라 임금수준은 선진국과 비교하면 수준이 낮은 것은 사실이다.

그러나 그 수준은 점차 상승하는 경향을 갖고 있다. 임금수준의 상승에 따라 노동자의 임금에 대한 관심은 상대적으로 약화되게 될 것이고 그 대신 복리후생 · 노동조건의 쾌적도 · 휴가 등에 대한 관심은 강화될 것이다. 이것은 동시에 인사관리에 있어서 임금관리 편중을 점차 시정하게 될 것이다.

② 임금체계의 변화이다.

2차 대전 이후의 인플레기에 있어서 물가의 상승에 따른 실질임금의 저하를 막기 위해서 생활급적 성격을 가지는 각종의 수당이 부정기적으로 추가지급됨으로써 임금체계는 체계화되지 못했다. 이것 또한 임금관리의 문제점이라 하지 않을 수 없다. 그러나 근년에는 각종 수당이 기본급 속에 흡수되고 기본급의 비중이 높아지는 경향이 있다. 또한 기본급의 성격도 종전처럼 명목액으로 단순히 수당계산의 기본액에 불과했던 것으로부터 생활급적인 성질로 기본급으로 전환하였고, 가장 새로운 임금 형태로서 직무급제에 있어서는 기본급이 중요한 지위를 차지하고 있으나, 본인급과 직무급의 과도적인 절충형태로서 직능급이 기본급의 중요한 지위를 차지하는 경향도 없지 않다.

③ 초임급 인상의 영향이다.

경제성장에 따른 노동력의 부족현상은 임금수준의 현상에 크게 작용하고 있으며 이에 따라 초임급은 현저하게 상승하고 있다. 이러한 초임급의 상승은 임금관리상의 또 하나의 문제가 되고 있다. 따라서 종래의 임금체계를 수정하여 신규채용자와 고참자와의 임금격차의 조정이 필요하게 된다.

그런데 이러한 임금격차의 조정에는 많은 임금의 자원이 요구된다. 그러므로 신규채용자에게 임시수당을 지급하는 편법을 쓰거나, 또는 근속연수별에 따른 임금에 대한 관심의 강약을 고려하여 임금의 상승곡선을 수정하는 기업도 있다. 특히 중소기업에 있어서는 구인난이 심하여 초임급의 인상이 불가피하므로 규모별 임금격차는 축소되는 경향이 있다.

④ 직무급과 직능급이다.

직무급은 직무내용, 즉 노동의 질에 의해서 기초임률을 결정하는 방법으로서 정확한 직무분석을 요건으로 한다. 이것은 미국에서 발달한 가장 근대적 · 합리적인 임금결정방법이다. 이에 대해서 우리나라에서 오랫동안 실시해 온 방법은 연공서열형의 임금체계이며, 이것은 근속 · 학력 · 연령 등의 형식적 · 속인적인 요소를 기준으로 본인의 능률을 평가하고 그것에 기초하여 임금을 결정하는 것이다.

직능급은 직무수행 능력의 정도와 그 종류로 종업원을 분류하고 그것에 따라 임금체계를 결정하는 방법이다. 직능급은 연공형 본인급과 실제의 직무수행

능력을 조정하는 가급부금체계를 결정하는 방법이다. 직능급은 연공형 본인급과 실제의 직무수행 능력을 조정하는 가급부분을 의미하는 경우도 있다. 오늘날 급속한 기술혁신이 진전됨에 따라 과거의 경험과 숙련 또는 직감은 점차 무용화되고, 새로운 교육훈련을 받은 노동력이 높은 생산성을 실현하고 있다. 이러한 상황하에서는 연공형 본인급은 능력 및 생산성과 모순되게 되므로 많은 기업은 직무급에 많은 관심을 집중하고 있다.

오늘날 우리의 기업에서 직무분석은 완벽하게 실시되지 못하고 있다. 또한 저임금수준으로 인해서 연공형 본인급의 형태를 가진 생활급 요소가 강하게 작용하고 있을 뿐 아니라 여기에 직무급이 부분적으로 부가되는 경향이 있기 때문에 직무급의 도입이 지연되고 있다. 이것 또한 임금관리의 문제점이라 하지 않을 수 없다.

그러나 교육수준의 향상으로 인한 신기술습득기간의 점차적인 단축, 숙련도와 경험연수와의 상관관계의 저하, 연차적인 베이스 업에 의한 인건비 증대에 대한 대책, 또는 동일노동 · 동일임금의 원칙에 대응하기 위해서 직무급의 도입은 필연화되고 있다. 그러므로 문제는 직무급의 기초조건이 되는 직무분석의 실태 및 실질임금수준의 상승률과 기본급 내, 직무급 내 직무급부분이 비중증가율을 어떻게 관련시키느냐 하는 것이 문제라 하겠다.

⑤ 승급과 안정임금이다.

임금수준의 결정기준으로 생계비 · 생산성 · 임금지급능력 · 시장임률 등을 들 수 있으나 이 중에서 생계비에 있어서는 소비자물가의 상승에 의한 베이스 업과 정기승급의 관계가 생산성에 있어서는 노동 분배율과 배분방식이 문제가 된다. 베이스 업은 임금률 체계의 변경이므로 임금의 자원이 증가하지만 정기승급은 일정한 체계하에서 개개 종업원의 평가를 변경하는 것으로 양사는 명확히 구별되어야 하는 것이다. 그런데 우리나라의 경우는 이것을 명확하게 구별하지 못하고 있다.

특히, 최근에는 '베이스 업의 정기 승급화'라는 일견 모순되는 제도가 나타나고 있다. 이것은 임금수준에 대한 장기협정을 하고 그것에 의해서 매년의 베이스 업의 율을 정하여 그 기간에는 베이스 업은 하지 않는 제도이다. 이렇게 하여 장기안정임금제가 성립한다. 미국에서는 1948년의 GM사의 노동협약에서 비롯하여 현재에는 노동협약의 장기화와 임금의 계획조정이 거의 모든 산업에 보급되고 있다. 이 방식의 기본은 생계비와 생산성의 양자를 일정률로 순응시키는 것이다.

이 장기임금협정의 목적은 ㉠ 노사교섭의 에너지절약과 산업평화의 확립, ㉡ 장기 경영계획의 일환으로서 임금관리의 계획화, ㉢ 개인간의 불균형 시정을 위한 것이다.

⑥ 임금관리의 합리화 방향이다.

우리나라 임금관리는 어떠한 방향으로 합리화해 갈 것인가, 이 문제는 두 가지 방향에서 모색될 수 있다.

첫째는, 지금까지의 장기고용관계와 저임금을 바탕으로 하는 연공적 사회질서에 적합한 연공서열형의 임금체계를 인정하고 연공형 임금체계를 구성하고 있는 임금액과 임금체계의 관리를 기술적으로 개선하는 방향이다. 즉 종래의 한국형 임금관리를 완성하는 방법이다.

둘째는, 이와 같은 현 체계를 탈피하여 본격적인 구미형의 근대적 임금관리의 체계로 발전하는 방향이다. 이것은 가장 기본적인 방향이기는 하지만 개별기업만의 노력에 의해서는 그 해결이 어려운 요인이 적지 않다. 예를 들어 노동시장과 노사관계의 근대화, 임금관리에 관련되는 인사관리제제도의 근대화 등이 추진되어야 실현될 수 있기 때문이다. 이 두 가지의 방향을 좀더 고찰하면 다음과 같다.

⑦ 한국형 임금관리체제의 기술적 개선이다.

현행의 임금관리체제를 기술적으로 합리화한다는 것은 먼저 연공형 임금을 구성하고 있는 승급 기준선과 인사고과제도를 합리화함과 동시에 연공형 임금체계에 포함되어 있지 않는 직무 및 직무능력의 요소를 어떤 형태로 도입하느냐 하는 문제와 관련된다.

총괄적으로 말하면 오늘날 우리나라 임금의 본질적 특징은 종전의 연공서열형 임금관리체계를 기술적으로 합리화하여 그것을 성문화한 데 있다고 할 수 있는데, 이것은 종전과 같이 기술적인 면에서 비합리적이었을 뿐 아니라 비전문적이었기 때문에 경영자측의 자의성이 내포되었던 것에 비하면 명백한 발전이라고 할 수 있다. 따라서 오늘의 임금관리체제가 종전의 임금체계의 단순한 형태변화라고 보는 것은 실태의 인식 부족이라 하겠다. 그러므로 다음과 같은 것을 탈피해야 할 것이다.

㉠ 한국형 임금관리체제로부터 탈피해야 할 것이다.

한국형 임금관리체제는 저임금정책과 온정적 경영가족주의를 이념으로 하는 경영사회질서에 대응하는 체제이다. 그리고 이것을 뒷받침하고 있는 것은—노동시장을 기초로 형성된 장기고용제가 가져오는 고용의 안정감과 귀속의식 및 이를 위해 형성된 연공서열적인 경영사회 의식이다. 이러한 안정감과 귀속의식은 경영에 있어서 노사관계를 원활히 하고 노동의식을 자극할 수 있었다. 그러나 반면, 그것은 의존주의와 무산안일주의를 낳고 합리적 사고와 적극적인 창의성 및 능력중시의 신장을 저해한 것도 사실이었다.

고도의 경제적 성장을 위한 기술혁신과 노동력부족현상이 시현되는 단계에서 이와 같은 종업원의 태도는 기업발전의 저해요소가 되는 것이다. 따라서 종래의 한국형 인사관리체제와 그 일환으로서 한국형 임금관리체제로부터의 탈피는 새롭고 긴요한 과제가 되고 있다. 그렇다면 임금관리체제는 다음과 같은 방향으로 개선되어야 할 것이다.

㉡ 종합인사관리의 일반화에서 탈피해야 할 것이다.

현재 우리의 기업에서 직무급화 및 직능급화가 주창되고 있다. 그런데 이것은 단순히 정기승급제도에 의한 임금액의 매년 증가를 완화하기 위한 의도와 관념적으로 '생활급에서 노동대가급으로' 라는 사고에서 주장된 것이 적지 않았다. 이것은 직무급 또는 직능급이 가지는 능력신장이라는 주요한 기능을 이해한 것이라고 말할 수 없다. 이것은 채용기준 · 교육훈련 · 승진제도 등의 인사관리의 제기능과 유기적으로 결합한 종합인사관리제도가 되기 위해서 필요한 것이다. 따라서 단순히 직무급화하기 위한 것이 아니고 직능별 및 직능등급제를 포함하는 직무급과 직능급을 가지고 종합인사관리제도화하는 것이 긴요하다.

더욱이 직무급을 채용하기 위해서는 직무내용의 확정 · 적정배분 · 직무개념의 일반화 등의 조건이 필요하므로 이러한 조건이 불충한 경우에는 직능급의 채용이 바람직하다. 이것은 현재 우리의 조건하에서도 기술적으로 가능하나고 본다.

㉢ 현행 임금곡선을 재검토해야 할 것이다.

본격적인 직무급 또는 직무급화하는 데는 동일노동 · 동일임금의 원칙을 실현할 필요가 있으므로 청소년층의 낮은 현행 임금곡선은 재검토할 필요가 있다. 이것은 불가결의 조건이지만 현행의 기업 내 저임금제도를 탈피하지 않는다면 실현할 수 없는 것이다. 그러나 이것은 종합인사제도로 능력신장체제를 명확히 하고 그것을 바른 궤도에 오르게 함으로써 이룩할 수 있다.

㉣ 연공서열의식을 탈피해야 할 것이다.

임금관리체제를 합리화하기 위해서는 기술혁신을 진전시킴으로써 기능면에서 연공서열의식을 타파해야 한다. 연공서열의식은 장기고용제에 의해서 지지되고 있을 뿐 아니라 종래 기능의 습득은 연공에 의한 바가 컸다는 사실에 의존되고 있다. 그러나 신기술의 도입은 이것을 붕괴시키는 가능성을 제공하고 있다.

㉤ 장기고용제를 해소해야 할 것이다.

연공서열의 가장 큰 지주는 장기고용관계임은 주지의 사실이다. 이것은 지금까지 모든 경영자에게 뿌리 깊은 관행이 되고 있다. 그런데 이것을 해소하기 위해서는 노동력의 유동화를 용이하게 하기 위한 근대적 직업소개기관의 확충, 국가기능검정제도의 확립 등 노동시장의 근대화와 기업별 임금격차 해소가 필요함과 동시에 장기고용관계 위에 형성되어 온 경영가족주의에 의한 관리체제로부터 근대적 인간관계에 의한 관리체제로의 이행이 필요하다. 이것은 인사관리이념의 대전환을 요구하는 것이다. 특히 기업별 노동조합에서 산업별 노동조합으로의 이행에 대응할 수 있는 새로운 노사관계이념과 시책이 필요하다.

또한 임금의 기업간 격차를 완화하고 해소하는 데에는 현재의 중소기업경영의 획기적 근대화와 재편성 및 유통 과정상의 불리점의 해소 등이 요구된다.

그리고 우리나라 임금체계의 특질을 요약하면 다음과 같다. 먼저, 우리나라 기업에 있어서의 임금체계는 경제, 산업, 고용의 구조 및 그 풍토와 관행 등 우리의 독특한 경제 · 사회적 기반 위에서 성립되어 왔으며, 한편 기술혁신의 전진과 이에 따른 경제적 · 사회적 구조의 변화는 서서히 임금제도를 변화시키고 있다. 따라서 현행 우리나라의 임금체계의 특징을 일률적으로 규정할 수 없으나 대략 다음과 같이 요약할 수 있다.

ⓐ 생활급체계의 특징이 있다.

우리의 기업에 있어서, 임금은 생활비를 기준으로 하여 결정되고 있다. 따라서 연령, 근속연수, 가족구성 등은 임금결정의 주요한 요인이 된다. 이것은 우리 기업의 임금구성 중에서 연령급, 근속급, 가족수당, 통근수당 등이 큰 비중을 차지하고 있는 것을 보아도 명백하다.

ⓑ 학력 · 근속급체계의 특징을 가진다.

우리 기업의 임금은 형식상으로 보면 총합 결정급의 성격을 가진 것같이 보인다. 그러나 실제적으로는 임금결정의 기준으로서 학력과 근속연수가 임금결정의 중요한 부분을 차지하고 있다. 이러한 점에서 우리나라 기업의 임금체계는 학력 · 근속급체계 또는 연공급체계라 할 수 있다.

ⓒ 개인급체계의 특징을 가지고 있다.

우리나라 기업의 임금체계에서 임금결정의 중요한 기준이 되고 있는 학력, 근속, 연령, 가족수, 주거의 조건 등은 모두가 직무에 관련되는 것은 아니고, 근로자 개인에 관련되는 개별적인 조건이다. 따라서 실제로 임금을 결정하는 경우에 있어 개인의 성적, 근무현황 등 개인을 단위로 하는 이른바 사람에 대한 급여의 개념이 기본적으로 존재하고 있다.

ⓓ 상여 · 퇴직금제도 등 특수한 급여제도가 존재하고 있는 것이 특징이다.

우리의 기업에는 상여제도, 퇴직금제도 등 구미제국에서 볼 수 없는 특수한 급여제도를 불가결한 것으로 하고 있다. 이와 같은 우리 기업의 임금체계는 다음과 같은 특성을 나타내고 있다.

첫째, 임금체계의 복잡성이다.

임금의 기본이 되는 기준 내 임금은 기본급과 수당으로 구성된다. 우리나라 기업에 있어서의 기준 내 임금의 구성을 보면 기본급 65%, 제 수당 35%의 구성비율을 나타내고 있다. 이와 같은 임금구성은 기본급 외에는 제 수당의 지급이 거의 없고, 초과근무에 대한 할증과 유급휴가 등이 기본급 이외의 중요한 임금부분을 이루는 구미제국의 것과 비교하면 독특한 특징이라 할 수 있다. 우리나라의 경우는 기본급 자체의 결정방식이 복잡할 뿐 아니라 많은 제 수당이 지급되고 있으며 더욱이 상여가 존재하는 복잡한 임금체계를 형성하고 있다.

둘째, 연금 · 근속 · 학력에 의한 임금격차이다.

우리나라 대기업에 있어서의 임금기준선을 보면 5년 내지 10년의 차로 임금이 증가하고 있으며, 근속수당, 연령, 학력 등에 의한 임금격차는 다른 나라에 비해서 크다. 이와 같은 임금격차에 비해서 직무에 따른 임금격차는 오히려 적다. 직책수당, 특수 잔업수당 등이 실시되고 있으나 그 금액은 오히려 소액이다.

셋째, 정기승급제도이다.

우리나라의 기업에서는 베이스업과 다른 의미적 정기승급제도가 존재한다. 이것은 임금체계 자체가 근속급을 주로 한 것이기 때문에 필연적으로 생긴 것이다. 이러한 정기승급제도는 우리나라 기업에 독특한 것이다. 임금체계는 두 가지 의미로 사용되고 있다.

i) 임금총액이 어떤 항목으로 지불되고 있느냐, 즉 임금구성이라는 의미이며, ii) 임금의 격차를 어떠한 원칙에서 결정해 가는 것이 중요하다. 즉 생활급체계인가, 직무급체계인가 등의 의미이다. 이러한 관점에서 임금체계의 유형이 형성된다.

임금구성의 유형은 미국과 같이 주로 기본금으로 지불하고 제 수당이 적은 형과 우리나라와 같이 다액의 부가적 수당을 가지는 형으로 나눌 수 있다. 미국에 있어서도 부가적 급부(fringe benefit)로서 퇴직연금의 불입금, 유급휴가, 질병수당, 식사보조 등 그 지불액이 점차 증가하여 기본급의 20%에 이르고 있는 것은 사실이지만, 우리나라의 복잡한 임금구성에 비하면 아주 단순한 것이다.

그런데 이와 같은 각종의 수당이 증가한 것은 인플레에 대처하기 위한 생활수당에서 비롯되었다고 할 수 있으나 오늘날과 같이 임금구성이 복잡화한 것은 물가의 등귀에 근원한다고 하겠다. 그런데 기본급 본위의 단일형에 비해서 복잡한 수당을 가지는 임금체계는 다음과 같은 이점과 결점을 가지고 있다.

먼저 이 점을 고찰하면 i) 생활의 안정을 도모할 수 있다는 것이다. 즉 더욱 많은 생활비를 필요로 하는 사람에게 가족수당 등을 지불하고, 또 생활비를 더욱 많이 필요로 하는 시기에 상여 등을 지불한다면 생계비에 도움이 되는 임금이 된다. 그러므로 종업원이 일하기 좋은 기업이 되게 된다.

ii) 여러 가지 항목의 수당을 지급함으로써 풍족한 임금이라는 인상을 갖게 된다.

iii) 복리후생시설 등 종업원이 개별적으로 구입하는 것보다 회사가 일괄하여 구입하는 것이 저렴하게 할 수 있다.

2. 후생복리(간접보수)

복지후생이란 기업이 종업원과 그의 가족의 생활수준을 증진시키기 위하여 마련한 임금 이외의 갖가지 급여를 총칭하는 것이다. 그리고 이것은 기업이 마련한 급여로서 종업원의 노동력재생산을 원활히 하기 위한 것일 뿐만 아니라 경영공동체를 형성하기 때문에 이는 기업의 사회적인 책임이기도 하다. 그러므로 간접적인 경영보수론으로서 사회적(집단적)인 측면과 종업원의 이직방지를 하고 기업의 기술축적에 중요한 역할을 한다. 특히 기업 경영은 성과인 동시에 공동체로 보고, 인간의 협동과 단결을 경영생명체 유지에 대한 주요한 요소라는 점을 강조하고 있다.

간접적인 보수인 복지후생은 전체구성원이 모두 혜택을 받을 수 있도록 함으로써 경영을 하나의 협동의 공동체로 만드는 것이다. 요컨대 경영에 있어서 성과의 원리와 집단적인 공동체원리는 기업의 지도원리이다.

이상에서 볼 수 있는 바와 같이 경영에 있어서 복지후생은 노동력의 재생산은 물론 종업원의 생활안정이나 정신적인 측면에 안정을 제공하므로 좋은 인간관계를 형성하여 기업에 대한 협력관계를 만들려는 경영공동체를 형성하게 한다. 이같이 경영복지후생에는 첫째, 공동체의 원리에 입각한 경영공동체의 기반을 구축하는 반면에 둘째로서는, 노동력 재생산을 위한 노동의 확보 · 유지 · 배양과 노사관계 개선의 확립에 목적이 있다.

1) 복지후생관리의 형태

경영복지 후생관리 형태를 보면 법정복지후생과 법정 외 복지후생, 직접복지후생과 간접복지후생으로 분류할 수 있다.

① 법정복지후생과 법정 외 복지후생 형태이다.

법정복지후생제도는 법률에서 의무화한 사회보험의 기업부담분이며 사회보장제도의 발전에 따라 좌우된다. 그리고 법정 외 복지후생은 기업이 독자적으로 종업원에 대해서 실시하는 경제적 급여이며 경영사회정책의 발전에 의하여 좌우된다. 즉, 법정복지후생에는 사회보험과 사회부조로 분류할 수 있다. 사회보험에는 다시 의료보험, 연금보험, 재해보험, 실업보험 등으로 분류된다. 그리고 법정 외 복지후생제도에는 주택, 급식 및 기타 생활경제, 보건위생, 문화체육, 금융공제 등으로 분류한다. 그리고 법정 외 복지후생제도는 법정복지후생 이외 기업이 자율적으로 급여하는 법정 외 복지후생제도이다.

② 직접복지후생과 간접복지후생의 형태이다.

종업원에게 개별적으로 급여로 혹은 공동적으로 급여를 지급하는 방식인가에 따라서 직섭복지후생과 간접복지후생으로 구분할 수 있다. 개별적으로 급여하는 것은 종업원 개인에게 급여되므로 각자의 입장에서 볼 때 직접급여가 된다. 그리고 공동적으로 급여하는 것은 종업원 공동에 급여되므로 각자의 입장에서 볼 때는 간접급여이다. 그러므로 직접복지후생에는 현금급여가 중심이 되고 간접복지후생에는 현물급여가 된다.

2) 복지후생관리 내용

복지후생의 내용을 보면, 사회보험갹출금의 부담, 휴무시 임금지불, 휴가보조금, 가족수당 등이 포함되고, 간접복지후생에는 주거시설, 구매시설 금융시설 등이 포함된다. 그리고 복지후생관리에 유의할 점을 지적하면,

첫째, 창출적 효과를 유의해야 한다. 이는 경제적 성과 목표와 일치하도록 운영해야 한다.

둘째, 종업원의 서비스 내지 정신적 측면을 유의해야 한다.

셋째, 종업원 욕구구조가 연령, 성별, 계층, 소득, 교육수준 등에 따라 다르므로 욕구파악에 유의해야 한다.

넷째, 종업원 참여이다. 복지후생관리의 효율화를 위하여 종업원이 참여하는 조직운영에 유의해야 한다.

다섯째, 비용과 수익의 비교이다. 복리후생에 대한 투자효율을 높일 뿐만 아니라 종업원으로부터 깊은 이해와 신뢰를 사도록 유의해야 한다.

여섯째, 국가사회경제정책에 유의해야 한다. 복지후생관계가 국가차원의 사회보장제도와 밀접한 관계를 갖고 있기 때문이다.

3) 신분관리

신분관리는 종업원의 2대 관심사로서 종업원 행동에 중요한 영향을 준다. 신분관리에는 직접적인 신분관리와 간접적인 신분관리가 있다. 직접적 신분관리에는 승진, 채용, 배치, 전환, 이직 등이다. 그리고 간접적 신분관리는 교육훈련이다.

승진관리란 직위나 신분 등급의 관리를 말한다. 승진의 형태는 수직적 승진과 수평적 승진, 상향식 승진과 하향식 승진, 질적 승진과 형식적 승진 등이 있다. 그리고 직접신분관리인 교육훈련은 기업이 장기적인 안목에서 인재확보를 위해 지출하는 것이므로 교육훈련비를 비용으로 보아서는 안 된다.

제 3 절 노사관계관리

노사관계관리의 근본 원리는 상호타협으로 그 목표는 산업평화와 유대관계로서 단체교섭과 경영참가를 중심과제로 삼는다. 그리고 그 대상 분야는 협약적인 측면이다. 그리고 주체와 객체와의 관계를 보면 수평적인 관계라 할 수 있다. 그리고 노사관계는 당사자와의 관계이므로 한 나라의 노사관계제도와 이슈는 노사당사자와 노동시장 연구가 필요하다.

1. 노사당사자 · 노동조합의 의의

노사당사자는 노종조합 사용자이다. 노동조합은 사용자와 노동자간의 노동력매매 관계에 있어서 노동자의 거래력과 교섭력을 강화하기 위해 조직한 것이 노동조합이다.

노동조합이란, 임금노동자가 노동생활의 제 조건의 유지 또는 개선을 목적으로 조직한 항구적인 단체라고 한다. 노동조합이 그의 조직을 강화하기 위하여 힘을 어떻게 키우느냐는 그의 발전의 주요과제이기 때문에 이를 위하여 여러 가지 방법에 따라서 양적인 점에서 조합원의 수를 어떻게 용이하게 많이 확보할 것인지, 또는 양적인 점에서 조합운영을 위한 자금을 어떻게 용이하게 확보하느냐에 따라 노동조합제도가 있다.

첫째, 조합원의 힘을 확보하기 위해서 숍제도(Shop System)와 둘째, 자금을 확보하기 위하여 체크오프제도(Check off system) 등이 있다.

1) 숍 제 도

숍제도(Shop System)란 조합원 가입제도를 발하며 이는 오픈 숍(open shop), 유니온 숍(union shop) 및 클로즈 숍(close shop)의 기본 3가지가 있다. 그리고 이상 3가지 기본적인 숍제도에서 변형된 에이전시 숍(agency shop), 그리고 메인터넌스 숍(maintenance of membership shop) 등이 있다.

첫째, 오픈 숍은 조합원이나 비조합원이나 모두 고용할 수 있는 제도이다. 이것은 조합가입이 고용조건이 아닌 제도이다.

둘째, 유니온 숍은 사용자의 자유로운 채용이 허락되어도 일단 채용된 후에 일정한 견습기간이 지나 정식 조합원이 되면 조합에 가입하지 않으면 안 되는 제도이다.

셋째, 클로즈 숍제도가 있는데 이는 종업원의 결원 보충이나 신규채용에 있어서 사용자는 조합원 중에서 고용하도록 하는 제도이다. 그리고 변형적인 숍제도이다.

넷째, 에이전시 숍은 조합원이 아니라도 모든 조합원에게 단체교섭의 당사자인 노동조합이 조합비를 징수하는 제도이다.

다섯째, 메인터넌스 숍은 조합원이 되면 일정기간 동안 조합원으로서 머물러 있어야 하는 제도이다.

여섯째, 프러퍼렌셜 숍(preferential shop)은 채용에 있어서 노동조합원에게 우선순위를 주는 제도이다.

일곱째, 메인터넌스 숍(maintenance of membership shop)은 조합원이 되면 일정 기간 동안 조합원으로서 머물러 있어야만 한다는 제도이다.

2) 체크오프제도

체크오프제도(Check off system)란 조합원 2/3 이상의 동의가 있으면 조합은 그의 세력확보수단으로 체크오프(check off) 의 조항을 두어 회사의 급여계산시에 급여에서 일괄 공제하여 조합에 인도하는 방법이다.

3) 노동조합 기능

노동조합의 기능은 경제, 사회, 환경변화에 따라 다양화해지고 있는데 이것은 대체로 경제적 기능, 공제적 기능, 그리고 정치적 기능이 있다.

첫째, 경제적 기능은 노동자의 노동생활의 제 조건을 개선하는 기능이라고 할 수 있다.

둘째, 공제적 기능은 조합원이 질병, 재해, 노령, 사망, 실업 등으로 노동력이 일시적 또는 영구적으로 상실되는 경우가 있어 이것에 대비하여 조합이 기금을 설치하여 그것을 가지고 상호 공제하는 활동을 전개하는 것을 말한다.

셋째, 정치적 기능은 노동조합의 정치적 발언을 주장하는 기능을 말한다.

2. 노동조합의 형태

노동조합의 형태는 의사결정의 중심점(decision making center)에 따라 직업별 노동조합, 산업별 노동조합, 기업별 및 일반조합으로 나누어진다.

첫째, 산업별 노동조합(industrial union)은 직업의 여하를 가리지 않고 동일산업에 종사하는 노동자가 조직한 노동조합이다.

둘째, 직업별 노동조합(craft union)은 동일 직업 또는 동일 직종의 노동자들이 그들이 속하는 기업이나 공장에 관계없이 지역적으로 횡적 조직을 하는 조합이다.

셋째, 기업별 조합(company union)은 동일 기업에 종사하는 근로자에 의해 조직된 노동조합이다.

넷째, 일반조합(general union)은 직종이나 산업에 구애 없이 모든 근로자에 의해 조직되는 단일 노동조합을 말한다.

3. 노동시장

노동시장(labor market)은 노사관계의 활동장소로 노사관계연구에 대단히 중요하다. 노동시장은 노동이란 상품의 매매가 이루어지는 곳으로서 특정적이고 구체적인 장소보다는 수요와 공급이 계속적으로 마주쳐 노동이라는 상품의 매매가 이루어지는 사회적 기구로서 추상적인 시장을 의미한다.

4. 노사관계제도 유형

노사관계의 발전경로는 전제적 노사관계에서 온정적 노사관계, 완화적 노사관계, 민주적 노사관계로 발전한다.

첫째, 전제적 노사관계는 고용주나 자본가에 의하여 임금, 작업 또는 노동조건이 전제적으로 결정되는 노사관계이다.

둘째, 온정적 노사관계는 경영의 자본 효율을 높이고 다른 한편으로는 노동조합의 형성을 저지시키는 가부장적 · 온정주의적 노사관계이다.

셋째, 완화적 노사관계는 근대적 노무관리로서 종업원의 복지의 증진과 의사소통을 매체로 하여 노사 양자간의 대립을 완화하는 노사관계이다.

넷째, 민주적 노사관계는 노사가 대등한 입장에서 임금, 작업 또는 노동조건을 교섭하는 노사관계의 단계이다.

5. 노사관계제도의 기본 유형

자본주의 영역과 공산주의 영역으로 분류할 수 있다. 자본주의 영역에는 갈등적 모형인 서구식모형으로 단체교섭을 바탕으로 한 영미식과 공동의사결정을 바탕으로 한 독일식과 화(和)를 바탕으로 한 동양식이 있으며, 공산주의 영역에는 중앙집권적 관리를 하는 소련식과 노동자 자체관리를 바탕으로 하는 공산주의 영역이 있다.

6. 우리나라 노사관계 모델 유형

노사관계는 시대와 사회에 다라 독특한 행동을 보인다.

던로프(John T. Dunlop)는 노사관계구조를 다음과 같이 설명하였다.

① 행동자(actor)가 누구인가, 즉 노사관계 당사자는 누구이며,

② 상황(context), 즉 당사자를 둘러싸고 있는 환경은 어떤 것들이며,

③ 행동자(당사자)와 상황과의 상호작용 속에서 어떠한 이데올로기(ideology)가 형성되는가?

④ 당사자와 환경과의 상호작용에서 어떤 규칙(rule)이 형성되는가를 체계적으로 파악해야 한다고 했다.

㉠ 행위자는 노사관계의 당사자로서는 노동자, 경영자 및 정부를 들 수 있다.

그림 4-8 노사관계 모델

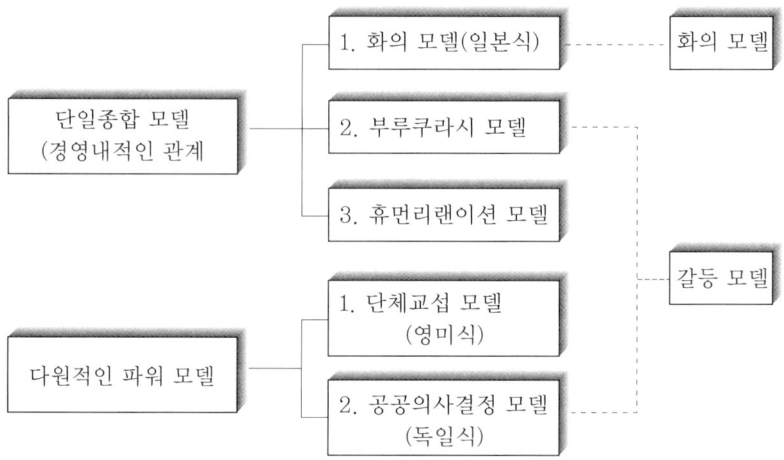

※ 구성원의 대립된 행동을 갈등이라 한다.

㉡ 상황(환경)은 기술환경, 시장환경, 사회환경에 대한 권력(power) 등을 들 수 있다.

㉢ 이데올로기와 규칙은 당사자와 환경의 상호작용에 의하여 형성되는 것이다. 우리는 자본주의 이데올로기와 룰(rule)에 따라 노사관계 모델을 경영내적인 요인을 주축으로 한 단일종합 모델과 경영외적인 파워(power)의 개입을 전제로 한 다원파워 모델로 나누어서 생각할 수 있다.

노사관계모델을 보면 [그림 4-8]과 같다.

이상과 같은 모델 중에 우리는 어떤 모델을 택해야 할 것인가가 중요한 문제이다. 이와 같은 모델은 우리 문화에 마찰이 없는 모델을 택해야 하겠다. 그러기 위해서는 우리 문화 특징인 집단연구가 필요하다.

7. 우리나라 노사관계 이념의 발전방향

우리나라 노사관계 이념의 발전과정을 보면 노동입법과 관련해서 아래와 같은 5단계로서 [그림 4-9]와 같이 나타낼 수 있다.

그림 4-9 우리나라 노사관계의 발전과정

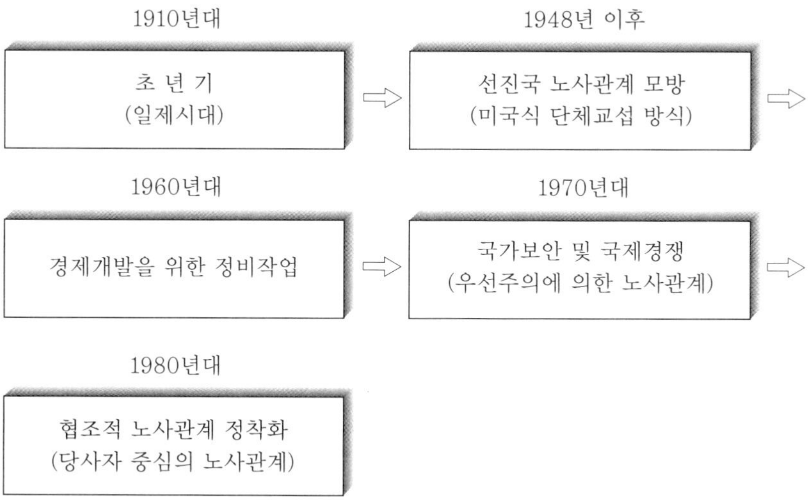

1) 개항 이후

1910년대까지를 근대 임금노동이 형성과 노동운동의 발아기이다. 1910년 일본의 식민지 치하에서 일본의 소유공동체가 출현함으로써 우리나라 노조가 형성하기 시작하였다. 이때의 노조는 오히려 일본의 식민지통치를 방해하기 위한 활동에 더 관여하였다.

2) 1930~1945년

노동운동의 심화잠복기이다. 이때는 2차 대전이 끝남에 따라서 1945~1948년 미군정기간 동안 우리나라 노조는 다시 양성화되었다. 이리하여 해방 후 정부수립까지 3년 동안은 좌익과 우익의 정치적 대결의 소용돌이 속에서 노사관계는 대립과 충돌이 심각해졌다. 그러므로 정치와 노조가 밀착하게 되었다.

3) 1945~1953년

휴전까지의 기간이 노동운동의 폭발적인 분열기이다. 1948년 정부수립과 동시에 미국식 노사관계의 모방단계를 들 수 있다. 우리나라 노동운동이 전개된 것은 해방이 된 1945년부터였다. 이때 미국식 노사관계인 대립적 노사관계를 수용하는 데 대한 부작용이 도출되었다. 노사가 대등한 입장에서 노동조건을 계약할 수 있는 상황이 못되었다. 그것은 민주주의 문화가 결여되었기 때문이었다.

4) 1970년대

1970년에 들어오면서 국가비상사태선포 및 유신체제에 따라 국가안보 우선주의와 국제경쟁에서 선진국과 대결하기 위해서 1970년 초에 외국투자기업의 노동조합 및 노동쟁위조정에 관한 단체행동권을 규제함으로써 조합활동이 오히려 유보되었다.

5) 1980년대

1980년 12월 30일 국가보위법에서 근로기준법, 노동조합법, 노동쟁위조정법을 제정하여 협력적 노사관계 정착화를 시도하게 되었다.

이상과 같은 우리나라 노사관계는 노사관계 당사자 입장인 기업수준에서 이루어지는 노사관계라기보다는 사회나 국가적인 수준에서 이루어지는 노사관계라고 볼 수 있겠다.

8. 우리나라 노사관계의 개선방안

노사관계를 미시적인 노사관계(micro labor relation)와 거시적인 노사관계(macro labor relation)로 구분할 수 있다. 미시적 노사관계는 기업수준인 데 비하여, 거시적 노사관계는 사회나 국가수준에 초점을 맞추는 노사관계이다.

그런데 현대적 노사관계에 있어서는 사회나 국가적인 수준에서 노사관계 문제를 해결하는 것은 어렵기 때문에 기업수준에서 종업원과 사용자간의 측면에서 노사관계를 유지해야 할 것이다.

우리는 어디까지나 노사당사자의 협력과 대립의 원천인 기업사정에 알맞은 대책이 있어야 하기 때문이다. 그러나 우리나라 노사관계는 1970년대 산업화의 진전에 따라 노사관계가 격화될 가능성은 컸으나, 1971년 보위법에 의하여 노사분규가 타결되어 외면상은 평온이 유지되었다. 이러한 노사분규 타결은 고도경제성장에 유리한 조건이 되었지만 노사분규의 원인을 근본적으로 해결된 것이 아니기 때문에 불평불만을 완전히 해결할 수 없었다.

이와 같은 불평불만을 해결하기 위하여 사회나 국가수준인 외세개입으로 노사관계를 유지하는 것은 노사분규의 악성화를 시킬 온상이 될 수 있다.

따라서 장기적인 안목에서 노사는 관주도하에서의 타율적인 노사관계를 지양하고 자주적인 노사관계를 확립함으로써 노사문제의 건전한 해결을 모색하여야 할 것이다. 그러므로 우리나라 노사관계의 개선방향은 미시적인 입장에서 우리 기업문화(corporate culture)에 알맞은 노사관계 모델을 정비하여야 할 것이다.

9. WTO체제 이후 노사이념의 변화방향

모로코 마라캐시 각료회담에서 UR+4R이라는 뉴라운드 협상이 시작되게 되었다.

1) 경쟁정책 라운드(CR)

경쟁을 제한하고 있는 각국의 독특한 시장구조, 기업관행까지 규정하자는 것이다.

예를 들면, 미국은 어느 나라 기업도 자유롭게 경쟁할 수 있으나, 일본은 복잡한 시장구조와 관행 때문에 경쟁을 제한받고 있다. 그러므로 자유롭게 풀어야 한다. 단합, 지명입찰 때문에 일본이 세계 시장에 우위를 차지하고 있나.

2) 블루 라운드(BR)

저임금이나 아동근로자, 죄수노동자 등을 이용해 값싼 제품을 만들어 수출하면 안 된다.

그리고 국제근로조건과 같아야 한다. 국제근로조건이란 선진국이 정한 임금, 노동시간 등을 뜻한다. 이는 국제간에 첨예한 차이가 있다. 각국간의 최저임금제, 각국간의 노동시간, 노조의 정치활동참여 보장, 복수노조 허용 등이나.

3) 기술 라운드(TR)

기술이 뒤진 후발 국가들이 무임승차한다는 인식에서 출발하였다. R&D 정부보조금 대폭감축, 집중 육성제도규제 등이다.

4) 그린 라운드(GR)

몬트리올 협상에서 2000년에는 프레온 Gas 사용금지, 1995년 이후 프레온 Gas를 사용하는 제품은 미국시장 수입을 금지한다고 하였다.

10. 우리나라 노사관계 이념적 발전방향

먼저 우리나라 노사관계가 정착될 것인가라는 질문에 근로자의 50.6%가 그리고 사용자의 56.8%가 긍정적으로 응답하였으며, 협력적 노사관계의 정착을 위해 소요되는 기간을 묻는 질문에서, 3년 미만이 13.7%이고, 3-5년 36.9%, 5-10년이 32.3%로 나타나, 적어도 5년 이상이 지나야만 노사협력적 관계가 정착될 것으로 보는 의견이 지배적으로 나타나고 있다. 그러므로 산업평화의 길을 모색하는 시간을 앞당기는 데 힘써야 하며, 산업평화의 길을 위해서는 다음과 같은 방법이 필요하다.

첫째, 근로자들의 현실을 파악하는 자세가 필요하다. 특히 이제는 세계무역기구가 출범하였으므로 무한경쟁에 이겨내야 하기 때문이다.

둘째, 사용자는 근로자에 대한 인간적인 대우가 선행돼야 한다.

셋째, 정부는 노사간의 강력한 조정자로서의 역할을 다하여야 한다.

넷째, 노사간의 인간적인 신뢰성 회복이 중요하다. 즉, 법이나 제도개선에 앞서 인간적인 신뢰가 바탕이 되는 협력적인 노사관계가 필요하다.

끝으로 새로운 기업문화를 산업사회에 노사가 협력하여 창출하여야 한다.

11. 우리나라 노사관계의 좌표

우리나라 노사관계의 위치를 시대에 따라 설명하고 현재 우리가 처해 있는 좌표를 정하기 위해서 조직학자인 씨솔(S. Seashore)이 고안해 낸 것을 [그림 4-10]과 같이 한국노사관계에 대입시켜 6 · 29 이전, 전환기인 6 · 29 당시, 그리고

그림 4-10 한국노사관계 시스템의 좌표

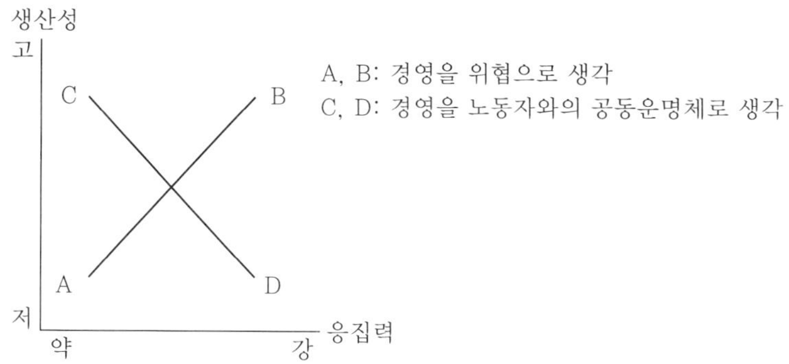

6 · 29 이후 등 시대별로 설명하였다. [그림 4-10]에서는 경영을 위협으로 생각하는 A, B그룹과 경영을 노동자와 공동운명체로 생각하는 C, D그룹으로 구분하여 시대별로 설명하였다.

1) 6 · 29 이전(A지점)

6 · 29 이전의 한국노사관계는 노조의 결성도, 실제 근로자간의 응집력도 약했던 시기다. 그러나 생산성은 계속 늘어 개발 모범국가가 되어 [그림 4-10]의 C 지점에 비유할 수 있다. 이때는

첫째, 정치가 안정되었고 유가, 국제금리도 안정되었다.

둘째, 이데올로기면에서 보면 초기자본주의적 기업가정신이 안정적 보수권과 잘 조화되어 큰 이념적 갈등은 생길 겨를이 없었다.

셋째, 남북간의 이념적 대립과 냉전 때문에 수정자본주의적 온건파나 진보적 이념이 설 땅을 잃어 버렸다.

넷째로 노사관계 3주역들의 특징은 다음과 같다.

① 경영자의 특징은 근로자들의 저임금으로 작업장에 투입하여 단기간에 많은 과실을 얻고자 노력했다. 이때 근로자는 주인의식이 없이 선동에 잘 넘어가는 근로자의 속성이라고 믿었다.

② 노동자 및 노동조합의 특징은 다음과 같다.

근로자는 개별적 고용계약하에서 불리한 노동조건을 감수할 수밖에 없었으

며 타 기업으로부터의 스카웃에 의해서만이 보다 나은 임금과 노동조건을 획득할 수가 있었고, 노조는 어용노조가 되지 않으면 명맥을 유지할 수 없었다. 때문에 강요된 협조적 노사관계가 유지되어 노동자들의 감정을 정확하게 파악할 수가 없는 상태에서 갈등이 앙금처럼 내부로 가라앉아서 잠재적인 폭발성을 갖게 되었다. 그러면서 외부로는 순응하면서 동료끼리는 냉소적 태도로서 모두가 불신하게 이르게 되었다.

③ 정부의 특징은 선성장 후분배(先成長 後分配)라는 슬로건 아래 노조활동은 가능한 억제하는 방향으로 하면서 각종 복지혜택은 정부가 개입해서 전달함으로써 정치적 생색을 내려고 했다. 단체교섭은 억제하면서도 개별 고용계약은 권장함으로써 인력의 자유로운 이동은 보장을 했다. 스카웃 방지 법안이 사용자측으로부터 청원되어도 이 원칙만은 고수하였다.

2) 전환기인 6 · 29 당시(B지점)

민주화라는 전환점을 지나면서 노동자의 응집력은 강해지고 경영자는 잠재적인 위협으로 보는 B의 지점 상태로 떨어지고 있어 갑자기 생산성은 하락하게 되었다.

B지점에서는 환경이 기업가에게 불리하게 되고, 정치적으로 민주화라는 거센 바람 때문에 인기에 영합하려는 정치인들이 공공연히 기업가의 이익을 대변하려고 들지 않게 되었다. 그리고 외부에서는 개방 압력이 들어오게 되었다. 이데올로기면에서 볼 때 A지점에서 억압 때문에 제 위치를 찾지 못했던 종도노선의 조합활동이 미처 제자라도 잡기 전에 과격파로부터 매도되어 버리고 어용으로 몰리지 않기 위해서는 선명성 경쟁을 해야 하고 그러다보니 계급 투쟁적 이데올로기로서 자신을 무장하는 노동운동가도 생기게 되었다.

이와 같은 상황은 노동종합운동을 경제적 목적보다 정치적 목적 달성을 위한 수단으로서 생각하는 경향이 생기게 되었다. 이때 노사관계의 3주역별로 보면 다음과 같다.

① 경영자의 특징은, 아직까지도 X이론에 의한 인간행동의 가정을 버리지 못했고 노동의 세력 때문에 임금은 계속 상승했지만 노동생산성은 이를 따르지 못했다. 이는 근로자의 기능도가 높아지지 못하고 경영진의 기획과 업무지시가 제대로 행해지지 않았기 때문이다. 국제사회에서 우리 기업은 경쟁력을 잃었다.

② 노동조합의 특징은 근로자들은 노동조합을 통하여 경영자를 대항할 수 있는 힘을 얻었다. 그리고 견제와 균형이라는 원리만이 지배한다고 믿고 있었다. 선명성의 경쟁 때문에 과격파 노동운동가가 나타나기 쉽게 되었다. 그러나 과거 사이비 운동가나 계급적 이데올로기를 배경으로 한 지금의 과격파 노동운동가 사이에는 방법만이 다를 뿐 정치에 궁극적 목적이 있다는 데는 다를 바가 없다.

그리고 B지점의 단체교섭은 타협의 장으로서가 아니라 승패를 가늠하는 게임의 장으로 착각하여 어는 한 쪽이 백기를 들 것을 강조한다. 그리고 근로자들은 기능의 고도화를 통해서 보다 높은 임금을 받을 수 있다는 것을 믿지 않고 연공(연공)이나 노조활동을 통해서 보다 높은 임금을 받는다고 믿는다. 기업이 도산하고 고용기회가 줄어들어 점차 노동조합 간부들은 자기들 동료조합원들의 실업을 피부로 느끼게 된다.

③ 정부 특징은 A지점에서 실용주의적 노동운동(Business Unionism)의 기틀을 마련해 놓지 않은 가운데서 급작스런 민주화를 해 놓고는 자유방임적 불간섭주의를 채택한 결과 불법시위와 폭력이 난무하게 되었다. 또한 합리적 개인주의는 설자리를 잃고 집단적 개인주의가 팽배하게 된다.

3) 6 · 29 이후(D지점)

D지점의 상황은 노사간의 갈등은 제도와 관행에 따른 타협을 통해서 해결되고 서로의 존재를 인정할 뿐만 아니라 서로 필요한 점에서 공동운명체적 인식을 하고, 노사간을 더 이상 계층적 · 대립적 관계로 보지 않는 사회풍토가 조성된다. 그리고 3주역들의 역할을 보면 다음과 같다.

① 경영자의 특징은 X이론보다 Y이론에 그 기초를 두고 근로자 동기유발에 임할 것이다. 그리고 종업원들은 소모품이 아니고 인적자원으로 생각한다.

② 노동자 및 노동조합 특징은 노동자의 의식수준이 전반적으로 높고 노동조합을 통해서 자유와 책임의식이 두터워진다. 그리고 대 사용자(對 使用者) 관계에 있이시노 조합원늘이 실직과 임금인상이란 두 상반된 눈제를 놓고 절충할 줄로 아는 지혜가 동원될 것이다.

③ 정부의 특징으로는 D지점에서는 성장과 분배가 동시적으로 이루어지도록 하며 노사관계가 성장의 방해요인으로서가 아니라 오히려 성장을 균형 있게

뒷받침해 주도록 하게 될 것이다. 노사분쟁에는 국민경제를 위태롭게 하는 기간 산업이나 국민생활을 위협할 부득이한 경우에만 정부가 간섭해야 하다.

4) 합리적인 노사관계 정착방안

[그림 4-10]에 제시된 바와 같이 한국노사관계가 이 시점에서(B지점) A지점으로 되돌아가야 할 것인가? 아니면 D지점으로 이전해야 할 것인가? 그 동안 노사분규에 시달린 경영자들이 비록 A지점에 대한 향수를 느낄 수 있을지라도 또한 정부의 공권력 개입을 기화로 A로 선회하려는 생각을 갖더라도 실로 A지점으로 되돌아가서는 안 될 것이며, 또한 되돌아갈 수도 없을 것이다.

라틴아메리카처럼 B지점에 영영 남아버리거나 그렇지 않으면 D지점으로 향해 하루속히 이동해야 할 것이다. 그러기 위해서는 D지점으로 가는 산업문화로 노사관계의 좌표를 정하여야 할 것이다.

산업문화의 요소를 대개 신념과 가치기준, 영웅(Hero), 의례의식, 문화의 네트워크 등 4가지 요소를 들 수 있다. A지점의 산업문화를 D지점의 산업문화로 변화시켜야 한다.

이상 [그림 4-10]과 같이 A지점과 같은 후진국 노사관계문화를 D지점과 같은 선진국 노사관계 특징인 경영을 근로자와의 공동운명체로 생각하고 선진국형 노사관계로 [그림 4-10]의 B지점과 같은 방법으로 만들어 가야 할 것이다. 우리의 노사관계를 역사적인 측면에서 구분을 해 보면, 크게 6·29 이전, 6·29 당시 그리고 6·29 이후로 구분해 볼 수 있다.

6·29 이전의 한국노사관계는 노조의 결성이 미약하였으므로 그 응집력 또한 강하지 않았다고 말할 수 있다. 그러나 노동생산성은 지속적인 성장을 거듭하게 되어 개발도상국들 중에 모범적인 국가가 되었다. 기업 활동에 대한 외부환경으로서 정치적인 안정과 더불어 국제유류가격, 국제금리 등이 안정화되어 있었다. 그리고 기업외부환경으로서 이데올로기적 측면에서 살펴보면, 초기 자본주의적 기업정신이 안정적 보수권과의 조화가 잘 이루어져 이념적 갈등이 발생할 겨를이 없었다.

6·29 당시 우리나라의 노사관계는 민주화라는 분수령을 넘으면서 노조의 결성이 빈번해지게 되어 노조의 목소리에는 힘이 실리게 되었다. 이를 바라보는 경영자들은 이를 잠재적인 위협요인으로 강하게 인식하게 되었다. 이와 아울러

노동생산성도 급격히 하락하게 되었다. 정치적으로는 민주화라는 거대한 물결에 편승한 일부 정치인들마저도 국가이익보다는 개인적 이익에 몰입하여 이를 부추기게 되는 현상마저 나타나게 되었다. 노조 또한 이러한 사회환경에 편승하여 경쟁적으로 선명성 투쟁에 의한 강한 이데올로기적인 노동운동가마저 나타나게 되었다.

6 · 29 이후 우리나라 노사관계는 노사간의 반목이 이어져 왔다고는 하나, 근자에 들어서 노사쌍방이 이제까지의 경험에 비추어 노사분규는 상호 불이익이 된다는 사실을 경험을 통하여 알게 되었다. 우리나라의 노사관계가 나아가야만 할 방향을 몇 가지 제시해 보면 다음과 같다.

첫째, 제도와 관행에 따른 타협에 의한 해결방안을 모색해야만 한다.

둘째, 노사쌍방은 서로의 존재를 인정하는 공동운명체적 의식을 지녀야만 한다.

셋째, 노사간은 계층적 대립관계를 청산하고 수평적 인간관계를 유지해야만 한다.

넷째, 노사간은 조직의 목표와 개인의 목표를 일치시킬 수 있도록 상호 합의에 입각한 목표관리를 행해야 한다.

다섯째, 정부 또한 과거의 "선성장 후분배"정책에서 이제는 노력에 따른 분배가 직접 피부에 닿는 정책을 수립 · 이행하기 위한 다각적인 노력이 필요하다.

제 4 절 인간관계론

고전주의 경영자인 테일러(Taylor)의 과학적 관리법(scientific management)이 능률증진을 지향하는 작업개선에 큰 성과가 있었다. 그 방법은 작업의 표준화(standardization), 단순화(simplification), 전문화(specialization)하는 3S을 작업개선의 3원칙으로 규성하여 이것이 대량생산을 가능케 한 반면에 이는 근로자들의 근로의욕 감퇴, 퇴직률 증가 등 많은 문제가 발생함으로써 이를 해결하기 위하여 인간관계(human relation)의 새로운 조직관과 인간관계에 대한 새로운 관리가 등장하게 되었다.

메이요(E. Mayo)는 현대 산업사회는 생산기술적 측면은 고도로 발전되었으나 생산사회적 기술 및 인간적인 기술은 훨씬 더 뒤지고 있다고 언급하고, 전통적인 관리에 대한 사고방식인 "시키는 대로 해야 하고 주는 대로 대우를 받는" 관리방식에서 현대 관리문제는 인간능력의 활용을 위한 개발문제는 인간을 바르게 이해하고, 존중하고, 인간 그 자체의 입장에 서서 인간이 갖는 자발성과 의욕을 이끌어 내어야 한다.

인간의 이해와 존중, 인간 그 자체의 입장과 인간이 일하는 의욕의 문제를 인적자원관리면의 기본원리로 삼아야 한다는 것이 인간관계론(human relation)의 사상이며, 이를 연구하는 학문이 인간관계론이다. 인적자원관리에 있어서 인간관계론은 기본적으로 인간다움의 회복과 인간의 주체성을 통해서 근로의욕을 환기시키는 데 초점이 있다. 즉, 인간관계론의 혼이라고 할 수 있는 인격존중과 인간성 회복이라는 사상적 기반이 인간관계론이다.

1. 인간관계의 의의

인간관계는 학자들에 따라 여러 가지로 정의하는데 그 정의로 보면 다양하다. 인간과 인간의 관계를 원만히 하여 서로 사이를 좋게 한다는 것을 의미한다. 기업체 내의 진실한 휴머니즘에 의한 협동관계를 쌓아 올리는 방법 · 기술이라고 볼 수 있다. 그것은 오로지 인간과 인간과의 관계를 말 할 뿐만 아니라 사람과 집단의 관계도 올바르게 취급하는 과학이고 나아가서는 협동관계를 만드는 목적을 가지는 것이라고 말할 수 있다.

인간관계의 정의는 학자들간에는 상이한 이론들이 있으나 대표적인 학자들의 정의를 보면 다음과 같다.

미국의 나일(H. E. Niles)은 인간관계(Human relation)는 인간관계를 협동이라고 정의하였다(Roethlosberger, F. J., 1974).[22] 하버드 대학 뢰스리스버거(F. J. Roethlosberger) 교수는 인간관계는 협력을 확보하기 위해서 역시 학문직인 빙법, 기술 및 관점을 사용해야 하며 협동행위 사실을 취급하는 적절한 방법, 기술, 관점을 Human relation이라고 이름을 붙이기도 한다.

22) Roethlosberger, F. J., 1974, *Management and Morale*, p. 193.

미이(J. E. Mee) 교수는 human relation은 경영에 있어서의 인간관계의 중요한 목적은 종업원의 노동의욕을 높이는 것이다. 종업원이 높은 사기와 협동의 정신을 가지는 경우에는 기업전체의 기쁨이 높아지고 사기가 충만하게 되며 노사쌍방의 위기 없이 그들은 예정된 기업목적을 완성하기 위하여 노력을 다하게 되며 노동자도 더 많은 수입을 얻게 된다.

그러므로 human relation이란 종업원과 기업체가 고도의 사기를 통하여 보다 많은 생산을 달성하기 위하여 서로 협동하는 수단이다(Mee, J. F).[23] K. Davis 교수는 human relation은 조직구성원으로 하여금 조직의 한 구성원으로서 상호 협동적이고 생산적으로 어울릴 수 있도록 하고 그들의 경제적 · 심리적 · 사회적 욕구를 충족시켜주며 전체적인 조직성향에 적응할 수 있도록 그들을 통합시켜 나가는 작용이라고 정의하였다(Davis, 1975).[24]

이상을 종합하면 인간관계는 기업조직 속에서의 직무와 인간, 인간과 인간의 상호관계를 의미한다. 즉, 기업조직에 있어서 인간관계란 생산성과 종업원의 만족을 확보하기 위해서 종업원들 상호간의 직무를 매개로 상호작용관계(interaction relation)라고 정의할 수 있다.

2. 인간관계 관리의 기법

여기에서는 제 기법의 몇 가지에 대해서 원칙적인 내용을 간략하게 해설하고자 한다.

첫째, 제안제도 기법이다.

이 제도는 종업원의 아이디어를 채택함으로써 종업원의 경영에의 주체적 참가를 촉진하려는 것이다. 물론 그 아이디어에 의해서 업무의 운영을 개선하는 것도 이 제도의 장점이다. 이 제도는 1980년 경부터 시작된 것으로 그 초기단계에서는 업무개선의 이점이 중시되고 있었지만, 최근에는 인간의 창조성을 살리고 경영조직 내의 협력체제 수립에 중점을 두고 있다. 그리고 이 제도는 밑으로부터 위로의 커뮤니케이션 역할을 수행하는 것으로서도 주목되고 있다.

23) Mee, J. F., *Personnel Handbook*, p.10.
24) Davis, K., *Human Relation in Business*, N.Y.: McGraw-Hill, p.4.

이 제도의 운영상의 유의점을 살펴보면,

① 제안 유자격자가 범위를 명확히 한다(보통 관리직이나 스태프를 제외하는 경우가 많다).

② 제안사항을 명시하고 될 수 있는 대로 구체적으로 예시하는 것이 바람직하다.

③ 제안관리 제도를 정비하고 제안에 대한 직제의 압박 등이 없도록 한다.

④ 심사방법을 명확히 하고 결과는 신속하게 공표한다.

둘째, 직장간담회제 기법이다.

직장별로(부서별로) 그 성원간의 의사소통을 도모하기 위하여 원칙으로서 정기적으로 간담의 기회를 갖게 하는 것을 제도화한 것이다.

직장간담회의 효과를 높이기 위해서는 무엇보다도 누구든지 주저하지 않고 의견을 말하게 할 수 있는 자유로운 분위기가 필요하다. 이 분위기 조성을 위해서 리더의 역할은 매우 중요하다.

셋째, 사내보 기법이다.

사내보란 한마디로 말하자면 회사가 종업원에 대해서 발행하는 신문이다. 사내보의 목적은 종업원에게 회사에 관한 넓은 전망을 안겨다 주고 종업원의 의견이나 희망을 들어 그것을 경영에 반영한다는 것으로 두 가지로 대별할 수 있다.

종업원 한 사람 한 사람이 자기가 놓여져 있는 환경조건을 잘 안다는 것은 안정감을 얻기 위해 필요하다. 종업원이 불안정한 상태에 있으면 생산성은 올라가지 않는다.

한편, 사내보는 종업원을 기업에의 귀속감을 높이는 역할을 한다. 종업원이 기업의 일원이라는 자각에 의거해서 가지고 있는 의견이나 희망을 사내보를 통해서 발표케 하는 것이 두 번째 목적이다. 이것으로써 종업원의 인정받고 싶다는 욕구를 만족시키고 수평적인 커뮤니케이션도 활발화되어 바람직한 종업원공유의 규범을 형성할 수 있다.

넷째, 종업원 지주제도 기법이다.

종업원에 대해서 회사를 PR하는 효과와 함께 무엇보다도 종업원에게 사기의 회사라는 의식을 강하게 심어주는 것을 목적으로 종업원을 그 회사의 주주로 삼으려는 제도가 이 종업원 지주제도이다.

다섯째, 개인접촉계획 기법이다.

인사상담이 직제상의 감독계열을 떠난 전문상담가에 의해서 행해지는 데 대하여 개인접촉계획(personal contact plan)은 감독계열에 있어서의 상하관계를 통해서 이루어진다. 즉 관리 · 감도자적 입장에 있는 자가 직무상의 몰인간적인 관계를 넘어서 하위자와의 인간적 접촉을 구하는 방법이다. 일반적으로 세분화되면 상하 성원간의 접촉은 직무면에 한정되고 비인간화되기 쉽다.

개인접촉계획은 조직의 파라밋의 정점과 저변 사이에 인간적 교류를 회복하려는 것이다. 기대하는 효과로서는,

① 상하의 의사소통을 촉진한다.

② 감독지도를 촉진한다.

③ 고충처리의 장을 제공한다는 점 등을 생각할 수 있다.

그리고 이 계획에서 치중되는 것은 직무와 직접 관련되는 부분을 제외한 사항으로서 직무상의 사항은 직속의 관리 · 감독자의 임무라고 생각해야 한다.

여섯째, 그룹 · 다이나믹스 기법이다.

효과적인 인간관계를 추진하기 위해서는 개인관리에 관한 기법 외에도 집단적인 접근을 위한 기법이 필요하다. 집단은 개인의 모임이면서 일단 집단이 형성되면 그것은 독자적인 기능을 가지고 역으로 개인을 구제하게 된다.

이러한 집단의 작용을 지배하는 법칙을 추구하는 과학의 하나로 그룹 · 다이나믹스(집단역학)가 있다. 이것은 심리학자 레빈(K. Levin)에 의해서 발달되어진 것이다. 그에 따르면 그 이론은 집단을 전기나 자기의 장과 동일하게 여러 가지 힘이 작용하고 있는 하나의 장으로 생각하여 그 장(場) 가운데서 집단성원의 개개인이 어떻게 행동하는가를 과학적으로 해명하려는 것이다.

이 이론에 의한 해명의 결과를 보면 예컨대, 집단이 집단으로서 존속하기 위해서는 집단목표의 존재가 우선 필요하다는 점, 그리고 집단목표가 명확할수록 사기가 높다는 것, 나아가서 응집력이 강한 집단일수록 집단규범이 생기고 성원들을 거기에 따르게 하는 힘도 강하다는 것 등이 명백하게 되었다.

생산성과 모럴에 관한 조사연구도 그룹 · 다이나믹스의 하나인데 이 방면에서는 미시간대학에서 리너의 작용과 생산성의 영향에 관해서 선구적인 연구가 이루어지고 있다. 그 결과 다음과 같은 사실이 밝혀졌다.

① 직장이 부하와 동일한 일을 하고 있는 곳에서는 부하의 생산성은 낮고 직장이 계획, 자료의 제공, 감시 등을 하고 있는 곳에서는 생산성이 높다.

② 생산성이 낮은 부서의 과장은 거의 예외 없이 엄격한 감독을 하고 있고 부서원의 입장을 고려하고 있지 않다.

③ 높은 생산성을 올리고 있는 과의 종업원은 자기의 과에 높은 프라이드를 가지고 있다.

일곱째, 사기조사 기법이다.

일반적으로 모럴은 집단의 건강상태를 나타내는 바로메터라고 할 수 있는데, 이 모럴의 실태를 파악하기 위한 조사를 사기조사(morale survey)라고 부른다. 조사는 구체적으로는 경영방침, 인사방침, 상층관리자의 태도, 관리자 내지 감독자의 일솜씨, 종업원 상호간의 관계, 개인의 직무, 작업환경, 노동조건 기타에 대해서 각 종업원이 어떠한 생각을 갖고 있으며 어떠한 불평불만, 희망, 의견을 가지고 있는가를 상세하게 조사해서 측정하는 것이다.

따라서 이 조사는 이들 제 항목에 관한 종업원의 반응에서 간접적으로 종업원의 태도를 파악한다는 의미에서 태도조사 또는 의견조사라고도 불린다. 어떤 경우를 막론하고 이 조사의 주된 방법으로서는 전문적인 조사원이 종업원을 개인적으로 면접하여 자유로운 입장에서 터놓고 호소를 듣고 다음에 이를 종합하는 「비지도적 면접법」과 미리 질문용지를 준비하여 종업원에게 답을 기입시켜 이를 종합하는 「질문지법」과 양자를 「병용하는 방법」이 있다.

이상 몇 가지 인간관계 관리기술을 살펴보았는데 이러한 제 기술은 언제나 종업원 본위의 관리원칙과 밀접한 관련을 가지는 것으로 결코 인간조정의 도구가 아니다.

즉, 모든 인간관계관리 기술은 인간관계관리의 기본적 사고방식에 의거한 것이 아니면 안 된다는 것이다.

제 3 장 커뮤니케이션

커뮤니케이션(communication)은 조직에서 신체의 핵심인 신경(nerves)과 같은 역할을 한다. 일부의 신경이 마비되면 건전한 신체가 유지될 수 없듯이 조직의 커뮤니케이션에 장애를 받으면 건전한 조직으로 성장할 수 없다.

조직이나 집단에 있어서 커뮤니케이션은 가장 단순하게 개인과 개인간의 정보를 교환하는 과정일 뿐만 아니라, 상급자와 하급자, 동료, 단위부서(소집단) 그리고 조직내부와 조직외부간의 의사소통 또는 정보전달을 행하는 과정을 말한다.

조직 내에서 의사소통과 정보전달이 원활하게 이루어짐으로써, 많은 사람들의 활동이 서로 조정되며, 조직행동에 영향을 미치게 된다. 그래서 커뮤니케이션은 구성원간의 상호 응집성을 높이게 되며, 근로의욕 · 사기 · 협동심 등도 높아지게 된다.

커뮤니케이션이 조직에 필요한 이유는 첫째, 조직규모 확대화와 관리의 복잡화이다. 둘째, 노동조합의 발달이다. 셋째, 경영에 있어서 인간관계의 중시 등을 들 수 있다.

제 1 절 커뮤니케이션의 의의와 단계

1. 커뮤니케이션의 의의

커뮤니케이션이란 사상 · 사고 · 정보 및 의견의 교환을 뜻한다. 그러나 커뮤니케이션의 개념은 학자들에 따라 여러 가지로 정의되고 있다. 학자들의 정의를 구체적으로 살펴보면 다음과 같다.

① 리비트(H.J. Leavitt)에 의하면 “커뮤니케이션은 정보를 송출하는 것과 정보에 의해 표적을 맞추는 것을 포함 한다”고 하였다.

② 요더(D. Yoder)는 “커뮤니케이션이란 사상 · 사고 · 정보 및 의견의 교환을 뜻한다”고 하였다.

③ 캘티어(Cartier)와 하루드(Harwood)는 “커뮤니케이션이란 기억의 복제과정(process for the replication of memories)이다(Leavitt, Harold J., 1964).[25] 즉 어떤 한 사람의 머릿속에 있는 생각을 다른 사람의 머릿속에 복제하는 과정”이라고 주장하였다.

④ 존슨(Johnson), 카스트(Kast) 그리고 로젠웨이그(Rosenzweig)는 “커뮤니케이션을 발신자와 수신자를 포함한 체제로서 환류통제를 시사하는 것”이라고 주장하였다.

⑤ 리테르(Litterer)은 “커뮤니케이션이란 사람들 사이의 상호작용과 관련된 정보의 흐름이다”고 주장하였다.

⑥ 후즈(Huse)와 보우디치(Bowditch)는 “커뮤니케이션이란 메시지(message)를 주고받는 과정”이라고 주장하였다.

⑦ 힉스(Hicks)와 굴렛(Gullett)은 “커뮤니케이션을 한 사람으로부터 다른 사람에게 의미를 전달하는 것이다”라고 주장하였다.

⑧ 카츠(Katz)와 칸(Kahn)은 “커뮤니케이션을 정보의 교환이며 의미의 전달이다”고 주장하였다.

⑨ 알렌(A.L. Allen)에 의하면 “커뮤니케이션이란 한 사람이 다른 사람의 마음속에 자신을 이해해 주기를 바라면서 행하는 모든 행위이며, 그것은 상대방에게 전하고 상대방으로부터 듣고 또한 이해하는 계통적 · 계속적인 과정을 뜻한다”고 주장하였다.

⑩ 사이몬(H.A. Simon)에 의하면 전달은 의사결정 과정과 관련되고, 이러한 전달에는 2개의 관계를 고려해야 한다고 주장하였다. 즉, 첫째는 명령 · 정보 · 조언 등을 의사결정 중심점으로 전달하는 과정관련이고, 둘째는 의사결정 중심으로부터 조직내부의 필요한 관계에 전달하는 과정에 관련하는 것이다. 다시 말해서

---

25) Leavitt, Harold J., 1964, *Communication: getting information From A into B: Managerial Psychology*, Revised Edition, Chicago: University of Chicago, pp. 138~152.

전달은 의사결정의 형성 및 분산과 관련되어 있는 것이다.

2. 커뮤니케이션의 단계

조직 내의 커뮤니케이션을 분석하기 위하여, 커뮤니케이션이 조직 내의 어떤 단계로서 구성되는가를 먼저 확인해야만 할 것이다. 조직 내의 구성원은 누구나 다른 구성원들과 항상 커뮤니케이션을 하면서 조직적인 생활을 영위해 나간다. 커뮤니케이션을 자세히 분석해 보면, 커뮤니케이션은 전달자와 수신자간에 어떠한 과정으로 구성되어 있는 것으로 [그림 4-11]에서 보는 바와 같이 커뮤니케이션은 전달자(sender)의 아이디어(idea)로부터 시작되어, 전달자의 생각이나 아이디어 또는 정보형태를 코드(code)화하여, 정보 메시지(message)를 구성하게 된다.

일반적으로 언어(language)가 가장 보편적인 코드(code)이지만 그 이외에도 암호나 컴퓨터의 2진수 코드(binary code)도 경우에 따라서는 많이 사용된다. 그리고 메시지는 커뮤니케이션 경로를 사용하여 수신자에게 전달(transmission)된다. 이러한 메시지의 가장 보편적인 검토는 구두나 서신이고, 그 이외에도 전파나 여러 가지 매체(media)가 흔히 사용된다. [그림 4-11]에서 보는 바와 같이 수신자는 이와 같이 전달된 메시지를 해독(decode)하게 된다. 지각이나 언어 · 코드 ·

그림 4-11 커뮤니케이션 과정의 모델

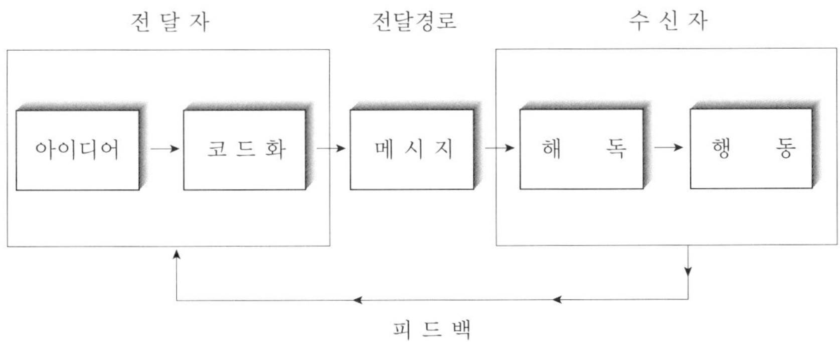

출처: Charles R.Milton, 1981, *Human Behavior in Organization*, Prentice-Hall, Inc., Englewood Cliffs,N.J., p. 328.

음성 등의 메시지는 수신자의 지각 과정을 통하여 해석(interpretation)되고 전파나 기타 코드는 특수 장치에 의하여 해석된다. 이와 같이 해석된 메시지는 수신자에게 전달된다.

[그림 4-11]에서 제시한 인간 내의 커뮤니케이션 경로에서 보는 바와 같이 수신자의 반응 동기가 자극되어 수신자로부터 전달자에게 피드백(feedback)으로 행동반응이 나타남으로써 새로운 정보전달이 시작된다.

밀턴(Charles R. Milton), 로스(Raymond S. Ross), 헬리에이(Don Hellriey)와 슬로섬(John W. Slosum) 등은 [그림 4-11], [그림 4-12], [그림 4-13]과 같이 커뮤니케이션 과정을 제시하였는데 아래에서는 커뮤니케이션 과정에서 나타나는 중요한 개념들을 살펴보고자 한다.

그림 4-12 커뮤니케이션 과정

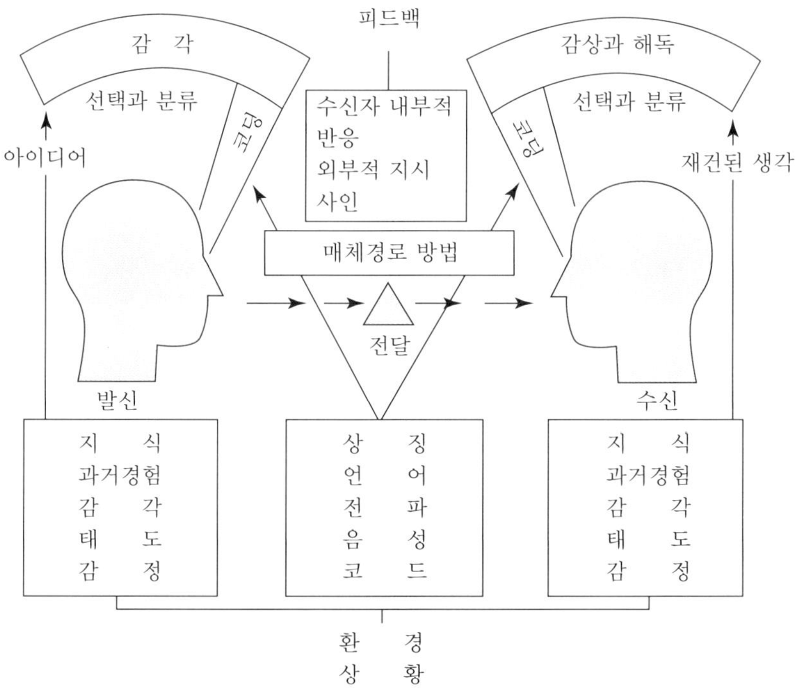

출처: Raymand, S. Ross, 1977, *Speech Communication: Fundmentals and Practice*, 4th edition, Reprinted with Permission of Prentice-Hall, Inc., Englewood Cliff, N.J., p. 15.

그림 4-13 개인적 커뮤니케이션 경로 유형

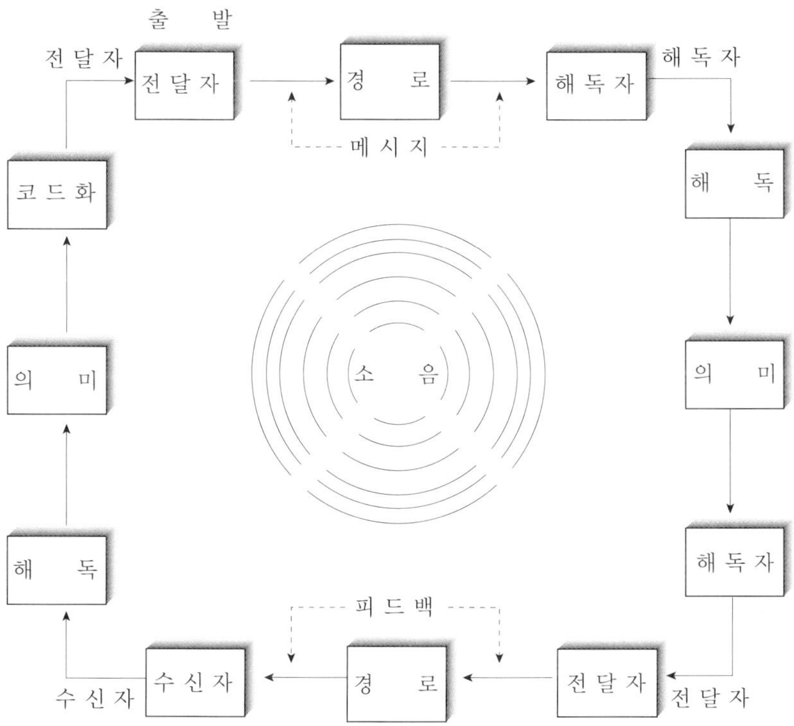

출처: Don Hallriegel and John W. Slocum Jr., 1979, *Organizational Behavior*, West Publishing Company, p.245.

(1) 아이디어(idea)과정

커뮤니케이션 과정은 정보자(communicator)가 전하려고 갈망하는 생각(idea), 사실(fact), 의도(meaning) 혹은 갈망하는 활동(desired action)에서 시작된다.[26]

그러므로 이러한 아이디어는 내용과 메시지(messages)의 기초이며, 수신자가 마음 속에 지니고 있는 목적(purpose)을 의미하는 것으로서 수신자는 목적이 명확해야 할 뿐만 아니라 메시지가 명쾌해야 하고, 커뮤니케이션에 효과적이어야 한다.

26) Charles R. Milton, 1981, *Human Behavior in Organizations*, Englewood Cliffs N.J.: Prentice-Hall,Inc., p. 328.

(2) 코드(code)과정

코드는 의도한 바를 전달하기 위해 아이디어를 부호나 상징으로 변화시키는 과정을 의미한다. 이러한 코드의 가장 보편적인 수단으로는 언어가 있으며, 코드의 목적은 욕구나 아이디어 또는 정보를 메시지의 형태로 표현하려는 것이다. 여기서 코드시키는 사람(coder)은 일방적으로 동일한 인물이지만 경우에 따라서는 다른 인물일 수도 있다. 예컨대 군대에서의 명령은 암호로 부호화하나, 기업에서의 메시지는 프로그래머에 의해 컴퓨터 언어로 바뀌게 된다.

(3) 메시지(message)과정

메시지는 말이나 글 · 그림 · 얼굴표정 등과 같은 것으로서, 아이디어가 메시지의 형식으로 표현된 것이다. 메시지의 코드는 각 기호들이 어떻게 배열되어야 하는가를 결정하는 구조를 갖고 있는 것으로 메시지는 수신자가 그 의미를 알아내는 데 중요한 역할을 한다.

(4) 경로(channel)과정

경로는 메시지를 전달하기 위해 사용되는 매개체로 전달자와 수신자를 연결시키는 역할을 하는 것으로 보통의 조직에서 가장 흔히 사용되는 경로는 빛과 소리이다. 예컨대, 서로 마주보고 대화를 하거나, 문서형식을 취하기도 하며 전화를 걸기도 한다.

(5) 해석(interpretation)과정

커뮤니케이션 과정에서 수신자는 전달자와 반대되는 조작을 통해 수신한 메시지를 해석하여 의미를 추출해야 한다. 따라서 수신자가 전달자의 아이디어와 같은 메시지를 해석하고 그 의미를 획득했을 때 커뮤니케이션은 성공적이라고 할 수 있다.

(6) 활동(action)과정

커뮤니케이션 과정을 완료하기 위해 활동(action)이 필요하다. 회계 · 통계 · 컴퓨터 자료와 같이 전달을 목적으로 하는 기초정보자료들은 각 부서의 목표달성을 위해 하위관리자에게 필요하며, 최고경영자가 성과를 평가하는 데 이용하기도 한다. 생성된 정보(information)의 저장, 할당된 과업의 수행 혹은 전달된 정보를 무시해 버리는 활동으로 나타나게 된다.

(7) 소음(noise)과정

소음은 전달과 수신 사이에 일어나는 일종의 방해로 커뮤니케이션의 정확도나 감도를 감소시키는 모든 것을 의미한다. 여기에는 언어가 갖는 어의상의 문제, 메시지의 의도적인 왜곡 등이 있다. 이러한 소음은 커뮤니케이션 과정상의 어느 곳에서나 일어날 수 있다.

(8) 피드백(feedback)과정

피드백은 전달자로 하여금 메시지가 정확히 전달되고 이해되었는가를 알게 해 주는 수신자의 반응으로 이러한 피드백은 대화나 표정 등을 통해 불만이나 오해를 알 수 있는 직접적인 것과 기업의 경우 생산성의 저하나 품질저하, 이직률의 증가, 부문간의 갈등 등과 같은 간접적인 것으로 나타날 수도 있다.

이는 메시지가 잘못 전달되었다는 것을 피드백을 통하여 알았을 때 앞으로의 커뮤니케이션은 이를 수정할 수가 있게 되는 것이다.

제 2 절 커뮤니케이션의 접근방법과 유형

1. 커뮤니케이션 접근방법

커뮤니케이션 접근방법에는 수학적 · 공학적으로 접근하는 정보이론(information)적 접근방법과 개인상호간 또는 인간행동에 중점을 둔 대인적 커뮤니케이션(indiviual or human communication) 접근방법 그리고 이들 두 접근방법의 중간적인 입장에서 접근하는 조직적 커뮤니케이션 접근방법 등이 있다.

(1) 정보 이론적 접근방법

정보 이론적 접근방법은 조직 내의 자료 흐름을 수학적 · 과학적 · 기술적 이론들을 적용시키는 접근방법이다. 즉, 정보를 필요로 하는 곳에 왜곡됨이 없도록 대량의 자료를 전달하는 문제에 대한 체계적인 분석을 행하는 것이 정보이론의 중요한 관심사이다.

(2) 대인적 커뮤니케이션 접근방법

대인적 커뮤니케이션 접근방법은 행동과학 이론에 의한 커뮤니케이션 접근방법이다. 인간의 커뮤니케이션을 설명하기 위하여 지각 · 학습 · 모티베이션 등에 초점을 두고서, 행동 · 사상 · 감정, 즉 특정 송신자의 의도가 수신자에게 반응을 일으키는 것과 같은 두 사람 이상의 관계를 설명해 준다.

대인적 커뮤니케이션은 한 개인으로부터 다른 개인으로의 정보전달에 중점을 두고 있는 것으로 커뮤니케이션은 행동변화에 영향을 주는 기본적인 방법으로 간주된다.

(3) 조직적 커뮤니케이션 접근방법

조직적 커뮤니케이션 접근방법은 공식적 조직구조가 정보의 흐름을 가능케 하는 커뮤니케이션의 네트워크로 보고 있다. 따라서 조직구조에 의해서 형성되는 커뮤니케이션 네트워크상에 구성원간에 발생하는 커뮤니케이션의 흐름을 강조한다. 조직적 커뮤니케이션은 구성원들을 연결시켜 줄 뿐만 아니라 외부환경과 상호작용을 할 수 있는 수단으로서, 조직구성원들 사이에서 일어나는 상향적 · 하향적 · 수평적 · 대각적인 커뮤니케이션의 흐름이 조직 커뮤니케이션 네트워크의 중요한 부분이 되고 있다.

2. 커뮤니케이션 유형

커뮤니케이션은 분류방식에 따라 여러 가지 유형으로 나눌 수 있는데, 그 대표적인 것이 공식적 커뮤니케이션(formal communication)과 비공식적 커뮤니케이션(informal communication)으로 분류하거나 혹은 일방적 커뮤니케이션(one way communication)과 쌍방적 커뮤니케이션(two way communication)으로 분류한다.

그림 4-14 커뮤니케이션 흐름

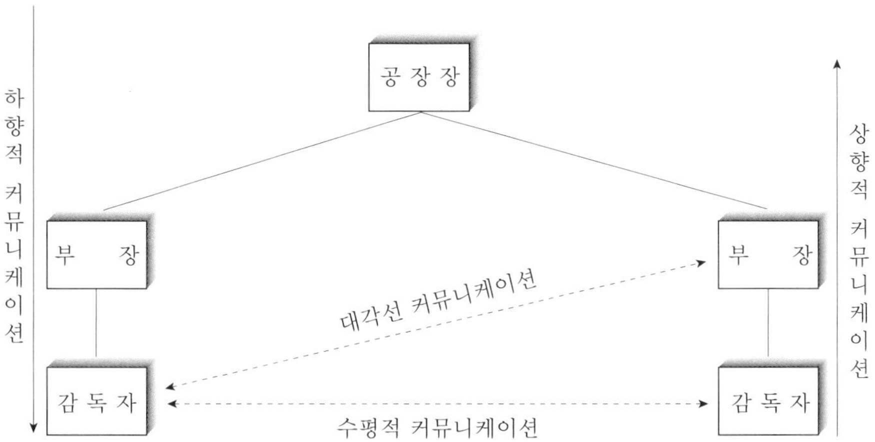

출처: Charles R. Milton, 1984, *Human Behavior Organization*, Prentice-Hall, Inc., Englewood Cliffs,N.J., p.388.

1) 공식적 · 비공식적 커뮤니케이션

공식적 커뮤니케이션(formal communication)과 비공식적 커뮤니케이션(informal communication)에 대하여서는 공식적 · 비공식적 집단의 개념을 적용하여 이해할 수 있는데, 공식적 커뮤니케이션의 경로는 기본적으로 권한 · 책임 · 의무에 의하여 확립된 조직구조에 의해 결정된다.

비공식적 커뮤니케이션은 개인간의 접촉 또는 상호작용의 결과로서 자연발생적으로 형성된 비공식적 조직에 의하여 사상전달을 행하는 커뮤니케이션을 말한다. 즉 공식적 커뮤니케이션은 조직에 의하여 행해지는 업무로 인정되는 메시지를 포함한 것이다. 비공식적 커뮤니케이션은 비공식적인 부문간의 메시지를 포함하는 것으로 공식적으로 인정받지 못하며, 조직에 의하여 요구되는 것이다.

(1) 공식적 커뮤니케이션

공식적 커뮤니케이션은 수직적 커뮤니케이션(virtical communication), 수평적 커뮤니케이션(horizontal communication), 대각선적 커뮤니케이션(diagonal communication) 등으로 분류한다.

수직적 커뮤니케이션을 다시 분류하면 [그림 4-14]와 같이 그 방향에 따라 하향적 커뮤니케이션 (downward communication)과 상향적 커뮤니케이션 (upward communication)으로 분류한다.

[그림 4-14]에서 보는 바와 같이 수직적 커뮤니케이션은 조직에 있어서 가장 중요한 커뮤니케이션의 유형이다.

① 하향적 커뮤니케이션 (downward communication)

하향적 커뮤니케이션은 [그림 4-15]에서 보는 바와 같이 조직의 위계 또는 명령계통에 따라 상급자로부터 하급자에게 전달되는 명령이나 지시 등을 포함하는 커뮤니케이션을 의미한다. 이러한 하향적 커뮤니케이션에 의해서 방침 · 명령 · 지시 · 성과수준 등이 전달되어, 하급자의 행동을 유발시키고 그 활동을 조정하게 된다.

하향적 커뮤니케이션 경로를 살펴보면 [그림 4-15]와 같이 커뮤니케이션 방법에는 여러 가지가 있다.

메모(memos) · 보고서(reports) · 게시판(bulletion) · 사보(in-house newspapers) · 조직안내서(organization handbooks) 등이 이용된다.

그림 4-15 공식적 커뮤니케이션 경로

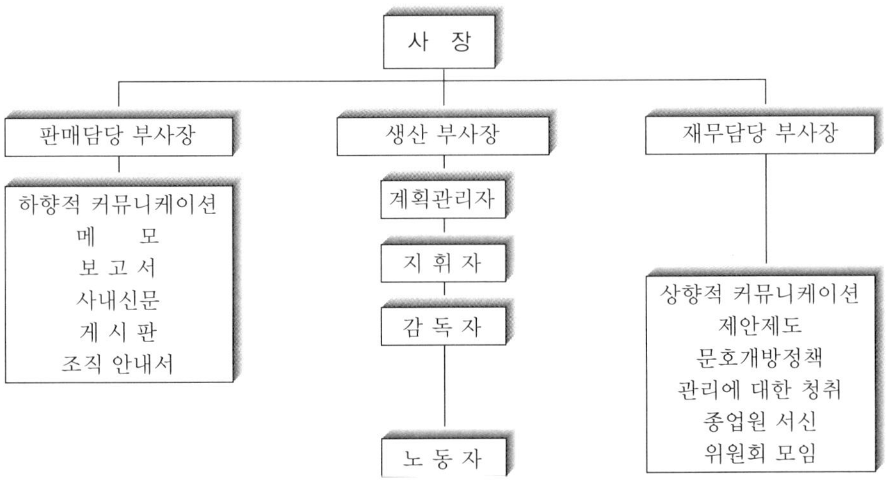

출처: Richard M. Hodegetts, *Management: Theory, Process and, Practics*, Third Edition(The Dyden Press,Chicago,1982), p. 293.

② 상향적 커뮤니케이션(upward communication)

상향적 커뮤니케이션은 하급자의 의견이나 태도 등을 상위계층에 전달하는 것을 말한다. 이것을 하급자 주도형이라고 부르기도 하는데 그 내용으로는 [그림 4-15]에서 보는 것과 같이 개인의 고민에서부터 조직발전을 위한 제안까지 아주 광범위하다. 전달방법으로는 제안제도(suggestion), 문제개방정책(open-door policies), 관리에 대한 청취의 효과적 이용(use of effective listening), 이용자 서신(employee letters), 위원회(commitee meeting) 등의 방법이 있다.

상향적 커뮤니케이션은 하향적 커뮤니케이션과 마찬가지로 위계 또는 명령계통을 따라서 이루어진다. 그러므로 상향적 커뮤니케이션에서의 문제점도 위계의 존재에서 연유하게 된다.

③ 수평적 커뮤니케이션(horizontal communication)

수평적 커뮤니케이션은 조직에서 동일 수준의 구성원이나 부서간의 의사소통을 의미하는 것으로 상호작용 커뮤니케이션이라고도 한다. 이것에는 두 가지 형태가 있는데 그 하나는 조직의 하위단위 내에서의 수평적 커뮤니케이션으로서 구성원간에 특히 동일 수준(level)의 동료간의 커뮤니케이션과 조직의 하부단위간(between subordinate)의 커뮤니케이션이 있다.

④ 대각선적 커뮤니케이션(diagonal communication)

대각선적 커뮤니케이션(diagonal communication)은 조직구조상 동일한 계층에 속하지 않으며, 또한 동일한 명령계통에도 속하지 않는 조직하부단위간의 의사소통을 의미한다.

[그림 4-15]와 같이 대표적인 예가, 라인부서와 스탭 부서간의 커뮤니케이션이다. 이와 같은 형태의 커뮤니케이션은 프로젝트 조직과 같은 동태적인 조직에서 많이 볼 수 있다.

(2) 비공식적 커뮤니케이션

비공식적 커뮤니케이션(informal communication)은 감독자(supervisor)에 의해 계획된 것이 아니고, 자생적으로 형성된 커뮤니케이션이다. 비공식적 커뮤니케이션은 소문의 형태가 포도덩굴(grapevine)처럼 전달되기 때문에 "그레이프바인"(grapevine)이라고 말하기도 한다(Richard, 1982).[27]

27) Richard, M. Hodgetts, 1982, *Management: Theory, Process and Practice*, Third Edition,

비공식적 커뮤니케이션의 특정한 유형을 살펴보면 [그림 4-16]과 같이 나타낼 수 있다.

[그림 4-16]에서 볼 수 있는 것과 같이, 포도덩굴(grapevine)과 같은 비공식적 커뮤니케이션은 정보를 급속히 퍼뜨리는(disseminate information) 장점이 있으며, 또한 공식적 경로(formal channels)를 보충할 수 있는 가능성을 가지고 있다. 그리고 비공식적 커뮤니케이션은 패턴(pattern)을 예측할 수 있는데, 예측할 수 있는 방법을 데이비스(Keith Davis)는 다음과 같이 지적하였다(Davis, Keith, 1954).[28]

① 사람들은 뉴스가 새로운 것일 때 자주 이야기하게 된다.

② 사람들은 자신의 일에 영향을 주는 것들에 대해 이야기한다.

③ 사람들은 그들과 아는 사람들과 같이 대화를 나눈다.

④ 서로 가까이 일하는 사람들은 동일한 "그레이프바인"(grapevine)에 있을 공산이 크다.

⑤ 업무의 절차상 서로 접촉하게 되는 사람들도 동일한 그레이프바인에 있게 되는 경향이 크다.

이와 같은 비공식적 커뮤니케이션은 그 정보의 내용이 경영자가 의논했던 것이 아닌 루머(rumour)의 형태인데다가 커뮤니케이션 과정에서 왜곡의 소지가

그림 4-16 비공식적 커뮤니케이션 형태

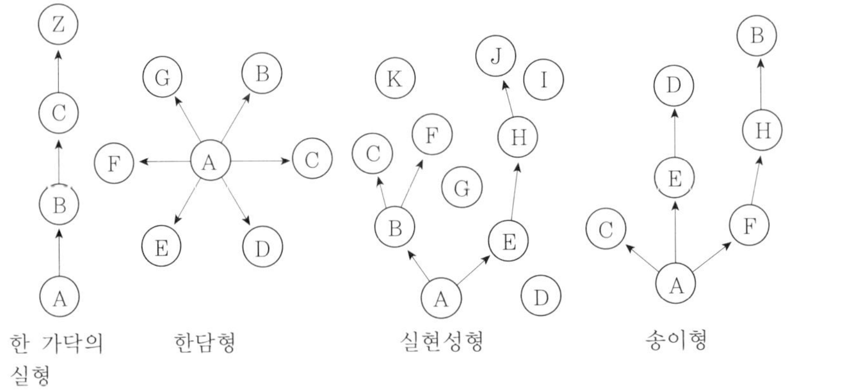

출처: Richard M. Hodgetts, *Ibid*., p. 297.

Chicago: The Dryden Press, p. 296.

28) Keith Davis, *Communication Within Management*, Personnel: November, p. 217.

많아 경영자들에게는 경원시되어 왔다고 할 수 있다.

2) 일방적 · 쌍방적 커뮤니케이션

이는 명령과 같이 일방적인 커뮤니케이션의 흐름인가 또는 피전달자로부터 어떠한 정보가 전달자에게 되돌아가는가에 따라서, 즉 피드백의 유무에 따라 일방적 커뮤니케이션(one way communication)과 쌍방적 커뮤니케이션(two way communication)으로 구분된다.

실제로 집단에서 계속적인 하향식 · 상향식 커뮤니케이션의 흐름이 반복 유지될 때는 쌍방적 커뮤니케이션이 이루어지고 있는 것으로 생각할 수 있으며, 또한 대부분의 상향식 커뮤니케이션은 피드백이 있는 쌍방적 커뮤니케이션의 결과와 동일한 것으로 간주할 수 있기 때문에 하향식 커뮤니케이션과 상향식 커뮤니케이션, 일방적 커뮤니케이션과 쌍방적 커뮤니케이션의 구분은 중복된다고 주장하는 사람도 있다. 그러나 반드시 각각의 커뮤니케이션의 흐름은 중복되지 않는 경우도 있으며, 커뮤니케이션의 완전한 체계를 논리적으로 이해하기 위해서도 이러한 구분은 유용한 것으로 생각된다.

쌍방적 커뮤니케이션은 일방적 커뮤니케이션보다 시간이 많이 소요되며 때로는 감정적인 문제가 생길 수도 있지만 보다 효과적인 방법으로 알려져 있다.

3. 커뮤니케이션 네트워크

커뮤니케이션 네트워크(communication network)는 둘 혹은 그 이상의 집단구성원간에 교환되는 언어(verbal) 혹은 비언어(nonverbal), 문서(written) 혹은 신호(signals) 등의 흐름이라고 볼 수 있다(Hellriegel, Don and John, W. Slocum, Jr., 1979).[29)]

그런데 이것은 개인 자신에 대한 것보다 개인간의 관계이다.

커뮤니케이션 네트워크 가운데 60% 이상이 5인 집단이므로 이 장에서도, 5인을 기준으로 한 5가지 형태의 커뮤니케이션 네트워크를 설명하고자 한다

29) Hellriegel, Don and John, W. Slocum, Jr., 1979, *Organizational Behavior*, West Publishing Company, p. 252.

(Hellriegel, Don and John, W. Slocum,Jr., 1979).[30]

커뮤니케이션 네트워크는 [그림 4-17]에서 보는 바와 같이, 어떤 사람을 중심적인 근거로 두느냐에 달려 있다. 이 중 스타(star)형은 가장 집중화된 형태이다. 모든 의사소통은 제인(Jane)을 통과해야 하는데 그 자만이(제인 혼자만) 다른 직위와 직접적인 접촉을 할 수 있다.

Y형은 비교적 집중성이 강하다. 샘(Sam)이 가장 중심적인 위치에 있기는 하나, 킴(Kim)도 어느 정도 중심적일 수 있다. 원형(circle)은 5개 중에서 가장 집중성이 적다. 모든 직원은 네트워크상의 다른 두 직위와 직접 의사소통을 할 수 있을 뿐이다. 쇠사슬(chain)형도 샘(Sam)이 일단 중심적인 위치에 있으나 제인(Jane)과 킴(Kim)도 어느 정도 중심적이며, 돈(Don)과 존(John)은 주변적이다.

그리고 완전경로(all channel)형은 5명의 구성원 모두가 리더(leader)가 될 수 있으며, 직접적 커뮤니케이션을 하게 된다. 이 네트워크는 간단한 일상적인 업무나 복잡한 과제에 관계없이 동시에 잘 해결할 수 있다. 일상 업무는 스타(star)형

그림 4-17 5인 집단의 5가지 커뮤니케이션 네트워크 형태

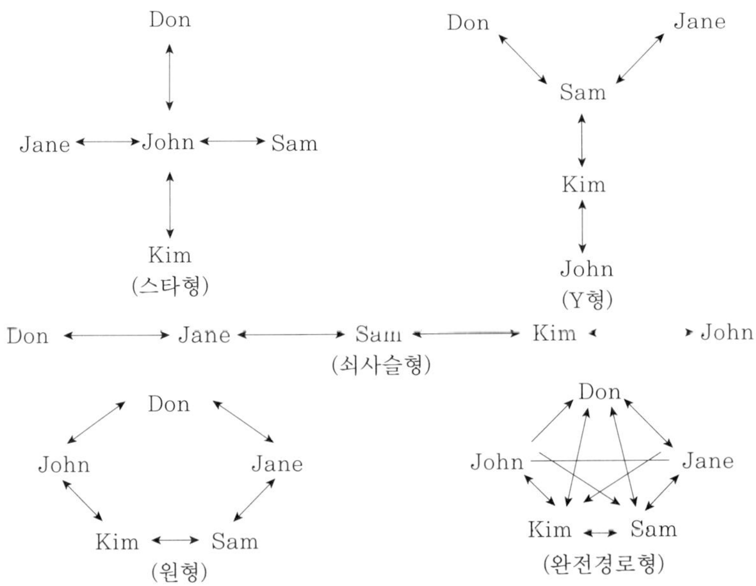

출처: Don Hellriegel and John W. Slocum, *Ibid*., p. 255.

30) Hellriegel, Don and John, W. Slocum, Jr., 1979, *Ibid*., p. 253.

그림 4-18 5인 집단의 커뮤니케이션 네트워크 비교

	커뮤니케이션 네트워크 비교				
	별형	Y형	쇠사슬형	원형	완전경로형
(평가기준)	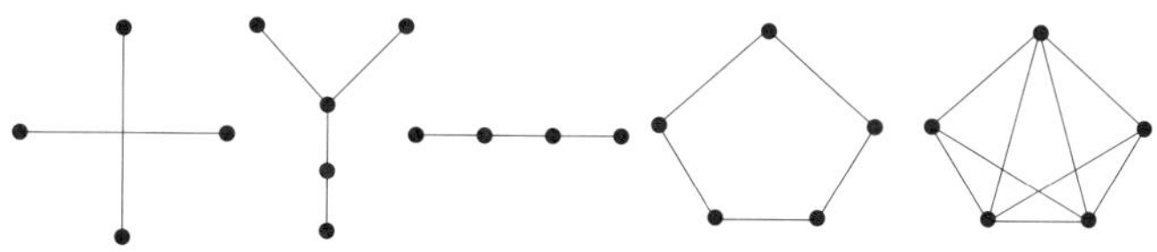				
집중화 과정	대단히 높다	높다	중간이다	낮다	대단히 낮다
커뮤니케이션 경로	대단히 낮다	낮다	중간이다	중간이다	대단히 높다
리더십 예측	대단히 높다	높다	중간이다	낮다	대단히 낮다
집단의 평균만족	낮다	낮다	중간이다	중간이다	높다
개인 구성원의 만족 범위	높다	높다	중간이다	낮다	대단히 낮다

출처: Don Hellrigel and John W. Slocum, Jr., *Organization Behavior*, Second Edition(West Publishing Company, 1979), p. 254.

으로 복잡한 과제는 원형으로 바꿀 수 있으나, 이상적인 형은 완전경로형이다. 이상 5가지 커뮤니케이션 네트워크 형태를 비교하여 보면 [그림 4-18]과 같이 제시할 수 있다.

이상의 [그림 4-18]에서 보는 바와 같이 가장 바람직한 커뮤니케이션 네트워크 유형으로서 구성원들간의 정보교환이 완전히 이루어지는 패턴인 완전경로형(types of all-channel)이다. 그리고 이는 상황판단의 정확도가 높고 커뮤니케이션 경로도 높다.

4. 커뮤니케이션의 효율적 관리

조직목표를 효과적으로 달성하기 위해서는 커뮤니케이션이 보다 효율적이지 않으면 안 되는데, 이를 위하여 먼저 커뮤니케이션에 영향을 미치는 요인들을 살펴볼 필요가 있으며, 다음으로는 그 장애요인을 살펴볼 필요가 있다.

1) 커뮤니케이션에 대한 영향요인

이는 커뮤니케이션에 영향을 미치는 요인에는 일반적인 요인과 상황적인 요인, 그리고 정확도에 대한 영향요인으로 구분할 수 있다.

(1) 일반적 요인

① 개인행동 자체요인으로 개인간의 메시지를 인지 · 평가 · 분석하는 데 차이가 있다.

② 조직의 공식적인 경로가 커뮤니케이션 흐름에 절대적인 영향을 미친다. 예로써 감독계층이 많고 커뮤니케이션 경로가 길면 장애요인이 된다.

③ 개인의 신분과 지위도 커뮤니케이션에 중요한 영향을 미친다.

④ 수신자가 새로운 정보나 아이디어를 전달받았을 때 변화에 대한 저항이 일어난다.

⑤ 조직의 물리적 상태인 소음 · 온도 · 조명 등에 의해서 메시지의 전달이 영향을 받을 수 있다.

(2) 상황적 요인

① 상호작용의 기회(opportunity to interact)로서 상호작용의 기회가 많아지면 그만큼 커뮤니케이션의 횟수도 증가하게 된다.

② 응집성(cohesiveness)으로서 집단역학 부문에 영향을 준다. 즉 집단의 커뮤니케이션이 증가하면 응집성이 높아진다.

③ 지위(status)로서 사람들은 자기와 같은 계층에 있는 사람들보다 높은 계층에 있는 사람들과 접촉하려는 성향이 있다.

④ 커뮤니케이션의 2단계 흐름(two-step flow of communication)으로서 루머(rumors)나 정보 등은 대개 빠른 속도로 다수에게 전달된다. 이러한 경향은 매스미디어의 등장과 여론선도자(opinion leaders)의 등장으로 인해 어느 정보나 여론이 이들을 거치면서 급격히 확산되는 것으로 알려지고 있다.

(3) 정확도에 대한 경향요인

① 전달상의 문제로서, 성공적으로 전달이 이루어지기 위해서는 여러 가지

조건들이 충족되어야 한다. 즉, 완전한 메시지가 원하는 수신자에게 의도된 효과를 나타내도록 바르게 전달되어야 한다.

② 이해 문제로서, 커뮤니케이션 과정의 양쪽 끝에 있는 정보원이나 수신자의 문제로 인해 부정확해질 수가 있다.

2) 커뮤니케이션의 장애요인

커뮤니케이션의 장애요인으로 인하여 조직 내의 커뮤니케이션 과정이 불완전하게 되는데, 이러한 커뮤니케이션의 장애요인을 살펴보면 다음과 같다.

① 준거체계의 차이가 커뮤니케이션의 장애요인이 된다. 즉, 개인들은 그들의 상이한 경험에 따라 동일한 커뮤니케이션을 다르게 해석할 수 있다.

② 선택적 경험이 커뮤니케이션의 장애요인이 된다. 선택적 경험은 우리가 믿고 있는 사실과 상이한 정보를 접할 때 그것을 거부하는 경향, 즉 선택적 지각(selective perception)의 한 형태이다.

③ 모든 커뮤니케이션상에 있어서의 가치판단은 수신자가 행한다. 가치판단은 정보전달자에 대한 수신자의 평가나 경험 또는 메시지 내용의 예견 등에 따라 이루어진다.

④ 정보원에 대한 낮은 신뢰도가 커뮤니케이션 장애요인이 된다.

⑤ 언어상의 문제(semantic problems)가 장애요인이 된다.

⑥ 정보를 여과(filtering)시킴으로써 장애요인이 된다.

⑦ 집단 내에 특수하게 사용되는 언어가 장애요인이 된다.

⑧ 지위의 차이에 따라 하급자들이 커뮤니케이션을 방해하거나 왜곡시킬 위험이 있다.

⑨ 시간에 쫓기는 것도 커뮤니케이션의 장애요인이 된다.

이상 설명한 커뮤니케이션에 대한 장애요인으로 대표적인 것은 누락 · 왜곡 · 과중 등 3가지를 들 수 있다.

누락(omission)은 메세지의 생략을 의미하고, 왜곡(distortion)은 커뮤니케이션 시스템을 통과하는 과정에서 메시지의 의미가 변형되는 것을 말한다. 그리고 과중(overload)은 조직에서 특정적으로 일어나고 있는 또 하나의 커뮤니케이션 문제 현상이다. 커뮤니케이션의 양이 많아 구성원이나 시스템이 더 이상 처리할 수 없을 때 발생하는 것이다.

5. 커뮤니케이션의 개선방안

커뮤니케이션의 원칙을 7C로 설명하고 있다. 즉, 신뢰성(creditability) · 상황(context) · 내용(contents) · 명확성(clearly) · 계속성(continuity) · 경로(channels) · 피전달자의 능력(capability) 등을 7C라고 한다.

조직의 목표를 달성하는 데 커뮤니케이션이 공헌하기 위해서는 커뮤니케이션의 원칙을 잘 지켜야 한다고 말할 수 있다. 커뮤니케이션의 개선방안은 상향적 · 하향적 커뮤니케이션으로 구분하여 설명할 수 있다.

1) 상향적 커뮤니케이션의 개선방안

① 고충처리절차(grievance procedure)는 직속 상급자를 경유하지 않고도 자기들의 불평이나 불만을 토로할 수 있는 방법이다.

② 문호개방정책(open-door policy)은 상급자가 하급자에게 문호를 개방하는 것이다.

③ 카운셀링(counselling) · 태도조사 질문(attitude questionary) · 퇴직면접(exit interviews) 등은 상향적 커뮤니케이션을 개선시킬 수 있다.

④ 참여기술(participative techniques)은 신참자회의 · 노사관계회의 · 제안제도 등과 같은 비공식적 또는 공식적 참여프로그램에 의하여 많은 커뮤니케이션을 가능하게 한다.

⑤ 민원조사원(ombudsman)을 이용하는 것은 관리자가 상향적 커뮤니케이션을 행하는 데 매우 유용한 방법이다.

2) 하향적 커뮤니케이션의 개선방안

하향적 커뮤니케이션은 수신자에게 다음과 같은 영향을 미친다.

① 사람들은 커뮤니케이션의 설명에 있어서 저항이 제일 적은 것에 따른다.

② 사람들은 그들이 가지고 있는 이미지 · 신앙 · 가치가 일치하는 메시지에 마음을 열어 놓는다.

③ 수신자의 가치와 일치하지 않는 메시지는 합리적 이론에 일치하지 않는 메시지보다 더 많은 저항을 낳는다.

④ 사람들은 욕구충족에 가치를 두는 한 욕구충족을 이용하게 되는 메시지가 그렇지 못한 메시지보다 더욱 잘 수용된다.

⑤ 사람들은 환경의 변화에 민감한 것처럼 새로운 메시지에 더욱 개방적이다.

⑥ 전체상황이 커뮤니케이션에 영향을 미친다.

이상과 같이 하향적 커뮤니케이션을 개선시키기 위하여 수용자와 다양한 매체에 보다 많은 주의를 기울여야 한다.

제 4 장 문 화

인간에 있어서 문화는 물고기에 있어서 물과 같은 존재이다. 그러므로 인류학자들은 인간이 다른 동물과 다른 점도 문화를 가지고 있기 때문이라고 말한다. 최근에는 모든 학문 분야에서 문화라는 말을 많이 사용하며, 기업에서는 GE문화, Ford 문화, GM문화 등으로 조직문화를 비교하여 조직혁신에 적용하기도 한다.

이처럼 조직문화가 기업이 생산하는 상품이나, 기업자체의 부가가치를 창출하는 요소로 등장하게 되었다. 특히 21세기에는 기업에 있어서 첨단과학기술과 함께 문화는 중요한 경쟁요소로 등장하게 되었다.

조직문화는 기업조직에 있어서 조직문화 중시의 시대가 직면하게 되어 문화수출, 문화마케팅, 문화전쟁이라는 용어까지 등장하게 되었다.

특히 오늘날에 있어서는 문화라는 용어가, 경영에서 뿐만 아니라 다른 학문분야에서도 널리 사용되고 있다. 조직문화는 국가문화의 하위 개념으로써, 조직구성원의 정신프로그램이라고 할 수 있다. 그리고 이를 조직문화, 기업문화, 경영문화라는 여러 가지 표현을 하고 있으나, 문화의 주체가 어디냐에 따라서, 기업문화라고 할 수 있고, 또한 기업도 조직 중에 속하기 때문에 문화의 주체가 조직이라는 관점에서 조직문화라고 할 수 있다. 이는 기업도 조직이라는 관점에서 양자를 같이 보아야 한다고 할 수 있다. 그러므로 저자는 조직문화라는 용어로 사용할 생각이다.

끝으로 기업환경 상황과 조직 내에서 개인은 무엇이 당연한 것이고, 무엇이 당연하지 않은가에 대한 해답이 담겨있는 가치관 연구와 경영의 형태나 상거래의 양식을 문화소산이라고 하는 문화에 대하여 논하려고 한다.

제1절 문화 개념 및 조직문화 개념

21세기를 맞이하여 어떤 조직이나 기업들의 새로운 도전 중의 하나는 글로벌 경영을 통하여 국내의 시장과 해외시장이 구별 없이, 무한경쟁 속에서 다양한 문화와 접촉하며 살아가야 하는 것이다. 이와 같은 글로벌 환경에서는 구성원간에는 인종의 구별도 없고, 경제적인 의미의 국경선도 없고, 시장도 국제화되어 국내시장과 국제시장이 구별이 없어져 기업조직들은 다양한 문화를 접촉하지 않고서는 생존할 수 없다. 이와 같은 환경 속에서 기업들은 경영자의 지금까지 문화적 차이를 이해 못하는 경영이론으로 생산성을 향상시킬 수 없다. 그러므로 조직에서는 구성원들의 종업원들의 문화적 차이를 인정하는 문화관리가 필요하다. 특히 조직문화는 조직의 경쟁력을 강화하는 데 경영혁신기법을 성공적으로 이끄느냐 아니면 실패로 이끄느냐를 결정하는 중요한 요소로 작용한다.

문화는 국가나 조직마다 차이가 있다. 미국의 성공적인 기업인 IBM이나, GE나 일본의 Sony 등의 조직문화도 차이가 있다. 그 이유는 조직은 사람과 자원 그리고 정보로 연결된 하나의 네트워크(Network)이다. 이와 같은 네트워크는 시간과 공간을 넘나들며, 활동을 하는 동시에 눈에 보이는 제도나 규범뿐만 아니라 보이지 않은 가치들을 만든다. 마치 이는 기계가 아니고 생명체와 같다.

이들은 눈에 보이는 세계나, 보이지 않은 세계를 다 같이 인정하고, 각사의 정체성(identity)이 모인 정신적인 프로그램을 공유하는 것이 문화이다. 이 문화들은 기업조직에서는 눈에 보이는 문화는 변화시키기가 쉬우나, 보이지 않는 문화는 쉽게 바꾸기가 힘든다. 그러므로 기업이라는 조직에서는 눈에 보이는 조직문화를 통해 구성원들에게 조직문화를 공유(share)하도록 노력하고 있다.

눈에 보이는 것은 상징(symbols), 영웅(heroes) 그리고 의례의식(rituals)과 같은 것이고, 보이지 않은 문화는 가치(values)와 같은 것이다. 이와 같은 3요소들을 통합하여 공유하는 문화공관이 조직이다. 구성원들은 기업조직문화를 공유함으로써 조직의 구성원으로서 기업의 구속감을 가지고 조직을 통해서, 비전(visions)과 사명(mission), 그리고 정체성(identity)을 확보한다. 또한 문화는 조직의 독자적인 자신의 존재를 명확히 하고, 더 나아가서는 적극적인 커뮤니케이션을 통하여

시장환경과 경영환경을 만들어내는 문화전략이다. 그리고 조직문화는 급변하는 경영환경 속에서 자사의 종업원들이 정체성을 확립하고 조직의 내적통합을 가져옴으로써 자사를 타사와 구별짓게 했다.

문화(culture)는 사람들의 사고방식이나 행동양식을 만들며, 이와 같은 사고방식이나 행동양식에 따라서 관리방식도 달라져야 한다. 그리고 개인의 가치관은 문화적 가치뿐만 아니라 사회구조적 역할구조의 사회화(socialization) 과정을 통하여 영향을 받게 된다. 특정 사회 내지 집단행동과 그 역할을 이해하기 위해서는 정치 · 경제 등 복합적인 접근이 필요하다. 정치 · 경제와 문화적 요소는 사회집단이나 조직성립에 관련이 있는 이질적 요소들이다. 예컨대, 서독과 동독은 정치와 경제적 측면이 서로 다른 체제를 채용하고 있지만, 문화는 매우 유사하다.

먼저, 보이는 문화인 유형문화는, 일정한 형태를 가지고 있는 것으로서, 건물이나 식사에 관한 문화를 예로 들 수 있다. 안 보이는 문화인 무형문화는, 형태상으로는 나타나지 않는 윤리나 규범 등의 문화를 말한다. 그러나 기업경영에 있어서는 유형문화는 물론 무형문화도 고찰하는 것이 더욱 중요하다.

1. 문화에 대한 정의

문화라는 개념은 미국의 Heritage 사전의 정의를 보면 “문화는 전통적으로 해 오는 행동의 (transmitted behavior pattern)이나, 예술(arts)이나, 믿음(beliefs)이나, 조직과 인간에 의해 만들어진 모든 제품이나, 사회가 국민에 의해 성격 지워지는 것을 말한다. 즉 문화란 인간의 물질생활, 정신생활 등의 모든 생활방식 가운데 후천적 학습을 통하여 그 사회로부터 습득한 모든 것이 총칭이다. 19세기 후반 영국의 인류학자 타이러는 “문화 또는 문명이란, 지식, 신앙, 예술, 도덕, 법령, 관습, 그 밖에 인간이 어떤 사회의 성원으로서 획득한 모든 능력이나 습성의 복합체이다”라고 정의하고 있다.

그러므로 문화란 생물학적 유전의 소산이 아니고, 사회적인 유전의 소산이라고 할 수 있다. 오늘날 우리를 둘러싼 기업 등의 조직체도 그 운영, 경영방식, 상거래계약형식 등에 있어서 그 나름대로 과거의 문화소산을 이어받았으며, 또한 그것을 변화시키고, 창조하며, 전파활동을 행하고 있다고 말할 수 있다.

인간이 다른 동물과 다른 점은 문화를 가진 것이다. 이러한 문화를 국가문화와 조직문화, 서구문화와 동양문화, 사회문화와 정치문화 등 수없이 많은 의미로 사용되어, 용어가 혼란스럽다. 일반적으로, 문화에 대한 개념에 대해 Krolbe와 Kluckhohn(1952), Hofstede, G.에 대한 정의를 보면 다음과 같다.

1) Krolbe와 Kluckhohn의 정의

Krolbe와 Kluckhohn(1952)은 개념에 대한 정의가 연구당시 176개나 될 정도로 쉽사리 정의하기 어렵다고 서술하였다. 문화에 대한 대표적인 정의를 보면 다음과 같다. 문화는 사회 구성원(members of a society)들에 의해 지향 (orientation) 요소를 제공하는 의미로서 배워지고, 공유되고, 강요되며, 상호 관련된 상징(symbols)의 요소를 의미한다. 이와 같은 지향은 구성원들이 존재하기 위해서 모든 사회가 풀어야 할 문제의 해결책을 제공한다. 일차적으로 사회화(primary socialization)는 상징(symbols)과 의미(meaning)들을 분류하고, 암호화(code)하고, 우선권(prioritize) 순위를 매기고, 사회 진실을 옳다고 하는 것(justify social reality)을 배우는 것이다.

2) Hofstede, G.의 정의

Hofstede는 문화는 정신프로그램(mental program)이라고 정의하였다.[31] 문화는 정신적 프로그래밍에 의해 표출(manifestation)되는 생각(think)이나 느낌(feel), 행동(behavior)이다. 그러므로 정신적 프로그래밍이 문화를 의미한다고 하였고 정신적 프로그램 범주(collectivities)에서 나타날 수 있는 용어는 50개나 된다고 하였다. 이와 같은 정신적 프로그램이 상징(symbols), 영웅(heroes), 의례의식(rituals), 가치관(value)으로 나타난다. 이는 집단의 소수에게만 적용되는 것이 개성이고 집단구성원들 중 모두 혹은 대부분에 적용되는 것은 풍토 또는 문화라고 하였다.

조사 연구자들은 마음(minds)과 또는 정신프로그램(mental program)에 관한 정보수집에 노력하였는데 이러한 것들은 인류학, 경제학, 사회학, 심리학 같은 사회과학문헌(social science literature)에서 많이 활용되었다, 이와 같은 정신프로그램 내에 [그림 4-19]와 같이 개성(personality), 인간성(human nature), 문화(culture)

31) Hofstede, G., 1997, *Culture and Organizations*, New York: McGraw-Hill, p. 6.

등이 겹쳐 있어서 문화와 정확히 같은 뜻으로의 용어가 아니고 여러 가지 용어의 의미가 중복되는 것이다.

이와 같은 용어 사용의 의미나 분야에 따라 상이해질 수 있으나 정신프로그램은 문화의 정의로서 언급될 수도 있다는 것이다. 태도(attitudes), 가치관(value), 인간성(human nature) 등은 조직문화(organizational culture)에 연구된다. 태도(attitudes)는 몇 가지 선호하는 예절(preferential manners)에 응답하는 성향 혹은 특정상황에서 비교적 지속적인 믿음의 상태이다. 가치관(value)에 대한 정의는 모든 일에 대해서 확실한 상황을 선호하는 높은 경향이 있다. 문화에는 가치관과 태도 등이 포함된다. 가치에 대한 연구는 가장 흥미 있는 연구이다.

가치관에 대한 것은 실험적인 결론을 낼 수 없었다. 가치관과 태도는 차이가 있다. "종업원에 대한 조사에서 당신은 당신의 경력기회에 있어서 얼마만큼 만족합니까?" 라는 질문은 가치에 대한 질문이다. "당신에게 경력기회가 얼마만큼 중요합니까?" 와 같은 질문은 태도에 대한 질문이다. 가치관은 우리생활에 영향을 주는 이상적인 원리(ideal principle)이라고 할 수 있으며, 태도보다 더 포괄적인 개념인 것이다.

동기와 태도는 모두 다 정신적 프로그램에 관련되어 있는 반면에 태도와 가치는 개념적으로 구별될 수 있지만 실질적으로 구별하기에는 어려움이 있다. 인

그림 4-19 인간 정신 프로그램(mental program)의 3가지 수준

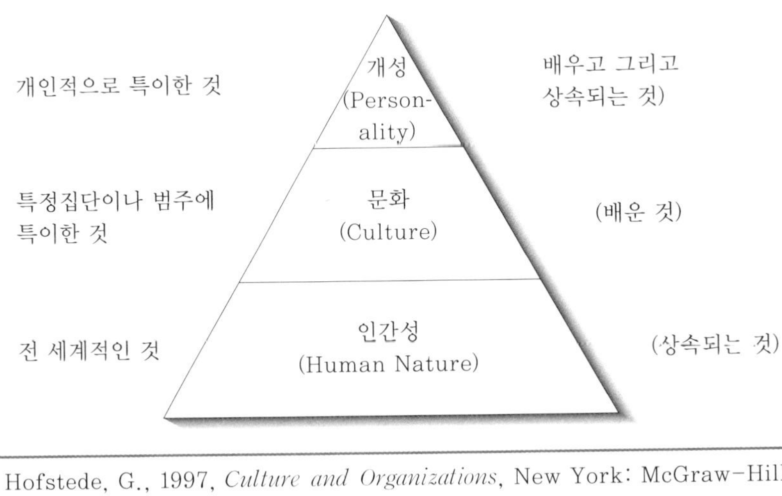

출처: Hofstede, G., 1997, *Culture and Organizations*, New York: McGraw-Hill, p.6.

간성(human nature)은 모든 인간에 존재한다. 인간성은 정신적 소프트웨어(mental Software)로 이는 세계적인 수준으로 나타난다.

이것은 컴퓨터 아날로그(computer analogy) 내에 있는 것으로 사람들이 물리적 그리고 정신적인 기초지능을 운영하는 체계이다. 두려움을 느끼는 데 대한 인간능력(human ability to feel fear), 성내는 것(anger), 사랑하는 것(love), 즐거워하는 것(joy), 다른 사람들과 필요에 의해 연합하거나(the need to associate with others), 놀고(to play) 그리고 계속 이야기하는 등과 같은 것은 세계적 수준의 정신 프로그램(level of mental programing)에 속한다.

그런데 두려움을 표현하고(express fear), 즐거움을 표현하고(express joy), 관찰하는 것(observations) 등이 바뀌는 것 같이 문화는 수정(modified)되고 변화(change)되는 것이다. 문화는 배우는 것이지 상속되는 것은 아니다(culture is learned not inherited). 이것은 사회 환경으로부터 획득된 것이지 사람들의 유전에 의한 것이 아니다(not form one's genes). 문화는 인간성(human nature)과 구별되고 하나의 개성과 구별된다. 또한, 문화는 그 수준과 사회화되는 장소에 따라 달라진다. [그림 4-20]은 문화수준 차이의 성격을 나타낸다.

여기서 가치관은 문화의 핵심을 의미하며, 어린이들이 무의식적으로 배우는 것이다. 그리고 "선과 악"에 대한 개념의 구분을 의미하며, 주로 10세 이전에 발달이 다 이루어진다. 그래서 가치관은 무의식적으로 남아 있으며, 가치관이 변하기는 무척 힘들다고 인류/사회학 학자들이 주로 논하고 있다.

문화적 경험에는 의례의식, 영웅, 상징과 같은 3가지 부류가 있는데, 이것은 자연과 대비되는 개념으로 사용되어진다. 사회화되는 장소와 수준에 따라, 조직문화는 변화가 가능하다고 보는 학자들이 많다. 특히 문화적 경험을 통한 문화적 특성은 가치관에 비해 변화가 쉽게 이루어질 수 있는 영역에 속한다. 그리고 많은 인적 자원관리 연구자들은 후천적 학습에 의해서 그 사회로부터 습득한 것의 총칭을 의미한다고 하겠다.

2. 조직문화의 개념

조직문화의 개념은 많은 학자들의 정의가 있으나 Hofstede, G.(1997)[32]는 정의하기를 "조직문화(organizational culture)란 한 조직 중에 다른 구성원과 구별되는(distinguishes) 마음의 프로그램(program of mind)을 집산(collective)한 것이라고 하였다. 그런데 조직문화에는 국가문화와 차이가 있다. 조직문화와 국가문화 양쪽에 같은 문화라는 말을 사용하는 것은 정확하지 않다. 국가는 조직과 다르므로 국가와 조직문화는 다른 성질을 가진다. 국가문화와 조직문화의 차이는 문화의 표출(manifestation of culture)에 의해서 다르게 나타난다.

국가문화에는 유사한 사람들이라도 다른 방법으로 비교한 IBM에는 가치관(value)연구에서 상당한 차이를 발견하였다. IBM회사 종업원 중에서는 유사한 작업에 종사하는 유사한 경험(practices)을 하였는 데도 불구하고 다른 국적의 종업원과 가치관의 차이를 보였다. 보통 경험수준(level of practices)으로부터는 일반적인 것이 입증되었다. 사람들은 같은 옷을 입고, 같은 상품을 사고, 그리고 유행하는 말을 사용한다. 이는 상징(symbols)이다. 그리고 그들은 같이 운동경기(sports)를 하고, 여가활동(leisure activities) 등의 의례의식(rituals)을 가진다. 문화에 대한 표면적 표출(superficial manifestation)은 약간의 차이가 있다. 그것은 제일 밑의 수준에 놓여 가치관이 있기 때문이다.

만약 구성원의 가치관은 조직 안에 구성원과 일반적으로 다른 기준에 독립

그림 4-20 문화 차이의 성격(국가, 직업, 조직수준)

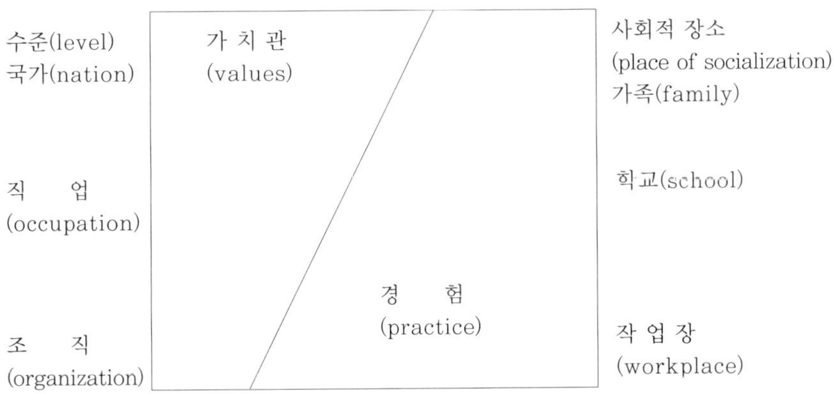

출처: Hofstede, G., 1997, *Culture and Organizations*, New York: McGraw-Hill, p.182.

32) Hofstede, G., 1997, *Ibid*., p.6.

되어 있다(영향을 받지 않는다). 조직에 입회하는 가치관(value)의 방법은 고용과정에서 결정되는 것은 아니다. 회사는 국적이나 나이, 교육, 성에 대해 사람들을 고용한다. 조직 속에서 그들은 사회화가 계속되고 경험을 통해 배운다. 즉 상징, 영웅, 의례의식 등이다. 그러나 가치관은 이미 어린 시절에 얻어진다.

인사부는 조직의 가치관이 대단히 중요한 역할을 할 수 있는 사람을 미리 고용하는 것이 정해진다. 그러나 가치관은 좋거나 혹은 나쁘거나 미리 정해져 있다. 그러므로 많은 인사관리자는 그 역할을 명확히 알지 못 한다고 할 수 있다. [그림 4-20]에서 문화성격이 국가수준의 문화 가치관에 있어서 차이가 있고 경험(practice)은 적다(유사한 사람들을 다른 방법으로 비교하는 것과 같다).

1) 문화 차이의 성격

조직수준의 문화적 차이에는 조직수준에서는 경험(practice)은 많고, 가치관(value)은 적다. 업무수준에서는 국가와 조직 사이의 중간에 있는 직업은 가치관과 경험이 반쯤된다.[33]

[그림 4-20]에 가치관 차이와 경험(practice)의 차이가 대조적으로 나타나는 것은 가치관에 대한 것과 경험에 대한 것은 사회화(socialization)에 대한 장소 차이(different places)에 의해 설명될 수 있다. 이것은 사회의 장소 차이는 [그림 4-20]의 오른편에 나타난다. 가치관은 일찍 유년기에 얻어진다. 주로 가족 안에서 그리고 이웃에서 그리고 그 뒤에 학교에서 얻어진다. 유년기가 지나면 가치관에 기초의 대부분은 마음 속에 program화되어진다. 조직경험(organizational practices)은 성인이 작업 장소에서 사회화(socialization)를 통해서 배우고 사람들은 어른이 되어서 그 장소에서 가치관은 굳어진다. 사회화의 장소에서 직업가치(occupational value)는 학교나 대학, 그리고 어린 시절, 어른 시절 사이 시기이다.

2) 문화의 구성요소

문화의 구성요소를 딜(T. E. Deal)과 케네디(A. A. Kennedy)는 세 가지 요소로 구성되었다고 서술하였다(Deal, T. E. & Kenedy, A. A., 1982).[34] 그 세 가지 요소

33) Hofstede, G., 1997, *Ibid*., p. 182.
34) Deal, T. E. & Kenedy, A. A., 1982, *Corporate Cultures: The Rites and Ritual of Corporate Life*, Addison-Wesley.

는 다음과 같다.

첫째, 문화의 구성요소는 이념이다.

이는 조직의 이념을 결정한다. 이 이념은 적절한 슬로건에 의해, 상징적으로 표시되는 것이 일반적이다. 이러한 슬로건은 이념을 나타내기 위한 일종의 기호이고, 그 기호 뒤에 이것에 의해 나타나고자 하는 의미공간이 넓게 자리잡고 있다. 그리고 종업원들은 짧고 추상적인 슬로건을 통해서, 구체적이고도 풍부한 의미를 이해한다. 예로써 슬로건을 통해서 자기들만이 독창적인 제품개발을 기업조직의 이념으로 삼겠다는 조직문화를 만들 수 있다.

둘째, 문화의 구성요소는 영웅이다.

이는 조직의 의미를 재현하고 있는 영웅이다. 조직은 자신의 역사 안에서 위기를 구한 구성원의 역할과 창업당시 구성원들의 인생담 등을 전설로써 남기면서 슬로건에 의해 상징되어 있는 눈에 보이지 않는 것으로 구체화하여간다. 활기에 차 있는 조직이라면, 여러 영웅들의 전설이 전해지면서 조직구성원들의 원기를 북돋아 준다.

셋째, 문화의 구성요소는 의례의식이다.

이는 축제라고도 하는데, 조직의 이념을 종업원들에게 공유하게 하고, 또 영웅의 역할을 전달하기 위해서 의례의식(축제)을 개최한다. 이러한 행사를 통하여 영웅을 길러 내기도 하고, 조직의 이념을 실천한 팀(team)을 축하하기도 한다. 이렇게 이념과 영웅과 의례의식이라는 세 가지 요소를 통하여 조직이 눈에 보이지 않은 조직문화라는 의미공간을 공유함에 의해서, 구성원들은 조직의 귀속감을 가지고, 조직을 통해서 자신의 아이덴티티(identity)를 확보한다.

3) 문화의 표출

문화는 모든 생각, 양식, 표현방법, 그리고 느낌의 표현방법이 내포되어 이것은 마음의 순화(refine the mind)에 대한 활동은 문화 2에 포함될 뿐만 아니라, 삶에 대한 천한 것, 인사하는 것, 먹는 것(Showery)뿐만 아니라 느낌을 나타내는 것과 다른 사람들과 육체적으로 확실한 구별, 사랑하는 것 혹은 몸의 위생적 유지 등이 문화 2에 포함된다. 상징(symbols), 영웅(heroes), 의례의식(rituals), 가치관(values) 등의 문화적인 차이를 몇 가지 방법으로 그들 자신을 표출(manifest)한다.

문화는 [그림 4-21]과 같이 4개의 계층으로 문화에 대한 표출(manifestations)에 여러 가지 용어를 사용한다. 예로써 상징(symbols), 영웅(heroes), 의례의식(rituals) 그리고 가치관(values) 등이 마음의 프로그램이고 이것이 문화이다.

즉 Symbols, Heroes, rituals, 그리고 values는 문화를 표현하는 데 사용되는 용어들인데, 이들이 전체적인 문화의 개념을 내포하고 있다. [그림 4-21]에 이를 원으로 표시하고 있는데, symbol은 이상의 모든 요소들을 포함하고, 가치(value)는 모든 것의 중심에 나타난다.

[그림 4-21]은 양파껍질과 같이 나타난다. 표면에 상징으로 나타난다. 그리고 가치관(values)은 문화의 가장 깊은 곳에서 표출(manifestations)된다. 이상 그림에서 상징(symbols)은 모든 요소를 커버(cover)하고 가치관(values)은 가장 중심에 있다.

이상 그림에서 나타나는 바와 같이 깊이에 따라서 문화의 수준차이(different levels)가 나타난다.

첫째, 상징(symbol)은 문화를 공유하는 사람들(share the culture)에 의해 단

그림 4-21 오니언(Onions) 다어그램: 깊이 차이에 대한 문화의 표출

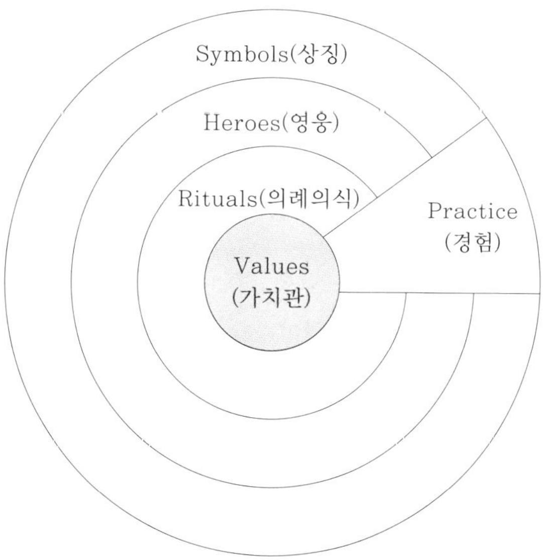

출처: Hofstede, G., 1997, *Culture and Organizations*, New York: McGraw-Hill, p. 9.

순히 인지되는 용어(words), 체스처(gestures), 그림(pictures) 혹은 사물(objects)들을 의미한다. 언어에 대한 용어나 혹은 범주 내에서 쓰는 특수어(Jasgen), 옷차림(do dress), 머리모양(hair style), 깃발(flags) 그리고 계급장(status symbols) 등이다. 그런데 새로운 상징(symbols)은 쉽게 발견되는데 오래된 심볼은 잘 나타나지 않는다. 하나의 문화집단으로부터 심볼은 다른 사람에 의해 모방될 수 있다. 이것은 [그림 4-21]과 같이 표면에 놓여 있기 때문이다.

둘째, 영웅(Heroes)은 사람들의 행동을 위한 모양처럼 섬기고(serve), 문화 속에서 가장 섬기는(highly prized) 성격을 소유하는 것으로서 현실(real)이나 혹은 상징(imaginary) 혹은 생존해 있거나, 죽은 자이다. 이것은 환상적인 것으로서 Batman이나 혹은 Snoopy, 잔 다크, 이순신, 유관순 등과 같은 것이다.

이상 그림에서 나타나는 바와 같이 깊이에 따라서 문화의 수준차이(different levels)가 나타난다.

셋째, 의례의식(rituals)은 집단적인 활동으로서(collective activities) 문화 속에 사회적으로 근본이 되는(socially essential) 목적에 이르는 데 기술적으로 불필요한 것을 의미한다. 그들은 자신이 가지고 있는 것을 밖으로 표현하는 것이다. 인사하는 방법, 다른 사람에게 존경을 표시하는 것, 사회적 · 종교적 예식 등이다. 기업이나 정치적인 화합들은 그들 자신이 평가하는 최대로 허용하는 것이다.

[그림 4-21] 심볼, 의례의식, 영웅은 경험에 의해 축적되는 것이다. 이와 같은 것은 외부관찰자에게는 보이지만 그들의 문화의 의미들은 보이지 않고 단순히 내부자에 의해 나타나는 경험에 의해 놓여지는 것이다.

넷째, 가치관(value)은 [그림 4-21]에 나타난 것과 같이 문화의 핵심이므로 문화가치관에 의해 형성된다. 가치관은 다른 3가지 일들이 있기 전에 얻은 넓은 경향이 있다. 가치관은 화살의 과녁과 같은 것이다. 다른 말로 가치관은 '+'와 '−'로 다음과 같은 구분을 가지고 있다(Hofstede, 1997).[35]

악(evil) 대 선(god), 더러움(dirty) 대 깨끗함(clean), 흉함(ugly) 대 아름다움(beautiful) 부자연스러움(unnatural) 대 자연스러움(natural), 모자람(abnormal) 대 완전함(normal), 궤변적(paradoxical) 대 논리적(logical), 불합리(irrational) 대 합리적(rational) 등으로 구분된다.

가치관은 어린이들이 무의식적으로 배우는 첫 번째 일이다. 심리학자들은

35) Hofstede, G., 1997, *Ibid.*, p. 8.

이것이 10세까지 발단된다고 믿으며, 어린이들은 그의 장소 안에서 기초적인 가치체계(basic value systems)가 형성된다. 그 후에 가치관이 변하는 것은 힘들다. 왜냐하면 살아가는 동안 일찍 얻어지기 때문이다.

많은 가치관은 무의식적(unconscious)으로 남는다. 그러므로 가치관을 이해할 수 없는 외부자에게는 직접적으로 관찰되지 않는다. 그들은 단 여러 가지 사건들에서 사람들이 하는 짓(act)을 추정할 수 없다. 가치관에 대한 체계적인 연구는 사람들의 짓(행동)은 귀찮고 그리고 애매한 것으로 추정한다.

여기서 가치관은 문화의 핵심을 의미하며, 어린이들이 무의식적으로 배우는 것이다. 그리고 "선과 악"에 대한 개념의 구분을 의미하며, 주로 10세 이전에 발달이 다 이루어진다. 그래서 가치관은 무의식적으로 남아 있으며, 가치관이 변하기는 무척 힘들다고 인류/사회학 학자들이 주로 논하고 있다. 문화적 경험에는 의례의식, 영웅, 상징과 같은 3가지 부류가 있는데, 이것은 자연과 대비되는 개념으로 사용되어진다.

사회화되는 장소와 수준에 따라, 조직문화는 변화가 가능하다고 보는 학자들이 많다. 특히 문화적 경험을 통한 문화적 특성은 가치관에 비해 변화가 쉽게 이루어질 수 있는 영역에 속한다고 많은 인적자원관리(HRD) 연구 학자들은 논한다. 그러므로 조직의 수준에서는 비교적 조직문화의 변화는 그 조직의 관리자들에 의해 이루어질 수 있다고 많은 학자들이 논하고 있다.[36] 이상에서 살펴본 바와 같이 일반적으로 문화란 인간의 물질생활과 정신생활 가운데서 후천적 학습에 의해서 그 사회로부터 습득한 것의 총칭을 의미한다고 하겠다.

36) Park, J. S., 2005, "Primary Shifts in Organizational Commitment and Organizational Trust for Telecommuting(Global) Organizations," *The econimic cooperation in the Eastern Asian Regin*, pp. 101-125.

3. 문화의 기능 및 문화의 힘

1) 문화의 기능

문화는 환경적인 요인이므로 외부로 드러나지 않은 채 그 사회에 기대되는 행동을 암시해 줌으로써 규범적인 차원에서 조직에 영향을 미치게 된다. 사회환경으로서 문화가 조직에 미치는 영향은 다음과 같다.

첫째, 문화는 정치적 · 법률적 기관이 각종 절차와 조문을 만들어 냄에 따라 법률상의 요건과 정부의 각종 규제에서 요구되고 있는 규범 및 역할조건은 조직이 그 기능을 수용해 감에 있어서 준거해야 할 제약요건이 된다. 특히 문화적 요소로서 가치라는 것이 영향력을 가지는 것은 일반대중이 신봉하는 가치를 조직이 따르지 않을 수 없다.

둘째, 기존의 조직구성원들이 가지고 있는 기존 문화들은 조직구조 재편성에 영향을 미치는 기능을 한다.

셋째, 조직구성원들은 공식적으로 정해진 계획과 동떨어지거나 오히려 어긋나는 행동을 통하여 외부의 문화를 반영하게 된다. 즉 조직구성원들은 외부에서 유입된 가치, 규범, 역할에서 기대되는 방법으로 서로의 역할을 수행하게 되는 것이다.

넷째, 조직행동에 영향을 주는 기능이다. 어떤 특정 개인의 행동은 조직 속의 공식적 과업과 조직의 요구에 의해서 정해지기도 하지만, 그 보다도 행동하는 사람의 개인적 지각과 타인이 기대하는 데에 영향을 받는다. 즉 개인의 행동에는 개인 본인의 지각과 타인의 기대가 반영되는 것이다(Lord, R. G., 1985).[37] 이러한 관점에서 조직문화는 구성원이 그 조직의 기대에서 벗어나지 않고 가치를 공유한다.

다섯째, 문화는 사회명령을 수행하는 기능이 있다. 그 기능은 다음과 같다. ① 의·식·주(food, clothing, shelter)에 대한 획득, ② 인간의 적(human enemies)과 자연재해(natural disasters)에 대한 보호준비(provision of protection), ③ 성

37) Lord, R. G., 1985. "An Information Processing Aproach to Social Perceptions, Leadership and Behavior Measurement in Organizaions," *Research in Organizational Behavioral*, Vol. 7, Greanwich, C.T., JAI Press, p.88.

에 대한 규제(regulation of sexuality), ④ 어린이를 양육하고(child raising) 그리고 사회적으로 좋은 것을 가르치고(interaction in socially approved) 그리고 유용한 행동을 하게 하고(useful behavior), ⑤ 인간 가운데 노동을 분리하고(division of labor among humans), ⑥ 인간노동에 대한 생산변화와 분배(sharing and exchanging the product of human work), ⑦ 사회적 상식에 벗어나는 행동에 대하여 사회반대에 대한 통제 준비(providing social controls against deviant behavior), ⑧ 원하는 것을 하도록 개인적인 동기부여를 장려하도록 준비하는 것(providing incentives to motivate persons to wont to do what they have to do.), ⑨ 힘의 분배(distribution power)와 우선 처리하는 힘을 합리적이고 사회적 목적을 얻는 데 협력하도록 하는 힘, ⑩ 우선권(priorities) (가치관 [values])에 대한 센스(sense)를 준비하고 그리고 사회생활에 대한 가치(worth) 종교에 대한 센스를 준비한다 (Terpstra, V. & David, K, 1985).[38)]

이와 같이 문화에 대한 기능을 설명하였다. 그리고 이와 같은 사회명령을 수행하는 기능으로 다음과 같이 4기지로 요약 할 수 있다.

2) 문화의 힘

우리는 언제나 조직문화와 만난다. 일반적으로 생각하는 문화의 형태는 보여지는 것과 보여지지 않은 질적인 것이 있다. 보이는 문화는 예로써, IBM 판매원이 입고 있은 복장이나, 혼다나 미스비시사의 사원들에게 특별한 것을 제시하는 것이나, 회사의 권한 위임이라든가, Apple사의 비정형적인 구조와 같은 독특한 것이 그 예들이다. 그래서 문화는 우리가 소유할 때는 우리가 세운 전략이나, 규범이나 가치에 대해서 모순되어지는 새로운 전략이나, 프로그램을 수행하려고 노력할 때까지 잘 보여지지 않는다. 그래서 우리는 때때로 문화에 대한 힘을 관찰할 수 없을 수도 있다. 보이는 문화와 보이지 않은 문화는 [그림 4-22]에서 보는 바와 같다.

문화에 대한 어원은 사회인류학(social anthropology)에서 시작되었다. 19세기 후반이나 20세기 초반에 원시사회 연구를(에스키모나, 남극이나, 아프리카나, 미국원주민) 할 때, 지금 유럽이나, 미국보다 덜 진보된 사회적인 요소들로부터 차이가

38) Terpstra, V. & David, K., 1985, *The Cultural Environment of International Business*, West Chicago, I. L., South-Western Publishing Co., pp. 5-15.

생활방식에서 나타난다. 그래서 문화에 대한 개념은 매우 넓은 전체적인 감각에서 나타나는 것을 포함한다. 이와 같이 문화는 특별한 인간집단의 한 세대로부터 다음 세대로 전해지는 것이다.

문화라는 개념은 미국의 Heritage 사전의 정의를 보면 "문화는 전통적으로 해 오는 행동(transmitted behavior pattern)이나, 예술이나, 믿음이나, 조직 그리고 인간에 의해 만들어진 모든 제품이나, 사회가 국민에 의해 성격지워지는 것을 말한다. 이와 같은 내용들은 조직문화가 두 가지 수준(levels)이 있다는 것을 생각할 수 있게 한다. 이 두 수준은 시각적인(visibility)것과 변화에 대한 저항(resistance change)에 차이를 보인다.

비시각적인 수준의 문화(less visible level culture)는 집단에서 사람들에 의해 공유(shared)되어지는 가치(values)를 말한다. 반대로 가시적인 수준의 문화(visible level culture)는 구성원의 행동 패턴(behavior pattern)이나, 조직에 소속하면 구성원들은 누구나 자동적으로 행하는 조직행동스타일(behavior style of an organization)을 의미한다.

그림 4-22 조직 속의 문화

안 보이는 것 ↑		변화하기 어려움 ↑
	공유된 가치(shared value): 집단 속의 대부분의 구성원들이 공유된 중요한 목표나, 개념이나, 조직행동을 구성하는 경향을 보이고, 집단구성원으로서 오랫동안 고집하는 것을 의미한다. 보기를 들면, 관리자들은 소비자들이나, 장기부채와 같은 것이 가치로 보인다.	
	집단행동 규범(group behavior norms): 집단에서 발견되지 않는 일반적인 방법이나, 특징적인 방법을 의미하며 집단구성원이 그들의 경험을 토대로 새로운 구성원의 행동을 가르치는 방법으로 행동하려는 고집스러운 방법을 의미한다. 이와 같은 행동 패턴은 결과에 의해서 강화작용을 받는 행동패턴이 포함된다. 예로써, 구성원들은 소비자가 요구하는 것에 빠른 반응을 보이는 것과 의사결정에서 낮은 수준의 구성원들로 구성된다.	
↓ 보이는 것		↓ 변하기 쉬운 것

출처: John P. Kotter & James L. Heskett, 1992, *Corporate Culture and Performance*, The Free Press, New York, N.Y., p. 5.

예를 들어 한 집단의 구성원의 1/3은 몇 년 동안 열심히 일하는 사람으로 보여지고, 다음 1/3은 매우 친절한 사람으로 보여지고, 나머지 1/3은 매우 보수적인 사람으로 보여진다며, 이것은 집단간의 특징으로 나타난다. 이처럼 다른 사람과 구별되는 것이 "문화"로 표현되고 의미된다. 이와 같은 두 가지 수준(levels)은 조직의 다른 구성원에게 영향을 미치는 경향이 있다. 이것은 집단행동에 영향을 주는 공유된 가치의 용어로 명백히 나타난다.

이는 [그림 4-22]와 같은 상황에서는 종업원이 실질적으로 한 번도 시장에서 소비자와 상호 교류를 가지지 않았지만 종업원들도 일반적으로 보다 더 높고 보다 더 깊은 문화로서 고객들에게 '가치화(Values)'하기를 하려고 한다. 다시 말하면, 종업원들이 제품을 만들거나 서비스를 소비자들에게 제공할 때 그 제품이나 서비스에는 그 조직의 문화가 녹아들어 있게 되는 것이다. 그러나 기업의 조직에서는 문화를 한 회사의 전략이나 구조만으로서 똑같이 설명되지는 않는다. 이와 같은 내용은 [그림 4-23]과 같이 나타낼 수 있다.

그림 4-23 관리행동 모양의 네 가지 요소

최고경영자
최고경영자나 관리자는 새로운 전략이나, 비전, 철학을 수행하려고 한다.

↓

조직행동
업무를 수행하고, 전략이나 철학에 의해 시노되어시는 방법으로 사람들은 조직 속에서 행동한다.

↓

결 과
대부분 측정에 의해 성취되어진 내용들이고 이와 같은 내용들은 수 년 동안 지속적으로 이루어진 것이다.

↓

문 화
비전이나 전략을 나타내는 것이고, 구성원들이 수행하는 경험들로 표현된다.

출처: John P. Kotter & James L. Heskett, 1992, *Corporate Culture and Performance*, The Free Press, New York, N.Y., p. 6.

그림 4-24 조직문화 출현에 대한 일반적인 형태

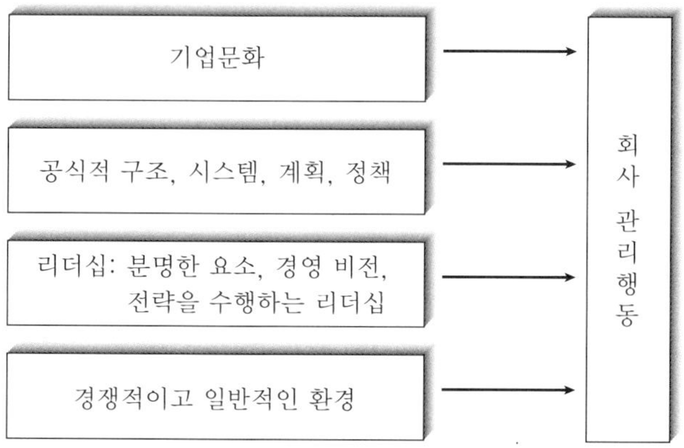

출처: John P. Kotter & James L. Heskett, 1992, *Corporate Culture and Performance*, The Free Press, New York, N.Y., p.8

문화는 시간을 통해 안정되거나, 불안정되는 것은 아니다. 때때로 위기의 국면은 조직의 가치관에 대한 새로운 평가와 경험에 대한 새로운 재평가를 요구하며, 새로운 것을 행하는 데에 대한 새로운 방법을 이끌어 낸다. 이는 중요한 구성원들의 변화나, 새로운 구성원들의 영향력이 매우 다른 경영의 다양성과 지역적인 확장으로 문화를 변화시키거나, 약화시킬 수 있다.

유연성이 없는 구조로 인해 나타나는 갑작스러운 위기나 변화하는 문화를 파괴시킬 수 있고, 약하게 만들 수도 있다. 또한 그와 반대로 아주 강하게 만들 수도 있다. 예를 들면, 일반적인 가치나, 행동패턴이나, 경험들이 서로 깊숙이 상호 연결되는 작용을 할 경우가 바로 이와 같은 경우이다. 그러므로 문화는 [그림 4-24]와 같이 매우 강력한 결과로 나타난다.

첫째, 문화는 기업의 장기적인 경제성과에 중요한 의미를 갖는다.

둘째, 문화는 미래 10년 동안 기업의 성공과 실패를 결정하는 가장 중요한 요소로 작용한다.

셋째, 장기적으로 재무적인 성과를 억제하는 조직문화는 이룰 수 없다. 그렇기 때문에 보다 더 지적인 사람들과 적절한 사람들로 채운 조직은 쉽게 조직문화를 개발한다.

넷째, 문화는 변하기 어렵지만, 문화는 더 많은 성과를 성취할 수 있게 한다.

조직문화의 변화는 매우 복잡하며 시간이 많이 요구되고 리더십을 요구하지만, 변화가 이루어지고 난 후에는 조직이 요구하는 확정된 성과를 쉽게 취할 수 있다.

조직 내에서 역사적으로 형성되어 온 조직구성원들의 가치관, 행동양식, 조직 고유의 상징 및 특성 · 관리 · 관행 · 경영이념 등으로 구성되는 조직 특유의 가치 체계라 할 수 있다.

제2절 조직문화 강도(Strength)

조직문화의 연구에서 중심적 위치를 차지하고 있는 또 하나의 관점은 조직문화의 강도(Strength)이다. Deal & Kennedy(1982)는 강한 조직문화가 기업의 성공 열쇠가 된다고 강조하면서, 지속적으로 성장해 온 미국의 대기업들의 성공 이면에는 항상 강한 조직문화가 주동력이 되어 왔다고 주장하고 있다(Deal, T. E. & Kennedy, A. A., 1982).[39]

Posner, Kouzes & Schmidt(1985) 등도 조직문화 강도를 공유가치의 조직몰입, 자신감, 윤리적 행동의 증대 및 직무 스트레스의 감소 등과 관련이 있으며, 강하고 뚜렷한 공유가치로서 개인의 삶뿐만 아니라 조직성과에도 유의적인 차이를 가져온다고 주장하고 있다(Posner, B. Z., Kouzes, J. M., & Schmidt, W. H., 1985).[40]

즉, 조직문화 강도는 응집적인 것(Deal & Kennedy, 1982; Weick, 1985), 동질적인 것(Ouchi & Price, 1978), 안정적이고 깊이 있는 것(Schein, 1984), 널리 그리고 깊이 공유하는 것(Sathe, 1983), 또는 널리 공유되고 있으면서 강하게 갖고 있는 것(O' Reilly, 1989) 등으로 문화의 강도를 정의하고 있다. 이러한 다양한 정의 속에서 몇 가지 공통점을 발견할 수 있는데, 문화의 강도는 이를 공통적인 요소들의 함수라고 할 수 있다.

39) Deal, T. E. & Kennedy, A. A., 1982, *Corporate Culture*, Reading Mass.: Addison-Wesley, pp. 107-123.

40) Posner, B. Z., Kouzes, J. M. & Schmidt, W. H., 1985, "Shared Values Make a Difference: An Empirical Test of Corporate Cultuer," *Human Resource Management*, 24, pp. 293-309.

첫째, 얼마나 많은 구성원들이 중심 가치를 수용하고 있는가(widely shared), 둘째, 그러한 가치를 얼마나 강하게, 그리고 깊이 내면화하고 있는가(strongly held), 셋째, 그 가치가 얼마나 오랫동안 지속적으로 받아들여지는가(continuously accepted)라는 세 가지 요소에 의해 문화의 강도가 결정된다(Gordon, G.G. & DiTomaso, N., 1992).[41)]

1. 조직문화 강도의 의의

많은 연구자들이 강한 문화에 관심을 기울여 왔지만, 이를 실제 측정하려는 시도, 그리고 문화강도와 조직성과간의 관계를 통계적으로 검증하려는 시도는 별로 없으나, 소수의 예외적인 연구로 데니슨(Denison, 1990), 칼로리와 사닌(Calori & Sarnin, 1991), 고든과 디토마소(Gordon & DiTomaso, 1992), 코터와 헤스켓(Kotter & Heskett, 1992)을 들 수 있다.

1) 데 니 슨

데니슨(Denison, 1990)은 조직성과에 대한 문화특성의 영향뿐만 아니라 문화강도의 영향을 분석하였다.[42)] 그는 문화강도를 조직구성원들간의 의견의 일치성(consistency) 내지 동질성으로 '조직현상에 대해 조직구성원들의 인식이 얼마나 일치되고 공유되고 있는가?'로 개념화하고, 이를 '조사대상자들의 설문응답이 갖는 분산에 역수를 취한 값(inverse of the variance in questionnaire responses)으로 측정하고 있다.

즉, 설문응답자들이 제각각 상이한 응답을 하지 않고 일관된 응답을 함으로써 분산이 작은 경우 문화강도가 강한 것으로 보고 있다. 이렇게 측정하여 얻은 문화강도와 경제적 성과간의 관계를 분석한 결과, 문화강도는 단기적 성과(설문조사 연도로부터 2년 동안의 투자이익률)와 유의적인 관계가 있는 것으로 나타났으나, 장기적 성과(3-5년의 투자이익률)에는 오히려 부정적인 효과를 미치는 것으로 밝

41) Gordon, G. G. & DiTomaso, N., 1992, "Predicting Corporate Performance from Organizational Culture," *Journal of Management Studies*, 29, pp. 783-798.

42) Denison, D. R., 1990, *Corporate Culture and Organizational Effectiveness*, N.Y.: John Wiley & Sons, p. 78-80.

혀졌다.

2) 고든과 디토마소

고든과 디토마소(Gordon & DiTomaso, 1992)도 데니슨처럼 조직 내 설문응답의 일치성 정도로 문화강도를 측정하고, 이것이 경제적 성과에 미치는 영향을 분석했는데, 문화유형(적응문화와 안정문화)에 관계없이 강한 문화는 2-3년 동안의 성장률과 유의적인 양(+)의 관계가 있는 것으로 나타났다.

3)칼로리와 사닌

칼로리와 사닌(Calori & Sarnin, 1991)의 연구에서는 조직문화 강도가 상대적 성장률과는 유의적인 관계가 있지만, 투자이익률 및 매출액이익률과는 유의적인 관계가 없는 것으로 나타났다(Gordon, G. G. & DiTomaso, N., 1992).[43)]

4)코터와 헤스켓

코터와 헤스켓(Kotter & Heskett, 1992)은 미국 22개 산업의 207개 기업체를 대상으로 기업문화 강도와 경제적 성과간의 관계를 연구했다. 이들은 앞의 연구들과는 달리, 산업체 설문을 통해 동일 산업 내의 여러 기업들을 대상으로 여타 경쟁사의 문화강도를 어떻게 지각하고 있는지를 조사하여, 이들 응답의 평균으로 각 기업의 문화강도를 측정하고 있다.

이와 같이 측정된 문화강도는 경제적 성과와 양(+)의 상관관계를 보이고 있는데, 구체적으로 연평균 시장가치증가율(market value growth)과 0.26, 연평균 순이익증가율과 0.46, 그리고 연평균 투자이익률과 0.31의 상관관계를 보이고 있다(Kotter, J. P. & Heskett, J. L., 1992).[44)]

---

43) Gordon, G. G. & DiTomaso, N., 1992, "Predicting Corporate Performance from Organizational Culture," *Journal of Management Studies*, 29, 783-798.

44) Kotter, J. P. & Heskett, J. L., 1992, *Corporate Culture and Performance*, N.Y.: The Free Press.

2. 조직문화의 중요성과 문화의 분류

1) 문화의 중요성

오늘날에는 문화의 시대가 도래되었다고 한다. 세계적으로 문화가 부가가치가 높다고 하여, 문화산업화가 전개되어, 국가나 조직들은 문화에 대한 관심이 더욱 확대되어, 문화경쟁 또는 문화전쟁과 같은 양상을 띠고 있다. 각 조직이나 기업들은 앞 다투어 성공한 기업들의 문화를 연구하고, 자기조직 혁신에 참고로 삼으며, 각 조직이나 기업들의 문화변화에 도 관심을 보이고 있다.

조직문화는 조직구성원들이 직면하게 되는 공동의 문제를 해결해 나가는 과정에서 생성되는 것으로, 공동체를 결속시켜 주는 공유가치 및 의미체계의 기능을 가진다. 그리고 조직문화는 '게임의 규칙'으로 조직구성원들이 행하는 행동의 의미를 일깨워 주고, 방향을 제시하며, 행동을 유발시키는 사회적 힘(social energy)이라 할 수 있다(Kilmann, R. H., 1984).[45] 그러므로 훌륭한 조직문화를 갖는다는 것은 신규제품을 개발하거나 신규시장을 개척하는 것보다 더 중요하다고 헥타(Hector, G.)는 강조하였다(Hector, G., 1983).[46] 그리고 조직문화가 중요시되는 이유는 다음과 같다.

첫째, 조직문화는 구성원들의 인지도(cognitive map)를 형성시켜 줌으로써 구성원들의 행동을 이해할 수 있도록 해 준다.

둘째, 조직구성원들이 행하는 행동을 정당화시켜 줌으로써, 결국 조직의 결속력과 협동체를 강화시켜 준다.

이상과 같이, 조직문화는 조직이 조직구성원들에게 기대하는 행동패턴 및 조직의 목표방향을 암시해 주기 때문에 소식구성원들의 행동을 정당화시켜 준다. 따라서 구성원들이 조직에 더욱 몰입(Commitment)할 수 있게 해 주며, 조직의 결속력 또한 강화시킨다.

2) 조직문화(Organizational Culture)의 분류

조직문화의 분류는 여러 가지 모델들에 의해 분류 내용이 조금씩 다른 측면

45) Kilmann, R. H., 1984, *Beyond the Quick Fix*, San Francisco: Jossry-Bass, p.92.
46) Hector, G., 1983. 8, "Atrsis New Game Plan," *Fortune*, p.52.

을 내포하고 있다. 그러나 분류하는 차원(축)들은 유사성을 내포하고 있다.

다음은 그 대표적 모델들이다. 본 연구는 이 조직문화 분류모델 중에서 Denison의 모델과 Cameron & Quinn의 모델(Organizational Culture Model)을 사용해 조직문화 유형을 분석하고자 한다.

(1) Denison의 모델

Denison의 모델(1995)은 문화와 효과모델(Culture and Effectiveness Model)이다. 이 모델은 60문항의 설문지를 바탕으로 하며, 두 가지 축에 의해 분류된다.

첫째는 내부적/외부적 축이며, 둘째는 유동성 · 안정성이다. 이러한 두 가지 차원의 교차에 의해서 [그림 4-25]에서 보는 바와 같이, 적응적 문화(Adaptability culture), 전도적 문화(Mission culture), 관계성 문화(Involvement culture), 그리고 일관적 문화(Consistency culture)의 네 가지 유형으로 조직문화를 분류하고 있다.

① 적응적 문화(Adaptability culture)는 변화 지향적(Creating Change)이고, 소비자 중심적(Customer Focus)이며, 교육 발전적(Organizational Learning)인 조

그림 4-25 Denison의 모델(1995)

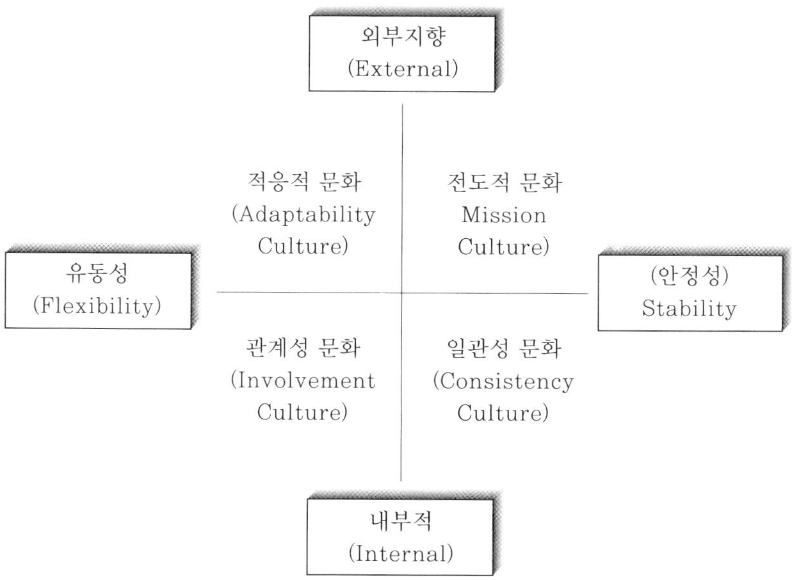

직분류이다.

② 전도문화(Mission culture)는 전략적 방향성과 의향성(Strategic Direction & Intent)을 포함하며, 목표와 목적성(Goals & Objectives)을 띠고, 비전(Vision)적 의미를 포함한다.

③ 관계성 문화(Involvement culture)는 능력개발중심(Capability Develop-ment)적 분류이며, 팀 위주(Team Orientation)이며, 나아가 권한(Empowerment)적인 조직문화분류이다.

④ 일관성 문화 (Consistency culture)는 대등관계 또는 조정(Coordination)적 조직문화 분류이며, 동의 또는 계약(Agreement)적 의미이며, 핵심가치(Core Values)적 조직문화 분류들을 의미한다.

(2) Cameron & Quinn의 모델

Cameron & Quinn의 조직문화모델(Organizational Culture Model)을 들 수 있다. 이는 경쟁가치 모형에 의한 문화유형의 분류로서 두 가지 차원을 기준으로 하고 있는데, 하나는 "변화 대 안정"이라는 상충적 가치를 축으로 하고 있고, 다른 하나는 "조직내부지향 대 외부환경지향"이라는 상충적 가치를 축으로 하고 있다.

전자에서 "변화"는 조직의 신축성과 유연성을 강조하는 것인 반면, "안정"은 통제 및 질서, 효율성을 강조하는 것으로, 이는 유기적 · 기계적 조직특성의 구분과 유사하다고 할 수 있다.

한편, 후자에서 "조직내부지향"은 기존 조직의 유지를 위해서 조직내부의 통합과 조정에 초점을 두는 것인 데 반해, "외부환경지향"은 외부환경과의 상호작용 및 환경적응에 초점을 두는 것을 가리킨다. 이러한 두 가지 차원의 교자에 의해서 [그림 4-26]에서 보는 바와 같이, 관계지향 문화(Clan culture), 혁신지향 문화(Adhocracy culture), 위계지향 문화(Hierarchy culture), 그리고 과업지향 문화(Market culture)의 네 가지 유형으로 조직문화를 분류하고 있다. 이 모델은 24문항의 설문지로 조사되었다. 조사내용을 보면 다음과 같다.

① 위계문화(Hierarchy Culture)를 들 수 있다. 위계지향 문화는 내부조직의 통합과 안정성 · 현상유지를 지향하는 문화로, 분명한 위계질서 및 명령계통, 그리고 기존의 절차와 규칙을 중시한다

그림 4-26 Cameron & Quinn의 모델

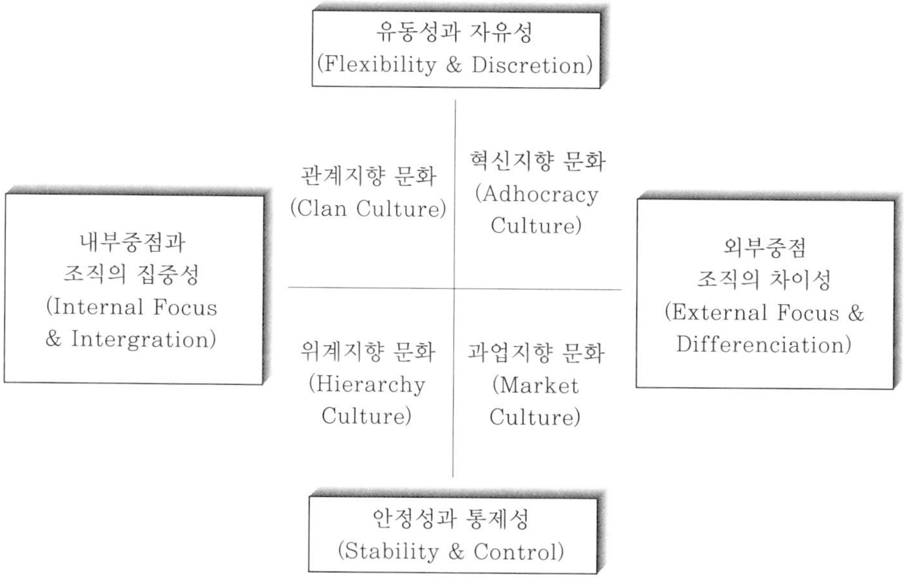

② 과업지향적 문화(Market Culture)를 들 수 있다. 과업지향 문화는 외부지향과 안정성을 특징으로 하는 문화인데, 생산성 · 효율성 · 합리성 등의 가치를 중시한다. 즉, 주어진 과업의 효율적인 수행과 합리적 목표달성을 강조하는 문화이다.

③ 관계지향 문화(Clan Culture)를 들 수 있다. 관계지향 문화는 내부조직의 통합과 유연성을 중시하는 문화로, 무엇보다도 인간관계에 초점을 둔다. 인화 · 단결 · 협동 및 팀웍 등의 가치를 중시하고, 구성원에 대한 배려와 관심의 정도가 높으며, 인간적이고 가족적인 분위기를 창출하는 것을 특징으로 한다.

④ 혁신지향 문화(Adhocracy Culture)를 들 수 있다. 혁신지향 문화는 외부환경에의 적응과 변화 · 신축성을 특징으로 하는 문화이다. 변화하는 환경에 적응하기 위해 조직변화와 혁신을 중시하며, 창의성 · 모험성 · 도전성 등의 가치를 존중한다.

⑤ 조직성향 문화(Organizational Climate Culture)를 들 수 있다. 조직성향(Organizational climate)은 주로 그 조직의 시스템, 활동 그리고 리더십 형태와 같은 용어에서 조직의 중요한 요소들에 관련된 조직구성원들 사이에서 합의적인 동의(consensual agreement)로 표현된 구조(descriptive construct)로 되어 있다.

지난 30년의 조직행동이론(Organizational Theory)에 있어서 조직문화(Organizational Culture)와 조직성향(Organizational climate)은 매우 중요한 위치를 차지해 오고 있다(Moran & Volkwein, 1988; Schein, 1992). 그리고 몇몇 선행 연구자들은 이들 두 개념들에 있어서 개념적(Moran & Volkwein, 1992) 또는 실험적(Turnipseed, 1992) 연구를 해 오고 있다.

지난 10년 동안 조직문화와 성향에 관한 연구들은 아직도 조직이론의 이해를 위해 노력해 오고 있다. 조직문화나 조직성향은 선행 연구들에 있어서 중요한 개념적인 흐름(conceptual Blurring)이 되어지고 있다. 조직성향에 대한 정의는 Forehand & Gilmer(1964), Pritchard & Karasick(1976), DeCotiis & Kays(1980), 그리고 Moran & Volkwein(1992)들이 추구한 혼합적인 요소들을 포함한다.

즉, 조직성향은 비교적 다른 조직들로부터 그 조직을 구분할 수 있는 영속적(Enduring)인 조직의 특성들을 의미한다. (a) autonomy, trust, cohesiveness, support, recognition, innovation and fairness와 같은 용어들을 포함하고, 또는 규모(dimensions)에 의한 그 조직의 집합적 개념들을 포함하고, (b) 조직구성원들의 상호 활동들에 의해 일어나며, (c) 조직의 상황을 해석할 때 그 기초로 활용되며, (d) 일반적으로 표현되는 조직문화의 norms, values and attitudes를 반영하며, 마지막으로 (e) 조직행동에 영향을 미치는 원천으로 활동되어지는 것들을 의미한다.

조직성향을 측정하는 방법으로는 Wallch(1983) & Hsui(1972)의 OCI(14 survey items) 방법과 SOO 2000과 같은 방법들이 있다.

(3) 오우치(W. G. Ouchi)의 모델

오우치(W. G. Ouchi)의 모델은 오우치(W. G. Ouchi) 교수가 1981년 4월에 「Z이론」이라는 저서를 출간하였다(William G. Ouchi, 1981, *Theory Z*).[47)]

그는 1973년부터 미·일 양국 기업 24개(각각 12개)를 선정하여 그 지점 및 합작관계회사 총 48개 회사를 대상으로 조사한 바 있다. 일본기업이 고도로 성장하여 이제는 세계기업으로서 군림하게 된 비결은 과연 무엇인가? 이는 Z이론 때문이었다.

---

47) Ouchi, William G., 1981, *Theory Z*, Addison-Wesley Publishing Company Inc., pp. 48-49.

그림 4-27 Z이론의 특성

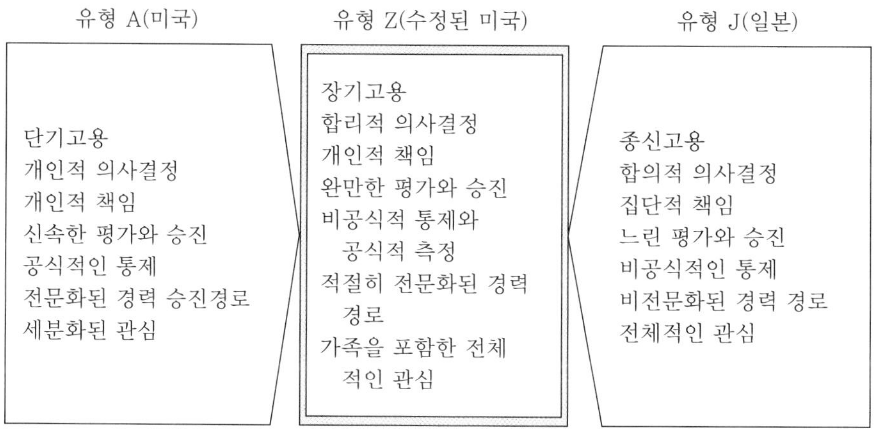

출처: William G. Ouchi, 1981, *Theory Z*, A, Addison-Wesley Publishing Company Inc., pp.48-49.

미국에서 일본기업의 강점을 분석한 이 Z이론은 오늘날 여러 나라의 실무계나 학계에서 비상한 관심을 모은 것이었다. 「Z이론」이란 한마디로 일본식 경영방식을 받아들여 실천하는 기업은 살아남고 번영한다는 것이다. Z이론은 미국기업과일본기업의 비교연구로서 유명하다. 따라서 여기서의 Z이론은 조직개발의 일종으로 해석되며, 또한 그것은 관리스타일의 하나이다.

미국기업과 일본기업의 각각의 관리스타일을 J(일본), A(미국) 타입으로 유형화하여 그것을 척도로 하여 미국의 우량기업의 관리스타일을 검토하였는데, 이들 기업은 A, J 양 타입의 뛰어난 특색을 합하여 지니고 있다는 것이 판명되었다. 즉 이러한 A, J 양 타입의 뛰어난 특색을 갖는 관리스타일을 「Z타입」이라 일컫는다.

미국의 경영 접근방식과 일본의 경영접근 방식의 혼합을 접목하려는 시도에서 나온 접근방식으로 William Ouch가 개발한 Z이론이다. 이와 같은 Z이론의 제시 이래, 일본경영의 특수성이론에 대한 반대로 경영스타일의 보편성을 주장하는데 증거로 삼는 것이 많다.

이를 보면 [그림 4-27]과 같다.

(4) 홉테더(Hofstede, G.)의 모델

홉테더(Hofstede, G.)의 모델은 Hofstede, G.(1997)[48]가 그의 저서 「문화와 조직」에서 언급한 것은 "문화란 정신적 프로그래밍(mental programming)에 의해 도출되는 생각(think)이나, 느낌(feel), 행동(behavior)들이 표현된다"고 하였다. 그러므로 정신적 프로그래밍이 문화(culture)를 의미한다. 따라서 정신적 프로그래밍을 이해하는 것이 바로 문화를 이해할 수 있기 때문이라고 하였다(Hofstede, Geert, 1997).[49]

그리고 조직문화에 대한 연구에서는 조직문화의 차이는 무엇으로 측정하며 문화의 비교는 무엇으로 할 것인가에 대한 해답으로 문화에 대한 차원(dimensions)으로 설명하였다.

Hofstede는 조직이나, 집단의 문화차이를 분석하기 위하여 4가지 차원(four dimension)으로 조직문화 차이를 분석하였다(Hofstede, 1997).[50] 본래 차원(dimension)에서는 권력차이(power distance), 남성다움 대 여성다움(masculinity versus femininity), 개인주의 대 집단주의(individualism versus collectiviosm) 그리고 불확실 회피(uncertainty avoidance)를 제시하였다(Hofstede, Geert, 1997).[51]

그러므로 조직 기업문화 유형을 Hoftede의 4개 분류와 Brabana R. Dastoor & Jatuporn Sungkhawan & Joo-Seung park & Joseph Balloun 등이 연구한 장단기 대 단기지향(long-term versus short-term orientations)을 첨가한 5차원(dimensions)으로 주어진 문화차이를 연구하였다(Dastoor, B. R., Sungkhawan, J., Park, Joo-Seoung & Balloun, J., 2001).[52]

이상의 학자들이 문화에 대한 모델로서 조직문화에 적용하여 연구하였지만, 다양한 조직의 종류에 따라 국가간의 조직문화 비교에는 Hofstede의 문화차원으로 조사하는 것이 적당하다고 생각한다.

---

48) Hofstede, Geert, 1997, *Culture and Organization*, Software of the Mind, McGraw-Hill, pp. 188-192.
49) Hofstede, Geert, 1997, *Ibid*.
50) Hofstede, Geert, 1997, *Ibid*.
51) Hofstede, Geert, 1997, *Ibid*.
52) Dastoor, B. R., Sungkhawan, J., Park, Joo-Seoung & Balloun, J., 2001, "Culture Shifts in 13 countries in Asia & Pacific and Asia: 1980-2000" in Mueller, C. B. (Ed.), Academy of International Bnesiness Southeast(USA) Annual Meeting (Nov, 2001), New Orleans, Louisiana, 91-98.

① 권력차이(power distance)

Hofstede는 권력차이는 국가 내에 집단이나 조직구성원이 강하지 않고 그리고 권력의 불공정한 배분을 받아들이는 것을 권력차이라고 할 수 있다. Hofstede에 따르면 적은 권력차이가 있는 나라는 부하가 상사에 대해서 의존(dependent)하지 않고 그리고 그들 상사(Bosses)는 부하(subordinates)들 문제에 대해 의견을 듣는다.

권력차이가 적은 나라에서는 부하는 질문에 두려움을 느끼지 않거나 혹은 그들 상사에 대해 상당히 많이 의존(dependent)한다. 그럼에도 불구하고 거기에는 더 좋아하거나 혹은 완전하게 거절(rejection)(반 의존이라고 부른다)하고 그의 부하는 상사와의 관계형태는 독재주의(autocratic) 혹은 온정주의(paternalistic) 형태로 된다. 강한 권력차이가 있는 나라는 상사와 부하 사이에 그들 상사에 대하여 의존적이거나 혹은 반의존적(counter-dependent)인 양극화 상태가 된다. 그리고 부하들의 타입(types)은 두 가지가 있다. 하나는 상사의 질문에 대해 정당치 않다고 하거나 혹은 상사를 반격한다.

② 불확실 회피(uncertainty avoidance)

Hofstede(1997)는 불확실 회피문화의 차원(dimension of culture)은 그 나라의 문화를 가진 구성원들은 불확실한 상황이나 잘 모르는 상황에 직면하게 되면 절명의 위기(threatened)를 느끼는 구성원들이 많이 분포되어 있는 조직이나 국가이다(Hofstede, G., 1997).[53] 즉 불확실성을 피하려는 국가나 조직구성원들은 애매모호한 상황(ambiguous situations)을 피한다.

그리고 불확실성을 피하는 국민이나 조직구성원들을 깨끗하게 책임을 지는 구조환경의 역할에 다스림을 당하는 것을 원하고, 예측할 수 있는 상황 속에 다스림을 받기를 원한다. 이들은 가능한 변화를 적게 느끼려고 한다. 불확실성을 피하기 위해 나타나는 전형적인 역할은 존재하지 않고 있다면 그것을 무시하거나, 역할이 필요할 때는 인정하기도 한다.

③ 개인주의 대 집단주의(individualism versus collectivism)

이는 문화적 차이는 국민의 성격이 개인주의 대 집단주의 성격이나. 개인주의는 개인적 사이가 느슨하게 묶여 있는 국가나 조직이다. 그들의 이웃인지 가족인지 그 후에 자신이 느낀다.

---

53) Hofstede. G., 1997, *Ibid*., p.113.

집단주의는 개인주의와 반대로 출생의 전망부터 강하게 통합되어 있다. 집단주의가 강한 나라는 집단 응집력이 사람들의 생활을 통해 충성을 계속 하도록 보호한다. 오늘날 집단주의에 있는 국민들은 집단에 대한 흥미가 우선이다. 집단주의 사회 안에서는 가족중심은 어머니, 아버지, 누나, 형에 대한 한계가 없고, 더구나 할머니, 할아버지, 아저씨, 삼촌, 사촌 등 다른 가족들이 포함되어 있다.

어린이는 성장하면서 대집단의 중요성과 정체성(identity)을 생각하며 자란다. 그와 같은 나타나는 조직구성원은 집단과 집단구성원 자신이 정체성을 생각하면서 살아간다. 그리고 집단구성원에 소속된 구성원들에 대한 손해에 대해 구성원들은 방어해야 한다는 것을 느낀다.

그리고 개인주의 사회(individualistic societies)는 오늘날 세계 속에 개인에 대한 이익에 중점을 두고 사는 사람들이 많은 국가나 조직이다(Dastoor, B. R., Sungkhawan, J. S., Park, Joo-Seong & Balloun, J., 2001).[54)]

그런 집단이나 국가에 사는 사람들의 가족중심은 어머니, 아버지, 형, 누나이고 이들의 관계는 적은 접촉으로 관계하면서 살아간다. 개인주의 사회에서 사는 어린이는 그들의 양친과 다른 사람들에 관한 구별을 배우면서 살아간다. 혹 이들은 그들이 관계하는 가족관계보다 개인주의가 좋다는 것을 배운다.

④ 남성다움과 여성다움(masculinity versus femininity)

이는 남성다움과 여성다움의 문화차원은 집단이나 국가가 다르게 나타났다. 남성다움의 문화차원인 문화는 역사적으로 남자는 밖의 생활을 지배하고 여자는 가정 내를 지배한다는 문화차원인 집단이나 국가다.

Hofstede에 의하면 남자들은 집 밖에서 강해야 살아남는다는 것을 여자도 동의한다고 한다. 여자는 집안에서 살아가는 것이 가치라고 생각한다. 이와 같은 생활 속에서 양친의 역할을 어린이는 성장하면서, 머리에 뿌리 깊게 박히게 된다. 그들의 정신적인 소프트웨어(software)는 그들이 믿음으로 프로그램한다. 이는 생물학적으로 만들었고 그리고 사회적 규범은 그들 사회에서 타고난 성(性)으로부터 구별된다. 그들의 성(性)은 그 나라 문화와 특성으로 성의 역할이 나타난다.

반면 여성다움(paternalistic)의 문화특징을 가진 나라는 남자나 여자가 정당성을 배운다. 그리고 남성다움 문화의 특징인 국민들은 성에 대해 다 같이 낮다

54) Dastoor, B. R., Sungkhawan, J. S., Park, Joo-Seong & Balloun, J., 2001, "Culture shifts in 13 countries in Asia-Pacific and Asia: 1980-2000," *Ibid.*, pp. 91-98.

고 배우고 성을 취하는 것에 대해 동의한다. 이와 같은 문화의 특징은 사회적으로 영향을 받는다. 대학교육 등에 대한 역할모델이나 대학의 교육과 직업역할 교육에 영향을 받는다.

⑤ 장기지향 대 단기지향(long-term orientation versus short-term orientation)

이는 그 나라의 문화특징이 장기지향적이냐 단기지향적이냐를 구별하여 그 문화의 특징을 보게다.[55] 그 나라 국민이나 집단구성원이 장기지향(long-term orientation)인지 혹은 단기지향(short-term orientation)인지의 특징에 관한 연구는 William G. Ouchi(1981)가 미국에 있는 일본기업 100개 회사와 일본에 있는 미국기업 100개에 대한 조직모델(organization model)에 관한 연구에서 일본은 종신고용(lifetime employment)인 데 반해, 미국은 단기적 고용(short-term orientation)이라고 지적하였다(Willam G. Ouch, *Treory, Z.*, 1981).[56]

표 4-5　12국가 문화차원 점수(0=low, 100=high)

Orientation	Power Distance	Uncert Avoidance	Individualism	Masculinity	Long-term
Arab countries	80	68	38	53	
France	68	86	71	43	
Germany	35	65	67	66	31
Great Britain	35	35	89	66	25
Netherlands	38	53	80	14	44
Hong Kong	68	29	25	57	96
Indonesia	78	48	14	46	
Japan	54	92	46	95	80
Brazil	69	76	38	49	65
Mexico	81	82	30	69	
U.S.A	40	46	91	62	29
West Africa	77	54	20	46	16

출처: Hopstcdc, Gccrt, Jan 1994, "Management & eientirts are Human," *management science*: 40,1: p. 6.

55) Dastoor, B. R., Sungkhawan, J. S., Park, Joo-Seong & Balloun, J., 2001, "Culture shifts in 13 countries in Asia-Pacific and Asia: 1980-2000," *Ibid.*, pp. 91-98.

56) Ouch, Willam G., 1981, *Treory Z*, The Hearst Corporation, p. 49.

일본은 경력관리에 있어서는 보수에 대해서도 현재보다 미래를 생각한다. 그리고 전문성보다는 다양성을 바라며 조직구성원들은 현재보다 미래를 보고 살아가며, 직장에서도 그와 같은 특징을 가진 조직이라고 하고 있다.

이상의 Hofstede가 1994년에 Asia-Pacific and Asia에 대한 문화차원 조사를 살펴보면 [표 4-5]와 같다. 이는 서구의 1994년 것과 비교하면, 한국의 권력의 차이는 2000년에 한국기업은 12.59인 데 비하여, 미국은 1994년에 40.0이고, 불확실성 회피는 2000년 한국이 48.86인데 1994년 미국은 46.0이고, 개인주의는 2000년 한국기업은 71.59인데, 1994년 미국은 91.0이다.

그리고 남성다움과 여성다움은 2000년 한국기업은 24.09인데, 1994년 미국은 64.0이었고, 단기지향과 장기지향은 2000년 한국이 21.32인데, 1994년 미국은 29.0이다. 그리고 중국은 권력의 차이가 37.38이고, 불확실성 회피가 42.28이고, 개인주의 대 집산주의가 79.76이고, 남성다움과 여성다움이 26.19이다. 끝으로 단기지향 대 장기지향은 60.81이다. 이상 조사비교에서 알 수 있는 것과 같이 조직문화는 변해간다는 것을 알 수 있고 그리고 선진국과 같이 시간을 갖고 변한다는 것을 볼 수 있다.

[표 4-5]와 같이 우리나라는 중국과 아주 근접해 있고, 많은 기업들이 중국에 진출하고 있으므로, 경제교류가 어떤 나라보다 활발하게 이루어지고 있다. 인적인 교류도 활발하기 때문에 한국과 중국의 조직 속에는 양국의 조직문화가 상충되어 있기 때문에 양국의 조직문화에 대한 연구가 필요한 시점으로 생각된다.

중국문화 변수는 앞 연구에서 볼 수 있는 것과 같이 조직문화는 변한다는 것을 알 수 있다. 한국과 중국의 조직문화를 보면, 권력의 차이에 있어서는 오스트리아, 홍콩, 일본, 타이완, 타일랜드는 차이가 적은 나라로 나타났다. 이는 사회전반적인 성향이 평등주의 철학을 가지고 있는 문화로 볼 수 있다. 특히 이와 같은 나라에서는 경제발전에 따라 사회 중간계층이 증가되어 수평적인 구조로 변해 가는 이유로 볼 수 있다(Hofstede, Geert, 1994).[57] Hofstede가 1994년 조사한 선진국의 권력차이와 비교하면, 아직까지 높다고 볼 수 있다.

그리고 불확실성 회피는 아직 강한 나라로 볼 수 있다 이와 같은 이유는 정치적 불안과 경제적 불안 때문으로 볼 수 있다. 그리고 개인주의와 집단주의에 있어서는 우리나라 기업조직은 집단주의 문화가 강하다고 볼 수 있다. 이는 한국

57) Hofsteds, Geert, 1994, *Ibid*., p. 6.

조직문화는 유교문화에 영향을 많이 받고 있기 때문으로 볼 수 있다. 남성다움과 여성다움의 조직문화 차이를 보면, 남성다움이 높다는 것을 알 수 있다. 이것은 한국조직문화는 남자 선호사상이 많이 존재하고 있다는 것을 알 수 있다.

끝으로 장기지향과 단기지향을 보면 단기지향 쪽에 속하는 조직문화를 가지고 있다는 것이다. 이는 사회가 안전하다는 비전을 갖지 못하고 있기 때문으로 볼 수 있다.

3. 문화의 변화

문화의 변화(culture change)는 구성원들의 내면에 깊숙이 공유하고 있는 추상적인 것으로 인식하기 때문에 인위적인 변화나 개발이 불가능하다고 보는 문화순수론자(culture purists)와 조직문화를 구성원들의 조직몰입과 생산성에 영향을 주는 중요한 요소라고 생각하여 의도적으로 변하시켜 관리를 해야 한다고 주장하는 문화실용론자(culture pragmatists)가 있다. Hoftede는 문화는 변하기 어렵지만 변하지 않는 것은 아니라고 하였다.

1) 문화순수론자의 주장

문화순수론자(culture purists)의 주장은 문화의 시스템이 정치 · 경제시스템과 차이가 있을 경우 우신 이를 일치시키기 위해 인위적으로 문화 시스템을 변경하는 것은 어렵고, 힘든 일이라고 주장한다. 눈에 보이는 문화(보이는 문화)는 다분히 변화시킬 수 있으나, 정신문화와 같은 내재된 문화(안 보이는 문화)는 오랫동안 지속되는 성질이 있어 변화시키기 불가능하다.

예를 들면 의례의식, 기독교인들의 원죄 같은 것은 인위적으로 짧은 시간에 변화시킨다는 것은 불가능에 가깝다. 사회구조를 정치 · 경제와 문화로 나눈다면, 정치 · 경제 시스템은 혁명이나, 정책변경 등으로 이를 하룻밤 사이에 인위적으로 변화시킬 수 있으나, 징신적 문화(안 보이는 문화)는 혁명이나 정책으로 하룻밤 사이에 변화시킬 수 없거나 거의 불가능하다. 그러나 독재적 · 권위적인 정치상황 속에서 위정자가 억지로 문화 시스템을 신속히 변화시키려고 하는 예가 있기는 하다.

히틀러는 정권을 잡으면서 오른손으로 "하이 히틀러"라는 인사방법을 국민들에게 강요했으며, 일본도 대전 중에는 화려한 복장을 규제하려는 움직임이 있었다. 그리고 모택동은 "만수무강"이라는 인사법을 만든 것도 한 예이다. 그러나 오늘날의 경영조직 속에는 문화변화를 필요하다고 생각하여 신중하게 고려하고 있다.

오늘날 경영혁신운동이나, ZD운동이나, 6시그마 운동이나, 싱가포르의 국민생산성 향상풍토를 만드는 것들이 문화를 변화시키려고 하는 것들이다. 특히 개발도상국가들의 경우에 정부가 정치 · 사회 · 경제 시스템뿐만 아니라 문화 시스템까지 변화를 시도한다.

이상과 같은 생각은 문화도 변화된다고 생각하여 문화개발에 동의하는 자라고 생각할 수 있다.

2) 문화실용론자

문화실용론자(culture pragmatists)는 조직문화는 조직구성원들에게 몰입이나, 생산성향상 등에 중요한 관련요소로 생각하여 의도적으로 문화를 변화할 수 있다고 주장한다. 명령이나 규칙은 최고경영층에서 결정하여 사원들에게 지시할 수 있으나, 조직문화는 제멋대로 만들어 갈 수 없다. 왜냐하면 조직문화는 구성원들이 동의하여 구체적으로 참가하지 않으면 조직문화는 그 역할을 완수할 수 없기 때문이다. 그렇기 때문에 조직문화의 자기 창조성을 자연현상의 시너지틱스(Synergetics)와 연계하여 조직문화 변화를 설명하기도 한다.

(1) 하켄(Haken Hermann, 1997)의 시너지틱스

물리학자 하켄(Haken Hermann, 1997)은 2005년 11월 19일 자연이나 생물의 세계에서, 질서가 형성되어가는 과정의 밑바닥에는 보편적인 원칙이 존재하고 있다고 주장하고, 조직문화에 있어서도 이와 같은 질서가 형성되어간다고 주장하고, 그 근거를 설명하였다. 이는 무질서한 혼동 상태에서 질서가 만들어지기 위해서는 무엇인가 복잡하고 미묘한 과정을 거치는 것이라고 주장하였다.

하켄(H. Haken)은 2005년 11월 19일 레이저라는 물리현상을 실마리로 해서 이 과정을 설명하고 있다. 레이저는 흐트러짐 없는 파선이 끊임없이 연결되어 있는 질서가 높은 빛이다. 레이저에 비하면 우리 가정에서 사용하고 있는 전등의 빛은 파선이 흐트러짐이 있고, 도중에 파가 끊겨져 있다.

레이저는 유리관에 수소나, 질소를 채워서 전류를 흐르게 하여 에너지를 준다. 이때 기체분자는 에너지를 흡수하여, 에너지가 높은 상태로 이동한다. 이 높은 상태의 에너지가 본래상태로 돌아올 때 내는 빛이, 주위의 다른 높은 에너지를 가진 분자가 작용해서 보조를 맞추어 같은 위상을 갖는 빛을 내게 된다. 여기서 생겨난 빛은 잠시 동안 나온 다음, 흐트러져서 없어져 버린다.

레이저의 시초에 해당하는 임시적으로 질서를 가진 빛이 생겨나서는 없어지는 것이다. 이와 같이 미세한 질서가 바로 흔들림이다. 유리관에 에너지양을 늘려가면, 높은 에너지를 가진 분자 사이에 보조를 맞추는 변화가 빈번하게 되고, 흔들림 또한 성장해 간다. 그리고 에너지의 흐름이 어느 정해진 양을 넘어서자마자 흔들림에서 거대한 질서를 가진 레이저가 나타나게 되는 것이다. 그리고 일단 레이저가 생기면 이번에는 흔들림이 있어도 그것에는 영향을 받지 않는 안전된 상태가 된다.

이렇게 흔들림이 생겨나고 그 흔들림이 동조를 이끌어 내면서, 성장해 가는 사이클은 거대한 질서를 창출시키는 자연현상과정으로서 세상에 알려졌다. 이 과정은 흔들림이라는 작은 변화가 궁극적으로는 질서를 통한 협력적인 전체 상호작용으로 변하기 때문에 하켄(H. Haken)은 이 과정을 시너지틱스(Synergetics)라고 명명하였다.[58)]

조직문화도 본질적으로 흔들림에서 생겨난 것이라고 볼 수 있다. 이 흔들림이라고 하는 것은 부분적이고 임시적이고, 질서형성적이다. 기업조직의 경우에는 이것은 소수 종업원에 의한 어떤 이상을 지향한 형태와 형식의 활동이다. 예를 들면, 창업자의 줄거리 없는 드라마는 흔들리는 성장과정을 묘사한 것이며, 또 영웅들이 행한 파격적인 행동도 흔들림의 일환이다.

흔들림이 성장해 가기 위해서는 많은 사원들이 그 흔들림에 동조하여 함께 움직여야만 된다. 이것은 하나의 분자가 다른 분자의 작용에 응하여 보조를 맞추어가는 것과 대응되는 이야기다. 동조를 이끌어 낸다는 것이 곧 성장을 한다는 뜻이며, 그렇지 않으면 조만간에 없어진다. 예를 들면, 실패를 두려워하지 않는 문화는 단 한 사람의 영웅만이 실천하고 있으면, 정착되지 못하며 다른 사원들이 같이 동조하고 실천하여 성과를 얻은 경우에 한해서는 그 조직의 문화로서 정착

58) Haken, Herman, 1977, *Synergetic*, Springer-Verlag, p. 7.

된다.

일단 문화가 형성되면, 레이저와 마찬가지로 그것은 안정되고 다른 흔들림이 생겨도 그 영향은 그다지 받지 않게 되며, 아울러 이 조직문화는 안정된 분위기를 조직구성원에게 부여하여 생산을 효율적으로 운영하게 하는 효과가 있다. 그러나 이러한 조직문화는 정적으로 정착되어서는 안 된다.

특히 격변하는 환경에서는 새로운 조직문화를 계속 변화시켜야 한다. 레이저의 경우, 에너지의 흐름을 점점 크게 하면 지금까지의 질서상태가 도리어 불안정 하게 되어, 새로운 흔들림이 성장할 수 있게 되고, 그곳에서 새로운 질서상태로 옮겨가는 것이 가능하듯이, 조직의 경우에도 환경이 변화해 오면, 또 한번 조직은 창업할 때와 같은 불안정한 상태로 가서 새로운 흔들림을 통하여 새로운 조직문화를 창출해야 한다. 이상과 같이 조직문화는 계속 변화된다고 할 수 있다.

Haken이 주장하는 시너지틱스의 개념 중의 핵심이 흔들림의 벌전이다. 즉 출현(emergence)의 발전이다. 문화도 본질적으로 흔들림에서 생겨난 것으로 볼 수 있다. 흔들림이라는 것은 부분적이고, 임시적이고, 질서 형성이고, 소수의 구성원에 의해 이상을 지향하는 형태와 형식 활동이다.

이는 [그림 4-28]과 같다. 이상의 그림에서 볼 수 있는 것과 같이 소수의 구

그림 4-28 시너지틱스(Synergetics) 문화모델

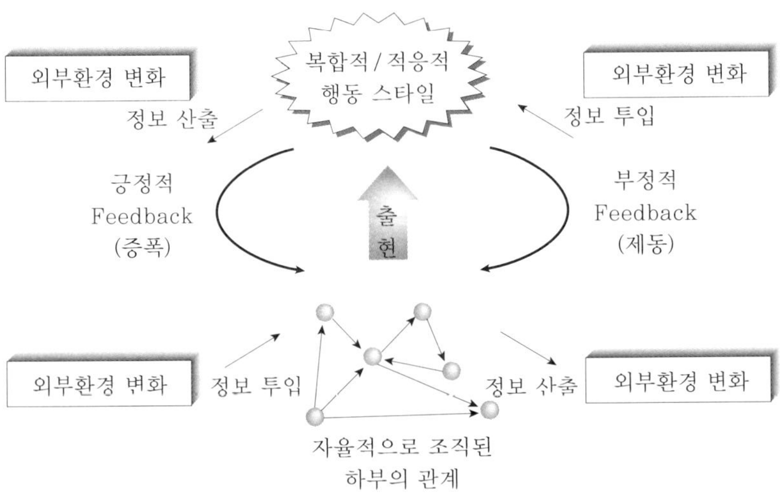

출처: Herman, Haken, 1977, *Synergetic*, Springer-Verlag, p.7.

성원이 단순히 자신이 조직된 국지적인 관계(simple self-organized local relationship)에서 흔들림이 생겨난다고 보았다. 이는 단순한 구성원 개인 생각이 실마리가 되어서 파장을 일으켜 다음에는 더 큰 파장을 일으킨다. 이렇게 흔들림이 더 커지기 위해서는 구성원들이 동조하여 자신이 조직된 국지적인 관계(simple self-organized local relationship)가 활발해야만 된다.[59)]

동조를 이끌어 내는 것이 곧 성장한다는 뜻으로 이를 출현(emergence)이라고 한다. 그것이 없으면 조만간에 그 사실은 사라진다. 예를 들면, 자신이 조직된 국지적인 조직 구성원 중에 리더(leader)만이 일을 실천하려고 한다면 정착되지 못하므로, 다른 구성원들이 같이 동조하고 실천하여 성과를 얻을 경우에 일이 정착된다. 일단 정착되면 레이저와 마찬가지로 그것은 안정되고 다른 흔들림이 생겨도 그 영향은 그다지 받지 않으며, 아울러 안정된 분위기를 구성원에게 부여하여, 생산활동을 효율적으로 운영하는 효과가 있다.

소수의 자신이 조직된 국지적인 관계조직(simple self-organized local relationship)은 일반적으로 개방적인 시스템(open system)이고, 시스템의 내부조직의 과정을 말한다.

동조를 이끌어 내는 것이 곧 성장한다는 뜻으로 이를 출현(emergence)이라고 한다. 그것이 없으면 조만간에 그 사실은 사라진다. 예를 들면 자신이 조직된 국지적인 조직구성원 중에 리더(leader)만이 일을 실천하려고 한다면 정착되지 못하므로, 다른 구성원들이 같이 동조하고 실천하여 성과를 얻을 경우에 일이 정착된다. 일단 정착되면 레이저와 마찬가지로 그것은 안정되고 다른 흔들림이 생겨도 그 영향은 그다지 받지 않으며, 아울러 안정된 분위기를 구성원에게 부여하여, 생산활동을 효율적으로 운영하는 효과가 있다.

소수의 자신이 조직된 국지적인 관계조직((simple self-organized local relationship)은 일반적으로 개방적인 시스템(open system)이고, 시스템의 내부조직의 과정을 말한다. 앞의 [그림 4-28]에서와 같이 이와 같은 흔들림의 출현은 다음과 같은 특징을 나타낸다. 이와 같은 출현(emergence)은 외부자원이나 안내 없이 자동적으로 증폭(amplifying)된다.

소수의 자신이 조직된 국지적인 관계가 존재하고, 외부의 긍정적인 피드백

59) Haken, Herman, 1977, *Ibid.*, p.7.

그림 4-29 출현 (emergence)의 의미

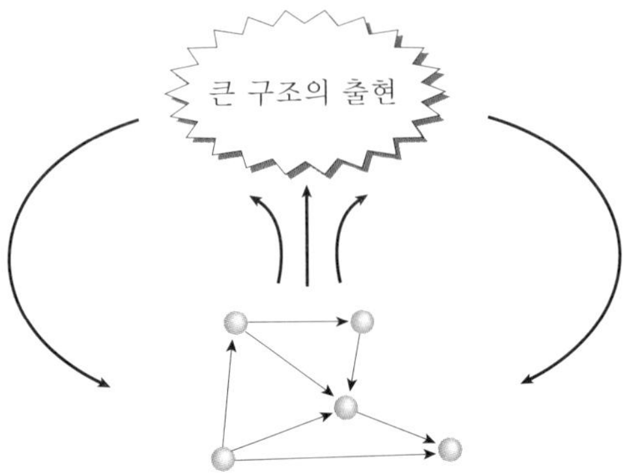

(positive feedback)과 부정적인 피드백(negative feedback)이 계속 들어오면서 일반적인 규정(rule)에 의해 업무를 수행하다가 외부환경변화(Changing external environment)이 예측범위를 넘어가는 순간에 자발적으로 새로운 행동방식이 출현되어, 복합적으로 복합한 행동(complex adaptive behavior)구조로 출현된다. 이것이 새로운 인간행동을 창조하여 새로운 형태의 개방시스템에서와 같이 투입하고 산출(information input and output)하게 된다. 이와 같은 과정은 [그림 4-29]와 같다. 이와 같이 출현(emergence)은 단순한 규정(simple rule)으로부터 복합적인 패턴(complex pattern)의 공식화하는 과정을 말한다.

이 과정은 마치, 수 백년 대대로 내려오는 성공적인 인간의 두뇌혁명과 같이 역동적인 것이다. 다시 말해서 출현은, 일반적으로 불예측적(unexpected)인 것이고, 그리고 가장 낮은 수준의 표현으로 예측할 수 없는 내용들이다. 일반적으로 이러한 현상들은 하위수준에서는 하나하나의 모든 흐름이나 경험에는 존재하지 않는다. 예로써 빵을 굽기 전에는 빵에 들어가는 내용만을 가지고 그 의미를 찾지 못하는 것과 같다.

(2) Cameron & Quinn의 조직문화 변화모델

[그림 4-30]과 같이 Cameron & Quinn(1999)이 발표한 미국의 1,000개 이상 기업의 조직문화 유형들에서도 아주 유사한 결과를 보였다.[60] 모든 조직문화

유형들의 합은 10으로 계산하여 분석하면, [그림 4-30]과 같이 각 조직문화 유형들은 다른 조직문화 유형들과 상대적인 위치에 분포하게 된다. 그리고 각 조직문화 유형들의 점수는 조직의 조직문화에서 그 조직문화 유형의 강도로 나타난다. 그러므로 조직문화 유형들의 점수가 높으면 그 조직문화 유형의 강도가 높은 것을 의미하게 된다.

[그림 4-30]에서 나타난 결과를 분석하면, 과업지향적 문화(D형) 유형이 다른 조직문화 유형들에 비해 강도가 가장 강한 것으로 나타났으며, 그 값은 3.7 수준의 강도로 나타났다. 가장 약한 조직문화 유형으로는 혁신지향적 문화(B형) 유형으로 나타났으며, 그 값은 1.4 수준의 강도로 나타났다.

일반적으로 조직문화(Organizational Culture)의 기초를 형성하고 있는 공유된 가치관은 조직구성원에게 강력하고 뿌리 깊은 동기부여요인으로 작용하고, 기업의 목표, 정책, 전략, 행동에 대한 안내자로서의 역할을 한다. 이 가치(Value)체

그림 4-30 미국의 1,000개 이상 기업조직의 조직문화 유형

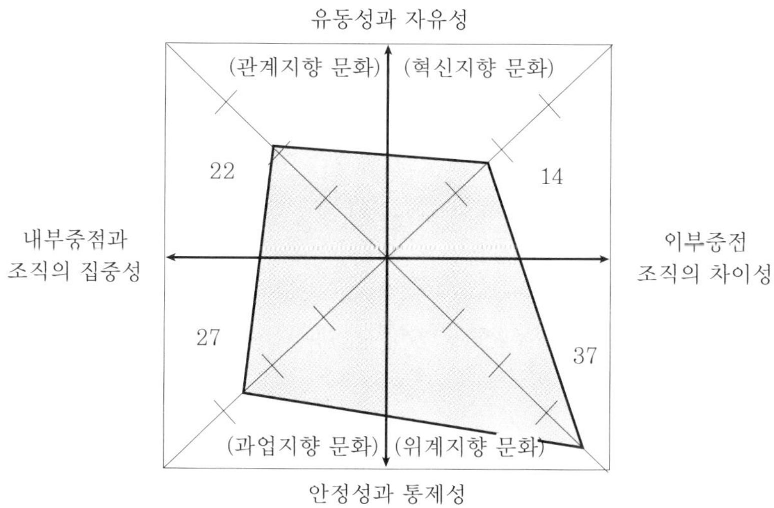

—: 미국의 1,000개 이상 기업집단의 평균(Mean)
관계지향적 문화(A형): 22, 혁신지향적 분화(B형): 14
위계지향적 문화(C형): 27, 과업지향적 문화(D형): 37

60) Cameron, K. S. & Quinn, R. E., 1999, *Diagnosing and Changing Organizational Culture*, New York: Addison-Wesley.

계는 조직문화가 조직의 효과성에 대해 중요한 영향요인으로 작용하도록 한다. 조직 전체에 깔려 있는 가치관이 기업의 목표와 전략을 뒷받침해 준다면 기업에 중요한 자산이 될 것이다. 하지만 반대로 기업의 목표 등과 상충하는 가치관은 기업의 전략을 잘못 인도할 뿐만 아니라 조직에 상당히 몰입된 구성원들로 하여금 부적절한 기업목표를 달성하기 위해 노력하게 만든다.[61)]

미국기업의 조직문화 유형들을 비교해 보면 조작문화 유형들 중 과업지향적 조직문화 유형(D형)이 가장 강력히 조직문화에 분포하였으며, 다음으로 위계지향적 조직문화 유형(C형)이 강력한 조직문화로 나타났다.

이와 같은 결과로 볼 때 세계화(Globalization)라는 새로운 패러다임 속에서 기업이 지속적 경쟁우위 확보차원의 세계수준의 조직문화 발전방향 모색과 세계수준의 조직성과(Performance) 관리라는 조직들이 추구하는 또 다른 조직 내 · 외적인 혁신(Innovation)들이 매우 유사한 방향으로 전개되고 있다는 것을 내포하고 있다.

그러므로 Cameron & Quinn(1999)은 조직문화를 외부환경에 따라 변화시켜 나가야 한다고 보고 있다. Cameron과 Quinn은 이들 조직문화 유형들의 총합을 100으로 하여 각 문화 유형별로 측정한 결과를 통해 각 조직문화 유형들을 분석하였다. 그리고 일반적인 조직문화 속에는 이들 각각의 조직문화 유형들이 모두 존재하며, 그 조직의 내·외부적 환경의 특징에 따라 분포유형이 달라진다고 보고 있다.[62)]

---

61) Reimann, B. C. & Wiener, Y., March-April 1988, "Corporate Culture: Avoiding the Elitist Trap," *Business Horizon*, 36-44.

62) Cameron, K. S. & Quinn, R. E., 1999, *Diagnosing and Changing Organizational Culture*, New York: Addison-Wesley.

PART 5

지 휘

지휘(leading)는 관리기능의 3번째 수행과정이며 조직의 목표달성을 위해 성실하게 노력하도록 이끌어 가는 과정을 의미한다. 즉 구성원들로 하여금 그들의 목표를 달성하기 위해 열심히 노력할 수 있도록 이끄는 것이다. 경영에 있어서 훌륭한 지휘 없이는 조직의 높은 성과를 달성할 수 없다. 이와 같이 지휘는 경영자가 맡아 수행해야 할 경영기능으로서 훌륭한 경영자는 구성원들에게 비전을 제시하여 조직의 목표를 향해 높은 성과로 생산성을 높이는 것이다. 그러므로 지휘를 연구하기 위해서는 다음 그림과 같은 내용으로 연구한다.

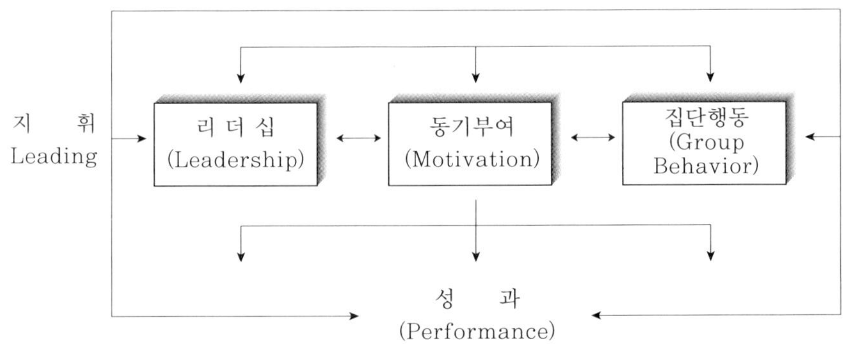

제 1 장 리 더 십

경영에 관한 정의는 경영을 연구한 학자의 수만큼이나 다양하다. 경영은 사람을 통하여 일이 이루어지는 과정이다. 관리(management)란 인간(men)과 원료(material)·기계(machine)·금전(money)의 관계를 최적화(optimization)하는 것이라고 말할 수 있으며 조직목표를 달성하기 위하여 조직이 동원할 수 있는 자원을 사용하여 4가지 주요한 기능인 계획하고, 조직하고, 지휘하고, 통제하는 것을 수행하는 것이다.

쿤쯔와 오도넬은 관리를 조직의 목표(organizational goal)나 목적(objective)의 성취(accomplish)를 위한 관리자들의 영향(manager's concern)이라고 정의하였다(Koontz, Harold & O'Donnell, Oyril, 1968).[1] 그래서 관리란 조직의 목표달성을 위하여 집단(group)과 개인(individuals)을 통해서 함께 일하는 것(working with)이라고 정의한다(Man, H. New & Charles, E. Summer & Warren, E. Kirdy, 1967).[2] 관리와 리더십을 흔히 동일한 것으로 생각하고 있다. 그러나 우리는 관리와 리더십의 개념을 명백히 구별해야 할 것으로 생각한다(Man, H. New & Charles, E. Summer amd Warren, E. Kirdy, 1967).[3]

본래 리더십은 관리보다도 넓은 의미를 내포하고 있는 것이다. 즉 관리는 조직의 목표성취를 주목적(paramount)으로 하는 리더십의 특별한 종류(as a special kind of leadership)로 생각된다(Man, H. New & Charles, E. Summer & Warren, E. Kirdy, 1967).[4]

이상 리더십과 관리의 두 개념이 조직이라는 말 안에 들어 있는 것이다. 리

---

1) Koontz, Harold & O' Donnell, Oyril, 1968, *Principles of Management*, 4th ed., McGraw-Hill Book Company & William.
2) Man, H. New & Charles, E. Summer & Warren, E. Kirdy, 1967, *The Process of Management*, Prentice-Hill, Inc.
3) *Ibid*., p. 3.
4) *Ibid*., p. 4.

더십 역시 조직의 목표달성을 위해 사람들과 협동하고 사람들을 통하여 일한다는 특성이 포함되어 있으나, 리더십의 목표가 반드시 조직의 목표라고는 한정할 수 없다. 조직목표와는 거의 관계가 없는 개인적 목표(individual goals)를 달성하려고 하는 일이 흔히 있다. 따라서 개인적 목표를 성취할 수 있을지라도 조직목표를 달성하지 못하는 경우가 있다.

제1절 리더십 연구의 필요성과 의의

1. 리더십 연구의 필요성

Fred D. Fiedler에 의하면 훌륭한 리더십은 집단(group)과 조직(organization)의 성공을 가져오고, 나쁜 리더십은 실패한다고 말하였다(Fiedler, Fred E., 1969).[5] 그리고 기업의 성공과 실패, 전투에서의 승리와 패배를 최고경영자의 관리능력(managerial abilities)이나 장군의 탓으로 돌린다. 성공하든 실패하든 리더(leader)에게 전체적인 책임을 돌리는 것은 의심할 바 없다. 드러커(Peter F. Drucker)는 "관리자(기업의 leader)야말로 기업의 기본(basic)이며 또한 가장 얻기 힘든 자원(scarcest resources)이다"라고 말하였다(Drucker, Peter F., 1954).[6]

테리(George R. Terry)가 조사한 바에 의하면, 미국에 있어서 신설된 100개 회사 중 약 50개 회사, 즉 1/2은 2년 이내에 도산(go out)되었고, 5년째까지 살아남은 기업은 최초 100개 회사 중 1/2에 불과했다고 한다. 이는 리더의 효과적인 리더십 때문이다. 그러므로 효과적인 리더십의 필요성은 기업뿐만 아니라 정치·교육·교회 기타 제 형태의 조직에서 나타나는 공통적 현상이다.

---

5) Fiedler, Fred E., 1969, *A Theory of Leadership Effectiveness*, McGraw-Hill Company, p. 3.

6) Drucker, Peter F., 1954, *The Practice of Management*, Harper & Row Publishers.

2. 리더십의 의의

리더십(leadership)의 의의에 대한 학자들의 정의를 고찰하면 다음과 같다.

첫째, George R. Terry에 의하면 "리더십이란, 모든 사람들이 집단목표(group objectives)를 위하여 자발적으로 노력하도록(strive willinglly) 사람들에게 영향(influencing)을 주는 활동(activity)"이라고 한다(Terry, George R., 1960).[7]

둘째, Dubin에 의하면 "리더십은 권한실행과 의사결정(making of decision)을 수행하는 것"이라고 했다.

셋째, Hemphill에 의하면 "리더십은 상호간에 대한 문제(mutual problem)해결을 위하여 집단의 상호작용(group interaction)을 시종일관 지시하는 활동의 창시(initiation)이다"고 말했다(Terry, George R, 1960).[8]

넷째, Irving R. Weschler & Fred Massarik에 의하면 "리더십이란 어떤 상황(situation) 속에서 커뮤니케이션의 과정을 통하여 특별한 목표(specialized goal)나 혹은 목표(goal)를 달성하기 위한 대인간의 영향(interpersonal influence)이다(Tannenbaum, Robert, Irving, R. Weschler & Massarik, Fred. 1959)"[9]고 했다.

다섯째, Harold Koontz & Cyril O'Donnell에 의하면 "리더십은 공통된 목표(common goal) 성취(achievement)에 따르도록 사람들에게 영향(influencing)을 주는 것이다"라고 했다(Koontz, Harold & O'Donnell, Cyril, 1939).[10]

여섯째, R. B. Catel에 의하면 "리더란 집단수행(group performance)에 많은 효과적인 변천(the most effective change)을 창조하는 사람이다"라고 했다(Fiedler, Fred E., 1967,).[11]

일곱째, Bales & Sstrodbeck(1951)에 의하면 "리더란 구성원의 상호작용

---

7) Terry, George R., 1960, *Principle of Management*, 3rd ed., Homewood. Ill.: Richard D. Irwen, Inc., p. 493.

8) Terry, George R., 1960, *Ibid.*, p. 7.

9) Tannenbaum, Robert & Irving, R. Weschler & Massarik, Fred, 1959, *Leadership and Organization, a Behavioral, Science Approach*, McGraw-Hill Company, p. 12.

10) Koontz, Harold & O'Donnell, Cyril, 1939, *Principles of Management*, 2nd ed., McGraw-Hill Comany, p. 435.

11) Fiedler, Fred E., 1967, *A Theory of Leadership Effectiveness*, McGraw-Hill Book Company, p. 8.

(member interaction)을 촉진(facilitates)하고 창시(initiating)하는 것이다"라고 했다.

이상과 같이 학자들의 견해를 따르면, 리더십이란 주어진 상황(a given situation) 속에서 목표를 달성하기 위해 노력하는 개인 혹은 집단활동의 과정이라는 점에서 일치하고 있다. 리더십에 관한 정의에서 필연적으로 얻어지는 결론은 리더십이란 리더와 추종자(followers) 그리고 상황변수(situational variables)들로 구성되어 있다는 것을 알 수 있다(Fiedler, Fred E., 1967).[12] 이를 아래와 같은 공식으로 설명할 수 있다.

$$L=f(l, f, s)$$

L: leadership(리더십) l: leader(리더)
f: follower(추종자) s: situation(상황)

그런데 리더의 효과(effectiveness)는 여러 가지로 정의되고 있다. Stogdill (1957)은 집단의 효과(group effectiveness)는 집단의 생산과 집단의 사기(group morale) 그리고 회원들에 대한 만족의 입장에서 정의하고 있다. 또한 몇몇 학자들은 어떤 과업성과(task performance)가 기준이 될 수 있다고 말하였다. 리더십 성과의 변수, l, f, s의 관계만은 부정할 수는 없다.

제 2 절 리더십이론

수십 년 동안 많은 학자들은 리더십이론(theories)과 모델(models)들을 연구·조사하였는데, 초기의 이론이나 현대의 상황이론에 있어서, 리더의 효과(leader effectiveness)에 대한 요인(factors)이나 요소(elements)들이 유사하다고 보았다. 그러나 리더를 사정(stated)에 따라, 적당한 어떤 형태(forms)나 효과적인 리더십 형대를 만드는 성격이나 행동이나 상황에 갇게 만들 수는 없겠는가의 의문이다.

리더십에 관한 연구는 다음과 같은 3가지 관점으로 연구되었다. 즉 ① 특성이론(trait theories), ② 행동이론(behavioral theories), ③ 상황이론(situational

12) Fiedler, Fred E., 1967, *Ibid*., p. 8.

표 5-1 리더십 연구의 접근방법

접근방법(approach)	강조점(emphasis)
특성이론(trait theories) (1940~1950년대)	성공적인 리더와 비성공적인 리더의 특성(traits)이나 성격(characteristics)을 구별할 수 있는 특성이 있다.
행동이론 (behavioral theories) (1950~1960년대)	리더십의 중요한 측면은, 리더의 특성(traits)뿐만 아니라, 여러 가지 상황(various situations)에서 리더는 어떤 행동을 하는가? (What the leader dose?) 그리고 성공적인 리더는 특별한 리더십 유형(particular style of leadership)에 의하여 비성공적 리더와 구별된다.
상황이론 (situational theories) 1970년대	리더의 효과는 리더 행동의 스타일에 의해서 결정될 뿐만 아니라 리더십을 둘러싸고 있는 리더십의 환경적 상황에 의하여 결정된다. 상황요소들은 리더 특성과 부하, 과업특성 그리고 집단구조, 보수형태 등이다.

출처: Szilagyi, Andrew, D. Jr. & Marc J. Wallace Jr., *op. cit.*, p. 281.

theories)이다. 이들 각 연구접근법의 기초적인 근거를 살펴보면 [표 5-1]과 같다.

특성이론(trait theories)에 따르면 효과적인 리더는 어떤 사람인가라고 질문을 하면, 개인적인 성격차이, 성공한 리더나 실패한 리더에 대한 구별, 제한적인 개인적 특성(individual characteristics) 등은 특성 때문이라고 주장하는데 이것이 특성이론이다. 리더는 리더 자신이 어떤 특성을 구비하는 것이 바람직한가 하는 데 초점이 모아지게 된다.

두 번째의 관점은 다른 리더십 유형보다 더 효과적인 리더십 유형이 있겠는가 하는 관점이다. 즉, 리더가 "어떤 행동을 하는가?"(What the leader does?) 하는 데에 관점을 두었다.

1. 특성이론

1940년대부터 1950년대에 이르기까지 리더십의 초기 연구가들은 특성이론

표 5-2 리더십 특성

1. 신체적 특성	2. 사회적 배경	3. 지 능
① 연 령 ② 체 중 ③ 신 장 ④ 외 모	① 교 육 ② 이 동 성 ③ 사회적 지위	① 판 단 력 ② 결 단 력 ③ 언 변
4. 개 성	**5. 과업관련 특성**	**6. 사회적 특성**
① 독 립 성 ② 자 신 감 ③ 지 배 성 ④ 노 력 ⑤ 외 향 성 ⑥ 독 창 성 ⑦ 창 조 성 ⑧ 인 격 ⑨ 자신의 신용	① 성 취 감 ② 책 임 감 ③ 창 의 력 ④ 집 착 ⑤ 진 취 성 ⑥ 과업지향적	① 감독능력 ② 매 력 ③ 협 동 성 ④ 인 기 ⑤ 명 성 ⑥ 사 교 성 ⑦ 재 치 ⑧ 외 교

출처: Szilagyi, Andrew D. Jr. & Marc J. Wallace, Jr., *op cit.*, p. 282.

(trait theories)을 연구하였다. 이들은 성공한 리더와 성공하지 못한 리더간의 차이는 개인적인 특질(characteristics) 혹은 특성(traits)이라고 보았다. 초기 이론가들은 전기적(biographical) · 개성적(personality) · 감정적(emotional) · 육체적(physical) · 지적(interlectual) 요인에서 성공한 리더의 특성 등을 찾으려고 하였다. 1948년 스톡딜(Stogdill)은 리더의 특성을 [표 5-2]와 같이 6가지 범주로 광범위하게 분류하였다.

[표 5-2]에서 보는 바와 같이 리더의 특성은 ① 육체적인 특성과, ② 사회적 배경, ③ 지성, ④ 개성, ⑤ 과업관계성, ⑥ 사회적 특성으로 분류하였다.

초기의 리더십 이론가들은 선천적이든 후천적이든 리더들이 갖고 있는 공통적인 특성을 규명하고자 노력하였다. 초기 이론가에 따르면 리더가 지니고 있는 고유한 개인적인 특성은 어떠한 상황이나 환경과는 관련이 없이 나타난다고 주장하였다.

2. 행동이론

1950년대에서 1960년대에 조직이론가들의 주장은 리더가 될 수 있는 특성을 찾지 못한 연구가들은 실제적인 리더 행동에 어떤 보편성이 있는가에 대한 연구가 있어야 한다고 주장하였다. 즉, '리더는 어떤 행동을 하는가' 그리고 '리더는 어떻게 행동을 하는가'라는 점에서 적합한 리더의 행동유형을 규명하고자 하였다.

리더십의 행동이론은 현장이나 실험실에서 리더의 행동에 대한 보편성을 관찰하였다. 그 결과로 그들은 리더의 행동에 어떤 형태가 있다는 것을 인식하였다. 리더의 행동패턴이 드러나게 되자 이 행동패턴, 즉 리더십의 유형(style)이 연구의 대상이 되었다. 행동이론의 접근은, 리더의 효과에 대한 초점은 리더 개인에 의하여 발생하는 것이 아니라 리더십의 유형이라고 주장하였다. 행동이론의 연구로서는 오하이오 주립대학(Ohio State University)과 미시간대학(University of Michigan)의 연구를 들 수 있다.

3. 상황이론

상황이론(situational theories)은 1960년대 이후, 행동이론(behavioral theories)에 한계를 인식하고, 리더십을 더욱 복잡한 상황이론에 초점을 두고 연구하게 되었다. 조직 내 리더의 효과는 특별한 상황에 동적(dynamic)이고, 유연(flexible)하게 대응하고자 노력함으로써 달성할 수 있다고 주장하였다. 관리자의 상황진단(diagnosis of the situation)에 대한 중요한 관찰대상은 아래와 같다.

① 관리자의 특성(managerial characteristics), ② 부하(추종자)의 특성(subordinate characteristics), ③ 집단구조와 과업의 본질(group structure and the nature of the task), ④ 조직의 구성요소(organizational factors) 등이다(Tannenbaum, Robert and Schmidt, Warren H., 1973).[13]

이들 요소들의 관계를 그림으로 나타내면 [그림 5-1]과 같다.

13) Tannenbaum, Robert & Schmidt, Warren H., May-June 1973, *Harvard Business Review*, pp. 162-180.

그림 5-1　리더행동에 영향을 주는 상황요소

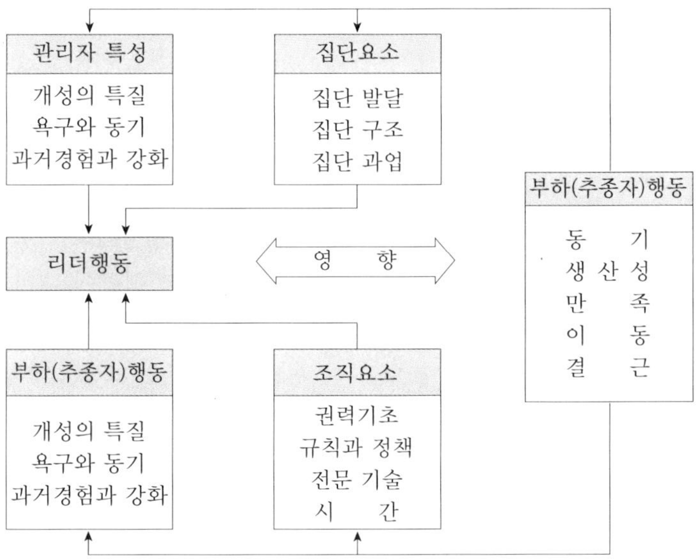

출처: Szilagyi, Andrew D. Jr. and Marc J. Wallace, Jr., *op. cit.*, p. 289.

1) 관리자(리더)의 특성

관리자(리더)의 특성(managerial characteristics)은 주어진 환경하에서 개인의 특성이나 혹은 개인적 요소 등의 영향을 받는다. 리더의 특성은 다음과 같다. ① 관리적 특성(managerial characteristics), ② 욕구와 동기(needs and motives), ③ 리더의 과거경험과 강화(past experience and reinforcement)가 리더의 특성이 된다.

2) 부하(추종자)의 특성

부하(추종자)의 특성(subordinate factors)은 과업에 대한 리더의 특별한 행동유형을 결정하기 전에, 부하들의 개인적인 특성과 부하들의 행동패턴(patterns)을 포함한다.

3) 집단요소

집단(groups)은 사회와 조직에 대한 특징이다. 특별한 특성을 가진 집단은 구성원들을 지도하는 관리자의 능력에 영향을 준다. 집단요소(group factors)들은 다음과 같다. ① 집단개발단계(group development states), ② 집단구조(group structure), ③ 집단과업(group tasks) 등이다.

4) 조직요소

조직요소(organizational factors)는 조직의 유형과 관련된 리더십 상황요소이다. ① 권력기초(power base), ② 규율과 절차(rules and procedures), ③ 전문기술(professionalism), ④ 시간(time)이다.

5) 리더십 상황모형

리더십 상황모형(a contingency leadership model)은 피들러(Fiedler, Frederich E.)에 의하여 연구가 시작되었다(Fiedler, Frederick E., 1967).[14] 높은 집단성과를 성취하기 위한 리더의 유효성은 리더에게 필요한 구조적 상황, 리더통제 및 특정 상황에 영향을 미치는 정도를 연구의 기초로 삼았다. 피들러의 리더십 상황모델을 보면 ① 리더십 유형의 평가, ② 과업구조, ③ 집단분위기, ④ 리더의 직위권한 등이다.

4. 변혁적 리더십과 거래적 리더십

번혁적 리너십(transformational leadership)이라는 용어는 1973년 J. P. Downton에 의해 1978년에 처음으로 만들어졌는데 그 후 Bernard M. Bass가 발전시킨 것이다. 변혁적인 리더십은 리더와 부하간의 교환관계를 수반하는 전통적 리더십의 대안으로 거래적 리더십(transactional leadership)이 나왔다.

첫째, 거래적 리더십은 부하는 리더에게 순응하고 이에 대한 대가로 리더는 부하에게 보상을 제공하는 리더와 부하간의 교환관계에 초점을 두며, 대부분 처벌의 사용을 통해 이루어지므로, 상대적으로 효과성이 낮을 수 있다고 할 수 있다. 이는 정직성이나, 공성성, 책임, 상호 교환 등의 가치가 관련되어 부하들의 개인적 이익에 호소함으로써 부하들에게 동기를 부여하여 그들이 노력한 결과로

---

14) Fiedler, Frederick E., 1967, *A Theory of Leadership Effectiveness*, New York: McGraw-Hill, p. 45.

서 얻어진 과업과 성과에 따른 보상을 해 주고, 또 부하들의 잘못과 규칙위반 등을 지켜보고 나서 수정 조치하는 예외관리를 하는 것이다.

예외관리(management by exception)란, 리더들이 부하들이 실패하고 이탈된 행동을 보일 때만 수정활동을 보이거나 개입하는 것을 의미한다. 따라서 이들은 부하들의 이탈된 행동이나 부족한 면을 찾기 위한 활동을 주로 하게 된다. 예외관리는 리더들이 부하들의 잘못된 행동에 대해서만 개입을 하기 때문에 상황적 기피강화(contingent aversive reinforcement)를 의미한다.

둘째, 변혁적 리더십(transformational leadership)은 리더가 부하에게 과업성과에 대한 중요성을 인식시키고, 조직과 팀의 이익을 개인의 이익보다 우선하게 하며, 보다 고차적인 욕구를 증가시켜 부하들에게 동기를 부여하여, 변화를 가져오게 하는 것이다. 그리고 부하들에게는 비전(vision)을 제시하고, 부하들 자신이 갖는 중요성을 인식하도록 하여, 개인의 목표와 조직의 목표를 일치시키고 자신의 직무를 만족시켜 높은 업무수행을 하도록 동기를 부여한다.

이것은 리더와 부하가 서로를 보다 높은 도덕성과 높은 동기부여 수준으로 끌어 올리는 과정으로서 결국 부하의 도덕적 가치에 호소함으로써 윤리적 쟁점에 대한 인식을 높이며, 조직을 개혁할 활력과 자원을 동원할 것인데, 이런 개혁적 리더들은 공포, 경악, 질타와 같은 비열한 정서가 아니라 자유 · 정의 · 평등 · 평화 · 인도주의와 같은 이상과 가치에 호소하여 부하들의 자각을 하도록 애쓴다. 결국 이것은 부하의 가치관, 윤리, 행동규범, 그리고 장기적인 목표를 바꾸어 줌으로써 개인을 변화시키는 과정이나, 리더가 부하에게 미래의 비전(vision)을 제시하며, 주도권을 지고 부하를 자극하고 설득시켜 동참하게 함으로써 단결하도록 한다. 그리고 부하들로부터 전적으로 충성과 신뢰를 받은 능력을 가지면서 자기개발과 자기 이미지 관리에도 능통해야 한다. 그리고 변혁과 혁신, 새로운 지도자정신이라는 것이 새로운 리더십의 패러다임이다. 변혁적 리더십의 요인을 보면 [표 5-3]과 같다.

이상 [표 5-3]과 같이 변혁적 리더십과 거래적 리더십과의 행동요인에서 보았듯이 이를 발전시켜 농기부여에 포함한 특성을 보년 다음과 같나.

첫째, 이상적인 영향력(idealized influence)은 카리스마(charisma)의 작용인데, 이는 부하에게 강한 정서와 리더와 동일시를 자극하는 역할에 있다.

둘째, 개별적 배려(individualized consideration)는 부하 한 사람, 한 사람에

표 5-3 변혁적 리더십과 거래적 리더십의 행동요인

유 형	요 인	내 용	측정의 예
변혁적 리더십	카리스마	리더는 바람직한 가치관, 존경심, 자신감 등을 부하에게 심어줄 수 있어야 하고 비전을 제시할 수 있어야 한다.	그는 어떤 장애물도 스스로의 능력으로 극복할 수 있다고 나는 신뢰한다.
	개별적 배려	리더는 부하들이 개인적 성장을 이룩할 수 있도록 그들의 욕구를 파악하고 알맞은 임무를 부여해야 한다.	그는 내가 필요한 경우 나를 코치해 준다.
	지적 자극	리더의 부하들이 상황을 분석하는 데 있어 기존의 합리적 틀을 뛰어 넘어 보다 창의적인 관점을 개발하도록 격려한다.	그는 내가 필요한 경우 나를 코치해 준다.
거래적 리더십	성과와 연계된 보상 (조건부)	리더는 부하들에게 무엇을 해야 그들이 원하는 보상을 받을 수 있는지를 알려준다.	그는 내가 무엇을 해야 할지와 그 노력의 결과로 어떤 보상을 받을 수 있는지를 확인한다.
	예외에 의한 관리	리더는 부하들이 부여받은 임무를 수행하도록 하고 적절한 시기에 적절한 비용으로 목표가 달성될 때까지 간섭하지 않는다.	그는 내가 실수를 저질렀을 때만 관여한다.

출처: 백기복, 2003, 「조직행동연구」, 서울: 창민사, p. 427.

대하여 각각으로 코치와 조언자로서 부하들이 자기가 맡은 일을 완전히 익숙해지도록 지지와 격려 · 지도하는 데 있다.

셋째, 영감적 동기부여(inspirational motivation)는 공유된 매력적인 비전(vision)을 제시하고, 실현하는 데 부하들이 의욕을 고무시키는 동기부여를 통해 최선을 다하는 데 있다.

넷째, 지적 자극(intellectual stimulation)은 부하들에게 새로운 관점에서 문제를 보도록 문제에 대한 인식을 높이고, 영향을 미치는 행동이므로 구태의연한 사고방식과 업무관습에서 벗어나 새로운 업무방식으로 부하들을 동기부여시켜 목표를 달성하는 것이다. 그리고 이상과 같은 4가지 특성을 실천하기 위하여, 활력부여의 필요성(need for revitalization)을 인식시키고, 새로운 비전(new vision)을 만들고, 변화를 제도화(institutionalizing change)시키는 3단계 행동과정으로 구분하였다.

이 변혁적 리더십에서 윤리적 가치를 호소하는 것은 곧 윤리를 부각시킨 하나의 윤리적인 리더십(ethical leadership)이라고 할 수 있다. 다시 말하면, 이것은 다른 리더십이론과는 달리, 리더십상황에서 일어나고 있는 윤리적인 현안 문제를 내포하고 있으므로 개인적인 성실(personal integrity)은 리더십윤리이고, 리더십 효과성을 설명하는 데도 도움이 되며, 도덕성을 윤리적 리더십의 필수조건으로 여기고 있다.

끝으로 이상의 변혁적인 리더십과 거래적인 리더십을 요약하면, Bass는 지적인 영역에서 변혁적 리더와 거래적 리더 사이에 있는 체계적 차이를 볼 수 있다고 하였다. 변혁적 리더는 부분적인 문제해결에 만족하지 않으며, 현재의 상태를 받아들이지 않고 이전에 실시했던 방법대로 일을 수행하려고 하지 않는다. 따라서 변혁적 리더는 보다 새로운 방법과 변화를 모색하고 보다 높은 위험에도 불구하고 기회를 최대한 이용하려는 경향이 강하다. 지적 영역에서 변혁적 리더와 거래적 리더의 차이점은 변혁적 리더의 사고는 반응적(reactive)이라기보다는 예방적(proactive)이며 아이디어 창출에 있어 보다 창의적이고 혁신적이며 이데올로기(ideology)에 있어서는 개량이나 보수적인 것보다는 급진적인 성향을 보이는 것이다.

제3절 리더십의 연구과제

우리는 이미 주어진 상황 속에서 목표달성을 위한 노력이 개인이나 집단의 활동에 영향을 미치는 과정을 리더십(leadership)이라고 정의했다.

즉, 리더십이란 주어진 목적을 달성하기 위하여 구성원들간에는 협력이 필요하다. 따라서 리더는 이러한 협력을 조정하여 목표를 효과적으로 달성하도록 노력해야 한다.

Chester I. Barnard 가 1930년대 「경영자의 직능」(*The functions of the Executive*)이라는 저서에서 지적한 바와 같이 리더십에 대한 관심은 조직론에 있어서의 초기 과학적 관리(scientific management)학파와 인간관계(human relation)학파의 영향을 받게 되었다(Barnard, Chester I., 1938).[15]

1. 과학적 관리운동(scientific management movement)

F. Taylor는 과학적 관리운동의 창시자로서 1900년대 널리 알려진 이론가의 한 사람이다. 이는, 관리(management)는 인간의 문제(human affairs)와 감정(emotions)의 문제로 분리되었다. 그 결과 관리자가 작업자들에게 적응(adjust)하는 것이 아니라, 작업자들이 관리에 적응하여야 한다고 주장하였다. 과학적 관리(scientific management)나 고전적인 이론에 있어서, 리더의 기능은 확실히 조직의 목적을 달성하기 위하여 성과의 기준을 확립하거나 강화하는 데 있었고, 따라서 그 관심의 초점은 조직의 필요성에 두었으며, 개개인의 욕구에 따른 것은 아니었다(Taylor, Fredrick W., 1911).[16]

2. 인간관계운동(human relation movement)

인간관계운동은 1930년대의 초기에 일어났다. 이 운동은 Elton Mayo와 그의 동료들에 의해 시작되었다. 생산성을 증가시키는 방법으로 최선의 기술적 방법(bast technological methods)을 발견하는 것뿐만 아니라 추가해서 인간의 문제(human affairs)를 개선하는 것이 관리자로서 유익한 일이라고 주장하였다(Mayo, Elton, 1945).[17]

15) Barnard,, Chester I., 1938, *The Functions of the Executive*, Cambridge Harvard University Press.

16) Taylor, Fredrick W., 1911, *The Principles of Scientific Management*, Harper & Brothers.

특히, Elton Mayo는 사회적 기능(social skills)과 기술적 기능(technical skills)이 같은 진보로 발전되었다면 유럽에서 전쟁이 발발하지 않았을 것이라고 주장하였다(Mayo, Elton, 1945).[18] 과학적 관리운동이 과업(task)에 대한 관심을 강조한 것에 비해 인간관계운동(human relation movement)은 인간관계(relationship people)에 대한 관심을 강조했다.

과학적 관리학파(scientific management schools)와 인간관계학파(human relation schools) 사이의 충돌(conflict)이 명백한 이래 이 두 가지 관심 중에서 어느 것을 인정하는가 하는 것이 리더십에 관한 특징이다.

3. 권위주의 · 민주주의 · 방임주의

과거의 연구자들은 과업에 대한 관심은 권위주의적 리더의 행동(authoritarian leader behavior)에 의해 대표되었고 관계성(concern for relationship)에 대한 관심은 민주주의적 리더의 행동(democratic leader behavior)에 의해 대표(represented)된다고 생각하였다. 리더행동(leader behavior)의 두 가지 형태에서 나타나는 차이는 능력(power) 혹은 권위(authority)의 근원과 인간성(human nature)에 관한 가정(assumption)의 차이에서 발생한다.

권위주의적 리더행동의 유형은 리더권력(power)이 그가 점하고 있는 직위(position)에서 나오며, 인간이란 태어날 때부터 태만(lazy)하고 신뢰할 수 없는 존재라는 가정에 입각하고 있다(X이론).

이에 반해서 민주주의적 리더유형(democratic style)은 집단(group)에 의하여 인정(granted)되는 것이 권위이며, 인간들이란 적절히 동기만 부여된다면 근본적으로 자율적(self directed)이고 일에 대해 창조적(creative)일 수 있다고 가정한다(Y이론). 리더의 행동은 과업지향적(task oriented)이며 부하를 다스리기 위해서는 권력을 행사하나, 우측 극에 있는 리더의 행동은 집단지향적(group oriented)이라 할 수 있다.

---

17) Mayo, Elton, 1945, *The Social Problems of an Industrial Civilization*, Boston: Harvard Business School, p. 23.

18) Mayo, Elton, 1945, *Ibid*., p. 23.

권위주의적 리더는 의사결정시 종업원(follower)을 참가시키지 않지만, 민주주의 유형인 리더는 의사결정시에 종업원과 같이 협정을 하고, 방임적 리더에 있어서는 종업원이 의사결정을 행한다.

4. 미시건대학의 리더십 연구

미시건(Michigan)대학에서는 상호관련성이 있다고 생각되는 미시건 특징의 집합체(locating clusters)를 찾아내어 그 유효성을 검증하는 데 관심을 집중시켰다. 그 결과, 이 연구에서는 종업원지향(employee orientation)의 리더와 생산성지향(production orientation)의 리더로 분류하게 되었다.

종업원지향(employee orientation)의 리더는 추종자들이 행하는 일의 인간관계적(relationship) 문제를 중시(stress)하여 모든 종업원을 중요하다고 느끼고, 누구에게나 관심을 가진다. 그리고 그의 개성(individuality)이나 개인적인 욕구(personal needs)를 수용한다. 이에 대해서 생산성지향(production orientation)의 리더는 일(job)에 대한 생산적 측면(production)이나 기술적 측면(technical aspects)을 강조하여 조직의 목표를 달성하기 위한 도구(tool)로서 종업원을 바라본다. 따라서 이 두 가지는 권위주의(authoritarian: 과업)와 민주주의(democratic: 관계)의 리더행동과 동일하다고 하겠다(Maccoby, D. Katz, N. & Morse, Nancy C., 1950).[19)]

5. 그룹 다이나믹스의 연구

Darwin Cartwright 와 Alvin Zander, Group Dynamics 연구센터에서는 모든 집단의 목적(objectives)을 다음과 같이 두 가지 범위로 한정하였다(Cartwright, Darwin & Zandereds, Alvin, 1960).[20)] 첫째, 특정집단의 목표달성(the

19) Maccoby, D. Katz, N. & Morse, Nancy C., 1950, *Productivity, Supervision and Morale in an Office Situation*, Ann Arbor, Moch, Survey Research Center.

20) Cartwright, Darwin & Zandereds, Alvin, 1960, *Group Dynamics, Research and Theory*, 2nd ed., Evanston, Ill.: Row, Peterson & Company.

achievement of some specific group), 둘째, 집단 그 자체의 유지 혹은 강화 중 하나로 범위를 한정하였다. Cartwright와 Zander에 의하면 목표달성과 관련된 행동의 유형(type of behavior)이란, 예를 들면 관리자는 구성원의 관심(attention)을 끊임없이 조직목표를 지향하도록(keeps member's attention on the goal) 한다.

6. 오하이오 주립대학의 리더십 연구

오하이오(Ohio) 주립대학의 경영연구소에 의해 1945년에 시작된 리더십 연구에서는 다양한 리더행위의 차원(various dimension of leader behavior)을 확인하고자 시도하였다(Stogdill, Roger M. S. and Coons, Alvin E., 1957).[21)]

본 연구소의 스탭(staff)들은 리더십 목표를 달성하기 위하여 집단에 대한 활동을 지시했을 때의 개인행동이라고 정의하고, 리더의 행동기술표를 이용하여 리더행동차원을 확인하고자 하였다. 그 행동기술표는 다음과 같다.

1) 조직창시(initiating structure)

조직창시란 자신과 작업집단의 구성원(members of the work group)간의 관계를 명백히 규정하고, 커뮤니케이션 경로(channels)를 형성하며, 절차기법(methods of procedure)을 수립하려고 노력하는 리더의 행동을 말한다.

2) 배려(consideration)

배려란 리더와 구성원간의 우정을 암시하는 행동(behavior indicative of friendship) · 상호신뢰(mutual trust) · 존경(respect) · 온화함(warmth) 등을 나타내는 행동이다. 오하이오 주립대학의 스탭들은 '리더행동기술서'라는 설문지(leader behavior description questionnaire: LBDQ)를 이용하여 행동에 관한 자료를 모아 실제로 리더가 그의 행동을 어떻게 수행하고 있는가를 조사하기 위한 도구를 만들었다.

21) Stogdill, Roger M. S. and Coons, Alvin E., 1957, *Leader Behavior: Its Description and Measurement*, Research Monography, No.88, Columbus Ohio: Bureau of Business Research Ohio Unive.

7. 관리격자(managerial grid)

Robert R. Blake와 Jane S. Mouton은 두 가지 개념을 관리의 격자로 명명하고, 이들 조직이나 관리개발계획(management development programs)에 널리 이용하였다(Blake, Robert R. & Mouton, Jane S., 1964).[22] 관리의 격자도에는 생산(과업)과 인간의 관계(관계성)에 대한 관심에 입각한 5가지 리더십유형이 오하이오대학에 의해 확인된 4가지 구분 속에 들어 있다. [그림 5-2]는 관리의 격자도에 의한 리더십의 유형을 나타내고 있다.

이 격자도에서 생산에 대한 관심(concern for production)은 횡축에 표시되어 leader의 생산에 대한 관심이 높으면 높을수록 수치가 크게 되고, 9로 평정된 leader는 생산에 대해 관심을 가지고 있는 것을 표시한다.

첫째, 무기력형(impoverished)은 주어진 일을 최소한으로 하고 있기만 해도 그것으로 조직의 일원이 된다고 주장하는 리더이다.

둘째, 칸트리 클럽형(country club)은 인간관계를 잘 하기 위하여 인간의 욕구에 대해 사려 깊은 주의만 기울이고 있으면 온화하고 친근한 조직의 분위기로 인

그림 5-2 관리의 격자도에 의한 리더십의 유형

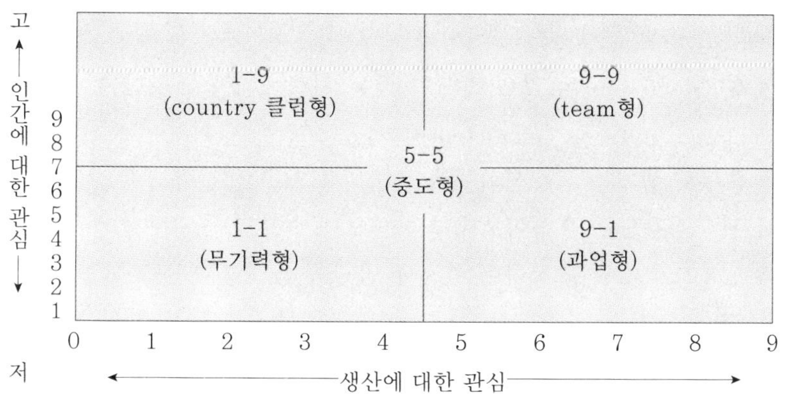

22) Blake, Robert R. & Mouton, Jane S., 1964, *The Managerial Grid*, Houston: Tex Gulf Publishing.

그림 5-3　오하이오대학 연구와 리더십의 관리격자도

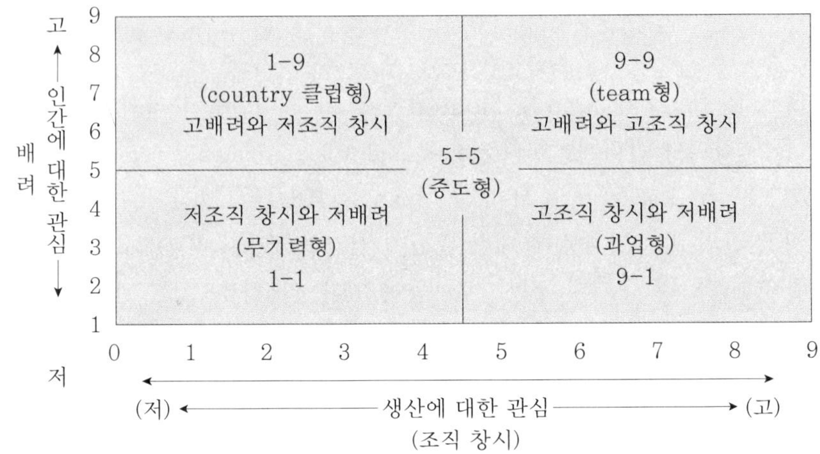

하여 일도 잘 되어진다고 주장하는 리더이다.

셋째, 과업형(task)은 일의 능률을 올리기 위해서는 인간적 요소(human elements)에 의해 너무 간섭하지 않도록 작업조건을 정비해 놓아야 한다고 주장하는 리더이다.

넷째, 중도형(middle of the road)은 조직이 적당한 성적을 올리기 위해서는 일이 어느 정도 진행되고 사람들의 사기(morale)도 어느 정도 만족수준에 유지해 두는 것이 필요하다고 주장하는 리더이다.

다섯째, 팀형(team)은 일을 하고자 하는 사람에게만 달성되는 것이다(Work accomplishment is from committed people). 조직에 있어서 공통된 것(common stake)을 통해서 생기는 상호신뢰에서 존경의 관계가 생긴다고 주장하는 것이다.

결국 관리격자도는 오하이오대학의 연구에서 보았던 사분형(the four quadrants) 속에 5가지 점을 포착하여 이것에 명칭을 붙였던 데 불과한 것이다.

이 두 가지 이론을 결합하면 [그림 5-3]으로서 표시할 수 있다.

제 4 절 최선의 리더십 유형과 리더행동 모델

1. 최선의 리더 유형

이상에서 기술한 제 학자들은 모두 리더십 상황(leadership situation)에는 과업(task)과 인간관계(relationship)의 2요인이 있음을 인정하면서도, 이들 2요인에 대한 관심을 만족시키기 위해서는 아직 잠재적인 모순(potential conflict)이 있음을 인정하였다. 따라서 두 가지의 관심에 대한 중간적 견해(middle ground)를 찾고자 하였다.

2. 리더행동 모델

인간에게 있어서 공통적 희망은 이상적인 리더가 되기 위하여 어떻게 행동해야 하며, 리더행동의 이상적인 유형을 알고자 한다. 이미 말한 바와 같이, 리더십 분야에 있어서 많은 연구자들은 어떠한 규범적인 유형을 제시하고 있다. 즉, 이러한 연구자들의 대부분은 균형잡힌 리더의 유형(과업 · 관계성 쌍방에 대한 높은 관심)은 관심이 크고, 민주적인 인간관계적 리더십을 쫓는 것만이 최선의 방법이 아니라고 시사하고 있다.

다만, 이상적이고 규범적인 리더행동의 유형이 있다는 견해는 현실적이 아니라는 것을 나타내는 증거가 동일한 조사결과에서 밝혀졌다. 나이지리아(Nigeria)에서 실시한 이 조사는 리커트(Likert)가 발견한 것과는 전혀 반대였다(Blake, Robert R. & Mouton, Jane S., 1964).[23] 즉 작업 중심적인 감독자의 부문은 생산성이 높으며, 반대로 종업원 중심적인 감독자의 부문은 생산성이 낮은 경향을 보였다. 따라서 다만 한 가지 규범적인 리더십 유형이 있다고 하는 견해는 문화의 차이(cultural difference), 특별한 습관(particularly customs), 그리고 전통(tradition), 교육수준(level of education), 생활수준(standard of living)을 고려하지 않고 있기

23) Blake, Robert R. & Mouton, Jane S., 1964, *Ibid*.

때문이라고 할 수 있다.

어떠한 유형의 리더십이 가장 적당한가를 생각할 때 리더의 행동에 대한 다만 하나의 이상적인 형을 규정한다는 것은 비현실적이며, 이것을 공식으로 나타내면

$$E=f(l, f, s)$$

와 같이 리더의 행동은 전혀 상이한 것인지도 모른다.

이는 앞에서 제시한 공식을 $E=f(l, f, s)$로 바꾸어야만 할 것이다. 이 경우에 있어서 E인 유효성(effectiveness)은 리더행동의 유형(style of leader behavior)을 상황적 요망(the needs situation)과 추종자(follower)의 요망에 달려 있다고 말할 수 있다.

1) 리더십의 관련성 모델

적응적 리더행위(adaptive leader behavior)란 리더십의 최선의 유형(best style of leadership)에 대한 존재를 부정한다. 이 개념에서 보면 가장 효율적인 유형이 문제가 되는 것이 아니라 특정한 상황(particular situation)에 가장 적합한 유형이 있다는 것이다(Hessey, Paul & Blanchatd, Kenneth H., 1972).[24)]

Fred E. Fiedler가 구축한 리더십의 개별적 모델에 의하면 부여된 상황이 리더에 의해 유리(favorable) 혹은 불리(unfavorable)를 결정해 주는 중요한 3가지 상황적 변수가 있다. ① 집단구성원(group members)과의 개인적인 관계(personal relations), 리더 멤버 관계(leader members relations), ② 집단에 할당된 과업(task)의 구조화 정도(과업의 구조: task structure), ③ 리더 지위에 수반되는 협력(power)과 권한(authority), 지위의 힘(position power)이다.[25)]

2) 리더의 3차원유효성 모델

리더의 3차원유효성 모델(the tri-dimensional leader effectiveness model)

---

24) Hessey, Paul & Blanchatd, Kenneth H., 1972, *Management of Organizational Behavior*, Prentice-Hall, p. 80.

25) Fiedler, Fred E., 1967, *A Theory of Leadership Effectiveness*, McGraw-Hill Book Company, p. 13.

에 있어서는 관계성 행동(relationships behavior)이란 말을 오하이오 주립대학 연구자들이 사용한 배려(consideration)와 조직창시(initiating structure)라는 개념과 동일한 것으로 보고, 편의상 네 개의 기본적 리더행동을 [그림 5-4]에서 표시되는 것과 같이 높은 과업(high task)과 낮은 관계성(low relationship), 높은 과업(high task)과 높은 관계성(high relationship), 높은 관계성(high relationship)과 낮은 과업(low task), 낮은 과업(low task)과 낮은 관계성(low relationship)으로 나타내었다.[26] 이러한 기본적인 형은 리더의 개성을 나타내고 있다.

인간은 성장함에 따라 습관의 형(pattern) 내지 각종 자극에 대한 습관화된 반응을 몸에 익힌다. 즉, 개성(personality)은 "Habit a, habit b, hibit c, … habit n=personality"이다.

인간은 같은 조직하에서 대체로 동일한 행동을 하게 마련이다. 리더 개성(leader personality)의 중심적 개념인 과업지향적 행동(task oriented behavior) 및 관계지향적 행동(relationship oriented behavior)이란 다음과 같은 것이다.

그림 5-4 3차원의 리더효과 모델

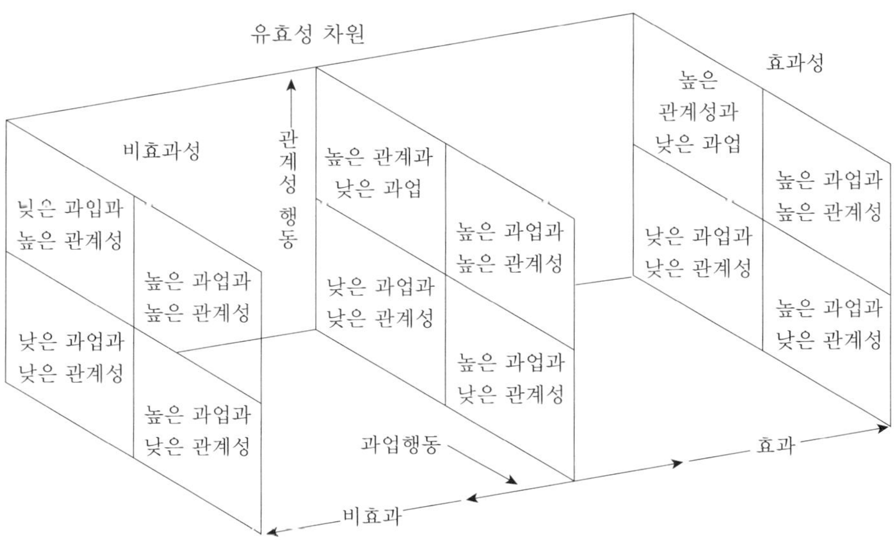

26) Paul Hersey & Kenneth H. Blanchard, 1972, *Management Organizational Behavior*, Prentice-Hall, p. 82.

과업지향적 행동(task oriented behavior)이란 리더가 자기 자신과 집단구성원들과의 관계를 형성하는 과정에서 명백한 조직의 형, 커뮤니케이션 경로, 일의 진행방법을 확립하기 위해 집단회원 각자의 역할을 명백히 하는 경향에 따라 특징을 지운다.

William J. Reddin이 과업과 관계차원(relationship dimension)에 유효성의 차원(effectiveness dimension)을 추가하여 제일 처음 3차원 관리형이론(3rd management style theory)을 형성하였다(Reddin, William J., 1967).[27)]

[그림 5-4]의 중앙의 네 개 구분은 [그림 5-4]의 기본적인 리더의 행동형을 표시한 것이다. 또한 좌측의 4구분은 네 개의 기본형이 유효치 않을 경우(부적당한 상황하에서 리더십을 행사하는 경우)를 나타내며, 우측의 구분은 그것들이 유효한 경우(적절한 상황하에서 리더십을 행사하는 경우)를 표시한다. 이러한 네 개씩의 유효성 그리고 네 개씩의 비유효형은 본질적으로는 추종자(follower) · 상사(superiors) 혹은 동료(accociates)로서 본 그 리더의 기본형이 주어진 상황에 대한 적합한 정도이다.

유효성은 리더 추종자(follower) 및 기타 상황적 변수(situation variables)에 의존한다. 즉, $E=f(l, f, s)$로 표시된다. 따라서 리더로서 성공하기를 원하는 사람들의 이러한 행동적(behavioral) · 환경적 배려(environmental consideration)를 충분히 이해해야만 한다. 이 표에서는 리더행동의 연구에 관한 각종 접근에 대해 논의하고, 끝으로 리더의 3차원유효성 모델에 대해 기술했다.

제 5 절　효과적인 리더결정

리더의 3차원유효성 모델에서, 특히 중요한 점은 종래 리더십 모델이 과업(task)과 관계성 차원(relationship dimension)에 대한 유효성을 고려하던 것에, 특별한 환경의 상황적 차원 모델을 첨가한 것이다.

관리란 조직목표(organizational goals)의 성취(accomplishment)를 위한 리더

---

27) Reddin, William J., April 1967, "The 3rd Management Style Theory," *Training and Development Journal*, pp. 8-17.

십(leadership)의 특별한 유형이다. 리더십은 관리보다 넓은 개념이다.

1. 리더의 힘의 근원과 성공적 리더십

1) 리더의 힘의 근원

리더의 특성 중의 하나는 리더가 실행하는 힘을 들 수가 있다. 아마타이 에치오니(Amitai Etzioni)는 지위의 힘(position power)과 개인의 힘(personal power) 간의 차이점을 설명하였다. 힘(power)이란 시키는 능력(ability to induce)이나 행동에 영향을 미치는(influence behavior) 정도를 말한다. 힘(power)은 조직상의 직무(organizational office) 혹은 개인적인 영향력(personal influence)에서 생긴다. 한 개인이 다른 한 부하에게 어떤 일을 시킬 경우 시키는 데 대한 영향력은 조직상의 지위(position)에 의한 것이며, 영향력이며, 이것은 지위에 의한 힘(position power)이라고 할 수 있다(Etzioni, Amitai, 1966).[28]

또한 부하로부터 힘을 끌어내는(derives his power from his followers) 것을 개인적인 힘(personal power)이라 말할 수 있다. 그러므로 사람들은 지위의 힘(position power)과 개인적인 힘(personal power)을 가질 수 있다. 에치오니(Etzioni)는 리더가 지위의 힘(position power)과 개인적인 힘(personal power)을 가졌을 때, 리너가 발휘하는 리더십은 가장 좋은 상황(situation)이라고 말하였다.

이 양자를 달성하는 것은 쉬운 일이 아니다. 이 둘 중 어느 것이 중요한가에 대해서 보통사람들은 개인의 힘(personal power)과 지위의 힘(position power) 둘 다 중요하다고 말한다.

2) 성공적 리더십

만약 한 개인이 타인의 행동에 영향(effect)을 주고자 의도(attempts)했을 경우, 이깃은 지극히 의도된 리더십(stimulus attempted leadership)이라고 우리는 말한다. 의도적 리더십에 대한 반응(response)은 성공할 수도 있고 실패할 수도 있

28) Etzioni, Amitai, 1966, *A Comparative Analysis of Complex Organization*, New York: The Press.

다. 어떠한 조직에서도 이러한 관리자의 성공은 그 집단의 성과 혹은 생산성으로 측정된다. 이러한 기준으로 성공적인 리더십(successful leadership)과 효과적인 리더십(effective leadership)을 구별한다.

2. 조직의 효과에 대한 리더십 변수

렌시스 리커트(Rensis, Likert)는 조직효과(effectiveness)를 다음과 같은, 원인변수(causal variables) · 매개변수(intervene variables) · 결과변수(end-result variables)를 들어 조직의 효과를 설명하였다.

윌리엄 레딘(William J. Reddin) 역시 마찬가지의 견해를 가지고 있는데, 관리자의 효과(the effectiveness of a management)는 이익을 중심으로 업적을 객관적으로, 즉 최대의 생산량(maximum output) · 시장점유율(market share), 혹은 다른 유사한 기준으로 평가되어야 한다고 말하고 있다. 그리고 변수의 세 가지의 관계는 자극(stimuli: 원인변수), 유기적 조직에 대한 활동(acting upon the organism: 매개변수), 확실한 반응에 대한 창조(creating certain responses: 산출변수)관계로서 나타난다. 보기를 들면 [그림 5-5]와 같다.

이상 [그림 5-5]와 같이 매개변수 수준이나 조건은 원인변수(causal variables)에 의해서 보다 크게 산출변수에 영향을 미친다. 이러한 변수들 중에 매개변수는

그림 5-5　원인 · 매개 · 결과변수간의 관계

원인변수	→	매개변수	→	결과변수
관리형태 관리전략 조직구조 조직목적과 기술	→	인식과 기대 개념의 역할 태　도 작업집단의 전통 대가와 복표 동기의 힘 행　동	→	생　산 원　가 판　매 소　득 노사관계 총 매상고

조직을 발전시키는 데 크게 영향을 미친다. 조직발전을 위한 전략으로서 매개변수를 관리하는 것이 조직관리의 장기적인 목표라고 할 수 있다.

대부분의 관리자는 원인변수에 작용하여 결과변수를 얻으려 하고 있는 것은 문제가 있다.

3. 힘의 범위분석과 목표의 통합효과

1) 힘의 범위분석

레윈(Kurt Lewin)은 어떤 상황하에서 일을 일으키기 위한 변화에 영향을 주는 것은 추진력(driving-force)과 억제력(restraining force)이라고 말했다(Lewin, Kurt, 1947).[29]

억제력(restraining force)은 활동을 제한하는 힘이며, 추진력(driving-force)은 촉진시키는 힘을 말한다. 예를 들면, 무관심(apathy)이나 적개심(hostility)과 같이 생산성 향상을 저지하는 힘을 억제력이라고 말한다. 추진력은 활동하려는 힘, 억제력을 감소시키려는 힘을 말한다. 예를 들면, 감독 · 압력 · 경쟁사기 · 충성심

그림 5-6 추진력과 억제력의 균형

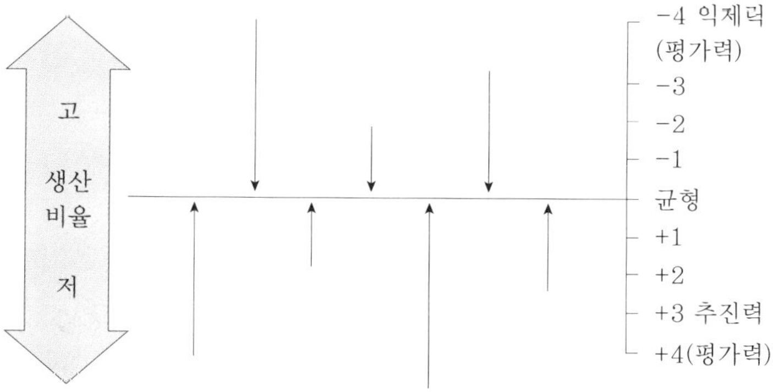

29) Lewin, Kurt, June 1947, *Frontiers in Group Dynamics*, Human Relations, Inc., pp. 5-41.

과 같은 것을 말한다. 추진력(driving-force)의 총계와 억제력(restraining force)의 총계가 동일해졌을 때 균형(equilibrium)이라고 한다. 이것을 그림으로 나타내면 [그림 5-6]과 같다.

생산성(productivity)은 추진력과 억제력간의 관계에 의해서 증가하거나 감소된다. 추진력(driving-force)이란 특정한 방향으로 나아가도록 하는 데 영향을 미치는 힘이라고 말할 수 있으며, 그 힘이 상황의 변화를 일으키고, 상황을 지속시키는 데 영향을 준다. 그러므로 예를 들면, 감독자의 압력, 자극, 임금, 경쟁 등이 추진력이다. 단시간 내에 생산성은 증가하겠지만 이와 같은 상황이 계속되면 적개심(hostility)과 반항심(antagonism)과 같은 새로운 억제력(new restraining force)이 생성되고, 이로 인하여 결근, 태업 등이 증가하여 결국 억제력(restraining force)에 의하여 생산성은 감소된다.

2) 목표의 통합과 효과

조직목표(organizational goals)의 성취성은 개인의 목표와 집단이 인식하는 그들의 소유목표의 총합이다. 조직목표(organizational goals)가 모두 일치되었을 때 이것을 맥그리거(McGregor)는 목표의 통합이라고 불렀다. 우리는 하나의 조직을 집단(group), 관리(management), 부하(subordinates) 및 목표로 분리하여 생각할 수 있다. 그런데 그림에서 보면 새로운 회사는 높은 과업지향(high task oriented)과 높은 관계지향(high relationship oriented)적인 감독을 요구하는 것 같다.

제 6 절 리더십 상황이론

리더의 상황진단능력(diagnostic ability)은 두말할 필요도 없이 중요하다.

Edgar H. Schein은 "성공한 관리자는 상황에 대한 좋은 진단사가 되어야 하고, 싱황에 대힌 본질올 잘 알아야 한다"고 말했다. 바꾸어 말하면 관리자는 환경에 대한 단서(clues)를 증명할 수 있어야만 하고, 아무리 좋은 진단이라도 리더의 개성과 그 환경의 요구에 적합한지 않은지에 따라서 리더의 효과는 달라진다.

1. 리더십 상황이론의 기초

콜만(A. K. Korman)은 오하이오(Ohio) 연구에 대한 조직창시(initiating structure)와 배려(consideration)를 다음과 같이 다시 설명하고 있다.

이러한 상황이론은 3차적 리더효과 모델(tri-dimensional leader effectiveness model)에서 발전된 것이다. 이 이론은 리더십의 효과적 유형(effective style of leadership)과 추종자들의 성숙수준(the level of maturity of his followers)간의 관계로서 설명할 수 있다. H. Sanford는 어떤 리더십의 어려운 요소들도 증명할 수 있다고 하였다.

어떤 상황에 있어서 추종자들은 매우 중요한 요소이다. 왜냐하면 리더를 받아들이거나, 아니면 물리치거나 하는 것은 추종자가 결정하기 때문이다. 뿐만 아니라 집단에 있어서는 리더의 인간적인 힘이 있느냐 없느냐에 달려 있다. 상황이론에 따르면, 인간의 성숙수준이 계속 증가하고, 적당한 리더십 행동이 계속적으

그림 5-7 리더십의 상황이론

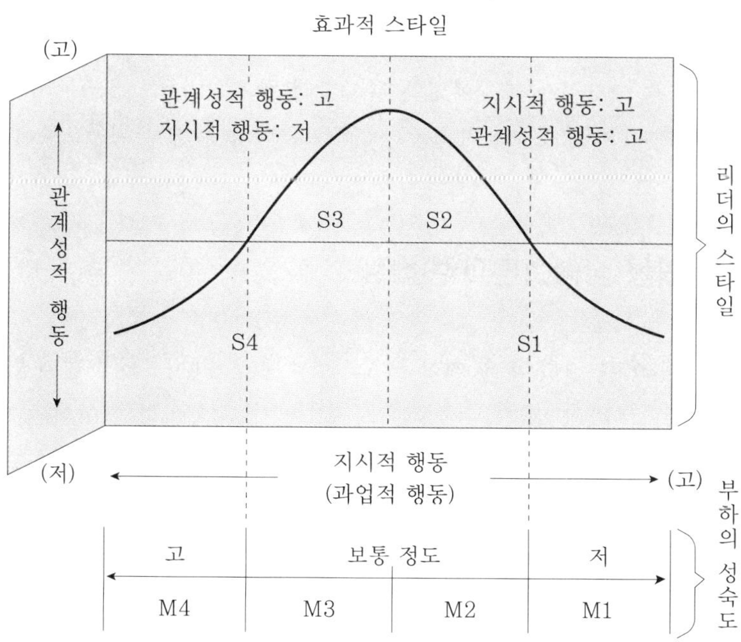

로 증가하는 동안에는 과업지향적 감독(지시적) 행동이 없거나 거의 요구되지 않으며, 사회감정적인 지지(socioemotional support: 인간관계)도 결국 감소된다고 한다.

이 사이클(cycle)은 보다 효과적인 리더십 모델을 네 개의 사각형으로 [그림 5-7]과 같이 나타낼 수 있다.

성숙이란 성취동기, 과업달성의 책임에 대한 능력, 자율 및 과업에 대한 교육관계, 그리고 개인 혹은 집단의 경험 등으로 정의된다.

아지리스(Chris Argyris)의 성숙과 미성숙이론(immaturity-maturity theory)에 의하면 성숙은 인간의 수동적인 행동에서 능동적인 행동으로, 의존적인 행동에서 독립적인 행동으로 발전되면서 나타나게 된다고 한다. 이러한 성숙은 나이의 한 요인이다.

상황이론은 리더의 행동을 ① 높은 과업지향(지시적 행동) - 낮은 관계성 지향적 행동, ② 높은 과업지향(지시적 행동) - 높은 관계성 지향적 행동, ③ 낮은 과업지향(지시적 행동) - 높은 관계성 지향적 행동, ④ 낮은 과업지향(지시적 행동) - 낮은 관계성 지향적 행동으로 보고 리더의 추종자들이 미성숙에서 성숙으로 진보하는 과정을 다루고 있는 것이다. 이상의 상황이론은 양친과 어린이 관계로서도 설명할 수 있다(Warner, W. Iloyed, 1960).[30]

그러나 성숙하게 되면 관계성 지향적 행동(relationship behavior)성격으로 양친 사랑의 도를 증가시켜 초등학교에 입학하게 될 때는 [그림 5-7]에서 볼 수 있는 것과 같이 높은 과업지향(지시적 행동) - 낮은 관계성 지향적 행동으로 될 것이다.

2. 리더십 상황이론과 변화

조직에서 어떤 변화 혹은 개혁을 착수할 때는 언제나 그 첫 번째 단계 조치로서 상대방, 즉 부하의 성숙수준이 어느 정도인가를 확실히 알아야만 한다. 만약 부하들의 성숙도가 낮은 경우에는 종속적이고 변화의 책임을 기꺼이 수용하지 않으며, 성숙수준이 높은 경우에 비해 더욱 많은 해빙(unfrcczing)이 요구된다. [그림 5-8]에서 보는 바와 같이, 리더십 유형 S1과 S2는 해동과정에 중점을 두게 되고,

30) Warner, W. Iloyed, 1960, *Social Class in America*, New York: Harper and Row Publishers.

그림 5-8 상황적 리더십 모형과 변화과정간의 관계

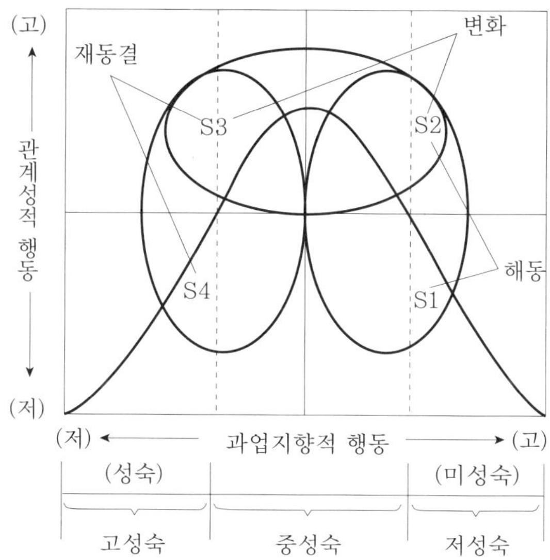

출처: Warner W, Iloyed, 1960, *Social Class in America*, New York: Harper and Row Publishers.

리더십 유형 S2와 S3는 변화과정에 중점을 두며, S3와 S4는 재동결을 강조한다.

부하의 성숙수준을 높이기 위해서 사용되는 기법의 하나는 [그림 5-8]과 같은 행동수정의 기법(behavior modification)을 들 수 있다.

그러나 어떤 경우에도 변화는 힘들다. 변화를 가속시키는 지식의 종류는 새로운 행동, 개인 및 그룹행동의 변화를 증가시키는 참여변화 사이클의 경우이다.

이상 리더십 유형과 성숙수준, 조직행동론, 개념, 연구결과의 관계를 보면 [표 5-4]와 같다.

표 5-4 리더십 유형, 성숙수준, 조직이론, 개념, 연구결과와의 관계

부하의 성숙수준	리더의 유형
(M1) 낮은 성숙도 "능력이 없고 자신이 없으며 자발성이 없음…" 생리적 욕구/안전욕구–위생요인 합리적 경제인	(S1) HT/LR 지시적 "구체적인 지시를 하고 밀접하게 감독을 함…" X이론(태도) XA/YA 행동패턴

낮은 성취동기 어린이(파괴적) 자아상태 자기부인/타인부인 수용될 수 없는 행동 리더에게 문제점이 됨	시스템 1/시스템 2 강제적 권력과 연결적 권력 제1형 통제시스템 리더 지배계약 조직성장의 지시단계 해동, 변화(강제) 지시적 변화 사이클
(M2) 낮음-중간정도의 성숙도 "능력이 없으나 자신감이나 자발성이 있음…" 안전욕구/사회적 욕구-위생요인 합리적 경제인/사회인 낮은 성취동기 어린이(행복한)/어버이 자아상태 자기부인/타인긍정 수용할 수 없는 행동 리더나 부하 양쪽에 문제점이 있음	(S2) HT/HR 설득적 "리더의 의사결정내용을 설명해 주고 그 결정내용을 명확히 이해할 수 있는 기회를 제공…" X이론(태도) XA/YA 시스템 2/시스템 3 연결적 · 수혜적 · 합법적 권력 부하에 의한 통제시스템 제Ⅱ형 공동 지배계약 조직성장의 조정단계 해동/변화(동일시) 지시적/참가형 변화 사이클
(M3) 낮음-높은 수준의 성숙도 "능력이 있으나 불안해 하고 자발성이 없음…" 사회적 욕구/자존욕구 위생요인과 동기부여요인 사회인/자기실현인 높은 성취동기 자기긍정/타인부인 수용될 수 있는 행동 부하에게 문제점이 있음	(S3) HR/LT 참가적 "아이디어를 교환하고 의사결정에 있어서 아이디어의 제출을 조장(촉진)…" Y이론(태도) YB/XB 행동패턴 시스템 3/시스템 4 합법적 · 준거적 · 정보적 권력 통제시스템 제Ⅱ형 공동지배/리더에 의한 부분적 지배 계약 조직성장의 공동연구단계 변화/재동결(내면화) 참가적/지시적 변화 사이클

(M4) 낮음-높은 수준의 성숙도	(S4) LR/LT 이양적
"능력이 있으나 불안해 하고 자발성이 없음…"	"의사결정의 책임과 그 실행의 책임을 부하에게 이양…"
자존 욕구/자기실현 욕구	Y이론(태도)
동기부여요인	YB/XB 행동패턴
자기실현인	시스템 4
높은 성취동기	정보적 · 전문적 권력
어른 자아상태	통제시스템 제Ⅲ형
자기긍정/타인긍정	부하 지배계약
수용될 수 있는 행동	조직성장의 이양단계
아무에게도 문제점이 안 됨	재동결 참가적 변화 사이클

제 2 장 동　기

동기라는 용어는 조직행동론에서는 물론 일상생활에서도 흔히 사용되는 용어로서 다양한 뜻을 갖고 있다. 특히 우리나라에서는 동기를 motive와 motivation의 2가지 용어로 사용될 때가 많으므로 정확한 의미에 있어서 혼동을 가져올 수도 있다.

우선 motive는 개인의 행동을 어떤 목적을 위하여 어떤 방향으로 작동시키는 내적 심리상태(inner state)를 말한다(Berelson, Bernard and Steiner, Gary A., 1964).[31] 그리고 motivation은 개인의 행동이 실제로 작동되는 과정, 또는 작동되도록 유도 내지 기도하는 과정으로서의 동기부여를 의미한다.

밀턴(Charles R. Milton)은 동기(motivation)를 연구하는 방법으로서는 2가지가 있다고 말하였다(Milton, Charles R., 1981).[32]

첫째, 내용적 이론(content theories)으로 동기에 대한 내용을 연구하는 방법이다.

둘째, 과정적 이론(process theories)으로서 동기가 어떤 과정을 거쳐서 동기부여가 되는가를 연구하는 방법을 생각할 수 있다.

동기에 대한 연구목적은 복잡한 인간의 성질(nature of man)에 대한 문제해결과 인간행동(human behavior)을 연구하는 데 있다. 그리고 또한 이는 인간의 과거행동(past behavior)의 수수께끼를 풀어 줄 뿐만 아니라 인간의 장래행동(future behavior)을 어느 정도까지 예측하고 변화시키며 통제한다. 인간행동에 대한 이해방법을 제공하기 위해서, 동기의 개념을 먼저 파악하고, 그리고 행동을 야기시키는 인간목표(goal)와 동기의 개념, 동기의 연구방법을 논하고자 한다.

---

31) Berelson, Bernard & Steiner, Gary A., 1964, *Human Behavior*, New York: Harcoustbrace & World Inc., p. 240.

32) Milton, Charles R., 1981, *Human Behavior in Organization: three levels of Behavior*, Englewood Cliffs, N.J.: Prentice-Hall Inc., p. 69.

제1절 동기의 의의

아인슈타인(Einstein)은 "천재는 1%의 영감과 99%의 땀으로 이루어진다"고 말함으로써 성공을 이루는 데 있어서 열성(hard work)에 대한 중요성을 강조하였던 것이다. 조직에 있어서 어떤 사람은 다른 사람보다 더 열심히, 더 많은 노력을 쏟아 일하고 있는 것을 흔히 본다. 이것은 한 개인의 작업성적이 그 사람의 능력뿐만 아니라 동기유발에 달려있다고 말할 수 있다. 동기부여(motivation)란 어떤 것을 시도하려고 하는 자발적인 마음이며, 이는 욕구를 충족시켜 줄 수 있는 행동의 능력에 의해 조건화(conditioned)되는 것이다.

모티베이션(motivation)이란 용어는 라틴어의 movere에서 유래되었다고 한다. 이것은 to move와 같은 뜻으로 이것이 바로 motive가 되었다고 한다.

모티베이션은 인간내부의 상황이라는 것이다. 그러나 경영에 있어서 인간의 행동을 이해하는 데는 인간의 외부에서 일어나는 일과 내부에서 일어나는 일을 다 같이 파악하는 것이 필수적이다. 그러므로 인간과 인간의 상호작용(interaction)의 관계에서 인간행동을 관찰하려고 하면, 모티베이션은 당연히 인간 내재적 동기와 외재적 동기(관계하는 타인의 동기)를 다 같이 연구하여야 한다. 루산스(F. Luthans)는 동기를 인간의 내재적 상황으로 규정하고, 강화(reinforcement: 보상)를 인간의 외부적인 상황으로 규정하였다(Luthans, Fred, 1977).[33]

제2절 인간가치 중심연구의 인식

그런데 현대산업사회에 접어들어 인간은 더불어 살아야 한다는 교훈을 잃고 살아왔다. 타인에게 냉담하고 무관심하였으며, 또한 소외된 개인으로서 대중사회를 구성하게 되었다. 따라서 사람과 사람 사이에는 기계적인 관계가 이루어지고

33) Luthans, Fred, 1977, *Organization Behavior*, Seconded, McGraw-Hill, pp. 292-293.

있으며, 이기적인 사고방식이 조장되고 있다. 그리고 서구사회에서와 같이 물질적 향략주의의 경향으로 육체만 보고 인격은 보지 못하게 되었다. 또한 황금만능주의에 휩쓸려 인간관계에는 "나"와 "너"의 관계가 아니라 "나"와 "그것"과의 관계가 되어 버리고 말았다.

산업사회가 창조한 인간은 정당한 무게가 가벼워져 가고 있는 외로운 사람들로 전락되었고, 이상적인 인간의 자리를 로보트가 차지하게 되었다. 그러므로 이러한 인간들의 자리를 회복하기 위해 인간가치를 중시하고 더불어 인간가치가 중심을 이룰 경우, 훌륭한 문화가 창조될 수 있다는 지혜를 익혀야 하겠다.

그러므로 현대산업사회에서 인간가치 중심적 성향과 함께 인간에 대해 상당히 낙관적이고 긍정적인 견해로 바라본 조직행동론 학자들로는 메이요(Mayo)의 인간관계론, 맥그리거(D. McGregor)의 X-Y이론, 호만스(G. C. Homans)의 인간집단론, 아지리스(C. Argyris)의 성숙과 미성숙이론 등을 들 수 있다.

1. 호오손실험

호오손실험의 결과를 보면 다음과 같은 결론을 내릴 수 있다.

첫째, 종업원의 능률이 향상되는 원인은 심리적이고, 사회적인 것이라고 주장하였다.

둘째, 집단 구성원간에는 비공식적인 규칙이 존재하는데, 이러한 규칙을 위반하는 구성원은 동료로 취급하지 않는 비공식적 집단(informal group)이 있다고 밝혔다.

셋째, 구성원간의 관계가 타인의 작업능률에 영향을 미친다는 결론을 얻었다. 이상과 같은 현상을 메이요는 아노미(anomie)와 오합지졸가설로서 설명하였다.

1) 아노미(anomie)

메이요(Mayo)는 비공식적 집단(informal group)이 발생하게 되는 원인으로서, 인간은 경제적 사욕(economic self-interest)으로 단순한 관계를 가진 무감각적 기계(insensitive machine)로만 취급하는 전체사회(entire society)에 대한 하나의 고발(indictment)이라고 생각하였다(Luthans, Fred, 1977).[34] 이러한 사회에서의 노동자는 일을 노동력과 금전에 대한 비인격적인 교환(impersonal exchange of money)으로밖에 보지 않는다고 주장하였다.

현대 산업사회에서의 노동이란 굴욕(humiliation)을 뜻한다.

이처럼 노동자들은 중요한 욕구를 만족시키는 수단을 찾지 못하였기 때문에 노동자들간에는 긴장(tensive) · 불안(anxiety) · 좌절(frustration) 등이 발생하게 되었다. 메이요는 이러한 절망감을 아노미(anomie: 사회적 무질서)라고 불렀다. 노동자들을 중요시하지 않으며, 노동자들간의 상호교류가 이루어지지 않기 때문에 아노미 상태가 발생하게 되어 인간가치 중시 사회로 진입할 수 없게 되었다. 아노미 상태하에서는 노동자를 중요하게 여기지 않고 근로자들간에는 결합되지 않으므로 그들은 결국 환경에 대한 희생자가 된다.

2) 오합지졸 가설(rabble hypothesis)

오늘날 산업사회는 자기 이익 밖에 모르는 무리들로 가득 차 있다고 보는 관리자들이 너무나 많고, 아노미 상태가 바로 전체사회에 대한 산물이라고는 하지만, 이 같은 상태는 특히 관리자가 인간의 본성에 대한 부정적인 견해를 가지고 다루는 산업현장에서 많이 찾아 볼 수 있다고 메이요는 말했다.

이와 같은 현상은 전체사회의 산물이긴 하나 관리자가 인간의 본성(nature of man)에 대하여 부정적인 견해를 갖고 있는 산업사회에서 볼 수 있다고 메이요는 생각하였다.

메이요는 이러한 전제를 오합지졸 가설(rabble hypothesis)이라고 부르며 거기에서 파생되는 권위주의적(anthoritarian), 과업중심적 관리(task-oriented management)를 애통해 하였다.

2. X이론과 Y이론

밀턴(C. R. Milton)은 미국의 경영자들의 관리에 대한 지배적인 철학이 회유와 위협철학(carrot and stick philosophy), 즉 보수와 벌(reward and punishment)의

34) Luthans, Fred, 1977, *Ibid*., p. 45.

철학이라고 대답하였다. 이들의 심상(mental picture) 형태는 한 끝에는 회유를, 그리고 다른 한 끝에는 위협이라는 철학을 지니고 있었다. 즉, 경영자들은 부하들을 숫당나귀(Jackass)로 흔히 보았다(Milton, Charles R., 1981).[35)]

맥그리거(Douglas McGregor)에 의하면, 의사결정이 상부에 집중되어 있고, 상사와 부하의 구성이 피라미드 형태를 이루며, 외부로부터 작업이 통제되고 있는 전통적인 조직은 인간성(human nature)이나 인간의 동기부여(human motivation)에 대한 여러 가지 가설에 근거하여 운영되고 있다고 주장하였다.

이에 대해, 맥그리거(Douglas McGregor)는 두 가지 상반된 인간관을 제시하였다. 그 하나는 기본적으로 부정적인 관점의 인간관으로서, 이를 X이론(theory X)이라 불렀고, 다른 하나는 인간에 대한 긍정적인 관점으로 Y이론(theory Y)이라고 명명하였다(McGregor, Douglas, 1960).[36)]

유명한 X이론과 Y이론이라는 가설을 맥그리거는 주장하였다(McGregor, Douglas, 1960).[37)] 맥그리거에 의하면 그의 가설은 Mayo의 오합지졸 가설이 규정하는 인간관과 대단히 비슷하다고 하였다. X이론에서는 대다수의 사람들이 명령받기를 오히려 좋아하고, 스스로 책임을 지려고 하지도 않으며 무엇보다도 안정을 바라고 있다고 생각을 하였다. 그리고 이러한 관점의 인간은 금전 · 특별급여(fringe benefit: 연급, 유급휴가, 건강, 보험 등) · 벌(punishment)에 대한 공포 등으로 동기가 부여된다고 가정하였다. 그러나 교육수준이나 생활수준이 향상된 민주적 사회(democratic society)에서 생활하고 있는 사람들은 더욱 성숙(mature)된 행동을 할 수 있기 때문에 이러한 가설에 대하여 의문을 제시하였다.

1) X이론(X theory)

X이론에 인간관을 둔 관리자는 종업원을 다음과 같이 생각하고 있다.

① 보통의 인간은 일을 싫어하며(distasteful), ② 따라서 기업목적을 달성하기 위해서는 강제 · 관리 · 명령 · 위협 및 처벌이 필요하고, ③ 그리고 야심이 없고 그저 안정만을 추구하려고, ④ 문제를 해결할 만한 창조성이 없고, ⑤ 동기는 생

---

35) Milton, Charles R., 1981, *Human Behavior in Organizations: Three levels of Behavior*, Englewood Cliffs, N.J.: Prentice-Hall, Inc., p. 79.

36) McGregor, Douglas, 1960, *The Human Side of Enterprise*, New York: McGraw-Hill.

37) McGregor, Douglas, 1960, *Ibid.*, pp. 31-34.

리적 수준(physiological level)과 안정적 수준(safety level)에서 나타난다.

2) Y이론(Y theory)

Y이론에 인간관을 둔 관리자들은 종업원을 다음과 같이 생각하고 있다.

① 인간은 일을 싫어하지 않고 조건에 따라 일은 만족요인 되고, ② 관리나 처벌은 종업원의 목적을 기업의 목적과 같은 방향으로 향하게 하는 수단이 되지 못한다. 인간은 스스로 인정하고 있는 목표에 대하여 자기통제(self-control)를 하고, ③ 문제를 해결하기 위한 창조력은 다 지니고 있고, ④ 동기부여는 생리적 수준이나 안정의 수준뿐만 아니라 친화 · 존경 · 자기실현의 수준에서도 찾아볼 수 있다. ⑤ 사람들은 적절히 동기가 부여되며 일에 대하여 자율적이며 창조적이다.

Y이론적인 사고를 갖고 있는 관리자는 일반적으로 종업원의 작업환경(work environment)을 엄격히 규정하거나, 통제 및 감독을 하지 않고 외부로부터 통제를 서서히 약화시켜 종업원 스스로가 자신을 통제한다고 생각하게 하여, 마음을 편히 갖도록 함으로써 성숙(mature)을 도우려고 한다. 일(works)이란 인간에게 자연스러운(natural)것이며 놀이(play)와 같이 인간에게 만족감(satisfying)을 제공해 주는 것이라고 말하였다(McGregor, Douglas, 1960).[38)]

맹자는 "인간의 본성은 선이다"하여 성선설을 주장하는데, 원래 인간의 본성은 선하기 때문에 가난한 사람을 보면 돕고 싶고, 힘들게 일하는 사람을 보면 아무 대가도 바라지 않고 자신도 지쳐 있으면서 도우려고 한다는 것이다. 한편, 순지의 성악설에 의하면 인간은 날 때부터 욕망으로 가득 차 있기 때문에 사유방임적으로 놓아두면 다툼이 일어나 파멸의 지경에 이른다. 그러므로 훌륭한 지도자가 관리하지 않으면 안 된다는 것이다.

전술한 바와 같이 우리 동양철학에서도 X, Y이론과 같은 것이 논의되었던 적이 있다고 말할 수 있다.

3. 미성숙과 성숙이론

아지리스(Chris Argyris)는 미성숙과 성숙이론(immaturity-maturity

38) McGregor, Douglas, 1960, *Ibid*., pp. 31-34.

표 5-5 미성숙 - 성숙의 계속

미성숙(immaturity)	성숙(maturity)
수 동 적	→ 능 동 적
의 존 성	→ 독 립 성
단순한 행동	→ 다양한 행동
변덕스럽고 얕은 흥미	→ 깊고 강한 흥미
단기적 관점	→ 장기적 관점
종속적 지위(subordinate position)	→ 동시 또는 상위의 지위
자기 자각 결여	→ 자기의 자각 및 자기통제

theory)으로 그의 독자적인 이론을 구성하였다. 따라서 아지리스(Argyris)는 현대 미국의 대다수 사람들은 미성숙한 인간(immature human)으로서 취급받는 작업환경 속에서 일하고 있다. 현대에 이르러 조직에 관한 문제가 허다하게 발생한 것도 이러한 사실 때문이다. 아지리스는 특정 작업환경하에서 관리방법이 개인행동(individual behavior)과 인간성장(personal growth)에 어떠한 영향을 미치는가를 살피기 위하여 산업조직을 연구하였다(Argyris, Chris, 1957).[39] 아지리스에 의하면 개인이 성숙해 가는 과정에 있어서 개성(personality)은 일곱 가지로 변화한다.

아지리스는 [표 5-5]와 같이 이러한 변화는 하나의 연속적인 것이며, 건강한 개성(healthy personality)은 연속적으로 미성숙(immaturity)에서 성숙(maturity)으로 발달한다고 생각하였다. 끝으로 종업원들간에 널리 퍼지고 있는 무관심이나 노력의 결핍(lack of effort)은 단순히 개인적인 게으름(individual laziness)으로 인한 결과만이 아니라는 사실을 시사했다. 아지리스는 사람들의 노동결핍은 관리의 자세(management practices)에서 성숙을 방해하는 일에서 생기는 것이 허다하다고 말하였다.

39) Argyris, Chris, 1957, *Personality and Organization*, New York: Harper & Row, Publishers, p. 99.

4. 관리의 시스템 이론

리커트는 조직을 분석하기 위해서 조직구성원이 자신이 속한 조직의 관리방식을 결정할 수 있는 측정방법을 개발하였다. 이 측정방법은 조직 내의 실제적인 특징에 관한 자료를 수집할 수 있도록 하였으나 이러한 특징에는 리더십 · 동기부여 · 커뮤니케이션 · 의사결정 · 상호작용과 영향 · 목표설정 · 통제과정 등이 포함되어 있다. 이 측정법에 쓰여지고 있는 대표적인 항목은 [표 5-6]과 같다

표 5-6 여러 관리 시스템의 조직상 · 업무상의 특징에 관한 리커트의 표의 항목 예

조직적 변수	시스템 1	시스템 2	시스템 3	시스템 4
리더십 과정에 있어서 상사가 부하에 대해서 신임과 신뢰하는 정도	부하를 전혀 신임과 신뢰를 하지 않는다.	주인과 하인이 같은 신임과 신뢰를 한다.	신뢰는 하나 충분하지 않다.	부하를 전적으로 신임하고 신뢰한다.
동기의 힘과 동기를 유발시키는 방법	공포 · 협박 · 처벌과 그리고 경우에 따라서는 보수로서 동기를 유발시킨다.	보수와 약간의 현재나 혹은 잠재적인 처벌로서 동기를 일으킨다.	보수와 경우에 따라서 처벌과 약간의 참여표시로서 동기를 유발시킨다.	참가를 통해 확립된 보수제도에 입각하여 목표설정, 방법개선, 진도의 평가 등에 있어서 집단참여와 관여
상호작용의 성격과 그 과정이 영향을 미치는 특성	상호작용은 거의 없고 공포와 불신이 따른다.	상호작용은 거의 없고, 보통 상사는 은혜를 베푸는 것과 같은 태도이며, 부하는 두려움이나 경계심을 갖는다.	적당한 상호작용이 있으며 신임과 신뢰를 갖는다.	광범위하고 우호적인 상호작용이 있으며 신뢰도가 높다.

(Argyris, Chris, 1957).[40)]

리커트는 이러한 측정방법의 타당성을 조사하기 위하여 수많은 조직의 관리자에게 그들이 지금까지 알고 있었던 가장 생산적인 부·과 혹은 조직의 시스템 1에서 시스템 4의 사이의 어느 것에 속하는가를 질문하고 다시 같은 관리자에게 가장 생산적이 아니었던 부·과 혹은 조직은 어떤 것이 있는가를 물었다. 그 결과 가장 생산적이었던 부문에 대한 평가방법이나, 가장 비생산적이었던 부문에 대한 평가방법에도 차이가 나타났다. 그러나 거의 예외 없이 관리자들은 시스템 4가 가장 좋은 시스템이라고 평가했다.

요약하면 리커트는 조직의 관리형식이 시스템 4에 가까워질수록 생산성은 높고 시스템 1의 관리형식에 가까워질수록 그 직장의 생산성이 저하된다는 것을 발견했다(Argyris, Chris, 1957).[41)]

제 3 절 동기의 연구방법

밀턴(Charles R. Milton)은 유명한 6개의 동기이론 논문 중에 4개 이론은 행동을 야기시키는 동기요소(need factors)의 내용들을 설명하려는 이론이 내용이론(content theories)이고, 그리고 내용이론으로 연구한 학자와 이론은 매슬로우의 욕구단계이론, 알더퍼(Alderfer)의 ERG(E: existence, R: relatendness, G: growth) 이론, 허즈버그(Herzberg)의 위생이론(hygiene theory), 맥클리랜드(McClelland)의 성취이론(achievement motivation theory) 등이 있다.

6개 이론 중에 2개는 동기가 일어나는 순서(sequence)에 초점을 둔 동기의 과정이론(process theories of motivation)이다. 이들 이론들의 예를 들면 브룸(V. Vroom)의 기대이론(expectancy theory), 아담스(J. S. Adams)의 공정성이론(equity theory) 등이다.

40) Argyris, Chris, 1957, *Ibid.*, p. 63.
41) Argyris, Chris, 1957, *Ibid.*, p. 64.

1. 동기의 내용이론

동기부여의 내용이론으로서는, 매슬로우(A. H. Maslow)의 욕구단계이론, 알더퍼(C. P. Alderfer)의 ERG이론, 허즈버그(F. Herzberg)의 동기-위생이론, 맥클리랜드(D. C. McClelland)의 성취동기이론 등을 들 수 있다.

1) 매슬로우(A. H. Maslow)의 욕구단계이론

에이브라함 매슬로우(Abraham Maslow)는 욕구의 힘에 대하여 명백히 설명하였다. 매슬로우(Maslow)에 의하면 인간의 욕구(human need)는 [그림 5-9]에서 표시되는 것과 같이 다섯 단계를 이루고 있다.

(1) 생리적 욕구단계(physiology needs)

[그림 5-9]에서 나타난 바와 같이 생리적 욕구(physiology needs)는 단계의 가장 높은 곳에 놓여 있는데 이것은 어느 정도 이 욕구가 만족될 때까지 이러한 욕구가 가장 강하기 때문이다.

이것은 인간의 생명유지(sustain life itself)에 대한 기초적 인간욕구(basic human needs)로서, 예를 들면 의(clothing) · 식(food) · 주(shalter) 등이다.

그림 5-9 매슬로우의 욕구단계

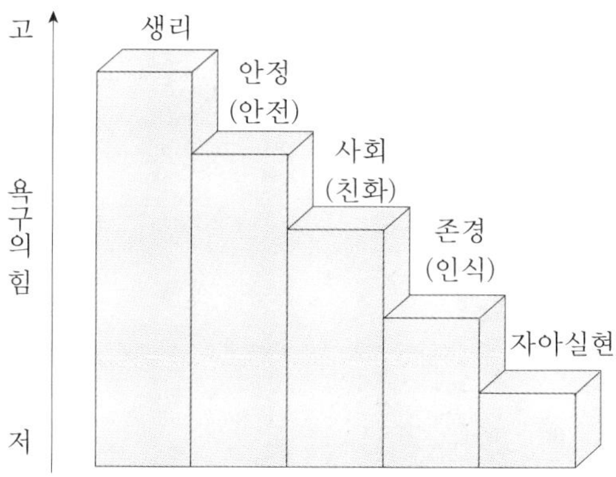

(2) 안전적 욕구단계(safety needs)

다음 [그림 5-10]에서 나타나는 바와 같이 한 번 생리적인 욕구(physiological needs)가 만족되어지면, 안전(safety) 혹은 안정(security)욕구가 우세하게 나타난다.

이들 욕구들은 기본적으로는 신체적 위험에 대한 공포나 기초적인 생리적 욕구의 결핍에서 벗어나려고 하는 욕구이다.

다시 말해서, 이것은 자기보존에 대한 욕구(needs for self preservation)이다.

그림 5-10 욕구구조 중에 안정적 욕구가 지배적일 때

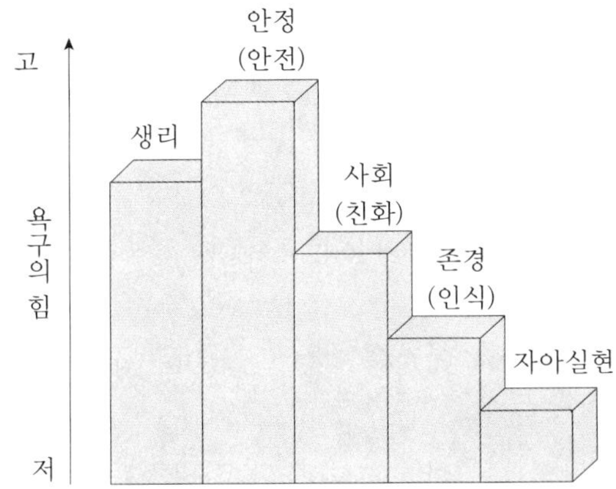

(3) 사회적 욕구단계(social needs)

생리적 욕구나 안정에 대한 욕구가 어느 정도 만족되면, [그림 5-11]에 표시된 바와 같이 사회적(친화) 욕구가 이들의 욕구구조 중에서 서서히 나타난다.

인간은 사회적 존재이므로 수많은 집단에 소속하고 싶다는 욕구와 여러 가지 집단에 수용되고 싶다는 욕구가 있다.

사회적인 욕구가 지배적일 때 특정 개인은 다른 사람들과 어울려 의미 있는 관계를 가지려고 노력할 것이다.

(4) 존경에 대한 욕구단계(esteem needs)

인간은 인식에 대한 욕구, 즉 다른 사람으로부터 존경과 타인으로부터 인정받고 싶은 욕구를 느끼게 된다. 대부분의 사람은 현실적으로 확고한 확신을 가지고 자기에 대한 높은 평가를 받고 싶어 한다.

그림 5-11 욕구구조에 있어서 사회적 욕구가 지배적일 때

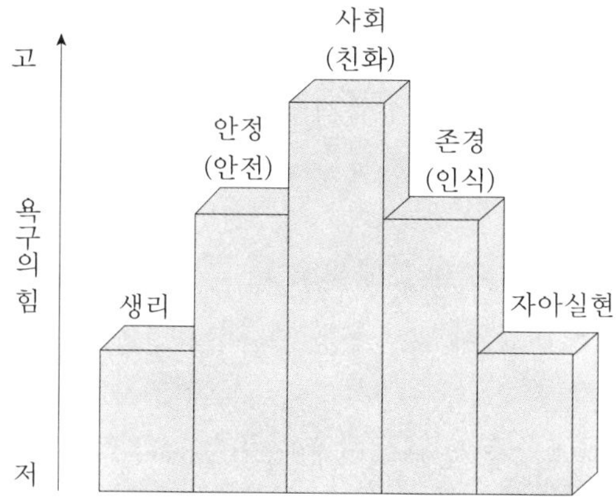

이것을 그림으로 나타내면 [그림 5-12]와 같다. 즉, 다른 사람으로부터 인식(recognition)과 존경에 대한 욕구를 가지고 있다.

존경을 받고 싶다는 욕구가 적절한 방법으로 만족되기 시작하면 [그림 5-12]에서 자아실현의 욕구가 나타나기 시작한다.

그림 5-12 욕구구조에 있어서 존경에 대한 욕구가 지배적일 때

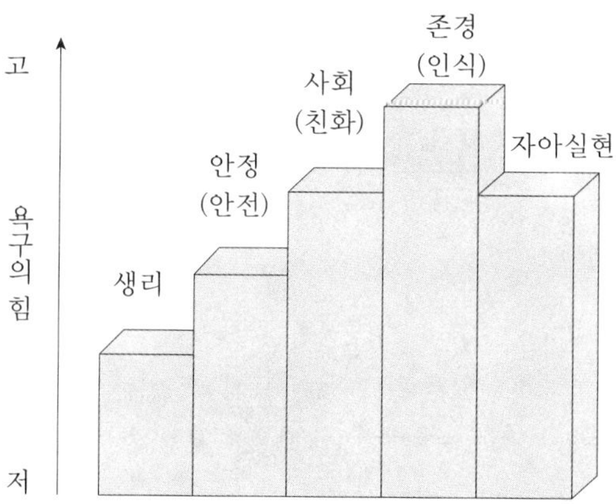

(5) 자아실현의 욕구단계(self-actualization)

매슬로우(Maslow)가 말한 바와 같이 사람은 할 수 있는 것을 하지 않으면 안

된다(What a man can be, he must be). 즉, 자아실현이란 자기가 그렇게 되고 싶은 대로 하고 싶다는 욕망이다. 사람들은 자아실현의 욕구를 여러 가지 방법으로 만족시키려고 한다. 어떤 사람은 이상적인 부모(Ideal mother)가 되고 싶다는 욕망(desire) 속에서, 어떤 사람은 조직을 움직이는 일 속에 그것을 표현하고, 또한 어떤 사람은 피아노를 연주함으로써 그것을 표현할지도 모른다.

2) 허즈버그 위생이론(hygiene theory)

허즈버그(Frederick Herzberg)는 종업원이 어떤 일을 할 때 만족을 느끼며, 또한 어떤 일을 할 때 불만을 느끼는가를 광범위하게 조사하였다. 허즈버그는 동기부여-위생이론의 전개에 있어서 맥그리거(McGregor)나 아지리스(Argyris) 등의 견해에 영향을 받았다고 보나 그것은 인간성(nature of man) 및 인간의 동기나 욕구에 관한 지식은 조직과 개인에 있어서도 극히 중요하다고 말할 수 있다.

허즈버그는 첫째의 욕구 범주 속에 인간의 환경에 관한 요인을 포함시켰는데 이는 불만을 예방할 수 있는 작용을 한다. 따라서 이것을 위생요인(hygiene factors)이라 불렀다. 둘째 욕구범주(category of needs)에는 보다 높은 업적을 위해 사람들이 동기부여에 유효하다고 생각하는 요인으로 구성되어 있다. 이것을 동기부여요인이라 불렀다.

허즈버그는 일에 만족을 주는 요인을 동기유발요인(motivators)이라 부르고 불만을 불러일으키는(따라서 불만이 생기는 것을 예방하는) 요인을 위생요인(hygiene

그림 5-13 욕구구조에서 자아실현욕구가 지배적일 때

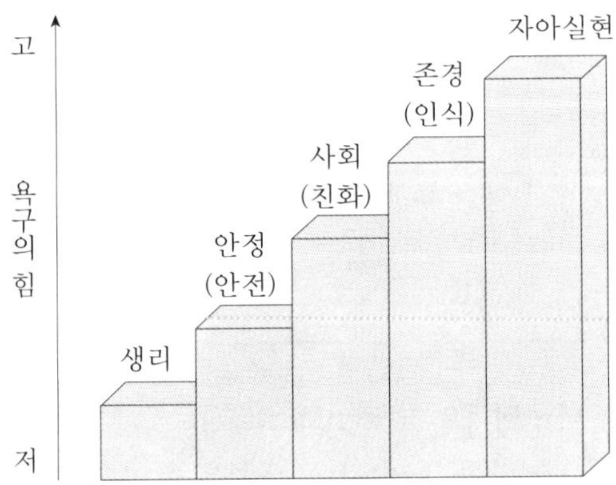

factors)이라고 이름을 붙였다.

(1) 위생요인(hygiene factors or dissatisfiers)

개인의 욕구를 충족시키는 데 있어서 주로 불만족을 방지해 주는 요인을 위생요인이라 한다. 따라서 이들 요인(factors)을 위생요인 또는 불만족요인이라고 부르며 주로, 임금 · 정책 · 관리 · 감독(supervision) · 작업조건(working condition) · 대인관계(interpersonal relation) · 지위(status) · 안정된 직업 등으로 구성되어 있다.

(2) 동기부여요인(motivators or satisfiers)

개인으로 하여금 열심히 일을 하게 하여 성과를 높여 주는 요인으로서 여기에는 성취도 · 인정도 · 책임감 · 성장 · 발전 · 보람 있는 직무내용 · 존경과 자아실현욕구 등을 포함한다. 동기요인이 충족되지 않아도 불만은 없지만, 일단 충족되면 만족에 적극적으로 영향을 줄 수 있고 일에 대한 적극적인 태도를 유도할 수 있는 것이다.

① 위생요인(hygiene factors)

정책이나 관리 · 감독(supervision) · 작업조건(working conditions) · 대인관계(interpersonal) · 금전 · 신분(status) · 안정 등이 위생요인이다. 허즈버그(Herzberg)는 위생(hygiene)이란 어휘를 의학상의 의미(예방적이며 환경적이다)와 관련시켜 사용하였다. 위생요인은 노동자의 생산능력을 증대시키지 않으며 작업을 제한하는 노동자의 업적에 대하여 손실을 예방하는 데 불과하다.

② 동기부여요인(motivators)

일을 통하여 보람을 느끼며, 지식이나 능력을 활용할 만한 여지가 있는 일을 할 때에 우리가 경험하게 되는 달성감, 전문적 성장, 인정 따위와 같이 사람들에게 만족감을 주는 요인을 동기부여요인이라 한다.

(a) 동기부여요인(the motivators)

ㄱ) 성취(achievement)

ㄴ) 성취에 대한 인식(recognition for achievement)

ㄷ) 일 자체(work itseif)

ㄹ) 책임감(responsibility)

ㅁ) 승진(advancement)

ㅂ)성장가능성(possibility of growth)

(b) 위생요인(the hygiene factors)

ㄱ) 감독(supervision)

ㄴ) 회사 정책 및 관리(company policy and administration)

ㄷ) 작업조건(working conditions)

ㄹ) 대인관계(interpersonal relations)

ㅁ) 상사와 부하(subordinate and superiors)

ㅂ) 작업안전(job security)

ㅅ) 임금(salary)

ㅇ) 개인생활(personal life)

이상과 같은 요소들 중에서 허즈버그는 첫째부터 차례로 다섯 가지 요소를 중요시 여겨 분석하였다.

3) 알더퍼의 ERG 이론

ERG이론은 알더퍼(C. P. Alderfer)는 인간의 욕구단계를 존재의 욕구(E: existance needs), 관계의 욕구(R: relatedness), 성장의 욕구(G: growth needs) 등 3가지 범주로 구분하고 그 내용은 다음과 같이 설명하였다.

(1) 존재의 욕구(E: existance needs)

존재의 욕구는 기아 · 갈증 · 안식처 등과 같은 욕구로 주로 매슬로우의 생리적 욕구와 안전의 욕구에 해당되며, 임금과 안전한 작업조건 등이 이에 속한다.

(2) 관계의 욕구(R: relatedness needs)

관계의 욕구는 조직에서 타인과의 대인관계와 관련되는 것으로 매슬로우의 사회적 욕구와 존경의 욕구가 이에 포함된다.

(3) 성장의 욕구(G: growth needs)

성장의 욕구는 개인의 성장을 위해 노력하고자 하는 욕구와 관련된 것으로 매슬로우의 자아실현의 욕구에 해당된다. 이는 개인의 능력개발과 창의력 발휘

그림 5-14 매슬로우의 이론과 알더퍼 이론의 관계

욕구 / 이론	低次욕구 ←	→	高次욕구
매슬로우	생리적 욕구, 물리적 측면의 안전욕구	대인관계 측면의 안전욕구, 사회적 욕구, 존경욕구	자아실현욕구
알더퍼	존 재(E)	관 계(R)	성 장(G)

등이 포함된다.

매슬로우 이론과 알더퍼의 이론을 비교하면 [그림 5-14]와 같다.

ERG 이론은 욕구의 계층이론과 공통된 점이 많다. 그러나 ERG 이론은 3가지 면에 있어서 매슬로우의 이론과 다르다.

첫째, 매슬로우의 욕구단계설은 저차적인 욕구가 만족될수록, 보다 고차적인 욕구로 진행해 간다는 이론에만 근거를 두고 있는 데 반해, ERG 이론은 이러한 접근법에 더하여 좌절-퇴행(frustration-regression)의 요소가 가미되어 있다.

둘째, 매슬로우의 이론과는 달리 한 가지 이상의 욕구가 동시에 작용할 수 있다.

셋째, ERG 이론은 보다 고차적 욕구가 행동에 영향력을 행사하기 전에 반드

그림 5-15 ERG 이론의 만족-진행과 좌절-퇴행

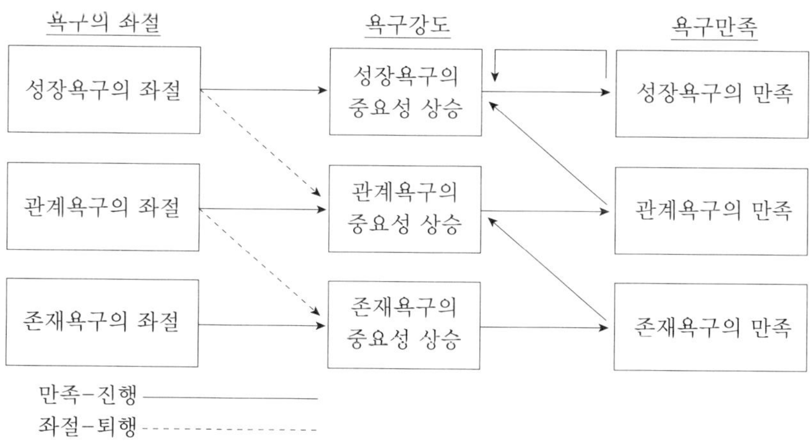

출처: Szilagyi, Andrew D. Jr. and Marce Jr. Wallace, Jr., *op. cit.*, p. 114.

시 저차적 욕구가 충족되어야 한다는 가정을 배제한다. 어떤 사람들은 성장배경이나 경험 때문에 존재욕구가 충족되지 않음에도 불구하고 관계욕구나 성장욕구를 충족하는 쪽으로 행동한다.

[그림 5-15]에서 보는 바와 같이 성장의 욕구를 추구하다가 이것이 좌절되면, 관계욕구의 중요성이 더해짐으로써 저차적 욕구가 중요한 동기로 작용한다는 것이다. 따라서 ERG 이론은 매슬로우의 이론을 더욱 보완해 주고 있다.

2. 동기의 과정이론

동기에 대한 과정이론(process theories of motivation)은 동기가 만들어지는 과정을 찾을 뿐만 아니라, 동기의 과정을 구성하는 변수들의 관계를 찾는 연구이다. 그런데 모티베이션의 과정이 너무 복잡하고 너무 순간적이기 때문에 정의하기 어렵다. 그러면 인간의 동기는 어떻게 일어나게 되는가, 이를 위하여 여기에서는 동기가 작용하는 과정(process)을 살펴보고자 한다. 이들 이론을 구체적으로 설명하면 기대이론(expectancy theory), 공정성이론(equity theory), 스킨너(B. F. Skinner)의 모티베이션 이론, 스미스(Smith)와 크래니(Cranny)의 모티베이션 모델이론 등으로 포괄적인 동기과정을 설명하고자 한다. 즉, 이들이 제시한 모형 중에, 브룸의 기대이론과 아담스의 공정성이론 등을 설명하려고 한다.

1) 브룸의 기대이론

브룸(Victor H. Vroom)의 기대이론(expectancy theory)에 의하면 동기는 근본적으로 힘(force)과 같은 것인데, 이는 기대(expectancy)와 유의성(valance)에서 얻어진다. 유의성과 기대 및 힘(동기)으로서 모티베이션 이론을 모델(model)화한 것이 기대이론이다.

브룸의 기대이론의 기본모형을 정립하면 첫째, 둘 또는 그 이상의 대안이 있을 때 사람들은 어떤 대안을 선택할 것인가? 둘째, 일단 하나의 대안이 선택된다면 사람들은 어느 정도의 동기의 힘을 가지고 그 대안을 추구할 것인가? 그리고 대안에 대한 매력은 한 대안을 선택한 후에 무엇이 발생할 것인가에 대한 기대(expectation)에 의해 결정된다.

그리고 선택된 대안은 결과를 초래할 가능성이 높을수록 대안의 매력은(attractiveness) 증가한다. 기대론은 여러 대안들 중에서 하나를 선택해야 할 때 사람들은 가장 매력적인 대안을 선택한다고 할 수 있다. 그리고 선택된 대안의 매력도가 클수록 그 대안을 추구하려는 동기의 힘이 커진다. 그리고 브룸의 기대론에서는 매력도를 힘(force)이라고 부른다.

이상과 같은 기대론의 기본적인 특징을 보면 대안 평가과정에서 다음과 같은 3가지 과정으로 설명 할 수 있다.

첫째, 만약 이 대안을 선택하게 된다면 성공할 수 있을까(이것은 기대감: expectancy perception 이다)?

둘째, 만약 성공한다면 어떤 결과를 얻을 수 있을까(이것은 수단성: instrumentality perception이다)?

셋째, 대안의 결과에 대한 가치는 어떠할까(이것은 유위성[valence perception]이다)?

(1) 기 대 감

기대 혹은 기대감(expectancy perception)이란 사람들의 행위 또는 노력이 성과를 가져올 것이라는 가능성이나 확률에 대한 확신을 말한다. 이는 목적달성을 위해 자신이 가지고 있는 능력과 가능성에 대해 인식하는 정도를 말한다. 즉 사람들의 노력은 성과를 달성할 것이라는 기대감에 의해 영향을 받는다.

그러므로 기대는 목표의 실체가 아니고 상황의 지각에 기초를 누고 있다. 예로서, 높은 성과의 시도가 높은 성과를 이끌어 낼 수 있는 확률은 낮고, 중간성과를 나타낼 확률은 높다. 그리고 중간 정도의 성과시도가 중간 정도의 성과를 나타낼 확률은 높고, 낮은 성과를 나타낼 확률은 낮게 기대할 수 있다.

예를 들어, 영업팀의 한 직원이 고객을 열심히 방문하면, 많이 팔 것이라고 예상하면, 더욱 열심히 노력하겠지만, 그렇지 않다면 노력하고자 하는 동기는 낮아진다. 이처럼 기대감은 성공했거나 실패한 경험과 자신감(self confidence) 등에 의해 영향을 받는다. 조직에서 종업원의 기대감을 높이고자 한다면 다음과 같은 사항을 고려해야 한다.

첫째, 수행해야 할 과업이 설정되면, 조직은 선발과정을 통해서 직무자격 요건과 일치되는 능력을 가진 종업원들을 선발하고, 기존의 종업원들은 교육을 통

그림 5-16 기대감에 대한 지각

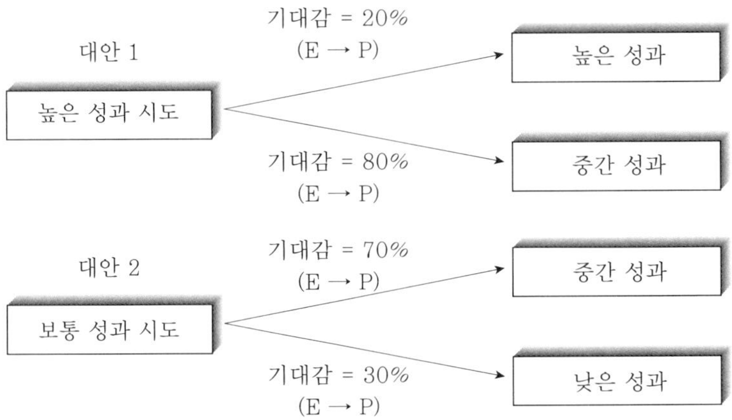

해 기대감을 강화시킬 수 있다.

둘째, 종업원들의 능력을 주어진 것으로 보고, 수행해야 할 과업을 명확하게 하는 것이다.

셋째, 신중한 배치와 성장정책에 의해 기대감이 강화될 수 있다.

이러한 방안들은 과업요건과 능력 사이의 일치성을 증대시킴으로써 기대감을 강화하고자 하는 것이다. 여기서, 종업원이 수행해야 할 과업과 성과수준을 인식하고 있다는 가정이 포함되어 있다. 이외도 목표설정과 같은 방안들도 종업원들의 기대감을 강화시키는 수단으로 작용할 수 있다. 그러므로 기대는 목표에 대한 실체가 아니고 상황적 지각(perception of situation)에 기초를 두고 있다고 할 수 있다. 이를 그림으로 살펴보면 [그림 5-16]과 같다.

(2) 수 단 성

수단성은(instrumentality perception) 성과 보상이나, 결과에 관계되는 주관적 확률이다. 성과는 직무자체와 관련된 것으로서, 직무성과와 매출액, 그리고 생산성 등이 포함된다. 그러나 성과나 성과달성 그 자체는 큰 의미가 없고, 다만 성과는 바람직한 보상을 획득하는 수단이 되기 때문에 중요하다.

예를 들어, 수단성은 제1의 수단결과와 제2의 수단결과가 관련되어 있으며, 제1의 수준결과는 생산성과 결근율 그리고 노동이동 등이다. 그리고 제2의 수단은 제1의 수단결과로 얻은 것으로서, 돈과 그리고 칭찬 등이다. 이는 첫째, 제2의 수단성은 돈, 승진 그리고 칭찬 등을 유도하고 사상(보상과 규칙)들을 포함한다.

둘째, 수단성(instrumentality perception)이다. 수단성은 제1수단 결과가 제2수준 결과와 관련이 있을 것이라는 개인의 지각을 뜻한다. 예로써 인간은 승진이라는 욕구로 인해 높은 성과를 올리려 하게 될 것이고 높은 성과라는 것은 승진을 위한 수단으로 지각될 것이다.

브룸은 수단이 제1수단의 결과 없이 제2수단의 결과를 획득한다는 지각표시를 -1에서, 제1수단의 결과가 제2수준 결과를 획득한다는 표시를 +1까지 가치범위를 취할 수 있다고 했다. 즉 수단성이란, 제1차 수단결과가 제2차 수단결과를 가져오게 되리라는 주관적인 확률치이다. [그림 5-17]에서 수단성을 기준으로 나타낸 것이다.

[그림 5-17]과 같이 높은 성과 시도와 중간 정도의 성과 시도는, 높은 성과에

그림 5-17 수단성

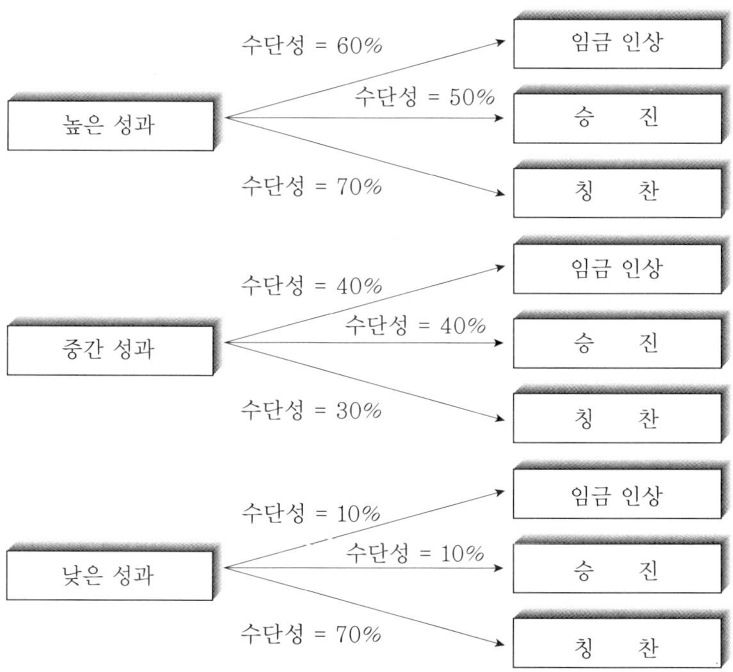

서부터 낮은 성과를 기대할 수 있는 것이다.

따라서 높은 성과가 임금상승을 유발할 수 있은 확률은 60%이고, 승진을 보장받을 수 있은 확률은 50%이고, 칭찬을 받을 확률은 70%라 하고, 중간 정도의 성과를 달성하게 되면 임금상승을 유발할 확률은 40%이고, 승진을 보장받을 수 있은 확률은 40%라고 하고, 칭찬을 받을 수 있는 확률은 20%라 한다.

그리고 마지막으로 낮은 성과를 올린다고 하면, 임금의 상승에 대한 확률은 10%이고, 승진을 보장받을 수 있는 확률은 10%이고, 칭찬을 받을 확률이 70%라고 한다면, 기대감이 특정행동을 수행하는 데 필요한 능력에 주로 매달리는 반면에 수단성은 행동의 결과 즉 성과에 의해 발생하는 보상에 달려있다.

그러므로 수단성을 강화하기 위해서는 바람직한 행동과 보상과 관련성을 강화시켜야 한다. 이는 바람직한 성과를 보였을 경우에는 보상을 제공하는 반면에, 바람직한 행동을 하지 않으면, 보상을 제공하지 않는 것을 의미한다. 이와 같이 조직에서는 경영정책과 인사 시스템을 통해 바람직한 성과와 보상의 연계를 잘 시켜야 한다.

(3) 유 의 성

유의성은(valence perception) 성과가 보상이나 결과에 연결될 수 있은 주관적 확률이다. 성과는 직무 그 자체에 관련되어 있기 때문에 성과 그 자체에는 크게 상관이 없다. 다만 성과가 보상을 가져온다는 수단이 되기 때문에 중요한 의미를 갖는다.

즉 성과가 직무와 관련되어 있는 생산성이나, 매출액증가와 같은 성과 달성은 개인에게는, 성과가 바람직한 보상을 획득하는 수단이 되기 때문에 개인에게는 덜 중요하다. 즉 개인에게는 생산성 향상이나, 매출액증가와 같은 것보다는 개인에는 임금이나, 승진이나 칭찬 등이 획득하려고 하는 수단으로서 의미가 더 크다고 할 수 있다.

즉 유의성이란 어떤 개인이 특정 결과에 대해 갖는 선호의 강도를 말한다. 예로써, 어띤 개인이 새로운 부서로 이동히기나, 일하기 쉬운 곳으로 배치 전환하는 것보다, 9% 임금증가를 더 선호할 수도 있다.

즉, 결과(outcome)를 선호할 때는 긍정적 유의성(+)을 가지며, 회피하거나, 싫어 할 때는 부정적 유의성(-)을 가진다. 그리고 개인이 결과를 획득할 때와 획득하지 않을 때의 차이가 없으면 0의 유의성을 가진다. 즉, 유의성이란 자극 · 태도 또는 기대효용이라고도 할 수 있다. 이러한 유의성의 개념은 제1, 제2수단결과에 적용된다. 예컨대 어떤 개인이 높은 성취(제1수단 결과)를 선호할 수 있다. 왜냐하면 그들은 이것으로 임금증가(제2수준 결과)를 가져올 것이라고 믿기 때문이다.

(4) 동기의 힘

브룸(Victor H. Vroom)의 기대이론(expectancy theory)은 동기는 기본적으로 힘(force)과 같은 것인데 이는 기대감(expectancy perception)과 유위성(valance perception)과 수단성(instrumentality perception)에 의해 얻어진다. 동기의 힘은 [그림 5-18]과 같이 동기의 힘은 기대감, 수단성 그리고 유위성의 곱의 합으로 하여 얻어진다. 그 공식은 다음과 같다.

$$\text{동기력(force)} = \sum\{\text{기대감} \times \sum(\text{수단성} \times \text{유위성})\}$$

예로써 어떤 공장에서 공장 확장공사를 책임지고 있는 공장관리자가 있다고 하자. 그 관리자는 제2수준 결과인 임금인상 · 승진 · 칭찬을 유발할 수 있는 성과를 생각할 수 있다. 결과로서, 브룸이 제시한 2가지 대안으로 설명 할 수 있다. 제1대안은 높은 성과를 시도하기 위해 기대감이 20%와 기대감이 80%이다. 그리고 제2대안은 높은 성과를 시도하기 위해서, 기대감이 70%와 기대감이 30%라고 가정하면 동기의 힘은 다음과 같다.

첫째, 높은 성과를 시도하기 위해서, 기대감이 20%와 80%인 경우이다. 그리고 이와 같은 상황에서 높은 성과 시도와 중간성과 시도를 예로 들어 설명하면 다음과 같다.

우선, 공사를 공기 전에 완공을 시도하기 위해, 높은 기대감이 20%이고, 중간성과를 가져올 기대감은 80%이다. 그러나 높은 성과를 연결해 주는 주관적인 확률(수단성)은 임금상승에 대한 수단성은 임금인상이 60%이고, 승진은 50%이고, 칭찬은 70%이다. 그리고 결과에 대한 개인의 만족감(유의수준)은 임금상승이 +.6이고, 승진은 +0.4이고, 칭찬은 −.5이다.

이상과 같은 수치로서, 동기의 힘(motivation force)을 공식(동기 힘=M{기대감×M(수단성×유의성)})으로 계산하면, 임금에 대한 동기의 힘(motivation force)은 .072이고, 승진은 0.42이며, 칭찬은 −.070이다.

그림 5-18 동기의 힘의 계산방법

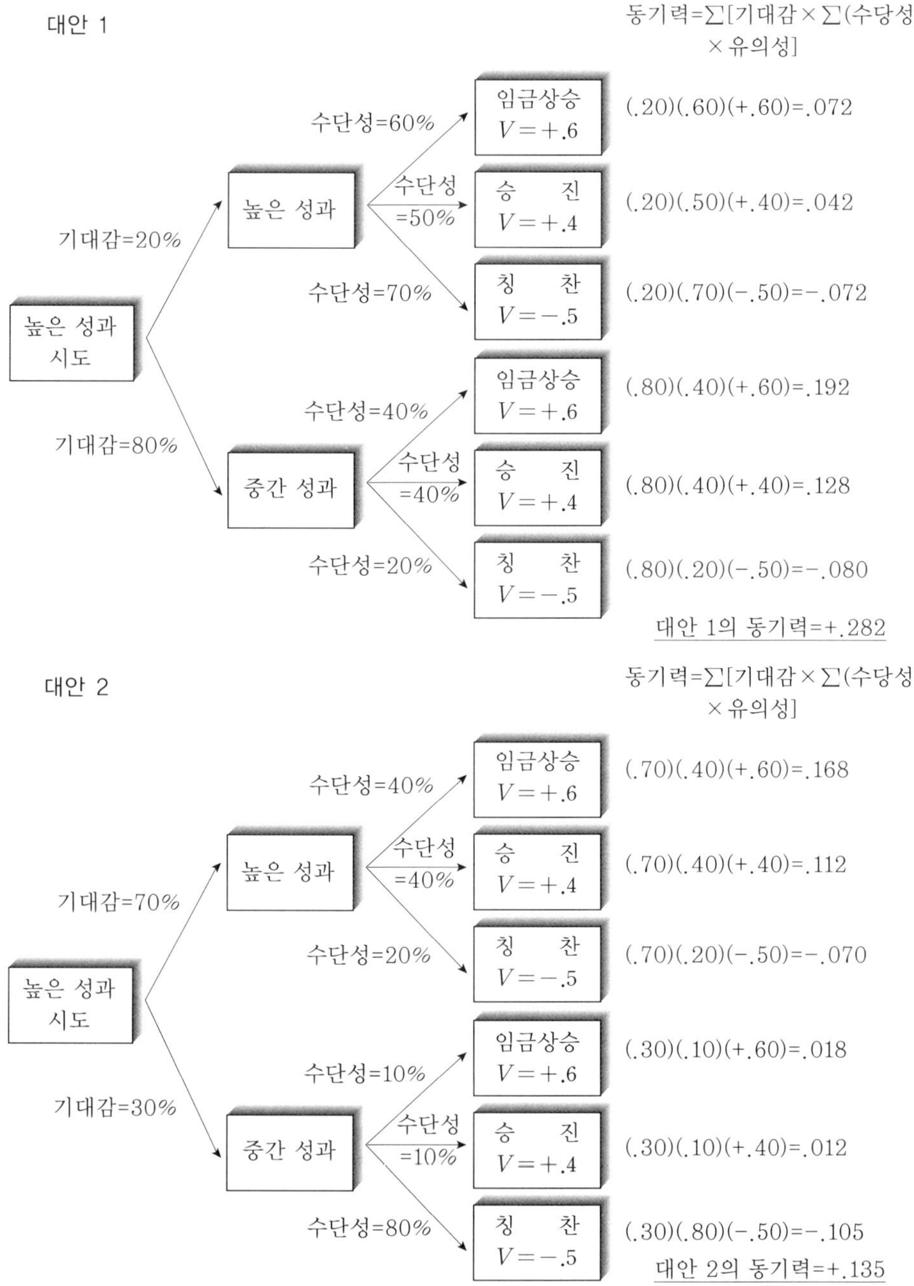

그리고 공기 전에 공사를 완공한다고 가정한다면, 높은 성과를 가져올 기대감이 70%이고, 중간성과를 가져올 확률이 30%이다. 그러나 높은 성과를 연결해 주는 주관적인 확률(수단성)인, 임금인상은 40%이고, 승진은 40%이고, 칭찬이 20%이다. 그리고 성과에 대한 만족감은 임금인상이 +.6이고, 승진이 +.4이고, 칭찬이 -.5이다. 이상과 같은 동기의 힘의 공식에 적용하면, 임금인상이 .192이고, 승진은 .128이고, 칭찬이 -.082이다.

둘째, 대안으로서 높은 성과를 시도하기 위해서 기대감이 70%와 30%인 경우이다. 이와 같은 상황에서 공기 전 단축을 시도하기 위해, 높은 성과와 중간성과를 들어 설명할 수 있다. 먼저 높은 성과를 달성할 수 있는 기대감이 70%와 중간성과를 달성할 수 있는 기대감은 30%인 경우이다.

높은 성과를 기대할 수 있는 개인의 주간적인 확률인(수단 성) 임금인상이 40%이고, 승진이 40%이고, 칭찬이 20%이다. 그리고 성과나 결과에 대한 만족감(도)은 임금인상이 +.6이고, 승진이 +.4이고, 칭찬이 -.5이다. 이상의 공식으로 동기의 힘을 계산하면, 임금인상이 .168이고, 승진이 .112이고, 칭찬이 -.070이다.

그리고 중간성과를 가질 수 있은 개인의 주간적인 확률은 10%이고, 승진이 10%이고, 칭찬이 10%이다. 그리고 결과에 대한 만족도는 임금인상이 +.6이고, 승진이 +.4이고, 칭찬이 -.5이다. 이상과 은 경우를 동기의 힘의 공식으로 계산하면 임금인상에 대한 동기의 힘은 .018이고, 승진은 .021이고, 칭찬은 -.5이다. 이상과 같이 일과 이 대안의 동기의 힘을 계산하면, 대안 1은 +.282이고, 대안 2는 +.135이다. 그러므로 합리적인 사람은 대안 1을 선택할 것이다.

2) 조직공정성

오늘날에서는 조직을 보는 관점이 개인적 측면으로 보는 관점보다는 사회적인 측면으로 보아야 한다는 주장이 강하게 대두되고 있다. 그러므로 어떤 사회나 조직이나 간에 정의실현을 위한 판단기준으로 공정성이 기준이 되고 있다. 이는 사회적으로 바르고(justice), 개인에게는 좋은(goodness) 것이라야 한다. 즉 사람들은 누구나 사회적인 관점으로서는 정의(justice)여야 하고, 조직이나 사회 구성원에게는 좋은(goodness) 것을 바란다.

사회정의(social justice)는 고대에서 현대까지, 철학적인 측면에서 중요한 사회의 주제가 될 만큼 사회전반에서도 정의 실현방법이 무엇인가에 대한 사회과학적인 거시적인 측면으로 추구되어 왔다. 그러나 오늘날에는 기업조직의 구성원의 개인적인 측면인 미시적인 접근으로 개인의 심리적인 측면에서 공정성(justice)이 중요 연구대상이 되고 있다. 공정성에 대한 개념을 사회정의로서 설명하면, 다음과 같은 세 가지 관점으로 살펴볼 수 있다.

첫째, 보편주의적 관점(universal perspective)으로 정의는 어떤 절차적인 양식과 분배적인 형태에 직면했을 때, 오늘의 성격과 사회적 상황에 무관하게 주어진 상황이 공정 또는 불공정하다는 동일한 도덕적 결론에 이르는 경양이 있다는 것을 가정하고, 평등주의(equalitarianism)에 입각하여 정의한 평등분배와 직접적인 관련에서 나온 원칙이다.

둘째, 상대주의적 관점(relativist perspective)으로서 정의(justice)는 상황에 의존한다는 가정하에, "이쪽의 진리가 저쪽에서는 진리가 아니다"라는 파스칼의 말에서 그 어원을 찾아볼 수 있다. 그리고 이는 고대 이래로 철학적인 전통으로부터 계속적으로 주장되어 왔으며 사회학에서 더욱 발전되었다.

셋째, 상호작용적 관점(interaction perspective)은 보편주의와 상대주의를 넘어선 개념으로 행위자가 위치한 사회적 상호작용시스템(social interaction system)의 구조로부터 정의 감정을 예측할 수 있고, 정의롭다고 경험된 것은, 행동하는 사람이 전혀 다른 상황에 처해도 정의롭다고 경험하는 것이 정의(justice)다. 즉 이것은 정의의 감정이 행동하는 사람의 사회적인 상황과 독립적이라는 사실을 의미한다.

(1) 공정성이론의 역사적인 관점

공정성이론을 역사적으로 보면, 사회정의적인 이론을 기초로 하여, 매우 다양하지만, 다음과 같은 세 가지로 볼 수 있다.

첫째, 아리스토텔레스와 같은 고전주의적 정의이론으로 정의는 하나의 특수한 도덕률이고, 국가의 후생적 측면에서 경제적 평등임을 주장하고, 이를 보장하기 위하여 분배적 정의(distributive justice)와 교정적 정의(corrective justice)로 구분하였다. 분배적 정의는 완전한 평등분배가 아니고, 공로나 생산성에 비례하여 나누는 것을 의미하고, 교정적 정의는 분배적 정의에 의해 분배된 결과, 불평등을 국가가 권력에 의해서 조정하는 것이다.

둘째, J. J. Rousseau & I. Kant 등은 정의를 사회계약론적인 개념으로, 계약론을 보다 높은 수준으로 이끌려는 시도에서 고전적 사회계약론을 재고찰할 수 있으며, 그 요체가 공정으로서 정의에 있다고 설명하였다. 이에 대해 루소(J. J. Rousseau)는 원초적인 위치(original position)를 주장하였다. 원초적인 위치란, 어떤 문제를 만장일치로 합의하는 데 있어서 모든 사람의 위치와 상황이 공정하게 된 상태를 말한다. 이는 모든 사람은 자유와 평등한 권리가 주어진 반면, 타인에게는 어떠한 제재를 가할 권리가 없다는 것을 말한다.

셋째, R. Nozick & J. Rawls 등은 정의이론을 비판하면서, 새로운 소유권적 정의론을 주장하였는데, 이는 정의의 원칙에서 소유물을 취득한 자는 소유권리가 있다는 재산취득에 의한 정의의 원칙과 그 다음 소유권이 있는 소유물을 취득한 자는 소유권리가 있다는 정의원칙과 마지막으로 앞의 두 원칙의 적용에 위배한 소유물은 소유권이 없다는 소유물의 부정의 교정원칙으로 구성되어 있으며, 분배에 있어서 정의를 소유권과 관련하여 고찰하였다.

(2) 조직공정성의 개념

조직공정성(organizational justice)은 1980년대 후반에 연구하기 시작하였는데, 연구의 중요한 관심은 사람들이 적절하지 못하다고 생각하는 보상 · 평가 · 승진의 결과에 대해 어떤 형태의 대응을 보일 것인가에 대한 관심이 집중되었다.

이에 대해 두 가지 공정성 개념을 설명하였는데 이를 보면 다음과 같다.

먼저, 분배공정성의 개념을 가지고 공정하게 대우를 받는 것이 무엇인가를 설명하였다. 다음, 절차공정성은 무엇에 의해 결정되며, 어떻게 결정되는가를 설명하였다. 그리고 조공정성이론을 분배공정성(distributive justice)과 절차공정성(procedural justice)의 두 가지 개념으로 분류할 수 있다.

첫째, 분배공정성은 아담스(J. S. Adams)의 1960년도 후반에 형평이론이 제시된 이후, 호만스(G. C. Homans)의 1965년의 분배정의 연구와 훼스팅거(L. A. Festinger)의 사회비교론과 인지부조화이론 등에서 형평론을 제시하였다.

분배공정성은 사람들이 타인의 투입과 산출의 비율을 비교한다는 주장한다. 그 투입과 산출이 다를 때, 불균형을 지각하게 되고, 그러면 개인은 형평을 이루려거나, 아니면 불균형을 줄이려는 동기를 가지게 될 것이고, 그때 동기의 강도의 지각은 지각된 불균형의 정도에 직접 비례하는 것이다. 비율이 같을 때, 형평상태(equity state)가 되고 만족하게 된다.

사람들이 보다 만족한 상태를 변화시키기 위해서는 자신이나 타인의 투입과 산출을 인지적으로 혹은 실질적으로 조정한다.

둘째, 절차공정성은 티바우터와 월커(J. Thibaut & K. Walker)는 절차공정성은 분쟁해결 과정에 대한 반응연구로부터 시작되었다. 이 이론은 두 가지 통제유형에 의한 가상의 분쟁절차에 대한 반응을 비교하였다.

하나는 과정통제(process control)로서 증거를 제시하고 변론을 벌이는 동안 행사할 수 있은 통제를 의미하며, 다른 하나는 결정통제(decision control)로서 이는 결과판정에 영향을 미칠 수 있는 통제를 의미한다. 최종적인 결정과 관련해서 과정통제는 간접적인 영향력을 행사하는 반면에 결정적인 통제는 직접적인 영향력행사와 관련되어 있다고 볼 수 있다.

그리고 레벤덜(G. S. Leventhal)은 결과나 과정에 대한 선호는 분쟁당사자들의 지배적 동기구조에 따라 다를 수 있다고 하였다. 즉 과정에 상관없이 결과만 좋으면 된다고 믿은 사람들은 결정통제를 선호하는 반면 결과야 어떻든 결정과정의 공정한 규칙을 중시하는 사람들은 과정통제에 더 선호하는 경향이 있다고 하였다. 그리고 레웅(K. Leung)은 문화에 따라서 선호하는 절차가 달라지는 경향이 있음을 주장하고, 개인주의가 팽배한 서양은 중재재판 절차가 선호되고, 집단주의와 화합주의가 팽배한 동양에서는 조금씩 양보하는 조정절차가 선호된다고 하였다.

(3) 아담스의 공정성이론(equity theory)

아담스(J. S. Adams)의 공정성이론(equity theory)은 일련의 사회비교론(social comparison theories) 중의 하나이다. 공정성이론의 핵심은 사람들의 행위가 타인들과의 관계에서 공정성을 유지하는 쪽으로 동기부여가 된다는 것이다. 즉, 공정성이란 개인이 다른 사람들에 비하여 얼마나 공정하게 대우를 받고 있는지를 얼마나 느끼느냐 하는 이론이다. 이 이론에서 사용되는 중요한 용어는 다음과 같다.

첫째, 인간(person)이다. 공정 · 불공정을 지각하는 개인을 말한다.

둘째, 투입(input)이나. 인간이 직무에 쏟는 개인의 특성이다(개빌된 기술 · 경험 · 학습 · 성 · 나이 · 인종 등).

셋째, 산출(output)이다. 인간이 직무에서 받는 보상이다(인정해 주는 것, 특별급여임금 등). 종업원이 그들의 투입(노력)에 대한 산출(보상)의 비율이 동일한 일을 하고 있는 다른 종업원들의 비율과 일치한다는 사실을 지각했을 때, 공정성이 존재한다. 그러나 이 비율이 불일치할 경우, 불공정이 존재한다.

즉, 종업원 자신이 인지한 투입에 대한 산출의 비율이 다른 종업원의 비율보다 더 크거나 작을 때 불공정성이 존재한다. 불공정성이 지각되면 공정성을 회복하기 위해서 긴장이 유발된다. 즉, 불공정성이 크면 클수록 긴장이 더 커진다.

그리고 불공정성의 원천과 긴장의 크기에 따라 행동과정은 달라질 수 있다. 예컨대, 사람들은 비교대상인 타인의 산출보다 낮다면, 자신의 산출을 증가시키려고 하며, 또 자신의 노력을 증가시키거나 감소시킴으로써 그들의 투입을 증가시키거나 감소시키려 한다.

그림 5-19 공정성이론

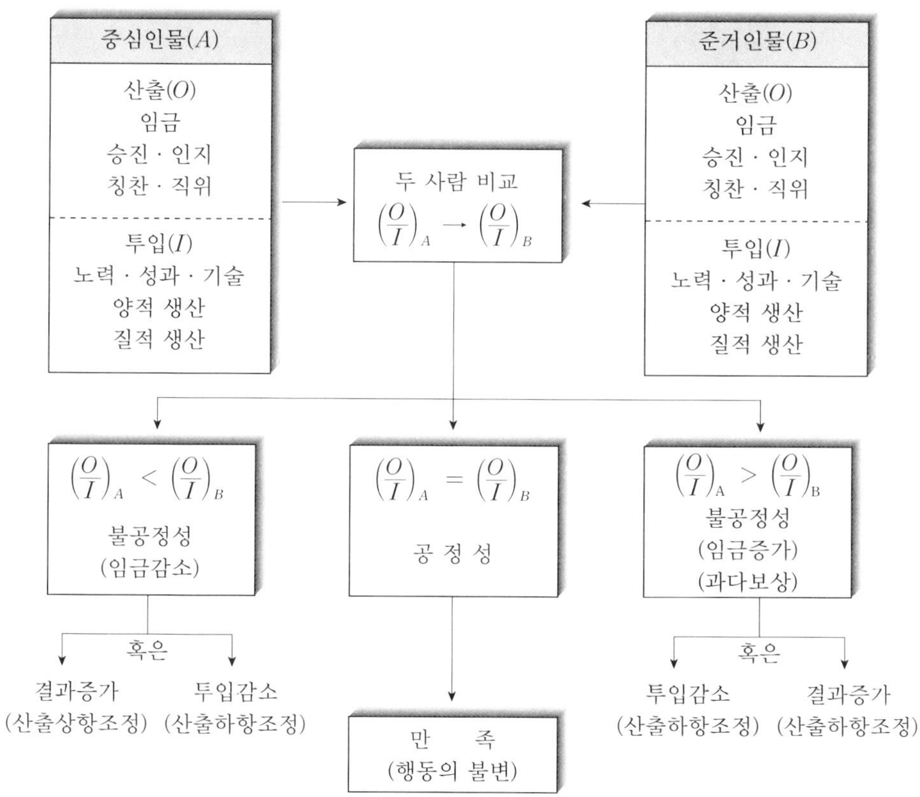

출처: Szilagyi, Andrew D. Jr. Marc J. Wallace. Jr., *op. cit.*, p. 121.

그러나 이러한 행동과정이 불가능하다면 그들의 지각이 강화되지 않도록 그 작업상황을 벗어나려고 한다. 그러므로 극단적인 행동과정은 그 직무를 그만두는 것이다. [그림 5-19]와 같이 모티베이션의 공정성이론을 설명한 것이다.

3) 스키너(Skinner)의 모티베이션 이론

스키너(B. F. Skinner)는 동기부여를 위한 수단으로서 긍정적 강화보상으로 행동변경(behavior modification)이 된다고 하였다. 긍정적 강화방법은 사람들의 작업환경을 적절히 설계하고, 그들의 성과를 칭찬함으로써 동기부여가 되고, 좋지 못한 성과에 벌을 줌으로써 부정적 결과가 초래된다고 주장하였다.

쥐를 상자 속에 넣어 벽에 지렛대와 전구를 달아 쥐가 지렛대를 누르면 먹이가 나오게 하였다. 쥐가 왔다 갔다 하면서 습관이 형성된다. 이때 지렛대는 조작적 조건형성이 되었다.

스키너(Skinner)는 이러한 조작적 조건형성(operant conditioning)에 관해 두 가지 형태가 있다고 설명한다.

그 하나는 보상적 조건(reward condition)인데 이것은 반응을 하면 물, 먹이 등의 긍정적(positive) 성질의 보수를 얻게 되는 경우이다. 그리고 또 하나는 도피 조건형성(escape conditioning)인데 이것은 반응을 하면, 전기충격이나 감금과 같은 나쁜 상태에서 피할 수 있는 조건형성이다. 그런데 조건형성에는 다음과 같은 여러 가지의 공통된 현상이 있게 된다.

(1) 강화(reinforcement)

위에서 본 바와 같이 조작적 조건형성에서 지렛대를 누르면 먹이가 나오므로 먹이는 지렛대라는 조건자극에 대하여 누른다는 반응을 더 자주 하게끔 하는 역할을 한다. 그러므로 먹이는 강화물이 된다. 먹이는 쥐의 배고픈 충동을 해소시켜 준다. 그러나 오늘날에는 충동을 완화시키지 않는 자극도 강화물이 될 수가 있음이 판명됨으로써 조건자극에 대해서 어떤 반응을 할 확률을 증가하는 것은 모두 강화라고 생각하게 되었다.

(2) 소거(extintion)

조건형성이 된 후 계속적인 강화가 없으면 그 조건형성은 사라지게 되는데,

이것을 소거라고 한다.

(3) 자발적 회복(spontaneous recovery)

이것은 일정한 시간이 경과한 후 소거된 조건형성이 회복되는 경우를 말한다. 따라서 소거는 조건형성을 파괴하는 것이 아니라 그것을 제지한 데 불과한 것으로 볼 수 있으며, 소거와 망각은 상이한 것이다.

(4) 이차강화(secondy reinforcement)

지렛대를 누르면 bell이 울리며 먹이가 나오게 하고 bell이 울리지 않으면 먹이가 나오지 않게 할 경우 bell소리가 지렛대 누르는 것을 강화하게 되는데, 이 경우의 bell을 의미한다.

4) 포터와 라울러의 모티베이션 모델(motivation model)

매슬로우, 허즈버그 및 브룸의 이론들은 새로운 모티베이션이론으로 널리 활용되고 있을 뿐만 아니라 심리학적 및 경영학적인 면에서 광범위하게 적용되고 있다. 인사관리의 측면에서 관리적 태도와 성취(manager attitude and performance)간에 발생하는 복잡한 관계에 대하여 포터(Porter)와 라울러(Lawler)는 [그림 5-20]과 같은 모델로 요약하여 제시하고 있다.

포터(Porter)와 라울러(Lawler)는 관리적 태도와 성취간의 복잡한 관계를 설명하기 위해 [그림 5-20]에서 보는 바와 같이 다변수적 모델(multivariable model)을 사용하고 있다. 그런데 이 모델은 만족과 성취간에 존재하는 정(+)의 상호관계를 가정하는 전통적 가설에 반론을 제기하고 있다. 특히 이 모델은 브룸(V. Vroom)의 모델과 유사한 모티베이션의 기대이론(expectancy theory)에 크게 의존하고 있음이 주목할 만한 점이다. 미래지향적인 기대이론(the future-oriented expectancy theory)는 반응결과관계(response -outcome connection)의 기대를 강조하고 있는 데 반해서, 과거지향적인 관습지향적 충동(habit oriented drive)이론은 자극반응관계(stimulus-responce connection)를 강조하고 있다. 기대이론에서는 합리성(rationality)과 기대(expectation)를 강조함으로써 관리적 능률에 영향을 주는 요인이 무엇인가를 우리에게 제시하고 있다.

경영자들은 일반적으로 일정한 유형에 속하는 기대에서 경영활동을 행하는

그림 5-20 포터(Porter)와 라울러(Lawler)의 모티베이션 모델

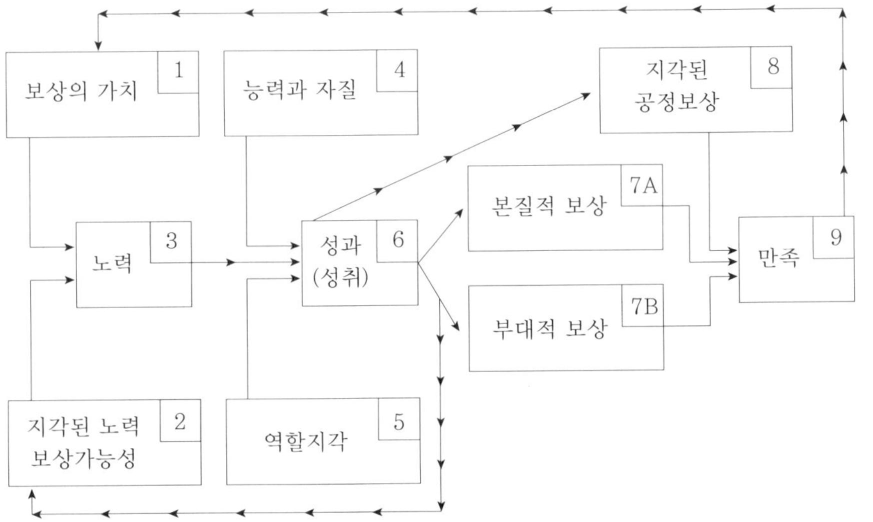

출처: Szilagyi, Andrew D. Jr. and Marc J. Wallace, Jr., *op. cit.*, p. 111.

것으로 생각되지만 기대는 과거의 경험을 따르고 있는 것으로 관습력의 개념으로 다룰 수 있는 성질의 것은 아니라고 본다. 기대는 미래지향적(foreward oriented)인 것으로 포터(Porter)와 라울러(Lawler)는 이와 같은 기대모델을 설명하기 위해서는 노력과 성취가 고려되어야 한다고 주장하고 있다.

(1) 노력(effort)

노력이란 종업원이 특정목적을 달성하기 위해 특정성취에 투입하는 에너지 양을 의미한다. 여기서 말하는 노력은 성취보다도 모티베이션의 의미를 내포하고 있다고 이해해야 하며, 동시에 노력의 양은 역시 보상의 가치(value of reward)와 이미 지각된 노력과 보상의 가능성(perceived effort and reward probability) 등의 상호작용에 의존하고 있는 것으로 이해하는 것이 타당하며, 보상가치는 그 가치가 유인과 보람성의 관점에서 측정되어 결정된다.

그런데 승진 · 봉급 · 인정과 칭찬(직무에 대한) 및 우정 등의 보상요인은 사람에 따라 상이한 가치를 나타내고 있다. 더욱이 종업원의 노력을 유인하기 위한 또 하나의 투입요인으로는 노력보상의 가능성에 대한 인식을 들 수가 있다. 종업

원들에게 상이한 보상은 상이한 노력의 투입량에 의존하고 있다는 가능성을 인식시키려는 것이다. 따라서 보상가치와 노력보상 가능성을 종업원이 인식한다는 것은 종업원의 최대노력을 유인하기 위한 중요한 요인이 된다고 하겠다.

(2) 성취(performance)

일반적으로 개인의 노력이 성취의 정도를 증대시키고 있다고 인식되고 있지만 노력과 성취간에는 자동적인 균형이 형성되는 것은 아니다. 노력과 성취간에는 불일치가 발생할 수 있으며, 이러한 불일치는 능력과 자질(ability and trait) 및 역할지각(role perception) 등에 의존한다는 점을 이해해야 한다. 특히 직무에 대한 개념화와 목표지향적인 노력 및 노력의 수준 등은 역할지각에 관계되는바, 이들은 효율적 성취에 불가결한 요인들이다. 따라서 종업원이 최대의 노력을 제공한다고 해도 개인자질과 능력이 없거나 역할지각이 강한 상태에서는 성취를 기대할 수 없다.

그러므로 이에 관하여 보상(reward)과 만족(staisfaction)을 중심으로 구체적으로 설명하고자 한다.

① 보상(reward)

포터(Porter)와 라울러(Lawler)는 그의 모델에서, 처음에는 단일보상 변수만을 채택하였으나 후에는 고정적인 것과 부대적인 것으로 분류하였다. 이 두 가지 보상변수 중에서도 고정적인 보상이 성취에 대한 만족태도를 보다 잘 나타내고 있다. 다시 말해서 지각된 정당보상은 성취와 만족(performance and satisfaction)간의 관계에 큰 영향을 준다.

② 만족(satisfaction)

만족은 실제로 개인이 기대했던 보상의 수준과 실제간의 균형 여부에 따라 결정된다. 정당보상을 상회하느냐 아니면 하회하느냐 또는 균형을 유지하느냐 아니면 일치하느냐에 따라서 결정된다는 의미이다. 실제로 보상이 초과하거나 또는 일치한다는 것을 개인이 지각할 때에는 불만을 느끼게 된다. 이와 같은 견해는 두 가지 관점에서 그 차이를 살펴볼 수 있다.

첫째, 이 모델에서 만족은 지각된 실제 보상에 따라 조직에서 일정수준의 성취를 적절히 이룩하였느냐의 여부는 개인지각의 정도에 의존한다고 할 수 있다.

둘째, 이 모델은 성취가 만족에 의존하는 것보다는 오히려 만족이 능률에 크게 의존하고 있다는 사실을 인정하고 있다. 만족은 성취에 대해서 간접적인 feesd-back경로를 통해서만 영향을 주게 되므로 이것은 전통적인 만족과 성취간의 관계를 구분하는 것과는 상이하다.

포터와 라울러는 성취에 영향을 주는 변수들은 당연히 성취와 관계를 맺고 있고, 동시에 성취에서 유발되는 변수들도 역시 전형적인 성취와 관계가 있다고 설명하고 있다. 이들의 분석에 의하면 성취가 만족을 야기시킨다는 데에는 이론이 없으며, 또한 기대의 태도와 중요성의 태도 및 성취간에는 상호관계가 존재한다는 것도 강조되고 있다.

이상에서 포터와 라울러의 모델은 브룸의 모델보다도 더 실용화될 수 있으며, 이 모델은 관리자들이 종업원의 노력과 성취를 보다 실용적으로 유도하기 위한 방법모색에 분석초점을 맞추고 있다. 그러나 이 모델은 복잡성이 개재되어 실용화에는 많은 어려움이 있다.

5) 스미스와 크래니의 모티베이션 모델

포터(Porter)의 모델과는 대조적으로 스미스(Smith)-크래니(Cranny) 모델은 노력 · 만족 · 보상간의 3각 관계로 간단하게 분석하였다. 아래 3각형에서 각 형에 있는 변수는 개별적으로나 전체적으로 다른 변수와 관계를 가지고 있다. 예를 들면, 봉급의 증대는 만족을 증대시키며, 만족된 노동자는 보다 많은 협력을 하게 된다.

그런데 포터의 모델과 마찬가지로 스미스 모델의 핵심은 노력(effort)이란 요인에 있는 것이다. 성과(performance)는 보상에 의해서도 아니고 만족에 의해서도 아닌 노력에 의해서만 영향을 받기 때문이다.

이와 같은 모델은 [그림 5-21]에서 제시하고 있다.

보상의 증대는 만족의 증대를 유발시키고, 만족한 상태의 종업원은 협력적인 노력을 제공하여 적정한 보상을 지급받게 된다는 것이다. 그런데 이 모델에서는 노력이라는 요인에 핵심을 두고 있다. 그 이유는 성과(performance)는 보상(rewards)이나 만족(satisfaction)에 의해서 절대적으로 이루어지는 것도 아니고, 다만 노력의 정도에 의해서 영향을 받기 때문이다. 성과(*p*)는 스미스와 크래니 모델의 심장부로서 보상(*r*)과 만족(*s*)에 영향을 미치고 있는데 그것은 노력(*e*)이나 의도(*i*)에 의해서만 영향을 받을 뿐이다.

그림 5-21 스미스-크래니의 모티베이션 모델

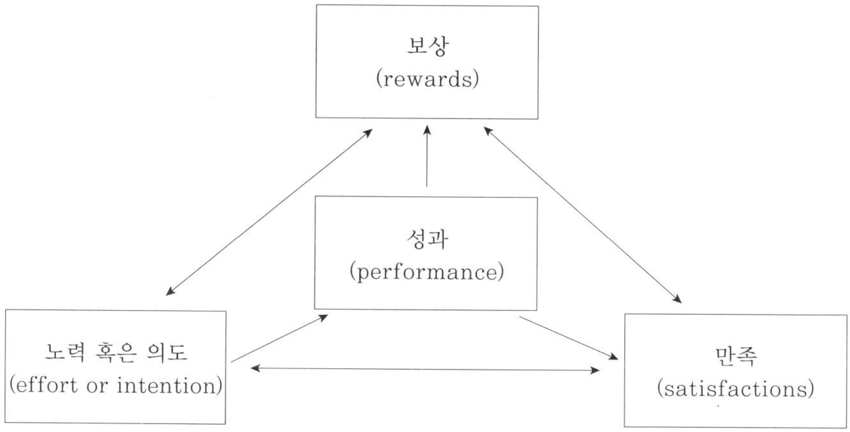

브룸과 포터, 라울러의 모델은 전문적인 기술용어를 사용함으로써 인적 자원 관리측면에서의 활용도가 낮다는 비판을 받고 있지만, 스미스와 크래니의 모델은 이러한 문제점은 없다고 하겠다. 스미스와 크래니의 모델에서는 보상을 관리하는 것이 경영자의 직무라고 주장하고 있지만 이는 분명히 성취에 직접적인 영향을 미치지 않는다는 점을 강조하고 있다. 또한 이 모델은 시스템적인 성격을 띠고 있기 때문에 노력과 만족 및 보상간의 상호관련성과 상호의존성을 중시하고 있다. 결국 성과에 영향을 미치는 요인은 보상이나 만족이 아니고 노력인 것이다. 따라서, 스미스와 크래니의 모델은 과업성과에 의도(intention)와 기대가 미치는 영향을 심리학적인 측면에서 다루었다는 점에서 높은 평가를 받고 있다.

스미스-크래니의 모델은 모티베이션 측면에서 제 변수와 그 유효성에 대해서는 설명을 하고 있으나, 예측과 문제해결을 위한 논리적인 목표개념에서는 부족한 점이 많다. 그래서 완성된 모티베이션의 이론을 제공하는 모델로서는 문제가 있기는 하다.

이 모델은 경영실무자들이 관련 제 변수와 그들의 상호관계에 관심을 갖게 하는 데는 유일하지만 어떠한 형태의 기술과 보상이 성취를 위해 최대의 노력을 제공할 수 있는 것인가에 대해서는 확고한 해답을 주지 못하였다. 그러나 이 모델은 인적자원관리에서 조직적 보상체계를 관리하는 데에는 경영자의 직무가 얼마나 중요한 것인가를 입증하고 있다.

제 3 장 집단행동 수준

기업의 종업원은 개인인 동시에 두 사람 이상이 모이게 되면 하나의 집단을 이루고 이 집단이 모여 조직을 만든다. 그러므로 개인적인 차원의 종업원과 조직적 차원의 종업원 양쪽을 이해해야 한다. 개인적 차원에는 개인적 욕구구조와 만족을 중심으로 한 심리적 차원이고 조직적 차원은 조직의 상호작용과 환경을 중심으로 하는 사회적 차원이다. 그런데 전자는 개인적인 욕구와 만족을 중심으로 한 심리적인 차원이고, 후자는 사회적 상호작용과 환경중심으로 연구되어야 한다.

제1절 집단행동의 의의와 분류방법

인간은 개개인이 떨어져 있을 때의 행동과 두 사람 이상이 모인 집단구성원으로서의 행동은 상이한 경우가 많다. 그러나 개인과 집단행동에는 여러 가지 복잡한 요소들이 작용하고 있어서 그들의 행동을 이해하고 바람직한 행동을 유도해 가기는 매우 어렵다. 집단행동을 이해하기 위하여 먼저 바람직한 집단행동의 의의와 그 분류방법을 살펴보고자 한다.

1. 집단의 의의

집단은 개인적 속성과 조직적 속성의 중간 형태를 취하고 있을 뿐만 아니라, 모든 조직의 기초를 이루고 있다. 구성원들은 조직체에서, 주어진 과업을 수행하는 과정에서 공식조직 구조와 부서간의 업무수행 그리고 위원회(committee)나

태스크 포스 팀(task force team) 등을 중심으로 상호간의 관계가 형성된다. 따라서 소집단들이 자연적으로 구성되어진다.

일반적으로 집단(group)을 공동목표(common goal)를 달성(accomplish)하기 위하여, 상호작용(interaction)하는 2인 이상의 사람들이라고 정의한다. 집단의 의미는 다음과 같은 특성을 갖고 있다.

첫째, 집단 내의 구성원들은 그들이 달성해야만 할 공동목표(common goal)를 가지고 있다. 즉 구성원들은 공동목표를 달성하기 위하여 상호접촉하는 사람들로서 공동목표를 강조한다. 예를 들면, 응급환자를 치료하기 위한 의사팀(emergency medical squad)은 사고로 인하여 생명이 희생되지 않도록 함께 일한다.

둘째, 구성원들간의 상호작용(interaction)으로부터 영향을 받게 된다. 즉, 집단구성원은 어떤 공통된 목표를 중심으로 구두나 서신 또는 직접적인 접촉을 통하여 상호작용하는 사람들로서, 상호의존관계를 갖고 있다.

셋째, 동기와 욕구만족(motivation and need satisfaction)이다. 구성원들은 욕구와 모티베이션을 만족시키려는 사람들로 구성된 모임이다.

넷째, 표준규범과 가치관(standard norms and values)이 있다. 집단은 일반적 동일성(identity)을 가지고 있다. 이와 같은 동일성은 구성원 상호간에 동조하는 규범과 가치관에 의해서 형성된다.

이상과 같이 소집단의 특징을 보면 소집단은 다음과 같은 조건을 갖출 때 소집단이라고 한다. 소집단의 성립조건으로 3가지 요인을 들 수 있다.

① 구성원들이 서로 얼굴을 마주하는 집단일 것,

② 동일 목표하에 일정기간 활동을 계속하는 집단일 것,

③ 서로 알고 서로 인정하는 집단일 것

이와 같은 특징을 가지면 소집단이라고 한다.

2. 집단의 분류방법

집단을 분류하는 절대적 기준은 없으나, 다만 어떠한 발생요건과 기준에 따라 여러 가지 형태의 집단으로 분류할 수 있을 것이다. 이러한 의미에 입각하여 집단을 분류하는 방법을 살펴보면 다음과 같다.

1) 집단규모에 따른 분류방법

(1) 소집단(small group)

소집단(small group)이란 구성원의 수가 적은 집단을 말한다. 그러나 어디서부터 소집단이라고 말할 수 있는가라는 것에 대한 일정한 기준이 있는 것은 아니다. 서퍼드(Clovis R. Shepherd)는 "20명보다는 적지만, 일반적으로 5명보다는 많다"라고 주장하였으며(Shepherd, Clovis R.),[42] 제임스(John James)는 5~6명 혹은 9명이라고 주장하였다(James, John, 1951).[43] 베럴슨(Bernard Berelson)은 소집단 크기의 상한계선을 규정하기는 힘들지만, 대략 15~20명 정도이며 더 이상 크게 되면 소집단(small group)의 성격을 잃게 되거나 아니면 더욱 적은 그룹(group)으로 세분(break up)되어진다라고 말했다(Berelson, Bernard & Steiner, Gary A., 1964).[44]

(2) 대 집 단

사회학(sociology)에 있어서는 대집단을 집단으로서 취급하는 것이 아니라 다른 관련성의 측면에서 연구하고 있다. 계급 · 계층 · 신분제도 또는 민족 등이 이에 해당된다.

2) 집단구조에 따른 분류방법

집단구성의 유형에 따라 공식적 집단(formal group)과 비공식적 집단(informal group)으로 분류할 수 있다.

① 공식적 집단(formal group)이다. 이 공식적 집단은 조직전체의 사명과 명백히 관련된 특정목적을 달성하기 위하여 과업(task)에 의해 만든 집단이다(Schein, Edgar H., 1965).[45]

② 비공식적 집단(informal group)이다. 비공식적 집단(informal group)은 공

42) Shepherd, Clovis R., *Small Groups*.

43) James, John, 1951, "A primary Study of the Size Determination in Small Group Interaction," *American Sociological Review*, 16, pp. 44-47.

44) Berelson, Bernard & Steiner, Gary A., 1964, *Human Behavior*, Harcourt: Brace & World, Inc., p. 325.

45) Schein, Edgar H., 1965, *Organizational Psychology*, Englewood Cliffs: Prentice-Hall, p. 68.

표 5-7 공식적 집단과 비공식적 집단

Ⅰ. 공식적 집단(formal group)	Ⅱ. 비공식적 집단(informal group)
(1) 자유롭지 못하다(structure)	(1) 자유롭다(loose)
(2) 견고하다(rigid)	(2) 유연성이 있다(flexible)
(3) 식별할 수 있다(defined)	(3) 식별되지 않는다(indefined)
(4) 지속적이다(durable)	(4) 일시적이다(spontaneous)

식적 조직(formal organization)에 의하여 정해진 구성원들의 배치나 상호관계를 기초로 하여 발생하는 경우가 많다.

3) 가입형식에 따른 분류방법

(1) 개방집단

한 집단이 사회적으로 개방집단이냐 아니냐 하는 것은 그 집단의 가입이 신분 · 지위 등에 따라 제한을 두고 있는지의 여부를 기준으로 구분할 수 있다.

(2) 폐쇄적 집단

사회적으로 폐쇄적인 집단은 회원가입에 있어서 어느 정도 집단을 유지하여야 한다는 명목으로 가입자 선정에 규정을 두어 일정한 자격자의 가입만을 허용하는 집단을 말한다.

4) 구성형태에 따른 분류방법

구성형태에 따른 분류방법은 기본적 구성조건을 기준으로 1차적 집단(primary group)과 2차적 집단(secondary group)으로 집단을 분류한다.

(1) 1차적 집단

1차적 집단(primary group)은 친근한 대면접촉(intimate face to face)에 의한 결합(association)이며(Paul, Harel, A. & Borgatta, E. F. & Bales, R. F., 1965)[46] 이며 한 구성원들이 상호 감정적으로 결합되어 있기 때문에 독특한 집단의 성격

46) Paul, Harel, A. & Borgatta, E. F. & Bales, R. F., 1965, *Small Group*, New York: Alfered A. Knopf, p. 15.

을 띠고 있다.

(2) 2차적 집단

2차적 집단이란 선택적으로 조직된 집단이며, 이것은 1차 집단을 통하여 욕구충족이 이상적으로 달성될 수 없음을 인식하게 될 때 발생하는 집단이다. 1차 집단과 2차 집단의 차이점은 다음과 같다.

표 5-8 1차적 집단과 2차적 집단

Ⅰ. 1차적 집단(primary group) (완전감정이입)	Ⅱ. 2차적 집단 (secondary group) (계약에 의한 개입)
(1) 직접적이다.	(1) 지적이다.
(2) 개인적이다.	(2) 이성적이다.
(3) 우연적이다.	(3) 계획적이다.
(4) 대면접촉적이다.	(4) 계약적이다.
(5) 관계성적이다.	(5) 합리적이다.
(6) 감정적이다.	(6) 공식적이다.

5) 집단목적에 따른 분류방법

집단을 어떤 특수한 목적의 유무에 따라 고찰해 볼 때 과업집단과 비과업집단으로 분류할 수 있다. 과업집단(task group)이란 단순한 협회(association)와는 다른 목적을 가지고 있는 집단이다.

① 서비스 제공을 목적으로 하는 서비스집단

② 경제를 목적으로 하는 경제집단이다. 예로써 주주집단과 같은 것이다.

③ 종교를 목적으로 하는 종교집단이다.

④ 보호를 목적으로 하는 보호집단이다. 예로써 군대 · 경찰 등이다.

6) 행동결정요인에 따른 분류방법

인간의 행동은 자연발생적 · 자율적으로 나타나는 것이 아니라, 각 개인의 성격구조에 따라 외적 요인에 의하여 강하게 조정받고 있는 것이다. 이를 기준으로 집단을 분류하면 자집단(we group)과 타집단(out group)으로 나눈다.

제 2 절 소집단의 기능

쉐인(Edgar H. Schein)은 소집단의 기능적 측면을 ① 집단에 대한 소속의 욕구충족, ② 주체성과 자기위신 개발, ③ 안전성과 개인능력의 증대, ④ 수행하여야 할 과업의 달성, ⑤ 직무의 단조로움 및 피로감의 제거 등을 제시하였다(Schein, Edgar H., 1970).[47]

그러나 여기에서는 주로 업무수행과 관련된 긍정적 기능만을 논하고자 한다. 따라서 이를 크게 ① 사회적 욕구충족, ② 태도변경 및 목표달성, ③ 사회적 촉진효과로 나누어 검토하고자 한다.

1. 사회적 욕구충족의 기능

인간은 친화의 욕구를 충족하기 위하여 집단을 형성하게 되므로 사회적 접촉의 기회가 없는 집단구성원들은 그들이 행하는 작업을 통하여 만족을 느끼지 못할 것이다.

불링(Burling)에 의하면 병원 잡역부의 경우, 그들에게 개별적으로 작업을 시키는 것보다 3-4인의 잡역부를 하나의 집단으로 하여 작업을 시켰을 때, 직무를 효과적으로 수행하였으며, 이직률은 감소하였다고 밝혔다.

2. 태도변경 및 목표달성 기능

집단은 그 구성원 개개인에게 바람직한 행동이나 태도에 대한 기준을 제시해 준다. 그리고 이러한 기준은 집단을 유지하고 긴장의 원천을 제거하는 동시에 협력을 증진시킨다.

이러한 태도는 2차 대전중에 군에서도 응집력이 있는 집단은 보다 효율적인

47) Schein, Edgar H., 1970, *Organizational Psychology*, Englewood Cliffs, p. 81.

전투를 하였다고 한다. 여기서 이러한 결과와 관련된 군인들의 태도는 국가에 충성심이나, 전쟁과 관련된 이해관계가 아니라 그들이 속하고 있는 집단에 대한 충성심에 의해 결정되었다는 연구결과도 있다.

레윈(Lewin)은 2차 대전 당시의 육류 품귀와 관련하여 육류에 대한 태도변경은 집단토의에 의한 방법이 가장 효율적이라고 하면서, 집단에 대한 태도변경을 긍정적인 측면에서 강조하였다(Lewin, K., 1958).[48]

내피어(Napier)와 젤센펠드(Gershenfeld)는 집단이 개인구성원에게 주는 영향을 다음과 같이 설명하였다.

① 집단에 대한 지식을 증가시킨다.

② 현실적인 소망수준을 가지게 한다.

③ 그들의 역할을 수행하고 있는 타 집단구성원의 능력에 대한 확신을 증가시킨다.

3. 사회적 촉진효과의 기능

알포트(Allport)는 모든 과제를 단독으로 수행하는 것보다 다수인이 수행하는 경우의 성과가 보다 높다고 하였다. 또한 이러한 현상은 동물세계에서도 나타난다고 주장하였다. 첸(Chen)의 개미집단연구 및 랄손(Larsson)의 쥐에 대한 연구에서도 타의 존재는 업무수행을 촉진시키는 것으로 나타났다(Hampton, D. R. & Summer, C. E. & Webber, R. A., 1973).[49] 그러나 그 후 이러한 결과에 반하는 연구결과도 제시되고 있다. 즉 타인의 존재는 그 사람의 충동이나 동기를 증가시키는데, 이는 때에 따라서 수행을 촉진시키기도 하고 저해시키기도 한다. 즉 단순한 과제는 충동수준의 증가로 촉진되나, 어렵고 복잡한 과제는 오히려 그 수행이 억제된다는 것이다(Zajonc, R. B., 1955).[50]

---

48) Lewin, K., 1958, *Group Decision & Social Change Readings in Social Psychology*, 3rd., Henry Holt, pp. 197-211.
49) Hampton, D. R. & Summer, C. E. & Webber, R. A., 1973, *Organizational Behavior and the Practice of Management*, Scott Foresman & Co., p. 215.
50) Zajonc, R. B., 1955, "Social Facilitation," *Science*, 149, pp. 269-274.

제 3 절 소집단 연구의 목적

현재 지구상에 살고 있는 인구는 약 50억 정도인데, 사회학자들은 한 사람이 5개 내지 6개 집단(group)에 속해 있다고 주장하고 있는 것을 미루어 보면, 소집단의 수는 200억 내지 250억 개 정도에 이른다고 추정할 수 있다.

한 사람이 5개 내지 6개 집단에 속함으로써 구성원의 수보다 집단의 수가 오히려 많다고 볼 수 있으므로 오늘날 소집단에 대한 연구가 한층 주목을 받게 되었다. 소집단에 대한 연구의 목적은 다음과 같다.

1. 실용주의적(practicalism) 목적

소집단을 실용주의적인 입장에서 연구하는 목적은 소집단을 관리적인 차원에서 어떻게 이용할 수 있을 것인가 하는 데 있다. 이를 위하여 소집단이 가지고 있는 집단의 기능을 정확하게 파악하는 것이다.

첫째, 긍정적인 측면에서 보면 ① 소집단은 사회적인 욕구를 충족시켜 작업자들의 생산성을 높인다. ② 소집단은 구성원의 태도변경 및 목표달성에 바람직한 방향을 제시한다. ③ 소집단은 타인의 존재가 과업수행을 촉진시키는 사회적 촉진효과를 가져온다.

둘째, 부정적 측면에서 보면 ① 주의 및 책임분산을 소집단이 한다. ② 소집단은 개인의 태도설정과 관련해서, 높은 생산성을 달성시키기도 하나 부정적인 영향을 미치는 수도 있다 ③ 소집단은 개인에게 집단의 행동양식이나 사고방식에 동조하도록 요구한다. ④ 위험지향적인 결정에 소집단이 영향을 준다.

2. 사회심리적(social psychological) 목적

크레크(Krech)와 크류트펠(Crutchfeld)은 집단을 상호간의 뚜렷한 심리적 관계를 유지하는 2인 이상의 사람들로서, 집단이 구성원들에 대해 타 집단구성원의 행위나 특성에 영향을 주기 위한 다소간의 직접적인 심리적 방법이 존재하기 때문에 사회심리적인 측면을 연구해야 한다고 주장하였다.

3. 사회학적(sociological) 목적

말퀴스(Marquis)가 집단의 문화적 분위기와 관련하여 설명한 것을 보면, 집단 내의 개인태도가 보수적이면 토의 후에 내린 결정은 더욱 보수적이 되나, 그렇지 않고 위험지향적인 태도일 경우에는 더욱 위험지향적인 결정이 나타나게 된다는 것이다. 이러한 위험이동의 경향에 대한 이유는 다음과 같이 3가지가 있다.

① 사회가 가지는 위험에 대한 가치가 있기 때문이다. 위험 추구자에 대한 높은 지위의 부여로 인하여 각 개인은 집단에서 타인보다 더 위험추구자로 간주되기를 바라며 심지어 위험감수자를 존경까지 하게 된다는 것이다.

② 책임분산 때문이다.

③ 위험추구자의 가치는 개인의 영향력 때문이다. 즉 집단토의에서 집단구성원들은 위험선호자를 더 가치 있다고 인식하기 때문에 위험선호자가 타 구성원들에게 보다 큰 영향력을 행사할 수 있다는 것이다.

제 4 절　소집단이 개인행동에 미치는 영향

인간은 집단의 다양한 규범과 압력에 반응한다. 즉 집단에 소속되어 있다는 것만으로 사람들은 혼자 떨어져 있을 때와는 다르게 행동하고 생각하게 되는데, 집단은 이러한 힘을 가지고 있다.

1. 동조행동

집단은 집단 내에서 합일화된 행동양식인 사고방식을 집단구성원들로 하여금 지니게 하며, 이에 이탈된 행동이나 사고는 집단의 목표달성에 이롭지 못하므로 집단으로부터 심리적으로 배제될 위험성이 따르기 때문에, 집단구성원들은 집단이 정한 표준을 수용하는 방향으로 압력을 받게 된다는 것을 알게 됨으로써 집단이 내세운 표준이나 규범(norm)을 수용하는 방향으로 행동하게 된다. 이와 같이 집단의 표준이나 규범은 집단구성원들에게 동조하지 않을 수 없게 하는 하나의 압력요인이 된다.

2. 사회적 촉진

알포트(F. H. Allport)는 단독으로 작업할 경우와 집단 내에서 작업할 경우를 비교하여 사회적 촉진을 연구하였다. 즉 "다른 사람의 존재는 개인의 에너지(energy)를 높이고 작업을 촉진시키거나 또는 사고를 저하시켜, 개인의 행동에 영향을 미치게 된다. 또한 알포트(Allport)가 수행한 몇 가지의 연구에서, 실험참가자들은 개별적으로 일을 하지만, 특정 지역에서 단 한 사람이 작업할 때보다는 다섯 사람이 어울려서 작업할 경우에 성과가 더 높았다는 것이 밝혀졌다(Freedman, J. L. & Freedman, D. O. & Carlsmith, J. M., 1981).[51]

제 5 절 한국인의 집단의식

한국인의 집단의식에 대해서는 학자들간에 많은 이론이 있다. 그렇다면 한국인의 집단의식은 어떠한가? 한국 사람의 집단의식을 말하기를 "가족주의다, 공

51) Freedman, J. L. & Freedman, D. O. & Carlsmith, J. M., 1981, *Social Psychology*, 4th ed., Englewood Cliffs: Prentice-Hall, Inc., p. 555.

동체지향 의식주의다, 역할헌신주의적이다, 권위주의다, 사대사상주의다, 입신출세주의다, 의리의식주의다, 관직사유사상주의다, 형식주의다, 세도의식주의다, 온정주의다, 체면의식주의이다"라고 주장하나 이 중에서 집단의식을 가장 뚜렷이 나타내는 것은 공동체지향의식과 가족주의 · 역할헌신주의라고 할 수 있다. 이들에 대하여 설명하면 다음과 같다.

1. 공동체지향, 의식주의

한국인의 사회는 "끈"의 사회이고 서구의 사회는 "버튼"(Button, 단추)의 사회라고 비교하는 학자도 흔히 있다(이어령, 1983).[52] 즉, 한국인의 사회는 "줄"(a line)의 사회로서 줄을 잘 잡아야 된다고 생각한다. "끈"은 한국문화를 상징한다고 보고 있다. 옷고름에서부터 갓끈, 대님, 늘인 머리카락과 댕기, 그리고 주머니끈이며, 모든 장식물이 끈으로 되어 있고 허리띠를 허리끈으로 부르기도 한다.

버튼(button)사회인 서구사회는 독립적이고, 수평적인 것이며, 1대 1의 관계이다. 그런데 버튼(button)은 "채우다"라고 하며, 끈은 "맺다"라고 한다. 우리는 "끈"과 "끈"이 서로 매어져 하나가 되면 선으로 보인다. 대체로 맺는다는 것은 나를 상대방에게 그냥 내맡기고 "너"와 "나"를 합일화시키는 것이다.

2. 가족주의

한국인의 집단의식의 특징이라고 할 수 있는 것이 가족주의(familism)이다. 가족주의는 집단구성원이 독립된 개인이기에 앞서 가족의 일원이 되는 것을 요구하고 구성원은 가족에 매몰되어 어디까지나 집단의 구성단위로서 가족이 중시되는 경우 또는 가족 내부뿐만 아니라 집단까지도 가족의 구성원리가 침투되어 있는 경우를 말한다.

서구인의 일생은 가족에서 시작하여 양로원에서 끝나는 것과는 달리, 한국인의 인생은 가족으로부터 시작하여 가족으로 끝난다. 한국인의 집단의식 속에 가

52) 이어령, 1983, 「흙 속에 저 바람 속에-이것이 한국이다」, 범서출판사, pp.107-110.

족주의의 형성이유는 역사적 · 제도적 이유와 문화적 · 종교적 이유를 들 수 있다.

1) 역사적 · 제도적 이유

우리 민족은 농경민족으로서, 유목민족과는 그 근본부터 상이한 점이 많다. 유목민들은 한 곳에 정착하지 않고 항상 방황하기 때문에 힘없고 나이 많은 사람은 쓸모가 없다는 생각으로 능력주의가 생기게 되었으나, 이에 반하여, 농경민족은 한 곳에 정착하여 농사를 짓기 때문에 항상 자연과 더불어 생활을 해 왔으며, 과거 경험이 많은 원로를 필요로 했다. 또 자연과 더불어 생활하기 때문에 많은 사람들이 서로 협력하지 않으면 생활할 수 없고 가족 전체의 노력이 필요하여 가족의 규모도 더욱 크게 되었다고 말할 수 있다.

자위자강의 필요에 따라 일가들이 단체를 결성하여, 세력을 키우는 것은 고려 말 왕조들로부터 장려되어, 고려 말 때의 씨족명성이 높은 성씨로서 유·최·김·이 등이 이런 성질을 잘 전하는 것이다(김두헌, 1982).[53]

이상과 같이, 한국가족기업은 역사적인 사회제도를 바탕으로 발생되었으며, 이 외에도 족징이나 친족간의 죄율에서도 찾아볼 수 있다. 이를 살펴보면 다음과 같다.

(1) 족징(族徵)

이는 이조 말에 있었던 것으로, 어떤 사람이 무슨 일로 죄를 짓게 되면 문중이 이에 연좌(일가의 범죄에 관련되어서 처벌당함)당했고, 문중에 어떤 사람이 높은 관리의 벼슬을 얻게 되었을 경우 이에 따라 문중들이 관직에 오르는 예가 많았다. 특히, 양반 귀족에 있어서 일문 중에 높은 관리가 있으면 그에 의하여 벼슬과 관직을 얻고, 관직을 얻지 못하면 기식하는 폐풍이 아주 심하였다(김두헌, 1982).[54] 족징이라고 하면, 즉 공사를 불문하고 그 채무를 친척에서 징수하였으므로 이에 대한 폐해는 또한 적지 않았다.

(2) 친족간의 죄율

이조사회의 제 법률은 대체로 명률(明律)에 준하고 있었던 것은 더 말할 것도

53) 김두헌, 1982, “한국가족제도연구,” 전게서, p. 92.
54) 김두헌, 전게서, p. 101.

없거니와 또한 조선 특유의 사정에 의하여 중국의 그것과는 다르지 않을 수 없다. 그 특이한 법규는 「경국대전」을 비롯하여 이조 제 법전이 전하는 바인데 역조비국(歷朝備局)에 있어서 범죄자를 대할 때마다 법전을 연구하여 이를 비교하고 처단 실시를 법전에 옮겼던 것이다. 이와 같은 이유에 의하여 가족기업의 발생을 살펴볼 수 있다(김두헌, 1982).[55]

2) 문화적 · 종교적 이유

인간의 인격형성에 문화적 요소가 중요하다는 것은 인류학이 입증하고 있으므로 재론할 여지가 없다. 동양의 인간가치형성은 서양의 인간가치형성과는 차이가 있다. 이러한 차이를 이해하기 위해서는 동·서양의 종교와 사상적인 배경을 검토하지 않으면 안 된다. 요컨대 서양은 기독교적 중심의 사회문화이고 동양은 유교 · 불교 · 도교 중에 특히 유교중심의 문화라고 말할 수 있다.

(1) 기독교적 사회윤리

서양은 기독교적 문화사회이다. 기독교에서는 신에 대한 믿음에 비하여 유교는 현세 중심의 국가에 대한 믿음이고 또한 기독교는 개인주의적이며, 그 윤리의 중심점은 신과 인간인 데 비하여 유교는 전체주의적이며, 그 이론은 사회와 인간 혹은 국가와 인간, 환언하면 개인적 이익을 전체의 안녕에 종속시켜야 한다는 생각이다. 그러나 기독교적 윤리를 밑바탕으로 한 사회원리는 주로 자연법을 기반으로 했고, 그것을 체계화하면 [그림 5-22]와 같이 나타낼 수 있다.

(2) 유교적 사회윤리

동양사상의 주축을 이루고 있는 불교는 「무아」에서, 도교는 「천명」에서 각각 그 구심점을 찾았다. 그 중에서도 특히, 유교는 오래전부터 뿌리 깊게 우리나라 사회에 토착되었다. 유교적 사회원리와 사회문화적 중심체계를 보면 [그림 5-23]으로 나타낼 수 있다.

이와 같은 사회에 있어서는 「너」와 「나」라는 사고가 희박하고 「우리 가정」, 「우리 국가」라는 사고가 지배적이다. 예로써 우리나라 기업가들은 자본과 경영을 분리시키는 데 선뜻 응하지 않고, 자신의 2세에게 동일한 경영형태로 넘겨주려

55) 김두헌, 전게서, p. 193.

그림 5-22 서양의 기독교적 윤리와 민주적 관리모델

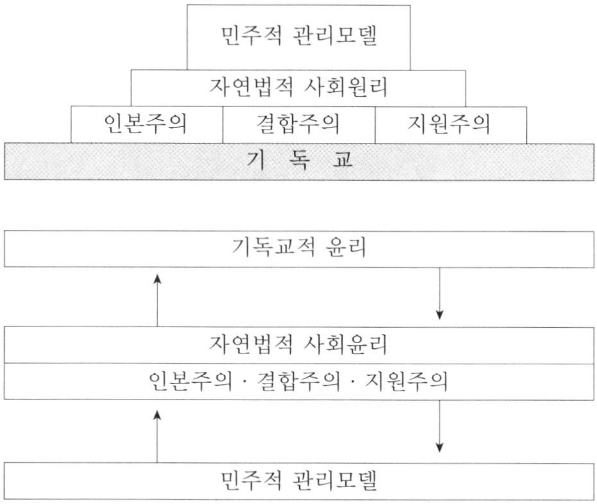

그림 5-23 동양의 유교적 윤리와 가부장적 관리모델

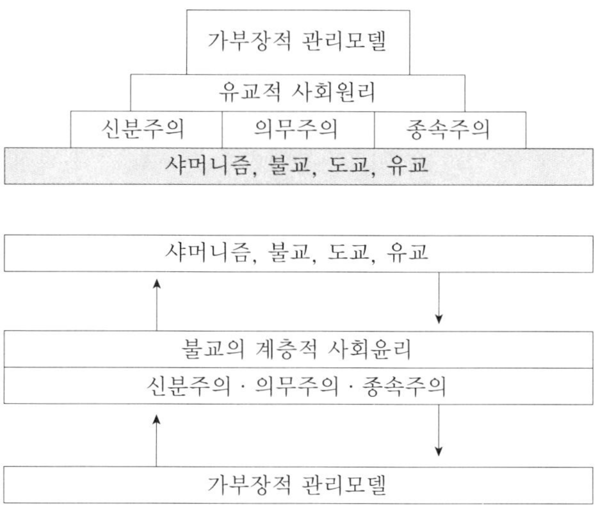

고 온갖 노력을 다 하고 있다. 대부분의 재벌기업들은 이미 2세에게 경영권을 넘겨주어 혈연으로 얽힌 족벌기업으로 만들었으며, 2세에게 아직까지 힘의 전환을 시키지 못한 기업들은 2세들에게 훈련을 시키고 있는 중이다. 몇몇 기업을 제외하고는 전부가 혈연에 의하여 경영권이 이양되고 있는 것이 다른 나라에서는 보기 드문 우리나라 재벌들의 특징이라고 할 수 있다. 이상과 같은 것으로 보아 유교적인 문화제도가 혈연기업을 성장하게 하였다고 할 수 있을 것이다.

3) 한국가족의 특성

우리나라의 가족개념은 구미의 Family와는 상이한 뜻을 내포하고 있는데 그 차이점은 다음과 같다.

첫째, 우리나라의 가족은 주로 혈연관계에 중점을 둔 집단(group)을 말한다. 즉, 가족구성원의 범위가 서양의 가족구성원보다 훨씬 광범위하다.

둘째, 가족구성원들이 느끼는 집에 대한 의식이 서양 사람들에 비하여 훨씬 강하고 광범위하다.

셋째, 서양 사람들에게는 우리의 경우처럼 종가, 큰집, 작은집 등의 개념이 없거나 극히 약하지만 우리나라는 강하다.

넷째, 우리나라 가족구성원들의 독립적인 태도는 서양에 비하여 극히 강하다.

다섯째, 우리나라 가족은 서열의식이 강하다. 즉 아버지, 어머니, 장남, 차남 등의 종적인 서열의식이 뿌리깊이 유지되고 있다. 연령이 서열의 기준이 되고 있는 것이다.

여섯째, 우리나라 가족은 가부장 중심제라는 점이다. 특히 사회집단의 특성면에서 보면, 한국은 혈연이 강하나 일본에서는 자격과 장이 일치해서 하나의 사회집단을 구성하고 있다. 「場」이라는 것은 일정한 지역이라든지 소속기관 등과 같은 것이다.

산업계의 예를 들면, 자격이란 선반공과 같은 것을 말하며, 「場」이란 모회사와 같은 것을 말한다. 즉, 교수 · 학생 · 사무원이라는 것은 자격이고, 모 대학은 「場」이다. 그런데 자격과 「場」은 사회에 따라서 어느 한쪽의 기능이 우선하거나 양자가 서로 필적하는 기능을 가지고 있는 경우가 있다. 일본의 집단의식은 「場」을 중요시하고 있기 때문에 보편적인 집 「家」의 개념이 더욱 강하게 작용하고 있다.

그 예로서 일본은 따로 사는 형제보다 같이 사는 며느리의 존재가 더 중요하다. 이것은 혈연보다 「場」을 더 중요시하기 때문이다. 또한 전혀 혈연관계가 없는 타인을 후계자 내지 상속자로서 맞이하는 것도 혈연보다 「場」이 강하기 때문이다. 그 때문에 일본 산업사회의 종업원들이 조직에 대하여 충성을 하게 되는 것이다. 한국의 집단의식은 혈연을 「場」보다 중요시하고 있다.

사회문화의 정도가 낮은 사회에서는 친족제도가 구조적으로나 기능적으로 중요한 위치를 점하고 있다. 이러한 사회의 친족제도에 관한 지식은 친족제도나 가족제도 그 자체뿐만 아니라 사회체계 전체와 그 체계 내의 다른 측면, 즉 가족경영주의를 이해하기 위해서도 불가피한 것이다.

집단의식을 과학적으로 연구하기 위해서는 사회의 친족제도를 체계적으로 분석하지 않으면 안 된다. 즉, 친족제도는 사회체계 내의 하나의 구성요소로서, 사회체계 내의 다른 구성요소와의 관계를 파악하는 분석적 방법에 의해서 연구되어야 한다.

3. 역할헌신주의

한국인의 집단의식으로서 역할헌신주의(role dedicatism)를 들 수 있다. 한국인은 "내"가 "우리" 속에 매몰된 "끈"의 유대관계를 맺고 있어 "내"가 "나"를 결단하는 독립적인 실존의식을 찾지 못하여, "내"가 "나"를 어떻게 생각하느냐? 하는 것보다 "남"이 "나"를 어떻게 생각하는가에 더 많은 관심을 기울이며 살아 왔다.

한국인의 허례허식, 의타적인 태도, 남 앞에 나서기를 꺼려하는 것, 그러면서도 남에 대한 비판하기를 좋아하는 것은 모두 자아의식과 개인의식이 박약한 데서 비롯된 현상이다. 이와 같은 상황하에서, 개인은 뚜렷한 자아의 존재를 인정하지 않고, 자신을 목적으로 하지 않으며, 가족 또는 공동사회의 구성원으로서 개인에게 부여되는 독특한 책임을 강조한다.

그리고 역할과 역할수행자가 완전히 하나가 된 상태를 "무당"의 경지라고 볼 수 있는데, 서구사회에서는 지금까지 역할과 역할수행자간의 거리를 적당히 유지하면서 역할성과를 최대한으로 증진시키는 것을 정상적인 역할현상으로 간주해 왔으며, 지나치게 역할에 몰입하는 현상은 비정상적인 의식상태로 여겨져 왔다.

그러나 동양사회는 주어진 역할에 최선을 다하여 헌신하는 문화적 속성을 지니고 있으며, 이러한 역할헌신 행위는 사회적으로 바람직한 것인 동시에 역할성과를 극대화시킬 수 있다고 믿어왔다. 한국인은 "신들린 것" 같은 역할수행이 역할성과를 높이고 있는 것으로 밝혀졌다. 한국인도 주어진 역할에 최선을 다하여 헌신하는 속성을 지니고 있는 "신들린 것" 같은 역할에 대한 헌신행위가 성과를 높인다고 한다.

이상 논의한 바와 같이, 한국인의 집단의식인 전통문화의 장점을 살려나가면 성과에 대한 전망은 매우 밝다고 말할 수 있다.[56]

제 6 절 일본인의 집단의식

일본인의 집단의식을 논할 경우에 첫째로, 유럽을 주 대상으로 한 연구로부터 얻어진 이론모델을 적용하여, 일본의 제 현상을 정리하고 설명하며 둘째, 일본 이외에서는 볼 수 없다고 생각되는 여러 현상을 특색적으로 추출하여 이들을 논함으로써 일본인의 집단의식을 파악할 수 있다. 일본인의 사회집단의식의 특징을 보면 다음과 같다.

1. 전체를 위한 개인의 인식

서양인의 생각에 따른다면, 시회집단 의식에는 마치 유크리드 기하학의 공리처럼 "부분의 화는 전체이다"라는 명백한 원리가 성립되고, 그것이 사람들의 합의로 되어 있는 데 반해서, 일본인의 경우에는 아무래도 그렇지 않고, "전체는 부분의 화 이상의 무엇이다"라는 생각 또는 수용방식이 언제나 이루어지고 있는 것으로 생각된다.

서양의 과학 · 철학에서는 전체를 이해함에 있어, 먼저 그것을 분석하고, 분해를 해 보면 반드시 사물의 진실은 판명된다고 생각하는 경향이 있다. 희랍의 유크리드 기하학으로부터 근내의 해석학이나 자연과학에 이르기까지 모두가 그

56) Park, Joo-Seoung & Dastoor, B. R. & Balloun, J. & Sunghawan, J. & Sosa-Fey, J., 2004, Cultural Shifts in Asia-Pacific and India: 1980-2000. Human Resource Development in Asia: Harmony and Partership, *Academy of Human Resource Development*, pp. 157-163.

러하다.

경영학에 있어서도 테일러(Taylor)의 과학적 관리는 인간의 노동 작업을 미세한 동작이라는 부분으로 분석해 보고자 한 방식이다. 이처럼 사물을 무엇이든지 요소로 나누어 본다는 것은 "부분의 화는 전체"라고 생각하는 것과 밀접한 관계가 있다. 따라서 일본인은 자질구레한 부분보다는 "전체 그 자체"에 깊은 진리가 있다고 본다. 전체를 이해하는 것은 서양식으로 분해하는 것이 아니라, 체험을 통해 직접 전체에 참가한다는 방식이다.

일본인은 전통적으로 개인의 업적을 넘어서서 단번에 덩어리로서의 가치나 의미를 중요시한다는 것을 알 수 있다. 이것은 일상생활에서도 흔히 알 수 있는 것과 같이, 초밥집이나 술집의 계산서에서도 주인에게 한 가지의 값을 묻지 않는다.

2. 장(場)에 의한 집단의 특성

특정 개인으로 구성된 사회집단의 구성요인을 극히 추상적으로 파악하면, 두 가지 다른 원리인 "자격"과 "場"으로 설명할 수 있다. 집단구성원의 제1조건은 개인의 자격 공통성과 "場"의 공유에 의한 것이다. 여기서 자격이라고 부르는 것은 보통 사용되고 있는 의미보다 훨씬 넓게, 사회적 개인의 일정한 질을 나타내는 것이다.

예로써, 성씨와 같이 태어나면서부터 개인에게 갖추어지는 것도 있고, 학력 · 지위 · 직업 등과 같이 생후에 개인이 획득하는 것도 있다. 또한 경제적으로 보면 자본가 · 노동자 · 지주 · 소작인 등도 각각 자격의 종류가 되며, 남 · 여 · 노 · 소 등도 여기서 말하는 일정한 자격이다. 이에 대하여 "場"에 의한다는 것은 일정한 지역이라든지 소속기관 등과 같이 자격의 상이를 묻지 않고, 일정한 개인이 집단을 구성하고 있는 경우를 가리킨다. 예를 들면, 무슨 부락의 구성원(무슨 동에 있는 사람)이라는 것으로서, 산업사회에서의 선반공이란 자격이고 모회사의 사원이라는 것은 "場"이나. 마찬가지로 교수 · 학생이란 자격이고 모 대학은 "場"이라 할 수 있다.

어떤 사회의 개인은 자격과 "場"에 의해 사회집단 또는 사회계층 속에 속해 있다. 이 양자가 완전히 일치해서 하나의 사회집단을 구성하는 경우가 없지는 않지만 대체로 양자는 교차하여 각각 두 가지의 다른 집단을 구성하고 있다.

그런데 사회에 따라 자격과 "場"은 어느 한쪽의 기능이 우선하거나 양자가 서로 필적하는 경우가 있다. 이것은 사회 사람들의 사회적 인식에 의해서 가치관과 밀접한 상호관계를 가지고 있다. 그리고 이를 바탕으로 그 사회의 구조를 단적으로 볼 수 있다. 일본인의 집단의식은 "場"을 중시하며, 인도에서는 반대로 "자격"을 중시한다. 일본인의 가치관은 자기가 속한 직장 · 회사 · 관청 · 학교 등을 안(內), 상대를 댁(宅) 등으로 표현한다. 그리고 일본사회에서 뿌리 깊게 잔재하고 있는 특수한 집단인식의 양상은 전통적이며, 일본사회의 방방곡곡에 침투되어 있는 보편적인 집의 개념에 명백히 나타나고 있다.

3. 종적 조직에 의한 서열의 발달 특성

일본 사회의 특성인 "場"을 공통으로 하여 구성된 집단은 "틀"에 의해 닫혀진 세계를 형성하고, 구성원의 감정적 · 전면적인 참가에 의하여 일체감이 조성되고, 집단으로서의 강한 기능을 가지게 되는 것이다. 이론적으로 인간관계를 형성하는 방식에 따라 분류하면 종(vertical)과 횡(horizontal)의 관계가 된다. 예컨대 전자는 친자(부모와 자녀)관계이고, 후자는 형제자매관계이다. 또 상사 · 부하의 관계에 대해서나 동료관계도 마찬가지다. 사회조직에 있어서는 양자 모두가 동등한 관계를 형성하고 있지만 사회에 따라서 그 어느 쪽이 보다 더 중요한 기능을 갖기도 하며, 양자가 동등한 기능을 갖기도 한다.

앞에서 말한 바와 같이, 자격이 다른 경우를 포함하고 있는 사회집단을 전제로 한다면, 그 구성원을 묶는 방법으로서 이론적으로도 당연히 "종"의 관계가 된다. 즉, "종"의 관계란 동열에 둘 수 없는 A · B를 묶는 관계이다. 이것에 대해서 "횡"의 관계는 동질의 것, 또는 동열에 선 X · Y에 의해서 형성된다.

개개인에 공통적인 일정한 자격에 의해 집단이 구성되는 경우는 그 동질성 때문에 "횡"의 관계가 형성된다. 이 "횡"의 관계는 이론적으로 카스트계급적인 것으로 발전하고, "종"의 관계는 양친(parent)과 자녀(child)관계를 오야붕(oyabun)과 꼬붕(kobun)관계라고 부를 수 있다. 이처럼 일본 사회집단의 구성방법에서 이론적으로 예측되는 "종"의 관계가 실제로 강조되는 기능성을 가지며, 그것이 현실적으로 집단구성원의 결합에 구조적인 원리가 된다면, 설령 동일집단 내의 동일자격을 가진 사람이라 해도 그것이 "종"의 운동에 영향을 받아서 어떤 식으로든지 편차가 설정되고 강조됨으로써 놀랄 만큼 서열이 형성된다.

동일한 실력과 자격을 가진 선반공이라 해도 연령 · 입사연도 · 근속기간의 장단 등에 의해 차가 생기고, 같은 대학의 교수라도 발령 년·월·일에 의해 서열이 생기며, 또한 군대에서는 소위라 해도 임관 순위에 따라 명확한 서열이 형성되어 있다. 즉 일본의 서열의식 앞에서 능력주의는 무색된다.

이와 같은 서열의식은 종신고용제와 밀접한 관계가 있는 것으로, 전통적으로 일본인은 부지런한 사람이라든지, 게으름뱅이라든지 하는 식으로 개인의 노력

그림 5-24 집단구조적 특색 (1)

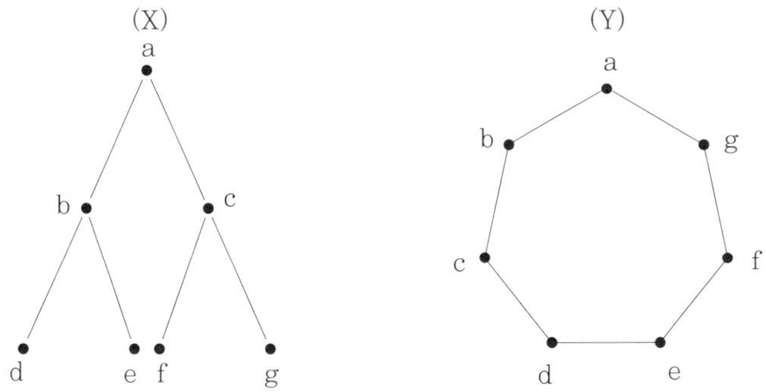

출처: Chie Nakance, 1971, *Japanese Society*, University of California Berkeley, p. 41.

그림 5-25 집단구조적 특색 (2)

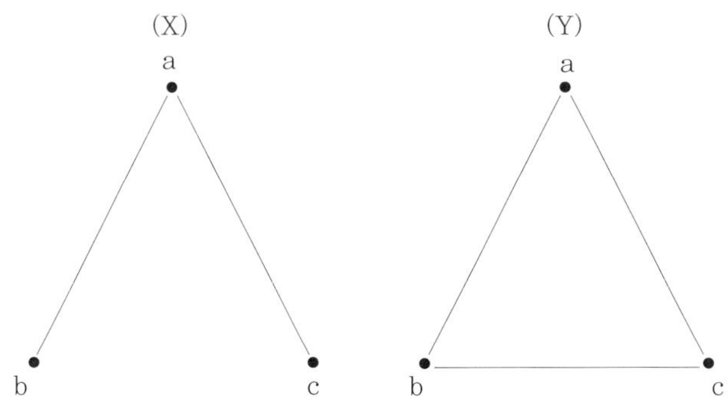

출처: Chie Nakance, 1971, *Japanese Society*, University of California Berkeley, p. 41.

차는 인정하지만, 누구라도 하면 된다는 능력평등관이 아주 뿌리 깊이 존재하고 있다.

일본의 집단구조는 강한 “종”에 기반을 두고 있다. 이것은 “횡”선에 의한, 또는 “종”, “횡” 양쪽의 기능을 가진 집단과는 그 구조가 현저히 다르다. 이것을 [그림 5-24]와 같은 X(종) · Y(횡)의 구조로 다른 2집단에 의해서 설명하면 다음과 같다. 양 집단이 모두 같은 일정수의 개인들로 되어 있다는 가정에서 그 수를 추상한 a, b, c의 3점에 의해 나타내면 [그림 5-24]와 같다.

다시 말해서, Y에 있어서는 3점의 관계가 삼각형을 구성하는 데 대해서 X에 있어서는 저변 없는 삼각관계가 된다. 더욱이 이 양자의 구성이 복잡하게 되면 [그림 5-25]와 같이 되고, 그 차이가 한층 분명하게 된다. 이 양자의 구조가 다른 점은 다음과 같다.

첫째, X의 구성원은 a를 정점으로 해서 전원이 서로 연결되어 있다.

둘째, X의 구조가 항상 밖으로 향해 개방되어 있는데 대해, Y는 봉쇄되어 있다. 즉, 여기에 새로운 h가 들어오면 X에서는 이론적으로 a, b, c, d, e, f, g 중 어느 하나와 연결되는 것에 의해서 X의 구성원이 될 수 있다. 그런데 Y에서는 h의 참가가 구성원에 영향을 미친다.

1) 종적 집단의 가입조건

실제 예를 들면, h가 X집단에 들어갈 수 있는 조건은 성원들 중에 누구든지 한 사람과 밀접한 관계를 가지거나, b가 다른 성원에게 의뢰해서 들어갈 수 있다. 다른 구성원은 h를 전혀 몰라도 b의 굳은 희망이라는 것 때문에 h의 입단을 인정하게 된다. 이것은 h자신의 문제라기보다 b의 문제로 취급되며, 현재 이 X집단에 당당한 성원권을 가지고 있는 b의 희망에 대해 다른 기성구성원이 반대하는 것은 아주 예외적인 경우밖에 있을 수 없다.

구성원수가 증가해 가면 그 결과 X집단 구성원은 [그림 5-26]과 같이 여러 가지 변형을 가질 수 있다.

2) 횡적 집단의 가입조건

집단 Y의 경우, h의 입단은 전원의 승인을 필요로 한다. 전원 승인이라는 것은 여러 가지 형태를 취할 수 있겠지만, 가장 대표적인 것은 그 때마다 상담해서

그림 5-26 종의 집단 유형

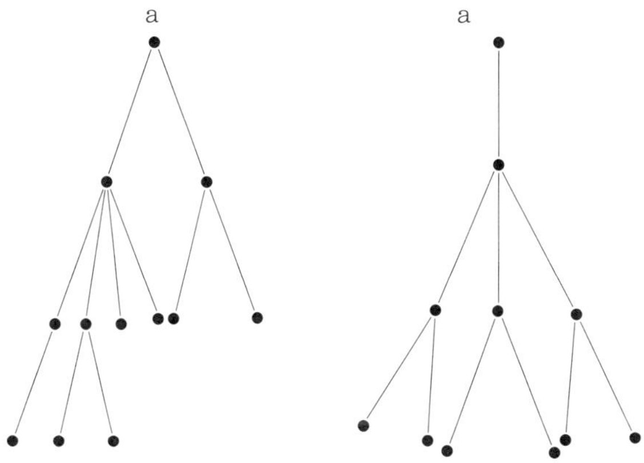

승인을 얻는다기보다는 집단 구성원의 규칙이 명확히 규정되어 있어서 그 규칙에 h가 맞는 사람이라면 자동적으로 입단이 가능하게 되는 경우이다. 규칙에 의해 성원의 자격이 분명히 정해져 있는 경우에는 같은 부계성원에 연결되는 자라고 하는 결정적인 규칙에 의거하거나 동일종교 · 동일주의를 받아들이는 자라는 따위가 있다.

이와 같이, Y의 경우에는 X와 같이 구성원 개인관계에 의해서 집단이 구성되는 것보다도, 인간 이외의 것, 즉 규칙이라든지, 자격이라는 것에 의해 집단이 이루어진다. 따라서 [그림 5-26]의 Y는[그림 5-27]처럼 나타낼 수 있다. 이렇게 된 집단에서 개개인의 구성원을 구성하는 데에 직접 연결시키는 것은 인간관계

그림 5-27 횡적 집단의 가입형태

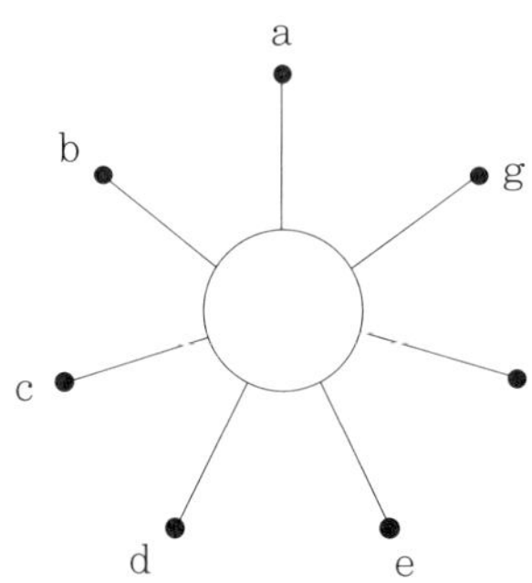

에 충실한 것이 아니라 집단규칙 자체에 충실함으로써 집단 구성원의 기반이 된다. 또한, Y집단 전원의 승인을 받을 때마다 필요로 하는 방법의 예로서 다음과 같은 것을 들 수 있다.

영국에서 신사가 특정 클럽의 성원이 되는 경우처럼 h의 입단에는 Y집단 구성원 중 2인 이상의 추천이 필요하며, 그 추천에 의거하여 투표로 만장일치 OK를 획득할 수 있어야 비로소 클럽원이 될 수 있다. 또 리더와 구성원의 약속에 의한 경우도 있다. 리더든 구성원이든, 그 약속에 위반되면 성원권이 박탈되는 형식도 취한다. 이것도 역시 집단구성원이 일정한 규칙을 가지고 집단을 구성하고 있다는 것이다.

종적인 조직은 개방적이고, 횡적인 조직은 배타적이라고 생각되어질 수도 있다. 그런데 h의 입단일 경우, 이상의 X와 Y의 경우를 비교하여 밝힐 수 있는 것처럼 X집단은 항상 밖을 향하여 밑으로 개방되어 있는 데 비하여, Y집단은 오히려 배타적이다. 그러나 Y일 경우라도 일단 성원으로 참가할 수 있게 되면 신참자라도 다른 성원과 동열에 설 수가 있다. 또 내부에 있어서도 성원개인의 위치는 교체가 가능하다. 집단구성원의 증감에도 불구하고 일정한 집단구성의 형식을 지속할 수 있다.

X에 있어서는 개인의 집단참가에 있어서 특정 성원과의 관계설정(그리고 그 시기)이 그대로 조직으로 정착해 버린다. 따라서 개개인의 구성원이 조직 내에서의 위치 교체가 불가능하다. 즉, 탄력성이 없는 것이다. 그리고 이러한 고정적인 조직이 그대로 계층구조(hierarchy)를 형성하며, 기성조직성원이 세력을 가지게 된다.

신참자는 언제나 손해를 가장 많이 보는 입장에 서게 된다. 같은 집단성원이면서도 필연적으로 불평등이 존재한다.

X와 Y집단 내부의 성원 위치 설정이 기본적으로 다를 뿐만 아니고 리더 a의 의미가 아주 다르다.

Y에서 a의 위치는 다른 성원에 의해서 바뀌질 수 있다. 다시 말하면 특정한 개인 a가 존재하지 않아도 이러한 집단조직은 그대로 존속할 수가 있다. 그런데 X의 경우에는 a가 조직의 요점이 되어 있기 때문에, a의 존재 없이 다른 성원만으로는 집단조직을 구성할 수 없다. 여기에 집단리더의 성격에 관한 중요한 문제가 있다. 일본식 집단의 약점과 장점을 보면 다음과 같다.

4. 일본식 집단의 약점과 장점

일본식 집단 구조의 약점을 보면 다음과 같이 들 수 있다.

1) 리더는 1인에 한하며 교체는 곤란

우선 주목해야 할 것은, X에서는 리더의 교체가 불가능하지는 않으나, 아주 곤란한 점이 있다. 그리고 동시에 리더는 항상 1인에 한해서 존재한다는 사실이다. 이러한 구조에서는 2인 이상은 동열에, 또는 동 위치에 서지 못한다. 더욱 이 리더와 다른 성원과의 관계는 반드시 동질적인 것만은 아니라는 사실이다. 리더 a와 b의 관계는 a 와 d 의 관계와 동질이 아니다. d · e는 b를 통해서만 a와 연결된다.

그래서 X에서는 리더 a의 존재와 비교할 수 없을 정도로 집단유대에 중요한 의미를 갖고 있다. 아무리 결속이 강하고 아름다운 집단이라 해도 갑자기 리더가 죽거나 떠나게 되면 치명적인 것이 되고 집안싸움이 필연적으로 일어난다. 즉, 중간에 위치하고 있는 리더가 없어지면 밑에 있는 구성원은 떨어져서 뿔뿔이 헤어진다.

2) 파국의 결과는 분열

b가 많은 꼬붕(kobun)을 만들어서 집단활동을 좌우할 정도로 세력을 가지게 되었을 경우, c는 위험을 느끼고, 보다 a에 접근하는 등 a와 b의 관계는 긴장을 부르게 된다. 그렇게 되면 a와 b의 관계는 점점 위험한 상태가 된다. 이렇게 해서 a가 있음에도 불구하고 동료간의 틈이 있을 수도 있다.

3) 당중당의 형성과 분열

X구조를 가진 집단은 그 자체가 언제나 분열의 위험성을 안고 있다고 할 수 있다. 집단 구성원신의 관련성은 직접 연결된 자와의 관계가 다른 관계보다 압도적으로 강하다는 관련성의 불평등이 존재하기 때문이다.

앞의 [그림 5-24]에서 본 바와 같이 X구조에 있어서는 a와 b는 b와 c의 관계보다 비교될 수 없을 정도로 강하기 때문에 동일집단 X 속에 b, d, e는 하나의 집단을 형성하고, 마찬가지로 c, f, g도 따로 하나의 집단을 형성하고 있다.

그러므로 결국 집단구조 자체에 당중당을 만들고 있다고 할 수 있다. 일단, 리더와 성원간의 균형이 깨어지면 이러한 당중당을 만들 수 있는 구조가 현저화되어 파국을 재촉하는 결정적인 요인이 되는 것이다.

그러나 일본식 집단구조의 장점을 보면, 실제 일본인이 눈부신 근대화를 이룩해 낼 수 있었던 한 요인은 이러한 "종"으로서 연결된 X구조를 충분히 살려 이용했기 때문이라고 할 수 있다.

일본인의 사업은 이와 같이, 조직화된 인간을 대량으로 사용하였는데, 그 종의 연락이 순조로움과 신속성에 있어서 그 유례가 없는 것 같다. 더욱이 이러한 집단행동을 자세히 분석해 보면 집단은 의견통일을 쉽게 할 수 있고, 빠르게 할 수 있다는 점이다. 이것은 의견조정에 이러한 계층이 이용되었기 때문이다.

드러커(Peter F. Drucker)는 하버드 「비즈니스 리뷰」에서 "우리가 일본으로부터 무엇을 배울 것인가?"(What we learn form Japanese?)라는 제목으로, 미국이 일본으로부터 배울 점을 다음과 같이 지적하였다.

① 합일에 의한 의사결정(decision by consensus)

② 종신고용제(life time employment)

③ 지속적 훈련(continuous training)

④ 오양붕과 꼬붕(god father)

이상과 같은 집단의 특성은 좋은 점도 있다고 할 수 있다.

PART 6

통　　제

통제(control)란 경영자가 수행해야 할 관리과정인 plan(계획), do(실시), see(통제) 중에서 마지막 관리과정인 see에 해당한다. 이는 경영자가의 여러 가지 일들이 계획된 방향으로 진행되고 있는지를 확인하고 이상이 있을 때는 바로잡는 과정을 말한다. 경영자가 계획을 수립하면 모든 일이 끝날 때까지 수시로 이룩한 실적과 목표를 비교하고 부족하거나, 앞으로 문제가 발생할 소지가 발견되면 지체 없이 고치도록 해야 한다. 따라서 통제기능이 제대로 발휘되면 경영의 다른 기능의 효력이 크게 증가된다. 마찬가지로 다른 기능이 원활하게 이루어지면 통제기능이 쉬워진다. 이와 같이 통제기능은 관리기능 중의 하나이고, 이는 또한 다른 관리기능과 밀접한 관계를 갖고 있다.

기업이 처음에는 잘 운영되나, 가면 갈수록 규모가 커지는 데도 운영이 잘 되지 않아 어려움을 겪는 경우와 고객들에게 납품지연, 종업원들간에 갈등과 불평, 혹은 불량품이 많이 생기는 것도 대체로 통제기능이 제대로 발휘되지 못한 이유에서이다.

통제를 연구하기 위한 내용으로서는 아래 그림과 같은 내용으로 설명하려고 한다.

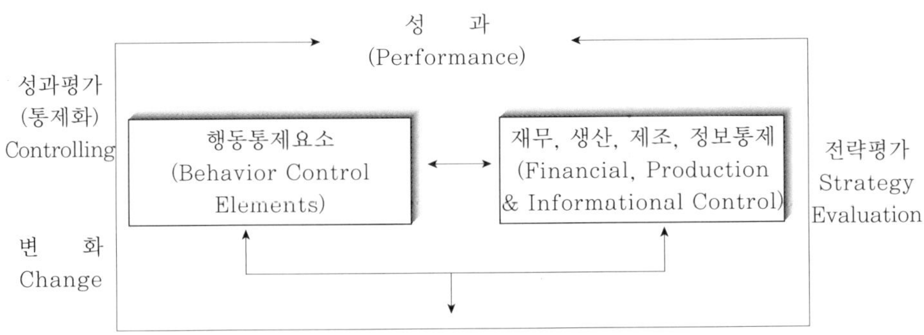

제 1 장 통제의 의의와 역할 및 필요성

제 1 절 통제의 의의

통제(control)는 관리과정에 있어서, 계획하여 실시하는 결과가 계획에서부터 벗어나는 실행을 예방하고 수정하는, 경영자가 수행해야 하는 관리활동이다. 그러므로 통제는 조직목적을 달성할 수 있도록 하는 중요한 관리기능이며, 조직안에서 이루어지는 매우 복잡한 활동을 통합 · 조정하여 조직목표 속으로 구성원의 행동을 일치시키는 중요한 역할을 한다. 통제는 경영자가 수행하는 여러 가지 일들이 계획된 방향으로 진행되어지고 있는지를 확인하고 이상이 있을 때는 바로잡는 과정을 말한다.

경영통제는 '기업목표에 따라 각 활동의 성과표준을 정하고, 정보흐름체계를 설계하며, 설정된 표준과 실제성과를 비교하고, 표준과 성과의 차이와 중요성을 측정하여 모든 기업자원들이 기업의 목표를 달성하는 데에 가장 효율적이고

그림 6-1 통제기능과 경영기능의 관계

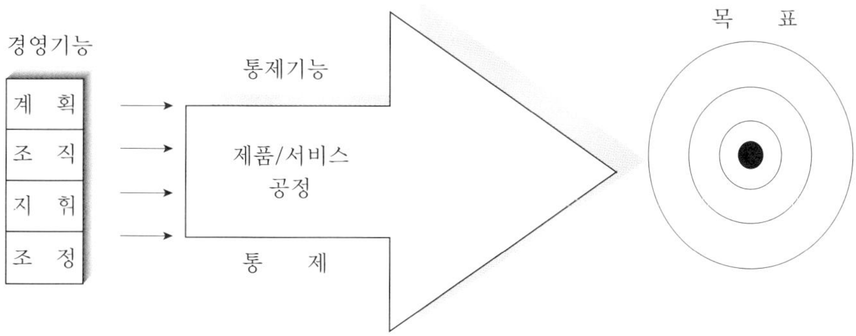

효과적으로 사용되어질 수 있도록 수정행동을 취하는 과정이다(Robert, J., 1992).[1]

이와 같은 통제는 경영에 있어서 [그림 6-1]과 같은 기능을 하게 된다.

제 2 절　통제의 필요성과 역할

통제는 관리과정을 수행하는 데 있어서 기업의 목표를 달성하기 위하여 필요한 것이다. 일반적으로 통제의 중요성과 역할이 기업의 어떤 요인으로부터 부각되는지와 기업의 적절한 통제량은 무엇인지를 살펴볼 필요가 있다.

1. 통제의 중요성

현대의 기업경영에 있어서 통제를 필요하게 하는 많은 통제의 중요 요인들을 보면 다음과 같다.

1) 경영환경 변화

급변하는 현대사회에 기업이 적응하기 위해서는 경영환경 변화는 불가피하므로 통제기능을 통해서 경영자는 기업에 영향을 미치는 환경변화를 탐지할 수 있다. 그러므로 경영자는 환경변화에 의해서 발생하는 위협이나 기회에 보다 쉽게 대응할 수 있고 따라서 보다 동태적으로 환경변화에 대응하기 위하여 통제활동이 필요하게 된다.

2) 기업규모의 증대

오늘날 기업의 규모가 점차로 비대해지고 다양해짐에 따라 기업의 구조는 더욱더 복잡하게 되있다. 이러한 복잡한 구조 내에서 발생히는 다양한 행동을 조정하여 통합하기 위해서는 적절한 통제가 필요하다. 그리고 기업규모의 증대에 따

1) Robert, J., 1992, *The Management Control Process*, Englewood Cliffs, N. J.: Prentice-Hall, p. 2.

라서 분권화가 필요하므로 분권화에 의해서 통제기능은 보다 중요하게 되었다.

3) 실수의 발생가능성

종업원들이 실수를 하지 않는다면 경영자는 단순히 업적표준을 설정하여 중요하고 갑작스러운 환경변화에만 주목하면 되므로 실수는 항상 존재하게 마련이다. 그러므로 통제기능을 통하여 경영자는 실수가 아주 중요하게 되기 이전에 이를 탐지하여 수정하여야 하기 때문이다.

4) 권한위양(delegation)의 증대

효과적인 통제시스템을 통하여 경영자는 업무에 대한 권한을 위양할 수 있다. 통제시스템이 없다면 경영자는 위양된 업무의 진척 정도를 점검할 수 없고 또한 업무에 대해서 권한이 위양되었다 하더라고 최종적인 책임을 지는 것은 경영자이다. 기업규모의 증대에 의해서 권한위양이 증대함에 따라 효과적인 통제시스템을 통해서 종업원들을 감독하는 것이 보다 중요하게 된다.[2)]

2. 통제의 역할

통제가 경영기능에서 담당하는 중요한 역할을 보면 다음과 같다.

1) 더 좋은 품질을 창출하는 역할

오늘날 경영에서 매우 중요한 전사적 품질관리(TQM)는 통제를 통해 지속적 개선을 촉진한다. 품질결점을 유발시키는 과정은 통제기능을 통하여 수정된다. TQM은 효율성을 달성하기 위해 통제기능을 통하여 품질관리 방식이 변화된다.

2) 변화에 대응하는 역할

조직환경 변화는 피할 수 없는 부분 중의 하나이다. 시장이 변하고, 경쟁자

---

2) Park, Joo-Seoung, 2005, "Primary shifts in Organizational Commitment and Organizational Trust for Telecommuting (Global) Organizations," The Economic Cooperation in the Eastern Asian Region, 창원대학교 경영경제연구소, pp. 101-125.

가 대중의 관심을 끄는 새로운 재화와 서비스를 생산하고, 새로운 재료와 기술이 등장하며, 정부의 규제는 강화 또는 완화된다. 통제기능은 이런 조직의 변화에 대응하도록 도와준다.

3) 순환주기를 빠르게 하는 역할

통제기능은 디자인, 품질, 유통시간에 대해 소비자의 개선된 요구를 보다 빨리 인지하여 이에 부응한 새로운 재화와 서비스를 창출해서 소비자에게 전달하는 과정의 순환을 빠르게 하는 역할을 한다.

4) 가치를 증가시키는 역할

빠른 순환주기도 경쟁력을 확보하는 하나의 방법이지만 가치를 증가시키는 것도 중요한 방법이다. 경쟁자의 모든 행동에 대응하는 것은 비용이 많이 들고 생산의 비효율성을 초래할 수 있다. 대신 조직의 주요 목표를 재화와 서비스의 가치를 증가시키는 것으로 설정하고 통제과정을 통하여 가치증가를 가속화시켜 경쟁력을 확보한다.

5) 팀워크를 증진시키는 역할

종업원 참가에 의한 경영이 확대됨에 따라 경영활동이 팀 중심으로 일하도록 권장되고 있다. 물론 이것이 경영자의 궁극적인 책임을 감소시키는 것은 아니다. 전통적인 조직구조 아래서는 경영자는 성과평가 측정기준과 방법을 구체화할 것이다.

그러나 새로운 조직구조, 즉 참여에 의한 경영방식 아래서는 경영자는 종업원과 평가기준과 방식에 대해 커뮤니케이션하고 어떤 문제해결을 위한 방법 결정에 종업원의 창의력을 적극 반영한다.

3. 통제의 범위

전통적 경영에서는 통제가 흔히 개인의 자유와 자율을 제한하는 것처럼 보이기 때문에 부정적으로 여겨져 왔다. 그러나 현대 경영에서는 통제의 중요성은 점차로 증대하고 있다. 그러므로 종업원의 자율성과 경영자의 통제필요성 증대 사이의 잠재적 갈등을 조정하는 문제가 발생하게 된다.

과도한 통제는 기업뿐만 아니라 종업원 모두에게 나쁜 영향을 미칠 것이다. 그러나 효과적인 통제시스템이 존재하지 않으므로 경영자가 종업원들을 보다 직접적으로 감독해야 한다면 종업원들의 자율성은 훨씬 줄어들 것이다. 그러므로 경영자는 통제비용과 수익분석을 통하여 적절한 경영통제와 개인의 자율성 사이에 균형이 이루어질 수 있도록 합리적인 통제량을 정해야 한다. 또한 경영자는 변화하는 환경 속에서 통제시스템을 효과적으로 운영하기 위하여 통제시스템을 지속적으로 검토하고 수정해야 한다.

제 3 절 통제단계

통제의 단계를 보면 [그림 6-2]와 같이 4단계로 나누어 설명할 수 있다. 첫 번째 단계는 표준과 성과를 측정하는 방법을 정하고, 두 번째는 성과를 측정하고, 세 번째는 측정한 결과와 표준상태를 비교하고, 네 번째는 표준상태보다 못할 때 시정조치를 취하는 단계이다.

그림 6-2 통제의 기본단계

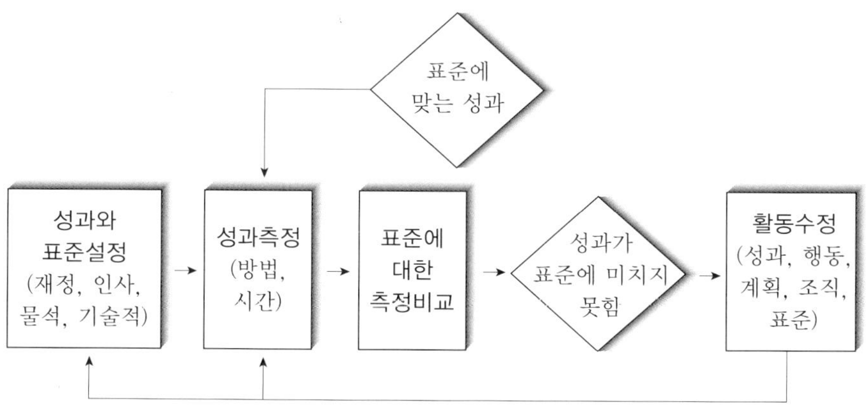

1. 표준설정

표준설정은 계획기능 속에 포함되기도 하지만 통제활동의 일부이기도 하다. 달성해야 할 성과의 표준이 설정되지 않으면 조직활동을 정확하게 측정 · 평가할 수가 없다. 표준설정의 내용에는 다음과 같은 것이 있다.

① 회사 전체의 월간 이직률을 몇 % 이하로 한다.

② 서비스 처리시간을 몇 분 이내로 한다.

③ 사고발생률을 작업시간의 백만 시간당 몇 건 이하로 한다.

2. 성과측정

일단 표준이 설정되면 다음조치는 성과를 측정하는 것이다. 성과측정에 앞서서 경영자는 어떻게 성과를 측정할 것이며 얼마나 자주 측정할 것인가를 결정해야 한다.

계량적 측정이 바람직하지만 실제적으로 계량화하기 어려운 부분도 많다. 따라서 계량적 측정과 질적 측정을 잘 조화롭게 유지하는 것이 경영자에게 매우 중요한 책임이다.

3. 표준에 대한 성과의 비교

경영자는 가끔 계획과 실적결과를 요약한 보고서에 근거하여 비교한다. 이러한 보고서는 너무 간단하고 오래된 것일 수도 있다. 따라서 기업이 전산화가 잘된 기업이라면 컴퓨터네트워크를 통하여 보다 세부내용을 검색해 보고 또한 보고서 작성 이후의 실적도 조사하여 함께 비교해 보는 것이 유익하다. 필요에 따라서는 실제로 담당 구성원을 만나서 실적에 대한 객관적 평가를 확인한 후 비교하는 것도 좋다.

4. 성과인정

성과가 표준치를 초과하였을 때는 이를 그냥 단순히 만족된 것으로 생각하지 않고 보너스, 훈련기회 제공, 승급, 급여인상 등에 반영하여 성과인정을 반드시 해 주어야 한다. 이는 동기부여이론에서의 기대이론에 따른 접근방식이다.

5. 수정조치

만약 활동성과가 표준에 미달했을 경우에는 필연적으로 어떤 수정조치를 취해야 한다. 수정조치에는 다양한 방법이 있다. 전략을 수정하거나 보상제도를 바꾸거나 교육을 강화하거나 직무설계를 새로이 하거나 채용시의 적성검사를 다시 검토해 본다.

6. 측정과 표준의 조정

만약 표준치가 너무 높게 설정되었다면 아무리 종업원이 열심히 일하여도 항상 성과달성 미달로 시석받게 된다. 따라서 필요한 경우, 표준이 합리적으로 설정되어 있는가를 검토해 볼 필요가 있다. 유사하게 측정의 대상도 문제가 될 수 있다. 서비스 산업에서 종업원의 능률을 계산할 때 그 종업원이 하루 서비스 하는 일의 건수만을 측정대상으로 하면 일의 건수는 높으나 서비스 질이 좋지 못한 경우는 비교에 대한 모순이 생길 수도 있다. 따라서 측정의 대상도 필요하다면 수정이 되어야 한다.

제 2 장 통제의 형태

통제에 대한 종류는 학자들에 따라 상이하다. 그러나 몇몇 학자들의 공통된 분류를 보면 시간에 따른 통제분류와 통제시스템에 따른 분류로 구분할 수 있으며 이를 다시 설명하면 다음과 같다.

시간에 따른 통제분류는 통제시간을 기준으로 한 분류와 통제가 자동으로 이루어지는지의 여부에 따른 구분만을 설명하려고 한다. 시간에 따른 구분은 생산과정에 따라 투입과정, 변환과정, 산출과정에 따라 [그림 6-3]에서와 같이 투입통제(Feedforward Control), 변환과정통제(Concurrent Control), 그리고 산출통제(Feedback Control)로 구분된다.

[그림 6-3]과 같이 투입통제는, 작업이 시작되기 전에 실시되는 통제활동으로서, 여기에서는 적절한 방향이 설정되고 있는가, 목표달성을 위해 적절한 자원이 활용가능한가 등의 검토를 통해 일이 시작되기 전에 수정될 수 있도록 표준이

그림 6-3 시간에 따른 통제구분

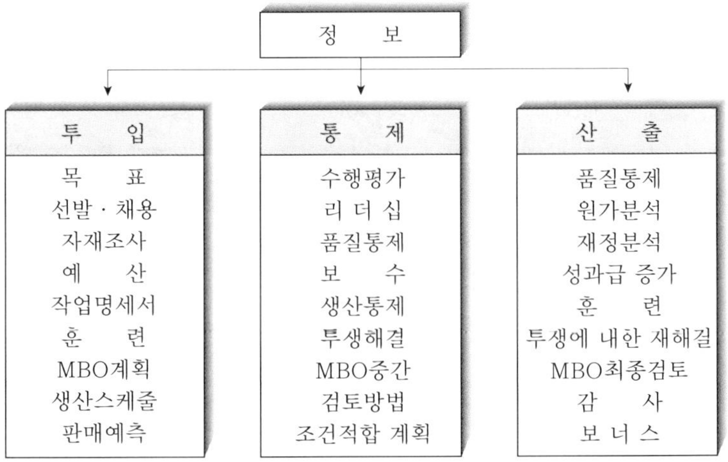

나 목표로부터 벗어난 차이를 찾아낸다.

변환과정통제는, 작업과정에서 무슨 일이 일어나고 있는가에 초점을 맞춘다. 현재 진행되고 있는 운영상의 여러 활동을 감시하여 일들이 올바르게 진행되고 있는가를 확인한다.

산출통제는, 작업이 완성된 후에 실시된다. 그래서 산출통제는 투입통제나 과정통제와는 달리 최종제품이나 서비스를 분석하는 활동에 초점을 맞춘다. 그리고 산출통제는 현재의 계획이나 활동의 평가에 사용될 수 있는 피드백 정보를 제공해 준다. 시간에 따른 통제의 구분이라 하여 이 세 가지가 순서적으로 진행되는 것만은 아니다.

통제시스템(Control System)이란 계획단계에서 설정된 조직목표와 표준이 조직의 활동결과 그대로 유지될 수 있도록 노력하기 위해 만든 시스템으로써 크게는 재무통제, 예산통제, 품질통제, 재고통제, 생산관리, 정보시스템, 마케팅관리로 구분할 수 있다.

제1절 재무통제

자본의 효과적 운영을 통제하는 것으로서 크게는 재무제표와 비율분석이 활용된다. 재무제표(financial statement)는 기업의 활동을 간결하게 요약하여 나타내는 재무보고서이다. 재무제표의 목적은 기업과 이해관계를 가지고 있는 기업에 관한 의사결정에 도움이 되는 재무정보를 제공하는 데 있다. 즉 기업의 경영활동에서 일어나는 거래를 화폐가치로 측정 · 기록하여 그 기업의 재무상태를 영업성과로 정보이용자에게 전달하는 수단으로서 크게는 대차대조표, 손익계산서, 현금흐름표가 이용된다.

1. 대차대조표

대차대조표(Balance Sheet)는 일정 시점에서 기업의 재무상태를 명확히 보고

하기 위하여, 대차대조표일 현재의 모든 자산과 부채 및 자본을 적절히 표시한 표이다.

대차대조표상의 자산은 유동자산, 투자 및 기타자산, 고정자산과 이연자산으로 구분된다. 유동자산(Current Assets)은 대차대조표 작성일로부터 단기간 내 또는 보통 1년 이내에 현금화될 수 있는 자산을 의미하며, 유동자산에는 현금 및 예금, 유가증권, 외상매출금, 받을어음, 재고자산 등이 포함된다. 고정자산(Fixed Assets)은 현금화하는 데 1년 이상이 소요되는 자산으로 건물, 토지와 같은 유형고정자산과 영업권, 특허권과 같은 무형고정자산으로 구분된다. 투자자산(Investment Assets)은 타 회사를 지배 · 통제하거나 혹은 유휴자본을 활용할 목적으로 투자한 자산으로서 관계회사 주식, 관계회사 사채 등이 포함된다. 이연자산(Deferred Assets)은 지출의 효과가 차기 이후에 기대되기 때문에 차기 이후의 비용으로 배분하기 위하여 이연한 자산으로 창업비, 신주발행비, 사채발행비 등이 포함된다. 그리고 대차대조표의 반대편 항목인 부채는 유동부채, 고정부채, 이연부채로 구분된다. 부채도 역시 1년을 기준으로 하여 상환기간이 1년 이내인 유동부채와 1년 이상인 고정부채로 나뉘어진다. 유동부채에는 외상매입금, 지급어음, 미지급금, 단기차입금 등이 포함되고 고정부채에는 사채, 장기차입금 등이 포함된다.

한편, 또 다른 항목인 자본은 자본금, 자본잉여금, 이익잉여금으로 구분된다. 자본금에는 보통주와 우선주의 자본금이 있고 이익잉여금에는 이익준비금, 적립금 및 임의적립금이 포함된다.

2. 손익계산서

손익계산서(Income Statement)는 특정기간 동안의 기업경영성과를 나타내기 위하여 작성되는 재무보고서를 손익계산서라고 한다. 즉, 일정기간 동안 기업의 경영성과를 명확히 보고하기 위하여 그 회계기긴에 속하는 모든 수익과 이에 대응하는 모든 비용을 기재하고 법인세 등을 차감하여 당기 순손익을 표시하는 재무제표이다.

손익계산서는 [표 6-1]에서 예시된 손익계산서는 대차대조표와 함께 재무제

표 6-1 일정기간의 경영성과를 나타내는 손익계산서의 예

손익계산서
20××1년 1월 1일부터
장안세탁주식회사 20××1년 12월 31일까지 (단위: 원)

영업수익:		
용역매출(세탁용역수익)		₩1,294,000
영업비용:		
인 건 비	₩530,000	
재 료 비	200,000	
광 고 비	63,000	
전 화 비	24,000	
감가상각비-건물	150,000	
감가상각비-세탁기계	30,000	
제 세 금	257,000	1,254,000
당기순이익		₩40,000

표의 2대 근간을 이룬다.

손익계산서의 머리 부분에는 ① 기업의 명칭 ② 재무제표의 명칭인 손익계산서, 및 ③ 손익계산서가 나타내는 회계기간이 표시된다. 손익계산서의 본문은 수익(revenues)과 비용(expense)으로 구성되어 있고, 수익에서 비용을 차감한 후 남는 금액은 기업의 순이익(net income)으로 보고된다. 만일, 비용이 수익보다 많으면 순손실(net loss)이 발생하게 된다.

1) 수 익

수익(revenues)이란 기업이 특정기간 동안 고객에게 인도한 재화 혹은 제공한 용역의 판매가액이다. 기업이 고객에게 상품을 판매하거나 용역을 제공한다면, 그 대가를 즉시 현금으로 받거나 혹은 미래에 현금화할 수 있는 수취채권을 획득한다. 즉, 특정기간의 수익은 그 기간 내에 상품의 판매나 용역의 제공에 대한 대가로서 유입된 현금과 수취채권의 증가액으로 결정된다.

수익은 여러 가지 유형으로 발생한다. 예를 들면, 판매대리점 또는 구매대리점에서는 판매 및 구매를 대행함으로써 판매 또는 구매수수료라는 수익이 발생한다. 변호사나 회계사는 전문적인 용역을 제공함으로써 비용수익이 발생하며, 용역이 아니고 상품의 판매를 하는 기업에서는 상품판매를 통해 매출이라는 수익을 얻는다. 다른 유형의 수익으로는 이자수익을 들 수 있는데, 이는 기업이 소유하고 있는 예금이나 채권 등에서 발생하는 이자를 말한다.

2) 비　용

원가(cost)란 재화나 용역을 취득하기 위하여 지급한 대가이고, 비용(expense)이란 수익을 얻기 위하여 소비된 재화 및 용역의 원가를 말한다. 다시 말하면, 재화나 용역을 취득하면 이를 취득하기 위하여 지급한 가액인 원가를 모두 장부상에 자산으로 기록하고, 이러한 재화나 용역이 수익을 얻기 위하여 소비되었을 때 비용으로 처리된다. 어떤 경우에는 취득과 소비가 동시에 이루어지기 때문에 원가를 자산으로 기록하는 과정을 거치지 않고 직접 비용으로 계상하기도 한다.

비용에는 종업원의 급료, 광고비, 임차료, 전기료, 그리고 건물 및 기계 등을 사용함으로써 마모된 부분에 대한 비용(이를 감가상각비라 한다) 등이 있다. 이 모든 비용은 고객을 창출하고 그들의 욕구를 충족시키기 위해, 즉 수익을 얻기 위하여 꼭 필요한 요소들이다. 따라서 비용은 기업을 운영하는 원가(cost of doing business)라고 할 수 있으며, 이는 기업의 운영에 필요한 여러 가지 활동을 수행하는 과정에서 소비된 재화나 용역의 원가를 의미한다.

만일 비용이 발생했을 때에 현금으로 지급되면 기업의 자산이 감소한다. 그러나 비용은 이미 발생했지만 즉시 그 대가를 지급하지 않은 경우 당해 비용은 부채의 일부인 미지급비용의 증가로 나타난다.

손익계산서에 있어서 매출총이익은 매출액에서 매출원가를 차감하여 계산하고 영업이익은 매출총이익에서 판매비와 일반관리비를 차감하여 계산한다. 법인세차감전순이익(Earnings Before Tax: EBT)은 영업이익에서 영업외수익 및 특별이익을 가산하고 영업외비용과 특별손실을 차감하여 산출한다. 당기순이익은 법인세차감전순이익에서 법인세 등의 세금을 차감하여 산출한다.

3) 현금흐름표

현금흐름표(Cash Flow)는 회계기간 동안 현금의 조달과 사용의 출처를 나타낸다. 이는 손익계산서와 혼동하여서는 안 된다. 현금흐름표는 얼마나 많은 손익을 발생시켰는가보다 얼마나 많은 현금이 사용 · 조달되었는가를 보여준다.

4) 비율분석

재무제표에 의거하여 각종 계수에 따라 자금의 흐름을 분석하며, 재무상태 즉 수익력, 유동성 등을 판단하고 바람직한 재무상태를 유지하려는 통제방식이다.

주로 이용되는 비율은 다음과 같다.

(1) 유동성 비율

기업의 단기채무지급능력을 측정하기 위한 비율로서 유동비율과 당좌비율이 있다.

유동비율＝유동자산/유동부채

당좌비율＝(유동자산－재고자산)/유동부채

(2) 레버리지 비율

기업이 어느 정도 타인자본에 의존하고 있는가를 측정하는 비율로서 부채비율, 자기자본비율, 이자보상비율, 고정재무보상비율 등이 있다.

부채비율＝타인자본/자기자본

자기자본비율＝자기자본/총자본

이자보상비율＝(납세전이익＋이자비용)/이자비용

고정재무보상비율=(납세전이익＋이자비용＋고정재무비용)/(이자비용＋고정재무비용)

(3) 안정성 비율

조달된 자본이 기업의 자산에 얼마나 적절히 배분되고 있는가를 측정하며 고정비율과 고정장기적합률 등이 있다.

고정비율＝고정자산/자기자본

고정장기적합률＝고정자산/(자기자본＋고정부채)

(4) 활동성 비율

기업이 자산을 얼마나 효율적으로 활용하고 있는가를 보여주는 비율로서 재고자산회전율, 매출채권회전율, 고정자산회전율, 총자산회전율 등이 있다.

재고자산회전율＝매출액/재고자산
매출채권회전율＝매출액/매출채권잔액
고정자산회전율＝매출액/고정자산
총자산회전율＝매출액/총자산

(5) 수익성 비율

기업의 경영정책과 의사결정, 경영활동 등의 종합적 결과로 나타난 일정기간 동안의 경영성과를 의미하며 매출액이익률, 자본이익률, 주당이익률 등이 있다.

매출액이익률＝매출총이익/매출액
자본이익률＝순이익/총자본 → 총자본이익률
　　　　　　순이익/자기자본 → 자기자본이익률
주당이익률＝주당이익/1주당 액면가

(6) 성장성 비율

기업이 당해연도 경영규모 및 기업활동의 성과가 전년도에 비하여 얼마나 증가하였는가를 나타내는 지표로서 총자산증가율, 자기자본증가율, 매출액증가율, 순이익증가율 등이 있다.

총자산증가율＝(당기말총자산－전기말총자산)/전기말총자산
자기자본증가율＝(당기말자기자본－전기말자기자본)/전기말자기자본
매출액증가율＝(당기매출액－전기매출액)/전기매출액
순이익증가율＝(당기순이익－전기순이익)/전기순이익

(7) 시장가치 비율

기업의 시장가치란 증권시장에서의 주식가격을 의미하는데 이는 그 기업의 기대이익, 위험자산가치, 성장가능성 등을 모두 고려하여 평가된 실질적인 기업가치로서 주가수익률과 주가대장부가치비율이 있다.

주가수익률=주가/주당이익
주가대장부가치비율=주가/주당장부가치

(8) 생산성(부가치) 비율

기업활동의 능률 내지 업적을 평가하고 발생원인과 성과배분의 합리성 등을 분석하는 데 사용하는 비율이다. 최근에는 기업의 성과를 매출액과 같은 양 위주가 아니라 부가가치라는 질 위주로 측정하여야 한다는 경향이 일반화되고 있어 이를 부가가치비율이라 부르기도 한다. 이용되는 부가가치는 법인세차감전순이익, 인건비, 금융비용, 임차료, 조세공과, 감가상각비로 구성된다. 보통 노동생산성과 자본생산성으로 구분한다.

노동생산성(종업원 1인당 부가가치)=부가가치/종업원수
자본생산성(총자본투자효율)=부가가치/총자본

(9) 종합비율

위의 8가지 비율들은 개별재무비율로서 대상기업의 재무상태나 경영성과를 단편적으로 나타내어 종합적인 통제는 할 수 없다. 이의 보완으로 등장한 기법이 종합비율방식이다. 여러 방식이 있으나 1930년대 미국 Du Pont사에 의해 개발된 투자수익률(ROI: Return On Investment)기법이 있는데 이는 각종 재무요인을 체계적으로 분석 · 통제하는 방법으로서 투자를 총자본으로 본 총자본이익률(ROA: Return On Assets)과 투자를 자기자본으로 본 자기자본이익률(ROE: Return On Equity)로 구분된다.

ROA=당기순이익/총자본
=(당기순이익/매출액)×(매출액/총자본)
ROE=당기순이익/자기자본
=(당기순이익/총자본)×(총자본/자기자본)
=(당기순이익/총자본)÷(자기자본/총자본)
=(ROA 자기자본비율)

이러한 재무통제는 최고경영층에게는 매우 유익한 통제시스템이다. 그러나 이에는 다음의 함정이 있다.

조직의 세부적 요구목표는 통제하기 힘들다. 재무통제와 전략계획과정을 연결시키는 과정이 무시되고 있다. 실적위주의 통제이다 보니 기술혁신과 창조성을 가로막는 장애가 될 수 있다. 다른 통제요구사항이 요구되는 다양한 부서들에 동일한 재무통제가 사용된다.

제 2 절　예산통제

우리는 생활과정에서 여러 가지 예산을 세우고 그 예산 내에서 경제활동을 영위해 가고 있다. 예산이란 계획을 재무적인 용어로 표현해 놓은 것이다. 따라서 대부분의 예산은 화폐단위로 표시된다. 그러면 예산을 세운 목적이 무엇인가? 그것은 기업조직의 많은 활동에 대한 재무적인 표준을 설정하기 위한 것이다. 그리하여 그 업무활동의 결과와 예산 사이에 오차가 생길 때는 적절한 수정조치가

그림 6-4　예산통제 형태

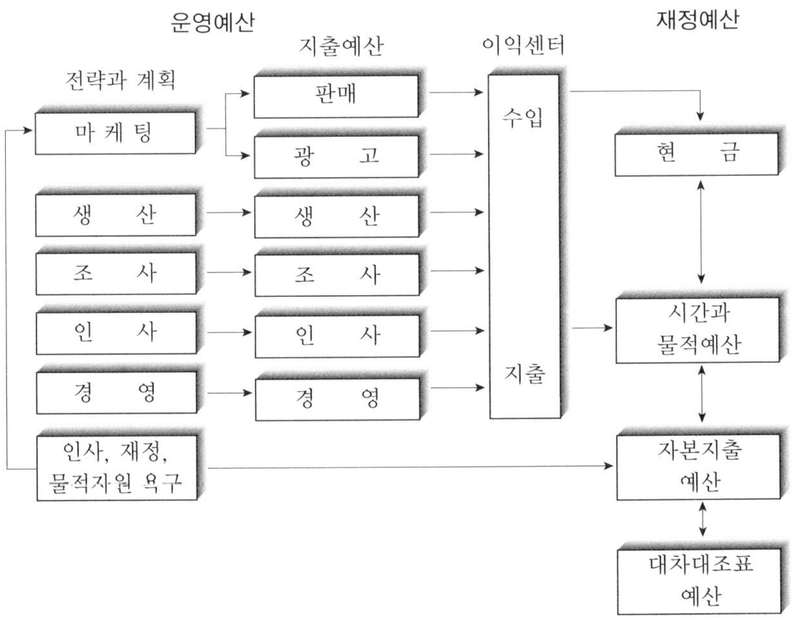

취해질 수 있게 된다. 예산통제의 형태를 보면 [그림 6-4]와 같다.

예산은 다음 2가지 이유 때문에 경영자(관리자)에게 매우 중요하다.

첫째, 예산은 관리자로 하여금 달성 가능한 목표, 기본적 계획, 그 목적과 관련된 정책 등을 개발하도록 한다는 점에서 관리자의 계획기능수행에 도움이 된다. 다시 말하면 예산은 생산기준의 설정을 가능하게 한다.

둘째, 예산은 관리자의 통제기능의 수행에도 도움이 된다. 예산은 여러 자원의 효과적 활용을 가능하게 하고 가치 있는 자원의 보존과 주기적인 조직분석을 위한 장치의 설정에 도움을 주기 때문이다.

조직에서 흔히 볼 수 있는 세 가지 유형의 예산은 운영예산(Operating Budgets), 재무예산(Financial Budgets), 변동비예산 대 고정비예산(Variable vs Fixed Budgets)이다.

1. 운영예산

예산회기 동안 각 조직단위가 소비할 것으로 기대되는 원자재, 상품 및 서비스 등을 고려한 예산이다. 그런데 이 운영예산은 책임중심점(Responsibility Center)을 기초로 하여 가장 잘 분석될 수 있다. 여기에서 책임중심점이란, 비용센터(Expense Centers), 수익센터(Revenue Centers), 이익센터(Profit Centers)를 밀한다.

1) 비용센터

비용 · 원가센터는 운영의 능률과 관련된 예산을 세우고 있는 단위부서들이다. 이러한 단위부서의 예산은 추정되는 간접비뿐만 아니라 재료비와 노무비가 관심의 대상이 되는 생산부서에서 편성되는 것이 보통이다. 그리고 이 '비용센터'의 예산은 인사부서, 연구 · 개발부서 등과 같이 성과의 측정이 곤란한 부서에서도 사용될 수 있다.

2) 수익센터

수익센터의 예산은 투입비용 및 투입원가 예산과는 달리 산출과 관련되는 예산이다. 예를 들어 지역판매소에서 제품별, 판매원별 판매예산이 바로 이와 같은 예산이다. 수익예산은 비용예산보다는 덜 정확하다.

3) 이익센터

이익센터의 예산은 비용예산과 수익예산을 결합한 예산이다. 이러한 예산은 보통 조직의 사업부문 수준에서 편성된다. 왜냐하면 이들 사업부분의 관리자들은 비용과 수익을 적절히 결합시켜 이익을 극대화하는 것을 목표로 하고 있기 때문이다. 이 이익센터의 예산은 사업체에 따라서는 계획과 통제의 기본적 요소가 되고 있다.

2. 재무예산

재무예산은 특정기간 동안 조직이 자금을 어떻게 쓰려고 하는가를 다루고 있는 예산이다. 이에는 현금예산(Cash Budget), 자본적 지출예산(Capital Expenditure Budget), 노무비 및 재료예산(Labor And Material Budget), 대차대조표예산(Balance Sheet Budget) 등이 있다.

1) 현금예산

현금예산에는 예산회기 동안의 수익과 비용을 구체적으로 반영하고 있는 예산이다. 그리고 현금예산은 현금흐름의 양, 현금지출의 형태, 현금수령의 형태 등에 관한 정보를 경영자에게 제공한다.

2) 자본적 지출예산

자본금 지출예산은 건물, 시설, 설비 등과 같은 물적 자본에 대한 조직의 미래투자를 반영하는 예산이다. 이러한 물적자원은 조직의 미래경영에 매우 중요하기 때문에 자본적 지출예산은 세밀한 연구와 검토를 거친 후에 수립되는 것이 일반적이다.

3) 노무비 및 재료비예산

제품이나 서비스를 산출하는 데 필요한 자원에 관한 예산이다. 재료예산은 제품생산 및 공장건설 등과 같은 최종성과를 얻는 데 소요되는 재료의 양에 관한 예산인 반면에 노무비예산은 노무비의 예측이 포함된다.

4) 대차대조표예산

일정한 미래시점에서의 자산, 부채, 자본간의 관계를 보이는 예산이다. 미래시점에서의 예상되는 재무상태를 나타내게 된다.

3. 고정비예산/변동비예산

지금까지 논의한 여러 가지 예산들은 단일수준의 산출을 가정하여 수립한 예산들이다. 이 같은 예산을 고정비예산이라고 한다. 이 예산에는 노무비, 재료비, 재산세, 감가상각비, 보험, 관리비 등이 포함된다. 그러나 산출수준에 따라 재료비, 노무비, 유지 · 보수비, 에너지, 판매비 등이 변동되기 때문에 거기에 따른 변동비예산이 수립되어야 한다.

최근에 와서 많은 조직들이 예산통제기법으로서 새로운 접근법을 도입하고 있다. 이 중 가장 널리 알려진 것들 가운데 PPBS접근법(Planning-Programming-Budgeting System)과 영점기준예산접근법(Zero-Base Budgeting)이 있다.

1) PPBS접근법

미국의 케네디 행정부에서 PPBS라고 하는 예산편성기법을 국방성에 새로이 도입하였다. 이 기법은 국방성 내에서 비용이 많이 드는 프로그램의 중복을 찾아내어 그것을 제거시키고, 또 그 같은 프로그램을 보다 더 정확한 전체예산에 통합시키고자 하는 의도로 만들어졌나. 일반적으로 PPBS접근법에는 다음과 같은 몇 가지 단계가 있다.

프로그램 혹은 활동의 기본목적을 서술하고 분석한다. 서술된 목적에 비추어 프로그램의 성과를 분석한다. 1년이 아닌 몇 년에 걸친 프로그램의 총비용을 측정한다. 전체적인 목적을 가장 잘 달성시킬 수 있는 대안을 비교 · 선택한다.

많은 정부기관들과 부서들이 PPBS의 실시에서 오는 혜택이 거의 없고 자신들과 사전에 상의도 없이 실시를 강요한다는 이유로 사용을 거부하였기 때문에 충분히 활용되지 못했다.

2) 영점기준예산접근법

전통적인 예산수립과정에서 경영자들은 당해연도의 현행예산을 기준으로 하여 차기의 예산연도에 발생하게 될 변화에 맞추어 각 예산항목을 조정해 나간다. 다시 말해서, 이러한 방법은 과거의 지출은 적절하고 지속되어야 한다는 것을 가정한 것이다. 그래서 경영자의 관심은 다가오는 연도에 추가되는 비용을 적절하게 조정하는 데 있다.

'영기준예산접근법'에 의한 예산편성에 있어서는 그러한 가정이 존재하지 않는다. 매 회계연도의 예산편성은 무의 상태, 즉 영점기준(Zero-Base)에서 출발해야 한다는 것이다. 그래서 관리자는 각각의 예산항목을 처음부터 검토하여야 한다.

제 3 절 품질통제

재무통제와 예산통제들은 전형적으로 대부분의 조직에 있어서 상당히 강조되어 왔으나 품질통제는 비교적 최근의 일이다. 품질통제를 하는 기법에도 여러 가지가 있다.

1. 품질관리자에 대한 통제

관리자의 직무영역 중에 가장 중요한 것은 종업원의 성과에 대한 평가이다. 평가는 관리영역의 기본이다. 그러므로 품질관리자들의 성과평가 과정을 알아보는 것이 품질통제에 있어서 가장 중요하다. 품질관리자의 성과평가 단계를 보면

그림 6-5 품질관리자의 성과평가 단계

직무분석	성과기준	측정도구	성과표준	평 가	수정지시
• 품질관리의 기준개발, 유지와 수정	• 사양과 검사	• 기 록	• 4/1일까지 제품사양 준비	• 모든 제품의 사양개발	• 없 음
• 품질관리 기사 감독	• 감독(성과, 결근 등등)	• 비율척도	• 90%검사율 유지	• 92%검사율 유지	• 없 음
• 예산범위 내 작업	• 비용통제	• 예산과 비용 데이터	• 결근과 이직 20% 감소	• 결근과 이직 10% 증가	• 원인의 공식적 분석
• 고객불만 조치	• 품질합격 기준	• 일 관 성	• 일정기간 비용초과 없음	• 비용초과 근절	• 없 음
• 공기오염 모니터링	• 환경통제 기준	• 기록과 데이터	• 연말까지 불만고객 10% 감소	• 불만 3% 감소	• 생산관리자와 협의
			• 지자체, 주, 연방 기준 충족	• 공기 오염치 45% 충족	• 검사장비의 조사
					• 공기오염 태스크 포스팀 구성

다음의 [그림 6-5]와 같다.

1) 1단계: 직무분석

직무분석은 직무을 구성하고 있는 요소들을 조사하는 것이다. 품질관리자를 예로 든다면, 그 구성요소는 품질관리 비용, 품질검사, 관리감독, 고객불만 등과 같은 책무를 들 수 있다.

2) 2단계: 성과기준의 정의

무엇이 성과의 가장 중요한 요소인가? 품질관리자의 비용관리 책무에서는 예산범위 내에서 장비운영 기준을 정하는 것과 새로운 검사기법을 개발하는 데 투여되는 비용 등이다.

3) 3단계: 측정도구의 개발

위의 두 단계는 이 단계와 연관되어진다. 각 기준에 대한 타당한 설명은 무엇이며, 각 측정에 대한 신뢰할 만한 게이지는 무엇인가? 대부분의 성과는 양적 혹은 질적 척도 중에 하나로 측정되어진다. 예로 불만인 고객의 수는 양적 척도이다. 반면에 품질관리자의 감독에 대한 성과평가는 주관적이며 질적인 척도인 것이다.

4) 4단계: 성과표준의 설정

이 단계에서는 좋은 성과를 정의해야만 한다. 고객불만을 접수한지 30일 이내에 조치완료하고, 불량비율은 15%까지 감소시키고, 10월 1일까지 공기정화 장비를 개발하게 하는 것은 품질관리자에게 좋은 예이다.

5) 5단계: 인사고과와 면접

여러 단계 중 이 단계가 특별히 중요하다. 왜냐하면, 상사가 부하를 어떻게 평가하였으며, 평가결과를 어떻게 전달하는지 등을 내포하고 있기 때문이다. 면접의 내용과 시기, 빈도 등은 상사와 부하가 상호 인정할 수 있는 범위 내에서 면담하는 것이 중요하다.

6) 6단계: 간섭 혹은 수정지시

성과수준은 이 단계에서 활동의 본질에 따라서 결정할 것이다. 만약 부하의 성과가 다소 불만족스럽다면, 약간의 수정지시나 조정이 요구되어질 것이다. 만약 성과가 만족스럽거나 표준을 초과한다면, 높은 수준의 성과를 계속 유지하도록 하기 위해서는 약간의 긍정적인 강화나 계획이 강구되어야 할 것이다. 우리는 이 단계에서 보상제도에 대한 적용영역을 보다 상세하게 설명할 것이다.

2. 품질의 전략적 함축통제

품질전문가 가빈(David A. Garvin)은 품질은 전략적 관점에서 다음의 8가지 차원이 중요하다고 지적하였다.

① 성과(Performance): 제품의 주 핵심기능
② 특징(Feature): 제품의 보조기능
③ 신뢰성(Reliability): 제품의 정상작동기능
④ 일치성(Conformance): 표준규격과의 일치 여부
⑤ 내구성(Durability): 제품사용 가능기간
⑥ 서비스성(Serviceability): 수신가능 정도
⑦ 미관성(Aesthetics): 미적 감각 정도
⑧ 인식품질(Perceived quality): 소비자의 주관적 품질인식 정도

이러한 8가지 관점에서 품질을 통제하는 것이 품질의 전략적 통제방식이다.

3. 통계적 품질관리통제

통계적 품질관리는 샘플링검사(Acceptance Sampling)와 공정통제(Process Control)로 구분된다. 샘플링검사는 무작위로 추출한 표본의 검사결과에 따라 전체 생산품의 품질이 합격이다 또는 아니다로 결정하는 방식이며, 공정통제는 생산공정으로부터 정기적으로 표본을 추출하여 검사한 다음, 그 결과에 따라 현재의 생산공정을 계속해 나갈 것인지 아닌지를 결정하는 통제방식이다.

두 방식은 통계이론을 이용하기 때문에 통계적 품질관리통제(Statistical Quality Control)라 불린다.

4. 품질비용통제

미국, 일본 등 선진국들은 고객과의 신뢰도를 높이기 위해 "품질비용(Quality Cost)관리시스템"을 도입·운영하고 있다. 이 시스템은 경제적 품질관리활동을 위한 예방 및 평가비용을 효과적으로 사용, 제조불량을 향상시켜 궁극적으로 품질코스트를 최소화함으로써 회사의 이익증대를 꾀하려는 통제기법이다.

상품의 질을 높이기 위한 품질코스트는 ① 예방비용(Prevention cost), ② 평

가비용(Appraisal Cost), ③ 실패비용(Failure Cost) 등 크게 3가지로 나뉜다.

예방비용에는 사원교육훈련비용, 외주업체 지도비용, 품질개발비용, 품질관리부서 운영비용 등이 포함되며 평가비용에는 제대로 상품을 만들었는지의 여부를 알기 위한 검사기능에 드는 비용 등이 들어 있다. 실패비용은 수입자재 및 외주가공 불량코스트, 제품불량에 따른 소비자들의 클레임에 대한 보상비용 등을 뜻한다.

품질비용관리 시스템은 이 같은 예방 및 평가비용을 다소 높임으로써 실패비용을 대폭 축소, 불량률을 제로로 만들고 품질코스트도 줄일 수 있다는 이론이다. 이 이론은 70년대 후반 미 ITT사 출신의 필립 크로스비(Philip Crosby)가 완성, 80년대 미국기업에 선풍적 인기를 끈 통제기법이다.

5. 품질 벤치마킹(Benchmarking)기법

벤치마킹이란 산업 내외적으로 최상의 품질을 갖는 기업의 품질을 대상으로 자신의 품질과 비교하여 그 평가결과를 토대로 품질을 통제하는 기법이다. AT&T, Du Pont, Ford Motor, IBM 등이 품질벤치마킹을 훌륭히 성공적으로 한 기업으로 인정받고 있다. 1979년 복사기 제조업체인 XEROX는 미국 내에서 일본 복사기가 9,600달러에 팔리는 것에 대해서 이것은 "덤핑(Dumping)"이라고 공격했다. 그 후 XEROX는 벤치마킹팀을 만들어 그들의 조인트 벤처회사인 Fuji-XEROX에서 연구한 결과 일본기업들은 비용뿐 아니라 품질면에서 월등히 우수하여 원가가 자사제품보다 싼 것을 알게 되었다. 그 후 XEROX는 품질 벤치마킹을 통하여 그들의 단점을 극복했다.

6. TQM통제기법

품질을 고개만족이라는 조직의 목표 속에 넣어서 전략과 계획차원에서부터 전 조직이 전원 참가하여 개선하도록 통제하는 방법이다.

7. 재고통제

대부분의 조직에서 중요한 또 다른 통제기법은 재고통제이다. 재고란 생산을 용이하게 하기 위하여 또는 소비수요를 만족시키기 위해서 필요한 여유 비축분이다.

재고에는 원자재재고, 재공품재고, 완성품재고의 3가지 형태가 있다. 그런데 문제는 이러한 재고는 비용을 발생시킨다는 점이다. 재고수준결정과 관련된 비용에는 주문비용 혹은 생산준비비용 재고유지비용 및 재고부족비용이 있다.

재고품목을 외부에서 구입하든 기업내부에서 생산하든 최적 주문량 또는 최적 생산량은 이와 같은 재고관련총비용을 최소화하는 주문량 또는 생산량을 의미한다. 따라서 경영자는 재고통제를 통하여 조직 내에서 발생되는 비용을 줄이는 데 노력을 해야만 한다.

재고를 통제하는 기법으로는 주문량 또는 주문시기를 어떻게 결정하느냐에 따라서 고정주문량모형(Fixed-Order Quantity Model)과 정기주문모형(Fixed-Order Interval Model)의 두 가지 유형으로 크게 구분된다. 또한 재고관리모형에서 수요와 조달기간이 확정적이냐 또는 확률적이냐에 따라서 확정적 모형(Determinate Model)과 확률적 모형(Probabilistic Model)로 구분된다.

8. 기업의 도산예측모델

도산예측모델 이론 중 월(Wall)의 지수법칙과 알트만(Altman)의 예측모델을 설명하면 다음과 같다.

1) Alexander Wall의 지수법칙

월(Wall)은 이 지수를 계산하기 위해 7가지 중요한 재무비율을 선정하고 각 비율의 중요성에 따라 비중을 달리한 가중치를 부여하여 기업을 평가하려고 하였으며 사용된 재무비율은 [표 6-2]와 같다. 이 표는 비율을 나타내지 않고 안전성과 지불능력의 관점에서 기업을 평가하여 위험의 자료로서만 이용하고 있다.

표 6-2 Wall이 사용한 재무비율 표

재무비율	내 용	가 중 치
유 동 비 율	유동자산/유동부채×100	25%
부 채 비 율	부채/자기자본×100	25%
고 정 비 율	고정자산/자기자본×100	15%
매출채권회전율	매출액/외상매출액	10%
재고자산회전율	매출액/재고자산	10%
고정자산회전율	매출액/고정자산	10%
자기자본회전율	매출액/자기자본	5%
계		100%

2) Edward I. Altman의 예측모델

알트만의 도산예측에 관한 연구문헌은 1986년에 발표한 논문과 1971년의 단행본을 들 수 있다. 전자의 문헌은 1968년의 연구논문과 함께 도산에 관한 법적 근거, 도산통계에 관한 해석 및 기업도산에 영향을 미치는 제 요인을 면밀하게 검토하고 있다. 또한 도산예측모델에 대한 광범위한 응용방법을 제시하고 있다. 그 후에도 그는 도산예측에 관한 많은 연구를 발표하였는데 그 가운데서도 회계감사인의 "계속기업평가"와 관련한 도산예측연구와 Z-SCORE예측모델에 대한 종합적인 연구 등이 있다.

알트만이 최초로 선정한 표준기업은 제조업체에 한정되었으며 이때 사용된 표준기업의 수는 도산기업 33사, 비도산기업 33사로서 모두 66개 기업이었다. 그는 지금까지 많은 학자들이 중요하다고 강조하였고 일반적으로 보편타당성이 인정된다고 생각되는 재무비율을 모아 그 중에서 22종의 지표를 분석대상으로 삼았다. 그러나 처음 설정한 22개의 재무비율 중에서 도산 전 1년도의 비율을 계산하여 여러 가지로 상호 종합해 본 결과 5가지가 도산예측에 매우 유용한 것으로 선정되었다. 그리고 재무자료를 이용해 최종적으로 선정된 판별함수는 다음과 같다.

$$Z=0.012X_1+10.014X_2+0.033X_3+0.006X_4+0.999X_5$$

Z=판별함수

X_1=운전자본/총자산
X_2=유보이익/총자산
X_3=이자, 세금차감전순이익/총자산
X_4=자기자본의 시장가치/총부채의 장부가액
X_5=매출액/총자산

이 같은 판별함수에 의해 계산된 판별함수가 2.99 이상일 때는 비도산기업으로 1.18보다 적으면 도산기업으로 분류하며 1.81-2.99에 있는 기업들은 명확한 판별이 유보된다.

3) 우리나라 기업의 검증

우리나라 도산기업을 도산기업판별점수를 보면 [표 6-3]과 같다.

우선 표본기업으로 선정된 1983-1988년의 도산 및 흡수합병기업 27개사에 대하여 도산 전년도에 대한 Z-SCORE를 계산한 결과 [표 6-3]과 같이 나타났다. 이를 알트만의 판별점수기준에 의하여 판별하여 보면 2개 기업을 제외한 25개사

표 6-3 도산기업판별점수 분석

순 번	회 사 명	Z-SCORE	순 번	회 사 명	Z-SCORE
1	K원양	0.84	15	M건설(주)	0.56
2	Y제강	0.91	16	S개발(주)	0.85
3	T목재공업	1.14	17	D긴설(주)	1.97
4	S상사	0.62	18	D석유(주)	1.41
5	P섬유공업	1.07	19	K종합전기	1.04
6	D(주)	0.46	20	D콘크리트	1.07
7	D강철	1.13	21	U건설(주)	1.01
8	S증권	0.75	22	D중기공업	0.82
9	S해운(주)	0.40	23	S목재	0.31
10	B제강(주)	1.04	24	B목재(주)	1.03
11	II생시(주)	0.35	25	H플리스틱	4.53
12	S건설(주)	0.94	26	S반도체	0.59
13	S타이어	0.07	27	H철강(주)	0.75
14	K건설(주)	0.83			

가 판별점수 1.81미만으로서 우선 93.7%의 판별력을 갖고 있는 것으로 나타났으며, 특히 1.97로서 이를 다시 명확하게 분류해 보면 도산기업으로 판별될 확률이 많기 때문에 도산기업에 대한 판별력은 97%에 달하고 제1종 오진율은 3%에 불과하다.

제 4 절　정보통제

정보는 조직의 신경과 같다. 그러므로 경영을 잘하기 위해서는 올바른 정보가 필요한 사람에게 적시에 공급되어야 한다. 그러므로 정보는 중요한 역할을 한다. 정보통제에 대한 기본 체계를 보면 [그림 6-6]과 같다. 어떤 조직을 막론하고 관리자는 구성원들이 활동을 어떻게 하는지를 알고 싶어한다.

구성원들이 어떤 일을 하고 있는가?
구성원들의 성과는 어떠한가?
구성원들의 성과를 저해하는 일들은 어떤 것이 있는가?
구성원들이 성과달성을 할 수 있는 방법은 어떠한 것이 있는가?
구성원의 성과달성을 위하여 주의할 점은 무엇인가?
구성원들의 노동재생산을 위하여 무엇을 해야 하는가?
구성원들을 위한 복리시설은 어떻게 해야 하는가?
출퇴근 거리는 어떠한가?
회사의 위치는 어떠한가?

그림 6-6　정보통제의 기초

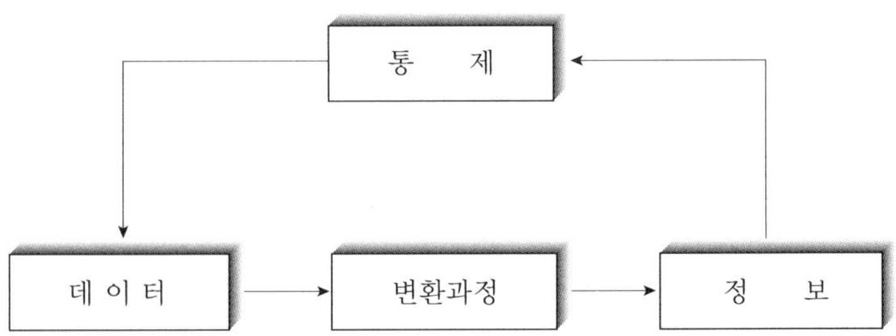

이상 [그림 6-6]과 같이 첫째 데이터를 수집하고, 둘째 수집된 데이터를 변환시키고, 셋째 정보를 가지고, 넷째 그 정보가 적당한 정보인가를 통제한다.

기업에 종사하는 구성원들은 누구나 정보에 관심을 가지고 있다는 것을 생각해 본다면 매우 놀라울 것이다. 이와 같이 모든 조직은 조직 내에서 혹은 외부에서 어떤 일이 일어나고 있는가에 대한 정보의 계속된 흐름에 관심을 갖고 있다.

정확하고 적시의 정보를 가지고 있을 때만이 조직의 목적을 이룰 수 있고 계획을 예정대로 실행할 수 있다. 경영자들이 이러한 정확하고 적시의 정보를 확보하지 못하면 경영활동의 모든 것이 아무런 성과 없이 비용만 소모하게 될 수도 있다.

정보는 경영자들로 하여금 그들이 어떻게 사업을 할 것인가를 통제할 수 있도록 도와준다. 그런데 우리들은 자료(data)라는 말과 정보(information)라는 말을 별 차별 없이 쓰고 있다. 그런데 이 두 단어는 개념상 차이가 있다. 자료는 숫자나 수량 혹은 사건 등 분석되지 않은 사실들은 말한다. 반면에 정보는 어떤 상황을 정확하게 파악하는 데 도움이 될 수 있도록 정리된 자료를 말한다. 자료와 정보의 차이를 명확하게 하기 위해 예를 들어보자. 대형 슈퍼마켓에서 취급하는 품목은 보통 2만 가지가 넘는다.

이 많은 품목들에 대해 매일 사들이고 판매하는 일과 관련된 증빙서류를 담당직원들이 제각기 따로 보관만 하고 있다고 하자. 이럴 경우 경영자는 지난 한 주간 어떤 상품을 얼마나 사고팔았는지 언제 상품을 다시 주문해야 하는지 작년 동 기간에 비해 혹은 경쟁점포에 비해 더 많이 팔고 있는지 등 그 많은 품목에 대한 상황판단을 할 수가 없다. 다시 말해서, 자료가 점포 곳곳에 산더미처럼 산적해 있더라도 아무런 쓸모가 없는 것이다. 그 결과 계획을 세울 수도 없고 통제도 할 수 없으며 결과적으로 제대로 경영을 할 수 없게 된다.

위와는 대조적으로 누군가가 매출현황과 구매현황에 대한 모든 관련 자료들을 모아서 정리하고 분석해 놓으면 이것은 정보가 된다. 경영자는 매출이 어떠한 추세에 있는지 지난해와 비교하여 혹은 경쟁점포와 비교하여 어떠한 상태에 있는지를 알 수 있게 된다. 또 어떠한 품목이 잘 팔리고 있으며 상품재고가 너무 많지는 않은지에 대해서 뿐만 아니라 구매담당별 또는 판매사원별 실적에 대한 정보도 얻게 된다.

경영자는 항상 양질의 경영정보를 필요로 한다. 왜냐하면 계획, 조직, 지휘, 통제 등 경영의 제반기능을 수행하려면 상황에 대한 올바른 판단이 앞서야 되는데 이것은 신속하고 정확한 정보가 원활하게 제공될 때 가능하기 때문이다. 경영자의 기능 중에서도 특히 계획기능과 통제기능은 정보에 의존하는 정도가 더욱 크다. 어떤 의미에서 정보의 질이 경영자가 내리는 의사결정의 질을 좌우한다고 할 수 있다.

기업경영에서 요구되는 정보는 서로 다르지만 대체로 다음 4가지 요소로 정보가 평가된다. 정확성, 신속성, 충분성, 관련성 등이 있다. 경영정보는 다른 생산자원과 유사한 성질을 갖고 있다. 우선 정보를 만드는 데는 비용이 든다. 자료를 모으고 체계적으로 정리 · 보관하고 분석하는 데는 인력과 시간 그리고 금전적인 비용이 든다. 경영정보는 또 질적인 면에서 차이가 있다. 대단히 값어치가 높은 정보가 있는 반면에 크게 쓸모가 없는 정보도 있다. 여기서 잠시 무엇이 정보의 가치를 결정짓는 요인들을 보면 다음과 같다.

1. 정보가치 결정요인

1) 정 확 성

정보는 자세하고 확실할수록 가치가 높아진다. 예를 들어, 우리 회사의 제품이 잘 팔리고 있다는 막연한 정보보다 지역별 · 품목별로 실적을 보여 주고 또 경쟁제품과의 비교도 자세하게 해 주는 정보가 더 가치가 있다. 일반적으로 정확한 정보를 구하려면 그만큼 비용도 더 들게 된다. 경영자는 정보의 값어치와 드는 비용을 비교하여 현실적인 타협점을 찾아야 한다.

2) 신 속 성

일이 다 그르쳐진 후 알려지는 정보라면 큰 가치가 없다. 효과적인 통제가 되려면 필요한 사람에게 제때에 전달되어야 한다. 한 치 앞을 다투는 경쟁환경에서 신속한 정보를 제공해 줄 수 있는 정보시스템의 중요성은 더욱 커지고 있다.

3) 충 분 성

정확한 상황판단을 위해서는 충분한 양의 정보가 필요하다. 즉 문제를 다각적으로 분석할 수 있는 내용이 담겨 있어야 한다. 예를 들면, 영업사원의 실적을 평가하기 위해서는 단순한 판매실적뿐만 아니라 잠재고객을 개발한 정보라든지 고객으로부터의 반응에 대한 정보도 필요하게 된다. 그러나 정보가 충분해야 된다고 하여 크게 중요하지도 않은 정보를 쏟아부어 놓은 것은 바람직하지 못하다. 그럴 경우 경영자들은 정작 중요한 정보들도 소홀히 취급하게 된다. 가치 있는 정보란 양이 지나치게 많지 않으면서도 중요한 내용은 빠뜨리지 않는 것이다.

4) 관 련 성

정보를 받는 사람의 업무와 관련이 있어야 한다. 불필요한 내용을 전달하는 것은 경영자를 돕는 길이 아니다. 예를 들어, 인사담당 이사에게 매일 매일의 재고현황에 대한 정보까지 알릴 필요는 없다.

2. 경영정보시스템(MIS)의 실시에 따른 문제점

MIS를 실시하는 과정에서 여러 가지의 문제가 발생할 수 있다. 컴퓨터 하드웨어상의 문제를 위시하여 세부적인 기술사항이나 조직상의 어려움 등이 책의 범위를 벗어나는 내용들이 많이 있다. 그 중에서 사람들과 관련되는 내용만 두 가지 들면 하나는 조직의 저항이고 다른 하나는 보안문제이다.

1) 조직의 저항

경영계층에 따라 MIS 실시에 따른 반응이 다르다. 하위직에 있는 사람들은 맡은 일에서 밀려나는 것을 두려워하기도 하고 일이 잘못되면 새로운 시스템의 탓으로 돌리려고 할 수도 있다. 영업이나 생산을 담당하는 경영자들도 큰 영향을 받는다. 예를 들면, 판매실적에 관한 정보가 곧장 최고 경영자에게 전달됨으로써 그 전보다 업무에 대해 더 많은 통제을 받게 될 수가 있다.

저항은 여러 가지의 형태로 나타날 수 있다. 고의적으로 잘못된 자료를 입력

표 6-4　경영관리수준에 따른 정보요구 차이

	주요 문제	정 보 원	시간차원	의사결정 유형	총 체 성	최 신 성
최고경영층	전　략	외　부	장　기	비구조화	요　약	최소 최신정보
	↑	↑	↑	↑	↑	↑
중간경영층	전　술	외부/내부	중　기	중간정도 구조화	중간정도 요약	다소 최신정보
	↑	↑	↑	↑	↑	↑
일선경영층	운　명	내　부	단　기	구 조 화	세 부 적	매우 최신정보

출처: Gremillion, L. C. & Pyburn, P. J., 1988, *Computers and Information System in Business*, New York: McGraw Hill, p. 182.

하거나 시스템에 손상을 가하기도 한다. 시스템과는 관계없는 일에 대해서도 잘못되면 시스템을 핑계로 삼는다. 또 컴퓨터가 작성한 자료들을 의도적으로 외면하거나 시스템을 불신하는 행동을 나타낸다.

2) 보　안

MIS 담당부서에서 정보를 집중적으로 관리를 할 때는 보안이 그렇게 심각한 문제는 아니다. 그러나 정보가 많은 사람에 의해 분산되어 관리되면 생산계획, 판매계획, 종업원 및 고객에 관한 중요한 정보 등이 외부로 흘러나가거나, 고의적으로나 혹은 실수로 훼손될 가능성이 높아지게 된다. 그러므로 세심한 대책을 수립해야 하다. 아무나 컴퓨터를 사용하지 못하게 하며 중요한 소프트웨어는 잘 보관하고 또 사용자만이 아는 암호를 사용하는 등의 필요한 조치를 취해야 한다.

[표 6-4]는 경영관리수준에 따른 정보요구 차이를 나타낸다.

3. 정보시스템의 종류

조직계층에 따라서 이에 요구되는 정보가 다르기 때문에 정보시스템도 조직계층에 따라서 여러 형태가 있다. 일반적으로 다음의 5가지가 주로 이용된다.

–거래처리시스템(TPS)

그림 6-7 조직계층에 따른 정보시스템 유형

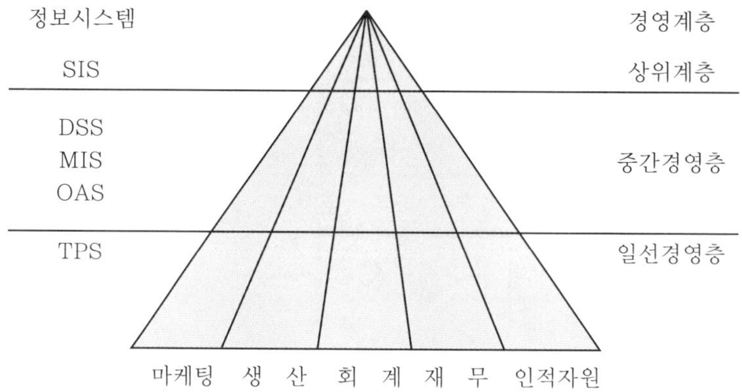

자료: Laudon, K. C. and Laudon J. P., 1991, *Management Information Systems: A Conterpory Perspective*, New York: Macnillan, p. 44.

-사무자동화시스템(OAS)
-경영정보시스템(MIS)
-의사결정정보시스템(DSS)
-전략정보시스템(SIS)

[그림 6-7]은 각 조직계층에 따른 정보시스템의 유형을 요약한 것이다.

1) 거래처리시스템

조직 내에 일상적으로 일어나는 활동(거래)을 기록하고 집행하는 데 도움을 주는 컴퓨터 중심 정보시스템이다. 예컨대 여러분이 무인은행에서 돈을 찾을 수 있는 것은 이러한 거래처리시스템(TPS: Transaction-Processing System) 덕분이다. 이 시스템은 조직 내의 다른 정보시스템의 기초자료를 제공해 준다.

2) 사무자동화시스템

사무자동화시스템(OAS: Office Automation System)은 서류문서와 메시지 처리과정을 통하여 일반경영자들의 생산성을 증가시키고 의사소통을 원활히 하기 위한 목적으로 구성된 컴퓨터 중심 정보시스템이다.

그림 6-8 MIS모델

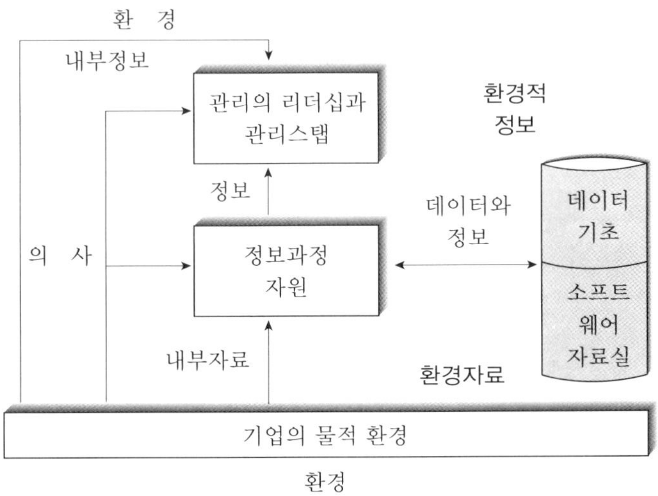

출처: McLeod, R., 1986, *Management Information Systems*, 3rd ed., Chicago: SRA, p. 20. Reprinted by Permission.

3) 경영정보시스템

중간 또는 일선계층의 경영자들에게 필요한 현재 또는 과거의 정보를 On-Line접속을 가능하게 하고 정규적인 보고를 용이하게 할 목적으로 구성된 컴퓨터 중심의 정보시스템이다. 이 MIS(Management Information System)은 운영적 또는 전술적인 문제접근을 위해 구성되기 때문에 계획, 의사결정, 그리고 통제기능면에서 이 시스템은 매우 중요하다. 이러한 경영정보시스템은 [그림 6-8]과 같이 여러 개의 각 기능별 하위정보시스템으로 구성되어 있다.

4) 의사결정정보시스템

MIS가 미국의 경우 1960년대에 접어들어 기업에서 크게 도입 · 활용되었으나 지나치게 컴퓨터 중심만으로 다루어지고 기록 중심만의 정보만을 다루었기 때문에 실패하였다. 그리하여 1970년대 이후에는 이에 대신하여 최고경영자에게 중요한 정보를 제대로 제공하고자 의사결정정보시스템(DSS: Decision Support System)이 개발되었는데 이는 주로 비구조적이고 반정형적인 유형의 의사결정과 관련된 전략계획에 필요한 정보를 제공하려는 데 기본초점이 있다.

5) 전략정보시스템

컴퓨터시대에서 정보시대로 넘어감에 따라서 최고경영층은 지금까지의 경영전략(계획)을 정보계획과 통합할 필요성이 점점 커지게 되었다. 이러한 전략적 차원에서의 통합계획을 위해 구성된 컴퓨터 중심 정보시스템(SIS: Strategic Information System)이다.

SIS를 구축하는 데 있어 해결해야 될 최대의 과제는 적용업무의 소프트웨어 개발에 많은 인력과 시간을 필요로 한다는 점이다. 따라서 이 분야는 새로운 도전의 기회가 될 것이다.

4. 정보시스템 실행에서의 유의점

조직의 경영활동을 처리하는 데 점점 더 많이 컴퓨터를 활용하고 있다. 그렇다고 무조건 정보시스템을 구축해서는 안 된다. 경영자들은 정보시스템의 디자인이나 설치에 나타날 수 있는 문제들을 인식하여야 한다. 경영자들은 조직구성원들을 이해시키는 데 가장 중요한 요인이 무엇인지, 그리고 무엇이 가장 어려운 것인지를 인식하여야 한다.

새로운 정보시스템에 대한 저항은 모든 경영자들에게 악몽이 될 수 있다. G. W. Dickson과 John K. Simmon은 새로운 정보시스템이 저항을 받을 것인지, 어느 정도 호응을 받을 것인지에 영향을 미치는 5가지 요인을 지적하였다.[3)]

1) 정보시스템이 이미 정착된 부서간의 경계에 변화를 일으키는가

정보시스템을 새로이 정착시키기 위해서는 몇몇 조직의 부서를 변화시켜야 한다. 예를 들면 재고관리부서와 구매부서는 정보시스템을 효율적으로 활용하기 위해 총합될 수 있다. 그러한 변화에 대하여 부서 직원들은 저항할 것이다. 이들은 그들이 함께 일하는 사람들과 일하는 방식을 바꾸어야 한다는 것에 화를 낼 수도 있다.

---

3) Dickson, G. W. and Simmon, J. K., August 1970, “The Behavioral side of MIS,” *Business Horizon*, Vol. 13, No. 13, No.4, pp. 59-71.

2) 정보시스템은 비공식적인 시스템을 변화시키는가

새로운 정보시스템에 의한 의사소통방식이 기존의 비공식적인 의사소통시스템을 변화시킬 수도 있다. 조직구성원들이 정보를 의사소통하는 비공식적인 시스템을 더 선호한다면 그들은 새로운 시스템에 의하여 이루어지는 공식적인 시스템에 저항할 것이다. 새로운 정보시스템은 그러한 의사소통 통로를 막을 수가 없다.

3) 정보시스템이 개인의 특정한 특성을 변화시키는가

조직에서 오랫동안 일을 한 사람들은 현재의 시스템 내에서 일을 하는 방법을 배워서 알고 있다. 이러한 사람들은 새로운 정보시스템 도입에 따른 새로운 변화에 대하여 더욱 고집스럽게 저항하게 된다.

4) 정보시스템은 조직의 문화에 부합하는가

최고경영자가 개방적인 의사소통문화를 선호하고, 조직전체를 신뢰하는 분위기라면 새로운 정보시스템을 설치하는 데 훨씬 적은 저항을 받을 것이다. 만약 최고경영자가 고립되어 있거나 직원들에게 불친절하고 또한 경직된 행동들이 조직의 보편적인 문화라면 정보시스템은 효과적으로 실행되지 못할 것이다.

5) 종업원들이 어떻게 변화가 이루어져야 하는지에 대하여 의견발표의 기회가 있는가

변화가 계획되고 실행되는 방식은 많은 저항을 야기시킨다. 일반적으로 경영자와 종업원들이 함께 의사결정을 한다면 이러한 변화들이 더욱 잘 받아들여질 것이다.

위의 5가지 유의점 이외에 보안문제도 정보시스템의 실행에서 유의해야 한다. 정보를 집중적으로 관리할 때는 보안이 그다지 심각한 문제는 아니나 정보가 많은 사람들에 의해 분산되어 관리되면 중요한 정보가 외부로 유출되므로 유의해야 한다.

제5절 마케팅 통제

1. 마케팅 통제의 의의

기업이라는 조직이 이윤창출을 기본목표로 하는 한, 고객확보를 위한 활동은 필연적이다. 오래 전 기업경영에서는 가능했을지 모르지만 경쟁이 치열한 현대기업경영에 있어서는 사회적이고 윤리적인 규범하에서 구매자뿐만 아니라 사회에서도 상호 유익한 관계를 유지하면서 고객을 확보해야 한다. 마케팅 관리란, 기업이라는 조직이 표적 구매자들과의 상호 유익한 교환을 창조하고 촉진하고 유지하기 위해 고안된 프로그램에 관련된 활동을 계획 · 조직 · 통제하는 일이다. 이와 같이 마케팅 관리는 통제기능을 내포하고 있다.

2. 마케팅 관리의 목표와 통제

기업경영에서 마케팅 관리는 기업 자체에만 관련된 것이 아니라 사회 전체적으로 모든 사람들에게 영향을 미친다. 그렇기 때문에 사회적으로 문제가 될 소지가 있는 경우는 마케팅 관리가 오히려 사회의 물질적 생활수준을 가져오게 하고 삶의 질을 풍요롭게 하는데 공헌한다는 징송 또한 존재한다.

기업이 마케팅 관리를 하는 궁극적인 목표는 이윤의 창출에 있다. 이에 대해 4가지의 목표가 제시될 수 있는데, 즉 소비의 극대화, 소비자 만족의 극대화, 선택의 극대화, 생활의 질의 극대화이다. 마케팅 통제는 마케팅 관리가 목표 쪽으로 행하도록 관리하는 것이다.

1) **소비의 극대화**(Maximize Consumption)

사람들이 많이 구입할수록 그들은 보다 행복해지며, 기업 입장에서도 유리하다는 것이다. 많을수록 좋다(More is better)는 것을 생가하고 있으나 물적 재화를 더 많이 소비할수록 더 큰 행복이 있다는 생각에 의문을 갖는 사람들이 많다. 오늘날 일부 표적 구매자들의 찰학은 '적은 것이 많은 것'이며 '작은 것이 아름답다(Small is Beautiful)'를 주장한다.

2) 소비자 만족의 극대화(Maximize Consumer's Satisfaction)

마케팅 관리의 목표가 되기 위해서는 그 소비의 결과가 소비자 만족으로 이어졌을 때에만 가능한 것이다. 그러나 문제는 불행스럽게도 소비자 만족의 정도는 측정하기가 어렵다는 점에 있고 더구나 개인 소비자들이 특정제품으로부터 얻은 직접적인 만족은 공해와 환경파괴와 같은 해로운 요인에 의해서 마케팅 관리 목표가 소비의향보다 만족의 극대화 쪽을 택할 수 있다.

3) 선택의 극대화(Maximize Choice)

마케팅 관리는 소비자들이 그들의 기호에 맞는 제품을 선택할 수 있도록 해야 만족을 극대화할 수 있다고 주장한다. 그러나 소비자 선택의 극대화는 많은 비용을 요구한다. 다양하게 생산하면 생산과 재고비용이 증가하기 때문에 재화와 서비스의 가격이 높아지게 될 것이며, 따라서 높은 가격은 소비자의 실질소득과 소비를 감소시키게 되므로 제품이 다양해진다고 해도 반드시 소비자의 실질적인 선택의 범위가 증가하는 것은 아니다.

4) 생활의 질 극대화(Maximize Life Quality)

마케팅 관리목표가 소비자들의 생활의 질을 향상시키는 것이어야 한다고 믿고 있다. 생활의 질에는 소비하는 재화의 품질, 수량, 사용성 및 비용뿐만 아니라 자연환경 및 문화적인 질까지도 포함된다. 대부분의 사람들은 생활의 질이란 것이 마케팅 관리자가 당연히 목표로 해야 할 가치가 있다고 생각한다. 그러나 그들은 인간의 가치관에 따라 달리 해석될 수 있다.

3. 마케팅 관리의 내용

종래에는 기업의 제품이나 서비스를 먼저 생각하고 이를 사후적으로 판매하였다. 그러나 오늘날의 기업은 이런 방식을 취하지 않고 먼저 소비자의 요구나 욕구, 성격, 규모 등을 파악한 다음 표적시장을 선정한다. 그런 다음 이를 토대로

그림 6-9 전략적 마케팅 관리 구성요소

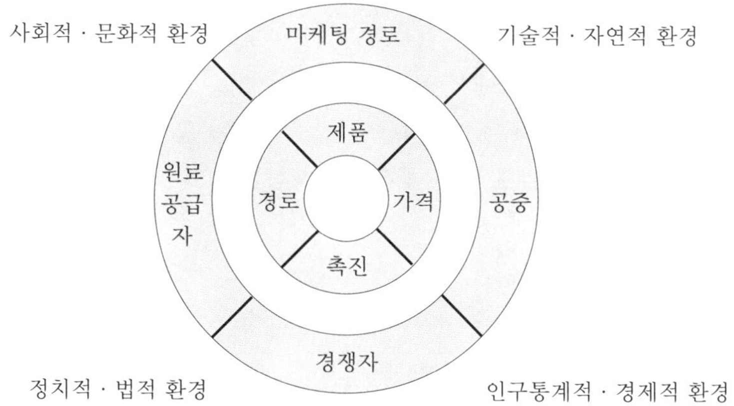

소위 '4P'라 불리는 제품(Product), 가격(Price), 유통(Place), 촉진(Promotion) 마케팅 믹스 활동을 전략적으로 수행한다. 마케팅 계획, 마케팅 집행, 마케팅 통제, 마케팅 분석이라는 순환 고리에 따라서 활동한다.

이와 같이 오늘날의 마케팅 관리는 기업의 입장에서가 아니고 소비자 또는 고객만족을 전제로 수행되므로 고객지향성(Consumer Orientation)이라는 특성을 갖고 있고, 아울러 전략적으로 수행되므로 전략적 마케팅(Strategy Marketing)으로서의 특성도 아울러 지니고 있다. 이를 보면 [그림 6-9]와 같이 전략적 마케팅 관리에 미치는 요인과 관리과정 구성요소를 보이고 있다.

1) 표적소비자 관리

전체시장을 나누고, 그 나눈 세부시장 중에 최적의 세분시장을 택하여 경쟁자보다 그 특정 세분시장을 충족시켜 보다 수익을 창출할 수 있는 시장위치를 확보하는 활동이다.

2) 마케팅 믹스 개발관리

마케팅 믹스(Marketing Mix)를 개발하여야 한다. 마케팅 믹스란 기업이 표적시장에서 원하는 반응을 얻을 수 있도록 하기 위해서 사용하는 통제가능한 마케팅 변수의 집합을 뜻하는데, 통상 '4P, 즉 제품(Product), 가격(Price), 유통(Place),

촉진(Promotion)'으로 구분된다.

3) 마케팅 노력관리

기업은 그의 표적시장에서 목표를 최고로 달성할 수 있는 마케팅믹스를 설계한 후 실천에 옮기고자 한다. 이러한 전략적 실천활동에는 네 가지의 마케팅 기능, 즉 분석·계획·실행 및 통제기능이 포함된다.

(1) 마케팅 분석

기업은 시장과 마케팅 환경을 분석함으로써 매력적인 사업기회를 발견하며 또한 환경적 위험을 피할 수 있다. 마케팅 분석이란 다른 각각의 마케팅 관리기능을 수행하는 데 필요한 정보와 기타 여러 가지 투입요소를 제공하는 것이다.

(2) 마케팅 계획수립

마케팅 계획수립은 기업이 전사적인 전략적 목표를 달성하는 데 필요한 마케팅 전략에 대해 결정하는 것이다. 특히 각 사업단위 제품 및 상표에 대한 보다 세부적인 마케팅 계획이 필요하다.

(3) 마케팅 실행

양호한 마케팅 분석과 계획수립은 기업이 성공적으로 그 목표를 성취할 수 있도록 하는 시초단계일 뿐이므로 이에 대한 마케팅 계획이 보다 신중하게 실천되어야 한다.

실행과정은 다섯 가지의 요소—활동계획·기업의 조직구조·의사결정과 보상시스템·인적자원·기업 분위기, 즉 기업문화—로 구성되는데 기업의 마케팅 계획과 전략을 성공적으로 시행하기 위해서는 상기의 5가지 요소를 통합적이며 일관된 프로그램으로 결속하여야 한다.

(4) 마케팅 통제

마케팅 계획이 실행되면서 기업은 자신의 목표가 성취되고 있는가를 확인하기 위해서 통제절차를 가져야 한다. 통제를 하기 위해서는 시장성과가 측정되어야 하고, 계획과 성과 사이에 심각한 차이가 있을 경우 그 원인을 발견하고 이러한 차이를 줄이기 위해서는 어떤 시정조치가 취해져야 할 것인가를 판단해야 한다. 새로운 시정조치에는 계획이 실행되는 방법의 변경뿐만 아니라 심지어는 조직목표의 변경까지도 포함된다.

(5) 마케팅 환경관리

환경은 기업에 대해 위험과 기회를 동시에 제시한다. 그러므로 기업은 환경에 의해서 야기되는 위험을 피하고, 또한 기회를 최대한 이용하기 위해서 그의 마케팅 환경을 면밀하게 분석하여야 한다. 기업의 마케팅 환경에는 자사의 소비자들의 욕구를 충족시킬 수 있는 자사의 능력에 아주 밀접하게 영향을 미치는 여러 가지, 즉 기업의 다른 부서, 경로구성원(도소매상), 원료공급자, 경쟁자 및 이해자 집단과 같이 여러 구성원들로 구성되어 있다.

즉, 마케팅 환경은 아주 범위가 넓은 인구통계학적 요인, 경제적 요인, 정치적 · 법적 요인, 기술적 요인 · 생태학적 요인, 사회 · 문화적 요인으로 되어 있다. 기업은 표적시장에 맞게 제품을 개발하고 또한 위치화할 때 상기의 모든 환경요인들을 생각해야 한다.

4. 국제 마케팅

국제무역의 분호는 더욱 개방적으로 되었고, 이들 선진국의 시장은 개발도상국 기업들의 제품으로 맹렬하게 침투당하고 있으며, 이제는 저가 제품뿐 아니라 고가 제품까지도 위협받고 있다. 이에 세계 각국의 기업들은 국제무역시장에서 치열한 경쟁을 벌일 수밖에 없는 현실에 직면했다. 기업들은 보호주의 장벽에 의해 외국 수입품의 경쟁으로부터 버티고 있지만, WTO체제하에서는 이것도 역시 일시적인 해결책에 불과하다. OECD에 가입한 우리로서는 이제 개도국의 혜택도 상당히 줄어들 수밖에 없다. 과거와 같이 단순히 물건을 파는(Selling) 국제마케팅이 아니라 경영전략 차원에서의 국제 마케팅(Competitive International Marketing)으로 승화되어야 한다.

1) 국제 마케팅 환경 도입기

(1) 국제무역제도

기업이 해외로 진출하기 위해서는 국제무역제도를 잘 이해하여야 한다. 이는 다음과 같다.

첫째, 가장 일반적인 조치가 관세이다.

둘째, 수출업체는 쿼터(quota)에 직면하게 되는데, 쿼터란 수입국이 수입상품의 수량에 제한을 가하는 것이다. 쿼터의 극단적인 형태로는 어떤 종류의 상품수입이 전면적으로 금지되는 수입금지조치가 있다.

셋째, 기업은 외환통제에 의해서도 규제를 받는데, 외환통제는 외환의 사용과 환율에 규제를 가하는 것이다.

넷째, 이외에도 기업은 비관세장벽에 직면하게 되는데, 예를 들면 국제입찰에서 입찰을 차별받는다거나, 상품에 제한을 가할 수 있는 제품표준을 설정하는 조치이다.

반대로, 국가간의 무역 또는 몇 나라 사이의 무역으로 자유화하고 촉진시키려는 제도도 있다. 가장 대표적인 것이 EU이다. EU의 회원국은 인구 3억 2,000만 명의 서유럽국가들인데 구주 공동시장은 회원국가간에 교역을 원활히 하기 위해 품질적 · 금융적 그리고 기술적 장벽을 제거함으로써 하나의 유럽시장을 조성하려고 하고 있다. EU가 결성된 이후 나타난 경제협력단체들로 라틴 아메리카 자유무역 연합(Latin America Trade Associate), 중앙아메리카 공동시장(CACM: Central American Common Market), 동구유럽의 상호경제협력위원회(CMEA: Council for Mutual Economic Assistance) 등이 있다.

현재 세계의 경제 블록은 북미자유무역협정(NAFTA: North America Free Trade Agreement), EU 및 아시아 · 태평양경제협력회의(APEC: Asia Pacific Economic Cooperation)의 세 체제가 중심이 되는 경제 블록화가 진전되고 있다.

(2) 경제적 환경

해외시장에 진출함에 있어서 국제 마케팅 담당자는 반드시 각국의 경제 상태를 파악하여야 한다. 수출시장으로서의 매력으로 두 가지 경제적 특성이 영향을 미친다.

첫째는, 각국의 산업구조이다. 산업구조에 따라 그 나라에 요구되는 제품과 용역수준, 고용 등이 결정된다. 이러한 산업구조는 원시경제, 원자재 수출경제, 개발도상국 경제, 개발국 경제 등의 네 가지 유형으로 분류될 수 있다.

둘째, 경제적 요인으로는 각국의 소득분포이다. 각국의 소득분포 패턴은 극히 낮은 가구소득으로 구성된 국가, 대부분의 낮은 가구소득으로 구성된 국가, 극히 낮은 가구소득층과 극히 높은층의 병존 국가, 낮은층, 중간층 높은층이 병존하는 국가, 대부분 중간 가구소득층으로 구성된 국가 등 다섯 가지 유형으로 분류된다.

(3) 정치적 · 법적 환경

국가마다 정치적 · 법적 환경에 큰 차이가 있다. 특정국가에서의 사업 여부를 결정하기 위해서는 최소한 아래와 같은 네 가지의 정치적 · 법적 요인을 검토해야 한다.

① 해외구매에 대한 태도

외국기업에 대한 태도는 국가마다 상이한데, 매우 호의적인 국가도 있고 적대적인 국가도 있다. 예를 들면 Mexico는 오랫동안 외국인 투자에 대해서 유인을 제공하기도 하고 공장입지 선정에도 협조한다. 이와 반대로 인도의 경우 수출국들은 수입 쿼터와 통화문제의 제약 등으로 고통을 겪고 있다. IBM사와 Coca-Cola사는 이러한 제한조치로 인하여 인도에서 철수하였다.

② 정치적 안정성

정치적 안정성 또한 중요한 문제이다. 주재국 정부가 외국인 기업의 자산을 몰수하거나, 통화보유를 금지시킬 수도 있고, 수입쿼터 또는 새로운 관세를 부과시킬 수도 있는 것이다.

③ 통화규제

해외시장에 진출하는 기업은 가치 있는 통화로 이익을 실현하고자 한다. 그러나 외환사정이 좋지 못한 경우 수입업자는 봉쇄통화(Block Currency)로 지불하려고 할 것인데, 봉쇄통화란 수입국으로부터의 화폐이동이 수입국 정부에 의해서 규제되는 통화를 말한다.

(4) 주재국 정부의 제도

주재국 정부가 관세제도와 시장, 정부 및 기타 사업보조수단을 통하여 외국인 기업을 지원하는 적절한 제도를 운영하고 있는가 하는 것을 검토해 보아야 한다.

(5) 문화적 · 자연환경 보전

① 문화적 환경

나라마다 독특한 풍속, 규범 및 금기사항 등이 있게 마련이다. 따라서 특정 상품에 대한 마케팅 계획을 수립하기 전에 그 나라 소비자들이 그 특정제품에 대해 생각하는 방식과 사용하는 습관을 검토하여야 한다. 가끔은 놀라울 정도의 차이가 있다. 예를 들어 프랑스 남성은 보통 여성보다 화장품을 2배 가까이 많이 사용한다. 독일인과 프랑스인은 이태리인보다 유명상표의 포장 스파게티를 즐겨 먹으며, 이태리 어린이들은 보통 초콜릿보다 빵조각을 넣어 먹는 초콜릿을 좋아한다.

② 자연환경 보전

독일과 북유럽을 중심으로 한 유럽국가들에 있어서는 기업활동에 있어서 자연환경 보전에 관한 제도가 기업 성공 여부에 매우 중요시된다. 제품감시(Product Stewardship)제도에 따른 폐기물 회수시스템(Take Back System)이 어느 정도 강제화되고 있는지, 해당국의 그린 소비주의(Green Consumption)가 어느 정도 사회적으로 정착되어 있는지에 관한 정보를 검토해 보아야 한다. 아울러 세계무역기구(WTO) 내의 무역과 환경위원회에서 다루는 자연보전과 관련되어 있는 세계무역에 관한 국제동향, OECD국가의 환경보전 의무사항 등을 국제 마케팅의 환경평가로써 지속적으로 주목해야 할 것이다.

5. 글로벌시대의 마케팅 관리

글로벌시대를 맞이하여 소비자 의식이 급속도로 변화됨에 따라서 환경친화적인 제품, 안전한 제품, 기능이 단순하면서 개성이 강한 제품, 다양한 종류의 제품, 예술적 조화를 갖춘 디자인 제품이 신제품 개발에서 크게 대두되고 있다. 더

구나 신개발 제품의 수명이 갈수록 짧아지고 있다. 그리고 마케팅활동의 핵심인 신제품 개발 경영에도 큰 변화가 일어나고 있다. 가장 큰 경영변화는 가치(Value) 중심의 신제품 개발과 환경친화적 디자인(DFE: Design For Environment)이다.

1) 가치중심 신제품 개발

글로벌시대의 신제품 개발은 이러한 가치창출의 개념에서 이루어지지 않으면 안 된다. 목표고객의 욕구(Needs)가 무엇인가를 명확히 하고, 경쟁회사가 그 가격으로는 도저히 따라올 수 없는 가치를 창조하는 제품개발이어야만 한다. 이와 관련하여 필립스(L. C. Phillips) 교수는 다음의 10개 항목을 체크하여 신제품의 경쟁력을 체크해 볼 수 있다.

① 편익(Benefits)은 명확하게 그리고 분명히 설명되었는가?

② 가격은 명확하게 설명되었는가?

③ 목표고객은 명확하게 구분되었는가?

④ 목표 세분화를 위하여 그 가치가 얼마나 우위에 서 있는가를 분명히 하고 있는가?

⑤ 적당량의 수요가 있다는 증거는 있는가?

⑥ 바람직한 보상을 얻을 수 있다는 근거가 있는가?

⑦ 경쟁자의 가치를 능가할 수 있는가?

⑧ 현재의 경영 시스템을 변경함으로써 달성할 수 있는가?

⑨ 당사가 생각할 수 있는 여러 가지 가치가 최상의 것인가?

⑩ 명백하고 단순한가?

그런데 우리가 가치와 관련하여 유의해야 할 점이 있다. 가치란 고객만족을 위한 품질로서 정의되는데, 품질에는 제품 자체의 품질도 있지만 제품이 사회에 미치는 사회적 영향과 자연에 미치는 환경영향도 품질로서 글로벌시대는 요구한다.

2) DFE이용 신제품 개발

DFE의 개념은 비교적 최근인 1992년에 시작되었다. 이는 전자회사들이 환경의식을 제품개발에 반영하려는 노력에서 비롯된 것이다. 미국 전자공업협회는 Braden Allenby의 지휘 아래 환경을 위한 디자인을 하는 태스크 포스팀을 구성

그림 6-10 DFE의 개념적 위치

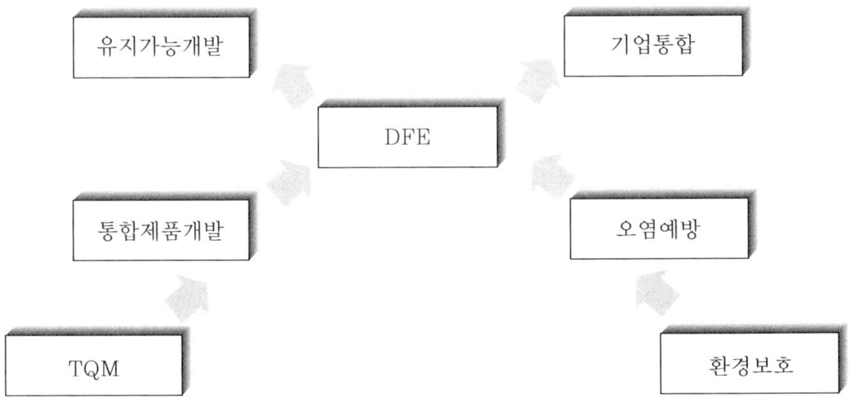

출처: Gradual, T. E. & Allenby R., 1995, *Industrial Ecology*, Prentice Hall, Englewood Cliffs, N. J.

하여 제품개발을 하였고, 그 혜택이 회사원들에게 돌아가게 하였다. DFE는 개념적으로 두 가지 추진 세력이 만나는 교차점에 있는 개념이다. 이는 [그림 6-10]에서 보는 것처럼 생산의 본질을 변형시키는 두 가지 축, 즉 기업활동(Enterprise Integration)과 지속가능 개발(Sustainable Development)을 말한다. 기업통합은 팀워크를 개선하고 조직의 경계를 넘어 상호 조정기능을 개선하기 위해 공정과 정보체계를 리엔지니어링하는 것을 말한다.

제 6 절 생산통제

생산이란 인간생활에서 소요되는 각종 재화(goods)와 용역(services)을 만들거나 제공하는 활동을 생산이라고 한다. 즉, 생산이란 무엇인가를 만들어 내는 활동을 가르친다.

기업은 인적자원, 자본, 원료, 기술, 정보 등을 투입물로 하여 변환과정을 거쳐서 재화나 서비스라는 최종물을 산출하는 하나의 시스템으로 볼 수 있다. 따라서 생산관리란 조직 내의 생산기능과 사용하는 변환시스템에 관한 효과적이고,

효율적인 의사결정에 관한 활동이라고 정의할 수 있다.

생산관리는 다음과 같은 3가지 기능에 관한 역할을 한다.

1. 생산기능

생산이란 공장에서 각종 제품을 만드는 행위도 생산이고, 병원에서 환자를 치료하는 것도 생산이다. 생산을 위해서는 재료 · 노동 · 자본 등을 반드시 먼저 투입해야 한다. 생산이란 여러 가지 자원을 투입하되 이것을 유용한 재화나 서비스로 변환(transformation)시키는 과정으로 정의할 수 있다.

조직에서 재화와 서비스를 생산하는 부서나 기능의 관리를 담당한다. 그리고 이 기능은 마케팅이나 재무와 같은 조직기능의 하나이다. 생산활동이 능동적으로 수행되려면 생산활동에 종사하는 작업자, 원재료, 공구 및 기계설비 등의 여러 가지 생산요소가 합리적으로 결합되므로 조합배치하고 이러한 생산요소를 활용하여 수행되는 작업진행은 물론이고 그 결과로서 제품과 서비스가 처음 계획과 차질이 없도록 해야 한다.

2. 변환시스템 기능

변환과정이란 재료 · 노동 · 자본 등의 투입을 결합하여 우리가 원하는 제품이나 서비스로 전환시키는 과정을 변환과정(transformation process), 또는 생산공정이라 한다. 생산시스템은 투입물을 바람직한 산출물로 바꾸는 변환시스템(Transformation System)으로 정의된다. 따라서 생산관리자는 기업에 있어 변환과정의 관리자로 간주한다.

3. 효율적 의사결정 기능

블랙박스(The Black Box) 개념으로 생각할 수 있다. 투입시에 정확한 인적 ·

물적 자원을 투입하여 변환과정을 거침으로써 $+\alpha$의 시너지가 나타나게 된다. 생산의사결정은 기능적인 측면에서 생산공정(Process), 생산능력(Capacity), 재고(Inventory), 노동인력(Workforce) 및 품질(Quality)로 구분될 수 있다.

경영자들은 생산관리를 통하여 많은 재정적 결과를 변화시킬 수 있는 길을 찾게 된 것이다. 오늘날 생산관리는 다음의 두 가지 이유로 경영자들에게 중요하다. 첫째, 생산관리는 생산성 향상에 공헌하며, 둘째, 고객의 경쟁 우위요구에 대처할 길을 제공한다.

1) 생산성 개선

효율적인 제품생산을 위해서는 생산관리의 주요 활동이 유기적 · 통합적으로 이루어져야 한다. 이는 생산성이란 지표를 통해서 확인할 수 있다. 생산성이란 생산을 위하여 투입된 여러 생산요소의 양에 대한 생산물의 산출량의 비율을 말하는 것으로 생산활동의 합리성의 정도를 나타낸다. 이를 수식으로 나타내면 다음과 같다.

$$\text{생산성} = \frac{\text{재화 또는 서비스(산출량)}}{\text{노동} + \text{자본} + \text{에너지} + \text{기술} + \text{원료(투입물)}}$$

으로 정의되는, 즉 생산성이란 작업시스템 기능이 얼마나 잘 수행되는가를 측정하는 효율성의 개념으로서 조직의 경쟁력을 평가하는 기준이 된다.생산성 비율을 나타내는 데는 두 가지 의미가 있다.

첫째, 위에서 정의된 총생산성인데, 이는 모든 투입물의 가치에 대한 모든 산출물의 가치와 관련이 있으며 이는 총투입량에 대한 총산출량의 비율로서 나타난다.

둘째, 부분 생산성이다. 이는 주요한 투입요소의 가치에 대한 산출물의 가치를 나타낸다. 이는 부분적인 투입량에 대한 총산출량의 비율로 나타난다.

2) 고객의 경쟁우위 요구 대처

대부분의 경영자들은 소비자가 원하는 질의 제품과 서비스를 적정의 가격으로 소비자에게 공급해야 한다는 생산관리의 가장 중요한 목표를 간과하고 있다. 이것은 조직의 유효성과 연관된 것이다. 알맞은 목표를 설정하는 능력, 조직의 강점들을 개발하고 강하게 하는 것, 잠재적 소비자의 필요를 충족시키는 것 등이다.

물론 개인들의 필요와 욕구는 매우 다양하다. 가격에 대한 인식도 그러하다. 모든 것을 모든 소비자에게 제공하려고 하기보다는, 효과적인 경영자들은 그들의 조직이 소비자의 경쟁적 선호를 가장 잘 만족시켜 줄 수 있는 전략적 의사결정을 한다. 이러한 전략적 의사결정에 따라 생산을 이에 적합하도록 결정한다. 이러한 과정이 완료되었을 때 소비자는 자신의 복잡한 선호에 따라 제품이나 서비스를 사용한다.

고객의 경쟁우위 요구란 무엇인가? 소비자들이 인식하는 제품과 서비스의 우위성을 말한다. 가격, 경쟁사 제품과의 상대적 품질의 수준과 책임, 유연성이 고객이 요구하는 경쟁적 우위의 기준이 된다.

3) 가격책정

오늘날 높은 가격의 상품과 낮은 가격의 상품간의 차이들이 그다지 크지 않다. 생산관리는 비용을 낮추어서 낮은 가격으로 상품을 소비자들에게 공급하고도 이익을 확보하는 것이다.

가격에 대한 고려는 보통 영리조직과 관련되어 있지만 이는 또한 비영리조직이나 정부기관에게도 관심거리이기도 하다. 이러한 비영리조직은 입회비, 기부, 세금, 사용요금의 형태로 가격이 부과된다. 소비자의 만족을 증가시키고 불만을 제거하기 위하여 이러한 조직의 생산관리 경영자들은 높은 수준의 서비스를 제공하는 반면에 가격을 낮추도록 하여야 한다.

4) 품질수준

Maytag는 소비자들이 자사의 세척기와 건조기에 대하여 장기간 사용할 수 있고, 품질이 매우 좋다고 믿고 있기 때문에 다른 회사의 제품보다 높은 가격으로 판매하여 왔다. 사실상 소비자들은 만약 이 회사의 제품에 이상이 생겼을 때 효율적인 A/S(After Service)스케줄을 제공해 줄 것이라고 믿고 있다. 두 번째 빠른 배달의 예로는 Pizza Hut의 종업원들을 들 수 있다. 이들은 주중 점심시간에 빠르게 배달된다는 믿음을 소비자들에게 제공하고 있다.

5) 품질에 대한 책임

품질의 책임이란 품질의 일관성을 의미한다. 일관성 있는 품질은 그 회사만의 제품의 질이 얼마나 동일한가로 측정된다.

6) 유 연 성

제품 유연성은 제품의 디자인을 얼마나 빨리 변화시킬 수 있느냐 하는 것과, 경영자가 소비자를 만족시키기 위해 그러한 변화에 얼마나 관심을 가지느냐를 의미한다. 오늘날 경영자들은 소비자 개인들의 선호를 충족시킬 수 있는 제품을 생산하여야 한다.

4. 생산시스템 개발과 실행

생산관리를 성공적으로 이끌기 위해서는 생산시스템을 잘 디자인하고 실행하여야 한다.

1) 예 측

예측은 대상기간에 따라서 크게 단기예측, 중기예측, 장기예측으로 구분된다. 단기예측이란 보통 6개월 내의 예측을 말하고, 일반적으로 6개월에서 2년 정도의 기간을 대상으로 하면 중기예측이 된다. 장기예측은 2년 이상의 기간을 대상으로 하는 예측이다.

2) 설비계획

기업은 현재와 미래의 수요에 대처할 수 있는 적정한 수준의 설비능력을 갖추어야 한다. 설비계획은 보통 1년 이상의 장기간이 소요되는 물리적인 생산설비에 대한 계획이므로 최고 경영층의 침여와 동의를 필요로 한다. 설비계획은 크게 다음의 절차를 거친다.

(1) 수요의 예측

설비계획의 첫 번째 단계는 수요를 예측하는 것이다. 설비계획에서는 장기 수요예측이 요구되므로 통상 정성적 기법이나 인과형 모형이 자주 활용된다.

(2) 생산능력의 추가소요량 결정

설비계획의 두 번째 단계는 미래에 요구되는 생산능력의 추가소요량을 결정하는 것이다. 이 생산능력의 추가소요량은 미래수요의 예측치에 입각한 소요생산능력과 가용생산능력의 차이라고 볼 수 있다.

(3) 생산능력의 변경대안 수립

이 단계는 설비계획의 과정 중에서 가장 복잡하다. 왜냐하면, 생산능력을 언제, 얼마만큼, 어디에 신설 또는 증설해야 할 것인가를 결정하는 방식이 다양하기 때문이다. 따라서 의사결정을 보다 쉽게 하기 위해서는 시기, 수량 및 입지의 3변수 중 한두 개를 먼저 결정하는 것이 좋다.

(4) 대안의 평가

대안의 평가시 가장 중요한 것은 평가기준의 선택이다. 보통은 수익과 비용을 평가기준으로 한다. 그러나 이러한 평가기준은 대안결정과정의 단지 한 요소에 불과하며, 의사결정은 궁극적으로 경영자가 내리기 때문에 경영자가 생각하는 여러 평가요인들이 고려된다.

(5) 설비의사결정

기업 내에서 설비의사결정은 보통 생산부문 및 기타 부문과의 협의를 거쳐 최고 경영자나 이사회에 의해 이루어진다. 설비의사결정은 고객의 요구를 충족시키기 위한 기업의 미래 생산능력에 영향을 미치기 때문에 마케팅 부문에서도 큰 관심사가 된다.

(6) 입지의사결정

입지의사결정이란 제조설비나 서비스설비가 어디에 위치해야 하는 것을 다룬다. 제조업과 서비스업의 입지는 제조원가나 영업비용, 나아가 제품 또는 서비스의 수요와 가격에까지 영향을 미칠 수 있다. 따라서 입지의사결정은 매우 중요하며 경영자의 신중한 판단을 요구한다.

3) 총괄생산

총괄계획(Aggregate Planning) 또는 총괄생산계획이란 향후 약 1년에 걸친 계획대상기간 동안 변화하는 수요를 가장 경제적으로 충족시킬 수 있도록 월별로 기업의 전반적인 생산수준, 고용수준, 잔업수준, 하청수준 등을 결정하는 중기계획이다.

4) 일정계획

일정계획(Scheduling)이란 가용생산능력이나 자원을 시간적으로 주문활동 작업 또는 고객에 효과적이고 효율적으로 할당하는 단기의 생산능력계획이다. 일정계획에서는 가용자원의 할당의사결정이 이루어지므로 일정계획은 설비계획과 총괄계획에 의해 획득한 자원의 사용계획이라고 볼 수 있다. 따라서 일정계획은 생산능력에 관한 의사결정의 체계에서 최종의사결정이며 가장 제약이 많은 의사결정이다. 일정계획은 라인공정(Line Process)의 일정계획, 단속공정(Intermittent Process)의 일정계획 및 프로젝트(Project)의 일정계획으로 나누어진다.

5) 자재소요계획

아무리 일정계획이 잘 마련되었다 할지라도 적절한 자재가 적기에 공급되지 못하면 아무런 의미가 없다. 자재의 수요량과 주문 시기는 최종제품의 설계와 생산계획, 그리고 각 품목의 조달기간이 주어지면 쉽게 결정된다. 그러나 최종제품의 종류가 매우 다양하고 최종제품이 여러 가지 상위품목으로 설계되어 있는 경우에는 수작업에 의해 수많은 자재의 소요량과 주문시기를 결정한다는 것은 거의 불가능하다.

6) 설비배치

설비배치란 공장 또는 서비스시설 내에서 부서들의 위치와 설비의 배열을 결정하는 것이다. 설비배치의 궁극적인 목표는 생산시스템의 효율의 극대화이며 이를 위해서는 생산시스템 내의 인적 · 물적 이동을 최소화하고 작업특성에 따른 업무관련도를 만족시키도록 설비배치가 이루어져야 한다.

설비배치에는 여러 제약이 따르게 되는데 전체 가용공간, 공정유형 및 공정기술, 기계설비의 구조, 작업특성, 통로, 작업흐름, 부품의 저장장소, 작업자의 수, 활동공간 등 여러 가지 요소가 종합적으로 고려되어야 한다. 설비배치의 형태로는 작업흐름의 패턴에 따라 공정별 배치, 제품별 배치, 고정위치 배치, 혼합형 배치가 있다.

5. 자동화와 LEAN

오늘날 생산관리의 새로운 개념은 마케팅, 기술, 물류, 생산을 묶어 자동화하는 것이고, 가능하면 낭비는 줄이고 고객만족을 위한 품질향상을 강화하는 것이다. 이와 관련된 주요 생산관리기법을 소개하기로 한다.

1) JIT(Just In Time)

JIT는 Just-In-Time의 약자로서 우리말로는 적시관리(適時管理) 혹은 무재고시스템(Zero inventory system)이라고도 한다. 일본의 적시생산시스템은 단순한 재고통제의 차원을 넘어 반복생산의 전체시스템과 관련되기 때문에 일종의 생산철학이라고 할 수 있다. JIT는 적정한 부품을 적시, 적소에 제공함으로써 생산활동에 있어 모든 낭비의 근원을 제거하고자 하는 생산관리 시스템이다. 따라서 부품은 생산요구에 맞추어 적시에 조달하며 이에 따라 JIT시스템은 재고의 감소, 비용절감 및 품질향상을 가져온다.

JIT시스템은 일본의 도요타 자동차 회사에 의해 개발되어 1970년대 중반 일본에서 보편화되었으며 미국에서는 1980년대에 들어와 자동차 및 전자산업에 도입되기 시작하였다. JIT시스템의 뿌리는 일본이 처한 환경에서 비롯된다.

국토가 좁고 천연자원이 부족하기 때문에 일본인들은 낭비를 줄이려고 노력하게 되었다. 일본인들은 폐기물과 재작업을 낭비로 생각하며 따라서 완진한 품질을 추구한다. 또한 그들은 재고는 공간의 낭비를 가져오며 유용한 자재를 묶어두는 것이라고 생각한다. 한마디로 제품의 가치에 공헌하지 않는 것은 모두 낭비라고 보는 것이다.

JIT는 재고과잉에 따른 낭비 제거뿐 아니라 작업자의 능력을 최대한 이용한다. JIT시스템에서 작업자는 다음 생산공정에 필요한 부품을 적시에 전달할 책임을 지고 있다. 만일 이 책임을 수행할 수 없는 사정이 발생하면 작업자는 곧 생산공정을 중단시키고 도움을 요청해야 한다. 작업자는 이와 같은 생산에 있어서의 책임뿐만 아니라 생산공정을 개선할 책임도 아울러 지니고 있다. 따라서 품질팀(quality team), 제안제도(suggestion system) 및 기타 형태의 참여를 통하여 작업자들은 생산공정의 개선을 꾀한다. 따라서 전통적인 생산관리 시스템과는 달리 JIT시스템은 재고감소와 품질향상을 통하여 이익과 투자수익을 높일 수 있다.

JIT의 효과는 광범위하며 잠재적인 이득 또한 크다. 구체적으로 JIT시스템은 높은 재고회전율, 우수한 품질, 15-35%의 비용절감 등을 가져오는 것으로 알려져 있다. 하지만 JIT의 궁극적인 목적은 수익의 증가, 비용절감, 적은 투자를 통한 투자수익률을 증대시키는 것이다.

2) Kanban시스템

(1) 칸반시스템의 의의

칸반(Kanban)은 JIT시스템에서 생산을 허가하고 물자를 이동시키는 방법이다. 칸반은 카드(Card)의 뜻으로 사용한다. 이는 순서가 정해진 공정에서 작업의 순서를 통제하는 데 사용된다. 칸반시스템은 모든 공정에서의 생산량을 균형 있게 통제하는 정보시스템이다.

(2) 칸반시스템의 목적과 구성

칸반시스템은 최종 조립라인만이 작업할당부서로부터 일정계획을 받는다. 매일 일정계획은 거의 비슷하나, 모든 작업이나 납품업자들은 관련되는 작업장에서 생산명령을 칸반카드에 의해서 받게 된다. 만일 공정 중에서 한 작업장이 한동안 정지해야 한다면 그 작업장에 물건을 보내라는 칸반명령을 더 이상 받지 않게 되므로 곧 작업을 중지하게 된다.

(3) 칸반시스템의 운영

칸반시스템은 여러 가지 카드와 컨테이너로 구성되는 물적 통제시스템(Physical Control System)이다. 이를 다시 설명하면 A와 B의 작업장 사이에 10대의 컨테이너를 사용하고 있는 경우에 한 컨테이너에 40개의 부품을 담는다면 400개의 최대 재고가 생길 수 있다. 그러나 칸반시스템은 10대의 컨테이너 중 5대는 출구 쪽에 부품을 싣고 위치한다.

컨테이너 1대는 작업장 A에서 부품을 싣고 있으며 또 1대는 A에서 B작업장으로 부품을 싣고 가고 부품을 가득 실은 2대의 컨테이너는 작업장 B의 입구에 대기하고 있으며 1대는 B에서 사용중에 있다. 컨테이너의 움직임을 통제하기 위해서 주로 두 가지 종류의 칸반카드를 사용하는데 생산카드와 인출카드가 있다.

칸반시스템이 어떻게 움직이는가는 컨테이너가 한 번에 하나씩 이동하는 작업장 B에서 한 컨테이너의 부품이 내려지면 빈 컨테이너와 그에 관련되는 인출카드는 작업장 A로 되돌려진다. 부품이 가득 실린 컨테이너의 생산카드는 컨테이너에서 떼어내고 그 자리에 인출카드가 붙여진다. 작업장 A에서는 생산카드가 다시 부착되고 또 하나의 컨테이너분에 대한 생산명령이 내려지면 빈 컨테이너는 작업장 A에 남게 된다.

3) CIM(Computer Intelligent Manufacturing)

비즈니스 시장에서의 경쟁이 치열해지고 인간과 자연의 존중이 요구되는 사회적 여건하에서 생산시스템의 변화는 당연한 것이다. CIM은 이러한 변화에 대응하여 생산시스템 변혁의 일환으로 탄생된 자동화 기술의 새로운 생산관리 방식이다. 1960년대까지의 자동화 목표라고 하면 같은 종류의 제품을 대량으로 생산하여 생산성 향상에 기여하는 것뿐이었다고 할 수 있다.

자동화 생산시스템은 공업제품의 다양화 또는 소량생산에 대응하여 생산과정의 개별 공정별로 고안되어 있었고 1980년대에 와서야 이 고안이 종합적으로 조합되기 시작하여 공장 · 직장단위에서 장시간 자동적으로 생산활동을 할 수 있는 시스템인 공장자동화(Factory Automation)가 구축되기 시작하였다. 요즘에 와서는 자재계획에서부터 설계, 제조, 출하까지의 기술생산부문과 나아가서는 영업, 결재를 포함한 판매부문을 통합하여 전체 생산시스템(Total Product System)을 지향하는 자동화, 즉 CIM(Computer Intelligent Manufacturing)이 등장하였다. CIM은 정보화 사회의 요청에 적절히 대응한 새로운 생산관리 시스템이라 할 수 있다.

4) Lean시스템의 등장

JIT나 CIM이 생산관리방식에서 새로운 혁신을 가져다 준 것은 사실이나, 이를 좀더 확장 · 적용하여 생산관리 패러다임으로 승화한 경영혁신기법이 있는데, 1980년대에 나타난 린 생산방식(Lean Production System)이다. 린 생산방식은 재고의 감소, 공정시간의 단축, 계속된 개선, JIT제고, 숙련된 노동력을 통하여 낭비를 제거하고 원가를 절감하는 것을 기본목표로 한 시스템으로서 현대 기업환경에 한때 뚜렷한 성과를 보였다.

5) SCM

궁극적인 목표는 균형지향적 생산관리방식의 일환으로 등장한 기법의 하나가 서플라이 체인 관리기법(SCM: Supply Chain Management)이다. 일반적으로 제조업체들은 생산에 필요한 부품을 구입한 다음 제품을 만들어 이를 시장에 파는 일련의 공정을 지니고 있다. 이 경우 원자재를 납품하는 부품 공급업체와 제품을 사들이는 소비자가 항상 호흡을 같이 할 수는 없다.

만약 이들 부품업체와 소비자를 유기적으로 연결, 하나의 기업이 움직이는 것처럼 통합할 수 있다면 균형적 생산관리에 커다란 힘이 된다. 이와 같은 실질적 통합을 가능하게 만드는 것이 최근 경영학계에서 급부상하는 SCM이다.

6. 글로벌시대의 생산관리

WTO의 창설, 컴퓨터 통신 기술혁명의 가속화, 지역경제 기구의 창설 등으로 경쟁이 치열해지면서 많은 다국적 기업은 생산비절감을 위한 세계 여러 곳에서의 단순생산이 아니라 세계시장을 내수시장과 같은 상대로 취급하면서 기업을 운영하기 위한 글로벌생산(Global Production)을 확산시키고 있다. 이에 따라서 오늘날에는 고가콜라(Coca-Cola)나 맥도날드 햄버거 같은 글로벌제품(Global Goods)이 많이 등장하고 있다.

글로벌 생산관리는 기존의 다국적 생산관리와는 어떤 차이가 있는가를 살펴보도록 한다. 생산관리의 글로벌기업적 접근은 미국을 중심으로 한 서유럽에서 보다 발전되어 있다. 여기에서는 미국기업의 글로벌적 생산관리접근을 살펴보도록 한다.

1970년대만 해도 미국 다국적기업의 본사 경영자들은 미국에서의 이윤확보와 미국 내수시장을 겨냥한 신제품개발에 초점을 맞추었다. 그들에게 있어서 해외의 자회사들은 대개 자신들의 미국 내 시장에서의 이윤확보를 돕는 역할에 그쳤다. 자회사들은 본사와의 네트워크만 가졌다. 물론 일부 해외 자회사들은 위와 같은 활동뿐만 아니라 자신들의 현지시장에 대응한 신제품 개발에 나서기도 했다.

그러나 다국적기업 본사의 경영자들이 해외시장을 겨냥한 제품개발을 소홀히 했다. 그 이유는 간단하다. 예를 들어 미국 다국적기업 본사의 마케팅 담당 부사장의 경우, 미국 시장에서의 매출액 1% 증가에 대한 보너스가 다른 해외시장의 매출액 1% 증가에 대한 보너스보다 크기 때문에(시장규모의 차이 때문) 그러한 노력은 미국에 집중되기 마련이었다. 즉 해외의 자회사들은 비즈니스 추진체제(Drivers of the Business)가 아니라 노하우와 신제품을 공급받는 투자대상으로서 여겨졌다.

더구나 본사의 경영자들은 본국이나 해외의 제조 및 생산 · 운영에는 관심을 두지 않았으며 무엇이 필요한지는 생산 · 운영관리자가 다 알아서 처리할 것이라고 단정짓고 기업의 경쟁우위는 다른 기능에서 발생하는 것이라고 생각했다.

그에 반하여 글로벌기업에서는 경영자들이 해외시장 및 생산 · 운영에 더욱 주의를 기울이며, 해외 자회사들간의 네트워크에 관심을 갖는다. 예를 들어, 미국 본사의 경영자들은 해외시장, 위협적인 해외경쟁기업들, 다양한 측면에서의 지속적인 개선의 필요성 등을 더 크게 평가할 뿐만 아니라 시장, 인적자원, 새로운 아이디어, 소비자 선호, 세계수준의 공급자, 미래의 제품, 미래의 제품을 설계할 수 있는 능력 등 모든 것을 국제적인 시야로 본다. 또한 앞에서도 언급했듯이 다국적기업 경영자가 제조 및 생산 · 운영에 대한 사항을 생산 · 운영 담당관리자의 몫으로 평가절하하고 경쟁우위 요소를 다른 기능에서 찾으려 했으나 글로벌 경영자는 제조 및 생산 · 운영의 제반 사항, 즉 품실, 원가, 제품설계, 납품 등을 중요한 경쟁요소로 취급한다는 것이다. 생산관리 측면에서 다국적기업과 글로벌기업의 기술선택과 자원할당 및 취득전략을 비교해 보면 [표 6-5]와 같다.

표 6-5 다국적기업과 글로벌기업의 기술 및 자원전략 비교

		다국적기업	글로벌기업
기술 선택	① 주요 문제	적절한 기술의 효율적 이전	세계적인 기술수준에 적응: 세계적인 학습, 가치사슬에서 변화하는 경제
	② 고려되어지는 조치	본사에서 자회사로의 일방적인 이전	쌍방향의 상호 학습 및 원조
	③ 탐색정보	생산 · 운영 세부사항: 투자수익률(ROI), 이전비용	상호 학습진단: 잠재적 이윤, 미래에 대한 옵션
	④ 참 가 자	기술이전과 관계된 본사 및 자회사의 기술자들	본사 및 자회사의 많은 기술자들
자원 할당 및 취득	① 주요 문제	본사의 투자 및 영향	기업의 글로벌 성과
	② 고려되어지는 조치	투　　자	자회사간 상호 보조: 경쟁기업, 학습 글로벌 프로젝트
	③ 탐색정보	현지투자 회수이익	장기적인 글로벌 영향
	④ 참 가 자	자본예산 담당 경영인	전략가들 그리고 몇몇 자회사의 경영

1) 글로벌 경영정보관리

"정보를 지배하는 기업이 시장을 지배한다." 미국경제지 *The Wall Street Journal*지의 발행인이자 세계 최대 종합정보기관인 Dow Jones 사장인 Carl Valenti의 말이다. 두말할 필요도 없이 기업환경은 급속도로 변하고 있다. 세계는 점점 좁아지고 있으며 변화의 속도가 나날이 빨라지고 있다. 이러한 변화에 대응하는 가장 일차적인 조건은 변화하는 정보를 신속히 받아들이고 자신을 경쟁우위 요소로서 변환시키는 것이다.

글로벌시대를 맞이하여 경영정보관리는 어떤 방향으로 나가야 할 것인가? 중요한 몇 가시 경영기법을 소개하기로 한다.

(1) 전략적 정보관리의 강화

글로벌경영 기업들이 오랫동안 경쟁력을 유지하기 위해서는 미래의 환경변

화를 정확히 감지하고 적절한 대비책을 마련해야 한다. 위기가 닥치기 전에 변화하지 못하고 급변하는 사업환경을 남보다 앞서 간파하지 못하는 기업은 결코 무한경쟁시대의 승리자가 될 수 없다. 변화를 미리 읽고 대처하는 능력은 어디에서 나오는가? 그것은 기업들이 여러 가지 경로를 통해 입수한 정보를 얼마나 효율적으로 관리하고 활용하느냐에 달려 있다. 그 동안 대부분 기업들의 정보관리는 M&A(기업인수 · 합병)와 같은 중대한 결정을 앞두고 최고 경영자의 판단에 도움이 될 자료를 수집, 분석, 보고하는 수준에 머물렀다.

이 같은 정보관리는 [표 6-6]에서와 같이 초기단계의 일반적으로 경쟁적 정보(Competitive Intelligence)로 규정된다.

이보다 한 단계 앞선 정보관리는 라이벌기업과 관련된 정보를 입수 · 분석하는 경쟁상대 정보(Competitor Intelligence)이다. 그러나 둘 다 소극적이고 근시안적 정보관리에 지나지 않는다. 진정한 의미의 정보관리는 경쟁기업보다 변화의 흐름을 먼저 읽고 기회를 포착하는 진취적인 관리이어야 한다.

SIS를 적극 활용하는 전략적 정보관리(Strategic intelligence)가 이에 속한다. 전략적 정보관리는 기업경영이 정상궤도를 달릴 때일수록 더욱 중요하다. 전략적 정보관리를 보다 효율적으로 운영하기 위해서는 우선 최고 경영층과 일부 부서가 독점하고 있는 정보를 모든 조직원이 쉽게 활용할 수 있도록 조치해야 한다.

모든 조직구성원과 정보를 투명하게 공유해야만 최고 경영층 단독으로 소화해 낼 수 없는 전 세계 시장과 산업의 움직임, 그리고 고객의 욕구변화 등에 대응

표 6-6 정보활용 형태

구 분	내 용	비 고
경쟁적 정보 (competitive intelligence)	최고 경영층이 의사결정을 위한 정보수집 및 활용	소극적 · 현실지향적
경쟁상대 정보 (competitor intelligence)	경쟁에서 이기기 위해 라이벌기업에 대한 정보수집 및 활용	소극적 · 현실지향적
전략적 정보 (strategic intelligence)	중장기적 기업경쟁력을 확보하기 위해 미래의 경영환경 변화를 감지하고 대응책을 마련하는 정보활용	적극적 · 미래지향적

할 수 있는 각종 아이디어와 신선한 시각이 쏟아져 나올 수 있기 때문이다. 그래야만 미래 변화에 대비하는 최적의 전략을 도출시킬 수 있다. 전략적 정보관리는 일반적으로 6단계로 구분할 수 있다.

첫 번째 단계는, 변화의 징후를 감지(Sensing)하는 단계로서 장래의 경영이 어떤 방향으로 전개될 것이냐에 대한 통찰력이다. 방향이 잡히면 제 2 단계로 이와 관련된 정보를 여러 경로를 통해 수집(Collecting)한다. 그리고 제 3 단계에서 입수된 정보를 분석하기 쉽게 적절한 형태로 재구성(Organizing)한다. 제 4 단계는 분석작업(Processing)으로서 적절한 분석틀을 마련, 예상되는 변화가 기업에 어떤 영향을 미칠지를 파악한다.

이제 이 같은 정보를 모든 조직원들이 쉽게 이용할 수 있도록 단순화시키는 제 5 단계인 의사소통(Communicating) 단계로 들어선다. 그리고 마지막으로 이렇게 가공된 정보를 기업 내 의사결정과정에 활용(using)하는 단계를 거치게 된다.

글로벌시대 기업의 전략적 정보관리는 글로벌 정보인프라(GII: Global Information Infrastructure) 개념의 등장으로 더욱 절실히 요구될 전망이다.

GII는 원래 미국 클린턴 행정부가 주창해 이제는 세계적인 유행어가 되다시피 한 정보고속도로(Information Superhighway), 즉 정보가 고속도로를 타고 빠른 시간에 어디든지 갈 수 있다는 개념에서 발전된 개념이다. 누구든지 이 인프라시설을 이용하면 세계 어떤 정보라도 접할 수 있다는 게 그 요체이다. 이른바 정보의 완전개방체제이다.

이 같은 GII구축은 기업들에게는 새로운 도전과 기회의 장을 제공할 수 있다.

(2) CALS의 활용

CALS란 제품의 설계에서부터 기술개발, 제조, 유통, 유지, 보수에 이르기까지 모든 경영활동관련 데이터를 표준화하여 거래 당사자들간에 실시간 정보를 주고받을 수 있도록 하는 통합정보시스템이다.

CALS의 개념은 1982년 미국 국무성의 국방예산삭감에 따른 운영유지비용의 절감을 위한 방안연구에 따라 군수무기 연구개발의 시간적 장기화 및 서류관리를 포함한 물류관리상의 비합리적 절차의 문제점 등을 개선하기 위한 연구가 당시 국무장관인 와인버거의 지시에 따라 시작되었다. 그러나 오늘날에 이르러서는 그 의미가 확대되어 국방성 내부업무의 효율화라는 차원을 넘어서 기업의 새로운 경쟁력의 원천으로서 광속의 교역(Commerce At Light speed)으로 개념이 재정립되어 글로벌 경영정보관리의 중요 기법으로 자리잡을 전망이다. CALS의 개념은 변화되었는데, 이를 살펴보면 다음과 같이 요약될 수 있다.

① 1단계: 전산화된 군수지원(Computer Aided Logistics Support)

이 개념은 무기체계의 보급조달과 정비유지를 위한 디지털화된 정보의 통합과 공유를 통한 신속한 자료처리 환경을 구축하는 전략단계를 의미한다. 따라서 군 내부적인 종합 군수지원체계의 정보화로 이해할 수 있다.

② 2단계: 무기획득 체계 및 군수지원 전산화(Computer Aided Acqusition and Logistics Support)

군과 방위산업체간의 정보연계를 통한 총체적 군수지원의 개념으로서 이전단계에다 새로운 정보통신서비스를 부가하여 무기 및 군수품의 수주, 발주 등 기업관의 거래에 응용하는 시스템이다.

③ 3단계: 지속적 획득 및 전 수명주기 지원을 위한 정보체계(Computer Aided Acqusition and Life Cycle Support)

군과 방위산업체 및 민간 제조업체간의 정보연계를 통해 제품의 발주, 수주 및 구매절차로부터 생산유통, 폐기과정까지 전 수명주기를 관리할 수 있는 체계를 말하며 제품에 대한 총체적 관리로 모든 산업에 적용할 수 있는 개념이다.

④ 4단계: 광속의 거래(Commmerce at Light Speed)

이전의 3단계는 적응분야를 점차적으로 전 산업에 확산시키는 통합전략으로 볼 수 있으나 광속의 거래는 통신에 의한 정보의 전달과성에 주목한 섯으로 전 세계를 연결하는 GII구축계획이 실용화 단계에 다다름에 따라 초고속 전자거래의 개념으로 발전한 것이다.

CALS는 과거의 MIS나 DSS 또는 SIS와는 본질적으로 다르다. CALS는 새로운 하드웨어적인 투자를 의미하는 것보다는 표준을 주요 문제로 삼아 지금까지의 가격, 품질 이외에 시간경쟁이라는 새로운 경쟁요소를 통하여 기업의 경쟁력을 강화시켜 줄 수 있는 글로벌시대의 중요한 정보관리 경영기법이다.

(3) 정보시스템의 아웃소싱(Outsourcing)과 다운사이징(Downsizing)

전기를 사용해야 한다고 하여 기업들이 발전소를 따로 소유하지 않는 것과 마찬가지로 글로벌시대를 맞이하여 홍수처럼 쏟아지는 정보관리를 위해 엄청난 하드웨어 투자를 할 필요는 없는 것이다. 필요하다면 전문 업체에 맡겨 정보관리를 오히려 효율적으로 할 수 있다.

1994년에 미국의 「포춘」지가 선정한 500대 기업 중 20%가 아웃소싱을 고려 중이며 아웃소싱 시장도 1990년대 중반에는 300억 달러에서 450억 달러에 이를 것이라고 예측하고 있다.

기업이 성공적으로 정보시스템을 아웃소싱하기 위해서는 다음과 같은 사항을 고려해야 한다.

첫째, 조직의 요구를 만족시킬 수 있는 전문업체가 있는지 고려해야 한다.

둘째, 아웃소싱으로 인한 정보시스템 직원의 사기저하를 고려해야 한다. 즉, 종업원들은 경영진이 자기들의 재능과 능력을 과소평가하여 정보시스템을 외부에 위탁한다고 생각할 소지가 있다.

셋째, 기업의 가장 핵심적이고 전략적인 업무가 아웃소싱이 되어서는 안 된다는 점이다. 왜냐하면 아웃소싱을 함으로써 업무는 외부에 노출되기 쉽기 때문에 경쟁업체에게 중요한 정보를 제공하는 결과를 초래한다.

끝으로, 기업은 아웃소싱에 대한 손익분석을 통해 아웃소싱에 의해 이익이 비용을 초과할 경우에만 기업의 업무를 전문업체에 위탁하여야 한다.

1989년 8월 코닥은 자사의 정보시스템 운영을 IBM에 위탁하였다. 두 회사의 계약에 따르면, IBM은 코닥의 전산설비와 그에 대한 운영을 책임지고 코닥의 전산실 직원 300명을 편입시키기로 하였다. 이러한 용역계약의 결과, 코닥은 연간 3억 달러의 전산 운영비를 절감하고 IBM을 통해 우수한 전산 서비스를 받을 수 있게 되었다.

한편, 정보시스템의 다운사이징이란 대형 컴퓨터에 의해 이루어지던 정보처리 기능이 개인용 컴퓨터나 워크스테이션 등 소형 컴퓨터로 이전하는 것을 의미한다. 최근 수년 동안 개인용 컴퓨터 가격은 지속적으로 하락하였으며 그 성능은 눈부시게 향상되어 왔다. 이에 힘입어 초일류 기업은 성능도 우수하고 비교적 저렴한 개인용 컴퓨터나 워크스테이션을 근거리 통신망(LAN)으로 연결시켜 정보처리 기능을 수행함으로써 정보시스템을 개발하고 관리하는 데 소요되는 막대한 비용을 절감할 수 있을 뿐만 아니라 조직구성원의 신속한 의사결정도 가능하게 되었다.

예를 들어, 최근 비즈니스 리서치 그룹(Business Research Group)에서 실시한 조사에 의하면「포춘」이 선정한 6개 산업의 750개 기업 중 67%는 이미 근거리 통신망에 기초한 다운사이징을 실시하고 있다고 한다. 다운사이징은 일반적으로 클라이언트/서버 컴퓨팅(Client/Server Computing) 구조로 표현된다. 클라이언트/서버 컴퓨팅은 근거리 통신망(LAN)에 접속된 다수의 소형 컴퓨터가 클라이언트와 서버로 각각 역할을 분담함으로써 다양한 정보처리를 가능하게 해 준다.

PART 7

조직적응과 관리자(변화)

인간은 변화 속에서 살고 있다. 이와 같은 변화를 드러커(F. Drucker)나 토플러(Alvin Toffler)도 지적하였다. 어떤 조직이든 외부환경에 적응하지 못하면 엔트로피(entropy)가 발생하여 결국 조직은 파괴된다. 그러므로 어떤 조직이든 네가티브 엔트로피(negative entropy)를 적용하지 않으면 조직은 파괴되어 살아남을 수 없다고 조직론자들은 주장한다. 그러므로 조직이 계속 성장하고 발전하기 위해서는 조직이 환경변화에 적응하여야 한다.

조직이 외부환경변화에 적응하는 것은 조직개발을 필요하게 만드는 근본원인이다. 조직체가 접하고 있는 환경변화에는 사회적 환경, 경제적 환경, 기술적 환경변화가 있다. 조직체에서 요구하게 되는 변화에는 첫째, 조직 전체에 대한 변화와 둘째, 구성원 개인의 변화, 일부집단 변화 등을 들 수 있다.

조직체 전체에 대한 조직변화는 조직목적을 달성하는 데 있어서 조직체의 장기전략방향과 장기계획 그리고 중요한 자원배분에 대한 변화 등인 경영전략에 대한 변화와 조직구조와 조직설계 그리고 권한관계와 방침, 제도, 절차, 규율 등 조직의 일상운영과 경영과정에 관련된 모든 공식적인 조직들의 변화인 구조적인 변화이다. 끝으로 새로운 시설과 기계 및 도구의 하드웨어(hardware) 측면의 변화인 기술변화 등을 들 수 있다.

끝으로, 구성원의 행동변화는 구성원들이 전체의 조직변화를 잘 받아들이고 그들의 행동이 바람직한 행동변화를 가져오지 않으면 안 된다. 그러므로 제6부에서는 조직의 변화에 대한 부분을 연구하려고 한다. 이를 보면 아래 그림과 같은 내용으로 설명된다.

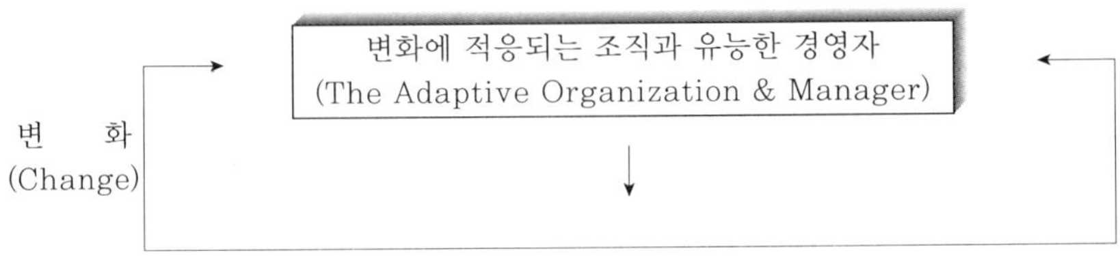

제 1 장 기업과 기업가

제1절 기업의 의의

기업은 사회발전을 이끄는 기관차 역할을 할 뿐만 아니라 국가 경제성장의 주도적인 역할을 하므로, 기업은 자본주의의 꽃이며 또한 자본주의 체제의 핵심이다. 기업이란 사회의 생산단위로서 생산, 판매, 서비스 등의 경제활동을 계속하여 이를 행하는 조직체라고 정의할 수 있다. 즉 기업이란 경제재 및 용역의 생산과 배급을 행하는 조직적인 경제단위이며, 신제품의 생산과 신생산 방법의 채용, 새로운 조직의 형성과 시장의 개척, 새로운 원재료시장과 자본시장개척 등을 통하여 계속적인 생산을 영위하는 조직체이며 이는 재생산과정에서 발생하는 위험을 부담할 주체가 된다.

이와 같이 기업은 생산경제체제와 자본주의 체제하에서 거의 모든 부가가치가 기업의 생산활동에 의해서 발생하므로 기업을 육성하는 기업가(entrepreneur) 없이는 경제성장이 불가능하다. 즉 기업이란, 노사 및 기타 이해집단의 협동에 의해 생산을 효과적으로 수행하게끔 조직화된 독자적인 행동주체이다.

기업을 보는 구체적인 관점들을 살펴보면 다음과 같다.

첫째, 기업은 여러 집단의 분업에 의한 협동의 바탕 위에서 성립 · 존속하는 협동시스템으로 인간의 차원에서 시작된 분업에 의한 협동의 개념이 생산수단의 소식화에까지 확상되면서 생산과정의 기계시스템화를 실현시켜 주었다.

둘째, 기업은 본질적으로 생산기능을 수행한다. 여기서 말하는 생산이란 효용가치를 창출하고 부가하는 모든 활동을 말한다.

셋째, 기업은 실체로서의 독립적 존재이다. 실체란 기업을 소유자인 주주의

사적 소유물로 보지 않는 별개의 독자적인 존재로 인식하는 것을 말한다. 따라서 구성원인 경영자나 종업원이나 기업의 소유자인 주주와는 별도로 계속적인 생명력을 가지고, 자주적 · 연속적으로 존재하면서 기능을 수행하는 하나의 사회경제적 제도 또는 기관이다.

넷째, 사회제도의 구성분자이다. 기업의 창업이 사회구성원인 인류의 필요에 따라 만들어진 것이며, 사회제도하에서 한 부분으로 상호작용(interaction)하고 있기 때문에 사회구성체와 별개의 것이라고 볼 수 없다.

다섯째, 기업은 창조적인 활동체이다. 기업은 창조적인 활동체로서 기업의 탄생 자체가 창조적인 것으로서 기업이 영구적(going concern)으로 존재하기 위해서는 지속적인 창조적 활동이 유지되고 실행되어야 한다. 새로운 재화의 창출과 획득, 물질적 변화, 국가 및 사회에 대한 질적으로 우수한 서비스와 봉사의 제공 등 창조적 활동 없이는 불가능하다.

여섯째, 기업은 자본주의 체제의 핵심적 존재이나, 자본주의는 사회의 역사적 발전의 한 단계로서 사상적으로 개인주의, 자유주의를 기반으로 하고, 기업이라는 활동을 통하여 영리주의를 관철하고자 하는 데 그 특징이 있다. 소수의 인간이 자본을 모아서 기업을 세우고, 공장설비나 원료 등의 생산수단을 소유하여 노동 이외의 팔 것이 없는 노동자들을 고용하여 상품을 생산하고 그것을 매각함으로써 이익을 얻는 것을 중심으로 한 경제사회로 변하였고, 상품을 생산하는 것은 상품생산 자체보다는 그것을 수단으로 이익을 얻기 위한 것이다.

자본은 생산수단을 소유하고 노동력을 구입하여 상품을 생산한다. 노동력은 그 대가로서 노임을 받지만 노동력이 노동으로서 상품 속에 이전하는 경우에는 노임 이상의 가치를 만들어 낸다(경영학소사전, 1992).[1)]

끝으로, 기업이란 사회적으로 고립된 존재가 아니며 기업은 이해자 집단(interesting group)인 주주, 채권자, 노동조합, 경쟁기업, 소비자, 지역사회 및 정부 등과 상호의존의 관계를 가지면서 이들 개인 또는 집단의 상호 견제관계가 존재한다. 그러므로 기업은 개인의 이익증식을 위한 것이 아니고, 이해자 집단의 이익의 최대공약수를 주는 사회의 공기(service instrument)이다. 그러므로 기업은 독자적인 하나의 사회제도이고 사회 전체적 수준이다. 따라서 기업가들은 이해집단의 하나하나를 만족시켜 주는 것이 기업가이다.

---

1) 경영학소사전 편찬 간행회, 1992, 「경영학 소사전」, 일신사, 개정증보판.

제 2 절 기업가의 의의와 기업가 역할

1. 기업가의 의의

기업가는 자본주의 핵심체제인 기업운영의 주체로 자본주의 체제를 움직이는 원동력이다. 기업가에 대한 개념은 학자들의 전문분야에 따라 다르게 파악하고 있다. 심리학자들에 의한 개념정의는 주로 성격적인 특성과 자질면에 따라서 기업가들은 높은 성취의욕을 지닌 강한 성취자(achiever)라고 하고, 또는 개성에 있어서 적극적인 행동가적인 기질과 감성의 성숙성 및 강한 인내심을 지닌 사람들이라고 한다.

마르크스(Marx)는 일부 경제학자들이 말하는 기업가를 경쟁자의 위상과 약육강식의 개념으로 보는 시각에서 기업가들을 약탈자(predator)의 개념으로 설명하지만, 그는 자본가를 착취자라는 부정적 비판을 덧붙이고는 있지만 자본가와 기업가를 구분하여 기업가를 경제발전의 주역이라고 높이 평가하고 있다(Kaplan, Roger, May-June 1987).[2)]

기업가(entrepreneur)는 조직을 창조하는 주체이다. 그 동안 많은 학자들의 기업가에 대한 개념은 여러 가지 정의를 종합하여 예시하고 있으나 대표적인 학자늘의 견해를 보면 다음과 같다.

세이(J. B., Say)는 1800년대 초 기업가에 대한 의의를 "기업가란 여러 가지 생산수단을 통합하여 생산물의 가치를 만들고 자본의 형성과 임금과 이자와 이윤 등의 경쟁에 참여하는 주체"라고 하였다.

소헬과 시실리아(Sohel & Sicilia)는 기업가는 이용할 수 있는 자원(resource)을 새로운 방법(new way)으로 결합(combined)하는 것이라고 정의하였다(Sohel, R. and Sicilia, D., 1986).[3)]

---

2) Kaplan, Roger, May-June 1987, "Entrepreneurship Reconsidered: The Anti-management Bias," *Harvard Business Review*.

3) Sohel, R. & Sicilia, D., 1986, "The Entrepreneur," *An American Adventure*, Boston: Houghton Mifflin, pp. 2-3.

맥클리랜드(D. McClleland)는 기업가는 생산수단을 제어하고, 소비보다는 생산 및 판매를 통하여 소득을 획득하는 경제주체라고 정의하였다.

라이벤스타인(H. Leibenstein)은 기업가는 시장이 완벽하게 확립되지 않고 생산방법 및 관련기술이 명료하지 않은 가운데서 사업을 착수하며, 또한 운영하는 주체라고 정의하였다.

슘페터(J. A. Schumpeter)는 기업가는 새로운 자원결합을 수행하는 사람이며, 기업가야말로 경제발전의 원동력이라고 주장하면서 경제발전의 원동력은 왕성한 기업가 정신이라고 하였다.

그는 기업가의 역할을 혁신(innovation)이라고 못 박고, 기업가의 과업은 낡은 것을 파괴하고 새로운 전통을 창조하는 것이라고 주장하고 기업가의 본질은 혁신자(innovator)로 보고 기업가는 창업의 과정을 거쳐 자원의 신결합과 새로운 산업방법으로 현상유지를 흐트러 놓는 혁신자라고 말하였다.

콜(A. H. Cole)은 기업가는 재화 및 서비스 생산과 분배를 통해 이윤을 얻는 기업을 창설하고 그 기업의 유지 또는 기업행위의 조정 등 의도적인 활동을 영위하는 주체라고 정의하였다.

콜린스와 무어(O. F. Collinse & D.G. Moore)는 새롭고 독립적인 기업을 창출하는 조직형성자와 이미 확립된 조직 내에서 기업가의 기능을 수행하는 사람으로 정의하였다. 래빙턴(F. Lavington)은 기업가는 경영참여와 자본소득의 결합 및 협동 그리고 조정 등이 이루어지는 하나의 조직사회에서 일하는 사람으로 보았다.

엘리와 헤스(R. T. Ely & R. H. Hess)는 기업가는 기업조직 속에서 생산요소의 결합과 그 조직의 운명을 맡은 의무와 책임을 가진 개인이나 그룹이며, 또한 기업가는 산업의 여러 가지 요소를 제어하고 나아가서 기업의 성공과 실패를 좌우하는 열쇠를 쥐고 있는 자라고 하였다.

베스퍼(Vesper)는 기업가란 노동, 물적자원 그리고 기타 자원을 결합시켜 새롭고도 더 큰 부(wealth)를 만들어 내며, 또한 변화, 이노베이션, 그리고 새 질서를 창조하는 사람이라고 언급하였다.

맥클리랜드(David McClleland)는 에너시와 추진력을 기업가의 자질로 보고 그들은 창조의 기쁨뿐만 아니라 성취 내지 내재적 만족, 즉 금전적 보수보다는 성취욕구를 충족시키는 자기만족에 강한 사람들이다(McCllend, David, 1986).[4]

4) McCllend, David, 1986, *Achieving Society*, N.Y.: MacMillan, pp. 20–30.

조지 길더(G. Gilder)는 기업가는 자본주의의 잊혀진 영웅이라고 지적하였다. 그는 기업가는 시장기능을 위한 도구가 아니라 시장을 만들어 내며 여러 경제적 기회를 탐색하는 데 나아가 기회를 창조해 내며, 자원의 이용자이기보다 자원의 발명가이며 또한 기존수요를 만족시키기 위해 단순히 반응한다기보다 수요를 새롭게 만들어 내며 기술을 제공받아 이용하는 것이 아니라 이를 적극적으로 개발해 낸다고 그의 「기업가 정신」에서 주장하였다.

이상에서 정의한 바와 같이 기업가는 이상한 사람(Granky man), 새로운 idea가 많은 사람, 엉뚱한 생각을 하는 사람, 창의와 미래지향적 발명 및 혁신적 변화를 끊임없이 추구하는 사람을 기업가라고 할 수 있다. 그러므로 기업가는 일을 위해서 정열을 불태우고, 일의 중독자(workhorse)이다. 그래서 꿀벌(apismellifera)이라고 표현하였다.

기업가의 본질적 특성의 하나는 모험을 뚫고 나가는 자신감과 추진력, 그리고 성공에 대한 믿음, 승리에 대한 자신감, 실패에 대한 인내와 굳은 집념, 그리고 기업가는 죽음을 각오하고 몰입하는 투사이며 실패하면 죽는다는 각오와 실천력을 지닌다.

이상의 학자들의 기업가 정의에 대한 내용을 보면 다음과 같은 공통적인 특징을 가지고 있다(설봉식, 1991).[5]

첫째, 기업가는 불확실성 속에서 위험을 부담하는 가운데 행동한다.

둘째, 재정자금의 공급자이다.

셋째, 이노베이션을 하는 사람이다.

넷째, 의사결정자이며 산업의 지도자이다.

다섯째, 경영자이고 최고관리자이다.

여섯째, 경제적 자원의 조직자이고 조정자이다.

일곱째, 기업의 소유자이다.

여덟째, 생산요소의 사용자이다.

아홉째, 규약자이며 중개인이다.

열째, 대안적 용도 사이의 자원의 분배자이다.

---

5) 설봉식, 1991, "기업은 혁신이다," 서울: 인간사랑, pp. 35-38.

2. 기업가의 역할

현재 자본주의는 기업과 더불어 탄생하고, 성장해 왔기 때문에 사회발전과 경제발전도 기업발전 없이는 발전할 수 없다는 것이 자본주의의 원리이다. 자본주의 경제체제하에서의 기업의 역할을 보면 다음과 같다.

① 기업은 재화와 서비스를 제공한다.

② 기업은 노동인구에게 고용기회를 제공한다.

③ 기업은 신제품생산과 기존제품 개량, 유통방법의 개선, 기업경영문제에 대한 새로운 해결책의 창출과 개발 등 여러 가지 방법을 통해 경제성장과 발전을 촉진시키며, 국민생활 수준과 복지를 향상시킨다.

④ 기업은 우리가 지닌 능력을 최대한 발휘할 수 있도록 하는 등 다양한 사회적 욕구를 만족시키는 기능을 수행한다.

이상과 같이 기업의 역할은 사회발전과 경제발전에 있어 중요한 원동력이다.

제 2 장 기업가 정신

기업가 정신에 대한 연구는 4가지로 구분하여 연구할 수 있다.[6]

첫째, 기업가 정신의 개념을 정립하기 위하여 기업가들의 여러 가지 생각들에 대한 학파(schools)에 관한 연구이다.

둘째, 개인적인 기업가 정신에 대한 견해(perception)와 기업가 정신 과정과 기업가 특징 및 기업가의 기업에 대한 성공과 실패를 하는 요소들을 연구한다.

셋째, 어떤 기업가 정신으로 조직을 하려고 하는지를 연구한다.

넷째, 다른 나라 기업가 정신을 비교한다.

제1절 기업가 정신의 개념

전 세계의 많은 사람들은 기업을 사랑하고 있다. 이들은 정치가, 학자, 과학자, 직업운동선수, 연예인 등과 우리 시민들을 이끄는 사람들이다. 기업가 정신(entrepreneurship)은 entrepreneurial spirit로 쓰기도 한다. 기업가 정신을 entrepreneurship으로 쓸 때는 창업이라는 말에 오히려 적합하다. 기업가 정신을 entrepreneurship으로 쓸 때는 기업가적인 활동(entrepreneurial activity) 또는 기업생애(entrepreneurial life)라는 의미를 내포하고 있다.

산업혁명의 시작은 영국에서 시작되었지만 그 꽃은 미국에서 피게 되었다. 20세기에 와서 세계 강대국이 된 것도 기업국가라고 부를 수 있을 만큼, 미국기업이 발달했기 때문이고, 기업을 발달시킨 것은 기업가 정신이기 때문이다.

---

6) Szilagyi, Andrew D. Jr., 1988, *Management and Performance*, Scott: Foresman and Company, p. 745.

미국의 론스타트 교수는 기업가 정신을 "빨간 신호등 앞에서도 때로는 이를 무시하고 돌진하는 것" 것이 기업가 정신이라고 언급하였다. 그리고 그는 기업가 정신은 스스로 사업을 일으키는 것이고 이를 자기 인생에서 가장 즐거운 일로 여기는 것이라고 하였다.

슘페터(Joseph. A. Schumpeter)은 기업가의 기능적 측면에서 기업가 정신은 창조적인 파괴(creative destruction)과 조금 유사하다고 언급하였다. 그는 "자본주의 경제란 끊임없는 혁신(innovation)을 통하여 창조적인 파괴과정으로 발전되어 왔으며 그와 같은 발전의 원동력이 바로 기업가 정신(entrepreneurship)이다" (Schumpeter, J. A., 1973)[7]라고 언급하였다. 그는 이 혁신(innovation)과 기업가 정신에서 기업이란 변화를 탐구하고 변화에 대응하며 또한 변화를 기회로서 이용하는 기업가 정신을 가진 자로 정의하였다.

또한 그는 기업가 정신이란 기업의 발전을 위한 혁신성을 갖는 것이며 기업가란 자신의 기업을 창설한 사람, 또는 기존기업에서 혁신적 경영을 수행하는 사람으로 보고, 자본주의 발전도 창조적 파괴의 과정을 밟아서 이루어지는데, 이 과정을 추진하는 자가 바로 기업가라고 한다. 또한 혁신자(innovator)는 새로운 것을 창조하는 창조자나 혁신자이고 창조의 기쁨을 아는 사람이며 일에 대한 성취력과 추진력을 갖춘 사람이다. 즉 기업가 정신은 창의와 혁신가이다.

그는 경제발전을 위한 방도로서 자원의 동원과 활용을 이끄는 기업가의 역할 등에서 발전의 길을 찾는 자로서, 기업가 정신은 기업가들이 갖추고 있는 혁신의 능력과 투자의욕, 새 시장개척과 신제품, 그리고 새로운 기술의 개발 등과 같은 보다 능동적인 행위가 기업가 정신이다. 그러므로 보다 혁신적이고 조직적인 기업가의 재능이 없이는 경제발전을 기대할 수 없다. 그래서 혁신(innovation)은 발전의 중요한 요소이며 고 혁신을 주도하는 자가 기업가이고 또한 이런 정신이 기업가 정신이다.

기업가들은 새로운 산물이나 서비스의 산출, 새로운 생산방법의 선택, 새로운 정책의 수행, 그리고 기존의 문제를 새롭게 해결하려는 노력 등, 특유의 행동을 한다.

굿맨(J. P. Goodman)은 기업가 정신은 조직의 경쟁력(competitiveness)과 조직성과(performance)를 위해 좋은 방법을 이끌어 내는 것이라고 언급하였다

7) Schumpeter, J. A., 1973, *The Theory of Economic Development*, pp. 38-42.

(Goodman, J. P., 1985).[8]

빌게이츠(Bill Gates)는 기업가 정신은 모험(venture)이라고 언급하였다.

밀(J. S. Mill)은 기업가 정신은 위험감수(risk taking)라고 하였다.

맥클리랜드(D. C. McClleland)은 인간의 행동에 동기를 부여할 수 있는 3가지 욕구로 성취욕구, 권력욕구, 그리고 친화욕구를 들고 있는데 그 중에서도 성취욕구가 경제발전에 중요한 심리적인 요인이라고 결론짓고, 성취동기가 큰 사람일수록 성취인이 되며 성취동기가 큰 기업가가 자신의 성장과 발전을 한다고 주장하였다.

성취동기가 큰 기업가는 첫째, 적당한 모험을 한다. 둘째, 일의 결과를 빨리 알고자 한다. 셋째, 물질적 보상을 받기 위해서가 아니라 그 자체에서 내적인 만족을 얻을 수 있는 과업을 찾아 성취한다. 넷째, 과업에 전적으로 몰두한다. 다섯째, 미래 지향적이다 등을 기업가 정신으로 언급하였다.

기업가 정신이란 세계화 시대에 요구되는 것으로 기업가적 정신이라고 할 수 있다. 또한 기업가 정신은 기업을 창업하고 경영하는 데 있어서 자기만이 가지는 정신적인 특징이다.

드러커(P. F. Drucker)는 기업가란 변화를 탐구하고 변화에 대응하며 그러한 변화를 기회로 이용하는 사람이 기업가이며, 기업가 정신은 창의성과 불확실성과의 대결의식과 어려움의 극복정신과 감성과 정열, 자주적이고 주도적인 정신, 활력과 역동성, 여러 도전에 용기를 가지고 과감하고 창의적으로 직면하여 극복하는 정신을 기업가 정신으로 보고 있다.

따라서 기업가 정신은 진취적이며, 개척적이고 창조적이며, 왕성한 용기, 정열이 내포되어 있는 용의주도하고 현실과 미래를 객관적으로 관찰 · 예견할 수 있는 혜안과 과학적 사고가 기업가 정신이다. 기업가는 불가능에 직면해도 엄청난 위험을 용기 있게 짊어지는 실로 망각 속의 영웅이고 발전의 원천이며, 성장 · 발전의 결과도 기업의 용기와 신념에 달려 있다. 이러한 정신이 기업가 정신이다. 기업가 정신을 구체적으로 연구하기 위해서는 다음과 같은 역사적인 관점에 대한 연구가 필요하다.

---

8) Goodman, J. P., 1985, “Entrepreneurship in Corporation” in W. D. Guth(ed), *Handbook of Business Strategy*, Boston: Warren, Gorhan and Lamont, pp. 61-68.

1. 역사적 관점

기업가들의 역사를 보면 일반적으로는 평범한 사람 같으나 회사에서는 특별하다.

어떤 성공한 기업가들에 대한 태도(attitude)를 보면 정도의 차이는 있지만 그것은 도박자(gambler)와 같은 의미가 함축되어 있다고 논평하는 사람들도 있다. 예를 들면 미국 Federal Express에서는 연방특별포장회사 설립을 생각하여 완전한 수송시스템(delivery system)을 만들었으나 많은 대중들로부터 흥미를 받지 못하여, 처음에는 많은 손실을 보았다.

이와 같은 기업가의 태도를 보고, 많은 시간의 대부분을 모험의 길(risky path)을 걷는 것 같다고 말하였다. 그러나 그와 같은 정의는 오래가지 못했다. 1940년대에는 발명에 대한 고안에 의해 생산형태의 재건과 혁명이나 혹은 더 많은 일반화(generally) 혹은 새로운 생필품(new commodity)의 산출에 대해서 해 보지 않은 기술적 가능성(technological possibility) 혹은 새로운 방법 중에 낡은 원료 공급의 새로운 개발, 혹은 생산에 대한 팔 곳(outlet) 등이 산업에 대한 새로운 인식이 들게 되었다.

슘페트는 기업가에 대해 이해하기를 기업가는 이용할 수 있는 자원(resource)을 새로운 방법(new way)으로 결합(com-bined)하는 자라고 언급하였다.

미국의 기업가들을 보면 다음과 같다.

Fredrick Weyerhaeuser는 목재와 토지관리를 Frank Perdue은 치킨의 마케팅 혁명을 일으켜 대량생산을 하였으며, Jhon D. Rockeffeller은 석유회사의 종적 결합을, Henry Ford은 석유의 값싼 수송과 일급보장제를, Juan Tripp of PanAm은 싼 항공료로 수송할 수 있는 비행기 운영을, Gamule은 마케팅에 대한 생산초점을 두고 경영하였다.

그리고 미국의 대부분 성공한 기업가들은 [표 7-1]에서 나타나는 바와 같이 적은 자본으로 성공을 하였다. 이들의 기업가들은 무자비한 사회변화(relentless march of social change)에 크게 영향을 주었다.

보기를 보면 King Gillette는 안전면도날(safety razor)의 고안으로 수 백만 남성들이 반복하여 쓰도록 하였다. Gillette의 사회적 풍토(social climate)에 대한

표 7-1 기업가 성공사례

Avon	David McConnell은 1886년에 500불에서 1986년에 시장가치는 3.3천만불이었다.
Campbell Soup	1869년에 Joseph Campbell에 의하여 적은 자본금으로 시작했으나 1986년 시장가격 4.2천만불이 되었다.
Digital Equipment	Kenneth Olsen에 의하여 1957년에 70,000불로서 공장을 설립하여 1986년에는 시장가격이 11천만불로 되었다.
Dupont	1802년에 36,000불로서 Eleuthere Irenee Dupont에 의해 설립되어 1986년에는 시장가격 18천만불이였다.
Eastman Kodak	1880년에 George Eastman이 3,000불로 설립하여 1986년에 자산 12.8천만불이 되었다.
Good Year	1898년에 13,5000불을 빌려서 Frank Seiberling에 의해 공장을 설립하여 1986년에 3.3천만불이 되었다.
Hewlett-Packard	1939년에 Willan Hewlett와 David Packard에 의하여 438의 개인투자가가 투자하여 설립되었는데 1986년 10천만불이 되었다.
Procter & Gamble	Procter&Gamble은 1837년에 Nellam Procter와 James Gamble이 7,192불로 설립하여 1986년에 13천만불이다.
Xerox	1906년 Joseph Wellsoan에 의해 설립되어 1986년에 5.3천만불이 되었다.

혁신(innovation) 없이는 성공할 수 없고 그리고 이것은 효과적인 품질 대량생산 지식에 대한 요구 없이는 불가능하였다(Ronstadt, R. C., 1984).[9] 유사하게도 Montgomery Ward는 사인 없는 물류시스템(delivery system)과 요구하는 팔 상품(sell goods)과 생산 카탈로그(catalog)을 주장하였다.

역사적으로 보면 기업가 정신이 현대경영의 중요한 역할처럼 나타나고 있다. 우리는 기업가 정신을 비습관적인 사람들의 경제적인 관점에서 찾으려고 한다(Ronstadt, R. C., 1984).[10]

9) Ronstadt, R. C., 1984, *Entrepreneurship*, Dovet, Mass: Lord Publishing, p. 5.
10) Ronstadt, R. C., 1984, *Ibid.*, p. 749.

2. 기업가들이 생각하는 학파

기업가 정신은 성장에 대한 경험을 통해 성공한 기업가들의 경영학파를 보면 잘 알 수 있다. 왜 기업가들이 모험(risk)을 하면서 새로운 사업을 하는지, 기업경영자들이 생각하는 학파(schools of thought) 활동은 경영을 수행하는 가운데서 나타난다. 그리고 운영세력(driving force)이나 또는 기업가 정신의 배후세력(force behind)관계에도 나타난다. 이를 표로 보면 [표 7-2]에 나타난다.

[표 7-2]에서 나타나는 바와 같이 학파 가운데는 사람(people), 환경(environment), 그리고 모험(venture) 등의 학파가 있다(Ronstadt, R. C., 1984).[11] 사람들에 대한 학파는 리더십에 대한 특색의 접근과 비슷하다. 특색에 대한 것은 성공적인 기업가를 확실히 나타낼 수 있다.

표 7-2 **기업가 정신에 대한 학파**

학 파	초 점	기 업 가
인 간 (people)	기업가	기업가 정신은 개인의 욕구(needs)나 욕망(desire), 그리고 동기(motive)를 유발하는 기능, 기업가에게 바르게 배우는 것
환 경 (environment)	외부환경의 힘	기업가 정신은 올바른 경제, 사회, 정책 그리고 내재적인 기술력 없이는 발생할 수 없다.
모 험 (venture)	기업가, 환경 모험, Idea	인간특징의 통합에서 생기는 기업가 정신이 환경적인 힘과 그리고 모험, idea에서 가능하다.

출처: Robert C. Ronstadt, 1984, *Entrepreneurship*, Natick, Mass, Lord Publishing, Inc., pp. 49-62.

1) 인간학파

톰 울프(Tom Wolfe)저럼 미국의 최초 우주 비행사가 될 때부터 적당한(right stuff) 성취욕구가 올바르게 증가하였다. 믿음을 가지는 욕구, 모험을 취하는 성질(risk taking personality) 그리고 용기(courage), 기술전문가(technical expertise),

11) Ronstadt, R. C., 1984, *Ibid*., pp. 49-62.

창조성(creativity) 그리고 성공하기 힘든 것을 성공시키는 것 등이 올바르게 증가하였다. 그런데 리더십 특색에 대한 것은 일찍 조사되었지만, 기업가의 정신적 태도(entrepreneurial attitude)와 개성의 특성(personality traits)도 일찍 조사되었다.

다음의 [표 7-3]은 기업가들의 성취욕구에 대한 것을 나타낸 것이다. 그리고 운명(destiny)을 통제하고 애매함을 견디고(tolerate ambiguity), 그리고 모험성이 있는 사람으로 나타났다. 그런데 많은 연구가들은 다음과 같이 설명하고 있다.

표 7-3 기업가 특성

특성(Characteristic)	경향(Tendencies)
성취(Achievement)	사람들의 성취욕구를 증가시킨다.
통제(control)	통제에 대한 높은 욕구: 활동성 중에서 생활통제능력에 대한 강한 믿음.
자율성(Autonomy)	자율성과 독립성에 대한 적당하고 모험에 대한 도전(calculated risk taker)을 생각한다.
불명료(Ambiguity)	불명료에 대한 높은 포용력
자부심(self-esteem)	높은 자부심
보수(Rewards)	높은 보수를 위해 활동한다.
복종(Conformity)	일반적으로 일반사규에 따르지 않는다.

출처: Szilagyi, Andrew. D. Jr., *Ibid*., p.751.

2) 환경학파

환경학파는 약간 다르게 접근할 수 있다. 이들은 경제학자나, 인류학자, 그리고 학자들의 특질이나 특색을 시사하고 기업가들 활동에 대한 결정적인 힘(crucial force)을 중요한 요소라고 하였다. 환경요소를 결정하는 수가 복잡하고 많은 성공한 기업가의 타입(type)이 복잡하기 때문에 환경요소를 찾기란 어렵다. 이러한 환경요소들은 사회적 가치(social values), 정치적 과정(political process), 그리고 경제적 기회(economic opportunities) 등이 함께 혼합되어 있다. 그리고 기업가의 기업형태에 기업환경이 포함되기 때문에 더욱 복잡하다.

환경학파의 지지자는 이런 학파와 교체하는 것을 좋아한다.

첫째, 이들이 속해 있는 사회집단의 문화적인 교체(jews), 중국인, 인도인 그리고 히스파니아 등의 인민은 부인들의 특색의 차이는 전통적인 조직으로서 접근할 수 없다.

둘째, 정치적인 차이는 기업가 생각에 의해 기업환경이 창조되는 것이다. 일반적인 조직환경은 기업가 활동을 지원한다.

셋째, 경제적인 것은 그들의 통제 이후 일반적인 이유로서 사람들이 직장을 잃었을 때 생기는 일과 다른 생애을 찾는 데 힘쓰는 것과 바꾸어 놓을 수 있다. 이 유형은 1970년대 후반으로 중간쯤되는 조직을 재조직에서 발견할 수 있다.

3) 모험학파(the venture schools)

기업가 정신의 새로운 학파는 모험학파(venture schools)로서 더욱더 복잡하다. 기업가 경력에 포함된 암시적인 모험학파는 실행한다는 생각으로서 기회개발(opportunity development)과 기업이 처리하려는 생각을 약속 이행(implementation)을 하고 그런 것을 착수한 경력을 말한다.[12] 그리고 이는 정확한 시간(right time), 장소, 그리고 하나의 욕구에 대한 경력종류를 추구하는 의미를 갖는다. 그리고 사람들의 버릇과 환경지지는 필요하지만, 충분한 조건은 아니다. 이와 같은 조직 안에서는 가장 높은 동기부여가 필요하거나 개인에게는 환경에 제외되는 생각을 한다. 이들이 주장하는 요소들은 다음과 같다.

높은 잠재력, 확실한 성격, 요소들을 믿는다. 이것은 성장지향(growth-oriented)과 모험(venture)이다.

모험학파 기업가는 다음과 같이 정의하였다.

① 균형과 적합한 관리팀을 가지고 지도에 재능이 있는 기업가

② 기술적 표현과 생산 및 서비스를 위한 시장성이 높은 idea

③ 외부와 내부 모험을 통해서 현실적인 기업계획에 안전하게 대처하고,

④ 부채를 공정하게 한다.

이상과 같은 요소들은 좋은 모험아이디어를 내는 것으로 여겨진다.

---

12) See Entire Special Section, November 10, 1986, "Technology in The Workplace," *Wall Street Journal*.

3. 기업가 형태(types of entrepreneurs)

기업가 정신에 대해서는 더 깊게 탐구되었으나 아주 명확한 기업가 type은 없다. 사실로 이런 개념의 역사(기업가 활동에 따라 진행된다)를 보면 21세기에는 기업가(entreprene)와 환경 내의 운영방법(ways of opportunity)의 차이를 알 수 있다.

대부분의 기업가들은 독립적인 운영자(independent operation)로서 팀에서 일하고, 단일 idea에서 기업들을 설립하고 기업의 복합적인 생산의 형태에서 자본을 사용하거나 혹은 투자를 숙고한다.

기업가 형태를 분류하는 변수는 단일변수가 아니고 또한 기업가 타입의 범주차이 변수도 단순하지 않다. 이것이 기업운영과 형태 혁신에 사용하는 정도로서 접근하려는 것이다.

다음 [그림 7-1]은 8개 기업간 타입(types)의 리스트(list)이다.

그림 7-1 기업가 타입(types)

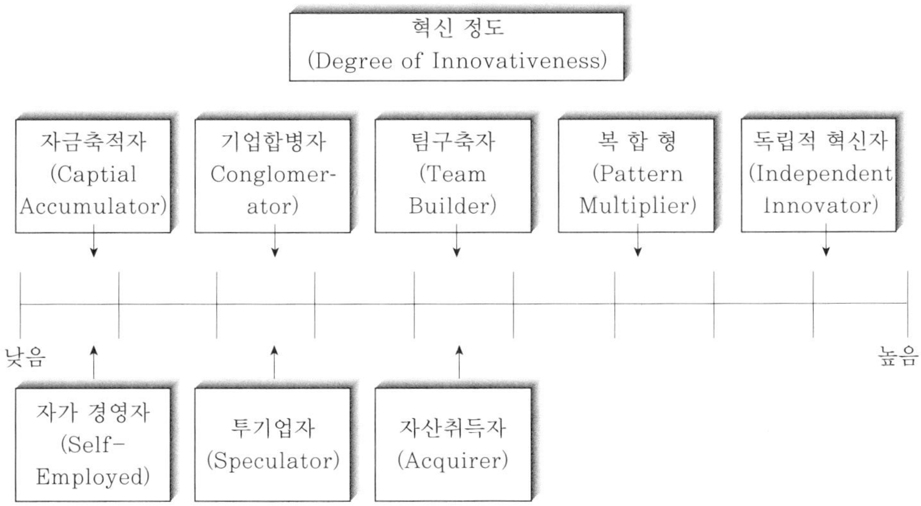

출처: Vespet, K. H., 1980, *New Venture Strategies*, Englewood Cliffs, N. J.: Prentice-Hall, pp. 3-6.

1) 독립적 혁신자(Independent Innovator)

혁신자는 벨(Bell)과 에디슨(Edison)과 같은 범주에 들어가는 자이다. 그들은 좋은 생산, 서비스, 생산을 위한 발명(invent)나 혹은 idea를 적용시키는 사람들이다. 그리고 가끔 성공하는 사람들을 말한다. 독립적 혁신자를 연구하는 데 있어서 다음 2가지 형태의 특성이 나타난다.

첫째는 회사를 창조할 생각으로 idea를 종종 혁신하는 기업가 형태이다. 그리고 다음 매일 관리로부터 충고자 역할이나, 혹은 매일 관리전반에 대해 충고자 역할을 하는 자이다. 그러므로 몇몇 학자들은 혁신자적 기업가는 "사냥(hunt)"을 가장 안전하게 하거나 혹은 idea의 새로운 것을 안전하게 한다. 새로운 것이 기업에 생산되어 일상화되면 빨리 흥미를 잃는다. 그런 사람들은 빨리 그들이 얻은 혁신과 창조에 흥미를 잃는다. 이는 Edison이 좋은 예이다.

그는 큰 회사 내 연구실에서 연구하고 매일 관리를 열심히 관리 연구하였다.

둘째, 흥미 있는 특징은 새로운 기술에 파도를 타고 성공에 도달하는 자이다. 보기로서는 전자산업에서 볼 수 있다.

Hewlett-Packard는 1940년대에 Stanford 대학 2년에 전자공학 학위를 받았다. Tektronix는 가장 좋은 오슬로스코프(Oscilloscope)의 아이디어로 전자 수리공을 위해서 창조되었다. 그리고 Edwin Land는 그의 새로운 기술에 의해 폴라로이드(polaroid) 카메라를 개발하여 성공하였다.

2) 복합형(pattern multipliers)

복합형의 기업가는 효과적인 기업형태로서 명성을 얻는 기업가이다. 본질적으로 이것은 자신이 혁신하는 것은 아니다. 그러나 성공적인 기업가 정신을 지도하는 새로운 생산기술, 혹은 서비스에 대한 시장화와 접근화하는 것이다.

3) 팀구축자(team builder)

팀구축 기업가는 단독 혁신자와 그리고 복합형을 조금 취한나. ㅗ들의 성공은 약간의 혁신과 그리고 idea를 보유하고 그리고 사람들에 대한 호감을 갖게 된다. 팀구축자의 중요 특징은 다른 사람으로부터 일에 대한 idea와 기술을 얻고 고용과 이양에 의해 성장하고 있다. 그 예로써 Ford Motor와 John Deere, Coca-

Cola, 그리고 TRW에 나타난다.

4) 자산취득자(acquirer)

취득자라 부르는 데 2번째 팀으로 새로운 하나를 출발하는 것보다 계속적으로(지속적으로) 독립적 기업을 한다. 이는 수많은 방법에 의하여 일어날 수 있다. 회사는 상속회사(inherited)가 되고, 다른 회사에 의하여 얻어지고 그리고 하나의 기업가에 의해서 더욱 발전되거나 혹은 다른 기업간에 의하여 단순히 얻어진다.

5) 기업집단자(conglomerator)

획득자에게 얻어지는 관계로서 기업통합자이다. 1960년대에서 기업집합의 수들을 세어 보는 것이 첫 번째이다. 기업가들은 한 회사의 통제를 얻는다. 그리고 다른 통제에 의해서 사용된다. 이 기업가 정신은 오늘날 가끔 기업연합에 의해서 계산의 다양성을 위한 기업가 정신이다.

6) 투기자(speculators)

기업가 정신은 생산과 서비스에 제한이 없다. 많은 기업가들은 혼자서 땅을 사고 팔아서 극적인 성공을 이루는 자이다. 다른 땅을 사고 개발하여 높은 가격으로서 전매(reselling) 전에 변화시킨다. 보기를 들면 Trammel Crow, Donald Trump, 그리고 Gerald Hines 등이다.

7) 자금축적자(capital accumulators)

몇몇 기업가들은 중대한 재정자원을 함께 끌어 들이기 위해서 이름을 만들고 모험을 기초로 하여 기구와 개인 양쪽 자원으로부터 보통 재원을 모은다. 우리는 언행을 모험들에서 볼 수 있다. 모으고, 대부하고 그리고 처음부터 큰 투자 없이 출발할 수 없다.

8) 자가사업(self employ individuals)

일반적으로 대부분의 기업들이 이에 속하며, 기업가 정신의 가장 좋은 보기가 된다. 우리는 영세상업의 운영형태에서 볼 수 있다. 독립적인 보험 agent, 소매상(trade people), 배관공(plumbers), 전기사(electricians) 그리고 수선공(repairer),

전문가, 변호사, 회계사, 물리사들은 혼자서 혹은 아주 적은 고용인과 같이 일한다.

제 2 절 기업가 개인

기업가 정신을 연구하기 위해서는 개인에 대해 조사할 필요가 있다. 이 절에서는 기업가의 기업 창업 · 성장단계를 통해 그 관계를 보려고 한다.

기업가 과정은 다음과 같은 5가지 단계로 [표 7-4]에서와 같이 나타낼 수 있다.

표 7-4 간단한 기업가 단계

제 1 단계 Idea	→	제 2 단계 분 석	→	제 3 단계 개 시	→	제 4 단계 개 편	→	제 5 단계 성 장
• 기업가로의 결심 • 모험 아이디어의 확인		• 환경분석 • 인사분석 • 전략분석 • 기업계획 입안		• 자금조달 • 팀구축 • 생산과 판매 시작 • 환경감사		• 경쟁적 역량의 전투 • 전략 재편성 • 방치와 제거의 결정		• 추가적 자금의 추구 • 제품증가/시장확대 • 참모와 계획에 대한 규모 증가

출처: J. A. Timmons, L. E. Smollen and A. L.Digee, Jr., 1985, *New Venture Creation*, 2nd ed., Homewood, Ⅲ: Irwin, Adapted by permission of the authors.

1. 기업가 과정에 대한 단계

1) Idea(아이디어)

Idea는 기업가들에게 새로운 기업으로 돌릴 수 있는 idea가 떠오른 것으로 현상불만단계이다.

2) 분석(analysis)

앞으로 나아가기 전에 기업가가 되는 데는 기업가는 환경에 관한 질문 요지를 물어야 한다. 그들 자신이나 혹은 그의 자신과 모험에 대한 제한에 대한 전략적인 암시이다.

3) 출발과 사업시작(start-up/launch)

이 단계는 경영팀을 구축하고 그리고 개발하고 생산 혹은 서비스에 대한 마케팅을 구축하는 단계이다.

4)재편성(shakeout)

이것은 "신맛"으로 표현되는 단계이다. 새로운 기업으로서, 팀과 시장아이디어 서비스에 대한 단계이며, 전략 재편성의 단계이다.

5) 성장(growth)

재편의 단계를 지나서 기업가는 시장에 더 직접적이고 생산을 발전시키고 그리고 계획에 대한 규모증가 단계이다.

2. 실패한 기업가

일반적으로 기업가들이 성공에서 모험을 모두 느낄 수는 없다.

통계학자들의 데이터에 의하면 새로운 모험에서 50-70% 정도가 실패한다고 한다. [표 7-5]에서는 기업실패에 대한 이유를 나타내었다. 이것은 운영(operation)과 관계되는 이슈(issues)를 나타낸 것으로 모든 실패요소(all failure factors)들을 생각했을 때, 나쁜 경영리더, 폭넓은 이윤(wide margin)에 의한 리스트이다. 우리는 1단계와 2단계에 대한 논의를 집중적으로 살펴보려고 한다.

① 이 단계는 성공과 실패(success and failure)로 보통 중요 의사결정이 연합된다.

표 7-5 **실패한 기업가 케이스**

부족(Deficiency)	실패비율(percentage of failures)
부적합한 판매(inadequate sales)	39.0
경쟁에 약함(competitive weakeness)	21.2
과도한 운영비(execssive operating cost)	11.2
자금비축문제(money collection problem)	9.3
재고품문제(inventory problem)	4.2
높은 고정비(high fixed costs)	3.6
게으름(neglect)	2.8
빈약한 장소(poor location)	1.4
재난(disaster)	1.4
다름(other)	1.4
알려지지 않음(unknown)	2.1
부정한 수단(fraud)	1.2

② 우리는 일반관리로부터 구별되는 기업가 정신으로 유일한 특색을 말하는 단계이다. 이 단계의 논의는 다음과 같은 주제(topics)에 대한 관계를 설명할 것이다. 모험 idea 근원(venture idea source), 환경분석(environmental analysis), 인사분석(personal analysis), 그리고 전략분석(strategy analysis) 등이다.

3. 모험 idea 근원(venture idea sources)

기업가는 새로운 모험(new ventures)에 대한 idea를 어디에서 얻는가? 만약 이런 질문을 일반대중에게 묻는다면 비관적인 것으로부터 나오거나 혹은 기업가에 대한 자원의 적시 · 적소 투입이라고 이야기할 것이다.

예를 들면, Edward Land의 즉석카메라(polaroid)에 대한 idea는 조카딸의 일반카메라를 가지고는 바로 그의 사진을 볼 수 없는가를 생각한 데서 나왔다.

Sparked는 화학적인 지식에 의해서였고 Land는 Polaroid Camera에 대한 idea를 도출하였다. 그런데 이런 이야기는 의심할 수 없다. 성공적인 회사의 idea를 돌리는 데 많은 의심을 있을 수 없다. 거기에는 venture idea에 대한 연구가 있다. 이러한 아이디어의 중요한 재료들을 설명하려고 한다(Verper, K. H., 1980).[13]

1) 중요한 고용(prior employment)

기업가들에 대한 일을 돕는 형태들로부터 새로운 모험 idea를 얻는 확률이 높다. 대부분 최근 연구 전에 고용되어 모든 새로운 모험의 50~80%가 거의 유사했다. 그중 가장 높은 비율은 high-tech 모험에 일치한다. 모험 아이디어 근원(venture idea source)에 대한 대부분의 중요한 장벽은 법률(legal)이다. Texas Instrument의 high-technology 고용자들의 성장관계로서 Hewlett-Packard와 Intel는 고용자들이다.

2) self-employment(자가경영)

새로운 생산, 서비스 혹은 모험 idea는 가끔 독립된 고용으로부터 나온다. 즉 독립된 기업가는 갑자기 떠오르는 아이디어가 있다.

3) 곤 경

사람들은 그들이 좋아하는 일 때문에 곤경에 직면할 수도 있지만, 취미가 있을 때 idea는 더욱 발전된다. 새로운 기업은 종종 idea 형태로 나타난다. Bill Gates는 취미를 통해 MicroSoft를 만들었다. 많은 조직들은 새로운 모험형태에 대한 취미를 만들었는데 3M사와 Hewlett-Packard를 예로 들 수 있다.

4) 계획조사(planned research)

만약 어떤 사람이 기업가가 되기를 원한다면, 활동에 대한 적당한 과정은 아이디어(idea)를 위한 방법론적인 출발이다. 이것은 기업가정신에 대한 보통적인 접근이다. 이것에 대한 모험아이디어를 교수들은 각각 학생들에게 가르친다. 발

13) Verper, K. H., 1980, *New Ventures Strategies*, Englewood Cliff, N.J.: Prentice-Hall, pp. 16-40.

전에 대한 기업계획에 적당하다.

5) 관찰(observations)

생산이나 서비스에 대한 모험 idea의 영감(inspiration)은 단순한 직접적인 관찰에서 나온다. 사람들의 마음은, 관찰로부터 가능한 모험(possible venture) 잠재력을 인식하는 마음이다.

제 3 절 회사 기업가 정신

기업가 정신에 대한 지난 몇 년 동안 큰 회사들의 관심은 크게 증가되었다. General Mills, 3M, TEXAS Instrument, Exxon, Tekronix, Ore-Ida와 DuPont 등 많은 기업들은 기업가 정신이나 혹은 모험활동(venturing activities)에 대한 조사를 하거나 연구소 등을 설립하여 연구하였다.[14] 기업에서 기업가 정신(corporate entrepreneurship)에 관한 연구에 관심을 갖는 이유는 다음과 같다.

먼저, 장기적 성장한 기업들도 새로운 사업을 찾기 위하여 여러 가지 방법으로 노력하기 때문이다. 관리자들은 기업합병(merger)과 주식취득(acquisition) 등과 같은 방법으로 외부적 성장(external growth)이나 혹은 현재 상태에서 생산확장하여 새로운 생산과 서비스를 개발하여 내부성장(internal growth)을 한다. 그러나 기업의 합병과 주식취득은 비용이 많이 들어(costly) 문제점이 있다. 그리고 이는 관료주의에 대한 불만이 증가하고, 관리적인 동기가 결핍되고 혁신에 대한 장벽, 고용자를 감시하기 위한 조직의 규모 확대에 대한 충격과 기업가 모험에 대한 고용손실이 크다. [표 7-6]에서 나타낸 바와 같이 기업들의 대표적인 경력관리자(typical career manager)는 기업가의 대표적인 경력과 맞지 않는 특성을 나타내고 있다.

다음으로, 기업의 호기심(Corporate curiosity) 관계이다. 이는 새로운 관리기술이나 혹은 성과개선을 위한 연구자료 및 정보의 근원이 될 수 있기 때문이다.

---

14) Pinchot, G. Ⅲ., March 1985, "Promoting Free Intraprise," *Across the Board*, pp. 32–39.

표 7-6 기업가와 관리자의 차이

차 원	기 업 가	관리자 경력
시간지향	보통 5-6년 경력	보통(1-3개월, 1년 예산과 할당, 승진)
위험부담	조정, 예산적 위험 작업 안전과 순수가치	낮은 위험부담, 회사의 많은 보수와 처벌 때문에 잘못하는 것을 싫어하고 최종적으로 튀는 것을 원치 않음
불확실에 대한 관용	야심과 불확실에 대한 높은 관용	불확실에 대한 낮은 관용
개인적인 표준	내면적인 면에서 자신의 표준에 대해 높게 책정하고 더 많은 목표지향적이다.	조직의 보수체계에 대하여 높고 더 많은 지향적이고 조직보수체계에 대하여 더 많은 응답을 한다.
관련기술	없거나 제한되어 있다. 보통 관리교육에 대해서는 과학적인 기술교육이나 기술훈련은 없거나, 제한되어 있다. 만약 기술모험에 기업에 대한 것을 잘 안다면 이익과 손실의 책임에 대해서도 잘 안다.	보통 관리교육을 좋아한다. 지식과 인적 · 물적 지원관리에 경험과 넓은 지식을 가진다. 투표에 대해 높고 조직의 보수설립이나 권력에 동기부여된다.
동 기	높은 목표지향적이고 자신에 관해서 높은 동기부여가 된다.	목표에 대해서 높고 조직보수가 책정된다 권력에 동기부여가 된다.

출처: Timmons, J. A., L. E. Smollen, and A. L. Dinges, Jr., 1985, *New Venture Creation*, 2nd ed., Homewood Ⅲ.

기업모험(corporate venture)에 대해 흥미있는 사람들로 경영자나 대부분 관리자들이 포함되어 있다. 실질적으로 관리자들에 대한 새로운 idea를 단순한 학문적 접근방법으로 조사한 것을 보면, "관리에 대한 최고의 방법은 없다"(There is no best way to manager)는 것을 발견하였다. 이러한 이유 때문에 기업은 모험을 한니.

성공적인 관리자는 항상 배우고 여러 가지 상황에 대한 적응을 한다. [표 7-7]에서 나타난 바와 같이 관리의 새로운 방법을 창조하고 그리고 기업가 접근을 하려고 한다.

기업모험에는 기업 모험수준, 기업모험에 대한 조직의 방법, 그리고 성공에 대한 열쇠 등 3가지 중요한 점이 있다.

표 7-7 독립기업가의 내적 성격

내면적 기업가 정신	독립적인 기업가 정신
면직에 대한 권력과 의사결정을 지배할 수 있는 보고서 제출까지 변화시키는 사람이다.	모험을 변화시키는 사람들은 사무실에서 감독하지 않는다. 고객에 대한 욕구, 재정, 이사의 능력, 그리고 동업자에 대한 감독을 하지 않는다.
재정적 위험(financial risk)은 조직을 양친회사로 옮긴다.	재정적인 위험은 의무적으로 기업가에 의해 배분한다. 그리고 다른 주주, 감독자, 임대자에게 나눈다.
재정적 능력(financial capacity)은 양친회사에 의해 결정된다. 외부자원은 양친의 승인 없이 사용되지 않는다.	재정적인 능력은 모험 그 자체에 의해 결정된다. 어떤 근원을 사용한다.
경영상의 절차(administrative formulities)는 회계, 인사, 계약, 공증관계, 광고와 고객서비스 같은 분야는 양친에 의해 판결된다.	경영상의 절차는 관리의 판단(management discreated)과 최소의 관리판단이다.
성공은 모험에 비해서 큰 돈을 벌 수 없다. 승진의 의미가 없다.	기업가와 기초투자가는 수 백만을 만든다. 재정독립을 의미한다.
실패는 작업밖에 모험의 관리자는 둘 수 없다. 그들은 양친에게 돌릴 수 있다.	실패는 모험에 대해 누구나 의미가 있다. 관리자가 포함되고 다른 고용자를 찾을 수 있다.
내적인 모험관리는 만약 모험성공이 실패하면 은퇴를 한다.	독립기업에 무거운 관리는 성공에 실패하거나 안하거나 좋은 관리 인력이 된다.

출처: Karl H. Vespet, *New Venture Strategies*, 1980, ⓒ p.14, Adapted by permission of Prentice-Hall, Inc., Englewood Cliffs, New Jersey.

제 3 장 조직에 대한 도전

변화는 본질적으로 조직에 의해 시작되거나(initiated by the organization) 혹은 조직이 변화에 적응한다(the organization adapts of change). 이와 같은 변화로 국제경쟁, 인구이동, 시장의 변화, 밀착되는 기업과 정부의 상호작용, 그리고 기술 등은 변화를 주도하는 외적인 힘이다.

변화의 내적 힘은 노동력의 변화, 생산성 향상의 필요성, 근로생활의 질 향상, 그리고 인적자원의 활용성 증대 등이다. 계획된 변화의 절차는 진단, 목표설정, 제약요인의 규명, 변화전략의 선택, 실행, 평가 등이다. 변화의 계획기능 중에는 개선된 환경요인의 반영, 조직목표의 확대, 새로운 전략과 계획 그리고 설계를 위한 다른 접근방법 등이 있다.

조직화하는 기능에서 일어나는 주요 변화들은 사장의 사무실, 그룹관리자와 임시직 팀의 계속적인 활용, 선발훈련, 보상 그리고 복리후생 계획 등이다. 변화의 선도적 기능에는 보다 나은 생산성 척도법, 유연한 리더십 유형, 늘어나는 지적 근로자에 적용하는 능력, 일반화에 대한 강조 등이다. 통제기능은 예산측면의 절차에 대한 강조, 모든 운영에 컴퓨터 사용의 확대, 국제적 경영에서 생산성 향상 등을 보여준다.

제1절 변화의 힘과 기업학파

변화의 힘(force for change)은 기업, 회사 및 연구기관 등 모든 조직에 영향을 미친다. 미국의 기업들은 전 세계에 도전을 받는다. 기업의 신뢰도는 합병 열풍, 일시 해고로 인한 노동력의 재배치, 내부의 교섭분쟁 등과 같은 문제로 인해 윤리적 문제에 시련을 겪기도 한다. 이러한 문제에 직면하고 있는 다양한 많은 조직들은 변화를 예측하고, 거기에 적응하고자 꾸준한 노력을 하고 있다.

어느 누구도 변화에 면역(immune)되어 있지 않으며, 심지어 비즈니스 스쿨마저도 변화에 준비되어 있는 것은 아니다. 미래의 기업경영을 책임질 젊은 남녀들을 교육시키는 비즈니스 스쿨의 교육방법에 대해서 많은 비평들이 쏟아져 나오고 있다. 주로 비판의 대상이 되는 내용 중에는 그 비즈니스 스쿨에서 가르치는 교과과정(curriculum) 중에 1980-1990년대에 아주 중요하게 거론되는 내용이 없다는 것이다. 많은 비즈니스 스쿨의 최근 조사보고가 20년 전 포드재단과 카네기재단(Carnege Foundation)에서 보고한 것과 같은 결론을 발표하고 있다는 것이다. 경제가 세계화된 이래로 많은 산업분야에서 규칙철폐(deregulation), 재무서비스 같은 신종산업의 창출, 세계 최대국가로 부상한 미국 등과 같이 세계경제는 세계화되어지고 있다.

사회의 여러 분야로부터 제기되는 이러한 비평에 대응하여 단지 기업 공동체뿐 아니라 많은 비즈니스 스쿨에서도 주요한 변화를 유도하고 이에 대응하는 교과과정을 찾기란 쉽지 않다. 그 교과과정의 상당한 '국제화(internationalization)'뿐만 아니라 경영정보시스템, 생산성, 경영윤리, 기업가 정신 그리고 비영리법인의 경영 등과 같이 변화하는 사회적 욕구에 호응하기 위해 새로운 많은 과정이 첨가되어졌다.[15)]

그리고 다양한 기업간의 상호관계가 더욱 밀접하게 되어지고 있다. 예로써 Westing-hose사는 Duke대학에서 생산관리를 전공하는 학생들과 생산관련 데이터를 개인 PC를 통해 공유하고 있고, Wichita 주립대학의 비즈니스 스쿨은 강력한 지역 산업체의 요구에 응하여 항공관리 과정을 개설하였다. 거의 모든 비즈니스 스쿨은 관리자 교육훈련에 더 관심을 집중시키고 있다. 이것은 여러 기업이나 일반대중으로부터 화제가 된 전통적인 세미나뿐만 아니라 비즈니스 스쿨을 졸업한 사람들에게 몇 년간 교실에서 갈고 닦은 그들의 기술을 더욱 연마하는 것을 도와주는 교과과정을 더 많이 만들고 있다.

실제로 등록하는 것은 매우 조심스럽게 하며, 특히 연령 분포도가 변화하는

15) 박주승, 2005, "Primary Shifts in Individual Work Environment and Work Related Attitudes for Telecommuting (Global) Organizations," 「산업경제연구」, 18(4), 1837-1885.

경우에는 더욱 그렇다. MBA과정은 대학원 교과과정을 제공하며, 수업은 주로 주말에 하고, 나이가 많은 사람을 대상으로 한다. 앨빈 토플러(Alvin Toffler)는 환경은 너무나 동적이고 복잡(dynamic and complex)하기 때문에 '미래의 충격(future shock)으로 인간과 조직을 위협하게 될 것이라고 주장한다.[16] 미래의 충격은 변화의 본질, 형태, 속도가 개인이나 조직이 변화에 적응할 수 있는 능력 정도를 초월할 때 일어난다. Toffler는 우리가 이용하고 있는 많은 것들이 우리 일생 동안에 개발되어진다고 지적함으로써 극적으로 설명하고 있다.

아무도 변화를 피해갈 수는 없으며(No one can escape change), 비즈니스 스쿨에 대한 앞 부분의 설명은 좋은 예시이다. 이것이 조직의 생존을 위해 관리자들이 변화에 적응하는 기술을 배워야만 하는 이유이다. 조직이 이러한 도전을 극복하기 위해서는 여러 가지 방법으로 접근되어져야 한다.

확실한 운영, 기능, 과정으로 수정하거나 변화시키기 위해서는 보다 정교한 시도가 있어야 하므로 우리는 계획된 변화 접근(planned change)을 더 선호한다. 계획된 변화는 두 가지 범주로 나눌 수 있다. 즉, 조직에 의해 변화가 시작되는 사전에 행동으로 대처하는 사전행동변화(proactive change)와 계획되지 않은 변화에 의해 즉각적이고 효과적으로 반응하는 반응작용변화(reactive change)가 있다.

조직과 관리자들에게 있어 오늘날의 도전에 대한 결론을 요약하면 첫 번째, 조직에 대한 도전을 세 부문으로 나누어 설명하고 둘째, 우리는 내적 · 외적인 변화의 힘을 규명하고 셋째, 계획된 변화의 과정을 연구해 보고 마지막으로, 경영과정에 있어서 변화의 영향을 설명하고자 한다.

제 2 절 조직변화의 요소

변화(change)는 어떤 형태의 조직에도 영향을 미친다. 즉, 조그만 공작기계 제작업체나 사회봉사기관에서부터 IBM과 Mayo Clinic 같은 큰 회사에서도 영향을 미친다. 심지어 우리 이웃에 있는 약국마저도 변화에 예외일 수는 없다. 많은 약국들이 위기로부터 생존하기 위해서는 보험회사나 정부기관으로부터 눈덩이처

16) Toffler,Alvin, 1970, *Future Shock*, New York: Random House.

럼 쏟아지는 서류는 굉장히 많다. 약사들은 그들의 시간 중 약 40%를 서류작성에 소비하고 있다. 이러한 수익에 대한 압박은 지난 십여 년간 약국의 평균 영업이익인 30%를 밑돌게 하고 있다.

이러한 문제를 해결하기 위해 많은 약사들은 컴퓨터를 이용하여 그들의 시간을 절약하는 방법을 세웠다. 그러한 방법이 더 많은 거래를 촉진할 뿐만 아니라 더 많은 정보를 얻을 수 있었다. 그리고 약국에서 컴퓨터를 공동으로 이용하는 약사들은 시간당 처방전을 20개에서 50개를 작성할 수 있으며, 고객욕구에 대한 정확한 처방, 상표 없는 약에 대한 지식 증대, 약 가격에 대한 정확한 수치, 잡일하는 점원 인건비의 절감 등 더 많은 이익을 창출하고 있다고 보고한다. 컴퓨터라고 해서 문제가 없는 것은 아니다. 약사들에게는 새로운 기술을 배우도록 요구하고, 약국당 컴퓨터를 설치하는 데 약 30,000불 정도의 비용이 들어간다.

이러한 예는 조직의 변화에 있어서 중요한 요소를 설명해 주고 있다. [그림 7-2]에서와 같이 조직변화에 대한 요소들을 보면 세 가지 주요 요인으로 규명되어진다.

그림 7-2 조직변화 요소

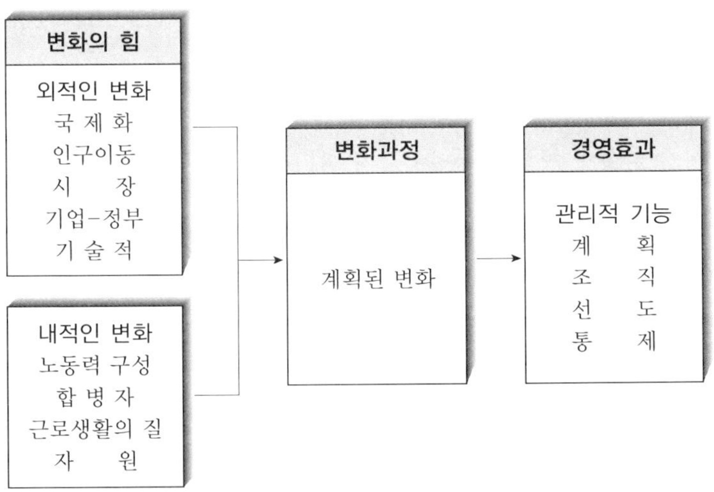

제3절 내적인 변화와 외적인 변화의 힘

앞에서 우리는 관리와 성과에 영향을 미치는 변화의 동향과 발전과정에 대해 알아보았다. 여기서는 중요한 변화의 힘은 어떠한 것이 있는지, 즉 내·외적인 변화의 힘(external and internal force change)에 대해 연구해 보고자 한다.

1. 외적인 변화의 힘

외적인 환경변화의 힘(external force change)은 조직이나 관리자에게 영향을 미치는 힘이 굉장히 크고 복잡하다. 그들의 파급효과란 산업에 따라 다양하게 나타난다. 항공산업에 영향을 미치는 변화의 힘은 보건산업에 미치는 영향과는 아주 다를 수 있다. 전적으로 포괄적이진 않지만, 다음의 설명에서 다양한 조직에 영향을 미치거나 영향을 받는 외적인 요인에 대해 기술하고자 한다.

1) 국제화(international)

외적인 변화의 힘 중에서도 가장 중요한 요인은 국제적인 활동무대(international area)에서 경영에 미치는 영향일 것이다. 우리가 잘 알고 있는 바와 같이 기업들이 다른 나라에서 영업을 하면서 유사하다고 느끼는 만큼 다양한 차이를 느끼게 된다. 조직들은 외국에서 문화상의 차이, 의사소통의 유형, 근로의 윤리 그리고 일정수준의 영업실적을 올리기까지의 절차 등에 적응하기 위해 싸워야만 한다. 각국에서 영업활동을 하고 있는 외국기업이 늘어나고 있다. 이것은 각국 시장의 안전성과 잠재적 성장률을 인정하는 반면에 많은 생산라인과 서비스부분에 심각한 경쟁을 초래할 것이다.

국제화되는 환경에서 하나의 추세는 초국적기업(transnational organization)의 성장을 들 수 있다.[17] 1960-1970년대 수많은 나라에서 생산, 판매, 유통하는

17) Druker, P. F., 1980, *Managing in Turbulent Times*, New York: Harper & Row, pp. 103-110.

다국적 조직들이 생겨나기 시작하였다. 1980년대에 들어서면서 좀더 통합된 세계경제의 개념이 나타나게 되었다. 이것은 그 나라에서 영업활동을 더욱 전문화하도록 할 뿐만 아니라 전략을 개발하고 실행하는 데 있어서도 더 많은 자율권을 부여한다는 것을 의미한다. 포드의 에스코트(Ford Escort) 차와 영·불 합작의 콩코드(Concode) 비행기, 메르세데스와 푸조가 공동 개발한 트럭(Massey-Ferguson) 등은 여러 나라에서 부품을 생산하여 다른 나라에서 조립한 대표적인 사례로 들 수 있다.[18)]

경영자를 위해 심사숙고해 보아야 할 또 다른 문제는 국제경쟁이 변화하는 특성이다. 세계시장에서 일본이 성공한 것은 많은 요인에 기인하지만 향후에 세계시장은 상당히 많은 경쟁자를 만나게 될 것을 암시하고 있다. 예를 들면 [그림 7-3]에서 나타나는 바와 같이 일본의 경쟁무기였던 비용우위가 점차 줄어들고 있으며, 다른 나라들의 비용우위가 조금씩 일본을 따라잡고 있다.

이와 같은 현상에 따라 일본의 성공은 생활의 표준화와 국민들의 욕구를 균형 있게 충족시킨 결과를 만들었다. 이는 금전적 비용을 말한다. 일본의 굳게 맺

그림 7-3 비용우위 데이터

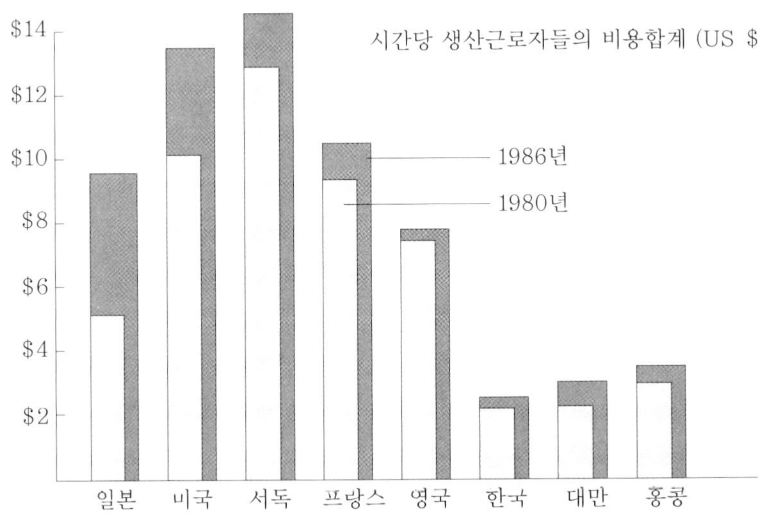

출처: Dreyfuss, J., March 30, 1989, "Fear and Trembling in the Colossus," *Fortune*, p. 34.

18) 박주승, 2005, "Cultural Values (Cultural Shifts) in Asian Business Environment: 1980-2000,"「산업경제연구」, 18(5), 2245-2257.

어진 문화는 전통적 중요성을 창조성에 접목하고 조율함으로써 더 많은 시장과 제품을 창조하는 것에 도전하였다. 많은 전문가들은 다가오는 21세기에는 경쟁이 가장 유력한 적소에서만 가능할 것으로 예측하고 있다. 즉, 미국과 같은 나라에서는 컴퓨터, 일본은 전자제품, 어떤 나라들은 특정한 시장과 제품에 대해 세계적인 파워를 갖게 될 것이다.

2) **노동력 이동**(population dynamic)

변화의 외적인 힘(external force change) 중에 두 번째로 중요한 특성은 노동력 이동이다. 경영자들은 최소한 세 가지의 중요한 요인을 고려해야만 한다.

첫째, 앞에서 논의된 바와 같이 선진국에 있어서 출생률의 감소는 인구의 연령분포도에 분명한 영향을 미친다. 이것은 기술적이고 능력 있는 전문 노동력의 부족을 의미할 뿐 아니라 단순 노동력보다는 복잡하고 많은 기술을 가진 노동력을 추구하게 될 것이라는 의미하기도 한다.

둘째로, 인구의 연령분포도 변화는 여러 가지 다른 생활유형을 강조하게 될 것이다.

마지막으로, 인구의 지리적 이동은 경영자로 하여금 그들의 마케팅 전략과 계획을 재고하게 할 것이다. 특히 미국에서는 더욱 그러할 것이다. 예를 들어, 북동지역에서 Sunbeit시로 개인이나 가족이 이동하는 것은 그들의 직장과 제품, 서비스의 특성이 조직을 변화하도록 강요하고 있는 것이다.

3) **시장**(marketplace)

금세기 말에는 시장이 동적인 상태에 놓이게 될 것이다. 그 중에서도 특히 경쟁자로 인하여 과거보다는 훨씬 빠른 속도로 새로운 제품이 나오고, 광고가 많아지며, 가격이 절감되고, 서비스도 향상될 것이다. 코카콜라의 지배적인 시장 점유율에 대항하기 위해 보다 부드러운 맥주와 카페인 없는 음료로 펩시는 광고를 전폭적으로 확대하였다. 항공료의 초염가 세일이나 치열한 국제적 경쟁은 이러한 예들이다.

시장과 관련되는 두 번째로 주요한 요인은 고객 취향이 점차적으로 복잡해진다는 것이다. 일례로, 자동차 시장을 보면 시장의 세분화가 사회적 · 경제적 계층에 따라 달라진다는 것을 알 수 있다. 소득계층이 다르면 다른 자동차를 원한다. 그러므로 GM에서 생산하는 자동차 중 Chevrolet, Pontiac, Oldsmobile, Buck & Cadillac 등 자기취향에 따라 선택한다. 점차적으로 생활 스타일에 따라 시장세분화도 이루어지고 있다. 자동차와 가격 혹은 신분 등이 아주 밀접한 상호관계를 가질 뿐만 아니라 자동차와 생활 스타일도 상관성을 나타낸다. Mustang, Corvette & Thunderbird 등이 구매자의 생활 스타일에 따라 판매될 뿐 그들의 소득수준에는 별로 영향을 받지 않는다.

끝으로, 1970년대에는 시장세분화가 인구이동에 따라 이루어졌다. Eldorado, Volvo, Monte Carlo와 여러 가지 트럭이나 승합차 등에 대한 인기도가 고개의 다양한 취향에 따라 반영되기 시작하였다. 젊은 전문가들은 특별한 종류의 차를 원하였고, 여가 선용을 주로 하는 가족들은 다른 차를 원했다. 나이든 가족이나 부부들은 또 다른 유형의 차를 찾았다. 다른 제품에 대해 자세히 관찰해 보면 세분화의 유형을 발견할 수 있다. 패스트푸드와 레스토랑, 여행, 운송, 주택선호도, 고등교육기관의 선택 등도 예시가 될 수 있다.

4) 기업과 정부(business and government)

지속적이고 점점 밀접해지고 있는 기업과 정부의 관계는 또 다른 중요한 변화의 외적인 힘인 것이다. 규제와 규제철폐(regulation-deregulation)는 고용관련 입법 측면뿐만 아니라 외국 정부와의 복잡한 관련성도 점점 증가하고 있다.

기업과 정부의 관련성이 점점 중요해지고 있으며, 적어도 부분적으로나마 1980년대 경영자에게는 더더욱 그러하다. DuPont, GE, Exxon, GM, AT&T, Citicorp 등과 같은 회사의 간부로 대변되는 관리자들은 사회적으로나 정치적으로 강력한 활동가가 되어야 한다. 그 이유는 어떠한 조직도 섬(island)처럼 혼자 생존해 나갈 수 없을 뿐더러 정부, 기업, 사회와의 건전한 관계가 원만하게 정립되지 않는다면 절대로 성공할 수 없음을 잘 알고 있기 때문이다.

듀퐁의 회장이 은퇴하면서 다음과 같이 말하였다.

"과거의 기업가들은 눈가리개를 하고 있었다. 세월 따라 그들은 클럽에 가서 다른 기업가들과 골프를 치고, 마티니를 한잔 들고 즐기는 시절이 있었다. 그들은 공공정책 문제와 관련하여 그들의 임무를 결코 알지 못하였다. 정부가 여러분으로부터 세금을 거두어 가는 한 영업에 관여하지 않았다. 아마 그러한 생각이 합당한 것이라고 여겼다. 오늘날 세상은 결코 그렇지 않다. 나는 다른 기업가들이 무슨 생각을 하는지 보다는 미국의 상원 의원이 무슨 생각을 하는지에 더 관심이 많다"고 언급하였다.[19]

신임 간부의 대부분을 바깥세상을 이해하고 있으며, 그들은 국내와 해외의 정책문제에 관여하고 있다. 내가 만약 새로운 간부를 선택한다면, 나는 그의 교육정도나 배경에 관심을 두지 않고 그가 얼마나 외부의 세계와 접해 보았는지 혹은 다른 누구도 할 수 없는 더 작은 소형의 장치를 만들 수 있는지에 관심을 집중시킬 것이다.

기업-정부-사회가 통합된 견해의 필요성에 대한 설명은 미래의 경영자들이 이해해야만 하는 중요한 개념임에 분명하다.

2. 내적인 변화의 힘

조직과 관리자(Organization and Managers)들은 변화에 대한 내적 요인과 경쟁을 해야만 한다. 이 힘들은 주로 내적인 운영(internal operation)에서 기인할 수도 있지만 외적 변화에 대한 충격의 결과로써 나타날 수도 있다. 예를 들어, 노동력 구성의 변화는 외적 환경인 인구 특성상의 변화의 결과일 수도 있다.

1) 노동력 구성(work force composition)

조직의 노동력 변화를 예측할 수 있는 요소들은 대단히 많다.

첫째, 앞에서 언급한 것처럼 국가의 인구분포는 조직에서 몇 가지 재미있는 문제를 창출했다. 30-40대 관리자 수의 급격한 증가가 나타나게 되면 이는 50대 이상의 경영진 수의 감소와 함께 최고 관리층에 대한 더욱 심화된 경쟁과 이 젊은 관리자들을 훈련시키는 최고 관리층의 부족이라는 현상을 낳게 한다. 관리자들에게서 중요한 과제는 이 젊은 사람들 중에서 가장 큰 잠재력이 있는 사람들을 찾아서 빨리 승진시키는 것이다.[20]

주요한 문화와 경제적 변화는 관리층에 진입하는 여성과 자신의 사업을 시

---

19) Szilagyi, Andrew D. Jr., "Management and Performance," *op. cit.*, p. 785.
20) Gottschalk, E, C., October 22, 1981, "Promotion Grow Few as Baby Boom Group Boys Managers Jobs," *Wall Street Journal*, p. 1.

그림 7-4 여성노동자가 차지하는 비율변화(1970-1986)

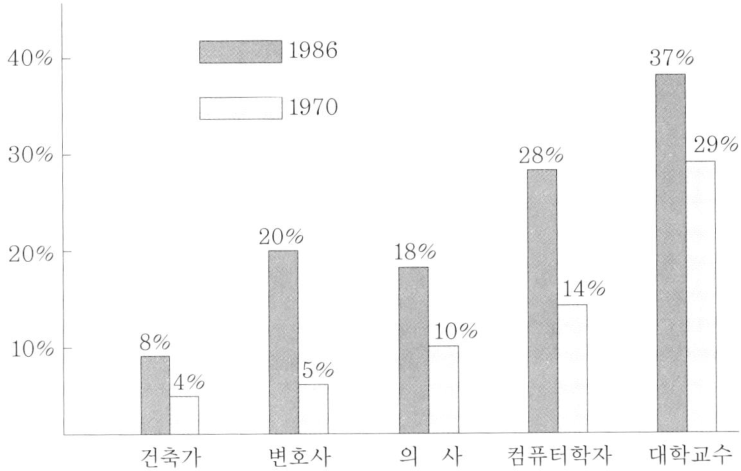

출처: *Wall Street Journal*(May 7, 1987): 33. Reprinted by permisson of the Wall Street Journal, ⓒ Dow Jones&Company, Inc., 1987, All Rights Reserved.

작하는 여성수의 증가와 더불어 한 나라의 노동력을 개혁하고 있다. 예로써 미국의 일례를 살펴보면 [그림 7-4]와 같다. 조직 내에서 비차별적인 관행의 도입과 강화, 증가된 교육적 성취, 여성의 성장과 자기계발에 대한 강한 요구, 이전의 남성위주의 작업환경에 대한 진입의 용이 등이 이러한 되돌릴 수 없는 상황을 만드는 데 기여하고 있다. 노동력에서 일어나는 추가적인 변화들은 장애인 고용, 임시고용, 두 개의 직업을 가진 부부, 사무직, 전문직, 고학력직 등의 증가이다.

드러커가 말한 바와 같이 지식층 노동자의 증가는 "두 개의 머리를 가진 괴물(double-headed monster)"이라는 관리의 문제를 야기시킨다. "의사들만으로 병원을 운영할 수 없고 의사들 없이 병원을 운영할 수 없다(One cannot run a hospital with doctors, and one cannot run on with them)"라는 말에서 나타나듯이 이러한 상황은 현대의 모든 조직에서 적용된다.[21]

"두 개의 머리를 가진 괴물"이란 조직이 전문적 업무수행능력을 가진 의사, 변호사, 기술자 등에 의존을 하며 이들은 조직에 전념하는 것처럼 자신의 규정에 따르려고 노력한다. 다시 말해서, 전문적 노동자들(professional employees)은 그들의 직업에서 인정과 그들의 업무 수준에서의 높은 업무수행 두 가지를 추구한

21) Drucker, P. F., 1980, *Ibid*., pp. 130-134.

다. 여기서 발생하는 문제는 두 개의 역할이 상충한다는 것이다.

2) **기업합병과 주식취득**(merger and acquisition)

지난 십 년 동안 인수 · 합병(merger & acquisition)만큼 미국 사업세계의 얼굴을 바꾼 것은 없다. 여기서 언급하는 무수한 회사들이 인수 · 합병을 거친 회사들이고, 각 회사들의 합병의 가치는 $30억이 넘는다. 미국을 예를 들면, Chevrot-Gulf, Texaco-Getty, Conoco- DuPont, Southern Pacific-Santa Fe, GE-RCA, Burroughs-Sperry, GM-Electronic, Data- Systems, IBM-Rolm, 그리고 Capital Cities Communication-ABC 등 이들은 잘 알려진 회사들이다. 이들 합병가치는 각각 3천억 달러 이상이다.

3) **노동생활의 질**(quality of working life)

변화에 대한 세 번째 중요한 힘 역시, 내적이고 외적인 성향을 모두 지닌 것은 노동생활의 질에 대한 관심이 증가하고 있다. 수 년 동안 사람들은 일(work)을 생계수단(earning a living), 창의성을 위한 배출구(outlet for creativity), 집단 상호작용의 구조(a framework for group interaction), 이윤을 얻는 수단(a means of attaining profits), 지속적인 사회에 대한 기여(a contribution to a viable society) 등으로 생각을 해 왔다. 이 광범위한 요소들은 개인들과 조직, 다른 문화와 사회의 욕구, 야망, 목표 등의 다양한 측면을 반영한다. 사람들이 그들 시가의 대부분을 일과 관련된 활동에 소비하므로 많은 전문가들이 직업 상태 관심을 가지고 연구를 한 것은 놀라운 일이 아니다. 노동생활의 질이라는 넓은 주제를 놓고 볼 때 관심을 가져야 할 부분은 아래의 질문들이다.

- 노동자들의 불만족의 중요한 요소에 대한 원인들은 무엇인가?
- 개인의 욕구는 무엇인가?
- 이것들은 개인의 물질적인 복지가 증가하고, 개인적 개발이 증가함에 따라 어떻게 변화하는가?
- 이것들은 작업환경과 외부환경에서 일어나는 변화들에 어떻게 영향을 받는가?
- 작업조건은 어느 정도로 생산기술과 조직구조에 의해 결정되는가?

- 작업의 질은 어떻게 조직적 성과와 사회적 이득에 영향을 미치는가?
- 조직의 경제적 성과와 개개인 노동자의 작업생활의 질 사이에는 상반된 점이 있는가?
- 조직은 노동자들이 생산성 향상을 일으킬 수 있는 조건을 만들어 낼 수 있는가?

이런 저러한 문제들은 미국의 GM 회사 등의 여러 회사들에서 연구되어 왔다. 이러한 움직임의 중요한 특징은 노동자의 생산성에 대한 관심과 관련되어 있다.

4) 자원(resources)

마지막으로 관리자들에게 중요한 관심은 제품과 서비스를 창출하기 위해서 필요한 자원의 변화는 특성과 유용성의 문제이다. 이미 언급한 바와 같이 노동력의 변화 특징은 인적자원의 문제와 관련된다. 다른 자원들도 미래에 경영환경을 변화시킬 것이다. 예를 들어, 지난 20년 동안 세계의 에너지 소비는 3배가 넘었다. 석유와 휘발유는 5배, 전기는 7배 이상을 소비했다. 세계적인 에너지 부족이 매년 발생하는 문제이고 이는 우리의 일상생활에 영향을 미친다. 휘발유의 이용 가능성이 미국의 여행이나 여가 이용의 경향을 획기적으로 바꾸었다. 유사한 형태로 많은 지식층의 사람들은 20세기 마지막 부분 동안 인간이나 공업용수를 위한 물이 희박해질 것이라고 예측한다. 제한된 천연자원을 관리하는 과정은 미래에 우리 모두, 특히 경영자들에게 주어진 중요한 책임이다. 생산성 손실을 최소

그림 7-5 계획된 변화과정

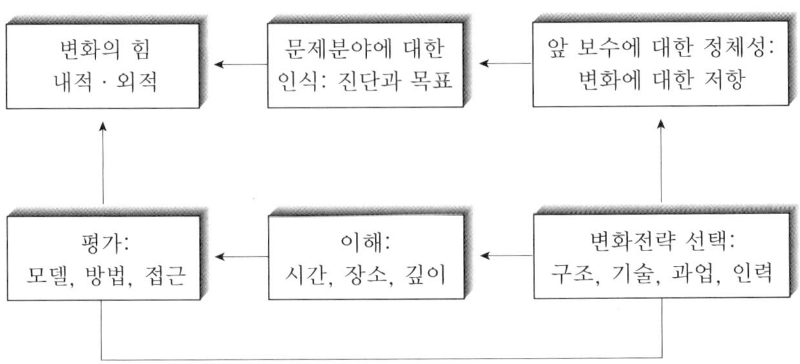

화, 생산라인 유지, 공급선 확보, 전 세계적으로 사람들의 생활수준을 적정하게 유지하는 데는 최고의 경영기법이 필요할 것이다. 변화에 대한 이러한 내적이고 외적인 요인들은 미래 경영관행에 영향을 미칠 요소들이다. 경영적인 성공으로 가는 중요한 열쇠는 이러한 변화에 잘 적응하며 사는 것이다. 이러한 생활방식의 중요한 부분은 계획된 변화의 과정을 이해하고 실천하는 것이다. 계획된 변화의 과정은 여러 개의 개별적인 단계와 하부단계가 있다.

[그림 7-5]는 논리적인 연관이 있는 6개의 기본단계를 포함하는 모델이다. 이 과정은 변화력에 대한 인지로 시작하며 이는 도표의 앞 부분에 제시되어 있다. 나머지 단계는 아래에서 언급하기로 한다.

제 4 절 변화에 대한 관리자의 역할

1. 문제분야에 대한 인식

관리자들은 어떤 형태의 변화를 요구하는 문제를 인지하기 위해 조직 내·외부로부터 정확한 정보의 흐름에 의존한다. 내부적으로 조직은 자원의 유용성, 인적자원 개발, 사기, 결석, 다른 관심분야에 대한 보고서를 만든다. 외부적인 정보의 기초는 경쟁분야에 대한 정보, 고객의 욕구, 정부규제, 그 조식에 대한 내중의 태도나 인상 등을 포함한다.

내외적인 정보를 조합해서 관리자들은 실제적인 혹은 잠재적인 문제를 찾을 수 있다. 정보가 정확할수록 관리자들은 변화에 대한 필요성을 분석하는 데 지식을 가진다. 변화의 필요성은 요직에 있는 사람들이 놀라운 숫자로 사표를 내거나 시장점유율이 급격히 하락하거나 경영진이 가격 충돌로 기소되거나 하는 경우에는 명백해진다. 다소 중요한 문제들로 여전히 관리자의 관심을 요구한다. 예를 들어 정보체계는 신중하게 검사해야 하고 분석적 과정이 항상 준비되어야 한다.

요약하면, 관리자의 임무는 관심사항의 동기부여, 임무분담, 지도력, 혹은 다른 어떤 관리적인 분야 등 항상 분석을 포함한다. 이는 체계적이고 유용한 방식으로 중요한 자산에 대한 연구와 분석을 하는 것을 의미한다. 변화에 유동적으로 대처하기 위해 잠재적인 문제에 분석을 하는 것은 관리자가 아래와 같은 문제에 초점을 가지고 있어야 함을 의미한다.

2. 수정을 요구하는 구체적인 문제에 대한 결정

이러한 문제를 야기시키는 잠재적인 결정인자는 힘을 구체화하거나 고려한 문제를 해결하기 위해 무엇이 변해야 하고 언제 변화시켜야 하는지를 결정하는 변화의 목표가 무엇이고 목표의 성취를 측정하는 방법이 무엇인지 결정한다. 이러한 중요한 문제에 대한 대답은 관리자들이 항상 과중한 업무에 시달리고 필수적인 분석작업을 할 시간이 없기 때문에 곤란하다. 다양한 분석기법은 이러한 네 개의 분야에서 발생되는 문제를 해결하는 데 도움이 된다. 조직들은 위원회, 보고서, 자문가, 전문기구, 설문조사, 비공식적 토론그룹, 다른 정보를 창출하는 기법을 사용한다. 중요한 관심은 기법이나 이들의 조합이 아니라, 유용한 정보를 수집하는 과정이다. 유용한 정보가 없다면 변화의 전략은 사실상 무용지물이다.

왜냐하면 그 자체가 잘못된 기초 위에서 실행하기 때문이다. 따라서 충분한 분석이 조직의 변화에 대한 노력의 성공 여부에 중요하다. 조직에 대한 변화의 총체적인 영향에 대한 분석은 분석이 대답할 때 도움을 얻을 수 있는 중요한 문제이다. 예를 들어, 조직이 어떤 비용을 치르더라도 높은 생산에 관심이 있는가, 아니면 행복한 노동력을 원하는가? 사기를 위해서 희생되어야 할 업무성과의 양은 기본적으로 목표의 결정이다. 조직적 변화의 목표는 그 자체가 성취될 수 있는지의 유무를 결정할 수 있을만큼 충분히 구체적으로 만들 수 있다. 그러므로 우리의 모델에서 분석과 평가단계의 예상된 결과들은 작업화, 제약조건, 비용, 결과 등에 대한 구체화를 포함한다.

3. 조직변화의 과정

변화계획과정(process of planned change)의 단계나 혹은 하위과정(subprocess)의 수가 다음 [그림 7-5]에 포함되어 있다. 이를 보면 [그림 7-5]와 같이 6개의

기초단계가 논리적으로 연쇄적인 연결이 되어 있다.[22)]

1) 제약 사항들(the constraints)

변화에 대한 여러 제약사항들이 고려되어져야 한다. 변화의 유형에 영향을 미치는 제약 사항들은, 리더십 풍토, 공식적 조직, 그리고 개인적 특징들(characteristics) 등이 있다.

리더십 풍토는 근무 환경 내 분위기로서 여기서 리더십 유형과 상급자들의 관리관행이 나온다. 이러한 풍토는 리더에 의해 세워지며, 리더는 최고 경영자 그룹으로부터 실행된 변화를 수용하거나 혹은 거절하기 위해 부하들에게 영향을 미칠 수 있다. 리더의 가치관, 태도, 그리고 지각은 모두 제약적인 요소들이다.

공식적 조직설계(formal organization design)는 제기된 변화와 더불어 양립성(compatibility)이 있다. 예를 들면, 딱딱하고 관료적인 조직 내에서 목표수립 프로그램 혹은 참여적 의사결정 관행(participate decision-making practices)을 실행하기 위한 시도는 다소 비현실적이고 이해가 부족하다. 변화가 효과적이기 위해서는 변화의 프로그램과 그 시스템의 설계간에 일치성이 있어야 한다.

변화 프로그램에 중요한 개인적 특징들은 능력획득, 태도, 성격, 기대치 등이 포함된다. 예를 들면, 매우 정교하고 값비싼 컴퓨터 기술은 컴퓨터를 잘 다루는(computer literate) 직원들의 활용이 있을 때만 의미가 있다. 특별한 변화전략의 잠재적인 제약사항들을 분석할 때 경영자들은 개인적 특징들을 계속적으로 고려할 필요가 있다.

비록 변화가 조직생활의 순환적인 특징임에도 불구하고, 저항하는 경향이 있다. 성과표준을 방해하기(sabotage), 장기 결근, 미발견된 불평폭로, 생산성 축소 등의 형태로 나타나는 저항은 규칙적으로 조직에서 발생한다. 이러한 저항은 생산성 감소시키기와 같이 명백할 수도 있고, 새로운 기계가 특정한 날에 작동되지 않도록 하는 것처럼 암시적일 수도 있다.

전형적으로 피고용인들은 자신들의 근무환경, 그들의 작업속도, 업무가 완성되는 방식 등에 대해 통제를 좋아한다. 업무설계, 식원, 장비, 혹은 업무흐름 등에서 어떤 변화를 경영자가 갑작스럽게 발표할 때, 대개는 이러한 결정에 참가하기를 바라는 몇몇 사람들이 있다. 뿐만 아니라 몇몇 변화들과 관련된 불확실성

22) Szilagyi, Andrew D. Jr., "Management and Performance," *op. cit.*, p. 791.

때문에 피고용인들을 놀라게 할 만큼 중요하다. 사람들이 저항하는 이유를 이해하기 위해서, 우리는 개인적 원천과 집단적 원천으로부터 야기되는 다음과 같은 몇 가지 원인들에 초점을 둘 필요가 있다.

(1) 경제적 손실에 대한 두려움(fear of economic loss)

어떤 직위에서 물러나거나 직원들이 일시 해고되거나 퇴직될 것 같은 감정을 유발하는 어떤 변화는, 권력획득의 손실에 대한 심각한 두려움으로 저항에 부닻칠 것이다. 경영자는 이러한 두려움을 감소시키는 데 어려운 시기를 갖게 될 것이다. 이러한 것들은 변화가 왜 필수적인가에 대해 작업 집단들과 커뮤니케이션을 할 것을 요구한다. 직원들을 퇴직시킬 필요가 있다면, 그 근거와 절차가 설명되어져야 한다. 이것은 그 축소가 수용될 것이라고 얘기하는 것이 아니라 업무과정에서 보다 적은 혼란을 가져오도록 보다 나은 이해를 시킨다는 것이다.

(2) 잠재적인 사회적 기술들(potential social descriptions)

서로 함께 근무함으로써 직원들은 의사소통과 상호작용의 원활한 패턴을 개발한다. 이것은 근무를 더욱 즐겁게 만들고 우정을 개발하게 한다. 구조, 기술, 혹은 직원에서 어떤 변화든지 대부분 이러한 편안한 상호작용 패턴 혹은 관계를 파괴할 가능성이 있다.

(3) 불편함(inconvenience)

더욱 효율적으로 제품을 생산하기 위하여 어떤 업무 혹은 새로운 기계를 다루는 새로운 절차의 도입은 정규적인 일과(routine) 혹은 업무수행을 파괴할 수 있다. 일반적으로 피고용인들은 자신들 업무의 일상적인 패턴을 방해하는 어떤 변화에 대해 저항한다.

(4) 불확실성에 대한 두려움(fear of uncertainties)

업무를 수행함에 있어 정규적인 일과를 정하기 위해 피고용인들은 자신들의 책임범위를 알게 되고 특정 상황에서 자신들의 행동에 대한 상급자들의 반응이 어떨 것인가를 알게 된다. 어떤 변화는 몇몇 잠재적인 불확실성을 만든다. 변화 전이든 후이든, 피고용인들은 자신들의 수정된 역할이 무엇이고 자신들과 변화에 상급자들이 어떻게 반응할 것인가에 대해 깊이 생각하게 되어 결과적으로 변화에 대한 저항을 불러올 불확실성에 초점을 둔다.

(5) 집단적 저항(resistance from groups)

집단은 구성원들에게 의사소통되는 행동과 성과의 규범(norms)들을 만든다. 이러한 의사소통은 기대된 행동의 경계가 된다. 그러한 규범을 따르지 못하면 따돌림(ostracism), 존경의 부족, 칭찬과 인정 같은 바람직한 보상을 제한할 수 있다. 구성원의 집단 응집력이 강할수록, 집단이 구성원 전체에 대해 발휘할 수 있는 영향력은 크다. 집단의 규범을 위협할 것으로 간주되는 변화를 경영자가 시도한다면, 그 변화는 저항에 부딪칠 것이다. 집단의 응집력이 강할수록, 변화에 대한 저항도 크다.

변화 프로그램은 변화에 대한 저항을 줄이기 위하여 조직과 개인 양쪽의 욕구에 주의를 줄 필요가 있다. 개인은 변화에 의해 얻어지는 개인적 효과를 지각할 수 있어야 한다. 집단적 참여와 피드백을 포함한 우수한 의사소통 시스템은 신뢰의 분위기를 만들고 피고용인들로 하여금 변화가 유익하다고 지각하도록 도와준다.

2) 변화를 위한 전략(strategies for change)

계획된 변화과정에서 다음 단계는 변화전략의 파악과 선택이다. [그림 7-6]

그림 7-6 조직전략변화

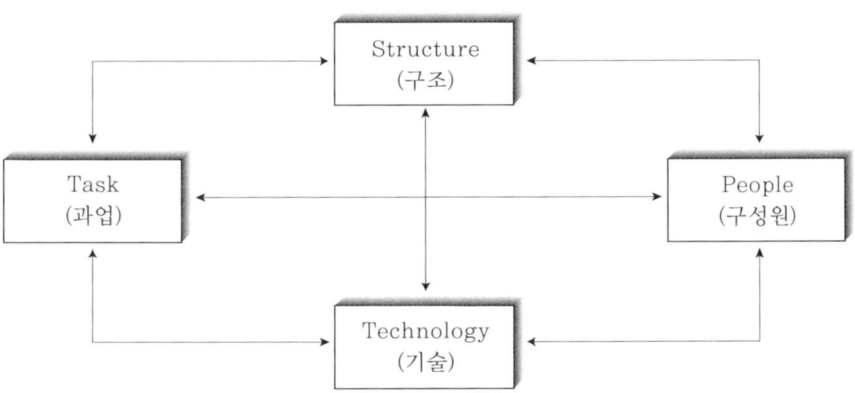

에서 나타나는 바와 같이 4개의 주요 변화전략들은, 구조(structures), 기술(technology), 과업(tasks) 그리고 구성원(people) 등이 있다. [그림 7-6]에는 개별적인 변화 접근법의 몇 가지 예를 제시하고 있다.

구조변화(structural change)는 여러 측면들 중에서 조직의 3가지 차원인, 집단분할(grouping), 영향(influence), 조정(coordination) 등을 포함한다. 조직의 활동을 조정하기 위하여, 의사결정을 분산화시키는 거대한 집중화된 조직, 기능별 구조로부터 제품별 구조로 변경, 책임과 권한의 라인을 개정, 많은 태스크 포스(task force)를 조직하는 등을 들 수 있다.

기술변화(technology change)는 새로운 업무방법, 생산과정, 그리고 개선된 업무흐름과 정보시스템들의 측면에 관련된다. 자동차 산업에서, 미국 제조업체들이 Volvo사에 의해 시도된 자동화된 설비와 모듈 조립개선(modular assembly revision)을 많이 사용한 것이 기술변화의 예들이다.

과업변화(task changes)는 실행의 용이성 때문에 가장 빈번하게 이용된 변화전략이다. 팀 개발에 대해 강조성이 주어짐에 따라, 직무확대, 직무충실화, 그리고 직무재설계 등이 과업변화의 범주에 속한다.

표 7-8 **변화전략에 대한 보기**

전 략	보 기	전 략	보 기
구 조	매트릭스 조직 디자인, 분권(decentralization) 과업 힘과 팀 사회 공학적 시스템	구 성 원	관리격자(grild) 경력계획 훈련과 개발 지도와 상담 대면적인 회합 투쟁에 대한 해결 목적관리
과 업	작업교대 작업확장 작업 넉넉함 작업설계	기 술	컴퓨터 시스템 생산설계 자동화 생산도구, 장비 그리고 방법

출저: Szilagyi, Andrew D. Jr., "Management performance," *op. cit.*, p. 797.

마지막으로, 구성원변화(people changes)는 태도, 가치관, 행동, 對人 기술, 그리고 피고용인들의 개발을 위한 잠재성을 수정하려는 시도이다. 이론과 현장 훈련 프로그램들, 외부 경영개발 프로그램들, 행위 모델링 접근법들, 경력개발, 그리고 행동수정 노력 등이 인간변화를 목표로 한다.

[표 7-8]에 나타난 가장 중요한 측면들 중의 하나는 변화 전략들의 상호 관련된 성질이다. 다시 말해서, 어떤 한 가지 변화 전략의 실행은 하나 혹은 그 이상의 다른 전략을 유발시킨다. 예를 들면, 분산화를 위한 움직임은 업무가 수행되는 방식에서 변화를 가져올 뿐만 아니라, 또한 피고용인들이 자신들의 업무에 대한 태도를 변화시킬 수 있다. 변화의 잠재적인 부가 효과를 파악하는 것은 중요한 경영 진단 기술이다.

3) 실행(Implementation)

조직변화에서 어떤 노력의 실행은 3가지 중요한 차원, 즉 타이밍(timing), 위치(location), 그리고 깊이를 갖고 있다. 타이밍(timing)은 언제나 실행을 시작할 가장 좋은 시간인가를 생각하는 것이다. 두 가지 중요한 이슈들은 조직의 운영 사이클(operating cycle)과 필수적인 준비의 완성 등 두 가지 모두 잘 고려될 필요가 있다. 만약 운영 사이클이 정점(peak)에 있거나 준비가 완성되지 않았다면, 타이밍은 적절하게 처리되지 못할 것이다. 물론, 조직의 생존은 어떤 타이밍 고려에 대해서도 우선된다.

변화실행에 관련된 경영자는 변화를 시작할 장소를 결정해야 한다. 많은 조직변화 학자들은 상위 경영층 수준으로부터 하위 경영층 혹은 운영직원 수준으로 변화가 시작되어야 한다고 믿고 있다. 이것은 자신들이 목적을 성취하기 위한 변화노력의 프로그램에 상위 경영자가 행동적인 지지를 나타내어야 한다는 믿음에 근거하고 있다. 만약 상위 경영자가 지지와 헌신을 보여주지 않는다면, 조직 내 다른 사람들에게 필수적으로 "마지 못해 시늉만 하는" 경향이 있지만, 상위 경영자의 지지는 부하들 사이에서 더 많은 열정과 관심을 만드는 것 같다.

그러나 상향식(bottom-up) 혹은 중간 수준에서 프로그램의 시작을 지지하는 것도 있다. 직무확대 기법을 통한 업무설계에서 변화는 대개 조직 내 하위층에서 시작된다. 상위 경영자는 이러한 변화가 발생하는 것을 허락할 수 있지만, 그것들에 필수적으로 관여하지는 않는다. 그래서 어떤 변화노력에서는, 상위 경영자의 헌신이 행동적 관여를 통해 나타날 수 있고, 다른 경우에는, 중간 수준 관리자와 하위 수준 관리자 그리고 직원들이 세부 사항들을 작동하게 하고 변화를 따르도록 단지 허락하면 될 것이다. 조직변화를 실행하기 위한 이 세 가지 위치가 [그림 7-5]에 나타나 있다.

실행의 깊이(depth)는 목표집단의 이슈와 관련된다. 변화 프로그램은 전체 조직, 사업단위, 집단들, 혹은 개인에서 이행되어져야 하는가? 일반적으로, 목표증대(target growth)는 선정된 특별한 변화전략뿐만 아니라, 변화에 예견된 부가효과를 포함해야 한다.

4) 평가(evaluation)

앞의 [그림 7-5]에 있는 모델의 마지막 부분이 평가단계이다. 변화노력의 효과성을 평가한 연구들이 단지 최근에서야 과학적으로 근거를 두고 있다. 조직변화의 평가에 대한 많은 문헌들이 특별한 기법, 접근법, 혹은 모델을 옹호함에 의해 광적인 증거(enthusiastic testimonies)에 근거하고 있다. 이러한 일시적인 유행(fad)들은 특정한 프로그램의 우월성에 대해 지나친 주장을 가져왔다. 증거적 지지가 너무 많고 조직변화와 개발에 대해 과학적으로 기초한 연구가 부족한 이유는 다음과 같이 명백하다.

첫째로, 주요하면서도 통제할 수 없는 변화의 발생 없이 어떤 기간 동안 현장조사(field study)를 행하기가 어렵다는 것인데, 이 변화는 계획된 프로그램의 결과를 훼손시키고 필수적인 종적인 연구에 종사하게 되는 많은 연구자들을 실망시킨다.

둘째, 숙련된 연구자들이 건전한 평가를 수행하기 위하여 조직 내부로 진입을 하기가 어렵다. 현업 종사자(practitioner)들은 자신들의 조직에 연구자들이 들어올 때 정규적 운영의 파괴에 대해 관심을 가지고, 이들은 때때로 이해가능하고 애플리케이션 지향적인 용어들을 가지고 문제들을 토의하는 것을 거부한다.

마지막으로, 변화노력의 목표가 분명하게 서술되지 않기 때문에 많은 현업 종사자들은 특징한 변화노력의 의도에 내해 확신하지 않는다.

이러한 문제들에도 불구하고, 조직변화에 대해 더욱 세련되고 유효한 연구가 이루어지고 있다는 표시가 있다. 진행중인 조직변화 프로그램을 개선시키기 위하여 현업 종사자와 연구자가 더욱 밀접하게 함께 근무를 시작한다는 점을 문헌들이 지적하기 시작하고 있다. 단지 평가를 통해서만이 필요한 개선을 가져올 수 있는 피드백이 제공될 수 있다.

평가는 면접, 자기-보고 설문지, 관찰기록, 혹은 중요한 사건의 보고서의 이용을 포함한다. 만약 가능하다면, 이러한 방법들의 결합이 변화노력 결과에 대한 유효한 자신을 얻기 위해 이용될 필요가 있는 것 같다. 평가로부터 받은 피드백은 우리들의 모델에서 forces-for change 단계와 변화전략 단계로 되돌려진다. 이러한 연결은 조직, 집단, 혹은 개인에서 발생한 어떤 변화를 평가하는 데 필수적이다. 이것은 변화가 바람직한 목적을 성취함에 있어 효과적인가에 대해 경영자가 결론에 도달하는 것을 돕는다.

5) 관리적 과정 내 변화(changes in the managerial process)

미래에 조직과 경영자에게 영향을 미칠 몇몇 주요 변화들 혹은 상황들에 대해 본 장의 앞 부분에서 지적하였다. 계획된 변화 프로그램의 충분성(adequacy)에 따라, 이러한 변화들의 효과는 조직별로 다양할 것 같다. 예를 들면, 모집단 역학(population dynamics)을 변화시키는 효과와 생산성의 강조들은 대부분의 조직에 적용될 수 있다. 다른 한편으로는, 증가되는 시장의 복잡성은 조그만 도시의 병원에 대해서 보다도 IBM 혹은 General Foods에 더 많은 관심이 주어질 것이다. 이것이 관리를 위한 상황접근법이 적용되는 또 다른 경우이다.

만약 미래에 경영을 에워싸는 문구가 있다면, 그것은 "기본으로 돌아가라"는 것이다. 몇몇 전문가들이 주장하는 것처럼, 지속적인 성장, 생산성 향상, 양질의 제품과 서비스, 만족한 노동력과 일반 대중 등의 주된 목표로부터, 경영 시스템, 장치, 구조들은 지난 20년 동안에 미친 듯이 촉진되어 왔고 혹은 증가되어져 왔다. 각각의 대중적 기법들은 그 당시에는 옳았던 것 같아 보였으나, 전반적 효과는 기업의 목적을 흐리게 하는 것이었다. 그래서 계획화, 조직화, 지휘 및 통제 관점으로부터 경영자들이 무엇을 하는가, 다시 말해서, 기본적인 기능들, 기술들, 그리고 그들이 성과에 관련되는 역할들에 대해서는 더욱 가까이 관찰하는 경영학자들과 현업 종사자들에 있어서는 만약 우리가 알게 된다면, 놀라는 사람이 거의 없을 것이다.

제 4 장 새로운 경영도전과 글로벌경영

우리는 급변하는 환경 속에서 살고 있다. 이와 같은 상황은 경영에 많은 변화를 주었다. 이들 변화는 국내경영(national management)에서 국제경영(international management)으로, 다음은 글로벌경영(global management)으로 발전시켰다.

초창기에는 국내 수요자를 대상으로 경영을 하였으나 그 후 국제교역이 시작되어 국제교역이 국제무역으로 발전되었다. 이 시대의 국제무역은 멀리 떨어진 국가간에 개인 기업가들이 富를 얻기 위하여 다른 나라에서 재화(goods)를 수입하여 큰 판매이익을 올릴 수 있었다. 그 이후 이국간의 재화에 의존한 국제무역은 산업재화의 무역으로 전환되면서 제품을 생산하여 해외시장에 수출하는 국제경영 시대가 본격화되었다. 많은 선진국 기업들은 해외의 값싼 원료를 필요로 하게 되었고, 따라서 이들 기업들은 국내투자뿐만 아니라 외국투자에 참여하는 기업들이 늘어나면서 식민지 경제지배를 하는 국가들이 늘어났으나, 1930년에 접어들면서 기업환경은 식민지 국가에서 민족주의가 대두되고, 세계적인 대공황으로 많은 기업들은 해외로 진출하기가 어려워졌다.

1950년대에 일부 선진 국가들은 현지에서 판매뿐만 아니라 생산활동도 현지에서 수행하도록 많은 투자를 하였다. 그 후 1960년대 들어와 여러 분야 제품에 많은 국가들의 치열한 경쟁이 시작되었다. 특히 다국적기업들은 국내시장을 외국기업으로부터 시장침투에 대한 방어를 하는 동시에 다른 나라에 직접 투자하는 다국적기업의 많은 출현이 있었다.

1990년대 동서냉전 체제가 와해되고 자본주의 체제로 통합되는 시대가 도래하였다. 그러므로 국제경영 시대의 경제질서를 통제하는 GATT체제는 힘을 잃게 되고, 글로벌경영 시대의 경제질서를 통제할 WTO(World Trade Organization)가 1995년에 출범하자 세계경제는 글로벌화(globalization: 세계화)되었다.

제1절 글로벌경영

우리는 지금 변혁의 시대에 살고 있다. 이와 같은 변혁은 정치 · 경제 · 사회 · 문화 등에 크게 영향을 주었다. 2000년대가 되면 정치중심의 사회에서 경제중심의 사회로 변한다고 한다.

피터 드러커(P. F. Drucker)는 자본주의 사회 뒤에는 지식사회가 온다고 주장하였으며, 앨빈 토플러(Alvin Toffler)는 그가 저술한 「전쟁과 반전쟁」(*War and Anti-War*)에서 오늘날 인류는 소련이 붕괴되어 전쟁의 공포에서 벗어난 것으로 느끼지만, "지금부터 세계는 경제전쟁에 대한 방아쇠가 당겨졌으며, 앞으로는 천연자원이나 노동력에 의존했던 경제에서 지식과 정보에 의한 경제로 행한다"라고 주장하였다.

이처럼 인류의 미래를 예측하는 많은 학자들의 주장은 금세기에 와서 많은 변혁을 예견하고 이와 같은 변혁은 국제화와 세계화로 만들었다고 한다. 국제화와 글로벌화(세계화)에 살아 남기 위해서는 경쟁력이 있어야 한다. 우리는 국제화와 세계화에서 성장 · 발전하기 위해서는 과거에 가졌던 관행이나 사고의 틀을 바꾸어야 살아 남을 수 있다.

1. 글로벌경영의 개념

글로벌경영이 어떠한 역사성을 갖고 발전되고 그 개념이 정립되어 왔으며, 21세기가 함축하는 글로벌경영변화는 어떠한 것인지를 알아보아야 한다. 글로벌경영이 갖는 의미와 관련된 요소들을 보면 근접성(proximity), 장소(location) 그리고 태도(attitude) 등의 의미가 함축되어 있다.

1) 근 접 성

오늘날의 글로벌경영자는 전 세계의 수많은 소비자와 경쟁자, 공급자, 정부의 조정 속에서 유례없는 근접성(proximity)을 누리고 있다. 정보화 기술의 발달로 인접성은 어떤 면에서는 시간에 관한 문제로 인식될 수 있다. 또한 글로벌경영을 통한 기술적 경영능력의 진보는 근접성의 또 다른 측면이다. 글로벌경영자들은 전 세계의 새로운 경쟁자들과 경쟁하거나 협력을 하고 있다. 예를 들면, 제품에 대한 국적의 의미가 없어진다. 미국의 설계사가 Honda 자동차를 설계하고 생산은 일본에서, 판매는 영국에서 할 수 있다. 이렇게 된다면 국적의 의미가 없어지고 국가간의 근접은 크다고 할 수 있다.

2) 장 소

여러 나라의 국경을 넘나드는 조직의 통합과 그 장소(location) 또한 글로벌경영이 갖는 또 하나의 의미이다. 예를 들어, 미국 AT & T사의 전화기와 전화교환 컴퓨터는 미국에서 설계된 후 미국과 싱가폴에서 제조되어 전 세계로 팔린다.

3) 태 도

글로벌경영은 새롭고 열린 마음의 태도(attitude)를 요구한다. 이러한 태도는 다른 나라에 대한 호기심과 글로벌경제에 참여할 수 있도록 기꺼이 자신의 능력을 개발하려고 하는 적극성을 지칭한다. 시대에 따라 글로벌경영의 태도는 변화하고 있다. Taylor의 과학적인 관리시대에서는 능률 극대화를 최대 과제로 생각하였으나 글로벌시대에서는 경쟁력을 최고과제로 생각해야 한다.

2. 환경변화와 글로벌

1990년도 중반에 많은 기업들은 글로벌경영에 대한 새로운 인식을 하게 되었다. 이는 경영환경이 급변하였기 때문이다. 그러므로 어떤 조직이나, 기업도 변화에 순응하기 위한 변화요인으로 제도나 관행, 의식구조 등이 있다. 이들 변화요인에는 제도와 같은 하드웨어 프로그램이나 의식과 같은 소프트웨어 프로그램의 개신이 있다.

1) 제도의 변화

글로벌화(globalization)는 국제화와는 다른 의미를 갖고 있으므로 세계화에 대하여 우리는 순응해야 한다. 제도적인 변화에 순응하기 위해서는 법률이나 제도변화, 기술변화, 라이프 스타일, 경제구조의 변화 등을 들 수 있다.

(1) 법률이나 행정절차의 변화

어떤 조직이든지 환경변화에 적응(순응)하지 않으면 살아갈 수 없다. 그러나 행정절차나 법률이 변화되어야 한다. 글로벌시대(세계화)에서 경쟁력을 갖기 위해서는 행정절차나 법률이 뒷받침되어야 한다.

국가에 따라서는 행정이 세계화시대에서의 경쟁력을 방해할 수 있다. 국가에 따라서는 개방화를 법률이나 행정제도가 경영발전을 막는 경우가 있다.

(2) 기술변화

정보화로 인하여 인력과 물자를 수송하는 한계비용, 즉 한계물류 비용이 계속 줄어들고 있다. 이 같은 혁신적인 교통기술은 전통적인 교통수단에 근거한 비즈니스 계획의 기본개념과 공간경제구조를 뒤흔들어 놓으면서 비즈니스를 더욱 글로벌화하였다. 여기에서는 세계시장을 한 공간에 모두 넣을 수 있게 되었다.

컴퓨터, 광섬유, 초고속 정보통신망 같은 통신수단기술의 괄목할 만한 진보도 큰 변화이다. 통신기술은 직접 대면을 통한 인간관계빈도를 감소시키고, 특히 국경 없는 정보경제(broderless information economy)를 만들고, 새로운 사이버 공간(cyber space)을 만들고 있다. 그리고 인터넷으로 상품을 사고 팔 수 있게 되는 새로운 사이버 공간이 존재하게 되었다.

(3) WTO의 출범

1995년 세계경제환경은 급변하여 국제화시대에는 경제적인 면에서 보면 국경이 있었으나 글로벌화에서는 국경이 필요없게 되고 제품의 국적도 소멸되는 경향이 있다. 1993년 12월 15일 117개 나라가 UR(우루과이라운드)시대를 효율적으로 이끌어갈 다자간무역기구 WTO(세계무역기구)로 바꾸었다. 이에 따라서 국가들의 시장개방속도가 빨라지고 있다. 아울러 WTO규약에 따라서 경쟁규범과 규직이 표준화되고 있기 때문에 국적에 관계없이 모든 기업들은 그들이 능력이 있기만 하면 점점 더 정부간섭이나 지원 없이 글로벌시장에서 공정한 경쟁을 할 수 있게 된다.

아울러 WTO에서는 4R(4Round)체제를 위해 적극적으로 협상을 추진하고 있다. 4R은 그린라운드(Green Round), 블루라운드(Blue Round), 기술라운드(Technology Round), 경쟁라운드(Competitive Round) 등이다.

① 그린라운드(green round)

그린라운드는 환경보전입장에서 무역에 관한 규범을 정립하려는 협상이다. 예를 들면, 1994년 몬트리올 협상에서 2000년에 가서는 프레온가스 사용금지 및 미국의 수입규제조치를 하는 것 등은 환경오염을 무역에 문제화 삼는다는 것이다. 그러므로 글로벌경영에서는 지구환경오염을 생각해야 한다.

② 블루라운드(blue round)

노동자 보호측면에서 무역규범을 정립하려는 협상이다. 저임금이나 아동근로자, 죄수 등을 이용하여 값싼 제품을 만들어 수출하면 무역에 문제를 삼자는 것이다. 그리고 국제근로조건과 같은 조건을 유지해야 한다. 국제근로조건이란 선진국이 행하고 있는 임금수준, 노동시간 등을 뜻한다. 이는 국제간에는 첨예한 차이가 있다. 각국의 최저임금제, 각국의 노동시간 또는 노조의 정치참여의 활동과 복수노조허용 등은 차이가 있다. 글로벌경영은 이 점들을 고려해야 한다.

③ 기술라운드(technology round)

기술라운드는 기술개발을 무단이용하는 것을 막자는 협상이다. 기술이 뒤진 후진국들이 선진국 기술개발에 편승하여 무임승차를 막자는 것이다. 그리고 R&D에 정부가 보조금지급과 집중적인 육성을 해서도 안 된다는 것이다. 글로벌시대의 경영은 남의 기술을 무단 복제하여 생산 · 판매할 수 없게 되었다.

④ 경쟁라운드(competitive round)

경쟁라운드는 공정한 경쟁과 무역을 연계하여 각국의 시장조건 등을 평등화하기 위한 협상이다. 경쟁을 제한하고 있는 나라나 독특한 시장구조, 기업관행까지 무역에 규정하는 것이다.

예를 들면, 미국은 어느 나라의 기업도 자유롭게 경쟁할 수 있으나 일본과 같은 나라는 복잡한 시장구조와 관행을 가지고 있기 때문에 다른 나라 기업들이 경쟁에 제한을 받고 있다(남합, 지명, 입찰 능이다). 그러므로 글로벌경영에서는 이와 같은 사항을 개선하여 세계 어느 기업이라도 자국기업과 같이 경영할 수 있도록 환경을 바꾸어야 한다.

2) 이념의 변화

글로벌화에 의해 이념과 의식이 변화되었다. 이념과 의식의 변화요소들은 경쟁화, 수평화, 인간 존중화 요소들이다.

(1) 경 쟁 화

글로벌은 경쟁화를 만들었다. 이는 국제화시대에서는 국가와 국가간의 경제적인 국경이 존재하여 자원의 이동을 통제할 수 있었으나 글로벌화(세계화)에서는 경제적인 의미에서 국경의 의미는 없다. 그리고 국제화시대에서는 국가 대 국가가 쌍무적인 협상에 의하여 무역의 규정을 협상하였으나 글로벌화시대에서는 무역에 관계하는 국가대표자들이 한자리에서 규칙과 절차를 다자간협상에 의해 규정을 정한다. 이로 인하여 세계는 개방화되어 경제적으로나 경영상의 국경의 의미는 없어졌다. 글로벌시대 기업은 경쟁력이 없는 기업은 성장 · 발전을 할 수도 없고 구성원 누구나 경쟁의 원리를 받아들이지 않을 수 없다.

세계시장은 넓어지게 되어 세계시장이 마치 하나의 시장이 되었다. 이는 무역장벽으로 외국수입은 막고 수출은 늘리고 하는 국가의 역할이 약해지게 되었다. 그러므로 이전의 연공서열의식은 무너지고 능력을 중시하는 이념으로 바뀌게 되었다. 이제 전체에 묻혀 넘어가는 동료구성원의 덕으로 살아갈 수 있는 호강문화가 시장경제원리에 의한 경쟁을 원리를 수용하지 않으면 안 되게 되었다.

(2) 수평적인 사고

글로벌화에서는 수직적인 경영이념을 낳게 하였다. 경쟁의 원리는 대등한 원칙에서 시작하므로 모든 관계를 상하관계에서 수평적인 관계를 만들었다. 그러므로 모든 조직은 관료적 · 수직적인 조직에서 프로젝트조직이나 팀조직으로 변화시켰으며, 모든 경영관리 방식으로 수평적인 경영사고를 탄생시켰다. WTO 이후 세계 각국 대표들이 한 자리에 모여 무역규칙에 대한 협상으로 수평적인 글로벌경영을 하지 않으면 안 되게 되었다.

(3) 인간존중

글로벌경영은 인간존중을 바탕으로 한 경영이다. 특히 현대에는 소비자보호의 목소리가 높아 소비자보호운동이 일어나고 있다. 소비자보호운동을 해야 하는 이유는 현대는 대량생산으로 소비자는 사업자에 비하여 약한 지위에 있다. 사업자는 완전경쟁의 회피와 상업주의시대 광고로 소비자에 대한 정보가 결핍되어 있다. 특히 소비자에 대한 권리주장의 연역을 보면, 1962년 3월 케네디(J. F Kennedy)의 소비자보호에 대한 특별보고서(prerident Kenndy's Bill of right)에서 소비자권리로서 ① 인권을 구할 권리(the right to Safety) ② 알아야 할 권리(the right to the information) ③ 선택을 할 권리(the right to the choose) 등을 주장하였다. 그리고 1975. 10. 22. 동경선언에서는 생활물질의 위험방지표시 등 사업행위적 정화 및 소비자보호구제에 관한 조례로서, ① 소비자생명 및 건강을 침해당하지 않을 권리 ② 상품에 적절한 표시를 행할 권한 ③ 부당하게 당한 피해를 보다 공정하고 신속히 구제할 권리 ④ 부당한 거래조건에 강제당하지 않을 권리 ⑤ 정보를 신속하게 제공받을 권리 등을 선언하였다.

특히 인간이 살 수 있는 지구를 보존하자는 뜻에서 지구환경오염을 막기 위하여 1993년 몬트리올협상에서 1995년부터 미국에 프레온가스를 장착한 제품수입금지와 WTO설립 이후 그린라운드(greend round)를 선언하여 앞으로 기업경영에 있어서 환경오염부담금을 물게 하는 것도 글로벌경영에서는 인간존중을 중시하는 경영이라고 할 수 있다.

그러므로 인간에 대한 안전과 건강에 위험한 경영을 할 수 없게 되었다. 그리고 그린 경영(greend management)을 고려해야 하며, 산업도 인간생명을 생각하는 산업이 아니면 견디기가 아주 힘들게 되었다. 예를 들면, 농업도 환경농업을 해야 한다.

제 2 절　신기술의 출현

경영관리 전반과 업무에서 개인 컴퓨터, e-메일, 휴대폰, 화상회의 및 전화, 그리고 신정보전달 기술들은 기업에서 다양한 변형 직무설계(alternative work arrangements)를 가능하게 하고 있다. 립진스키(1999)는 신경영 조류는 경영의 여러 분야들 중에서 두 가지 핵심분야에 집중투자를 하고 있다고 보고 있다.

첫째는, 기업이 그 기업의 고객에 보다 가깝게 다가갈 수 있게 하는 업무의 신기술들이다.

둘째는, 기업이 그 기업의 제품생산 단가를 어떻게 관리하느냐에 관련된 기술들이다. 기업조직환경에서 지리적으로 분산된 조직들을 하나로 묶는 기술들이 현재 많이 이용되고 직무에 활용되고 있다. 전화, 화상, 그리고 정보의 강력한 조직간의 연결은 새로운 기업 문제해결 방식들을 형성하였다.

새로운 컴퓨터와 네트워크 기술개발은 조직 내 의사전달 과정에서 중요한 변화들 가져왔다. 새로운 기술들은 조직 내 여러 형태로 변형된 직무들이 보다 복잡한 조직과정을 형성하는 것을 가능하게 하고 있다. 때때로 이와 같은 신기술들은 조직 내 구성원들에게 새로운 형태의 직무들과 관리자의 새로운 관리형태들을 요구하고 있다. 기존의 조직구조 환경에서 이와 같은 신기술은 많은 잠재적 문제점들을 내포하고 있기 때문에 조직 내 구성원들은 이러한 변화들에 대해 일반적으로 저항하고 두려움을 가지게 된다. 그 대표적인 신기술로는 텔레커뮤팅(telecommuting)의 기술이다.

텔레워크(telework)의 의미는 경영환경의 그 흐름을 통해 변화해 오고 있다. 쿠버트룹(1998)은 텔레워크(telework)의 최초의 의미는 'electronic homework'의 의미인 조직 구성원들의 가정에서 일을 하는 무기술 또는 저임금의 직무들을 의미하는 것으로 보고 있다. 그리고 그와 같은 직무들은 고용주와 피고용주와의 관계는 주로 불확실한 관계에서 시작된 것으로 보고 있다. 이와 같은 'electronic homework'의 의미의 텔레워크는 1970년대와 80년대에 유럽에서 많이 활용되었다. 1980년대 후반 미국에는 또 다른 정의들이 포함되었어며, 차츰차츰 변화되기 시작하였다. 그 의미는 '원거리 사무실에 연결된 컴퓨터를 통해 가정에서 업무를 보는 조직 구성원들의 직무'로 그 의미가 달라졌으며, '직무에 관련된 업무를 일반 사무실에서 떨어져 고객들에게 보다 가까이 접근하여 업무를 수행하고, 사무실 외의 장소에서 업무를 수행하면서 그 결과를 전통적인 조직구조나 업무과정(work processing)으로 전자정보들을 생성 · 전달하는 직무'로 그 의미가 변화하게 되었다. 수많은 연구자들의 노력에도 불구하고 텔레워크의 의미는 아직도 여러가지 의미의 정의들이 계속해서 포함되고 있는 실정이다. 일반적인 텔레워크의 의미는 'teleworking,' 'telecommuting', 'working at home' (or 'homeworking'), 'working at a distance', 'remote work', 그리고 최근의 'virtual work'의 의

표 7-9 텔레워크의 차원과 직무설계(Telecommuting Work Arrangements)

차 원	정의(Definition)
Dimension Ⅰ	조직 구성원의 직무 중 텔레워크의 정도(업무의 전체 또는 부분)
Dimension Ⅱ	조직 구성원의 텔레워크 시간설계 정도(고정 또는 유동)
Dimension Ⅲ	조직 구성원 직무 수행에서 다른 구성원과의 접촉 정도 (조직 구성원 혼자 또는 여러 다른 지역의 구성원들과 함께 업무)
Dimension Ⅳ	텔레워크의 자발성 (조직 구성원이 원하는가 또는 조직이 원하는가)

미가 같이 사용되고 있다(Baruch & Smith, 2002).[23]

펠드만과 게니(1997)는 [표 7-9]와 같이 텔레워크의 차원과 직무설계를 정의하고 있다. 텔레워크(telework)은 이와 같은 차원과 직무설계로 쉽게 정의 되어진다.[24]

표 7-10 텔레워크의 범주(Sub-Categories of Telework)

범주(Categories)	정 의
Electronic Homework	가정에서 업무를 보며 외부 고객들에게 원거리 의사전달 수단들을 통해 직무를 수행함.
Telecommuting	컴퓨터와 원거리 의사전달 수단들을 통해 원거리 지역 여러 곳에서 직무를 수행함.
Flexiwork	컴퓨터와 원거리 의사전달 수단들을 통해 '모든 장소'(사무실, 가정, 출장지)에서 직무를 수행함.

출전: Qvortrup, L., 1998, "From teleworking to networking," In Jackson, P.J. & Wielen, Jos M. van der (Eds), *Teleworking: International Perspectives*, London and New York: Routledge, p. 31.

23) Baruch, Y. & Smith, I., 2002, "The legal aspects of teleworking," *Human Resource Management Journal*, 12(3), 61-75.

24) Feldman, D. C. & Gainey, T. W., 1997, "Patterns of telecommuting and their consequences: Framing the research agenda," *Human Resource Management Review*, 7(4), 369-388.

쿠버트룹(1998)은 [표 7-10]과 같이 텔레워크의 개념을 또 다른 범주에서 정의하고 있다. 그는 일반적인 텔레워크를 아래의 세 가지의 영역으로 구분하였으며, 'telework'의 의미는 시간과 위치의 차이로 인해 모든 컴퓨터 네트워크의 의사전달 수단들을 사용하는 직무들은 여기에 포함된다고 보는 포괄적인 의미를 사용하였다.[25)]

제3절 미래 사회와 사이버 사회

21세기의 미래 사회는 사이버 사회(cyber society)라고 예측한다. 사이버 사회는 정보통신 기술과 컴퓨터 기술이 주도하는 사이버 공간(cyber space)의 사회이다.

드러커(P. F. Drucker)와 토플러(A. V. Toffler)는 미래는 정보화 사회가 된다고 주장한 바와 같이 모든 조직의 주위환경 변화는 컴퓨터와 정보통신이 결합된 환경에서 벗어날 수 없다.

미래의 사이버 사회는 정보통신의 발달에 따라서 실질적인 거래나 접촉이 없이도 상호거래를 형성시킬 수 있는 가상현실 세계인 사이버 공간인 사회다. 글로벌경영에서는 이와 같은 가상사회를 인식하면서 경영해야 한다.

사이버 사회는 지금까지 사회와는 다른 점이 많다. 이 사이버 사회의 차이점을 살펴보면 [표 7-11]과 같다.[26)]

사이버 사회는 네트워크상에서 형성된 사회로서 기존의 네트워크와는 차이가 있다.

첫째, 사이버 사회의 네트워크 특징은 개방적인 특징을 지니고 있다. 기존 사회의 네트워크와 같이 어느 일정한 범위 내에서 어느 한 방향으로 정보가 흐르는 것이 아니라 구성원들이 서로 퍼스널 컴퓨터로 연결하여 그들의 필요에

25) Qvortrup, L., 1998. "From teleworking to networking," In Jackson, P. J. & Wielen, Jos M. van der(Eds), *Teleworking: International Perspectives*, London and New York: Routledge, p. 31.

26) 이봉수 · 김광평 · 김영국 · 이윤철, 1998, 21*st*. *Entry global management*, Myung Kyung Publishing, p. 179.

표 7-11 사이버 사회의 네트워크 특성

	사이버 네트워크	기존 네트워크
연결특성	개 방 형 양 방 향 멀티미디어	폐 쇄 형 한 방 향 문 자
접촉특성	개인단위	조직단위
편성원리	자 율 분 산 협 조	통 합 집 중 관 리

출처: 이봉수 · 김광평 · 김영국 · 이윤철, 1998, 21*st*. *Entry global management*, Myung Kyung Publishing, p. 179.

따라서 네트워크를 점차 확장하면서, 수신과 발신을 동시에 하는 네트워크 사회다.

1970년대 이후 이러한 네트워크 사회는 기업 조직의 한 부분으로 구성되기 시작하였다. 모든 경영환경에서 이와 같은 형태의 조직구성은 신경영 흐름(trends)에서 많은 장점들로 운영되었다. 캄벨과 그렌트햄(1998)은 가상조직의 범주는 [그림 7-7]과 같이 구분하였다. 이 범주는 시간과 장소를 기준으로 네 가지 영역으

그림 7-7 네 가지 사이버 조직 영역

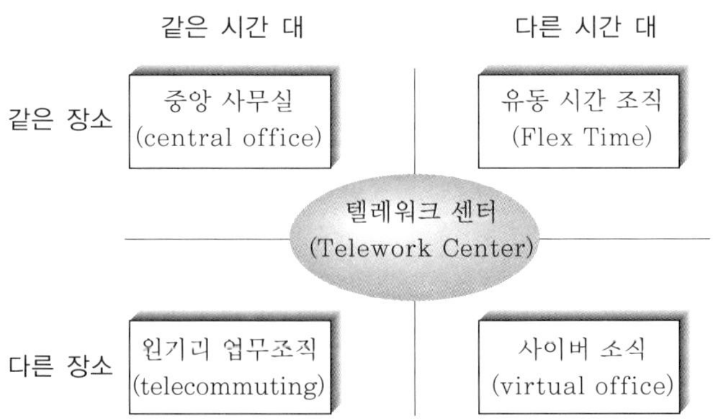

출처: Jackson, Paul J. & Wielen, Jos M., 1998, *Teleworking: International Perspectives*, New York: Routledge, p. 170.

그림 7-8 기업이 바라보는 사이버 사회의 이미지

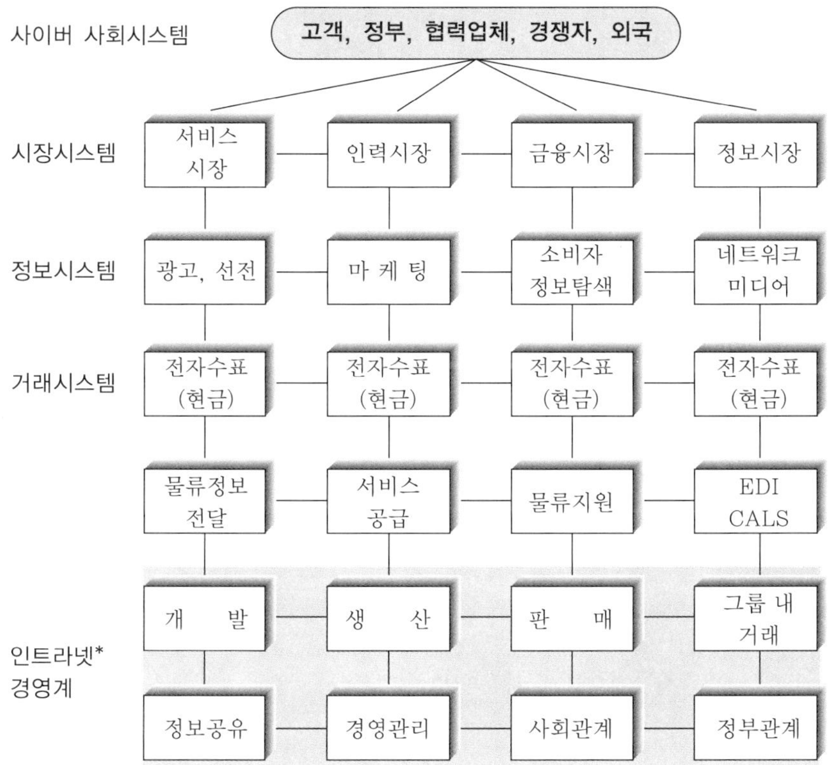

*인트라넷(intranet): 기업 내 내부사용자간 정보를 인터넷을 이용하여 공유하는 시스템.

로 구분하였다.[27]

둘째, 사이버사회의 네트워크는 누군가가 사전에 친밀하게 계획을 세워 통합하여 집중관리하는 것이 아니다. 자율, 분산적으로 개설되는 홈페이지(home page)를 통하여 서로 영향을 주고 협조하는 자연스러운 사회가 만들어 가는 네트워크 사회이다.

[그림 7-8]은 기업이 바라보는 사이버 사회의 이미지를 나타낸다. 사이버 사회에서는 이해자 집단이 모두 서로 연결되어 있고 아울러 개인직이어서 개인적인 사고가 지배적인 사회이다.

27) Jackson, Paul J. & Wielen, Jos M., 1998, *Teleworking: International Perspectives*, New York: Routledge, p. 170.

기존 네트워크 사회가 조직단위로 접촉된다는 사실과는 매우 대조되는 차이가 있다. 그러므로 글로벌경영에는 모든 부분이 전 세계와 연결되어 있다. 그러므로 21세기에는 정치 중심의 사회에서 정보화 중심 사회가 온다.

예로써 사이버 비즈니스(cyber business)를 보면, 미국의 아마존이라는 서점과 버지니아주에 있는 'PC Flower' 라는 꽃가게를 들 수 있다.

제 5 장 새로운 기업형태

제1절 전통적인 기업형태

기업이라는 조직은 사회의 생산단위로서 생산, 판매, 서비스 등의 경제활동을 계속하여 이를 행하는 조직체라고 정의할 수 있다. 기업조직의 형태는 출자, 경영, 지배의 특성에 따라 분류한다.

출자, 경영, 지배를 개인이 하면 사기업이라고 부르며 출자, 경영, 지배를 국가나 공공단체가 하면 공기업이라고 한다. 그리고 출자 경영, 지배를 개인과 국가나 공공단체가 같이 하면 공사합동기업이라고 부른다. 그러나 전통적 기업형태 분류를 경제와 법률에 따른 기업의 형태분류를 보면 다음의 [그림 7-9]와 같다.

1. 사기업의 형태

기업자본의 출자가 민간인 형태의 기업으로서 우리나라 법률에서는 개인기업, 합명회사, 합자회사, 주식회사, 유한회사, 익명조합, 상호회사, 협동조합의 규정이 있다.

1) **개인회사**(proprietorship)

개인이 출자하여 '출자자=경영자'를 기본으로 하는 가장 기초적인 기업형태로서 설립이 쉽고, 시장동향 등에 기민하게 대응할 수 있다. 최근에 개인의 창의력이 충분히 반영되는 벤처형 기업이 초기에는 이러한 기업형태를 취한다.

그림 7-9 전통적 기업의 형태

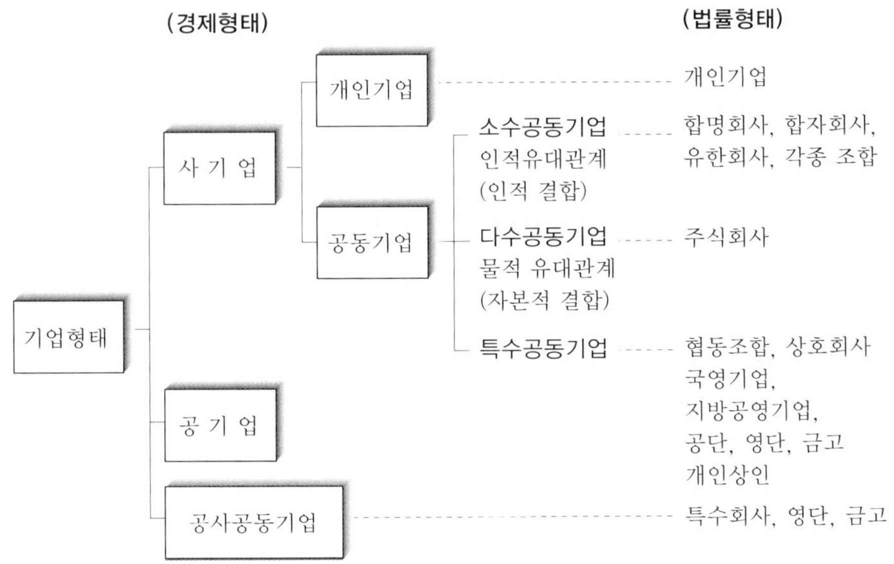

2) **합명회사**(ordinary partnership)

2인 이상의 사원이 출자자로 되어 있으면서, 회사 경영상의 책임에 대해서 무한책임을 지는 책임사원으로 구성된다. 이 형태의 회사는 밀접한 인적 결합이 기초가 되며, 따라서 대자본을 필요로 하는 경우에는 부적당하다.

3) **합자회사**(limited partnership)

합명회사가 무한책임사원으로 구성되어 있는 반면에 합자회사는 무한책임사원과 유한책임사원으로 구성된 형태이다. 합자회사는 출자지분에 대해서만 책임을 지는 유한책임사원을 보유함으로써 합명회사에 비하여 자본의 조달이 용이하다.

4) **익명조합**(dormant partnership)

직접 업무를 담당하면서 무한책임을 지는 영업자와 유한책임을 지는 익명출자자인 익명조합원으로 구성된 기업형태로서 이때 익명조합원은 채권자의 입장이고 경영에는 참가하지 않는다.

5) 유한회사(private company)

회사의 자본은 다수의 균등액으로 분할되고, 모든 사원은 그가 인수한 출자액에 대한 의무를 질 뿐 아니라 회사 채권자에 대해서는 아무런 책임을 지지 않는다. 이런 점에서 이는 주식회사와 동등하나, 인원수가 50인 이하로 제한되고, 지분의 양도가 엄하게 제한되어 있는 점에서는 주식회사와 다르다.

6) 주식회사

오늘날 같이 거액의 자본이 필요한 형태의 사업에서는 이러한 자본의 조달을 가능케 하는 기업형태가 필요한데, 이것이 주식회사다. 주식회사는 크게 출자자 전체의 유한책임제도, 자본의 증권화 및 양도 가능성 그리고 중역제도라는 세 가지 특징을 가지며, 주식회사의 기관으로는 주주총회, 이사회, 감사, 고문 및 사외이사제도가 있다. 특시 사외이사제도는 최근 IMF 이후 기업의 경영투명성과 관련되어 중요한 직능을 수행하는 제도로서 자리잡고 있다.

최근 구미에서는 주식회사와 관련하여 두 가지 새로운 특징이 부각되고 있는데, 그 첫 번째는 정보화 및 지식화 시대에 발맞추어 정보중역(CIO: Chief Information Officer) 및 지식중역(CKO: Chief Knowledge Officer)을 임명하는 주식회사가 늘어나고 있다는 것이며, 두 번째는 기업의 종업원이 기업의 주식을 갖도록 하는 종업원 지주제도가 활성화되고 있다는 것이다.

7) 협동조합

조합원의 상호부조를 목적으로 경제적으로 약소한 지위에 있는 생산자나 소비자가 공동출자하여 조직하는 기업형태다. 따라서 이 기업형태의 직접적 목적은 영리가 아니라 조합원이 서로 협력하여 그들의 경제적 지위향상을 도모하는 데 있다.

2. 공기업의 형태

정부 또는 지방공공단체가 출자자로서 조직을 경영하는 기업을 공기업

(public enterprise)이라 하는데, 공기업 형태는 행정기업(관청기업)과 법인체기업의 두 가지가 있다.

1) 행정기업

국가 또는 지방공공단체가 필요한 자본을 전액출자하여 운영도 스스로 행정기관에 의해 직접 지휘하는 기업형태로서 체신사업, 전매사업, 철도사업 등을 들 수 있다.

2) 법인체 기업

국가 또는 지방공공단체와의 별개독립의 법인격을 부여함으로써 그 관리, 조직, 재무, 인사 등에 대하여 경영의 자주성이 부여되어 있는 기업형태로서 보통 공사, 공단, 사업단 등의 형태를 갖는다.

3. 공기업의 민영화

공기업은 산업육성 및 경제통제와 같이 경제정책상의 이유, 근로자의 생활안정 및 실업구제사업 같은 사회정책상의 이유, 그리고 조세수입을 위한 재정정책상의 이유로 그 존재근거를 지니고 있으나, 여러 가지 이유로 최근 공기업의 민영화가 활발히 추진되고 있다. 공기업의 민영화 목적은 각국의 정치적 · 경제적 사정에 따라 다른데 일반적인 목적은 다음과 같다.

1) 재정적자의 감축

민영화를 통하여 정부소유지분의 매각으로 정부의 세입을 늘려 재정적자의 보전에 충당할 수 있다.

2) 경제적 자유증진

공기업은 경영활동에서 사기업처럼 임기응변의 신속한 조치가 곤란하다. 더욱이 공기업의 독점적 지위를 이용하여 불공정거래를 하면 소비자의 선택의 자유는 더욱 제한받는다. 그러나 민영화를 하면 시장경쟁의 원리에 입각하여 경제적 선택의 자유와 자원배분의 자유를 증진시킬 수 있다.

3) 주식시장 발전에 기여

우량공기업의 민영화에 따라 주식을 증권시장을 통해 공급함으로써 주식인구의 저변을 확대하고 폭넓은 주식분산을 촉진하여 증권시장의 양적·질적 발전을 꾀할 수 있다. 또한 민영화는 국민 대다수가 참여하는 '국민주' 방식을 개발하여 국민에게 저축, 투자수단을 제공하여 주식대중화를 촉진시킨다.

4) 경영의 효율성과 생산성 향상

공기업은 국가 또는 공공단체의 출자에 의하므로 정부에만 의존하게 되어 자칫하면 방만한 경영이 되기 쉽다. 따라서 공기업의 경영자들은 부여된 자원을 효율적으로 사용할 인센티브가 없다. 민영화가 되면 경영자는 직접적인 출자관계가 있으므로 시장수요의 변화 및 기술혁신에 보다 능동적으로 대처할 수 있고, 이에 따라서 경영효율성과 생산성이 향상될 수 있다.

5) 외채상환

외채의 누적으로 상환부담이 가중되고 있는 멕시코, 필리핀 등 일부 국가에서는 민간에 매각하거나 채권국에 인수시킴으로써 민영화가 채권상환을 위한 목적으로 이용되기도 한다.

4. 가족기업

가족기업에 있어서 생산성 향상을 위하여서는 물적요소와 인적요소의 합리적인 개선을 통하여 실현될 수 있다는 것은 두말할 나위도 없다.

가족기업(family business)은 가족이 경영하는 기업으로 연구의 목적은 다음과 같다.

첫째 가족기업에 대한 용어의 정의가 아직까지 우리나라에서는 되어 있지 않다. 즉 가족기업에 대한 명칭으로서 혈연가족 기업, 동족기업 등 여러 가지로 사용하고 있으며 경영학 문헌에도 적당한 용어정의가 없다.

둘째, 우리나라 기업가들은 가족이나 친척들을 경영에 참여시키는 것보다 전문경영자를 참여시키는 것이 좋다고 하면서 실제로는 대부분의 기업들이 가족기업으로서 현실(realistic type)과 이상(ideal type)간에 차이를 나타내고 있다.

예를 들면, 우리나라 기업가들의 86%가 혈연관계를 탈피해야 한다고 하면서도 탈피하지 못하는 이유를 구명하고자 한다.

셋째, 오늘날 기업은 주위에 많은 이해자집단을 가지고 있다. 이 집단은 내부집단과 외부집단이 있는데 내부집단은 경영자, 출자자, 노동자 등의 협동적인 결정체이며, 외부 이해자집단은 소비자, 금융기관, 국가기관 등이다. 기업은 이와 같은 이해자집단 중에서 어느 한 집단의 의사나 힘에 의하여 운영될 수 없다. 그러므로 현대기업은 여러 가지 면에서 기업의 민주화를 통해 사회적인 책임을 이행하지 않을 수 없게 되어가고 있다.

즉 가족기업은 그 경영이 폐쇄적 · 비공개적이므로 시대적인 요구와는 역행하므로 이를 현대적 기업의 경영체로 유도코자 한다.

넷째, 중소기업에서는 가족기업의 가족들이 자금원이 되는 등 장점이 많으나 대기업에서는 가족기업은 패쇄적이므로 단점이 많기 때문에 어느 정도 기업이 성장하면 가족기업에서 탈피하는 것이 좋은가, 아니면 가족기업의 어떤 점을 개선하면 가족기업이 성장될 수 있는가에 대한 경영원리를 규정한다.

1) 가족의 의의

가족기업이란 가족(family)들에 의하여 기업이 지배되고, 경영되고, 분배되는 기업이다. 그러므로 가족기업의 개념을 명확히 파악하기 위하여 가족에 대한 용어를 정의하여야 한다. 가족이라 함은 일반적으로 영속적인 결합에 의한 부부와 거기에서 생긴 자녀로서 된 생활공동체라고 본다. 그것은 필경 양친과 자녀, 2대의 성원으로서 된 집단이다. 그런데 양친과 자녀 외에 자식의 배우자 및 그 자녀 또는 그 자식의 배우자 및 그 자녀와 같은 수대의 혈족성원을 포괄한 가족을 구성하는 경우가 있다. 이와 같은 가족의 개념은 동양과 서양은 차이가 있다.

전자는 구미제국에서 행하고 있는 현대적 가족형태이며 후자는 동양에서 일반적으로 행해져 왔던 대가족 형태이다. 그러나 가족은 광의로 해석한다면 집단화된 친족의 전 단위를 포괄하여 적용할 수 있다. 그것은 가족의 개념을 집에 국한된 가족보다 더 큰 친족집단으로 확대한 것이다.

2) 가족기업의 정의

가족기업(family business, family companies, family firm or family administration)은 가족들에 의하여 기업이 지배되고, 경영되고, 분배되는 폐쇄적이고, 비공개적인 기업이라고 할 수 있다. 그러나 가족기업의 용어에 대한 정의는 연구자에 따라 표현방식이 다르다.

미국의 유명한 경영학자인 돈널리(Robert G. Donnelly)는 2세대(two generations)가 기업에 참여할 뿐만 아니라, 가족과 기업관계가 회사정책(company policy), 가족이익(profit of the family) 및 가족목적(objective of the family)에 상호 영향을 미칠 때 가족기업(family business)이라고 정의하였으며, 그는 또한 가족기업이라고 정의하는 데는 아래와 같은 여러 가지 조건이 있는데, 이 중에 기업들이 하나 이상의 조건을 가졌을 때 가족기업이라고 정의한다고 말하였다. 그 조건을 보면 다음과 같다.

① 가족관계(family relationship)가 경영계승(management succession)을 결정하는 하나의 요소가 된다.

② 현재 혹은 과거 최고경영자(chief executives)의 아내(wives)나 아들이 이사(directors)가 된다.

③ 회사의 제도적 가치(industrial values)가 공식적 간행물(formal company publication)에서나 혹은 비공식적 회사전통에서도 가족의 위치와 일치할 때이다.

④ 가족구성원(family member)의 활동이 공식적으로 경영과 관계가 있든지 없든지 간에 기업의 평판(reputation)에 영향을 미치거나 또는 미친다고 생각할 때이다.

⑤ 친척(relatives)들이 기업에 손실이 발생할 때 단순한 재정적인면 이상으로 기업의 주식을 가지고 싶다는 의무감(feel obligated)을 느낄 때이다.

⑥ 기업에 있어서 구성원의 위치가 가족위치에 영향을 미칠 때이다.

⑦ 가족구성원들은 자기의 진로(his own career)를 결정할 때는 무엇보다도 기업과 관계를 고려하면서 결정한니.[28]

일본의 稻葉襄 교수는 가족기업이란 개인 내지 가족 혹은 일족에 의하여 경

28) Donnelly, Robert G., July–August 1964, "The Family Business," *Harvard Business Review*, p. 94.

영되는 기업이라고 말하였다.

그리고 奧村宏 교수는 가족기업을 사장 또는 회장이 대주주이고 더구나 회사의 최고경영자로서 경영권을 쥐고 있는 회사를 말하며 이러한 타입의 회사는 대기업 가운데도 상당히 있다.

위에서 고찰한 바와 같이 여러 학자들의 정의를 결합한다면 가족기업이란 돈너리가 지적한 가족기업의 7개 조건 중에 친척등용(nepotism)을 8번째 조건으로 첨가하는 것이 적당할 것이다.

네포티즘의 의미를 벤사헬(J. G. Bensahel)은 전통적 가족제도(family relationship)의 기초 위에서 얻어지는 편애(favoritism)라고 정의하였다.

대기업이라 할지라도 기업의 중요한 직위는 아들이나 혹은 사위, 조카 등에 의하여 유지될 수 있으며, 몇몇 종업원들은 영향력이 있는 사람과 밀접한 관계를 가짐으로써 자기의 직위를 유지해 나가는 것을 볼 수 있다.

이러한 네포티즘은 기업경영에 있어서 개인의 직위가 회사설립자(the founders of the firm)와 밀접한 인간제휴(close personal association)관계에 의하여 좌우되는 것을 뜻한다. 그것은 네포티즘으로 직장에서 무능함에도 불구하고 높은 직위를 맡는 것은 능력(capacity)보다 혈연(blood)의 관계를 중요하게 여기게 만들어 유능한 종업원들로 하여금 직장을 떠나게 하거나 사기를 잃게 하는 위험한 경영이라고 말할 수 있기 때문이다.

제 2 절　기업집중

기업의 집중은 기업결합이라고 하는데 기업은 계속 성장 · 발전하여야 할 사명감이 있다. 기업의 성장발전에는 2가지가 있는데 내적인 성장 · 발전과 외적인 성장 · 발전이 있다.

첫째, 내적인 성장 · 발전은 기업의 개별사본으로 스스로 획득한 이윤을 축적하여 자기확대를 통하여 성장 · 발전하는 기업을 말한다.

둘째, 외적인 성장 · 발전은 기업이 타인의 자본을 집중하여 확대해 가는 기업의 집중이라고 한다.

기업집중의 목적은 자율적인 동기와 타율적인 동기로 구별할 수 있다.

(1) 자율적인 동기

① 기업상호간의 경쟁제한 또는 배제목적.

② 생산공정을 결합하여 횡단적 혹은 수직적인 결합으로 경영상의 이익을 목적으로

③ 출자관계를 통한 기업의 지배강화 목적 등이다.

(2) 타율적인 동기

① 외부에서 기업결합을 강요하는 경우를 말한다.

② 국가, 정치, 경제 등의 필요에 의해서 기업결합을 명령할 수가 있다.

③ 카르텔(cartel)과 조합 등 강제적 설립과 자기이득을 위한 일반 산업결합, 특히 독점적 결합을 말한다.

1. 기업집중형태

1) 카르텔(cartel)

시장통제를 목적으로 동종기업 또는 유사기업들이 각기 법률적으로나 경제적으로 독립성을 유지하면서 협정에 의해 결합하는 형태로서, 협정내용에 따라서 가격카르텔, 조건카르텔, 계산카르텔, 수량카르텔, 지역카르텔, 신디케이트로 구분된다.

우리나라의 경우 현재 카르텔에 대해서는 '물가안정 및 공정거래에 관한 법률'에 근거하여 금지되고 있다.

2) 트러스트(trust)

시장지배를 목적으로 동종 또는 동일한 생산단계의 기업들이 하나의 자본에 결합되는 강력한 결합형태로서 법률적으로나 경제적으로 독립성을 모두 잃는 경우와 법률적 독립성은 유지되나 주식과다보유에 의해 실질적으로 경제적 독립성을 잃게 되는 경우가 있다.

또한 트러스트 방식에서는 여러 기업조직이 합병하여 새로운 회사를 설립하

는 콘솔리데이션(consolidation)과 어느 한 기업이 타 기업을 흡수 · 합병하는 머저(merger), 기업이 완전히 합체하여 형성되는 퓨전(fusion)의 세 가지 방식이 있다.

그러나 트러스트는 경쟁력이 약한 기업과 일반 소비자에게 미치는 폐해 때문에 미국의 경우 '셔먼(Sherman)법' 및 '클레이톤(Clayton)법'으로서 금지당하고 있다.

3) 콘체른(konzern)

콘체른은 카르텔과 트러스트와는 달리 산업부문에 관계 없이 산업과 금융의 일체화에 의한 자본지배를 목적으로 한 고도의 기업결합형태이다. 콘체른은 생산합리화를 목적으로 하여 관계기업을 종적으로 결합하는 산업콘체른과 금융자본에 의해 여러 종류의 기업에 대해서 지배관계를 형성하는 이른바 금융콘체른이 있다. 콘체른의 지배방법으로는 지주회사(holding company) 방법에 의한 주식소유와 융자에 의한 지배방법이 있다. 지주회사 방법이란 모기업이 자기업에 출자하여 이것을 지배하고, 다시 자기업이 손자기업에 출자하여 다시 지배하는 방식이다.

글로벌시대를 맞이하여 콘체른이 새로운 산업자본과 금융자본의 통합체로서 등장하면서 지주회사를 중심으로 하여 재편성되어 국제적으로 물의가 발생할 소지가 크다.

2. 카르텔의 금지

카르텔에 약소한 경쟁자와 소비자의 손해를 보호하기 위해서 카르텔을 금지하고 있는데 시장경제원리와 자본주의의 꽃이라고 할 수 있다.

미국에서는 1879년 이래로 기업합동의 방법으로 트러스트가 신탁제도에 적용되었으나 1882년에 스탠더드 석유트러스트(standard oil trust)을 설립하였다. 그러나 1892년에 독점에 대한 비난이 높아져 셔먼법(Sherman Anti-trust Act)에 의해 불법으로 판정받았다. 그 후 미국에서는 1890년 셔먼법(Sherman Anti-trust Act)을 보강하여 연방상업위원회(Federal Trade Commission Act) 및 클레이튼법(Clayton Act)이 제정되었다.

우리나라에서는 1981년 4월 1일에 독점규제 및 공정거래에 관한 법률을 시행하였다.

제 6 장 벤처비즈니스 및 기업의 인수 · 합병

제1절 벤처비즈니스의 의의와 선정

1. 벤처비즈니스의 의의

벤처비즈니스(venture business)를 venture company, risk company, high technology small firm, high technology business 라고 표현하기도 한다.

벤처비즈니스는 독자적인 새로운 기술이나 경영의 기술비결(Know-how)을 바탕으로 시장을 개척하기 위한 미성숙한 사업이다. 또는 소수의 핵심 창업자가 기술혁신 아이디어(idea)의 개발과 창업을 기본 동기로 하여 설립한 업체이다.

그 동안 경제성장을 주도해 온 대기업 중심의 대량생산 방식은 21세기 지식과 정보사회에 효율적으로 대처하기가 어렵고 또한 소비자 욕구의 다양화와 라이프 사이클(Life-Cycle) 단축 등에 따른 신속한 대응이 어렵다. 특히 기존 대기업들은 더 이상 고용창출효과를 기대하기 어렵고, 그 뿐만 아니라 기존 기업들의 "고비용 저효율"의 경영구조로는 오늘날의 경제환경에 적응하는 데 한계가 있다.

2. 벤처비즈니스의 선정

벤처비즈니스는 새로운 지식과 기술 노하우를 기초로 하여 새로운 시장을 개척하고 왕성한 기업가 정신이 발휘되는 모험성이 강하고 동시에 높은 기대수익이 확실시되는 기업이라고 일반적으로 정의한다. 따라서 벤처비즈니스는 일반기업에 대한 투자와 비교할 때 모험성이 훨씬 크고 성공할 경우 훨씬 높은 수익이 기대된다. 미국에서 벤처비즈니스가 신기업의 창업, 기존기업의 경영다각화,

기술개발 및 개발기술의 기업화 전략으로 부각되어 체계화되기 시작한 것은 1946년 자본금 1천만 달러의 J. H. Whiney & Co 벤처캐피탈 회사가 처음 설립되고 같은 해 설립된 American Research & Development Corp(ARDC)가 1957년 컴퓨터 제조업체인 Digital Equipment Co.(DEC)에 61,400달러를 투자하여 1971년 3억 5천 5백만 달러의 기록적인 수익을 올리게 됨으로써 비롯되었다.

더욱이 1970년대 세계적 불황으로 장기 침체기에 돌입하고 선진국의 탈공업화 현상이 나타나면서 기술혁신이 가속됨에 따라 소비수요 패턴의 차별화, 고도화, 개성화 서비스화가 촉진되는 한편, 경제발전의 원동력으로서 규모경제의 경제요인이 퇴색하고 새롭게 기술요인이 발전 원동력으로서 등장하게 된 결과 벤처비즈니스는 가장 주목되는 전략변수로 등장하게 되었다.

벤처비즈니스의 선정과 관련하여 코스텔로(Dennis R, Costello)는 기대수익과 모험성을 이용한 단순하고도 명백한 모형을 제시하였다.[29)]

[그림 7-10]의 A부분은 벤처비즈니스로서 가장 바람직한 선택이 된다. 왜냐하면 같은 위험부담하에 보다 높은 수익률을 기대할 수 있고 같은 수익률하에서 보다 낮은 위험부담을 갖기 때문이다.

B부분은 바람직하지 않은 벤처비즈니스의 유형으로서 A부분과는 정반대로 수익률의 증가 없이 위험부담이 높고 같은 위험부담하에서 보다 낮은 수익률이 기대된다. 한편, C, D부분은 경영자에 의해 결정되는 부분으로서 기준치 0점으

그림 7-10 벤처비즈니스의 선정

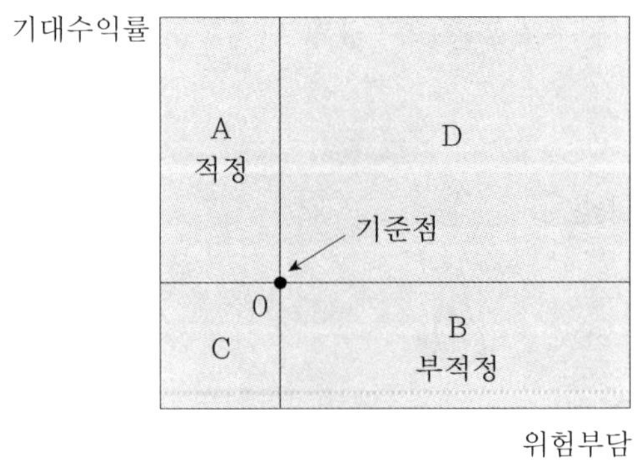

29) Costello, Dennis R., 1985. *New Venture Analysis*, Dow Jones-Irwin Homewood, Illinois, pp.150-152.

로 어떻게 이동시키느냐가 관건이 된다. 이 모형을 작성하기 위해서는 수익률과 위험부담의 위치를 설정하기 위한 공식적 · 비공식적 전문가의 토론이 매우 중요하며 기준치 0을 어디에 위치하도록 하는가가 핵심적인 문제가 된다.

벤처비즈니스의 선정기준으로서 고수익성, 저 모험성 중 어디에 더 중점을 두는가의 문제는 나라에 따라서 또는 벤처캐피탈회사의 경영태도, 전반적인 기업문화 그리고 기술개발의 수준에 따라서 달라질 수 있다. 그렇기 때문에 [그림 7-10]의 모양은 여러 가지 형태로 그려질 수 있을 것이다.

3. 벤처비즈니스의 리스크(risk)

벤처비즈니스라 하더라도 인적자원, 물적 자원(기술, 제품, 서비스), 자금의 3요소를 균형 있게 경영하지 않으면 파산하게 되고 소규모인 까닭에 파탄에의 길은 더욱 빠르게 된다. 즉, 벤처라고 하는 성격으로부터 항상 도산 리스크에 직면해 있다고 할 수 있다. 여기에서 도산 관련 리스크란 벤처비즈니스가 소규모이고 또한 비즈니스로서도 성숙되어 있지 않기 때문에 대규모 기업보다도 발생하기 쉬운 리스크를 말한다.

벤처비즈니스의 도산 리스크는 [그림 7-11]과 같이 크게는 정적 리스크와 동적 리스크로 구분될 수 있고, 정적 리스크는 다시 인적자원 리스크, 물적자원 리스크, 재무자원 리스크, 경영전략 자체 리스크로 구분된다.

첫째, 인적자원 리스크이다. 인적자원 리스크는 기업가 자신의 경영에 대한 부적격과 경영능력의 부족, 가족중심 경영에 의한 조직의 불활성화 상태, 충원의 어려움, 인재의 확보난 및 적재적소의 인사배치 실패 등 인적요인에 따른 리스크이다.

둘째, 물적자원 리스크이다. 물적자원 리스크란 제품 또는 서비스에 관계된 리스크이다. 이 중 가장 중요한 것은 제품차별화 리스크로서 수요변동, 경쟁상품, 소비자 수요의 변화 등 시장조사의 부족과 품질, 유통경로의 미비, 가격설정의 실패 등으로부터 생기는 소비자의 불만, 불매 등이다. 또한 이미지 판매전략 실패들에 의해 제품의 우위성을 잃는 리스크와 기술혁신의 속도에 관계되는 상품의 라이프 사이클이 짧은 데서 생기는 리스크 등도 있다.

그림 7-11 벤처비즈니스의 리스크

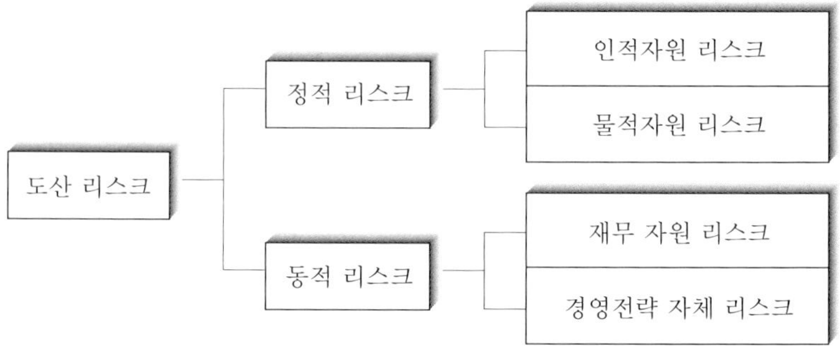

셋째, 재무자원 리스크이다. 재무자원 리스크는 자금조달과 운용과정에서 발생되는 리스크다. 즉, 기업의 성장단계에 있어서 충분한 자금을 조달할 수 없는 리스크나 장기 자금도입, 주주구성, 경영권 등에 관계되는 리스크이며, 또한 자금의 적절한 운용 · 배부에도 관계된 리스크다.

넷째, 경영전략 자체 리스크이다. 벤처비즈니스는 대기업의 틈새를 엿보아 사업화를 하고 있다. 이 산업이 산업계의 소위 주력산업으로 되면 경쟁격화는 불가피하게 되며 당연히 대기업의 참여를 재촉하게 된다. 그러면 인적 · 물적 · 자금 등의 경영자원을 총동원하는 전쟁이 되고, 벤처비즈니스는 필연적으로 불리하게 된다. 한편, 동적 리스크는 벤처비즈니스의 성장 단계별로 부딪치는 경영리스크를 말하는데 [그림 7-12]와 같이 7단계로 구분된다.

제1단계, 창립기이다. 벤처비즈니스의 설립기로 보통 적은 자본과 인재로 새로운 기술과 노하우를 전면에 내세워 출범하는 단계다. 이 단계에서는 모든 종류의 경영리스크, 즉 복합리스크가 존재한다.

제2단계, 성장기(창조성)이다. 아이디어의 상품화에 성공하여, 비즈니스가 순조롭게 진행되는 단계다. 이 단계에서 시장의 수요에 맞추기 위하여 인적자원, 물적자원(기술, 기계, 설비)과 자금을 총동원하여 생산하는 것이 필요하다. 물론 판매가 가장 중요한 문제다. 그러나 이 단계에서는 오너 경영자가 영업, 재무, 기타 거의 모든 것에 책임을 지지 않을 수 없다. 즉, '리더십 리스크'가 존재한다.

제3단계, 성장기(경영관리)이다. 시장의 수요가 증가하고 이익이 나기 시작하는 시기다. 많은 수요가 있는 하이테크 비즈니스 초기의 성공은 조직과 관리상

그림 7-12 벤처비즈니스 성장패턴과 동적 리스크

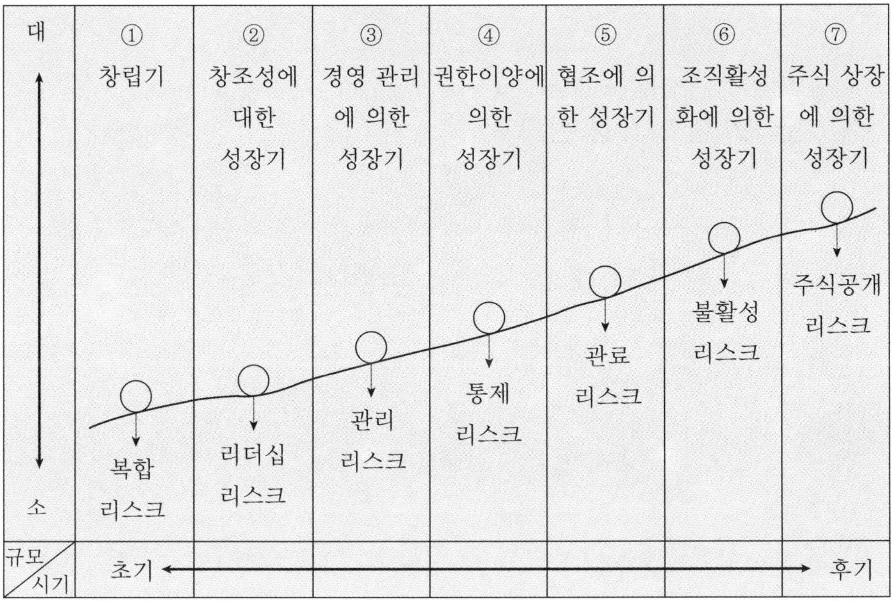

출처: 김병윤 · 김길평 · 이봉수 · 김병국 공저, 1998, 「21세기 경영」, 명경사, p. 139.

의 약점을 경시하게 만든다. 즉, '관리 리스크'가 존재한다.

제 4 단계, 성장기(권한 이양)이다. 기업규모가 상당히 커지는 단계다. 이 단계에서는 성장을 지속해 나아가기 위하여 관리직의 모티베이션(동기부여)이 필요하게 된다. 이를 위한 방안으로 권한 이양에 의한 분권화가 진척되어 일반적으로 분산된 관리체제로 된다. 따라서 이 단계에서는 통제 리스크가 존재한다.

제 5 단계, 성장기(협조)이다. 권한 분산화가 진행되면 조직의 통일관리라는 이념이 무너지게 된다. 이 단계는 경영자가 다시 중앙 집권화을 지향하는 시기로 조직이 비대화해지고 효율적 경영을 막는 '관료 리스크'가 중대한 과제로 된다.

제 6 단계, 성장기(조직 활성화)이다. 기업규모의 확대에 따라 조직의 거대화가 진행되어 유연하고 창조적인 경영의 유지가 곤란하다. 즉, 조직의 불활성화에 따른 리스크가 발생한다.

제 7 단계, 성장기(주식상장)이다. 개인기업에서 다수 주주에 의한 공개기업으로 된다. 그 결과 이해관계자가 많아지기 때문에 자유로운 기업경영이 어려워지게 된다. 즉, 주식공개 리스크가 존재한다. 따라서 경영권을 확보할 수 있는가를 신중하게 검토하지 않으면 안 된다.

4. 한국의 벤처기업 현황

우리나라의 벤처기업은 미국에 비해 위험성과 기술수준이 낮아 신기술 · 지식집약형 중소기업으로 이해함이 바람직하다. 벤처기업에 대한 미국과 우리나라의 차이점은 다음과 같다.

첫째, 기술의 우수성은 미국은 세계 최고기술, 우리나라는 도입 또는 개량기술이다.

둘째, 시장규모에 있어 미국은 세계시장 겨냥, 우리나라는 수입대체, 일부 수출이다.

셋째, 성공률은 미국은 10%, 우리나라는 4% 이상이다. [표 7-12]는 '97년 말 제정된 "벤처기업육성에 관한 특별조치법"에서 벤처기업의 개념을 벤처캐피탈투자기업, 연구개발투자기업, 특허기술개발기업, 신기술개발기업 등 4가지 유형

표 7-12 벤처기업육성에 관한 특별조치법상의 벤처기업

구 분	기 준
벤처캐피탈투자기업	창투사, 신기술금융회사로부터 총주식의 10% 이상(주식, 전환사채를 포함 20% 이상)을 투자받은 기업
연구개발투자기업	직전 사업연도의 R&D비가 직전사업연도 총매출액의 5% 이상인 기업
특허기술개발기업	특허, 실용신안 등에 의한 매출액(수출액)이 총매출액의 50% 이상(25% 이상)인 기업
신기술개발기업	13개 기술개발사업에 의한 매출액(수출액)이 총매출액의 50% 이상인 기업

주) 특허기술개발기업 및 신기술개발기업의 산정비율에 미달하는 기업은 벤처기업 평가기관의 평가를 받아 사업성이 우수한 경우 벤처기업으로 확인 가능.

으로 정의하고 있다.

외국의 벤처기업에 대한 정의를 보면 다음과 같다.

미국은 특별한 범위가 없고, 일본은 R&D 비율이 3% 이상으로 업력 5년 미만 중소기업으로, 대만은 기술집약형 기업(2년마다 정부에서 지정)으로 정의하고 있다.

제2절 인수 · 합병의 의의

근래 기업들은 자금결핍문제와 자원확보문제, 제품가격과 품질문제, 국제경쟁력 확보문제, 해외진출을 위한 생산과 판매문제, 해외진출시의 해외기업 진출문제 및 거점확보 문제 등에 많은 과제를 안고 있다. 이러한 문제를 해결하기 위한 방법으로 기업구조 조정이 필요하게 됨에 따라 인수 · 합병(매수합병)(merger & acquisition)에 대한 인식이 높아지고 있다. 기업의 궁극적인 전략은 경쟁력 확보에 있으며 경쟁력에는 양적인 경쟁력 확보와 질적인 경쟁력 확보를 하여야 한다. 양적인 경쟁력 확보를 위해서 외국기업을 매수함으로써 생산거점, 판매거점을 확보 하려는 것이다. 그러나 각국에 따라 M&A를 부정적으로 보는 국가와 긍정적으로 보는 견해가 있다.

첫째, M&A를 부정적으로 보는 견해는 M&A는 기업의 생산적 투자를 왜곡하고 경쟁을 제한함으로써 부의 집중을 초래하며, 지나칠 경우에는 오히려 기업의 재무구조를 악화시킴은 물론 금융불안을 야기한다는 점을 들어 비판이 제기되기도 한다.

둘째, M&A를 긍정적으로 보는 견해로는, M&A는 기업성장전략에 기여하며 국가적으로도 유효경쟁을 촉진시킨다는 견해도 있다.

신고전학파들은 기업의 매수합병은 경쟁을 저해하며 독점을 유발시키기 때문에 시장경제의 걸림돌이 되므로 M&A를 규제해야 한다고 주장한다. 긍정적인 측면은 그러나 70년대에 접어들어 이러한 패러다임은 붕괴되고 매수합병에도 자유방임의 바람이 거세게 불어 M&A에 의해 자본집중이 생겨나더라도 그것으로부터 규모의 이익을 얻을 수 있고 시너지(synergy)효과를 얻을 수 있고 또한 경영자의 이윤극대화를 추구하는 면에서도 M&A를 규제해서는 안 된다는 주장이다.

제 3 절 M&A 발생경로

기업이 소유와 경영지배관계가 미분리 상태에서는 기업의 목표가 이윤극대화였으나 소유와 경영 · 지배의 분리로 주주와 경영자간의 목적이 다르게 되었다. 소유와 지배의 분리는 이윤극대화가 기업목표가 될 수 없게 되었다.

베레(A. A. Berle)와 민스(G. C. Means), 코스(R. H. Coase)는 기업목표를 거래비용의 효용최대화의 관점에서 파악하는 새로운 관점이 제시되었다. 기업과 경영이 분리되므로 주주와 경영자간의 상반된 이해관계를 가졌다. 경영자의 효용최대화(거래비용)는 이윤극대화와는 다르다. 이윤극대화인 기업목표는 부정적 견해를 가지고 있다.

그 이유는 첫째, 오스트리아학파와 시카고학파에 의한 신고전학파이며, 이는 블랙박스가 되고 있다고 비판하였다.

둘째, 사이몬(H. A. Simon)은 경영행동주의에 의한 접근을 시도하였다. 이는 인간이 지닌 합리성에는 한계가 수반되는 것이며, 정보의 불완전성을 고려한다면 최대화가 끼어들 여지가 없다고 하는 데 비판을 하였다. 오히려 내부조직의 갈등은 이윤최대화보다는 이해조정이라는 타협을 유도하기 때문에 주주도 경영자도 만족할 수 있는 수준에서 스스로 만족할 수밖에 없다는 것이다.

셋째, 맬리스(Marris)는 경영자 자본주의론에 의하면 이윤극대화 대신으로 경영자의 효용극대화에 기업목표를 두어야 한다고 하였다. 이 효용의 최대화는 성장최대화 이외에도 매출액 최대화 등으로 표현되고 있다.[30)]

경영자 자본주의론에 의하면 경영자는 기업성장을 위해서 모든 것을 희생하는 것이 아니며, 자신의 급여에 관계되는 한 이윤극대화를 무시할 수 없다고 하는 비판이 대두되었다. 경영자는 주주의 개입을 배제하기 위해서라도 이윤을 희생할 수 없으며 주주에 대한 이윤배당 정책은 리스크를 최소화하지 않을 수 없다.

M&A에 대한 맬리스(Robin Marris)공식에 의하면 경영자의 효용은 급여에 의존하며 그것은 기업성장률이나 신제품의 개발비율을 포함하는 기업성장요소에

---

30) Muelles, Dennis C., 1980, *The Determinants and Effect of Mergers*, Camberidge MA: Oelgeschlager, Gunn & Hain Publishers, Inc., p.38.

의해서 결정된다. 이에 대하여 자본의 공급은 주주효용함수, 즉 잠재적인 투자가 그에 주는 이윤과 그 보증에 의해서 결정된다. 균형성장경로는 양자가 동등하게 되는 곳에서 이루어지게 된다. 그리고 이 균형경로, 특히 자본의 공급계획으로부터의 이탈을 제약하는 장치로서 M&A가 가능하다고 언급하였다.[31] 그러나 이 모델에 대한 단점은 많이 있다.

1. M&A와 자본시장

자본시장이 완전한 시장이라면 경영자가 이윤최대화의 궤도로부터 이탈할 경우, 즉시로 제어장치로서 매수메커니즘이 작동할 것이다. 완전경쟁 · 완전정보의 세계에서는 이윤최대화로부터의 어떤 괴리도 즉시 자본시장에서 시정된다고 생각해도 좋다. 만약 괴리가 생긴다면 그것을 반영하여 주가가 하락하고 주식이 매각될 것이다.

또 시장가격이 잠재적인 주가를 훨씬 초과해서 하락할 경우에는 거래비용이 지나치게 많이 들지 않는 한, 주주는 잠재적인 경제추세를 파악하기 위하여 거래를 행하게 될 것이다. 이리하여 M&A의 위협이 발생하는 것이다. 자본시장이 실패하는 원인 가운데 가장 중요한 두 가지를 든다면, 그것은 거래비용의 문제와 정보의 비대칭성이다. 그것들은 매수전략의 추구에 대한 제약이 구체화된 것이다.

첫째, 거래비용이다.

거래비용은 여러 가지 양상으로 발생한다. 그것은 주식거래의 관리에 관계해서 발생하기도 하고, 주식매수를 성공시키기 위한 주주연합의 형성에 관계해서 발생하기도 한다.

둘째, 정보코스트이다.

정보코스트도 중요하다. 현실의 자본시장에서 완전하게 알려지는 정보는 거의 없다. 만약 당해기업의 실제 시장가격(V)은 알고 있지만 잠재적인 최대한의 가격(V*)은 알 수 없다고 가정하자. 이 경우 V*는 추정 또는 평가의 문제에서 발생한다.

31) Marris, Robin, 1964, *The Economic Theory of Managerial Capitalism*, Glencoe, Ⅲ, The Free Press, pp. 7-8.

2. M&A 규제

현재 미국에 있어서는 경기회복을 배경으로 M&A 활동이 활기를 띠고 있다. 역사적으로 돌이켜 보면, 20세기 초부터 항상 경제활동과 밀접하게 관련하여 M&A 활동의 동향은 경제적 · 사회적 지표라고 해도 과언이 아닐 정도로 경제적 · 사회적 배경을 반영하고 있다고 말할 수 있다. 또한 미국에서의 M&A 활동의 역사는 외부성장요인으로서의 다각화 전략의 역사라고 말할 수 있지만, 다각화 전략으로 매수합병을 들고 있다.

미국의 M&A 활동의 문제를 고찰하는 데에는 필요불가결한 요소가 두 가지 있다. 하나는 경기동향이고, 다른 하나는 반트러스트법이다. 20세기 초부터 현재까지의 M&A 활동의 역사는 미국의 경제환경과 반트러스트법의 규제 중에서 외부요인으로서의 M&A가 기업성장에 기여하게 할 수 있겠는가를 연구한다.

색　　인

[ㅇ]

[ㅈ]

[공저자약력]

박 기 동

경남대학교 졸업
영남대학교 대학원 졸업
미국 Fairleigh Dickinson 대학원 (M.B.A.) 졸업
동아대학교 경제학박사 학위 취득
경남대학교 경영학과 부교수 역임
창원대학교 도서관장, 창원대학교 경상학부장 역임
창원대학교 사회과학대학장 역임
미국 Notre Dame대학교 객원교수 역임
창원대학교 대학원장, 노동대학원장, 교육대학원장 역임
1, 2차 공인노무사시험 출제위원
한국인사관리학회 부회장 역임
현 창원대학교 경영학교수

〈저 서〉
행동과학(박영사)
조직행동론(박영사)

박 주 승

창원대학교 졸업
Fairleigh Dickinson University M.B.A. 수료
Nova Southeastern University 경영학 박사학위(H.R.M.) 취득
경남대학교 경상대학 시간강사
창원대학교 대학원 시간강사

제 3 판
경영학원론

1999年	2月	10日	初版發行
2001年	3月	1日	全訂版發行
2006年	3月	1日	第3版印刷
2006年	3月	10日	第3版發行

共著者 박기동 · 박주승
發行人 安 鍾 萬
發行處 (株)博 英 社
서울特別市 鍾路區 平洞 13-31番地
電話 (733)6771 FAX (736)4818
登錄 1959. 3. 11. 제300-1959-1호(倫)

www.pakyoungsa.co.kr e-mail: pys@pakyoungsa.co.kr

定 價 27,000원 ISBN 89-7189-395-8